21世纪高等院校国际经济与贸易专业精品教材

教育部人才培养模式创新实验区系列教材

Rules of WTO
Interpretation and Application

WTO规则
解读与运用

（第二版）

李秀香 等 编著

东北财经大学出版社 | 大连

Dongbei University of Finance & Economics Press

图书在版编目（CIP）数据

WTO规则：解读与运用/李秀香等编著. —2版. —大连：东北财经大学出版社，2020.4

（21世纪高等院校国际经济与贸易专业精品教材）

ISBN 978-7-5654-3630-7

Ⅰ.W… Ⅱ.李… Ⅲ. 世界贸易组织-规则-教材 Ⅳ. F743

中国版本图书馆CIP数据核字（2019）第157523号

东北财经大学出版社出版

（大连市黑石礁尖山街217号 邮政编码 116025）

网 址：http：//www.dufep.cn

读者信箱：dufep@dufe.edu.cn

大连东泰彩印技术开发有限公司印刷 东北财经大学出版社发行

幅面尺寸：185mm×260mm 字数：550千字 印张：23.75

2020年4月第2版 2020年4月第1次印刷

责任编辑：孙 平 王 斌 责任校对：郭海雷 徐 群

封面设计：冀贵收 版式设计：钟福建

定价：48.00元

总 序

目前，我国高校本科专业人才培养过程中普遍存在三大问题：一是在大众化教育背景下如何搞好个性化人才培养的问题。许多本科专业由于扩招而难以实施因材施教，在人才培养过程中搞"一刀切"，按同一标准培养具有完全不同个性、特长和综合素质的学生。如果按照低标准进行人才培养，则难以发掘优秀学生的创新精神；如果按照高标准培养，大多数学生又无法顺利完成学业。因而，提高人才培养质量成为我们必须认真面对的重大课题。二是如何解决学生的学习动力问题。不少大学生的学习心理状态是"要我学"，而不是"我要学"，还有一些学生不知道"应该学什么"和"如何学"，大学生的学习质量难以提高。三是没有解决好"人才培养要求与实践脱节"的问题，学校培养的人才不能迅速适应用人单位的工作岗位需要。

为了解决上述三大问题，江西财经大学国际经贸学院近年来在国际经济与贸易本科专业积极探索"以职业特质为导向的'三三制'人才培养模式"，并成功获批为教育部2007年度人才培养模式创新实验区建设项目。该项目的核心是两个"三三制"：第一个是核心课程考核的"三三制"，即在核心课程考核中第一次面试成绩占1/3，课堂教学和方案设计内容考核成绩占1/3，第二次面试成绩占1/3，从而达到科学测评学生的知识掌握能力和职业适应能力的目的；第二个是人才培养总效果检验的"三三制"，即在人才培养总效果检验的"三次"实践活动中，职业岗位模拟成绩占1/3，职业综合能力测评成绩占1/3，岗位实战演练成绩占1/3，从而使学生的实践能力得以科学评价和大幅提高，克服学生"高分低能"现象。

目前，该项目进展顺利，改革效果逐渐凸显。作为项目的核心内容之一，江西财经大学国际经贸学院组织编写了本套教材。本套教材的特色在于突出"职业特质导向"、"创新性"和"启发性"。其中，"职业特质导向"主要体现在教材顺应"以职业为导向、以能力为本位、以学生为中心"的发展趋势，以国际经贸职业特质和岗位素质要求为先导，确定每本教材各章节名称与知识点。"创新性"主要体现在教材的体例、行文风格等方面追求灵活、生动和实用。"启发性"主要体现在教材力求通过情景设定、案例分析、专栏、思考题等内容设计给学生提供足够的思考空间。

教材的正式出版得益于教育部人才培养模式创新实验区建设项目的资助，得益于东北财经大学出版社的大力支持。本套教材汇聚了全院教师的智慧，是各位参编教师在创新创业型国际经贸人才培养过程中长期积淀的结晶，也是对学院多年来国际经济与贸易专业人才培养能力的一次检验。由于时间有限，各参编教师教学科研任务较为繁重，同时也是第一次突破常规教材编写模式并较大规模地编写系列教材，因而编写质量肯定难以尽如人意。然而，作为一种尝试，我们已走出了第一步，期冀在同行们的批评指正之中，我院能在今后更长的时间里不断进步，争取以更好的成果以飨读者。

是为序。

袁红林

于江西南昌

第二版前言

以WTO为主的多边贸易体制，在某种程度上体现了现行国际经济秩序的主旋律，其核心是规则问题。所有的规则并非中性，对规则的理解、把握和运用，往往蕴含着许多"潜规则"和"潜台词"，对规则理解透彻、熟练运用者，往往在博弈中略胜一筹。当然，博弈的最高境界，便是在规则制定过程中具有"控制权"。毋庸讳言，虽然中国在国际经济与贸易中的地位不断提高，应该对国际经济规则的运行和制定产生越来越大的影响力，但中国涉外企业的管理者及相关专业的专家学者对WTO规则的理解、把握和运用，仍处在较低水平，尤其是对未来规则发展趋势的理解和把控，仍有许多欠缺。为此，本书从多角度对WTO的运行规则进行了较为全面的解读，并对其规则的完善与改进趋势进行了粗略预测，对中国如何运用WTO规则提出了建议。

最惠国待遇、国民待遇、取消数量限制等原则，是WTO最基本的原则，一国贸易限制措施除非援引例外条款，否则一定要严格遵循这些基本原则。国际经济与贸易中产生的贸易摩擦与矛盾，也主要来自对这些基本原则的违背和误解，因此，中国应该积极利用这些原则突破他国的贸易壁垒，并多利用例外条款对本国市场进行有效保护。

WTO允许用关税保护本国的市场，但是关税要不断降低，不可随便提高。经过多轮多边贸易谈判，各国关税保护都是比较低的，于是非关税保护有暗度陈仓之嫌。为此，WTO成员先后签订了《技术壁垒（TBT）协议》《实施卫生与动植物检疫措施（SPS）协议》《政府采购协定（GPA）》《装运前检验协议》《海关估价协议》等限制非关税壁垒的协议，对规范各国贸易行为起到了积极的约束和指导作用。此外，WTO对纺织品、农产品、民用航空器、信息技术等一些重要贸易商品，也签订了相关协议进行管理和约束。

WTO贸易救济规则主要体现在反倾销、反补贴、保障措施等规则中。为了维护贸易公平，WTO经过谈判签订了这些贸易救济协定。这些救济协定的实施有严格的限定，但是近年来，发达国家对贸易救济条款有滥用之势。我国已连续多年成为贸易救济措施实施的主要对象国，并成为这些措施泛滥的重灾区，尤其是一些国家频繁启动"双反"和"特保措施"，使中国不同行业在不同时间受到不同程度的重创。

贸易与环境问题是目前国际贸易领域遇到的一个新课题。WTO至今未能就这方面层出不穷的问题达成一致，更没有全面规范该领域的相关协定，遇到问题只能援引《1994年关税与贸易总协定》例外条款、TBT协议、SPS协议等规则来解决，但这些规则对贸易与环境问题来说均不够全面和具体。这也是目前在这一领域爆发贸易摩擦最为频繁和摩擦最难解决的原因之一。

WTO的服务贸易规则和与贸易有关的投资规则、知识产权规则，是乌拉圭回合谈判的重要成果，在WTO的运行中很好地规范了服务贸易、与贸易有关的投资以及与贸易有关的知识产权领域内的各国政策措施和贸易行为。但中国对这些领域相关规则的把握和理解不够全面具体，使这些领域成为近年来中外贸易摩擦的多发地带，在解决这些摩擦时也常常处于不利地位。为此，对这些领域的WTO规则和其他国际规则，中国应该加强研究，并加大培养训练相关人才的力度。

WTO二十多年来运行最有效的机制之一就是解决争端机制。到目前为止，各成员均以高度的责任感，遵循着WTO的争端解决规则。为此，大量贸易摩擦都得以依据相关法律和判决结果顺利解决，或得到令人满意的解决结果，这应是所有WTO成员倍感欣慰的。中国也在这一机制中逐步学会了博弈技巧、磨炼了意志、锻炼了队伍，并能熟练运用解决争端机制的矛与盾，在保护本国市场、突破重围开拓国际市场等方面已渐入佳境。

虽然多哈回合谈判多次陷入僵局，但令人欣喜的是在2013年12月终于实现了被称为谈判启动以来的"零突破"和"早期收获"的《巴厘一揽子协定》成果。即便如此，完善WTO规则的呼声以及行动仍不断高涨，一些主要的发展趋势也已经明朗。为此，中国一定要行使自己的合法权利，力图推动国际经贸规则向更符合自己期望的方向演化，并从单纯与国际惯例接轨向推动规则进步方向努力。

围绕以上内容，本书分十一章进行了分析和阐述。第一章WTO的基本原则解读及运用技巧，是总论式分析；第二章WTO关税减让规则解读及运用技巧、第三章WTO非关税保护规则解读及运用技巧、第四章WTO重要商品贸易规则解读及运用技巧，是对WTO最为重要的贸易规则进行梳理；第五章WTO贸易救济规则解读及运用技巧，是对贸易救济重要规则，如反倾销、反补贴、保障措施等进行的介绍和分析；第六章WTO贸易与环境规则解读及运用技巧、第七章WTO服务贸易规则解读及运用技巧、第八章WTO与贸易有关的投资规则解读及运用技巧、第九章WTO与贸易有关的知识产权规则解读及运用技巧，是对WTO与贸易有关的相关领域运行规则进行介绍和分析；第十章WTO贸易争端解决规则及运用技巧，是对WTO解决争端机制基本规则进行介绍和分析；第十一章WTO规则完善与中国之运用，是对WTO规则完善及发展趋势进行探讨，并对中国的相关策略提出了具体建议。

本书的特点：一是较为全面、系统地对WTO运行规则进行了介绍、分析，并提出了应该掌握的一些技巧；二是运用了大量案例、专栏对相关问题进行了深度分析和探讨；三是运用大量数据，尤其是使用了最新数据进行分析，论据充分、翔实。

本书由李秀香承担策划、撰稿和统稿工作。李秀香、汪忠华承担了第二版的统稿工作。本次修订主要是对书中的案例、数据和相关知识点的变化进行了更新。各章的撰写分工如下：第一章，黄梓桢、李秀香；第二章，汪忠华（华东交通大学理工学院）、李秀香；第三章，李秀香、吕飞（江西农业大学南昌商学院）；第四章，李秀香、曾淑桂；第五章，李秀香、姜祎（江西农业大学南昌商学院）；第六章，李秀香、杜士超；第七章，李秀香、汪忠华；第八章，李秀香、胡妍；第九章，黄梓桢；第十章，杜士超、李秀香；第十一章，李秀香、吕飞。

本书得到中华人民共和国教育部人才培养模式创新实验区项目资助。

编著者

2019年12月

目 录

第一章

WTO的基本原则解读及运用技巧

导　读

世界贸易组织（WTO）是规范和协调全球经贸关系的国际组织。WTO的一个重要职责是制定国际经济贸易规则，规范各国政府对外贸易的管理行为，被称为"经济联合国"。WTO成员通过谈判签署的主要协定及相关协议[①]，为国际贸易提供了"游戏规则"，而这些"游戏规则"的主线就是贯穿WTO所有条款始终的普遍准则，即基本原则。这些原则是成员方必须遵守的原则，并已经逐步成为签订国际经济贸易各类条约、协定和条款须参考的重要原则。要熟悉WTO的基本规则，掌握其运用技巧，需要对WTO主要条款有深刻认识。

本章的学习需要着重了解WTO基本原则的要点、具体适用范围及其例外，并结合案例分析其运用技巧。

章首案例

2018年中美贸易战：WTO规则意识

WTO是为构筑和管理世界贸易统一市场而建立的国际经济组织，成员之间在WTO法律框架内开展贸易。随着贸易活动的增多，彼此间发生贸易摩擦是很正常的事情，而对规则的理解和执行情况的差异，就决定了摩擦的多少以及摩擦系数的大小。

近年来，由于美国国内贸易保护主义的抬头以及美国对中国的战略遏制等原因，中美双边贸易摩擦日益增多。2018年1月，特朗普政府宣布"对进口大型洗衣机和光伏产品分别采取为期4年和3年的全球保障措施，并分别征收最高税率达30%和50%的关税"，正式拉开了2018年中美贸易大战的序幕，此后风起云涌、暗流涌动、大棒过招、暗器频发等大戏一幕幕上演。

比如，美国政府先后挑起"232调查"和"301调查"，对贸易伙伴，尤其是针对中国的商品大规模加税。从3月23日起实施的232措施中，欧盟、阿根廷、澳大利亚、巴西、加拿大、墨西哥、韩国等经济体的钢、铝关税得到暂时豁免，可见，所有调查案件针对中国的意图非常明显，甚至宣布对产自中国的钢制轮毂产品发起反倾销和反补贴调查。

2018年4月4日，美国政府发布了将对我输美的1 333项500亿美元的商品加征25%的

---

① 本书所有相关条款译文出自《世界贸易组织乌拉圭回合多边贸易谈判结果法律文本》（法律出版社，2000年版）及《中国加入世界贸易组织法律文件》、《世界贸易组织法律文本——乌拉圭回合多边贸易谈判结果》（电子版，网址：http://vip.chinalawinfo.com/other/WTO/wto.htm）。

关税商品清单。根据《中华人民共和国对外贸易法》和《中华人民共和国进出口关税条例》相关规定，经国务院批准，国务院关税税则委员会决定对原产于美国的大豆、汽车、化工品等14类106项商品加征25%的关税。实施日期将视美国政府对我商品加征关税实施情况，由国务院关税税则委员会另行公布。由此，美国挑起了中美贸易磨擦。

美国特朗普政府成立以来，贸易保护主义、孤立主义、单边主义表现非常明显，是这一届政府的显著标志。特朗普声称WTO成员贸易不公平，让美国吃了大亏。因此，他表示要改变现状，甚至扬言"要退出WTO"。我国商务部官员批评此举严重违反WTO原则，是贸易保护主义和单边主义的典型，是开历史的倒车。

几乎与此同时，另一类措施更为可怕。比如，4月16日美国商务部发布公告，禁止美国企业向中兴公司出售零部件产品，期限为7年。据了解，此次受影响最大的是芯片等元器件。这一针对中兴通讯的制裁措施，不是在WTO框架下做出的裁决，这不是一起简单的经济贸易纠纷，而是美国霸权政治在经济领域的延伸，让中国企业成为牺牲品。这是特朗普政府针对中国高端制造业和中国崛起的战略遏制。

据统计，2017年中国进口芯片价值2 300亿美元，是进口额居第二位的石油的2倍还多。而这些芯片大部分来自美国，其附加值高，为平衡中美贸易起到重要作用。但是，中兴通讯事件之后，这一局面可能会发生改变。未来，如果这一制裁措施扩大到其他厂商，加之双方加征关税措施持续生效，中国的进口额将大大减少，双边的贸易额会缩小，但贸易顺（逆）差的比例有可能会进一步扩大，到时摩擦还可能升温。

经过多方磋商，2018年5月20日，中美双方发表联合声明，达成不打贸易战的共识。但6月15日，美国又公布了对500亿美元中国商品征收25%关税的具体商品清单。

资料来源：

［1］根据时事新闻整理。

［2］佚名. 中美贸易战最新消息：切断芯片进口是中国崛起的阵痛［EB/OL］.［2019-01-20］. http：//www.zhicheng.com/n/20180420/209337.html.

案例思考：

［1］这次中美表面上看是贸易之争，而其实质或者核心是什么之争？

［2］你了解WTO的规则吗？根据案例你认为美国违反了WTO的什么规则？

［3］你认为美国的国内法与WTO规则能否并行？为什么？

［4］通过此次贸易大战，你认为中国有哪些经验可以吸取？在WTO贸易规则把握方面还有哪些需要改进的？

第一节　了解WTO

一、从关税与贸易总协定（GATT）到WTO之蜕变

世界经济危机以及第二次世界大战（简称"二战"），导致世界贸易急剧萎缩。二战后，为恢复贸易并重建国际贸易秩序，1946年2月联合国经济与社会理事会成立了国际贸易组织筹备委员会，并草拟了《国际贸易组织宪章》（即《哈瓦那宪章》）。但由于未能得到某些协议签字国尤其是美国的批准，原计划建立的国际贸易组织（ITO）成立无望，于

是在1947年4月，包括中国（由国民党政府代表）在内的23个国家进行了关税减让谈判，签订了关税减让协议。1947年10月，这23个国家又将《国际贸易组织宪章》第四章有关贸易政策的内容纳入进来，签订了《关税与贸易总协定》。1948年1月1日《关税与贸易总协定》临时生效，但这一临时就临时了47年（1948—1994年），才逐步建立了相关机构，行使一个国际组织的职责。

GATT由于其产生背景的特殊性，不可避免地存在一些局限性，主要表现为：第一，它不是正式生效的国际公约，仅是一个政府间的协议，缺乏权威性；第二，GATT条文的漏洞较多；第三，管辖范围仅限于货物贸易，对于新时期发展迅速、在国际贸易中所占份额日益增加的服务贸易、技术贸易以及国际投资问题没有涉及；第四，争端解决机制有待改善，在做出决策时要求所有缔约方"完全协商一致"，很难公正、客观地做出裁决；第五，GATT成员数目激增，全球性的新问题不断涌现，使GATT难以堪当新的时代重任；第六，区域集团化的趋势和现象不断强化，GATT的调节作用逐步被弱化。各国意识到必须建立一个新的更具权威的多边贸易组织来取代关贸总协定。在GATT第8轮乌拉圭回合多边贸易谈判期间，意大利提出了建立多边贸易组织（Multilateral Trade Organization，MTO）的倡议，得到加拿大、美国等国的支持，经过多次谈判，1993年11月形成了《建立多边贸易组织的协议》，后根据美国的提议，将多边贸易组织改名为"世界贸易组织"（World Trade Organization，WTO）。WTO于1995年1月1日正式运行。截止到2015年7月底，WTO共有164个正式成员。其成员贸易总额占全球的98%，有"经济联合国"之称。

小资料1-1

WTO标志

WTO建立时，并没有官方标识。上图的这六条弧线，是1996年第一次部长级会议主办方新加坡采用的会议图标。1997年4月，WTO理事会接受了新加坡的建议，正式将这个Logo确认为WTO的官方标志，并获得相关版权。同年10月6日举行了发布仪式。

第一次部长级会议时，该Logo从200多候选标志中脱颖而出，其设计者是新加坡淑杨设计公司（Su Yeang Design）。

该标识由六道向上弯曲的弧线组成，上三道和下三道均分别为红、蓝、绿三种颜色。标识意味着充满活力的WTO在持久和有序地扩大世界贸易方面将发挥关键作用。六道弧线组成的球形表示WTO是由不同成员组成的国际机构。标识久看有动感，象征WTO充满活力。

WTO的目标是建立一个完整的包括货物、服务、与贸易有关的投资及知识产权等更具活力、更持久的多边贸易体系，以保护关贸总协定贸易自由化的成果和乌拉圭回合多边贸易谈判的所有成果。为此，《建立世界贸易组织协定》中明确规定，WTO的宗旨是：

WTO 全体成员在处理贸易和经济领域的关系时，应提高生活水平，保证充分就业，大幅度提高实际收入和有效需求；扩大货物、服务的生产和贸易；持久地开发和合理地利用世界资源，努力保护和维持环境，并以符合本国经济发展水平的方式来加强环保。

WTO 继承了 GATT 的宗旨，但与 GATT 相比，WTO 的宗旨更强调国际贸易活动必须有利于保护环境和可持续发展，更强调对发展中国家给予相应的差别或优惠待遇。

WTO 自 1995 年 1 月 1 日问世后，与 GATT 并行了一年，GATT 于 1996 年 1 月 1 日退出历史舞台。至此，WTO 成为处理国家之间贸易规则的唯一国际机构。WTO 在法律上与联合国等国际组织处于平等地位，并与国际货币基金组织（IMF）、世界银行（WB）一起被誉为"世界经济的三大支柱"。相对以 GATT 为核心的旧多边贸易体制而言，以 WTO 为核心的新体制在国际贸易规则方面做了重要修改和突破。作为国际组织，GATT 已经不复存在，但作为协议，GATT 仍然保留在 WTO 中管理货物贸易。

二、WTO 的主要职能

WTO 的主要职能之一是负责管辖各项贸易协定、协议。这些协议主要包括：（1）有关货物贸易的多边协议，具体包括：GATT 1994、《农业协定》《关于卫生和动植物检疫措施的协议》《纺织品与服务协议》《贸易的技术性壁垒协议》《与贸易有关的投资措施协议》《反倾销协议》《海关估价协议》《装船前检验协议》《原产地协议》《进口许可证协议》《补贴与反补贴措施协议》《保障措施协议》等；（2）《服务贸易总协定》及附件；（3）《与贸易有关的知识产权协定》（以下简称《知识产权协定》）；（4）《贸易争端解决程序与规则的谅解》，即关于贸易争端解决的有关协议及程序。此外，还对所辖的不属于"一揽子"协议项下的诸边贸易协议如《政府采购协定》《民用航空器贸易协议》等的执行管理和行为提供组织保障。

小知识 1-1

诸边协议

在东京回合谈成的协议中四个协议只有为数不多的签字者。这四个协议称作"诸边协议"。其他东京回合协议在 1995 年 WTO 建立时成了多边义务（即所有 WTO 成员的义务）。这四个诸边协议是：民用航空器贸易协议、政府采购协定、国际奶制品协议和国际牛肉协议。其中，国际牛肉协议和国际奶制品协议已于 1997 年终止，并入农产品协议中。该类协议对参加的 WTO 成员有约束力，对不参加的 WTO 成员没有约束力。

小知识 1-2

展边协议

《信息技术协定》（Information Technology Agreement，ITA）是世贸组织项下的多边贸易协定，于 1997 年 4 月生效，其成员代表了全球 99% 的 IT 产品出口额，旨在分阶段将信息技术产品的关税削减至零。目前，该协定涉及全球 IT 产品贸易额高达 4 万亿美元。该协定将计算机设备和零件、通信设备、半导体设备和零件、软件、科学仪器等产品涵盖在内，分三个阶段将这些产品的关税降为零。发展中国家实现零关税的时间可以相应延迟，但最迟到 2005 年 1 月 1 日必须将协定内全部产品关税降为零。以日本为首的一些国家就开始提议将 ITA 适用范围扩展，形成新的产品目录，也就是业内人士惯称的 ITA Ⅱ。2003 年在 ITA 加拿大论坛上，美国和加拿大也提议将消费电子产品纳入 ITA 中，ITA 的扩展开始受到WTO会员的普遍关注。该协定又被称为展边协定，即它是世贸组织成员和申请加入世界组织尚未成为世贸组织成员的国家和地区均可自愿加入的贸易协定，对参加者有约束力，对不参加者没有约束力。2015年7月该协定谈判取得重大进展（2016年开始实施），达成重磅协议。WTO框架下《信息技术协定》扩围谈判成功，包括中国在内的谈判各方同意在3年内对201项信息技术产品实施零关税。这是世贸组织18年来达成的最大规模关税减让协议，也是全球IT产品史上最大规模的减税协议。该协定截至2003年4月25日共有60个参与方，含欧盟。中国于2003年成为其成员。

资料来源：

[1]根据百度百科"诸边协议"整理。

[2]佚名.美日谋划扩大零关税产品[N].经济参考报，2005-02-25.

WTO的主要职能之二是为成员提供处理各协定、协议有关事务的谈判场所，并为WTO发动多边贸易谈判提供场所、谈判准备和框架草案。WTO所有贸易协定、协议均是谈判取得的成果。自GATT到WTO共经历了9次贸易谈判。GATT主持了8次贸易谈判，硕果累累。WTO主持的第9次多边贸易谈判——多哈回合谈判一波三折，长久不能达成共同协议，导致成员纷纷寻求其他途径与贸易伙伴合作。2013年终于达成《巴厘一揽子协定》，使贸易便利化、农业和发展等方面的观点达成统一认识。

WTO的主要职能之三是解决各成员间发生的贸易争端，负责管理WTO争端解决协议。

WTO的主要职能之四是对各成员的贸易政策、法规进行定期审评，即负责审议各成员贸易政策法规是否与WTO相关协议、条款规定的权利义务相一致。世贸组织贸易政策审议是其透明度机制最重要的组成部分之一，是成员相互了解彼此经济贸易体制和政策走向的重要平台。

WTO运行以来，每年被审议的国家不断增加，如图1-1、图1-2所示。自1989年起截止到2017年年底WTO共完成了467次审议。2006年WTO首次对中国进行了贸易政策审议，到2016年7月已完成6次全面审议（每2年审议一次）。2018年7月11日，世贸组织在瑞士日内瓦开始对中国进行第七次贸易政策审议，中国商务部副部长兼国际贸易谈判副代表王受文率团出席。中国代表团由国内十多个部门代表组成。

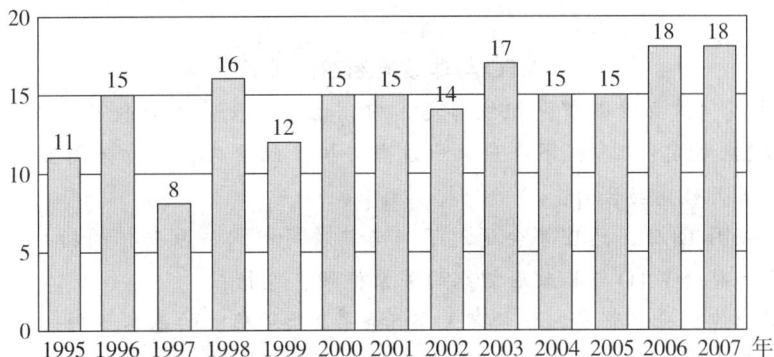

图1-1　1995—2007年世界贸易组织政策审议成员方数量

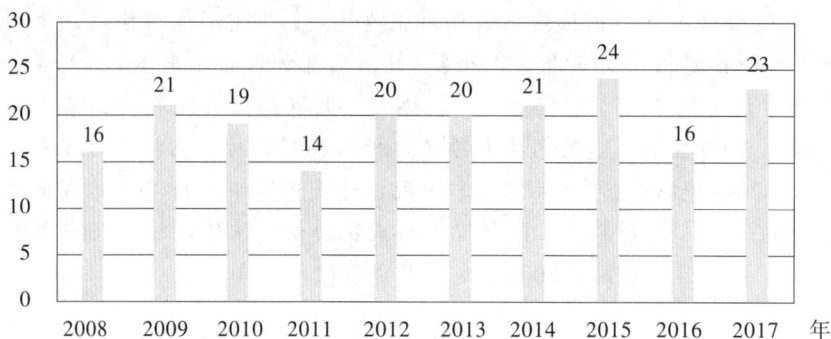

图1-2　2008—2017年世界贸易组织政策审议成员方数量

资料来源：世界贸易组织（www.wto.org）。

小知识1-3

贸易政策审议机制

贸易政策审议机制（Trade Policy Review Mechanism，TPRM）是世界贸易组织管辖的一项多边贸易协议。它由目的、国内政策透明度、审议程序、报告、与GATT 1994和《服务贸易总协定》的国际收支条款的关系、对机制的评审、国际贸易环境发展综述共7条组成。《贸易政策审议机制》规定的审议频率为，在世界贸易市场份额中居前4位的成员每2年审议一次，居前5~20名的成员每4年审议一次，其他成员每6年审议一次，最不发达国家成员可以有更长的审议间隔时间。此外，它还规定了审议的程序。《贸易政策审议机制》的目的是通过对各成员的全部贸易政策和做法及其对多边贸易体制运行的影响进行定期的集体审议和评估，促进所有成员更好地遵守多边贸易协议和适用的诸边贸易协议项下的规则、纪律和承诺，并通过深入了解各成员的贸易政策和实践，实现其更高的透明度而使多边贸易体制更加平稳地运作。

WTO建立了贸易政策审议机构（TPRB），负责贸易政策审议机制的运作，对各成员的贸易政策进行定期审议。

资料来源：根据百度百科"贸易政策审议机制"整理。

WTO的主要职能之五是协调与国际货币基金组织和世界银行等国际经济组织的关系，以保障全球经济决策的凝聚力和一致性，避免政策冲突。

专栏1-1

WTO与非政府组织的关系

WTO在达成《建立世界贸易组织协定》中，已经包含关于非政府组织的内容。该协定的第5条第2款规定："总理事会应做出适当安排，以便与在职责范围上与WTO有关的各非政府组织进行磋商与合作。"

在1996年6月18日，总理事会通过了《与非政府组织关系安排的指导方针》（WT/L/162），建立了一整套WTO与非政府组织的关系框架，包括：

（1）遵循《建立世界贸易组织协定》第5条第2款所确立的基本原则；

（2）各成员方愿意提高WTO的透明度并发展同非政府组织的关系；

（3）为了达到更具透明度的目的，必须保证非政府组织获得更多有关WTO活动的信息，特别是比过去更快地取消对获取有关这些活动的文件限制。为此，秘书处将相关资料

（包括已经取消限制的文件）在互联网上公布；

（4）WTO秘书处应积极地采用各种方式，发展同非政府组织的直接联系；

（5）如果WTO各理事会或委员会的主席参加同非政府组织的讨论会或其他会议，他只应代表其本人，除非该理事会或委员会做出其他的特别决定；

（6）各成员方重申WTO是一个对其成员方的有关权利和义务具有法定拘束力的政府间组织。因此，各成员方认为非政府组织不可能直接参与WTO的工作或其会议。

自1996年以来，WTO在发展同非政府组织的关系中进行了如下几种尝试：第一，允许非政府组织参加部长级会议。1996年12月的新加坡会议是WTO历史上第一次由非政府组织参加的主要会议。总共有159个非政府组织登记并参加了会议，其中的108个非政府组织（235名个人）代表环境、发展、消费者、商业和农民等各方面利益。第二，为非政府组织举行讨论会。自1996年以来，秘书处为非政府组织安排了许多场讨论会。第三，同非政府组织保持日常联系。WTO秘书处每天都会从全世界收到大量的非政府组织的询问信函。第四，一些新的举措。从1998年秋开始，WTO秘书处将为非政府组织提供日常工作简报；在WTO官方网站上增加有关非政府组织的相关内容。另外，秘书处还会将其每月收到的由非政府组织提交的报告的目录汇编成册并散发给各成员方。值得注意的是，WTO争端解决机构在其报告中也对非政府组织的地位予以确认。在"海龟案"中肯定了非政府组织所提供的信息对于专家小组、上诉机构及当事方的法律上的意义。

资料来源：刘新宇．非政府组织与世界贸易组织关系之探讨［EB/OL］．［2018-12-12］．http：//www.law-lib.com/LW/lw_view.asp？no=1214.

扩展阅读：

［1］赵维田．WTO案例研究：1998年海龟案［EB/OL］．［2018-12-11］．https：//wenku.baidu.com/view/8653fcd276a20029bd642dd6.html.

［2］陈红．NGOs与WTO多边贸易体制关系研究［D］．重庆：西南政法大学，2009.

三、WTO的机构

WTO为执行其职能，设立了相应的组织机构，主要有部长会议、专门委员会、总理事会、理事会、秘书处和总干事。此外，WTO还设立了贸易政策审议机构、争端解决机构和上诉机构。

部长会议是WTO的最高权力机构，至少应每两年举行一次，下设贸易与发展委员会、贸易与环境委员会、国际收支限制委员会、财务与行政管理委员会，以及预算、财政和行政委员会等各种委员会，负责相应的事务。WTO历届部长级会议基本情况见表1-1。

表1-1　　　　　　　　　　　　　　　WTO历届部长级大会

	时间	地点	中心议题	代表性成果
第一届	1996.12.9—13	新加坡	乌拉圭协议的执行情况、世界贸易的最新发展、讨论WTO的未来	《新加坡部长宣言》《信息技术协定》
第二届	1998.5.18—20	日内瓦	全球多边贸易体制50周年庆典、发动新一轮贸易谈判	《日内瓦部长宣言》《全球电子商务的决定》

续表

	时间	地点	中心议题	代表性成果
第三届	1999.11.30—12.3	西雅图	启动"千年回合"	无果而终
第四届	2001.11.9—13	多哈	批准中国和中国台北市加入WTO、启动新一轮多边贸易谈判	《多哈部长宣言》《与执行有关的问题与若干考虑》《TRIPs协定与公共健康宣言》
第五届	2003.9.10—14	坎昆	中期评审	《坎昆部长宣言》
第六届	2005.12.13—18	中国香港	推动多哈发展回合谈判	《香港部长宣言》
第七届	2009.11.30—12.2	日内瓦	WTO、多边贸易体制和当今全球经济环境	未达成有效协议
第八届	2011.12.15—17	日内瓦	多边贸易体制与WTO的重要性、贸易与发展以及多哈发展议程	俄罗斯入世；通过简化最不发达国家加入WTO的决议
第九届	2013.12.3—7	巴厘岛	贸易便利化、农业和发展	《巴厘部长宣言》《巴厘一揽子协定》
第十届	2015.12.15—19	内罗毕	最不发达国家发展问题、农业谈判中的出口竞争，以及多哈核心议题后续谈判框架	《内罗毕部长宣言》及9项部长决定；《信息技术协定》
第十一届	2017.12.10—14	布宜诺斯艾利斯	农业议题、渔业补贴议题、服务贸易国内规制议题、电子商务议题以及投资便利化和中小微企业等新议题	渔业补贴、电子商务工作计划、小经济体工作计划、知识产权非违反之诉和情景之诉等部长决定；70个成员联署《关于投资便利化的部长联合声明》

资料来源：根据相关新闻和资料整理得到。

总理事会是一个包括所有成员代表的机构，下设货物贸易理事会、服务贸易理事会、与贸易有关的知识产权理事会。

秘书处和总干事：秘书处由总干事领导，负责处理WTO的日常事务。

小资料1-2

WTO历任总干事

WTO成立以来，历经四任总干事。

首任是意大利前外贸部部长鲁杰罗（Renato Ruggiero）（任期为1994年4月—1999年4月）。

第二任是新西兰前总理穆尔（Mike Moore）（任期为1999年4月—2002年8月）。

第三任是泰国前商务部部长兼副总理素帕猜（任期为2002年9月—2005年8月）。值得一提的是，素帕猜是多边贸易体制成立60年来第一个担任此职务的发展中国家代表。

第四任、第五任总干事是帕斯卡尔·拉米（Pascal Lamy）（欧盟前贸易委员，法国人，任期2005年9月—2009年8月；2009年9月—2013年8月）。主张增强交易，克服贸易阻力。

第六任、第七任总干事是巴西外交官罗伯托·阿泽维多（2013年9月—2017年2月；2017年2月至今）。首位来自拉丁美洲的世贸组织总干事。在任期间WTO达成《巴厘岛一揽子协定》。

补充资料　　　　　　　　　　GATT的总干事

怀特（Sir Eric Wyndham White）（任期1948—1968，英国人）；

朗（Mr.Oliver Long）（任期1968—1980，瑞士人）；

邓克尔（Mr.Arthur Dunkel）（任期1980—1993，瑞士人）；

萨瑟兰（Mr.Peter Sutherland）（任期1993—1995，爱尔兰人）。

资料来源：

[1] 世界贸易组织（http：//www.wto.org/）。

[2] 佚名. GATT/WTO历任总干事［J］. 世界知识，2000（1）.

WTO机构之间的关系如图1-3所示。

四、WTO基本原则概述

为了保障宗旨和目标的实现，WTO制定了一系列的规则，要求各成员应通过达成互利互惠的安排，实质性地削减关税和消除其他贸易壁垒，消除在国际贸易交往中的歧视待遇，坚持最惠国待遇和国民待遇原则，对发展中国家给予特殊和差别待遇，扩大市场准入

```
                              部长大会

        贸易政策审议机构      总理事会          争端解决机构

                    商品贸易    服务贸易    与贸易有关的        上诉
                    理事会      理事会      知识产权理事会      机构
  贸易与环境
  委员会
                    市场准入    基础电信                     争端解决
  贸易与发展          委员会      谈判组                        专家小组
  委员会
                    农产品      自然人流动                   政府采购
  国际收支调控        委员会      谈判组                        委员会
  委员会
                    动植物卫生检疫  海运服务                   民用航空器
  财政和行政          委员会        谈判组                      委员会
  预算委员会
                                金融服务                     国际肉类
                    与贸易有关的   谈判组                        委员会
  技术性贸易          投资措施委员会
  壁垒委员会
                                专业服务
                    原产地规则     工作组
  反倾销措施          委员会
  委员会
                    补贴与反补贴
  进口许可证          措施委员会
  委员会
                    海关估价
  保障措施委员会      委员会

  纺织品监督机构
```

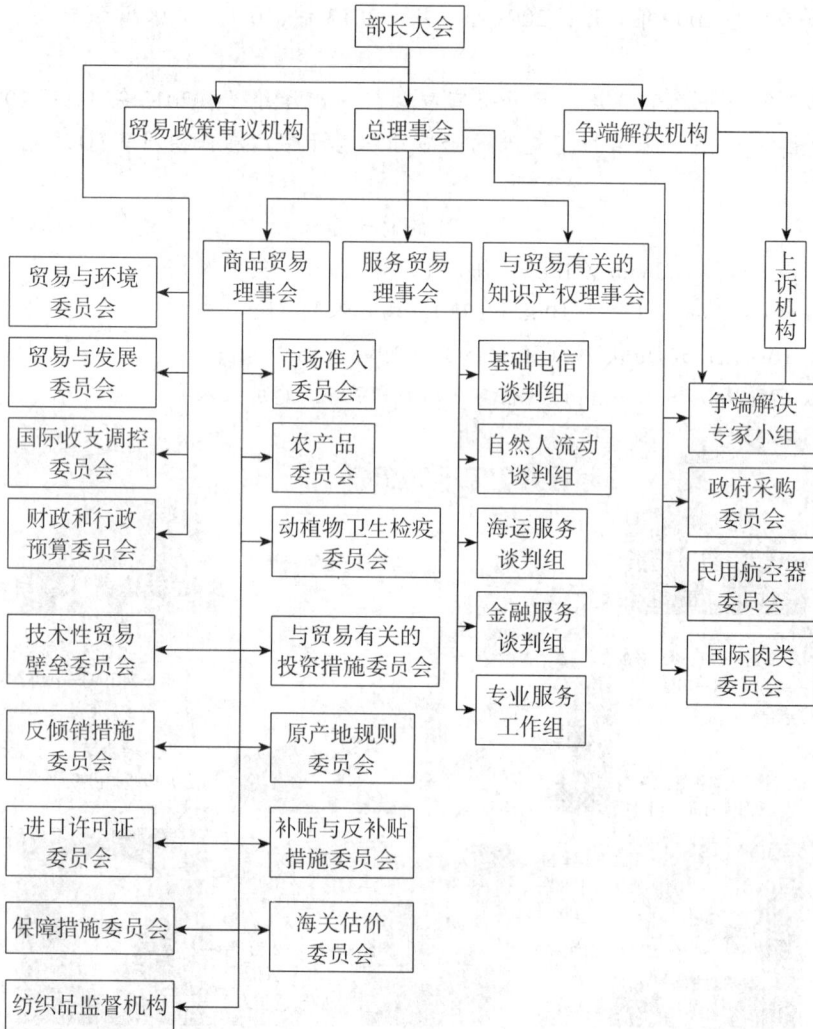

图1-3 世界贸易组织机构图

程度并提高贸易政策和法规的透明度，以及实施贸易政策审议的原则，协调好各成员方的贸易政策，共同推进自由贸易的发展。这些基本原则体现在WTO的各项协议、协定之中。以下将简要概括这些原则，并在后文详细解读并阐述其运用技巧。

（1）非歧视原则，指一成员方在实施某种限制或禁止措施时，不得对其他成员方实施歧视性待遇。任何一方不得给予另一方特别的贸易优惠或加以歧视，包括最惠国待遇原则和国民待遇原则。该原则是WTO的基石，是各成员间平等地进行贸易的重要保证，也是避免贸易歧视、贸易摩擦的重要基础。该原则涉及关税削减、非关税壁垒的消除、进口配额限制、许可证颁发、输出入手续、原产地标记、国内税负、出口补贴、与贸易有关的投资措施等领域。

最惠国待遇原则，指在货物、服务贸易等方面，一成员给予其他任一成员的优惠和好处，都须立即无条件地给予所有成员。该原则涉及一切与进出口有关的关税削减，与进出口有关的规则和程序、国内税费及征收办法、数量限制、销售、储运、知识产权保护等领域。

国民待遇原则，指在征收国内税费和实施国内法规时，成员对进口产品、外国企业与服务和本国（地区）产品、企业、服务要一视同仁，不得歧视。严格讲应对外国商品或服务与进口国国内商品或服务给予平等待遇。该原则适用于与贸易有关的关税减让、国内税费征收、营销活动、政府采购、投资措施、知识产权保护、出入境以及公民法律地位等领域。

（2）关税减让原则。关税是WTO唯一允许的贸易保护手段，但允许关税作为保护手段，并不意味着各成员可以随意使用。WTO主要通过多边谈判实现关税减让。

该原则主要适用于商品进口。该原则是GATT自始倡导的原则，并且作为非歧视、最惠国待遇、贸易自由化、互惠和透明度等原则的实际执行载体。GATT第2条、第28条以及第28条附加条款对关税减让表和进行多边贸易谈判的方法做了原则规定。关税减让除了规定直接降低关税税率之外，还有以下三种主要形式：在谈判期间不得提高现行税率，不得增减免税税目；固定现行各项税率；规定税率的最高限。

（3）取消数量限制的原则。该原则是指在各成员方实施贸易保护措施时，禁止实行数量限制，消除形形色色的非关税壁垒，促进国际贸易公平、公正地进行。

该原则与关税减让原则一起并称为贸易自由化原则，即指通过限制和取消一切妨碍和阻止国际贸易开展与进行的障碍，包括法律、法规、政策和措施等，促进贸易的自由发展。

（4）透明度原则。该原则要求各成员将实施的有关管理对外贸易的各项法律、法规、行政规章和司法判决等迅速加以公布，以使其他成员政府和贸易经营者熟悉；各成员政府之间或政府机构之间签署的影响国际贸易政策的现行协定和条约也应加以公布；各成员应在其境内统一、公正和合理地实施各项法律、法规、行政规章、司法判决等。

该原则适用于各成员方之间的货物贸易、技术贸易、服务贸易、与贸易有关的投资措施，知识产权保护，以及法律规范和贸易投资政策的公布程序等领域。

（5）公平贸易原则。该原则主要体现为互惠互利原则和公平竞争原则。互惠互利原则，即为世界贸易组织成员方之间相互给予对方以贸易上的优惠待遇。任一成员方在享受其他成员方的优惠待遇时，必须给其他成员方以相同的优惠待遇；相应地，任一成员方在给予其他成员方以优惠待遇的同时，也享有其他成员给予的同样的优惠待遇。一成员方如果实行贸易保护政策，必将引起其他成员方的制裁和报复。例如，发达国家若在纺织品、初级产品等方面做出了让步，发展中国家就应在服务贸易和知识产权保护等方面做出让步。公平竞争原则即为WTO禁止成员采用倾销或补贴等不公平贸易手段扰乱正常贸易行为，并允许采取反倾销和反补贴的贸易补救措施，保证国际贸易在公平的基础上进行。

（6）对发展中成员优惠原则。WTO认为，发达成员方有必要认识到促进发展中成员方的出口贸易和经济发展，从而带动整个世界贸易和经济的健康发展。因此，在各项协议中允许发展中成员方在相关的贸易领域，在非对等的基础上承担义务。

这是关贸总协定和WTO考虑到发展中成员经济发展水平和经济利益而给予的有差别的更加优惠的待遇，是对WTO无差别待遇原则的一种例外（普遍适用）。

（7）公平解决争端原则。世界贸易组织争端解决机制鼓励成员方通过双边磋商解决贸易争端，以保证世界贸易组织规则的有效实施为优先目标，严格规定争端解决的时限，实行"反向协商一致"，禁止未经授权的单边报复的决策原则，容许交叉报复。

该原则涉及纺织品和服装、热带产品、自然资源产品、农产品、服务贸易以及知识产权保护等领域。

WTO基本原则示意图如图1-4所示。

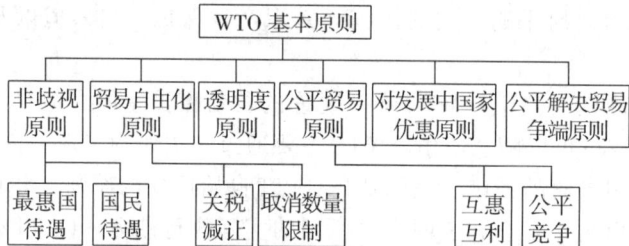

图1-4 WTO基本原则示意图

以下重点讨论最惠国待遇原则、国民待遇原则、取消数量限制原则、透明度原则和对发展中国家优惠原则，其他原则均在以后各章中具体阐述。

第二节 最惠国待遇原则解读及运用

一、最惠国待遇原则的特点

根据联合国国际法委员会《最惠国条款最后草案》，最惠国待遇的定义是："给惠国给予受惠国或者与该受惠国有确定关系的人或物的优惠，不低于该给惠国给予第三国或者与该第三国有同样关系的人或物的待遇。"最惠国待遇条款是WTO最基本和核心的原则之一，它要求成员在货物贸易、服务贸易和知识产权保护领域等各个方面，给予任何第三国（地区）的减让、优惠或豁免，缔约另一方或其他缔约方可以得到相同的待遇。

最惠国待遇有双边与多边最惠国待遇、无条件的与有条件的最惠国待遇、无限制的与有限制的最惠国待遇之分。WTO的最惠国待遇是多边的、无条件的和无限制的最惠国待遇。其特点为：具有自动性、同一性、相互性和普遍性。自动性是最惠国待遇的内在机制，体现在"立即和无条件"的要求上。当一成员给予任何第三方的优惠超过其他缔约成员享有的优惠时，这种机制就启动了，其他成员便自动地享有了这种优惠。同一性是指当一成员给予其他国家的某种优惠自动转给其他成员方时，受惠标的必须相同。相互性是指任何一成员既是给惠方，又是受惠方，即在承担最惠国待遇义务的同时，享受最惠国待遇权利。普遍性是指最惠国待遇适用于全部进出口产品、服务贸易的各个部门和所有种类的知识产权所有者和持有者。

二、最惠国待遇原则的适用范围

（一）货物贸易领域中的最惠国待遇原则

GATT第1条规定了适用于当今世界贸易体制的普遍最惠国待遇。其中第1款规定："对输出或输入、有关输出或输入及输出或输入货物的国际支付转账所征收的关税和费用方面，在征收上述关税和费用的方法方面，在输出或输入的规章手续方面，以及在本协定第3条第2款（国内税或其他国内费用的征收）及第4条（国内销售、推销、购买、运输、分配或使用的全部法令、条例和规定方面）所述事项方面，缔约方对来自原产地或运往其他国家（地区）的产品所给予的利益、优待、特权或豁免，应当无条件地给予来自原产地或运往所有其他缔约方（境内）的相同产品。"根据该条的规定，最惠国待遇不仅适用于产品关税税率，还适用于以下范围：①与进出口有关的其他费用；②征收上述关税和费用的方法；③与进出口有关的规章手续；④直接或间接征收国内税或其他费用；⑤关于产品的国内销售、推销、购买、运输、分配或使用的全部法令和规定。

1948 年印度政府对某些国内产品征收消费税，当产品出口时，对生产商退回已经收取的消费税。但印度政府的这一规定却不适用于向巴基斯坦出口的产品。因而巴基斯坦要求 GATT 裁决印度的这种消费税退税歧视违反了 GATT 第 1 条第 1 款的最惠国待遇原则。

最惠国待遇原则适用于国内税方面授予的任何利益、优待、特权和豁免。因此，印度对巴基斯坦的这种歧视违反了最惠国待遇。最后，印度与巴基斯坦达成了协议，取消了对巴基斯坦出口的歧视。

除此之外，GATT 的其他条款也规定了最惠国待遇原则。如第 2 条关于关税减让的规定，第 9 条关于原产地标记的规定，第 13 条关于非歧视地实施数量限制的规定。

（二）服务贸易领域的最惠国待遇原则

《服务贸易总协定》（GATS）在第二部分"一般义务与规范"中规定了最惠国待遇。第 2 条第 1 款规定：在该协定下的任何措施方面，各成员方应立即和无条件地给予任何其他成员方的服务和服务提供者以不低于任何其他国家（地区）相同的服务和服务提供者的待遇。要求 WTO 成员方在服务贸易领域相互给予最惠国待遇。可见，GATS 的最惠国待遇不仅给予服务，而且给予服务提供者。

（三）知识产权领域的最惠国待遇原则

TRIPs 第 4 条规定了 WTO 成员方在知识产权保护领域相互给予最惠国待遇的义务："就知识产权保护方面，一成员给予任何其他成员的国民的任何利益、优惠、特权或豁免，应当立即无条件地给予其他所有成员的国民。"

三、最惠国待遇原则的例外

最惠国待遇原则是 WTO 法律制度的基石。但是在某些特殊情况下，某些 WTO 成员不愿意或客观上不能给予所有 WTO 成员一视同仁的待遇，他们要求有某些例外，允许他们在一定条件下提出请求，暂时背离最惠国待遇的规定，实行歧视性措施，或者某些优惠只给予某些成员，或者某些措施只对某些 WTO 成员实施。这些特殊情况下的某些例外，就是最惠国待遇原则的例外。这些例外的特征就是，一般在最惠国待遇原则的实施过程中，缺少了无条件、互惠、普遍三个要求中的某个或全部特征。

最惠国待遇原则的例外主要有以下四种情形：

一是区域经济一体化组织例外。区域经济一体化主要有自由贸易区、关税同盟、共同市场和经济同盟等形式。在经济利益的推动下，区域贸易自由化已经成为一种潮流。目前区域经济一体化已经成为最惠国待遇原则的一个最重大、最现实的例外。WTO 允许区域贸易自由化作为最惠国待遇原则的例外，允许他们贸易自由化的优惠安排只在彼此之间进行。GATT 第 24 条对其作为例外的合法性已经予以明确的承认。

二是对发展中国家适用的"普惠制"（GSP）例外。"东京回合"谈判通过的"授权条款"授权发达的缔约方根据普遍优惠制度对原产自发展中国家的产品给予优惠的关税待遇。允许其不适用普遍的最惠国待遇，即在给予发展中国家成员最低关税时，不立即和无条件地将这类优惠给予其他成员。各给惠国（地区）实施了不同的普惠制方案。

小知识1-4

普惠制

普惠制即普遍优惠制，作为一种关税制度，是指工业发达国家（地区）对发展中国家或地区出口的制成品或半制成品给予普遍的、非歧视的、非互惠的关税制度。

普惠制是发展中国家（地区）经过长期的斗争后获得的胜利成果。1968年第二届联合国贸易与发展会议上通过了建立普惠制的决议。1971年7月，欧洲共同市场首先制定了普惠制方案，并开始实施。

给惠国是给予发展中国家普惠制待遇的国家，一般都是发达国家。至今世界上共有40个给惠国。欧盟27国（比利时、丹麦、英国、德国、法国、爱尔兰、意大利、卢森堡、荷兰、希腊、葡萄牙、西班牙、奥地利、芬兰、瑞典、波兰、捷克、斯洛伐克、拉脱维亚、爱沙尼亚、立陶宛、匈牙利、马耳他、塞浦路斯、斯洛文尼亚、罗马尼亚、保加利亚）、美国、日本、加拿大、瑞士、澳大利亚、挪威、俄罗斯、白俄罗斯、新西兰、土耳其、乌克兰、哈萨克斯坦、列支敦士登公国。共实施13个给惠方案，其中欧盟27个成员执行一个共同的普惠制，列支敦士登公国与瑞士组成关税联盟执行瑞士的普惠制方案。其他各给惠国实施各自的普惠制方案。享受待遇的有170多个发展中国家和地区。

根据大多数给惠国的规定，享受普惠制必须凭受惠国政府指定的机构签署的普惠制原产地证书（注：我国政府指定各地出口商品检验机构签发普惠制原产地证书）。享受普惠制待遇商品必须符合下列条件：①原产地标准。一切商品均可分为两类：一类为"完全原产地"，即商品完全是受惠国出产或制造，没有使用任何进口原料或零部件；另一类为全部或部分使用了进口原料或零部件（包括来源不明的原料和零部件）生产的产品。②商品要符合直接运输的原则。出口商品必须直接从受惠国家运往给惠国。通过过境国的，必须在过境国海关监管之下，没有投入当地市场销售或交付当地使用，更不能在那里进行其他再加工。③必须提供有效的证明文件。提供普惠制原产地证明书（申报和证明联合）格式A，简称GSP FORM A，及其他有关的单证。FORM A产地证书是受惠国的原产品出口到给惠国时享受减免关税优惠待遇的法律凭证。FORM A产地证书不同于一般产地证书，一般产地证是享受最惠国待遇的有效证件，普惠制FORM A产地证，则是享受普惠制减免税待遇的有效证件。

普惠制以十年为一个实施阶段，每个阶段结束时，贸发会议优惠问题特别委员会对普惠制的实施情况进行全面审议，以确定下一个阶段实施方案。现在普惠制已进入第四个十年实施阶段。

以前除了美国之外给惠国均给予我国普惠制待遇。美国仅给予我国最惠国待遇。匈牙利、斯洛文尼亚、爱沙尼亚、拉脱维亚、立陶宛、塞浦路斯和马耳他自2004年5月1日，罗马尼亚和保加利亚自2007年1月1日，列支敦士登自2007年6月26日分别对我国签发普惠制证书。

每一个普惠制方案结束时给惠国都会讨论是否延长普惠制待遇。据《粤中时报》2018

年 4 月报道，美国总统特朗普签署了有关文件，将美国给予柬埔寨的普惠制待遇延长至 2020 年 12 月 31 日。

资料来源：根据百度百科"普惠制"及相关新闻整理。

三是服务贸易领域的例外。在服务贸易领域，最惠国待遇原则的存在有一个范围，就是"最惠国待遇豁免清单"范围之外的事项。GATS 在第 2 条第 1 款中规定最惠国待遇的同时又在第 2 款中规定：每个成员方得保持与第 1 款规定不一致的措施，只要该措施列入"免除第 2 条义务附件"并符合该附件的条件。在《建立世界贸易组织协定》正式生效之前，成员可以提交一份"最惠国待遇豁免清单"，列明它将采取的与最惠国待遇原则不相一致的措施，在 GATS 生效后，该成员有权实施这些措施，只要这些措施符合清单上所标明的条件。这就是所谓的"反列清单"。该条款事实上就是允许各成员方出于自身利益的考虑，对给予其他成员方的最惠国待遇附加各种各样的限制或条件，来缩小其最惠国待遇的给惠范围。

四是知识产权领域的例外。根据知识产权保护的需要，TRIPs 中规定了四种可以不实行最惠国待遇原则的例外：①基于有关司法协助的国际协议或一般性质的法律实施，并且不是特定限于知识产权保护；②根据伯尔尼公约（1971）或罗马公约有关规定允许的待遇，不属于国民待遇，而属于在其他国家获得对等待遇；③有关本协议未规定的演出者、录音制品制作者和广播组织的权利；④在《建立世界贸易组织协定》生效前，根据国际协议规定的知识产权保护措施，假设这种协议通知 TRIPs 理事会，并且不构成对其他成员的专横或不公平的歧视。

四、最惠国待遇原则运用技巧

（一）巧用例外规则

最惠国待遇在实践中有许多例外，其中对于中国来说具有特别意义的就是普惠制和区域经济一体化作为最惠国待遇的例外。中国是以发展中国家身份加入世界贸易组织的。而普惠制是世界贸易组织规则和例外规则中对发展中国家最具有意义的规则之一。如何运用好普惠制获得更多的优惠待遇，使之为中国的对外贸易服务，是值得探讨的。具体说来，一方面要扩大对发展中国家成员的出口贸易。因为根据普惠制的规定，发展中国家成员间的贸易优惠可以不受最惠国待遇的约束，即发展中国家成员间在贸易上的相互优惠可以不扩大到发达国家成员中。这样，中国与发展中国家成员的贸易就具有比发达国家成员更多的优惠，可以弥补中国某些产品竞争力不足的劣势；同时加强与发达国家成员的交流，争取更多的发达国家成员给中国更多的产品普惠制待遇。

案例 1-1

利用普惠制减免关税、扩大出口

［案例简介］

鹤山雅图仕印刷有限公司是江门地区最大的印刷企业，2004 年 1—3 月，该公司申办普惠制产地证书达到 734 份，占了主管签发部门——江门出入境检验检疫局该项业务量的 12%。同期该局对辖下地区（江门市区、鹤山、台山、恩平）签发普惠制产地证书 5 900 多份，签证金额近 1.5 亿美元，按给惠国平均给予 5% 关税优惠计算，就使当地的出口企业减免了 6 000 多万元关税。难怪当地一位做出口欧盟不锈钢制品的老板说："普惠制确实是我们做出口生意的好帮手。"

［案例分析］

本案例是成功利用普惠制扩大出口，增强出口产品竞争力的典范。我国实施普惠制起步较晚，尽管有些企业利用得比较好，但从总体上看，大多企业还没有充分利用这一优惠政策。要更好地利用普惠制，应该注意以下两方面：（1）改进生产技术，减少产品中的进口成分，提高国产化程度。从目前各国给惠方案看，产品原材料国产化程度越高、加工越充分、增值越多，享受普惠制的可能性越大，享受优惠的幅度也越高。此外，发达国家对初级低档产品的减免税率远低于高技术含量、高附加值的产品。这就要求企业不断提高出口产品的档次，增加产品技术含量，从而增大享受关税优惠的幅度，提高享受普惠制的收益。（2）深入研究各给惠国的给惠方案，用好、用足、用活普惠制。普惠制没有统一的方案，各给惠国都是根据自己的实际分别制定税率，有相当大的自由裁量权。因此研究各给惠国的给惠方案特点及运用技巧是能够充分享受普惠制的重要前提。例如，俄罗斯、加拿大等国家市场原产地标准相对较为宽松，对企业利用普惠制扩大出口较为有利。（3）提高外贸从业人员的业务素质，增加运用普惠制的意识和能力。因为普惠制的优惠待遇直接落到目标国进口商身上，出口商完全可以在适当时机提高价格，争取更大利益。

资料来源：佚名. 巧用普惠制减税6 000万元 一季度江门签证1.5亿美元［N］. 南方日报，2004-04-23.

值得注意的是，目前很多发达国家拟逐步取消对发展中国家的优惠待遇，尤其是欧盟经常实施毕业制度。所谓毕业制度就是当发展中国家或地区的产品在优惠政策下出口越来越多，经济增长速度相应加快并达到一定程度时，发达国家认为这些国家或地区可以毕业，就会取消此种优惠。毕业制度包括国家毕业制和产品毕业制，前者意为取消国家受惠资格，后者意为取消某项产品受惠资格。据来自我国商务部的消息，欧盟委员会规定自2015年1月1日起，取消泰国出口欧盟货物享受欧盟普惠制（GSP）优惠待遇。从2014年2月起我国从加拿大普惠制方案中"毕业"。2015年1月1日起，欧盟实施一项新的普惠制政策，根据此政策，我国从欧盟普惠制中"毕业"，输欧产品将不再享受欧盟的普惠制待遇。

专栏1-2

欧盟取消关税优惠　外贸企业面临新挑战

我国从1979年开始正式享受欧盟普惠制待遇，北京出入境检验检疫局数据显示，2013年、2014年该局共签发普惠制证书41 242份，签证金额231 468.96万美元，为企业节省进口关税464 629.38万美元。其中，签发欧盟普惠制证书23 888份，签证金额133 331.8万美元，为企业节省进口关税2 666.64万美元。主要出口产品为机器、有机化学品、钢铁、工业用或药用植物、杂项化学产品等。义乌出入境检验检疫局官网数据显示，2014年，义乌共签发各类原产地证55 890份，签证金额1.27亿美元，货值和金额同比分别增长21.92%和21.01%，为义乌出口企业减免约5 352.75万美元的进口国关税。但自2015年1月1日起，我国出口至欧盟的产品不再享受欧盟普惠制待遇，外贸企业面临新挑战。在义乌一家外贸公司上班的许晓青认为，欧盟全面取消对华普惠制关税优惠，对出口商来说，意味着利润直接下降，欧元对人民币汇率贬值破"7"，加上关税优惠取消，2015年的

"欧单"变得越来越棘手。

资料来源：

[1] 刘研. 降低欧盟普惠制的负面影响 [EB/OL]. [2018-06-08]. http: //www.cqn.com.cn/zggmsb/content/2015-04/22/content_2457570.htm.

[2] 冯俊江. 欧盟取消对华关税优惠区域性优惠 原产地证签证量或将上升 [EB/OL]. [2018-06-09]. http://www.360doc.com/content/15/0216/18/8507568_449012853.shtml.

扩展学习：百度文库"普惠制变化原因及对策"。

此外，根据WTO对区域经济一体化实行的例外原则，自由贸易区国家间实行的贸易优惠和贸易便利措施，不必按照WTO的最惠国待遇原则无条件地推广到所有WTO成员。这一例外原则对世界经济格局产生了重大影响，区域经济一体化已经成为各国为了实现经济增长的重要制度性安排，也使中国发展面临更多的机遇和挑战。在世界各国竞相发展自由贸易区的形势下，如果置身局外或落后于人，发展空间就会受到挤压，在日趋激烈的国际竞争中就可能被"边缘化"，进而在全球竞争中处于不利地位。中国应该重视区域经济一体化，加快区域内部国际分工的合作和深化，特别是要积极探索与亚太经合组织、中国—东盟自贸区等地区经济一体化组织的关系如何不断完善，使中国与这些成员之间享受比最惠国待遇更加优惠的待遇。

（二）坚持服务贸易无条件最惠国待遇

发展中国家一直以来都倾向于对服务贸易领域实行较为严格的控制。而美国基于自身利益提出了反对"搭便车"，要求"互惠对等"的主张。从贸易法方面来说，通过互惠原则寻求服务贸易的对等减让是合理的，但从国际贸易的发展现状来看，由于发达国家和发展中国家之间的巨大差距，以"互惠对等"为条件来享受最惠国待遇，将带来实质上的不公平。发达国家以"互惠对等"作为迫使发展中国家开放国内服务市场的筹码，以表面的平等掩盖实质上的不平等。这种"有条件"的最惠国待遇实际上是对最惠国待遇精髓的否定。只有无条件最惠国待遇才是实现贸易自由化的基石，应是各成员方一起努力的目标。

无条件的最惠国待遇原则，对于中国的服务业进入其他缔约方的服务市场是非常关键的。无条件的最惠国待遇将给我国的某些优势服务产业（如劳务输出、旅游业、餐饮业、娱乐业等）不受歧视地进入世界服务业投资市场创造机会。当然，也将给我国相对处于劣势的服务业带来严峻的挑战，因为给予一国的服务和服务提供者的待遇将会无条件地扩及其他任何一缔约方。

案例 1-2

中美最惠国待遇问题

1979年中国和美国正式建交，双方签署了《中美贸易关系协定》。该协定规定：在平等互利和非歧视待遇原则的基础上，相互给予最惠国待遇。

然而1974年《美国贸易法》第402节，即"杰克逊-瓦尼克修正案"却规定：对限制移民的非市场经济国家，不得给予最惠国待遇。但是总统有权根据该国移民情况，决定是否给予最惠国待遇。总统可向国会建议，将该国的最惠国待遇延长1年，到底能否延长，则取决于国会多数票通过的决议。按照"杰克逊-瓦尼克修正案"，美国给予中国的最惠国待遇每年都需复议是否延长。

1989年以前，美国对华最惠国待遇每年都是自动延长（1982年和1983年，有国会议员两次提出取消中国最惠国待遇的提案，但都未获成功）。但是20世纪80年代末90年代初，苏联解体，东欧剧变，世界格局的重大变化使得中国在美国全球战略所处的地位下降。美国对中国的态度逐渐以打压为主。到了1990年，布什总统宣布他将继续延长对华最惠国待遇时，美国国会有些人动议，总统在决定是否延长中国的最惠国待遇时，应考虑"全面的重要问题"，包括所谓的人权、贸易做法和武器扩散等。他们还要求中国保护知识产权，停止不公平的贸易做法，以及在导弹技术、核武器、生物武器和化学武器方面停止"与国际控制标准不符"的活动。

1990—1992年，布什总统否决国会的提案，始终坚持给中国以"无条件最惠国待遇"。1993年克林顿入主白宫，他在4月19日宣布延长下一年度的对华最惠国待遇，但附加了条件，即如果中国在1994年6月以前在所谓的人权、武器扩散等问题上没有显著进步，将不再延长这一待遇。1994年5月6日，800多家美国公司、协会联名上书克林顿总统，强烈要求延长对华最惠国待遇，把所谓的人权问题与最惠国待遇分开。5月17日，106名众议员发表公开信，呼吁克林顿总统延长对华最惠国待遇。在这种形势下，克林顿总统宣布延长对华最惠国待遇，并把所谓的人权问题与最惠国待遇脱钩。1998年7月克林顿总统签署一项税收改革法案，法案中将"最惠国待遇"的提法正式改为"正常贸易关系"，中美争议稍见平缓。

在1999年11月中美达成中国"入世"协议时，美国政府承诺给予中国永久性正常贸易关系（PNTR）。2000年3月克林顿总统向国会提出一项立法建议，要求在中国加入世界贸易组织以前，实现对华永久正常贸易关系。由于PNTR是否通过，对美国高科技产品出口到中国有直接冲击，因此，如英特尔、网康等硅谷高科技公司的主管及游说人员，当时频访国会山庄，以确保PNTR能顺利过关。除了面对面的游说外，高科技公司也发动所有员工以电子邮件或传真信函影响他们选区的议员。

2000年5月、9月，美国国会众议院、参议院分别通过了这项法案。该法案经克林顿总统签署后，成为正式法律。

资料来源：

[1] 佚名. 中美"最惠国待遇"之争始末 [EB/OL]. [2018-12-30]. http://phtv.ifeng.com/program/tfzg/200812/1209_2950_913962.shtml.

[2] 杨国华. 中美最惠国待遇问题 [EB/OL]. [2018-12-22]. http://article.chinalawinfo.com/Space/SpaceArticleDetail.aspx? AID=445&AuthorId=49&Type=1.

案例思考：

[1] 什么是最惠国待遇原则？对华PNTR法案对中美贸易有什么重要意义？

[2] 在这个案例中，你是否了解到美国利益集团对该国贸易政策的影响？你是怎么看待这种影响的？

[3] 运用WTO规则处理国际经贸关系有什么好处？

第三节 国民待遇原则解读及运用

一、国民待遇原则的特点

国民待遇原则是WTO的基本原则，和最惠国待遇原则同为非歧视原则的支柱。国民待遇原则是指"对其他缔约方的产品、服务或服务提供者及知识产权所有者和持有者所提供的待遇，不低于本国相同产品、服务或服务提供者及知识产权所有者和持有人所享有的待遇"。与最惠国待遇原则不同，它解决的是任一外国或地区与国内的某种主体的法律地位平等问题。该原则要求各缔约方不能通过国内税费，国内法律法规以及其他政策、措施等，来限制外国产品、服务和服务提供者、知识产权、国际投资等在国内的销售及服务，也不能通过其他限制措施来剥夺、限制关税减让给外国产品、服务带来的与国内产品、服务同等的竞争机会。也就是说，不得对外国产品、服务及知识产权进行歧视，从而使它们处于比本国产品、服务及知识产权等不利的竞争地位。其主要特点包括：

（1）适用对象是产品、服务或服务提供者及知识产权所有者和持有者，但因产品、服务和知识产权领域具体受惠对象不同，国民待遇条款的适用范围、具体规则和重要性有所不同。

（2）只涉及其他成员方的产品、服务或服务提供者及知识产权所有者和持有者、国际投资者，在进口方成员境内所享有的待遇。

（3）定义中的"不低于"，指的是"同等"的意思，也就是说不反对"高于"的情况。国民待遇仅仅要求进口方在给予其他缔约方产品、服务或服务提供者及知识产权所有者和持有者、国际投资者待遇时，与本国相同产品、服务或服务提供者及知识产权所有者和持有者、投资者所享有的待遇相比较，前者所享有的待遇不能低于后者的待遇。若给予前者的待遇高于后者的待遇，则并不认为违背了国民待遇原则。现实生活中，这种"高于"的现象在发展中国家比较普遍，特别是在国际投资等领域中比较普遍，这就是所谓的"超国民待遇"。

讨论1-1

我国给外国人（外资）"超国民待遇"问题

我国在改革开放初期对外资的超国民待遇较多，包括：中国对外资企业一直采取税收优惠、投资优惠、外汇管理优惠等许多优惠政策；外国人可以购买中国人不能购买的国家股、法人股；外国人可以购买中国人买不到的廉价土地；在国内异地暂居1个月以上的中国人需办暂住证，暂住证的最长期限为1年，如果是外国人，居留1年以上的才需要办理居留证，居留证的有效期可签发1~5年。

这些优惠政策在开放初期对中国更多地吸引外资的确起了重要作用，但随着经济的发展，这些优惠措施也渐渐削减，逐步变超国民待遇为平等待遇。

讨论问题：

[1] 对外资的"超国民待遇"在我国经济建设中有积极意义吗？为什么很多国家都给外资"超国民待遇"？

〔2〕"超国民待遇"和"低国民待遇"都是非国民待遇，为什么WTO只禁止"低国民待遇"？

二、国民待遇原则的适用范围

（一）货物贸易领域的国民待遇

货物贸易领域中国民待遇的规定主要体现在GATT 1994第3条中，该条的标题即为"国内税和国内法规的国民待遇"。GATT 1994第3条第1款从国内税费和国内规章两个方面明确了GATT 1994国民待遇原则的要求，即"各缔结方认识到，国内税和其他国内费用、影响产品的国内销售、许诺销售、购买、运输、分销或使用的法律、法规和规定以及要求产品的混合、加工或使用的特定数量或比例的国内数量法规，不得以为国内生产提供保护的目的对进口产品或国内产品适用"。该条款是国民待遇的原则性条款，对第3条其他各款具有重要意义。第3条第2款和第4款分别规定了国内税费、国内管理措施国民待遇的要求，第5款和第7款规定了产品加工方面国民待遇的要求。

1.国内税费方面的要求

GATT 1994第3条第2款规定，进口产品一旦通过关税进入国内市场，进口缔约方就应当给予进口产品与本国产品相同的待遇，要求"……不得对其直接或间接征收超过对同类国产品所直接或间接征收的任何种类的国内税或其他国内费用"。以下三种情况都是被GATT国民待遇所禁止的：一是对国外产品征收国内税或其他国内费用，而对国内产品不征收；二是对国外、国内产品都征收，但对国外产品征收的比国内产品征收的高；三是对购买国内产品的消费者提供退税或者免税，而对购买相同国外产品的消费者却不提供退税或者免税的待遇或者提供较低的待遇。例如，在1955年"意大利药品营业税案"中，意大利政府决定征收药品营业税，对国产药品征收4%的税率，而对进口药品却征收6%的税率。对此，英国认为意大利的征收税率违反了GATT第3条第2款的规定。后来，意大利政府不得不降低了对进口药品的税率。再如，韩国对国内烧酒征收35%的税，而对其他进口蒸馏酒（威士忌、伏特加、朗姆酒等）征收100%的税率。1997年，欧共体和美国申诉韩国违背GATT的第3条第2款，即国内税的国民待遇条款。该案中威士忌、伏特加等蒸馏酒和韩国的传统烧酒是否是相同产品成了问题的焦点，最后韩国败诉。

讨论1-2

日本酒国内税问题

1953年的日本酒税法规定：在日本销售的酒（包括国产与进口）总共分10类，凡酒精含量超过1度的，根据每公升含酒精的浓度缴纳税率不等的国内税。案件最大的争议是对烧酒、威士忌和白兰地、烈性酒、餐后酒的类别划分及征税方法。1995年，欧盟、加拿大、美国先后对日本关于酒的分类以及与此相关的在国内税方面对进口酒实行国民待遇歧视提起申诉，认为烧酒与伏特加酒、金酒、白朗姆酒和杜松子酒是相同产品，但日本现行分类实际上造成进口酒比国产酒的税率高，违反了GATT 1994第3条国民待遇的规定：只要进口品与国产品是相同产品，进口品的税收就不得高于国产品。日本则认为这10类酒不是相同产品。

讨论问题：

〔1〕什么是WTO规则中的"相同产品"或"同类产品"？

［2］根据案例探讨，运用国内税保护本国产业的优势和不足。

2.国内管理措施

GATT 1994在第3条第4款中规定："任何缔约方领土的产品进口至任何其他缔约方领土时，在有关影响其国内销售、标价出售、购买、运输、分销或使用的所有法律、法规和规定方面，所享受的待遇不应低于相同的国内产品所享有的待遇……"例如，若没有规定国内产品必须储存于某一特定仓库，或由某种特定的交通工具运输，则不能对进口产品做出此类规定。在"英国诉意大利购买农机案"中，意大利政府规定，如意大利农民购买本国生产的农用拖拉机可获得政府提供利率为3%的优惠低息贷款；而购买外国农机则无此优惠，只能享受利率为10%的商业贷款。英国认为该法律不符合GATT第3条第4款规定，形成了国内法律对国民待遇的违背。按照GATT第3条规定，这种贷款应向任何产地的农用拖拉机开放。

3.产品加工方面

GATT 1994在第3条第5款规定"缔约方不得制定或维持与产品的混合、加工或使用的特定数量或比例有关的任何国内数量法规，此类法规直接或间接要求受其管辖的任何产品的特定数量或比例必须由国内来源供应。此外，缔约方不得以违反第1款所列原则的其他方式实施国内数量法规"。例如，在某种产品的生产中，不能规定必须使用一定比例的国内原材料或零部件。在1997年"印度尼西亚汽车国有化案"中，印度尼西亚政府要求对外资汽车生产者在生产汽车时，必须使用一定数量的国内配件，以提高汽车的国产化比例。这在事实上造成了对其他缔约方的进口产品的歧视，因而违背了GATT 1994第3条关于产品加工方面规定的国民待遇。

（二）服务贸易领域的国民待遇

服务贸易领域国民待遇原则的规定具体体现在《服务贸易总协定》（GATS）第17条。GATS第17条第1款规定："每一成员应在其承担的义务承诺表所列的部门中及表中所述的各种条件和资格的前提下，就有关影响服务提供者的所有措施来说，给予其他成员的服务和服务提供者的待遇，不应低于给予其本国相同的服务或服务提供者"。这一款从总体上明确了服务贸易领域的国民待遇原则，明确了享受国民待遇的范围，即在"在列入其承诺表的部门中"。对于没有列入成员方承诺表中的部门，成员方不具有提供国民待遇的义务。在该条第2款中，GATS规定："一成员可通过对任何其他成员的服务或服务提供者给予与其本国同类服务或服务提供者的待遇形式上相同或不同的待遇，满足第1条的要求。"由此可以看出，GATS强调的是实质上的同等待遇，而不注重形式上差别的特性。

讨论1-3

土耳其电影征税问题

土耳其根据《土耳其税收法》，对播放原产于外国的电影所得的收入征收25%的市政税，但对原产于国内的电影则没有加征类似税收。1996年6月12日，美国向世贸组织争端机构提出磋商申请，要求与土耳其按照《关于解决规则与程序的谅解》及GATT 1994第22条的规定进行磋商。1996年7月23日双方进行磋商，但最终并未在争端解决上达成一致。因此1997年1月10日，美国要求成立专家小组，对该争端进行审查。1997年7月14日，美国与土耳其经过磋商就争端达成协议。依据该协议，土耳其应根据GATT 1994第3

条规定的义务，尽快同意对播放国内电影和进口电影所得收入以同等待遇征税。

讨论问题：

［1］货物贸易与服务贸易的国民待遇有什么不同？

［2］土耳其应如何保护国内服务产业？

（三）知识产权领域的国民待遇

《与贸易有关的知识产权协定》（TRIPs）第3条规定："在知识产权保护方面每个成员给其他成员国民的待遇不应低于它给本国国民的待遇，除非《巴黎公约》（1967）、《伯尔尼公约》（1971）、《罗马公约》或《集成电路知识产权条约》中已分别有例外规定。对表演者、唱片制作者和广播组织，该项义务仅适用于本协定规定的权利。任何成员如利用《伯尔尼公约》第6条或《罗马公约》第16条第1款（乙）项所提供的权利，则应按那些条款的规定通知TRIPs理事会。"由此可见，TRIPs协议中的国民待遇是以四个公约为基础的，因此TRIPs协议保护的内容比其他公约保护的内容更宽泛。

（四）与贸易有关的投资措施协议中的国民待遇原则

在《与贸易有关的投资措施协议》（TRIMS）中第一次以国际多边协议的方式，将国民待遇原则引入国际投资领域。TRIMS没有直接对国民待遇进行规定，而是采用概述的形式，引用GATT 1994有关国民待遇的规定。协议第2条第1款规定："在不妨碍GATT 1994其他权利和义务的前提下，成员方不得使用与GATT 1994第3条或第11条规定不相符的任何与贸易有关的投资措施。"因此，对于GATT 1994关于国民待遇的规定，同样适用于国际投资领域。此外需要注意的是，TRIMS协议仅仅适用于"与贸易有关的投资措施"，而所有与贸易无关的投资措施就被排除在TRIMS协议管辖之外。

三、国民待遇原则的例外

各成员方在贸易中承担国民待遇义务，也有例外情况可以使成员暂时偏离这种义务。这些例外主要包括：①一般例外；②安全例外；③政府采购例外；④允许补贴的例外；⑤电影片的管制例外；⑥普遍取消数量限制原则例外；⑦"与贸易有关"领域中的国民待遇原则例外；⑧其他国民待遇原则例外。

四、国民待遇原则运用技巧

（一）追求国民待遇实质上的平等

从WTO国民待遇的要求看，追求立法形式上和实质上的平等是一个重要要求。GATT国民待遇可以实现形式上不同而实质相同的结果。例如美国的"337条款"对侵犯进口产品和本国产品所包含的知识产权的救济，实施不同程序：进口产品知识产权受到侵犯的，要求先申请行政救济，然后再寻求司法救济；本国产品知识产权受到侵犯的，则可以直接寻求司法救济。加拿大认为这不符合国民待遇原则，并就此在WTO起诉美国。WTO争端解决机构认为，两套程序本身并不违反国民待遇原则的要求，关键在于对进口产品的保护程度是否低于本国产品。而美国的这种做法是可以的，因为它最终对本国和外国知识产权提供的保护水平是相同的。因此，政府在国民待遇的相关立法中要讲究实质上的平等，进行实质上的控制。

（二）在服务贸易领域灵活扩展使用或限制国民待遇

WTO协定只涉及货物贸易产品、服务与服务提供者、知识产权保护方面的国民待遇，而对于服务贸易有限制的国民待遇以及自由贸易之外的国民待遇，还没有形成严格的规则。因此，政府可在服务贸易的国民待遇上扩展使用或限制。

下面以中美芯片增值税案为例，具体分析国民待遇原则的具体运用技巧。2004年中美爆发芯片增值税争端。该案争议是国务院2000年制定并颁布的《国务院关于印发鼓励软件产业和集成电路产业发展若干政策的通知》（以下简称18号文），该文第41条规定："对增值税一般纳税人销售其自产的集成电路产品（含单晶硅片），2010年前按17%的法定税率征收增值税，对实际税负超过6%的部分即征即退，由企业用于研究开发新的集成电路和扩大再生产。"2002年我国又颁布《关于进一步鼓励软件产业和集成电路产业发展税收政策的通知》（以下简称70号文）。70号文规定自2002年1月1日起到2010年年底，将上述18号文中规定的税负6%下调为3%，其他条件不变。美国对该政策有异议，并向WTO提起对中国的指控。

美方认为：中国政府对出口到中国的外国集成电路产品征收17%的增值税，而对国内销售的国内厂家生产的半导体产品，税负大于或者等于3%时，实行即征即退的退税政策，增值税税负实际上只有3%，构成歧视性的税收政策，因此美国政府以GATT第1条（关于最惠国待遇的规定）、第3条（关于国民待遇的规定），《中国入世议定书》以及GATS第17条（关于国民待遇的规定）为法律依据向争端解决机构提出申诉，并向中国提出相关磋商请求。

最终在2004年7月15日，中美在日内瓦签署《中美关于中国集成电路增值税问题的谅解备忘录》，美方撤回在WTO争端解决机制下对中国的申诉。根据备忘录，中方于2004年11月1日前调整国产集成电路产品增值税退税政策，取消"即征即退"的规定，于2005年4月1日正式实施；中方于2004年9月1日前宣布取消国内设计、国外加工再进口的集成电路产品增值税退税政策，2004年10月1日正式实施。

该案例涉及最主要的两个问题：一个是增值税及退税是否违规问题；另一个就是进口环节税是否违规问题。

首先来分析第一个问题。

就本案而言，在增值税方面。我国对于集成电路产品征税性质属于间接税，确为GATT第3条管辖之列。在同类产品或直接竞争或替代产品方面，从国内外芯片的生产技术和最终用途看，我国的芯片属于较低技术含量的产品，多用于简单的电子消费品，而国外的芯片属于高端芯片，主要应用于电脑中央处理器、手机等产品电子产品。因此，我国和外国芯片的竞争性和替代性非常弱，即我国的芯片与国外的芯片基本上难以构成同类产品或直接竞争或替代产品，而之所以会给外国造成歧视的印象，主要是在于对于税负和税率的理解。在税负的国民待遇方面，我国18号文和70号文，规定增值税的税负超过3%的企业，可以享受退税的优惠。事实上，18号文中的实际税负3%不等于增值税税率。只有当产品增值额等于企业产品销售总额时，才会有实际税负等于适用税率的情况出现，而这在集成电路企业中是不可能出现的，享受到退税的企业数量非常少。相反，美国在华设立的芯片企业，其高利润率带来了高税负，因此一直在享受着政策优惠。

其次来分析一下进口环节增值税问题。

我国18号文第48条规定，中国境内集成电路设计企业设计的集成电路，如在境内确实无法生产，可在国外生产芯片，进口时按照优惠税率征收关税。根据这一规定，我国对进口芯片产品征收 17% 的进口环节增值税上，国内厂商可以获得大部分的增值税退税，有的甚至可退回用于制造产品的进口材料的增值税；而进口到中国市场的美国企业的产品却无法享受这样的优惠。因此，美方认为该政策歧视进口半导体产品，违背 WTO 国民待遇原则。

综上所述，该案中我国在即征即退的政策上并没有违反国民待遇原则，在进口环节的增值税的问题上，存在轻微的差别待遇。但由于国民待遇原则的严格要求，该问题变得尖锐。

中美芯片增值税案的启示：该案以磋商解决，最终并未引发中美贸易方面大的摩擦。但是从运用国民待遇规则的角度看来，很多问题值得思考。政府的产业政策是触及国民待遇争端的多发区，以往的印度尼西亚汽车案、巴西飞机补贴案等均表明了这一点。因此，政府如何在遵守 WTO 国民待遇原则时，能适度地保护好国内的产业，协调好国内的公共利益，就显得十分重要。

为此，我国应在以下几方面提升运用 WTO 规则的技巧：

1. 立法层面要注意规避矛盾

本案引发争议主要来自国务院的鼓励集成电路的产业政策，由于产业政策的倾斜而引发诉讼。由于 WTO 国民待遇的严格实施和国际社会的普遍认同，即使在立法或相关的政策中出现轻微的歧视，也会招来其他成员方的非议，因此国内有关立法和政策的设计上必须注重技术和规则。但同时也需要注意，国民待遇在货物贸易和服务贸易以及知识产权领域具有不同的表现和特点，国民待遇应该在尊重规则的基础之上结合产业的特点而加以运用。

从另外一个角度讲，WTO 国民待遇的严格要求限制了成员方政府的立法和行政。但是作为成员方政府，从保护国内公共利益出发，就必须在遵守规则的同时，进一步加强主动立法和积极立法。实际上本案的芯片产业中，美国等芯片强国早在 20 世纪七八十年代就开始了该产业的扶持和优惠。不过，那个时期国民待遇的实施和标准还处于一个不明确的时期。也可以说，我国的芯片产业扶持政策生不逢时。因此，主动对国内相关产业政策进行修改使之符合 WTO 规则，也是大势所趋。

2. 要巧用国民待遇例外

本案暴露了我国对于国民待遇例外的研究薄弱。本案涉及 GATT 第 3 条第 8 款的例外。而援用国民待遇例外成功的关键是适用 WTO 规定的合法例外，这些例外主要集中到了 GATT 第 20 条。不过，即使适用这些例外也有严格的条件，在 WTO 实践中能适用例外成功的是少数。因此，加强例外的研究和立法也是我国政府管理上的重点。具体而言，我国目前的《对外贸易法》第 16 条规定了"国家基于下列原因，可以限制或者禁止有关货物、技术的进口或者出口"的 11 条例外，第 26 条规定了限制或者禁止有关的国际服务贸易的 6 条例外。此外，在我国的其他的部门立法中，例如《专利法》《进出口商品检验法》等法律中都规定了相应的例外条款。因此，国民待遇的实施之中，要引用例外就需要找这些国际和国内均认可的规则，而不仅局限于某一个事项上。同时，例外的运用也具有技术性。根据 WTO 的规则，必须满足单项的例外标准和必需性审查。目前国民待遇发展的趋势表明了现存的例外条款正处于快速增加期。对此，我们应该多加学习，才能灵活运用。

3.善用其他途径来规避国民待遇规则

WTO国民待遇具有严格的实施要求，这不仅仅表现在它的实施条件，更在于其限制了政府实施国内特定目标和能力。这就需要成员方政府协调国民待遇与国内管理的自治问题。WTO国民待遇虽然在推进自由贸易上功不可没，但是WTO国民待遇严格的标准，确实为发展中国家发展和实现国内特定的目标设置了障碍。因此，未来的WTO谈判中，发展中国家应寻求改良国民待遇原则。除了充分利用WTO的例外规则和给予发展中国家的特定优惠外，还有两条途径可以扩展国民待遇的利益而化解其风险：第一，利用区域化贸易扩展国民待遇，化解全球化国民待遇的风险；第二，尊重国民待遇规则，结合产业特点探求扶持的正确途径。

专栏1-3

以色列政府实施"蓝白计划"鼓励购买国货

2009年8月30日，以色列政府内阁例行会议正式批准了工贸部提出的一项旨在增加国产产品销售的为期4年（2009—2012年）的蓝白（以色列国旗颜色）计划，以创造更多就业机会，降低失业率。

该计划是以色列政府推动的促进本国产业发展、优先购买本国产品、促进就业机会的重要内容。据工贸部测算，每购买10亿谢克尔（合2.64亿美元）以色列制造的产品将创造2 750个就业机会，每采用10亿谢克尔本国制造的生产设备将创造1 125个就业机会。以色列制造的产品定义是，35%的成本消耗在本国。

以色列工贸部呼吁本国消费者购买贴有以色列制造的"蓝与白"标志产品，使之了解购买国货对创造就业机会及提高国家尊严的重要性，同时将与有关教育机构合作，向3至12年级学生倡导购买国货。通过专门网站宣传"蓝与白"标志的定义，加贴具有"蓝与白"标志的标签，以便于消费者识别。

资料来源：中华人民共和国驻以色列国大使馆经济商务参赞处. 以色列政府正式批准实施"蓝白计划"鼓励购买国货［EB／OL］.［2019－01－01］. http：//il.mofcom.gov.cn/aarticle/jmxw/200909/20090906520826.html.

WTO倡导成员在权利与义务平衡的基础上，依其自身的经济状况，通过谈判不断降低关税和取消非关税壁垒，逐步开放市场，实行贸易自由化。自由贸易原则，又称可预见的市场准入原则，是指限制和取消阻碍国际贸易进行的各种障碍，包括法律法规、政策措施等。这一原则主要包括关税减让原则和取消非关税壁垒原则。关税减让原则见第二章，取消非关税壁垒原则的其他内容见第三章，这里重点介绍取消数量限制原则。

数量限制是国际贸易中一种常见的非关税壁垒，是指一国或地区在一定期限内规定某种商品进出口数量的行政措施。其具体方式主要有配额、进口许可证、自动出口限制、禁运、数量性外汇管制等。作为一种政府行政措施，数量限制一方面能迅速有效地限制进出口，另一方面也很容易给国际贸易带来严重的扭曲。因此，禁止数量限制也是GATT/WTO的基本原则之一。

五、禁止一般数量限制原则的核心

禁止数量限制原则又称为只允许关税保护原则，是指在各成员方实施贸易保护措施时，禁止实行数量限制，消除形形色色的非关税壁垒，促进国际贸易公平、公正地进行。

GATT 1994中与数量限制有关的条款为第11条、第12条、第13条、第14条、第15条、第18条和第19条。其中第11条和第13条是核心条款，强调一般禁止数量限制和非歧视性地使用数量限制。

GATT 1994第11条第1款规定，任何成员除征收关税或其他税费外，不得设立或维持配额、进口许可证或其他措施以限制或禁止其他成员方领土的产品的输入，或者禁止或限制向其他成员方领土输出或销售出口产品。

在关贸总协定一般限制使用数量限制原则基础上，按照关贸总协定的规定，确需实行数量限制的，各成员方在实施有关行政管理措施时，也必须遵循非歧视性原则。GATT 1994第13条第1款规定：除非对所有第三国（地区）的相同产品的输入或对相同产品向所有第三国（地区）的输出予以禁止或限制以外，任何成员方不得限制或禁止另一成员方领土的产品的输入，也不得禁止或限制产品向另一成员方领土输出。

六、禁止一般数量限制原则的例外

禁止数量限制条款考虑国际贸易的一些特殊情况和要求，对该条款不适用于某些情况的形式规定了禁止数量限制的例外。这些例外规定集中在第11条第2款。此外，在第12条，规定了为保障一国（地区）国际收支和发展中国家（地区）的某些特别需要可以在一定情况下实施数量限制。专门对发展中国家（地区）适用这一例外规定了相对较为宽松的条件，但该待遇既不是无条件的也不是无期限的。实施以国际收支平衡为由的数量限制措施有着严格而明确的条件，只有符合这些条件才可以实施数量限制，并且一旦条件发生变化，该成员就应立即取消这些限制。为保障国际收支平衡目的而实施的进口数量限制措施在开始时可能不会引起其他成员太大的关注，但时间一长即可能引起诉讼。

（一）三种一般例外

根据GATT 1994第11条第2款的规定，在下述情况下，各成员方可以不适用禁止数量条款的规定：

一是为防止或缓和输出成员方的粮食或其他必需品的严重缺乏而临时实施的禁止出口或限制出口。

二是出于下述目的对任何形式的农渔产品有必要实施的进口限制：①限制相同的本国产品允许生产或销售的数量，或者，如果相同的本国产品产量不大，限制能够直接代替进口产品的本国产品的允许生产或销售数量的政府措施；②通过采取免费或低于现行市场价格的办法，将剩余产品供国内某些阶层消费以消除相同的本国产品的暂时过剩，或者在相同的本国产品的产量不大的情况下，能够消除直接代替进口产品的本国产品的暂时过剩的政府措施；③限制生产全部或主要地直接依赖于进口原料而生产的动物产品的数量的政府措施，假设本国生产的那种原料的数量可以忽略不计。

三是为实施国际贸易商品分类、分级和销售的标准及条例而必须实施的禁止进出口或限制进出口。这里的商品指天然形态的农、林、渔、矿产品，或者习惯上在国际贸易中要经过加工才能销售的上述产品。由于各国（或地区）为了便于对进出口贸易进行管理，通常都对商品给予分类、分级，若进出口商品不符合要求，应该被禁止或限制。

（二）为保障国际收支平衡而实施的限制

在GATT 1994中有两处关于国际收支例外的条款：一处是适用于所有成员方的第12条；另一处是只适用于发展中成员方的第18条。

GATT 1994第12条规定，虽然有本协定第11条的规定，但是任何成员方为了维持其对外金融地位和平衡国际收支，可以限制商品准许进口的数量或价值，但须遵守下述的规定，即一成员方建立、维持或加强的进口限制，不得超过：①为了预防货币储备严重下降的迫切威胁或制止货币储备严重下降所必需的程度；②对货币储备很低的成员方，为了使储备合理增长所必需的程度。

《1994年关贸总协定关于国际收支平衡条款的谅解》要求成员方尽量避免采取数量限制保障其国际收支平衡地位。在发生国际收支困难时应优先采取价格措施，只有当国际收支出现紧急情况，价格机制不能抑制对外支付的状况急剧恶化时，才可以求助于数量限制措施。

通常在国际贸易实践中，发达成员一般不使用第12条的规定，因此该条款实际上已经不起作用。

（三）为保障发展中成员某些特别需要而实施的限制

GATT 1994第18条专门规定发展中成员为保障国际收支平衡和建立特定工业可实施数量限制。

第18条第2款规定，为了实施提高人民一般生活水平的经济发展计划和政策，发展中成员方可能有必要采取影响进口的保护措施或其他措施。只要有助于实现本协议的宗旨，发展中成员应该享受一些额外的便利，包括在充分考虑他们的经济发展计划可能造成的持续高水平的进口需求的条件下，能够为国际收支目标而实施数量限制。

第18条第3款和第4款还规定，一个经济处于发展阶段的成员方，为了提高人民的一般生活水平，允许为加速建立某些特定工业而实施进口数量限制，这种数量限制的作用相当于促进其经济发展的一种政府援助。

（四）GATT 1994第19条保障措施的例外

根据GATT 1994第19条的规定，如因意外情况的发生或因一成员方承担本协议义务（包括关税减让在内）而产生的影响，使某一产品输入到这一成员方领土的数量大为增加，对这一领土内相同产品或与它直接竞争的产品的国内生产者造成重大的损害或产生重大的威胁时，这一成员方可以实施临时性限制进口措施（包括提高关税和实行数量限制），即保障措施。由于利用关税手续复杂，一般都实行数量限制来实施保障措施。但同时规定，援引第19条时应该符合《保障措施协议》的相关规则和程序。

请注意：在根据关贸总协定对禁止数量限制的例外规定对来自其他成员方的进口产品实施数量限制时，必须遵循关贸总协定规定的具体实施规定，主要包括下述几个方面：①各成员方应尽可能固定其准许进口的配额，并应按本条款的有关规定对外公告其数额；②如不能采用配额办法，可采用无配额的进口许可证或进口凭证方式；③如果配额是在各成员方之间进行分配，则应达成配额分配协议或应根据前一代表使其供应产品的成员方在受限制产品进口总量或总值中所占的比例进行防备；④除了按该条款有关规定分配配额外，各成员方不得只规定从某一特定成员或来源输入有关产品须用进口许可证或进口凭证。

专栏1-4

欧美就我国限制战略原料出口向WTO起诉

2009年6月23日，欧盟、美国发表相关声明，已就中国限制战略原材料出口正式向WTO提起诉讼。美、欧此次提出的贸易诉讼涉及产品包括铝土、焦炭、锌、锡、钨、镁、锰、金属硅、碳化硅、黄磷等。美、欧认为，中国对这些产品采取的出口配额、出口税以及最低出口限价等措施对美、欧利益造成损害，也违反WTO规则和中国加入WTO时所做承诺。

商务部有关负责人表示，中方有关出口政策主要目的是保护环境、保护自然资源，中方认为相关政策是符合WTO规则的。中方已经收到美、欧的磋商请求。有关原材料的出口政策，中方与美、欧一直保持着沟通与接触。中方将根据WTO争端解决程序，妥善处理有关磋商请求。

商务部研究院研究员梅新育则认为，限制战略资源出口是中国不可剥夺的权利，任何"自由贸易"的旗号都不能侵犯国家和人民的基本权利。《1947年关税与贸易总协定》第20条"一般例外"明文规定，缔约方可以为某些特定目的而限制进口或出口，"本协定的任何规定不得解释为阻止任何缔约方为采取或实施以下措施"，并一一列举了10种情况，其中可以适用于中国限制出口战略金属资源的就有4款。

资料来源：梅新育. 限制战略资源出口是一国不可剥夺的权利 [EB/OL]. [2019-01-01]. http://finance.ce.cn/macro/gdxw/200906/25/t20090625_14711869.shtml.

第四节　其他基本原则解读及运用技巧

一、透明度原则

（一）透明度原则的解读

贸易自由化是WTO的主要宗旨，而要实现这一宗旨，有赖于增强贸易法规和政策的透明度。因此，WTO规定了各成员的贸易法律、规章、政策、决策和裁决必须公开的透明度原则。这一原则是相互的，各成员彼此都要公开。透明度原则涉及贸易的所有领域，已经成为各缔约方在货物贸易、技术贸易和服务贸易中所应遵守的一项基本原则。

透明度原则是指成员方正式实施的有关进出口贸易的政策、法令及条例，以及成员方政府或政府机构与另一成员方政府或政府机构签订的影响国际贸易政策的协定，都必须公布，同时还应将这些贸易措施及其变化情况通知WTO。

透明度原则源自GATT 1994第10条"贸易法规的公布和实施"，同时贯穿于世界贸易组织的所有协定之中。在其他领域，如服务贸易、知识产权、投资等领域也有相应的透明度规定。

透明度原则体现在WTO各主要协定中。根据这些协定，WTO成员需要公布的贸易法规有：（1）关税。它包括普通关税、最惠国待遇关税、特惠关税和各种临时性关税措施，以及关税外的其他收费。（2）海关法规。海关对产品的分类、估价方法的规则（海关估价制度）。（3）进出口管理的有关法规和行政规章制度。（4）进出口商品的国内税、费和有关规章制度。（5）进出口商品检验制度和检验标准，动植物卫生检疫制度和标准。（6）外汇管理制度和有关外汇管理的一般法规和规章。（7）利用外资的立法及规章制度。（8）有关出口加工区、自由贸易区、边境贸易区、经济特区的法规和规章。（9）有关服务贸易的法规和规章。（10）有关知识产权保护的法规和规章。（11）有关法律诉讼和仲裁的规定。（12）与国外签订的有关贸易政策的现行双边或多边规定。（13）其他有关影响贸易政策的国内立法或行政规章。

相关链接1-1

欧盟将提高贸易救济调查程序透明度

2009年7月，欧盟理事会通过了欧委会提交的《加强贸易救济调查透明度》改革方案，将在欧盟反倾销等贸易救济调查中进行改革，完善调查制度，提高透明度。具体包括：①改进非保密文件披露形式，扩大非保密文件涵盖范围；②更新贸易救济司网站，增加案件进展相关信息；③加强咨询服务，为中小企业参与调查程序提供便利；④简化调查问卷，鼓励更多利害关系方参与调查；⑤修改裁决披露程序，提高披露文件质量；⑥逐步完善"独立听证官"制度，更好地发挥其监督作用。上述措施最早2009年7月1日起实施。欧盟此次贸易救济领域改革，将为我企业参与反倾销案件应诉提供一定便利，并在一定程度上解决我企业在调查程序方面的关注，对我企业加强法律抗辩、争取更好的应诉结果较为有利。

资料来源：佚名. 欧盟将提高贸易救济调查程序透明度 [EB/OL]. [2019-01-01]. http://www.gdtbt.gov.cn/noteshow.aspx？noteid=48714.

为贯彻实施透明度原则，WTO在乌拉圭回合中确立了比较完善的政策透明度实施机制。主要包括：规定设立"通知登记中心"；完善贸易政策查询，规定广泛建立咨询点；在诸多协议中推广使用反向通知程序；建立贸易政策审议机制（TPRM）。其中特别是贸易政策审议机制是透明度原则的支柱性制度保障。

建立贸易政策审议机制的目的在于通过经常性监督，增强各成员方贸易政策和做法的透明度，以及对它们的理解程度。这种审议方式通过提高贸易政策与体制的透明度大大提高了国际贸易的可预见性与稳定性。

专栏1-5

世贸组织成员批评美国贸易政策

2010年9月29日至10月1日，世界贸易组织（WTO）对美国贸易政策两年一度的审议在日内瓦举行，虽然美国代表团坚称美国是最开放的市场，但其贸易政策的两面性受到WTO许多成员的批评，就连美国的传统盟友也颇有微词。

率团参加审议的美国副贸易谈判代表、驻世贸大使迈克尔·蓬克称，美国是"世界上最开放的市场"，其贸易政策"最为透明"。面对金融危机的困难，仍保持市场开放，没有采取贸易保护措施。

但蓬克的说法并未得到WTO其他成员的认可，许多成员代表发言的重点是批评美国贸易政策，而一些美国的传统盟友对美国的政策也颇有微词。这些批评主要集中在六个方面。

一是贸易救济措施。东盟、日本、中国、欧盟、巴西、印度等许多成员对美国日益抬头的贸易保护主义表示担忧和不满。中国常驻WTO大使孙振宇在发言中指出，2009年美国约50起贸易救济措施中有一半针对中国产品，2018年11月2日至12日短短10天内，美国商务部竟然发起20起针对中国产品的反倾销或反补贴调查案，这个频率是世界贸易史上绝无仅有的。巴西代表也指出，美国使用的反倾销措施在2009年增长了10%，反补贴措施更是猛增200%，对国际贸易构成严重威胁。

二是政府补贴。美国挥舞贸易保护主义大棒打击别国的同时，却向本国企业提供大量补贴和政府采购支持。对此，欧盟和日本等成员指出，美国在金融危机后采取的"购买美国货""雇用美国人"等政策措施明显违反其国际承诺。此外，美国一方面要求其他国家加入《政府采购协定》，但另一方面作为协议的缔约方，美国至今仍有超过10个州没有履行相关成员义务。

三是争端解决。美国积极利用争端解决机制起诉其他成员贸易"不法"行为，但却拖延或拒不执行对己不利的败诉仲裁决定。据WTO秘书处报告，在迄今未完全履行仲裁决定的7个案件中，美国独占6个。欧盟等成员指出，美国拖延或拒不执行裁决结果的行为，严重损害WTO的合法性和信誉，向其他成员发出错误信号，希望美国尽快改善这方面的错误做法。

四是农业贸易政策。巴西、澳大利亚、欧盟等成员强烈批评美国的高额农业补贴、高关税、非关税措施和不合理动植物检验检疫措施，认为这些措施极大限制了其他国家农产品进入美国市场。例如，美国对玉米、棉花、大豆、小麦和大米等所谓"计划作物"提供高额补贴；部分农产品的关税税率高达350%；以各种动植物检疫手段或标准为由，限制巴西、欧盟等对美出口牛肉和猪肉，限制印度芒果、中国鸡肉产品进口。

五是工业制成品。许多代表发言指出，虽然美工业品平均关税约4%，相对较低，但对发展中成员纺织品、服装、鞋类和食品等主要出口产品却仍维持高关税，鞋类产品关税甚至高达58%。各类海关税费和烦琐手续也增加了发展中成员对美出口成本。

六是多哈回合谈判。虽然美国一再强调高度重视多哈回合谈判，但在此过程中的消极态度和无理要价受到许多成员批评。巴西提醒美国，美国应成为负责任的领导者，任何只想占发展中成员便宜的企图终将导致谈判失败。中国和印度则明确反对美国选择性地对部分议题重新谈判等做法。欧盟也提醒美国，在要求其他成员进一步开放市场的同时，要价应现实一些。

资料来源：佚名. 综述：世贸组织成员批评美国贸易政策［EB/OL］. ［2019-01-02］. http://news. ifeng.com/world/detail_2010_10/01/2689879_0.shtml.

透明度原则的例外主要表现在：透明度原则的实施并不要求成员方公开那些会影响成员方国家安全和违反公共利益、妨碍法令的贯彻执行，或会损害某公营或私营企业的正当商业利益的机密材料。也就是说，允许成员方及成员方的机构、企业根据某些安全、利益方面的正当理由对透明度义务的履行做出一定保留。

（二）透明度原则运用技巧

透明度原则要求将具有不同社会制度、经济发展水平和文化背景的成员方政府行为，纳入WTO通行规则体系的强制性举措，从而为WTO成员方开展自由贸易提供制度化的法律基础。对于中国来说，加入WTO后，可以利用透明度原则及时获得国际市场的最新信息和资料，改变因为对国际市场信息缺乏了解，产品定价不合理，容易被诉倾销的不利情况；企业可依此制定适合国际市场的经营方针和策略，对反倾销案件实施及时有效的预防应对措施。

虽然近年来我国对透明度原则已经有了卓有成效的实践，但由于我国从计划经济向社会主义市场经济转轨的过程中难以避免行政干预经济的痕迹，所以我国仍被国际社会视为一个透明度较差的国家。因此，我国应该多管齐下，从行政立法、行政执法、制定行政程序法、制定政府信息公开法、完善司法审查监督机制、完善听证制度、提高公民参政意识等方面提升透明度。

在把握透明度原则的尺度时，应注意：一方面，在制定相关法规时要考虑到透明度原则公正、合理、统一的要求，使中央政府和地方政府颁布的有关法规一致，同时各地对相关法规的实施要履行非歧视原则；另一方面，透明度原则涉及的相关规则制定后应该迅速公布，但如果公开后会妨碍法令执行、违反公共利益或损害某一企业的利益，则可以不公开。

此外，遵守和履行WTO透明度规则固然是我们的义务，但这同时也是我们可以向WTO其他成员方主张和要求的权利。因此，在研究WTO规则的同时，我们还要深入研究与我国经贸关系比较密切的成员，尤其是经济发达成员的相关实体法和程序法，并充分运用WTO透明度规则要求其及时公布相关法律法规。如果发现其所制定的法律法规存在与WTO规则不相一致的内容，或其做法违背了WTO规则并损害了我国的相关权益等，则我们完全可以运用WTO规则要求其修改、废止那些歧视性或对我国对外贸易造成重大影响的法律法规或做法，必要时，可以运用法律手段诉诸WTO争端解决机构，从而为我国对外经贸发展提供强有力的法律支持。

二、公平竞争原则

（一）公平竞争原则的含义及例外

世界贸易组织是建立在市场经济基础上的多边贸易体制。公平竞争是市场经济顺利运行的重要保障，公平竞争原则体现于世界贸易组织的各项协定和协议中。

1.公平竞争原则的主要内容

在世界贸易组织框架下，公平竞争原则是指成员方应避免采取扭曲市场竞争的措施，纠正不公平贸易行为，在货物贸易、服务贸易和与贸易有关的知识产权领域创造和维护公开、公平、公正的市场环境。

WTO禁止成员采用倾销或补贴等不公平贸易手段扰乱正常贸易的行为，并允许采取反倾销和反补贴的贸易补救措施，保证国际贸易在公平的基础上进行。GATT 1994第6条、16条规定某一缔约方以倾销或补贴方式出口本国的产品而给进口国国内工业造成了实质性的损害，或有实质性损害的威胁时，受损害的进口国可以征收反倾销税和反补贴税来对本国工业进行保护。所谓倾销，是指以低于正常价格或不合理的低廉价格向外出口本国商品；补贴，是指出口商品在生产、制造、加工、买卖、输出过程中所接受的直接或间接的奖金或补贴，不管这种奖金和补贴是来自政府还是同业协会，均应征收反补贴税。尽管如此，受损害的进口国在征收反倾销、反补贴税时也应该遵循一定的程序，征收反倾销税和反补贴税的条件必须是有倾销或补贴的事实存在，并且倾销或补贴造成了进口国国内工业的实质性损害或威胁，才能征收不超过倾销差额或补贴数额的反倾销税或反补贴税。

同时世贸组织也反对各国滥用反倾销和反补贴，以达到保护的目的。

2.公平竞争原则的例外

对货物贸易中可能产生扭曲竞争行为、造成市场竞争"过度"的状况，一成员政府在世贸组织授权下，为维护公平竞争，维持国际收支平衡或出于公共健康、国家安全等目的可采取措施，以维护市场竞争秩序。第19条规定："如因意外情况的发展或因一缔约方承担本协定义务（包括关税减让在内）而产生的影响，使某一产品输入到这一缔约方领土的数量大为增加，对这一领土相同产品或与其直接竞争产品的国内生产造成重大损害或产生重大威胁时，这一缔约方在防止或纠正这种损害所必需的程度和时间内，可以对上述产品全部或部分地暂停实施其所承担的义务，或者撤销或修改减让。"采取上述措施必须遵守三个条件：①磋商；②对等；③无歧视。如《农业协定》目的在于给农业贸易提供更高的公平程度；知识产权方面的协议，将改善智力成果和发明的竞争条件；《服务贸易总协定》将进一步规范国际服务贸易的竞争环境，促进服务贸易的健康发展。

（二）公平竞争原则的运用技巧

作为全球遭受反倾销、反补贴调查最多的国家，我国应当深入研究WTO反倾销、反补贴规则，将之用好用巧，维护自身的权益。

第一，要充分利用发展中成员地位，争取应有的特殊待遇。

按WTO反倾销协议第15条规定，各成员方对发展中成员方的特殊情况应给予特别注意。在实施有可能影响发展中成员方基本利益的反倾销税之前，发达国家成员方应当就WTO反倾销协议内规定的建设性救济措施的可能性进行探寻。按照这一规则，在反倾销调查中，当某一发达成员方裁定将针对来自某一发展中成员方的出口产品征收反倾销税时，如果反倾销税的征收会影响到该发展中成员方的"基本利益"时，那么在反倾销税征收前，该发达国家成员方则负有义务探寻是否存在采取其他"建设性救济措施"的可能性，而不是径直征收反倾销税。协议制定这一规则目的就是要努力促进并保障发展中成员方的贸易出口和经济发展，保障发展中成员在国际贸易中以及国际贸易增长中的合理份额和利益。目前我国还是发展中国家，理应享有此待遇。

第二，要坚决抵制同一出口产品就同一损害后果采取双重救济措施。

自2004年以来，我国出口的同一产品在有些WTO成员境内频繁遭受反倾销和反补贴的双重指控和调查，这完全违反WTO反倾销和反补贴的规定。不论是GATT还是GATT 1994的第6条第5款，在对同一出口产品是否可以同时采用反倾销和反补贴双重征税的问题上，都做了明确规定：在任何缔约方领土的产品进口到任何缔约方领土时，不得同时征反倾销税和反补贴税，以弥补倾销或出口补贴所造成的相同情况。即若某一进口产品在进口国存在倾销和补贴问题，那么进口成员方只能选择采取征反倾销税或反补贴税，不得同时征收反倾销税和反补贴税。遇到双重指控和调查的情况，我们要坚决抵制。

第三，借助反倾销与反补贴保护我国产业安全。

在面对不公平的贸易行为时应主动出击，拿起贸易救济的武器，在符合WTO规则的前提下，保护本国相关产业及企业的合法利益。

倾销与补贴是国际贸易中公认的非公平贸易行为，它们会扭曲国际市场上的公平竞争关系和资源的优化配置，对进口国国内产业造成损害。因此，反倾销与反补贴措施得到了WTO的明确许可。但是，WTO并非反对所有形式的倾销或补贴，只有在它们对进口国国内产业造成损害（影响进口国国内产业安全）并符合其他条件的情况下，WTO才许可成员方对外实施有限的反倾销与反补贴措施。此外，WTO对倾销与补贴的规定使它们的使用效果具有限度性和临时性。因此，为有效地保护我国国内产业的安全，应该变被动为主动，坚决、主动、适时、适度地采取反倾销与反补贴措施，并严格按照WTO规则行事。

我们在采取反倾销与反补贴措施、保护国内产业方面应坚持以下三个基本原则：一要注意反倾销和反补贴措施对受损国内产业保护的有效性，特别应防止外国政府及其出口企业采取多种方式规避反倾销或反补贴税。二要从宏观上综合考虑公共利益的重要性，避免两类措施的误用或滥用。鉴于某些情况下的倾销与补贴具有一定的合理性，符合市场经济体制的运行规律，过度采用制裁措施或将对国内与国际市场的良性竞争造成不必要的破坏，或对国民经济整体利益造成消极影响。例如，我国在2003年"对原产于美国、日本和韩国的甲苯二异氰酸酯（TDI）反倾销调查"案中，考虑到使用进口TDI的国内产业（特别是涂料生产商）的利益，商务部在终裁时大幅度降低了初裁时的反倾销税率。三要明确认识反倾销与反补贴措施的产业安全保障作用的有限性，因此反倾销与反补贴措施只能在有限的范围和时间内加以实施，不应对此寄予过高期望，仅可当作短期的应急之计，根本上还是要从提升产业的竞争力做起。

第四，灵活运用规避与反规避手段防守和进攻。

"规避"是指通过某种行为和手段绕过或避开本应被征收的反倾销税与反补贴税。规避行为使得反倾销税与反补贴税，对于倾销和补贴的抵消作用大大削弱或化为乌有，倾销与补贴行为得不到有效遏制。常见的规避行为包括：进口国组装规避、第三国组装规避、轻微改变产品规避、后期改变产品规避、销售渠道规避等。相应地，反规避就是原来的反倾销措施或反补贴措施的延伸、扩展。反规避措施有助于制止规避反倾销税或反补贴税的非法行为，有效保护受到损害的国内产业。

WTO规则目前并没有对规避与反规避做出明确规定，欧美等国早已在其国内的反倾销法与反补贴法中对规避与反规避加以规定，并在实践中频繁使用反规避措施。而我国的相关立法缺乏可操作性，迄今为止我国从未启动反规避调查。为有效防止规避行为的发生和确保反倾销、反补贴对国内产业的安全保障作用，我国有必要在《反倾销条例》和《反补贴条例》中增加规避与反规避的内容，在实践中应对国外的反倾销和反补贴措施时积极采取规避措施，同时，在我国针对国外采取的反倾销和反补贴措施时采取反规避措施。

三、对发展中成员优惠原则

WTO成员80%以上是发展中成员方或正处于经济转型进程中的国家或地区。WTO也认识到发展中成员，尤其是最不发达成员履行义务的灵活性和特殊需要，所以对发展中成员的优惠待遇原则是WTO的一项重要的原则。WTO沿袭了关贸总协定关于发展中成员和最不发达成员优惠待遇的相关协议和条款，并在WTO的相关协定、协议或条款中加以完善。

WTO对发展中成员的优惠安排主要体现在五个方面：较低水平的义务；较宽松的贸易自由化条件；较长的过渡期安排；技术援助和培训、信息服务；程序和机构上的特殊安排。WTO对最不发达成员几乎不要求其承担任何义务，可享受WTO成员的一切权利。

专栏1-6

印度应对WTO的一些做法值得关注

印度是WTO的创始成员，其应对WTO的做法体现出一定技巧，值得关注。

印度于1994年4月15日签署了关贸总协定乌拉圭回合谈判最后文件，成为WTO的创始成员。乌拉圭回合谈判最后文件既是关贸总协定的最终成果，也是WTO的基本规则。它明确规定了成员方应当履行的义务和所享有的权利。这些规则既为印度经济发展带来机遇，同时也要求印度调整与这些规则不一致的政策制度和经济运行体制，从而对印度经济发展形成新的挑战。

入世以来，印度在逐步调整国内经济政策、实施新一轮经济改革以应对WTO相关规则的同时，注意充分利用WTO基本规则中关于发展中成员的相关优惠规定，控制国内市场的开放节奏，使之与印度经济的承受能力相适应，以减缓外来冲击。

在农业领域。印度一方面坚持对WTO农产品协议不作任何承诺，以延缓农业部门的开放进程，另一方面又充分利用WTO关于农产品的补贴规定，将政府采取的农业补贴归入不承担削减义务的绿色补贴而继续实施。在市场准入方面，印度有针对性地适度开放部分有竞争优势的农产品市场，逐步实现这部分农产品的贸易自由化，同时充分利用WTO和农产品协议所提供的特殊和差别待遇条款，对那些关系国计民生和粮食安全及竞争力低的弱势农业部门和产品实施保护。此外，印度还利用目前享有的过渡期，根据本国人口多、农村人口贫困、农业生产率低等基本国情，采取措施，在继续增加粮食生产的同时，促进国内农业的市场化进程，调整农村产业结构，加速农村基础设施建设，扩大农业新科技的运用，以增强印度农业部门对WTO相关规则的适应能力，为逐步开放农产品市场做准备。

在工业领域和服务贸易领域。印度作为WTO成员，承担了按规定逐步实施相关规则的义务，鉴于此，印度的主要应对办法是充分利用过渡期和关于发展中成员的优惠规定，以最大限度地维护本国利益。例如，2000年4月1日，印度取消了714种商品的配额数量限制，与此同时，通过谈判，经WTO贸易官员同意，印度对其中11种约束商品又重新征收高额关税。印度工商部长还表示，今后如果进口商品数量超过预计水平，政府将增加关税。此外，印度各主要工业部门已经开始按WTO关于投资、进口许可制度等相关规定要求，逐步对外开放，加大行业改革力度，在促进工业生产发展的同时，增强适应外来冲击的能力，其总体效果还是不错的。

在知识产权保护方面。印度的应对措施也给人以启示，即在版权保护和专利保护方面采取了截然不同的态度。鉴于印度软件业已在世界范围内取得较明显的国际竞争力，印度极为重视软件版权的保护问题，充分利用《与贸易有关的知识产权协定》的相关规则，加大打击软件盗版力度。此外，鉴于印度的电影、电视等文化产业是最具潜力的收入来源，印度也很重视对这些文化产业的版权保护并极力抵制好莱坞占领印度市场。在美国对印度动用301条款实行贸易制裁的情况下，印度已被迫逐步实行影视贸易自由化。而在专利保护方面，印度则尽量延缓与国际接轨的步伐。例如，直到1998年印度才加入《专利合作条约》。又如，在修改专利法方面，由于受到美国指责，印度于1999年通过了《专利修改法案》。按此法规定，药品和农药的专利申请将放在"邮箱"里，直到2004年以后才进行审批，以便充分利用过渡期所提供的时间差，延缓外来冲击。

资料来源：佚名. 印度应对世贸组织的一些做法值得关注 ［EB/OL］. ［2018-11-20］. http：//www. cacs.gov.cn/cacs/maoyijiuji/show.aspx？str1=31&articleId=36140.

作为WTO的发展中成员，我们不仅应当遵守、熟悉、运用WTO规则，也有权利充分利用发展中成员地位，争取应有的特殊待遇。在这方面，巴西、印度等国的做法值得借鉴：一是充分利用WTO的相关规定，控制开放国内市场节奏，减缓外来冲击；二是大量提起反倾销、反补贴调查，利用WTO允许的合法手段，保护本国工业；三是把握好开放"度"与保护"度"，促进本国经济发展。

章末案例

中国首起农产品反补贴案例

2010年4月28日，我国商务部发布了《关于白羽肉鸡产品反补贴调查初裁的公告》。此案是中国首例对外国进口农产品实施的反补贴案例，对维护我国农业基础产业的健康发展具有重要的理论意义及实践价值。

根据《中华人民共和国反补贴条例》规定，商务部应国内产业代表中国畜牧业协会的申请，于2009年9月27日发布公告，对原产于美国的进口白羽肉鸡产品进行反补贴立案调查，涉案金额超过7亿美元；产品范围界定为白羽肉鸡产品，从美国进口的白羽肉鸡产品数量占我国总进口量的70%以上。立案后，美国政府、美国禽蛋品出口协会以及35家美国白羽肉鸡生产商、出口商登记应诉。2010年4月28日，我国商务部发布了《关于白羽肉鸡产品反补贴调查初裁的公告》。根据调查结果，商务部依据《中华人民共和国反补贴条例》第二十五条规定，做出初裁认定，在本案调查期内，原产于美国的进口白羽肉鸡产品存在补贴，中国国内白羽肉鸡产业受到了实质损害，而且补贴与实质损害之间存在因果关系。美国应诉公司被裁定3.8%~11.2%不等的从价补贴率，未应诉公司从价补贴率为31.4%。国务院关税税则委员会根据商务部的建议做出决定，自本公告列明之日起，采用临时反补贴税保证金的形式对原产于美国的进口白羽肉鸡产品实施临时反补贴措施。

本案是我国对进口农产品发起的首起反补贴调查。调查机关发现，长期以来，美国政府对白羽肉鸡产品饲料作物玉米、大豆提供的大量可诉性补贴，使美国白羽肉鸡产品在我国市场上获取了不正当的竞争优势，对我国白羽肉鸡产业造成了损害。我国调查机关在本次反补贴调查过程中严格遵照了中国相关法律以及WTO协议的相关规定。程序公开透明，并依法给予了利害关系方充分发表评论意见的机会。

资料来源：佚名. 中国首起农产品反补贴案例法律评析 ［EB/OL］. ［2019-01-02］. http：//www. chinacoop.gov.cn/Item/49082.aspx.

案例思考：

［1］本案例的重要意义是什么？

［2］美国的农业补贴对我国有什么重要借鉴意义？

［3］应如何运用WTO规则保护本国产业？

◆ 本章小结

1.世界贸易组织（WTO）是处理国际贸易全球规则的唯一国际组织，前身是1948年生效的关贸总协定。WTO 设立了相应的组织机构，并制定了一系列的规则，包括最惠国待遇、国民待遇、关税削减、禁止数量限制、透明度、公平竞争、对发展中成员优惠、公平解决贸易争端等，以保证国际贸易顺利、可预测和自由地进行。

2. WTO 的非歧视原则承袭了关贸总协定的非歧视原则，主要针对进出口商品与有关事项。其主要由最惠国待遇和国民待遇原则体现。最惠国待遇条款中，各成员对于其他成员的产品，必须给予不低于给予其他成员产品的待遇。国民待遇条款要求一旦货物已经进入某个市场，它们必须获得不低于相同的当地制造商品所获得的优惠待遇。

3. 自由贸易原则，是指限制和取消限制国际贸易进行的法律法规、政策措施等障碍。其主要通过削减关税、降低非关税壁垒等一系列措施来实现。因此，这一原则主要包括关税减让原则和取消非关税壁垒原则。

4. 透明度原则要求各成员将实施的有关管理对外贸易的各项法律、法规、行政规章和司法判决等迅速加以公布，以使其他成员政府和贸易经营者加以熟悉；对各成员政府之间或政府机构之间签署的影响国际贸易政策的现行协定和条约也应加以公布；各成员应在其境内统一、公正和合理地实施各项法律、法规、行政规章、司法判决等。

5. 公平竞争原则禁止成员采用倾销或补贴等不公平贸易手段扰乱正常贸易行为，并允许采取反倾销和反补贴的贸易补救措施，保证国际贸易在公平的基础上进行。

6. WTO 认为，发达成员方有必要认识到促进发展中成员方的出口贸易和经济发展，从而带动整个世界贸易和经济的健康发展。因此，在各项协议中允许发展中成员方在相关的贸易领域，在非对等的基础上承担义务。

7. WTO 争端解决机制鼓励成员方通过双边磋商解决贸易争端，以保证世界贸易组织规则的有效实施为优先目标，严格规定争端解决的时限，实行"反向协商一致"，禁止未经授权的单边报复决策，容许交叉报复。

8. 我国对所有规则的运用既要遵守规则，又要运用 GATT 1994 的例外规则和对发展中成员优惠待遇原则规避矛盾，并善于运用 WTO 公平解决贸易争端原则解决矛盾。

9. 中美贸易摩擦反映出美国严重违反 WTO 原则，是贸易保护主义和单边主义的典型。

专业词汇

WTO　最惠国待遇　相似产品　洛美协定　国民待遇　关税减让　禁止一般数量限制　透明度原则　公平竞争原则　对发展中成员优惠待遇原则　公平解决贸易争端原则　中美贸易战

思考题

1. 试从经济学角度解释最惠国待遇原则的内涵。

2. 什么是国民待遇？我国对国民待遇原则应该采取哪些对策？

3. 如何从整体上理解 WTO 各项基本原则的联系？

4. 我国贸易政策应如何适应 WTO 基本原则的要求？

本章参考文献

［1］世界贸易组织（WTO）秘书处. 世界贸易组织乌拉圭回合多边贸易谈判结果法律文本［M］. 对外贸易经济合作部国际经贸关系司，译. 北京：法律出版社，2000：29-68.

［2］房东. 服务贸易总协定法律约束力研究［M］. 北京：北京大学出版社，2006：209.

［3］石广生. 中国加入世界贸易组织知识读本（二）——乌拉圭回合多边贸易谈判结果：法律文本［M］. 北京：人民出版社，2001：387.

［4］王秉乾，刘善球. GATT/WTO最惠国待遇相似产品经典案例分析［J］. 株洲工学院学报，2004（4）.

［5］杨荣珍. 世界贸易组织规则精解［M］. 北京：人民出版社，2001：4.

［6］赵维川，王公义，左海聪. 1994年关贸总协定逐条释义［M］. 长沙：湖南科学技术出版社，2006：57.

［7］周林彬，郑远远. WTO规则例外和例外规则［M］. 广州：广东人民出版社，2001：2.

［8］黄萍. WTO非歧视待遇研究［D］. 哈尔滨：黑龙江大学，2003.

［9］杨向东. WTO体制下的国民待遇原则研究［M］. 北京：中国政法大学出版社，2008：8，23，45.

［10］朱榄叶. 关税与贸易总协定国际贸易纠纷案例汇编［M］. 北京：法律出版社，1995：87.

［11］邹根宝. 试论中美最惠国待遇和永久性正常贸易关系［J］. 南京经济学院学报，2000（5）.

［12］潘灯. 汽贸争端败北背后［J］. 商界评论，2009（2）.

［13］张汉林，等. WTO与农产品贸易争端［M］. 上海：上海人民出版社，2001：259-299.

［14］韩立余. 国际经济法学原理与案例教程［M］. 北京：中国人民大学出版社，2010：109-110.

［15］佚名. 美日谋划扩大零关税产品［N］. 经济参考报，2005-02-25.

［16］刘新宇. 非政府组织与世界贸易组织关系之探讨［EB/OL］. ［2018-12-12］. http://www.law-lib.com/LW/lw_view.asp？no=1214.

第二章

WTO关税减让规则解读及运用技巧

导 读

关税具有多种功能，即使是产品出口竞争力最强的国家也仍然采用它对进出口实行严格管理。关税所具有的透明性、非歧视性、相对稳定性和可预见性，使其成为WTO唯一允许的贸易保护手段。毫无疑问，在国际贸易领域关税仍将在相当长的时间内发挥作用。正因为如此，GATT的条款没有提出缔约方之间取消关税的主张，而是提出关税减让原则。

关税减让原则是GATT/WTO所倡导的基本原则，一直作为非歧视原则、互惠原则和最惠国待遇原则的载体，是实现贸易自由化的最基本手段。

我国的关税制度虽历经变革，日臻完善，但与WTO规则要求还有一定的差距。因此，如何更好地了解WTO的关税制度体系，巧妙运用有利的相关规则，完善我国的关税制度，使我国在国际贸易中立于不败之地，是我国面临的重大现实任务。

本章的学习要着重了解WTO关税规则的内容、具体适用范围及其例外，并结合案例探讨关税制度运用技巧。

章首案例

欧美与中国汽车零部件关税纠纷

[案情介绍]

由于我国进口整车的关税税率是25%，而零部件的关税税率是10%，为了逃避较高的整车关税，国内不少汽车厂商大量从国外进口零部件，然后再组装成整车，在国内销售。为了制止这一避税行为的频繁发生，海关总署、国家发展和改革委员会、财政部、商务部根据《汽车产业发展政策》及有关规定制定了《构成整车特征的汽车零部件进口管理办法》（下文简称《管理办法》），于2005年4月1日起执行。《管理办法》规定了进口汽车零部件构成汽车总成（系统）的特征：一是进口整套散件组装总成（系统）的；二是进口关键零部件或分总成组装总成（系统），其进口关键零部件或分总成达到及超过规定数量标准的；三是进口零部件的价格总和达到该总成（系统）总价格的60%及以上的。

随着《管理办法》的出台，部分发达国家（地区）和中国之间的汽车零部件的贸易摩擦也随之产生。美国、加拿大、欧盟等认为中国的做法违反了WTO的相关原则：国民待遇原则、最惠国待遇原则、不得强制国产化原则等。有关各方与中国就汽车零部件的进口关税问题纠纷不断。

2006年3月30日，欧盟、美国分别致函中国常驻WTO代表团，提出在WTO争端解决机制下的磋商请求。2006年4月13日，加拿大也提出了类似要求。2006年8月初，海关总署、商务部、财政部和国家发展和改革委员会发出公告，宣布《管理办法》中构成整车特征的三个标准中的第三个标准，推迟两年实施，即推迟到2008年7月1日实施。2006年9月16日，欧盟、美国和加拿大联合向世界贸易组织提出申诉，要求WTO专门成立专家组，对中国零部件关税政策进行调查，这是美欧加首次联合要求WTO对中国单一政策展开调查。2008年2月13日，世界贸易组织专家组形成中期报告，初步裁定中国对进口汽车零部件所征收的关税与进口整车关税达到相等额度，违反了中国在加入世贸组织之初做出的逐步开放市场的承诺，要求中国在世贸组织框架下履行成员责任。2008年7月18日，世界贸易组织争端解决机构专家组公布了上述相关争端的裁决报告。9月15日，中国提出上诉。2008年12月15日，世界贸易组织上诉机构公布了最终裁决报告。报告维持了世贸组织专家组的裁决结果，认为中国《管理办法》违反了国民待遇，但是否定了专家组认为中国对成套散件和半成套散件按整车征税的做法违反入世承诺的裁决。中国于2009年9月1日废止了该《管理办法》。

[争议焦点]

中国政府认为，对进口汽车零部件实施的有关管理规定，是为了防止利用整车和零部件的关税差别规避海关监督、偷逃关税的行为，也是保护消费者利益的需要，相关规定符合中国加入WTO时的承诺，也符合WTO有关规则。欧盟、美国、加拿大认为，中国的《管理办法》：（1）违反了WTO法律文件规定的国民待遇原则。（2）违反了关贸总协定第2条："每一缔约方对其他缔约方的贸易所给予的待遇不得低于本协定所附有关减让表中有关部分所规定的待遇。"中国承诺在2006年将汽车零部件关税税率降到10%，但《管理办法》对进口零部件征收超出10%的关税。（3）违反了《与贸易有关的投资措施协议》第2条不得强制规定"当地成分"的规定。《管理办法》实际上等于变相规定了汽车零部件"国产化"的比例。（4）违反了《补贴与反补贴措施协议》的规定。根据《管理办法》，当汽车厂商采用国产零部件，而不是进口零部件时，厂商就相当于获得了生产补贴。此外，《管理办法》仅对在国内市场销售的车辆征税，如车辆出口，则无须缴税，这也应该被视为变相出口补贴。（5）违反了WTO法律文件规定的最惠国待遇原则。（6）对具有整车特征的零部件征收高于10%的关税，违背了中国在加入WTO工作组报告中做出的CKD（进口全散件）和SKD（进口半散件）关税税率不会超过10%的承诺。

资料来源：

[1] 世界贸易组织（WTO）秘书处.世界贸易组织乌拉圭回合多边贸易谈判结果法律文本［M］.对外贸易经济合作部国际经贸关系司，译.北京：法律出版社，2000：424-425.

[2] 黄卫平，陈秋云.欧美与中国汽车零部件关税纠纷案例分析［J］.涉外税务，2009（1）.

案例思考：

[1] 针对中国汽车零部件进口关税问题，欧盟、美国、加拿大和中国之间产生上述分歧的关键原因是什么？

[2] 通过本案例，中国应该学会如何在WTO的框架下正确运用相关规则维护自身利益？

[3] 此案例对中国汽车产业发展的启示是什么？

第一节　关税减让规则

《1947 年关贸总协定》和 GATT 1994 都把排除非关税障碍、降低关税作为实现自由贸易的中心环节。在 GATT/WTO 整个历史发展进程中，尽管在不同的历史时期，因贸易条件和情况的不同，GATT/WTO 体制在原则适用和法律制度管辖方面各有侧重，但关税减让一直是多边贸易谈判各回合的主要议题。在 WTO 协定生效以后，关税减让原则仍是一项基本原则。

WTO 倡导将关税作为唯一合法保护手段，主要是因为关税使国内外同类产品价格保持自动联系，竞争关系显而易见；而配额、许可证等进口数量限制则切断了这种联系，极易导致生产商寻求过度保护，并且在发放过程中的随意性较大，极易导致国别歧视。此外，关税更具透明度，一经公布，所有 WTO 成员容易判断其产品进入特定市场的难易程度。正因为关税具有非歧视性、透明性、公开性和稳定性等优点，因此，关税保护的合法性至今未能动摇。

关税减让主要涉及 GATT 1994 的序言、第 1 条（最惠国待遇原则）、第 2 条（减让表）、第 28 条（关税减让的程序）等有关条款所确定的关税减让原则和约束机制。GATT 1994 的序言明确规定"要大幅度地削减关税及其他贸易障碍，消除国际贸易中的歧视待遇"，即把削减关税当作 GATT 的一个重要目标；第 2 条具体对减让表的内容做了规定，其中，第 7 款规定："本协定所附的各减让表，应视为本协定第一部分的组成部分。"这一条款规定了关税减让表是 GATT 不可分割的部分，与 GATT 其他部分具有相同的效力。第 28 条第 1 款、第 4 款和第 5 款对减让表的修改做了规定。

值得注意的是，在有关减让表的规定中，都突出体现了 MFN 原则、国民待遇原则和互惠原则，即关税减让要受到这些原则的约束，在这些原则的基础上进行，关税减让实质上是这些原则的执行载体。在进行关税减让时，要遵循一定的程序。首先，在互惠的基础上成员进行双边谈判，按出口成员与进口成员市场份额的大小来确定主要供应者；其次，减让谈判双方邀请主要供应者就某些产品逐项对等地进行关税减让谈判；最后，达成的关税减让结果被列成分表，在进一步进行利益平衡后按非歧视原则将分表列成总表，作为 GATT 不可分割的一部分，适用于全体成员。

在关税与贸易总协定及世界贸易组织的文件中，所谓"减让"（concession）的意义十分广泛，有四种含义：

一是对减让后的税率加以约束，指出价方首先将某个产品的现行税率降低到某个水平，并承诺日后对该产品的税率调整时终值不高于降低后的水平。

例如，某产品的现行税率为 20%，按降低后约束出价，将现行 20% 的税率降低至 15%，那么，该成员日后对此项产品税率的调整不得超过 15% 的水平。这是关税谈判中出价方承诺义务最重的一种让步方式。发展中成员在世贸组织的关税谈判中采用这种方式作关税让步的较少。

二是对现行税率加以约束，即"维持现状"（standstill）。约束现有关税水平一方面是指出价方在关税谈判中表示其所做的关税让步以现行税率为限；另一方面是指其日后对税率的调整不会超过现行水平。如，某产品现行实施的关税税率为10%，谈判中承诺今后约束在10%。它在世贸组织的关税谈判中运用较多。

三是采用"上限税率"来约束其关税，即将关税水平约束在最高现行税率水平的某一特定水平，承诺不超过该特定水平。最高限约束的概念实际上有双重含义：一是指成员或加入方在关税谈判中表示，其对某项产品的让步方式是确定该产品现行税率日后上调的范围；另一层含义是指参加方承诺对该产品现行税率的调整不会超过某一上限。

例如，某种出价产品的现行税率为20%，出价方最高限约束为20%，那么出价方的义务就是对该产品税率日后的调整最高不会超过40%。所以最高限约束的让步是指向将来，而且不是降低现行的税率，以这种方式承诺的关税让步是比较轻松的，对让步的影响也不会很大。从世贸组织的关税谈判实践看，采用这种方式的多为发展中国家。此种方式不仅在历届关税谈判中为发展中国家所采用，而且在发展中国家加入世贸组织的谈判中，也有适用的实例。例如，墨西哥在1986年入关的关税谈判中，就是将其关税上限约束在50%的水平上；智利、印度尼西亚的上限分别约束在25%和40%。

四是对免税待遇加以约束，承诺对免税品税率保持为零，即"零关税"。如乌拉圭回合谈判中，美国、欧盟、日本、加拿大、澳大利亚、奥地利、芬兰等发达成员间在药品、医疗器械、建筑、矿山钻探机械、农用机械等部门达成了零关税协议。

以上四种方式均视为关税减让。由此可见，WTO的关税减让并不意味着只是减或降，它的内容还包含有不减或不降的让步方式。从世贸组织的关税谈判实践看，缔约方或新加入方很少是仅采取一种方式做出关税让步和约束，多是根据不同的产品选择不同的约束和让步方式。通常情况下，对于较敏感的商品，多选择上限约束让步方式，而对那些存在过度保护、实际进口较少或税收影响较小的商品，则多采用降低后约束或现行约束的做法。

小知识2-1

关税减让水平的测算

世界贸易组织各成员对关税减让水平要进行测算，以衡量减让的效果，测算的方式主要有三种：

1.关税约束水平

约束关税可以使贸易具有稳定性和可预见性。在乌拉圭回合以前的关税约束水平很低。在乌拉圭回合谈判中，所有世界贸易组织成员全面约束了农产品的关税；对于非农产品，世界贸易组织成员关税约束的比例有很大的提高，其中发达成员的约束比例从78%上升到99%，发展中成员的约束比例从21%上升到73%，过渡经济成员的约束比例从73%上升到98%。承诺100%约束关税的发展中国家有智利、哥斯达黎加、萨尔瓦多、墨西哥、委内瑞拉、阿根廷、巴西、哥伦比亚、牙买加、秘鲁和乌拉圭以及世界贸易组织成立以后加入的蒙古国、厄瓜多尔等。

2.零关税所占的比例

零关税所占的比例包括零关税的税目在总税则税目中的比例以及零关税产品的进口值在总进口值中的比例。乌拉圭回合谈判后这两个比例都有很大的提高。

3.关税水平和减让幅度

关税水平包括简单平均法和加权平均法计算出来的两种水平。简单平均法单纯根据一国的税则中的法定税率来计算。不管每个税目实际的进口量，只按税则中的税目数来求出税率的平均值。因为高税率税目是禁止性的，实际很少有进口货，所以无法反映实际的税率水平。计算公式为：

简单平均关税水平＝税则中所有税目的税率之和÷税则的税目数

加权平均税率，是用进口商品的金额作权数进行平均，即每一个税号项下的进口额乘以该税号的税率之和除以总进口额。计算公式为：

加权平均关税水平＝每一税号进口额×该税号的税率之和÷总进口额

减让幅度是测量关税减让的水平，即（基础税率－最终税率）×100÷基础税率。减让幅度大说明成员做出了较大的让步。

资料来源：余乐芬，唐静. 国际商务与关税减让［M］. 北京：人民出版社，2005：28-29.

总的来看，WTO 的关税减让原则的主要特点有：

一是要在互惠互利的基础上实现关税减让。大幅度削减关税是 WTO 的基本宗旨之一，以互惠互利协议的形式实现关税减让。通过双边或多边贸易谈判，各成员方承诺削减关税。谈判结果固定下来的各国税则商品的税率为约束税率，汇总起来形成减让表，作为总协定的一个附属部分付诸实施。

二是应按照最惠国待遇原则非歧视性地征收关税。WTO 成员谈判形成的关税减让表，要根据无条件最惠国待遇原则，适用于所有成员方。但经济一体化组织内部成员之间的优惠、对发展中国家实行的关税优惠则属例外。

三是直接降低关税税率并约束关税。根据 GATT 1994 第 2 条减让表的规定，如果 WTO 成员方把税率提高到约束水平以上，受影响的出口国家有权对进口国的等价值出口产品采取报复性措施或接受赔偿，其形式通常为要求该进口国降低对受影响国的其他出口商品的关税。可见，约束关税是一国承诺开放本国市场的重要基础，也是一国在 WTO 中可以获取利益的重要条件。一旦成员方对某项或某类产品做出关税减让承诺，便不能再通过征收其他税费的方法来抵消该项约定的减让，也不允许使用其他非关税措施来抵消关税减让的效果。

第二节　关税减让谈判规则

一、关税减让谈判的基本含义

（一）约束关税

关税减让是总协定的一项基本内容，组织关税减让谈判也就构成了总协定的基本活动。世界贸易组织成员经过关税谈判将各自的全部或部分产品关税固定在某一水平，这一关税水平通常称为"约束关税"或"协定关税"。约束关税是关税减让的结果，承诺了约束的关税税率，不得单方面任意提高，如要经过谈判来提高，并要给予有关成员适当的补偿。该成员只可在约束税率以下调整该产品的税率，如某一产品的关税约束在 20%，对成员实施关税只能定在 20% 及以下。也就是说：关税谈判达成的税率与各成员实施的税率是不同的，谈判达成的税率是约束税率，而实施税率是成员公布的法定适用的税率，实施税率均不得高于约束税率。GATT存续期间经历了八轮多边谈判，关税减让谈判始终是历次贸易谈判的核心问题。特别是经过乌拉圭回合的多边贸易谈判，各缔约方的工业制成品的加权平均关税率得到大幅度降低，见表2-1。

表2-1　　　　　乌拉圭回合关税削减完成前后加权平均关税水平的变化（%）

	WTO所有成员	发达国家	发展中国家	经济转轨国家
乌拉圭回合前	9.9	6.2	20.5	8.6
乌拉圭回合后	6.5	3.7	14.4	6.0
降低幅度	34.3	40.3	29.4	30.2

资料来源：刘力，刘光溪. 世界贸易组织规则读本 [M]. 北京：中国对外经济贸易出版社，1999.

（二）关税减让谈判结果的适用

根据WTO规则，缔约成员全体可以不时主持关税减让的谈判，以求在互惠互利基础上大幅度降低关税以及进出口其他费用的一般水平，特别是降低那些使少量进口都受到阻碍的高关税。关税减让谈判一般在产品主要供应国与主要进口国之间进行，其他国家也可参加。对WTO成员双边的减让谈判结果，其他成员按照最惠国待遇原则可不经谈判而适用。

小知识2-2

WTO成员关税减让的基本义务

世贸组织成员关税方面的基本义务主要有两项：

1.非歧视性地征收关税。这是最惠国待遇的基本要求，但经济一体化组织内部成员之间的优惠和对发展中国家实行的关税优惠则属例外。

2.降低并约束关税。世贸组织成员在加入时通过多边贸易谈判达成的关税减让采用约束税率的形式来表现，载于各成员的关税减让表中，世贸组织成员的货物和服务贸易减让表达22 500页之多。各成员不能对进口产品征收高于约束税率的关税。约束关税是一国承诺开放本国市场的重要基础，也是一国在世贸组织中可以获取利益的重要条件。

在关税减让表中，各成员将其愿意进行关税减让承诺的产品及约束税率水平列在各自的关税减让表中。对大多数发达国家来说，关税减让表中约束关税占全部税号的比例很高，接近99%，并且约束税率位于或接近实际征收的税率水平。在世贸组织成立以前，大多数发展中国家约束关税的产品范围很小，有的甚至不受约束，发展中国家平均约22%的税目受约束，世贸组织成立后提高到72%。

资料来源：佚名. WTO成员关税减让的基本义务是什么 [N]. 人民日报，2000-01-13（2）.

二、关税减让谈判的基础、原则及谈判权

（一）关税减让谈判的基础

关税减让谈判必须有两个基础：一是商品基础。关税谈判的商品基础是各国的海关进口税则，在谈判中要通过协调税则税号确定商品范围，以使谈判具有共同语言；二是税率基础。税率基础是关税减让的起点，每一次谈判的税率基础是不同的，一般是以上一次谈判定的税率即约束税率作为进一步谈判的基础。对于没有约束税率的商品，谈判方要共同确定一个税率。如在"乌拉圭回合"中，对于没有约束力税率的工业品，以1986年9月关税与贸易总协定缔约方的实施税率，作为关税谈判的基础税率；对于农产品，发展中缔约方可以自己对部分产品提出一个上限约束水平作为基础税率。加入世贸组织时关税谈判的基础税率，一般是申请方开始进行关税谈判时国内实际实施的关税税率。

（二）关税减让谈判的原则

根据GATT 1994的规定，关税减让谈判需要遵守的原则是：（1）互惠互利原则。互惠互利是关税谈判的指导思想，但并不意味着在所有的关税谈判中，双方都要做出减让承诺，如在加入世贸组织谈判时，承诺减让的只有申请加入的一方，申请方加入世贸组织后，可以从成员方在多边谈判中已作的关税减让承诺中得到利益。（2）考虑对方需要的原则。关税谈判应充分考虑每个成员、每种产业的实际需要，并顾及各成员经济发展等其他方面的需要，尤其是发展中国家的相关需要。（3）谈判情况保密原则。一般情况下，一个成员要与若干个成员进行关税谈判，但具体的谈判是在双边基础上进行的。因此，双方对谈判承诺的情况保密，以避免其他成员在谈判中互相攀比要价。只有在所有双边谈判结束后，才可将汇总后的双边谈判结果多边化，让其他成员知晓。在谈判中，谈判一方如果有意透露双边谈判的情况，则应受到谴责。（4）最惠国待遇原则。关税谈判达成的谈判结果，应按照最惠国待遇原则，对WTO所有成员适用。

（三）关税减让谈判权的确定

根据WTO规定，只有享有关税谈判权的成员才可参加关税谈判，凡具备以下条件之一者，可享有关税谈判权：

一是产品主要供应利益方。在谈判前的一段合理期限内，一个WTO成员如果是另一个WTO成员进口某项产品的前三位供应者，则该成员对这项产品享有主要的供应利益，被称为主要供应利益方或主要供应方。主要供应方有权向对方提出关税谈判的要求，与主要供应方进行谈判，可以较准确地对减让做出评估。另外，对于一项产品，如某个成员的该产品出口额占其总出口额的比重最高，则该成员虽不具有主要供应者的利益，但应被视为具有主要供应利益，与主要供应方一样，也有权要求参加关税减让谈判。

二是产品实质供应利益方。在谈判前的一段合理期限内，一个WTO成员某项产品的出口在另一方进口贸易中所占比例达到10%或10%以上，则该成员对这项产品享有实质供应利益，被称为实质供应利益方，有权向被供应方提出关税谈判的要求。另外，如果一个WTO成员对某项产品目前不具有主要供应利益，也没有实质供应利益，但这项产品在该成员的出口中处于上升的发展阶段，则今后可能成为该成员有主要供应利益或有实质供应利益的产品；或者这项产品在世界其他国家已成为该成员具有主要供应利益的产品，则该成员一般视为具有"潜在利益"，也有权要求进行关税谈判，但是否与之谈判由进口方决定。

三是最初谈判权方。一个WTO成员与另一方就某项产品的关税减让进行了首次谈判，并达成协议，则该成员对这项产品享有最初谈判权，通常称为有最初谈判权方。当做出承诺的一方要修改或撤回这项关税减让时，应与有最初谈判权方进行谈判。最初谈判权的规定，是为了保持谈判方之间的权利与义务平衡。最初谈判权方一般都具有主要供应利益，但具有主要供应利益方，不一定对某项产品要求最初谈判权。

在双边谈判中，有些国家对某项产品并不具有主要供应利益或实质供应利益，但这些国家认为，它们对该产品有潜在利益，因而要求最初谈判权，此时，谈判的另一方不得拒绝。给予最初谈判权的产品品种的多少，由双方谈判确定，这种情况一般出现在非世贸组织成员加入时的关税谈判中。

三、关税减让谈判的类型

关税谈判大体可分为三种类型，即多边关税谈判、加入时的关税谈判和修改或撤回减让表的关税谈判。不同类型的关税谈判具有不同的谈判程序，享有谈判权的资格条件也不相同。

（一）多边关税谈判

多边关税谈判，是指由所有GATT/WTO成员参加的，为削减关税壁垒而进行的关税谈判。多边关税谈判可邀请非缔约方或成员参加。关贸总协定主持下的八轮多边贸易谈判中的关税谈判，都属于多边关税谈判。主要程序是：（1）由全体缔约方或成员协商一致发起，并确定关税削减的最终目标。（2）成立谈判委员会，根据关税削减的最终目标确定谈判方式，一般采用部门减让，或者线性减让与具体产品减让相结合的方式。（3）将谈判结果汇总成为多边贸易谈判的一部分，参加方签字后生效。

多边关税谈判是相互的，任何缔约方或成员，均有权向其他缔约方或成员要价，也有义务对其他缔约方或成员的要价做出还价，并根据确定的规则作为对等的关税减让承诺。但是，就具体产品减让谈判而言，有资格进行谈判的，主要是对该项产品具有主要供应利益，或对该项产品具有实质供应利益，或已享有最初谈判权的缔约方或成员。

（二）加入WTO时的关税谈判

任何一个加入WTO的申请方都要与原成员方进行关税谈判，谈判的目的是削减并约束申请方的关税水平，作为加入后享受多边贸易利益的补偿。主要程序是：（1）由申请方向成员方发出关税谈判邀请。（2）各成员根据其产品在申请方市场上的具体情况，提出各自的关税要价单，一般采用产品对产品的谈判方式。（3）申请方根据对方的要价，并考虑本国产业情况进行出价，谈判双方进行讨价还价，这一过程一般要经过若干次谈判。（4）谈判双方签订双边关税减让表一式3份，谈判双方各执1份，交WTO秘书处1份。（5）将所有双边谈判的减让表汇总形成加入方关税减让表，作为加入议定书的附件。

根据WTO规则：加入时的关税谈判，减让是单方面的，申请方有义务做出关税减让承诺，无权向成员方提出关税减让要求。加入时的关税谈判资格，一般不以是否有主要供应利益或实质供应利益来确定，任何成员均有权向申请方提出关税减让要求，是否与申请方进行谈判，由各成员自行决定；要求谈判的成员也可对某些产品要求最初谈判权，申请方不得拒绝。加入时的关税谈判一般不遵循"主要供应国"和"实质利益"等原则确定谈判资格。

中国是关贸总协定的创始缔约国之一。但中华人民共和国成立后，中国台湾地区于1950年退出总协定，使中国与总协定的关系长期中断。

相关链接2-1

中国作为关贸总协定创始国的档案原件现身广州

在2002年1月12日召开的海上丝绸之路与广州港学术研讨会上，记者意外地见到1947年中国作为创始国加入关贸总协定的档案原件。这是此珍贵档案首次对社会公布。

中国最早"入世书"全称为《联合国关税暨贸易总协定附表译本（中国部分）》，封面上还明码标价："每本定价国币二十万元"。据介绍，这批文件有100多件，400多页，前半部分为中文版，后半部分为英文版，清楚地记载着1947年中国作为23个创始国之一，参加瑞士日内瓦关贸总协定第一回合贸易谈判的情况，包括与会国与中国关税减让谈判的文件材料、与会国和中国减低关税货物清单、中国代表团关于关税及贸易总协定的报告等。

在这份珍贵的文件当中，清楚地反映了当时美国已经对中国签订有关协议有举足轻重的影响："查此次协定草案之能顺利完成其主要关键在于美方之妥协态度，盖美国现时执政当局亟备实现其一贯之政策——扩张世界贸易与消除国际贸易之障碍"。

当时"我国对外贸易占全球国际贸易百分之三弱"。我国减税的谈判对象是当时参与关贸总协定的其他22个成员，其中对各国让步项目数中，最多为美国，共80项，其次是英国，共29项。按"民国二十五年进口统计算"，当年让步总值为438 479 000元。减税的货物有棉、麻、毛、丝、金属、食品及它们的制品等共16类。

资料来源：佚名. 中国作为关贸总协定创始国的档案原件现身广州 [EB/OL]. [2019-01-03]. http://news.sina.com.cn/c/2002-01-13/443035.html.

改革开放后，中国政府从1986年开始提出"复关"申请。直至1995年WTO建立，中国"复关"未果，"复关"谈判转为"入世"谈判。1995年7月11日，WTO总理事会会议决定接纳中国为该组织的观察员；2001年9月12日至17日，WTO中国工作组第18次会议在日内瓦举行，此次会议通过了中国加入WTO多边文件提交总理事会审议。会议宣布结束中国工作组的工作。2001年11月10日，世界贸易组织多哈会议通过《中国加入世界贸易组织决定》。谈判历时15年，2001年12月11日，中国正式成为WTO第143个成员。

值得一提的是，中国的入世谈判是GATT/WTO历史上谈判时间最长的一次。香港和澳门则在1995年1月1日世贸正式成立时加入，两地主权移交到中华人民共和国后，其在世贸的名称也换为中国香港和中国澳门。2001年11月11日，台澎金马个别关税领域（简称为"中国台湾"）正式加入WTO。

相关链接2-2

关于中国台湾与WTO成员签署FTA问题

（一）程序方面

必须遵守"先中后台"原则。联合国于1971年10月25日通过了2758号决议，取消了中国台湾当局在GATT中的观察员资格。1986年7月，中国正式提出恢复在GATT的缔约国地位的申请。1991年1月1日，中国台湾当局利用"关贸总协定"第32条，以"台澎金马单独关税领域"的名义申请加入GATT。1992年9月29日，GATT理事会经过与中方以及各缔约方的广泛磋商，由理事会主席发表声明，承诺按照一个中国、"先中后台"、中国台湾当局以"台澎金马单独关税区（简称'中国台北'）"名义加入的原则，处理中国台湾"入关"问题。2001年11月，在卡塔尔多哈举行的WTO部长级会议上，按照"先中后台"的原则，中国和中国台北分别于11日和13日签署了"入世"议定书。此后，中国于12月11日，中国台北于2002年1月1日正式成为WTO成员。

因此，"先中后台"原则同样也适用于海峡两岸与WTO成员签署"FTA"的先后次序问题。也就是说，一方面，中国台北作为WTO的成员，有权与WTO成员签署层次低于国家与国家之间的FTA的贸易协议；另一方面，必须遵守"先中后台"原则。

（二）定位方面

中国台湾必须遵循一个中国原则。其位置只是与中国香港、澳门相同，并非是国家主体。在此情况下，中国台湾要与WTO成员签署FTA，就必须承认中国台湾与中国大陆同属一个中国，并须事先得到中国的同意和授权。

资料来源：关于台湾与WTO会员体签署FTA问题［EB/OL］．［2019-01-05］. http：//www.crntt.com/crn-webapp/mag/docDetail.jsp？coluid=27&docid=101345678.

小资料2-1

中国入世10年成就

2011年，是中国加入世界贸易组织的第10年。10年间，为履行入世承诺，中国实施了大规模关税减让措施，并在市场开放、法规整理、贸易体制建设等方面取得了显著进步。

在这10年间，中国关税总水平从2001年的15.3%降低到2010年的9.8%。2010年，中国对原产于东盟十国、智利、巴基斯坦、新西兰、韩国、印度、斯里兰卡、孟加拉国等国家的部分进口商品实施了比最惠国税率更优惠的协定税率。

"入世"10年，是中国经济和外贸发展最好的10年。2010年，中国国内生产总值（GDP）超过日本，成为世界第二大经济体，中国已经成为世界经济增长的重要引擎。中国对外贸易额从2002年的6 207.85亿美元，增加到2010年的29 727.6（接近3万）亿美元，贸易额增长了5倍，成为世界第二大贸易国、第一大出口国。中国吸收外资超过1 000亿美元，对外直接投资达到590亿美元。这些令人振奋的数据是中国人民共同奋斗的结果，也充分证明中国政府果断决策加入WTO是完全正确的。

中国加入WTO以来，已参与了19起WTO争端解决案件，其中我国起诉其他成员7起，其他成员起诉我国12起。同时中国也作为第三方参与了60多起其他成员之间的争端解决案件。在直接涉及我国的争端案件中，有近1/3的案子通过双方的磋商获得解决。其他经过专家组及上诉机构最终裁决的案件中，我国赢得了与其他成员共同起诉美国的钢铁保障措施案、美国限制中国禽肉产品进口案和欧盟对中国紧固件反倾销措施案。在其他成员起诉中国的案件中，我国在汽车零部件等案件中败诉，但在美诉我知识产权案件中，尽管WTO裁定中方部分涉案措施违反世贸规则，但在刑事制裁门槛等核心问题上，中方胜诉。这一结果与美国和欧盟参与争端解决结果不相上下。多年来它们控告别人的案件80%左右胜诉，被告的案件80%左右败诉。作为一个新成员，中国取得这样的成绩实属不易。

资料来源：张棉棉．中国首任驻WTO大使：现有成绩说明入世利大于弊［EB/OL］．［2019-01-04］. http：//www.chinanews.com/cj/2010/12-21/2736926.shtml.

（三）修改或撤回减让表的关税谈判

修改或撤回减让表的关税谈判又称"重新谈判"，是指一个WTO成员修改或撤回已做出承诺的关税减让，包括约束税率的调整或改变有关税则归类，与受到影响的其他成员进行的谈判。按照规定，有关缔约方可以根据自身的需要每隔3年或不定期地就提高或撤回其部分关税减让与受影响的其他成员进行重新谈判。这体现了WTO规则中原则性与灵活性相结合的特征。这种谈判以双边方式进行，谈判程序如下：（1）通知WTO货物贸易理事会，要求修改或撤回某项产品的减让，理事会授权该成员启动关税谈判。（2）与有关成员进行谈判，确定修改或撤回的减让幅度、给予补偿的产品及关税减让的水平等。一般来说，补偿的水平应与撤回的水平大体相同。（3）谈判达成协议后，应将谈判的结果载入减让表，按照最惠国待遇原则实施。（4）若谈判未能达成一致，申请方可以单方采取行动，撤回减让；但其他有谈判权的成员可以采取相应的报复行动，撤回各自减让表中对申请方有利益的减让。

有资格参加修改或撤回减让的关税谈判成员，包括有最初谈判权的成员、有主要供应利益或实质供应利益的成员，但获得补偿的成员不是所有有资格谈判的成员，申请方仅对具有主要供应利益或实质供应利益的成员给予一定的补偿。

对有最初谈判权的成员，如果在申请方提出申请时，既不具有主要供应利益，也不具有实质供应利益，则该成员虽可要求与申请方进行谈判，但申请方可以以该成员没有贸易利益为由，而不给予补偿。

四、关税减让谈判的形式

关税减让谈判的形式主要有：产品对产品谈判、公式减让谈判和部门减让谈判。

（一）产品对产品谈判

产品对产品谈判，是指一个世贸组织成员根据对方的进口税则产品分类，向谈判方提出自己具有利益产品的要价单，被要求减让的一方根据有关谈判原则，对其提出的要价单按其具体产品进行还价。提出要价单的一方通常称为索要方，索要方在提出的要价单中，一般包括具有主要供应利益、实质供应利益及潜在利益的产品。这种方式主要适用于成员方有重大利益的产品、税差较为悬殊的产品以及一些敏感性的产品。

这种谈判方式通常在成员方双边之间根据主要供应国原则进行。所谓主要供应国原则，指的是按出口方产品在进口方市场上所占份额的大小来确定主要供应国，一般是占到进口方市场5%~10%的份额即被视为主要供应国，在确定了主要供应国之后，就由进口方与某个或若干个主要供应国就有关产品逐项进行谈判。谈判通常要进行若干轮，才能最终达成一致。谈判在之后列出减税产品项目表，在互惠基础上达成一致而产生关税减让表。双边谈判达成的关税减让，通过最惠国待遇原则无条件地自动适用于所有的WTO成员方。

"产品对产品"谈判方式最早是1947年秋在日内瓦举行的第一回合谈判中形成的。此次谈判共有23个国家参加，达成了涉及123项产品关税减让的协定，发达国家的进口关税平均降低35%，在历次谈判中关税减让的成就最为显著。"产品对产品"的逐项谈判由拟谈判的各类商品的主要进出口国家进行双边谈判，制定减让的税率，然后按最惠国待遇原则适用于所有缔约方。其优点是可获得直接谈判利益又可获得最惠国待遇带来的间接谈判利益，但缺点是程序较为复杂，各成员方不得不经常考虑总体平衡的问题。美国一直坚持要采用"产品对产品"的讨价还价方法来进行关税谈判，以便利用其贸易实力向贸易对手要求双边互惠的减让，又不让别的国家成为"免费搭车者"。

（二）公式减让谈判

随着国际贸易的迅速发展，"产品对产品"的传统方法已不适应客观需要和参加方的要求。第6轮多边贸易谈判（亦称"肯尼迪回合"）首次打破了传统，采用了新的关税减让方法，即线性减让或称公式减让。公式减让谈判是指，对所有产品或所选定产品的关税，按某一议定的百分比或按某一公式削减的谈判。公式减让谈判是等百分比削减关税，因而对高关税削减幅度会较大，对低关税削减幅度较小。公式减让最大优点是简单易行，省时省力。缺点是等百分比削减，不利于削减关税高峰，不能照顾到关税税率的差异。采用这种方法的结果是：原先是高关税的参加方能够继续保持较强的关税保护作用，而原先是低关税的参加方则立刻失去了关税保护作用。

（三）部门减让谈判

部门减让谈判是指，将选定产品部门的关税约束在某一水平上的谈判，它是从乌拉圭回合多边谈判开始广泛采用的。早在东京回合，美国就试图使用部门减让的谈判方式，但是在该轮谈判中只达成一项贸易自由化的部门协定，即有关民用飞机的协定。因为如果考虑到两个国家在某一部门处于不同保护水平，困难就会相当大。

部门减让的产品范围，一般按照《商品名称及编码协调制度》的6位编码确定。在部门减让谈判中，将选定产品部门的关税统一约束为零，该部门称为零关税部门；如对蒸馏酒、啤酒、家具、玩具、建筑机械、农业机械、钢材、药品、医疗机械、纸及制品十个部门的关税约束为零。将选定产品部门的上限关税税率统一约束在某一水平，该部门称为"协调关税部门"，如对化学品的原料、半制成品（中间体）、制成品上限关税税率分别约束在0、5.5%、6.5%的水平。

在GATT和WTO的关税谈判中，这几种谈判方式可交叉使用，没有固定模式，通常是以部门减让或产品对产品谈判方式为主。通过部门减让谈判，解决成员方关心的大部分产品问题；通过产品对产品谈判，解决个别重点产品问题。产品对产品谈判在双边基础上进行，部门减让或公式减让主要在多边基础上进行。

五、关税减让谈判成果

（一）关税减让谈判的三种结果

关税减让谈判的结果一般有三种情况：

一是谈判结果为所有成员接受并形成减让表。目前已经完成的前八轮多边关税减让谈判成果见表2-2。

表2-2　　　　**关税与贸易总协定及WTO历次多边贸易谈判及成果一览表**

轮次	时间	地点	参加国家与地区（个）	谈判主要成果
第1轮创始回合	1947.4—10	瑞士日内瓦	23	①达成123项协议，实现45 000多项商品的关税减让，使占进口值54%的应税商品平均降低税率35%，影响世界贸易额近100亿美元；②使GATT于1948年1月1日起临时生效

续表

轮次	时间	地点	参加国家与地区（个）	谈判主要成果
第2轮安纳西回合	1949.4—10	法国安纳西	33	①达成147项双边协议，近5 000多项商品实现关税减让；②使占进口值56%的应税商品平均降低税率35%
第3轮托奎回合	1950.9—1951.4	英国托奎	39	①实现近9 000项商品的关税减让；②使占进口值11.7%的应税商品平均降低税率26%
第4轮第四回合	1956.1—5	瑞士日内瓦	28	①实现3 000个税目商品的关税减让；②使占进口值16%的应税商品平均降低税率15%
第5轮狄龙回合	1960.9—1962.7	瑞士日内瓦	45	①实现4 400项商品的关税减让，涉及49亿美元贸易额；②使占进口值20%的应税商品平均降低税率20%
第6轮肯尼迪回合	1964.5—1967.6	瑞士日内瓦	54	①实现60 000多项商品的关税减让，涉及400亿美元贸易额；②经合组织成员间分阶段降低工业品关税，至1972年1月1日工业品进口关税率下降35%；③首次涉及非关税壁垒，并通过了第一个反倾销协议
第7轮东京回合（尼克松回合）	1973.9—1979.4	瑞士日内瓦（在东京发起）	102	①实现27 000多项商品的关税减让，全部关税减幅为25%~35%，共涉及3 000多亿美元贸易额，9个发达国家工业制成品加权平均关税降到6%左右；②主要进行削减非关税壁垒谈判，达成反倾销、反补贴、政府采购、海关估价、进口许可证程序、关于技术性贸易壁垒等多项协议，以及3项涉及具体部门的诸边协议，涉及民用飞机、乳制品和牛肉；③通过了给予发展中国家优惠待遇的"授权条款"
第8轮乌拉圭回合	1986.9—1994.4	瑞士日内瓦（在乌拉圭发起）	128	①减税商品涉及贸易额高达1.2万亿美元，减税幅度近40%，近20个产品部门实行了零关税，发达国家平均税率由6.4%降为4%；②将农产品贸易、纺织品贸易纳入GATT管辖；③首次将GATT规则范围扩大到服务贸易、知识产权和与贸易有关的投资领域；④建立了WTO，从而取代GATT
第9轮多哈回合（第一阶段）	2001.11—2006.7	多哈	147	确定农业、非农产品市场准入、服务贸易、规则谈判、争端解决、知识产权、贸易与发展，以及贸易与环境等8个主要议题，无果而终
第9轮多哈回合（第二阶段）	2006.11—现在	多哈	159	2013年12月7日，在世贸组织第九届部长级会议上，多哈回合第一份成果，《巴厘一揽子协定》以159个成员全数通过，成为多哈回合"零的突破"

资料来源：余乐芬，唐静. 国际商务与关税减让 [M]. 北京：人民出版社，2005.

二是谈判结果为部分成员所接受，其他成员不接受谈判结果，并退出减让，撤回已做出的承诺，谈判结果形成诸边协定。接受的成员在最惠国待遇原则基础上按照做出的承诺实施减让。其他成员可以继续进行参加该协定的谈判。例如世界贸易组织成立以后达成的《信息技术协定》，协定生效时只有不到一半的世界贸易组织成员，随后仍有国家加入该协定，现在希望加入《信息技术协定》的成员仍可加入谈判，最终成为《信息技术协定》的参加方。

三是谈判未达成一致，谈判失败。在谈判过程中各方意见无法达成一致，最终导致谈判破裂，各方会按照自己的意愿及以前承诺的约束实施关税减让。例如在乌拉圭回合谈判中，谈判中希望对纺织品的纱线、织物和制品分别达成5%、10%和17.5%的协调关税，但此目标未能实现，各成员根据自己的情况削减了关税。

（二）关税减让表

关税减让表是各成员关税减让结果的具体体现，减让结果应体现在各成员的税则中。在"乌拉圭回合"后，各成员的减让表均作为附件在"乌拉圭回合"最后的文件中，是WTO协定的组成部分，减让表也成为一国加入世贸组织议定书的附件。各成员按最惠国待遇原则实施减让表中承诺的约束税率。关税减让表主要包含三部分：第一部分包含了所有在缔约方之间实行最惠国待遇的关税减让项目；第二部分保留了一些宗主国与其殖民地、附属国（或属地）之间的关税优惠幅度，但随着原殖民地国家纷纷独立，这部分内容也逐渐丧失了其意义；第三部分是特别关税表，其中包括发展中国家之间谈判达成的优惠关税税率。其中第一部分最为重要，它是最惠国待遇在具体执行中的行动指南，它以英语、法语、西班牙语按国别分类，每个缔约方或关税同盟以一个罗马数字作为确认符号。

关税谈判结果的税率与各成员实施的税率是不同的，谈判结果的税率是约束税率，而实施税率是各成员公布的法定适用税率。各成员实施的关税水平，均不得高于其在减让表中承诺的税率以及逐步削减的水平。如要将某产品的关税税率提高到约束水平以上，或调整关税约束的产品范围，均应按有关条款规定的程序进行谈判，经过谈判确定的修改结果，重新载入减让表。

第三节　关税减让例外规则

各成员方在履行关税减让义务，实行贸易自由化的进程中，有可能使国内产业、国际收支、环保及安全等受到损害，危及成员方的经济、社会利益。因而在WTO法律框架中包括例外条款。依据这些例外规则，世贸组织成员方可以限制贸易自由化，暂时背离世贸组织的义务。这体现了关税减让制度原则性与灵活性相结合的特征，特别是有利于广大发展中国家保护自己的幼稚产业。

一、"保障措施"例外

由于进口成员方履行关税减让义务，进口产品数量增加而使国内产业受到损害时，成员方可以实施保障措施，背离关税减让的义务，对进口产品实施关税的限制措施，以减轻和消除产业受到的损害。保障措施规则包含在GATT 1994第19条以及《保障措施协议》之中。其构成要件包括：第一，某项产品的进口激增；第二，进口激增对国内生产同类产品或直接竞争产品的产业，造成了严重损害或严重损害威胁；第三，产品的进口激增与国内产业的严重损害或严重损害威胁之间存在因果关系。实施保障措施必须具备这三个前提条件，而且缺一不可。实施保障措施，可以采取提高关税、纯粹的数量限制和关税配额等形式。可见，当一成员方为保护国内产业而实施保障措施时，便可以采用提高关税的手段进行救济，暂时背离其在关税减让谈判中做出的减让承诺，从而构成关税减让运行的例外情况。

二、"反倾销和反补贴"例外

为维护公平贸易和正常的竞争秩序，世贸组织允许成员方在进口产品倾销、实施禁止性补贴给其国内产业造成损害的情况下，可以使用反倾销和反补贴手段，保护国内产业不受损害。反倾销、反补贴规则包含在 GATT 1994 第 6 条、《反倾销协议》及 GATT 1994 第 16 条、《补贴与反补贴措施协议》之中。实施反倾销措施必须具备的三个基本要件是：第一，存在倾销；第二，对国内产业造成实质损害或实质损害的威胁，或对建立国内相关产业造成实质阻碍（合称为损害）；第三，倾销和损害之间存在因果关系。补贴只有在满足下列三个条件时才成立：第一，补贴是由政府或公共机构提供；第二，政府提供了财政资助或任何形式的收入或价格支持；第三，补贴使产业或企业得到了利益。反倾销、反补贴也是世贸组织允许的对外贸易限制措施，可以背离关税减让义务，单独对某成员方的进口产品征收反倾销税和反补贴税。反倾销税和反补贴税作为一种特别关税，是关税减让的一种例外情况。

三、"关税减让表"修改或撤销例外

根据 GATT 1994 第 28 条第 1 款及第 4 款规定，可以将对减让表的修改或撤销分为一般成员对减让表的修改或撤销和发展中国家成员对减让表的修改或撤销。第 28 条第 1 款规定，在每三年的第一天或缔约方全体投票数超过 2/3 以上规定的任何其他期限的第一天，成员在与原议定关税减让的另一成员及在供应上为主要利益的成员谈判达成协定，并与实质性利益成员协商的条件下，可以对关税减让表进行修改或撤销。这是对一般成员对减让表的修改或撤销的规定。但考虑到对那些主要依靠少数初级产品和依靠关税作为促进其经济多样化的重要来源的成员（发展中国家成员）来说，如果要这些成员按第 28 条第 1 款所规定的方式进行减让、修改或撤销，可能因特殊情况的出现使其国内产业遭受严重损害，因而为了避免这种情况发生，特别做了第 28 条第 4 款规定，规定有关发展中国家成员可以随时因特殊情况修改或撤销做出的关税减让承诺。

四、"普遍优惠制"例外

1964 年 GATT 增加了第四部分内容，即第 36 条、37 条和 38 条确立了发达国家在贸易谈判中给予发展中国家非互惠削减或撤除关税和其他壁垒的义务。GATT 的注释和补充规定说，不能期望得到互惠一词应当理解为：不应当期望发展中缔约方在贸易谈判过程中做出与它们各自的发展、财政和贸易方面的需要相抵触的贡献。对于发展中国家来说，增加第四部分的意义在于确认了非互惠原则和增加了其工业制成品、半制成品进入市场的机会，扩大了优惠的范围，并为以后的普惠制提供了法律依据。

在东京回合多边贸易谈判中制定了"授权条款"，重申在关税上给予发展中国家普惠制待遇（GSP）。而关税减让以互惠原则为基础，因而，普惠制构成了关税减让制度的一

种例外情况。

根据GSP，发展中国家成员与发达国家成员在大量进口某些产品时，需要确定最低市场准入水平，且在实施期的头一年不能少于国内消费的3%，在实施期结束后，应达到基数的5%。但是，发展中国家成员在此规定中具有灵活性，可以得到较低的减让优惠，可以不低于上述规定的2/3，即正常关税减少百分比为24%，每一税目降低为10%，且可以分10年实施。

从总体水平看，发展中国家成员在乌拉圭回合中的关税减让幅度达40%，贸易加权平均税率从6.3%减少为3.8%，而发达国家成员的贸易加权平均税率由15.8%仅减少为12.3%。

第四节　关税减让规则运用技巧

作为实现贸易自由化的中心环节，关税减让是WTO的一项重要原则和内容，是顺应全球经贸自由化不可逆转的主流。总体来看，关税减让给中国带来了机遇，也带来了挑战。具体来讲，中国作为WTO的新成员，一方面，面临着产业保护和贸易自由化的双重任务；另一方面，关税减让制度还存在着很多弊端。比如：关税结构单一；名义关税率与有效保护率差距较大，关税虚保护现象严重；关税税率配比设置不尽合理，产品保护重点不突出等。因而，面对全球化的市场竞争，中国应寻找应对之策，避免关税减让给中国经济带来负面影响。

一、巧用关税减让表

一要学会巧用关税减让表。关税减让表中规定了受到约束的关税税目的税率，但不能囊括所有的关税税目。因此，我们可以根据实际情况开征新的关税税目，以维护自己的利益。

二要充分利用好关税税目之间的税率差别。加入WTO或进行关税减让谈判，政府承诺的关税是平均约束税率。这样，在承诺WTO所要求的平均约束税率的前提卜，可以通过对不同的税目设置不同的税率来保护自己。对于幼稚产业或没有比较优势的产业要求设置高关税以实行对这些产业的保护，并且中国作为发展中国家，这也是WTO规则所允许的。而对于具有比较优势的产业可以承诺低关税，甚至零关税，以换取对幼稚产业或劣势产业的高关税保护。

二、巧用关税约束"例外"

（一）征收报复关税

报复关税，是国家针对其他国家的不公平贸易行为征收的惩罚性关税，主要是指反倾销税和反补贴税。反倾销税，是进口国海关对实行倾销的进口商品所征收的一种税；反补贴税，是对在生产、加工及运输过程中直接或间接地接受任何奖金和补贴的外国进口商品所征收的一种税。其根据是GATT 1994第6条、第16条及WTO《反倾销守则》和《补贴和反补贴措施协议》。反倾销税和反补贴税已被国际社会普遍采用，我国应学会采用征收报复性关税的办法来保护本国产业，维护公平的市场竞争环境。

（二）征收紧急关税

紧急关税，是指当外国产品的进口突然大量增加，对国内生产此种产品或与之直接竞争产品的产业造成重大损害或重大损害威胁，通常正常谈判渠道又难以解决时所征收的关税。其根据是 GATT 1994 第 19 条和 WTO 保障措施协议。这是一种紧急情况下所采取的应急措施，目的是维护公平的贸易秩序。

（三）巧用幼稚产业保护规则

关贸总协定允许发展中缔约方对其幼稚产业进行关税保护。其根据是 GATT 1994 第 18 条，即其中提到的"在关税结构方面能够保持足够的弹性，以为某一特定工业的建立提供需要的关税保护"，其中的"某一特定工业"就是指幼稚产业。我国应该运用这一特殊条款，对有关产业实行关税保护，以减少与缓冲因入世对国内市场和产业带来的巨大冲击。

三、优化关税的有效保护结构

运用关税减让原则时，要全面考虑各产业在国际贸易中的比较优势，确定关税的有效保护结构。为保证竞争力较弱行业的利益不致受到过度冲击，关税削减应从竞争力较强的行业入手，按竞争力强弱确定从大到小的关税削减幅度。

我国的海关税则绝大部分采用从价税，从价税的确在我国经济贸易发展中发挥了极其重要的作用。但是，随着国际经贸关系的进一步增强，以及我国加入 WTO 后关税水平的逐年下降，只采用单一的从价税已不能适应当前的纷繁复杂的国际贸易发展形势，不能克服由于计征方法的不全面而产生的不公平现象。我们应建立完整灵活的关税计征标准体系，实现关税形态的多样化，逐步用从量税、选择税、复合税、滑准税、季节税、关税配额等形态加以补充。灵活的关税制度体系，可以弥补一些由于降税而可能遭受的冲击与损失，同时还能够维护公平竞争，进一步提高我国关税制度的防卫能力。

案例 2-1

欧共体对关税减让的修改及加拿大关税减让的撤销

1974 年 12 月，欧共体通知 GATT，希望与有关利益方进行谈判，修改未加工的铅及锌（不包括 78.01 及 79.01，这两个产品在狄龙回合中受到约束）的关税税率。谈判的目的是改变这些产品的从量税，使其变为从价税。欧共体后来分别与澳大利亚和加拿大进行了谈判，并与挪威及南非进行了磋商。最终，欧共体与澳大利亚达成了协议，但没有与加拿大达成协议。欧共体在 1975 年 12 月向缔约方全体提交了最终报告。随后，欧共体实施了这一结果。

1976 年 5 月，加拿大通知缔约方全体，认为欧共体的最终报价不能令人满意。它还通知，它将根据 GATT 第 28 条第 3 款撤销关税减让表中的以下项目：罐头肉、利口酒、苦艾酒、开胃酒、甘露酒、铁线和钢。加拿大撤销的贸易量等于加拿大在 1973—1975 年中总共出口到欧共体的锌的年平均数。加拿大认为欧共体的修改与第 28 条第 2 款"维持减让的一般水平，使其对贸易的优惠不低于谈判前本协定所规定的水平"不一致，欧共体关税减让修改的结果是对加拿大的优惠待遇降低了，因为关税率提高了。

专家小组经过审查，在分发的报告中裁决：第一，欧共体根据 GATT 第 28 条的规定来进行谈判是合适的；第二，在成员没有达成特别协议的情况下，以从量方式课税时，应该建立在总进口数据之上，这样推算出来的约束水平为 2.64%，而不是欧共体实施的 3.5%，因而裁定，由于欧共体没有修改减让范围的意图，在转换后欧共体对锌的从价税率应该重新被约束在2.64%这一水平或者近似于这一个水平，而不是3.5%这一水平。

最后，专家小组得出结论，加拿大可以撤销关税减让，然而，关税减让的撤销应该小于出口到欧共体的锌的总量，同时考虑到欧共体对关税的重新约束，加拿大报复的程度应该根据受到的实际损害来确定。专家小组裁定加拿大应该撤销报复行动，欧共体一旦降低锌的关税税率或者在对加拿大有出口利益的产品上做出等值的关税减让时，加拿大应恢复以前的关税约束水平。

资料来源：白光，苏佳斌．WTO规则适用50例［M］．北京：中国工商出版社，2002：58-64．

四、灵活运用海关估价规则

海关估价是一国海关为了征收关税，根据统一的价格准则，确定某一进口（出口）货物价格的过程。由此确定的价格称为海关完税价格或海关价格。完税价格是海关计征关税的依据。

海关估价具有关税壁垒和非关税壁垒双重属性。正确审定进出口物品的完税价格是征收关税，尤其是征收从价关税、选择关税或复合关税等的重要前提，是关税征收工作中的一项重要内容。随着国际贸易方式与规模的不断扩大，海关估价越来越多地被贸易保护主义者作为非关税壁垒措施使用，在限制外国商品的进口方面起到了很大作用。在估价手续方面，海关估价时烦琐的估价手续或故意的拖延在一定程度上阻碍着国际贸易的发展，起到非关税壁垒的作用。

为此，GATT缔约方在东京回合谈判中达成了《海关估价协议》，构成WTO的海关估价规则。海关估价规则是自由贸易原则在关税征收方面的要求，具体研究在第三章进行。

这里要强调的是，采用不同的估价标准，使用不同的估价方法，可以起到与降低或提高关税税率的同等作用。例如，以CIF为估价基础审定的完税价格就要高于以FOB为估价基础审定的完税价格。这样，在两者税率一致的条件下，前者应征的关税税额也就大于后者应征的关税税额。结果，前者的实际关税水平就要高于后者，即使在同一估价基础的条件下，如果具体的计算方法不同，如规定不同的价格调整因素，也能产生不同的结果。

海关估价对国际贸易所造成的限制作用往往比关税本身更大。它不仅对确定关税十分重要，还经常被用来作为征收进口环节税和其他费用的基础。而且，海关估价对征收关税所产生的影响比单纯的税率变动更具隐蔽性，因为税率的变动，容易引起国际上的注意，如果税率过高，还会引起对方国家的报复。而改变估价的方法却不容易被别国发现，也很难证明其对关税影响的程度。

为此，要巧妙运用海关估价规则，提高产业保护效果。尤其要善于运用WTO《海关估价协议》对发展中国家的特殊规定，该协议允许发展中成员可对有限的商品，在一定时间内实施海关最低限价，但保留的商品和过渡时间要得到其他WTO成员的同意。

章末案例

美国与欧共体、英国、爱尔兰关于局域网设备关税税目划分的纠纷

（一）纠纷由来

1996年11月8日，美国根据DSU第4条和GATT第22条第1款提出要求与欧共体磋商，美国指责欧共体及其成员国关税当局在重新对关税税目进行分类时，将局域网设备（局域网）和多媒体个人电脑分在一类。韩国和加拿大表示愿意介入磋商。此后便进入争

端解决程序。

本案涉及的纠纷是由欧共体及其成员国对关税税目重新分类引起的。在乌拉圭回合谈判结束时，欧共体对"自动信息处理器及其组件，磁性或光学阅读器，以编码方式将资料输送给资料传媒的设备，以及处理上述资料的设备"，只要没有规定在其他税目中的都规定在税目84.71（以下总称ADP设备），其约束税率为2.5%（需要从当时的4.9%降低到约束税率），其中部分产品为零关税。税目84.71下产品的部件和附件分目是84.73，约束关税是2.0%。电话和电报设备属于关税税目85.17，其税率不等（乌拉圭回合结束时为4.6%~7.5%，将下降到3.0%~3.6%），但总的来说高于ADP设备；电视接收设备的税目是85.28，税率为14%。

据美国说，在乌拉圭回合谈判期间及随后一段时间，欧共体海关当局，特别是英国和爱尔兰海关都把局域网设备作为ADP设备。1995年5月，欧共体委员会通过了第1165/95号法规，把局域网适配器作为电子通信设备重新分类在85.17。据美国说，自那以后，欧共体海关，特别是英国和爱尔兰不仅把局域网适配器放在税目85.17中，而且把局域网设备作为电子通信设备征税。1996年4月，英国的一个法庭维持了海关将PCTV（个人电脑和彩色电视的结合）作为电视接收器征税的决定。1997年6月，欧共体委员会通过了第1153/97号法规，把个人电脑作为ADP设备征税，但对其中具有多媒体功能的个人电脑征收较高的关税（14%）。

美国指出：欧共体1165/95号法规，对局域网设备重新分类、对多媒体个人电脑重新分类，不符合欧共体根据GATT第2条第1款应当承担的义务；英国对局域网设备重新分类、对多媒体个人电脑重新分类不符合英国根据GATT第2条第1款应当承担的义务；爱尔兰对局域网设备重新分类、对多媒体个人电脑重新分类不符合爱尔兰根据GATT第2条第1款应当承担的义务。

欧共体提出因为英国和爱尔兰并没有与美国达成关税约束，所以也就不存在违反GATT第2条义务的问题。美国对欧共体的指控同样不能成立，因为欧共体的重新分类并没有造成涉及的产品所受待遇低于关税减让表待遇的结果，因此既没有违反欧共体根据GATT第2条第1款应当承担的义务，也没有剥夺或削弱美国在GATT可以得到的利益。

（二）专家组的结论

专家组最终结论是：欧共体未能向局域网设备提供不低于关税减让表LXXX中84.17或84.73税目的待遇，其实践不符合GATT第2条第1款，建议DSB要求欧共体将其对局域网设备税收待遇修改得符合GATT规定。

（三）欧共体的上诉

欧共体提出了三点上诉意见：（1）在美国成立专家组的请求中是否明确指出了涉及的产品和措施；（2）专家组是否错误地用"合法预期目标"来解释关税减让表，并引用了GATT第2条第5款；（3）专家组仅要求进口方澄清关税谈判时的减让表适用范围，是否错误。

上诉庭的最终结论为：（1）维持专家组关于美国成立专家组的请求达到DSU第6条第2款要求的决定；（2）推翻专家组关于美国有权"合理预期"局域网设备会作为ADP设备

征税，欧共体没有给局域网设备以不低于减让表 LXXX 所规定的待遇，违反了 GATT 第 2 条第 1 款的决定；（3）推翻专家组关于美国没有义务澄清欧共体对局域网设备关税减让范围的决定。

资料来源：白光，苏佳斌. WTO 规则适用 50 例 [M]. 北京：中国工商出版社，2002：65-78.

案例思考：

[1] 改变产品税则号有什么意义，应注意些什么？一国海关是否可以随意把商品从一类移到另一类？

[2] 上诉庭为什么推翻专家组关于美国有权"合理预期"局域网设备会作为 ADP 设备征税？

[3] 该案例对中国出口贸易及进口贸易有什么启示？

本章小结

1. 关税是 WTO 允许其成员使用的保护国内产业的重要工具。关税具有较高的透明度，能够清楚地反映出保护的水平，从而使贸易竞争建立在较明晰、较公平和可预见的基础上。因此，WTO 极力主张其成员将关税作为唯一的保护手段。但是，切实降低关税，是 WTO 的基本原则之一。在 GATT 或 WTO 的多次谈判中，关税减让始终被列在谈判议题的首位。

2. 关税减让的原则是互利互惠，对等减让。谈判双方，若一方承诺减让相应幅度的关税，则另一方也应承诺按对方减让的幅度来对等地减让关税。

3. 关税减让表是各成员关税减让谈判结果的具体体现，关税减让结果应体现在各成员的税则中。在"乌拉圭回合"后，各成员的减让表均作为附件放在"乌拉圭回合"最后文件中；减让表是 WTO 协定的组成部分，成为一国加入世贸组织议定书的附件。

4. 产品对产品谈判是指，一个世贸组织成员根据对方的进口税则产品分类，向谈判方提出自己具有利益产品的要价单，被要求减让的一方根据有关谈判原则，对其提出的要价单按其具体产品进行还价。提出要价单的一方通常称为索要方，索要方在提出的要价单中，一般包括具有主要供应利益、实质供应利益及潜在利益的产品。

5. 公式减让谈判是指，对所有产品或所选定产品的关税，按某一议定的百分比或按某一公式削减的谈判。

6. 部门减让谈判是指，将选定产品部门的关税约束在某一水平上的谈判。部门减让的产品范围，一般按照《商品名称及编码协调制度》的 6 位编码确定。在部门减让谈判中，将选定产品部门的关税统一约束为零，该部门称为零关税部门；将选定产品部门的上限关税税率统一约束在某一水平，该部门称为协调关税部门。

7. 中国目前面临着产业保护和贸易自由化的双重任务，因此既要巧妙运用关税减让谈判规则，设计好本国关税结构，又要运用例外规则保护好幼稚产业和鼓励发展的产业。

专业词汇

关税减让　税率基础　商品基础　互惠互利　主要供应利益方　实质供应利益方　多边关税谈判　产品对产品谈判　公式减让谈判　部门减让谈判　关税减让表

思考题

1. WTO成员方应如何修改和撤销关税减让表中的承诺？

2. 关税减让水平的测算方法有哪几种？

3. 为什么GATT把关税作为一国保护国内产业的唯一手段？

4. 关税减让的例外有哪些？中国应如何应对关税减让例外？

本章参考文献

［1］陈安. 国际经济法学［M］. 北京：北京大学出版社，2001：70-471.

［2］余乐芬，唐静. 国际商务与关税减让［M］. 北京：人民出版社，2005：28-29，33-42.

［3］吴家煌. 中国"入世"与关税减让［J］. 中国统计，2002（3）：1.

［4］刘庭，李海东. 论入世后中国关税措施的定位［J］. 技术经济，2001（11）：6.

［5］曹功. 论WTO框架下我国关税法律制度的完善［D］. 广州：广东外语外贸大学，2007.

［6］关国才. WTO框架下的关税减让制度研究［D］. 哈尔滨：黑龙江大学，2007.

［7］达斯. 世界贸易组织协议摘要——贸易与发展问题和世界贸易组织［M］. 刘钢，译.北京：法律出版社，2000：57.

［8］薛荣久. 世界贸易组织（WTO）教程［M］. 北京：对外经济贸易大学出版社，2003：258.

［9］任泉，任颖. WTO规则与应对方略700问［M］. 北京：中国城市出版社，2002：47.

［10］陈海峰. 评析关税减让原则的适用问题［J］. 湖北教育学院学报，2007（3）.

［11］江东虹. 从千年回合关税减让谈判看我国关税政策的调整［J］. 国际贸易，2000（1）：14.

［12］刘玉平. 国际海关估价制度的分析和运用［J］. 国际贸易，1995（3）：17.

［13］黄卫平，陈秋云. 欧美与中国汽车零部件关税纠纷案例分析［J］. 涉外税务，2009（1）.

［14］吴家煌. 中国"入世"关税减让谈判回顾［N］. 人民日报，1999-07-01（10）.

［15］佚名. WTO成员关税减让的基本义务是什么［N］. 人民日报，2000-01-13（2）.

［16］白光，苏佳斌. WTO规则适用50例［M］. 北京：中国工商出版社，2002：58-78.

第三章

WTO 非关税保护规则解读及运用技巧

导 读

1973年9月，在日本东京举行了第七轮多边贸易谈判（东京回合谈判），经过7年的磋商，共签订了11项独立协议，其中9项协议全部或部分与非关税壁垒有关，2项是关于关税壁垒的。有6项关于非关税壁垒的具体协议，它们是：倾销、补贴、标准、政府采购、海关估价和进口许可程序。另外3项是具体部门的非关税协议，涉及民用飞机、乳制品和牛肉。因此，该次贸易谈判被称为"削减非关税壁垒的谈判"。

关于倾销与补贴方面的内容将在第五章有关贸易救济问题中进行解读，有关具体部门的协议将在第四章有关重要贸易品规则中解读。东京回合谈判协议的标准（技术壁垒）、政府采购、海关估价和进口许可程序等内容将在这一章解读，此外，本章还将对乌拉圭回合谈判达成的《实施卫生和植物卫生措施协定》《装运前检验协议》进行解读，以期读者能够较为全面地了解WTO在削减非关税壁垒方面的法律法规、运行规则，并通过案例分析掌握其中一些运用技巧，学会运用有关规则进行本国市场保护和开拓国际市场，尽量避免爆发贸易摩擦。

章首案例

加拿大与澳大利亚关于鲑鱼进口措施案

[案情介绍]

1975年2月19日，澳大利亚发布了86A（QP86A）检疫公告，宣告为了保护澳大利亚鲑鱼生产和发展的安全，严防疾病传入，禁止鲑鱼亚目的死鱼（除精子和卵子外）及其死鱼的任何部分以任何形式进口到澳大利亚，除非同时满足下列条件方可进口：①进口前经澳大利亚检疫局局长认可的为防止疾病传播的措施进行过处理；②检疫局局长或其授权的人以书面指令发给海关征税官或检疫官员的放行令。

在发布QP86A之前，澳大利亚对进口鲑鱼产品没有限制。发布QP86A后，允许被处理过的鲑鱼产品进入澳大利亚。从1983年9月到1996年1月，澳大利亚发布了一系列进口检疫政策。

澳大利亚实施长达20年的禁止从北美进口未煮鲑鱼的检疫措施，对加拿大的鲑鱼产品出口贸易造成了巨大影响，加拿大按照DSU第4条第4款、GATT第23条第1款和SPS协议第11条第1款向澳大利亚提出磋商请求，讨论澳大利亚政府禁止新鲜、冷藏或冷冻鲑鱼进口的问题。

1995年11月23—24日，双方进行了磋商，但未能达成一致意见。加拿大于1997年3月7日向DSB请求成立专家组。1997年4月10日，DSB决定成立专家组，开始了本案的专家组审理程序。

加拿大指出澳大利亚禁止进口鲑鱼的某些措施违反了GATT第11条和卫生与植物检疫措施协议（以下称为SPS协议）第2、3、5条，或者剥夺或损害了加拿大根据WTO协议可以得到的利益。澳大利亚则提出它所采取的措施完全符合其根据SPS协议应有的权利义务。

1998年5月5日，专家组提交了报告，结论是：澳大利亚的法规对其他加拿大鲑鱼的进口限制不是以真实风险为基础，不符合SPS协议第5条第1款，其实践不符合SPS协议第2条第2款；澳大利亚对海洋捕捞的太平洋鲑鱼限制进口的标准造成了歧视或限制国际贸易的后果，不符合SPS协议第5条第1款、第5款和第6款，其实践不符合SPS协议第2条第3款；澳大利亚的检疫标准对贸易限制超过实际需要，不符合SPS协议第5条第6款，其实践不符合SPS协议第2条第2款。DSU第3条第8款规定："如果某一成员方的行为违反了根据某一协议应当承担的义务，该行为被视为事实上构成剥夺或损害利益的案件。"澳大利亚违反了SPS协议的义务，就是剥夺或损害了加拿大的利益。

此后，双方各自提出了上诉。欧共体、印度、挪威和美国分别提交了第三当事方材料。1998年8月21—22日，上诉庭开庭审理本案。

1998年11月6日，DSB通过了上诉机构和专家组报告后，澳大利亚于11月25日通知DSB它准备执行报告，但需要合理的时间。澳大利亚和加拿大谈判，澳方希望得到15个月的时间，但加拿大不同意。1998年12月24日，加拿大提出希望通过仲裁决定执行期。1999年1月13日，双方通知WTO总干事他们同意仲裁，并将仲裁裁决的最后期限延长到1999年2月23日。1999年2月2日进行了开庭审理。

仲裁员综合了专家组和上诉庭报告中认为澳大利亚的措施不符合SPS协议之处，但指出他的职责不是就执行方式提出建议，而是确定执行期限。他最后确定执行期为8个月，自1998年11月6日至1999年7月6日。1999年7月28日，加拿大根据DSU第22条第2款要求DSB授权中止对澳大利亚的关税减让，理由是澳大利亚未执行专家组的报告，同时根据DSU第21条第5款，要求由原专家组确认澳大利亚的执行方案是否符合WTO协议规定。澳大利亚则提出，如果DSB批准加拿大的请求，要求根据DSU第22条第6款通过仲裁确认加拿大受到损害的程度。DSB同意由原专家组审查澳大利亚的措施是否符合WTO的问题，欧共体、挪威、美国保留第三方权利。2000年2月18日，专家组报告散发给WTO各成员方。专家组认为，由于澳大利亚执行专家组报告的措施超过了规定的执行期，就报告涉及的产品在执行期内而言，澳大利亚没有能使其措施符合SPS协议的规定；塔斯马尼亚省政府禁止加拿大鲑鱼进口，这一禁令没有经过风险评估，因此澳大利亚的措施违反了SPS协议第5条第1款和第2条第2款。2000年3月20日DSB会议上，专家组报告获得通过。

[案例分析]

SPS协议就是GATT第20条精神的具体体现。协议的基本目的是允许所有实施保护人类、动物和植物生命或健康的措施，同时，还要保证这些措施不得滥用于保护主义的目的，不对贸易构成不必要的障碍；其宗旨是建立由规则和纪律构成的多边框架，以引导卫生和植物检疫措施的制定、采用和实施，尽量减少其对贸易的负面影响。

本案涉及卫生和植物检疫措施，是WTO成立后第一个涉及SPS协议的纠纷。本案专家组和上诉庭对案件的分析有助于对SPS协议有关条款的理解。SPS协议第2条第1款指出："成员方有权采取卫生与植物检疫措施，以保护人类、动物和植物生命或健康"；第5条第1款规定："卫生与植物检疫措施应当以风险评价为依据"。可见，一个成员方要实行卫生与植物检疫措施，除了符合一些原则性的规定外，其具体义务的第一条就是必须进行风险评价。

资料来源：

[1] 孟冬，林伟. 加拿大诉澳大利亚"鲑鱼进口措施案"SPS协定运用的经典案例 [J]. WTO经济导刊，2004（6）.

[2] 申进忠，孟冬. WTO/SPS协议经典案例评析 [J]. 中国计量，2004（6）.

案例思考：

[1] 澳大利亚与加拿大争议的焦点是什么？各自的立场是什么？

[2] 本案有什么重要意义？中国可以受到哪些启示？

[3] 在本案例中你可以大致了解SPS的一些基本内容吗？它与GATT第20条有什么不同？

第一节　技术壁垒（TBT）协议规则解读

WTO/TBT协议是《世界贸易组织贸易技术壁垒协定》（Agreement on Technical Barriers to Trade of the World Trade Organization）的简称，1994年在"乌拉圭回合"中签署。它的前身是1979年东京回合谈判中签订的《关税与贸易总协定贸易技术壁垒协定》（Agreement on Technical Barriers to Trade of the General Agreement on Tariffs and Trade，GATT/TBT）。

一、TBT协议的产生

出于安全、健康或环保等原因，各国政府有时需要制定强制性的产品技术规章，或为了便利产品的使用制定非强制性的产品标准，这些措施有利于生产者采用统一的设计、机器、工具和投入，从而形成生产的规模经济，同时也保证了质量，但是，这些措施如果制定或使用不当，则会变成不合理的贸易壁垒，如标准过高，超出了实际需要；或在制定技术规格时带有偏见，不合理地优待本国产品或某些特定来源的进口产品。在国际贸易实践中，一国出于维护国家安全、保障人类健康、保护动植物、保护环境、保证产品质量等方面的目的，从而采取一些强制性或自愿性的技术性法规或标准，这些法规和标准被称为技术性贸易壁垒（Technical Barriers to Trade，TBT）。可以说，TBT是个体系，主要由技术法规、标准和合格评定程序，包装和标签要求，商品检疫和检验规定，绿色壁垒和信息技术壁垒5个体系构成。

在国际贸易中，技术贸易壁垒经常会发生，即使是非主观采取的限制措施，但因各国实施的技术法规和标准各不相同，差异较大，也会客观上给生产者和进出口商造成困难，甚至形成贸易障碍。在这种情况下，各成员普遍认为有必要制定有关规则，以约束大家的贸易行为。在"东京回合"谈判期间，经过反复讨论、协商，最终就技术法规、标准和合格评定程序的制定与实施，以及解决争端等问题达成一致，并于1979年4月签署了《关税与贸易总协定贸易技术壁垒协定》，自1980年1月1日起正式实施，简称GATT/TBT协议。

1986年"乌拉圭回合"在日内瓦举行。此次谈判，关于GATT/TBT协议的完善和修改已经成为各成员最为关心的议题之一。GATT/TBT经过6年运作，各国充分认识到了它的重要意义。同时，各国也发现了该协议对制定、实施技术壁垒措施缺乏强制性规定，在许多重要条款或关键问题上，留有很大的"例外"空间；未能对认证制度程序、不同认证体系的相互关系等方面做出明确规定；存在对各缔约方无法律约束力等方面的问题。在谈判进行到1990年时，关贸总协定"多边谈判协议和安排"专题谈判小组经过对《TBT协议》研究、审议后，向谈判缔约方提交了一份《TBT协议》的修正案，期间经缔约方反复磋商，不断修改、完善，于1994年定稿，形成新版《TBT协议》文本。1994年，乌拉圭回合结束，世贸组织成立时，在马拉喀什正式签发了《世界贸易组织贸易技术壁垒协定》（WTO/TBT协议）。103个关贸总协定缔约方和5个申请方正式签署了乌拉圭回合完成的一揽子协议，我国政府代表也正式在这些协议上签字，表示要遵守这些国际规则。

小知识3-1

欧盟的技术法规

从欧盟技术法规发展的历史来看，早在20世纪60年代初，欧共体就开始了协调技术法规和标准的制定工作，制定了许多关于有毒物质、化妆品、食品添加剂等方面的协调指令，这是欧共体最早的统一的技术法规。20世纪70年代，欧共体重点在汽车、农林用拖拉机等方面制定了一系列的技术法规。20世纪80年代至今，欧共体及欧盟的技术法规已经覆盖到电器产品、机械产品、简单压力容器、玩具、电信设备、医疗器械等许多领域。可以说，欧共体或欧盟内统一的技术法规始终处于一个快速地不断发展和完善的过程中，并已经初步形成了较为系统和成熟的统一的技术法规体系，在客观上对别国商品进入欧盟市场起到了重要的技术性贸易壁垒的作用。

从欧盟技术法规的法律基础来看，主要是欧洲联盟的基础条约及后续条约。属于这一范畴的最基本条约有创建欧共体的三个基本条约，即《欧洲煤钢共同体条约》《欧洲经济共同体条约》《欧洲原子能共同体条约》，以及建立欧洲联盟的《欧洲联盟条约》。这四个条约是欧共体和欧盟制定一切法律的基础，它发挥着犹如国内宪法的作用。其他的基础条约还有《关于欧洲共同体共同机构的公约》（1957年）、《机构合并条约》（1965年）、《财政预算条约》（1970年和1975年）、《单一欧洲法令》（1986年）等。基础性条约的后续条约主要有《阿姆斯特丹条约》（1997年）等。虽然在欧盟这个法律层次上，目前还没有单独的技术法规方面的条约、法律，但1987年7月1日正式生效的《单一欧洲法令》中，有许多技术法规方面的条款。如《单一欧洲法令》第100a条是关于保障产品安全的条款。第118a条是保障人体健康的条款，第130条是保护环境的条款。这些条款也成为欧盟技术法规的重要法律基础。

从欧盟技术法规的层次看，主要有条例、指令、决定及建议和意见等。关于条例，《欧洲共同体条约》第189条第2款规定，条例具有普遍适用、统一的约束力，并在所有成员国直接适用。条例具有基础条约的实施细则的性质。条例相当于议会通过的法令，公布生效后各成员国必须执行，无须变成本国立法。指令，是要求各国把有关立法纳入共同体法律的条文，是对成员国具有约束力的欧洲经济共同体法律，实施方法可自行选择，一般给成员国一定的时间开始执行，使其变成本国法律。决定，是有明确针对对象的有约束力的法律文件。它与条例有类似的效力，但是适用的范围不同。条例具有普遍性，对所有成员国具有约束力，而决定是针对个别、具体、确定的问题。建议和意见，虽不具有约束力，但一经发布，对有关国家以及社会舆论都有一定的影响力。但在欧盟技术法规体系中，指令占有主导地位，欧盟绝大多数产品的技术立法都以指令的形式发布，只有很少部分是以条例或决定等形式出现。

研究发现，欧盟国家的技术法规覆盖面广，数量多，形式和层次复杂，具有很强的隐蔽性和随意性，在客观上限制了进口，起到了技术壁垒的作用。

资料来源：杨松，高志宏，张峰，等. 欧盟技术法规体系初探［J］. 检验检疫科学，2002（5）.

二、TBT协议的主要内容及基本原则

TBT协议的宗旨是为使国际贸易自由化和便利化，在技术法规、标准、合格评定程序以及标签标志制度等技术要求方面开展国际协调，遏制以带有歧视性的技术要求为主要表现形式的贸易保护主义，最大限度地减少和消除国际贸易中的技术壁垒，为世界经济全球化服务。

协议适用于所有产品，包括工业品和农产品，但涉及卫生与植物卫生措施，由《实施卫生与植物卫生措施协议》进行规范，政府采购实体制定的采购规则不受本协议的约束。

（一）主要内容

TBT协议的主要内容包括6大部分、15条、129款、3个附件和8个术语，突出论述了实现技术协调的两项基本措施：采用国际标准或实施通报制度。此外，在执行WTO原则、特别条款、成员间技术援助、对发展中国家的特殊待遇和争端解决等方面都做了详细规定。TBT协议体现了WTO各成员必须共同遵循的国际贸易准则，体现了WTO各成员权利与义务的平衡。

其中六大部分可以概括为：

第一部分是总则。主要说明讨论贸易技术壁垒问题时，应使用本协定规定的术语。本协定覆盖所有的工业产品和农业产品（政府采购和动植物检疫除外）。

第二部分是技术法规与标准。主要规范中央政府、地方政府和非政府机构在制定技术法规、标准和合格评定程序方面须采用国际标准作为基础，否则必须在文件的草案阶段进行通报。

第三部分是符合技术规范与标准国际规范。主要论述中央政府、地方政府、非政府机构和国际及区域性组织在合格评定方面须采用通用的国际规范，尽可能承认其他国家的认证结果，并要求各国积极参与国际和区域的合格评定活动。

第四部分是信息与援助。主要论述通报咨询机构的建立和承担的法律责任，WTO要求每个国家都设立国家级WTO/TBT咨询点，在成员的中央和地方政府制定技术法规、标准和合格评定程序的草案阶段，代表政府履行向WTO秘书处进行通报的义务。WTO有责任对来自其他成员的有关请求特别是发展中国家的有关请求给予援助。对WTO/TBT协议的某些条款，经TBT委员会批准，发展中国家可以在一定期限内享受暂时不执行该条款的权利。

第五部分是机构、磋商与争端解决。主要论述WTO/TBT委员会的建立和运作。TBT委员会由每个国家派一位政府代表组成，每年召开一次会议，审查各成员执行协定的情况。争端解决机制是WTO非常有效的解决各成员之间贸易纠纷的措施。

第六部分是最后条款。要求每个成员在加入WTO时便通知WTO/TBT委员会，对保证执行本协定各条款做出承诺，并说明已经采取的有关措施。没有WTO/TBT其他成员的同意，任何成员不得对本协定的条款提出保留意见。

此外，WTO/TBT协议的三个附件中，附件1为《本协议下的术语及其定义》，对技术法规、标准、合格评定程序、国际机构或体系、区域机构或体系、中央政府机构、地方政府机构、非政府机构8个术语做了定义。附件2是《技术专家小组》。附件3是《关于制定、采用和实施标准的良好行为规范》，要求世界贸易组织成员的中央政府、地方政府和非政府机构的标准化机构以及区域性标准化机构接受该规范，并使其行为符合该规范。

协议规定设立技术性贸易壁垒委员会负责管理、监督、审议协议的执行。

小知识3-2

关于认证

认证是指由授权机构出具的证明，一般由第三方对某一事物、行为或活动的本质或特征，经当事人提出的文件或实物审核后给予的证明，这通常被称为"第三方认证"。认证可以被分为产品认证和体系认证。产品认证主要指产品符合技术规定或标准的规定。其中因产品的安全性直接关系到消费者的生命健康，所以产品的安全认证为强制认证。

国际上有三个安全体系认证：一是欧洲安全体系，以IEC和EN——欧洲标准为基础，欧洲标准化机构颁布CEN/ELEC。欧盟对玩具、锅炉、建筑用品、通信设备等20多类产品实行安全认证并要求加贴CE安全合格标志，否则不得在欧盟市场销售。二是北美安全体系，主要有美国UL认证和CSA——加拿大标准协会认证。三是日本安全体系，由强制性（电器甲类产品）T标志和推荐性（电器乙类产品）S标志组成。日本的JIS认证涉及土木建筑、机械、电器、汽车、铁道、船舶、钢铁、化工、纺织、矿山、医疗器械等几十个行业。

还有对产品实行合格尤其是质量认证，这种认证是在自愿基础上达成的。

体系认证是指确认生产或管理体系符合相应规定。目前国际体系认证主要有ISO 9000质量管理体系认证和ISO 14000环境管理体系认证，行业体系认证有QS 9000汽车行业质量管理体系认证、TL 9000电信产品质量体系认证，还有OHSAS18001职业安全卫生管理体系认证等。目前美国正在实施"社会责任管理系统"（SA8000）认证，把人权标准与进口贸易结合起来。一些国家还实行使馆认证，由外交官及其授权机构在涉外文书上确认其在本国公证机关或某些特殊机关的印章或由该机关主管人员签字。经过认证的证书具有域外法律效力，可为文件使用国有关当局所承认。由于所需时间长（阿根廷20天、沙特阿拉伯25天等），费用较高，加上缺乏相应国际协定监督，使馆认证已经成为TBT而被广泛运用于国际贸易，除中东、南美、非洲等一些国家和地区外，一些欧美国家也加入到这一行列中来。

资料来源：夏友富. 技术性贸易壁垒体系与当代国际贸易 [J]. 中国工业经济，2001（5）.

（二）基本原则

TBT协议的主要原则是避免不必要的贸易壁垒原则、非歧视原则、标准协调原则、等效原则、相互承认原则及透明度原则。

1.避免不必要的贸易壁垒原则

避免不必要的贸易壁垒原则主要是指，无论技术法规、标准，还是合格评定程序的制定，都应以国际标准化机构制定的相应国际标准、原则或建议为基础；它们的制定、采纳和实施均不应给国际贸易造成不必要的障碍。

TBT协议强调正当措施和目标均不应该造成贸易障碍。TBT协议序言中明确提出：不应妨碍任何国家为保证其出口产品的质量，保护人类、动物或植物的生命或健康，保护环境，或防止欺诈行为采取必要措施。条款2.8规定，当成员方政府为达到某项政策目标（如保护人类健康、保护环境）而制定一个技术法规时，该法规对贸易的限制不应超过为达到正当目的所必需的内容。在可能的情况下，应尽可能根据产品的性能而不是产品的设计或技术特性来制定法规。这样做有利于避免对国际贸易的不必要阻碍。条款2.2规定了制定技术法规的正当目标是：国家安全要求，防止欺诈行为，保护人类健康和安全，保护动植物的生命和健康，保护环境。

WTO成员在技术法规方面的灵活性也受到TBT协议的限制。TBT协议条款2.2明确规定：各成员应保证技术法规的制定、采用或实施在目的或效果上均不会给国际贸易造成不必要的障碍。

避免不必要的贸易技术壁垒原则同样适用于合格评定程序。如果对产品是否符合进口国家的法律和法规进行评定的程序所规定的条件或所需要的时间超过符合评定所需要的必要条件或时间，则此合格评定程序会引起不必要的贸易壁垒。例如，向申请合格评定方索取的信息不应超出评定所必需的内容，评定用设备的设置地点及样品的抽取不应给被评定方造成不必要的不便（条款5.2.3和5.2.6）。

2.非歧视原则

在技术法规方面，非歧视原则体现在：与WTO其他协议一样，TBT协议要求各成员承诺WTO的最惠国待遇和国民待遇义务。TBT协议条款2.1明确规定，各成员应保证在技术法规方面给予来自任一成员境内产品的待遇，不低于本国生产的同类产品或来自任何其他国家的同类产品的待遇。

在合格评定程序方面非歧视原则体现在：各WTO成员进口的产品应享受本国类似产品或任何其他成员的类似产品的同等待遇（条款5.1.1），对国内外产品的合格评定收费应相同。同时，为保护商业利益，对被评定的进口产品的有关资料的保密性应受到与本国产品相同的尊重（条款5.2.4和5.2.5）。

同样，非歧视原则也适用于制定、批准和实施标准的良好行为规范。TBT协议附件3规定：在标准方面，各标准化机构给予来自WTO其他任何成员境内产品待遇应不低于本国同类产品以及任何其他国家同类产品的待遇。

3. 标准协调原则

为使产品及零部件能够互联和兼容，对各成员的标准进行协调是非常必要的。标准上的差异会对国际贸易产生壁垒。因此，减少各国标准间的差异对生产方是非常有利的。同样对于消费者来说，在一个标准获得协调的市场环境中，各国产品自由平等地竞争，消费者能够对产品有更多的选择，产品的价格也会降低。很多年来，各国技术专家一直致力于在国际范围内对标准进行协调。在这方面，国际标准化机构ISO、IEC、ITU发挥了重大作用。它们的活动对国际贸易，特别是工业产品的贸易有重大的影响和贡献。

TBT协议鼓励各成员以国际标准作为制定本国技术法规的基础，除非这些国际标准因气候、地理因素或基本技术问题对实现正当目标不适用（条款2.4）。TBT协议还要求各成员采用国际标准化机构制定的指南或建议作为本国合格评定程序的基础。除非它们因下述原因不适用：国家安全、防止欺诈、保护人类健康和安全、保护动植物生命和健康、保护环境、基本气候或其他地理因素、基本技术或基本框架等（条款5.4）。为了确保国际标准能够充分反映各国的贸易兴趣和对特定产品的技术要求，TBT协议鼓励成员在它们资源允许的条件下，参加国际标准和合格评定指南或建议的制定（条款2.6和5.5）。采用和实施国际标准可能需要一定的技术和财力资源。考虑到发展中国家在这方面的困难，TBT协议允许发展中国家在执行TBT协议的某些条款时保留一定的灵活性。TBT协议允许发展中国家保留他们发展中需要的技术、生产方法和加工工艺（条款12.4）。发展中国家还可以要求国际标准机构制定它们感兴趣的产品的国际标准。

4. 等效原则

为了解决各国技术法规和标准之间的差异问题，TBT协议引入一种被称为同等效力的辅助措施。TBT协议在条款2.7中要求：只要其他成员的技术法规能够实现与本国法规相同的目标，即使这些法规与本国的法规不同，该成员也应积极考虑此技术法规与本国法规具有同等效力。例如，为了保护环境，A、B国制定了对汽车尾气排放进行限制的技术法规。因为两国制定技术法规的目的是相同的，因此A、B两国应同意他们的技术法规在保护环境、减少空气污染方面具有同等效力。A国向B国出口的汽车，只要符合A国的相应技术法规即可，不必按B国相应法规对汽车进行调整，反之亦然。这样的操作可以有效避免为符合外国技术法规而必须对生产设备等进行调整的费用，对促进国际贸易十分有益。

5. 相互承认原则

对产品是否符合相应技术法规的要求进行评定是必要的，但有时会使贸易受阻，特别是当产品出口到多个国家，需要作多次重复检验的时候。为使产品取得进入外国市场的许可，生产厂在合格评定方面可能会遇到一系列困难，其中包括对检验程序的不同意见、官僚作风或保护主义操纵的检验。出口商面临的主要困难之一是重复检验或重复认证的费用。如果产品仅被检验一次，检验结果能在所有市场上被承认，则费用可以大幅度减少。

TBT协议鼓励WTO成员之间就合格评定结果相互承认问题进行谈判。实现相互承认的必备的先决条件是检验和认证团体的高可信度。

TBT协议要求各成员应保证在可能时接受在其他成员处进行的合格评定结果，即使那些评定程序与本成员评定程序不同，只要它们确信那些程序与本成员程序同样可以保证产品符合相应的技术法规或标准。

6.透明度原则

第一，通报是一项义务。TBT协议要求，各成员的技术法规和合格评定程序在以下情况下，即当相应国际标准或指南不存在，或准备采用的技术法规或合格评定程序与相应国际标准或指南不一致时，必须进行通报；准备采用的技术法规或合格评定程序对其他成员的贸易有重大影响。各成员应在起草上述技术法规或合格评定程序时，留出合理时间，以便其他成员提出书面意见。

第二，管理措施必须通报。条款15.2要求，各成员应以书面形式把现行的或将采取的实施和管理TBT协议的措施通报给TBT委员会。对这些措施的任何改动也应向委员会通报。此书面声明应包括：为保证协议条款实施的相应法律、法规、行政命令，刊登技术法规、标准和合格评定程序草案和最终文本的出版物名称，留给WTO成员对技术法规、标准和合格评定程序提出书面意见的时间，及在条款10下设立的咨询点的名称和地址。

第三，相关双边协议要通报。条款10.7要求，当一个成员与其他任一国家或某些国家在技术法规、标准或合格评定程序问题上达成可能对贸易有重大影响的协议时，该成员应通过WTO秘书处通知其他成员此协议涉及的产品，并提供协议的简要说明。

第四，通报形式要规范。标准起草、采用和实施良好行为规范是中央政府、地方政府、非政府和区域标准化团体制定推荐性标准时应遵守的规则。各成员中央政府必须接受和遵守良好行为规范的条款。一个标准化团体希望加入或修改此规范时，必须使用适当的通报格式（规范第C段）进行通报。接受规范的标准化团体必须至少每年通报2次其标准工作计划，及获得此计划详细情况的具体地址和方法（手段），通报可直接送交ISO/IEC在日内瓦的信息中心、ISO/IEC成员、有关国家成员或ISONET。

第五，要求设立国家咨询点。作为通报义务的一部分，每个WTO成员必须设立一个国家咨询点。其他WTO成员能够从此咨询点索取和得到该成员采用的或即将采用的技术法规、标准、合格评定程序，双边或多边的与标准有关的协议，区域标准化团体和合格评定体系的信息和文件（条款10）。咨询点通常是政府机构，但有关职能可以分派给非官方机构承担。设立咨询点的义务对发展中国家尤其重要，一方面，这是发展中国家实施TBT协议的第一步；另一方面，发展中国家能够通过咨询点索取对它们贸易有影响的产品的国外有关法规和标准信息。

第六，可直接向TBT委员会咨询。WTO成员可以就涉及协议的任何事务向TBT委员会咨询。委员会1年召开2~3次会议，需要时可建立工作组开展某些特定工作。

三、TBT协议主要规则解读①

（一）技术法规、标准和合格评定规则（条款2~9）

TBT协议对技术法规的定义是：规定产品特性或与其有关的工艺和生产方法（PPMs），包括适用的管理规定并强制执行的文件；当它们用于产品工艺进程或生产方法时，技术法规也可仅仅涉及术语、符号、包装、标志或标签要求。

---

① TBT协议资料来源：WTO.贸易技术壁垒（WTO/TBT）协议（全文）[J].化工标准·计量·质量，2002（7）.

　　TBT协议对标准的定义是：由公认的机构核准，供共同和反复使用的非强制性实施的文件，它为产品或有关的工艺过程的生产方法提供准则、指南或特性。当它们用于某种产品、工艺过程或生产方法时，标准也可以包括或仅仅涉及术语、符号、包装、标志或标签要求。

　　技术法规和标准的区别在于自愿性和强制性，两者具有不同的法律效力，因此在明确了技术法规和标准不同的内涵基础上，协议针对技术法规和标准的制定、采用和实施分别拟定了相应的条款。这种区分的主要目的在于进一步减轻技术法规对国际贸易的阻碍。

　　TBT协议对合格评定程序的定义是：任何用于直接或间接确定满足技术法规或标准有关要求的程序。合格评定程序包括抽样程序、测试和检验评估、验证和合格保证、注册、认可和核准以及它们的组合。它是协议首次引入的新概念，目的在于积极推动各成员认证制度的相互认可，例如实验、认可、检查和认证。一般来说，由出口商承担合格评定的有关费用。不透明和不公正的合格评定程序会对国际贸易造成障碍。

　　各国的技术法规、标准五花八门，欧盟仅涉及安全、健康与环保方面的就很多，美国设立的标准认证体系达55个。

　　TBT协议对技术法规、标准和合格评定程序的制定、批准和实施做了一系列规定。要点是：

　　（1）要保证在技术法规、标准和合格评定程序方面给予任一成员产品以国民待遇；要保证技术法规、标准和合格评定程序的制定、批准和实施在目的和效果上均不会给国际贸易造成不必要的障碍。提倡采用贸易限制程度较低的方式来处理相关事项（TBT协议第2.3条），如果导致采用有关技术法规的情况或目标已不存在，或者如果情况或目标发生变化后能采用更少的贸易限制的方式，则这些技术法规应予以取消。

　　（2）技术法规、标准和合格评定程序的制定要以国际标准为基础。

　　（3）为在尽可能广泛的基础上对技术法规、标准和合格评定程序进行协调，各成员应尽可能参加相应国际标准的制定（TBT协议第2.4条）。在需要制定技术法规，同时有关的国际标准已经存在或即将完成时，各成员方应使用这些国际标准或其有关部分作为制定其技术法规的基础，除非由于诸如基本气候或地理因素或基本技术问题对实现其合理的目标来说，这些国际标准或有关部分显得无效或不适当。

　　对于标准的制定、采用和实施，协议要求应由成员方保证其中央政府标准化机构接受并遵守关于标准的制定、采用和实施的良好行为规范（附件3）以及标准的制定、通过和执行的原则也必须满足合理性、统一性，其中包括按产品的性能要求来阐述标准的要求以不给国际贸易带来阻碍。在技术法规和标准的关系上，协议指出，在需要制定技术法规并且有关的国际标准已经存在或制定工作即将完成时，各成员应使用这些国际标准或有关部分，作为制定技术法规的基础。为尽可能统一技术法规，在相应的国际化机构就各成员已采用或准备采用的技术法规所涉及的产品制定国际标准时，各成员方应在力所能及的范围内充分参与。

　　（4）当各成员制定与国际标准不一致的技术法规和合格评定程序时，要向WTO秘书处通报；要遵守标准制定、批准和实施良好行为规范，其中包括至少每6个月公布一次工作计划，其内容包括正在制定的标准和前一段时间已采用的标准。

专栏3-1

关于合格评定程序

一些国家为达到限制进口的目的，就在合格评定程序上大做文章，比如收取高昂费用、制定烦琐程序。协议中有关合格评定程序的规定全面地涉及了合格评定程序的条件、次序、处理时间、资料要求、费用收取、变更通知、相互统一等方面。为了相互承认由各自合格评定程序所确定的结果，TBT协议第5~9条分别描述了中央政府机构、地方政府机构、非政府机构以及国际和区域体系4个不同级别在合格评定程序方面的规则。这些规则主要包括：

（1）必须符合非歧视性原则，包括最惠国待遇和国民待遇。这里有两层含义：其一，合格评定程序对来自其他成员的进口产品的待遇不得低于给予国内同类产品和来自其他任何国家同类产品的待遇。其二，合格评定程序的制定、采用和实施过程中，不能对贸易造成不必要的障碍。换句话讲，进口成员所采用的合格评定程序不能超过使其相信符合其技术法规和标准所必需的限度，同时，要保证尽可能快地进行和完成这一程序，除必需的信息外，不再要求提供更多的信息，而且测试设施地点要方便。

（2）必须符合协调原则。TBT协议大力鼓励WTO成员为协调合格评定程序而做出努力，以减少国家间的差异对贸易造成的障碍。协调途径主要有两条：其一，如果存在相关的国际标准，成员需要采用这些标准作为协调各自合格评定程序的基础，并鼓励成员使用已经制定的关于合格评定程序的任何国际指南和建议。其二，相互承认（mutual recognition），对出口到不同国家的产品进行多重监测、多重检查和多重认证增加了商业成本和不确定性，还会造成不必要的贸易壁垒。TBT协议鼓励各成员磋商达成合格评定方面的相互认可协议（MRAs），并要求各成员在可能的情况下，接受其他成员的合格评定程序的结果，只要这些结果与其程序一样，能够保证满足其技术法规和标准即可。

（3）必须遵守透明度原则。透明度原则对TBT领域极为重要，因为产品要求及其合格评定的细节必须及时公布，这样才能防止产生限制或扭曲贸易的现象。TBT协议规定了两项透明度义务，目的在于保证所有成员都可以提前获得有关合格评定程序方面的信息，使有关部门有足够的时间针对政策的改变做出调整。第一项义务是被动的，每个成员必须保证设立至少一个国家咨询点，以回答其他成员有关其技术法规、标准和合格评定程序的所有合理的问题。第二项是主动的，即对合格评定程序的变更情况要及时进行通报，以便其他成员有机会发表意见。在紧急情况下，可以不经过此过程而采取措施，但仍需要进行紧急通报，并应考虑其他成员的意见。

资料来源：佚名. 合格评定程序［EB/OL］.［2019-01-04］. http://www.managershare.com/wiki/%E5%90%88%E6%A0%BC%E8%AF%84%E5%AE%9A%E7%A8%8B%E5%BA%8F.

（二）合法目标规则

TBT协议第2.2条所指的"合法目标"有两种：第一种是条文明示的国家安全，防止欺诈，保护人类及动植物健康或安全，保护环境。条款2.2规定：技术法规除为实现正当目标所必需的条款外，不应有额外限制贸易的条款。这和GATT 1994第20条的（b）、（d）两项几乎完全相同：（1）国家安全要求这类技术法规的目的是保护国家安全。（2）保护人身安全或健康。最大量的技术法规和标准用于保护人身安全和健康，在这方面可以给出大量的实例。如要求汽车必须安装安全带以减少交通事故中的人身伤害，或要求插头插座必须保护使用者不受电击，都属于保护人身安全的法规。保护人身健康法规中的一个最通俗的例子是香烟包装，它要求在烟盒上必须标明"吸烟有害健康"。（3）保护动植物生命和健康。保护动植物生命和健康的法规也是很通用的法规，它们包括旨在确保受水、空气和土壤污染威胁的动植物不会灭绝的法规。例如某些国家规定某些受到威胁的鱼类只有长到一定长度后，才允许捕捞。（4）保护环境。由于空气、水和土壤受污染日益严重，消费者越来越关心环境，致使很多国家制定了保护环境的法规。这方面法规的实例包括纸和塑料产品的循环使用，以及对汽车尾气的限制。（5）阻止欺诈行为。大多数这类法规的目的是通过信息（主要是以标签形式）保护消费者。此外，也包括分类、包装要求、测量（几何尺寸、重量等）等规定来避免欺诈行为。

这种"合法目标"中保护环境占据了十分显著的地位，明显带有规范与协调贸易与环境关系的宗旨。如果再联系到 TBT 协议第 2.4 条规定的各国技术法规应以国际标准为基础，"除非该国际标准或其相关部分对于实现所追求的合法目标来说，是一种无效的或不适当的手段"，便可清晰地看出这一协调规则的轮廓。第一，不干涉成员方对本国的自然资源、环境质量以及健康与安全所采取的保护措施的权利。第二，对协调与采取国际标准是鼓励而不是强制。第三，仅在执行这类国内政策所选择的手段影响到国际贸易时，接受国际监督，而所采用的标准，是在符合本国利益和治理伪装的贸易限制之间保持适当平衡。

另外，还有第二种"合法目标"，即用拉丁文"inter alia（除其他外）"表示的项目，包括保证质量、技术协调或促进贸易。例如，质量方面的法规要求蔬菜和水果必须达到一定的尺寸才能投放市场的法规是在发达国家中非常普遍的法规。旨在技术协调的法规在统一的经济区域里也是很常用到的法规，例如，欧盟和 EFTA（北美自由贸易区）对通信和终端设备所做出的技术规定。但到底哪些属于这类合法目标，则要由司法机构来认定。例如，2002 年"欧盟沙丁鱼"案中，欧盟将"市场透明，消费者保护，公平竞争"也列为"inter alia"的"其他"类，并得到该案专家组与上诉机关的肯定。[8]

（三）通报咨询规则

通报咨询制度是 WTO 多边贸易体系的组成部分，是透明度原则和可预见性原则的具体体现。WTO 的各项协定、协议中共规定了 126 种不同形式的通报。它要求各成员向 WTO 总部通报本国制定的法律法规、贸易和技术政策，包括其变更状况，并成立相应的咨询机构，对有关问题进行答疑和协调，使其他成员能及时了解情况，并采取必要的应对措施。

按照 TBT 协议的规定，只有在下列情况下才必须通报：（1）没有现行国际标准或国际准则，只能制定本国的技术文件；（2）有现行国际标准或国际准则，但由于地理位置或气候因素而不适用，因此制定的技术文件与国际标准或国际准则不符；（3）所制定的技术文件将会严重影响其他成员的贸易。

具体地说，WTO/TBT 协议要求通报的文件种类包括：中央政府制定的技术法规草案；地方政府制定的技术法规草案；标准制定的计划项目及每个项目所处的制定阶段；中央政府制定的合格评定程序草案；地方政府制定的合格评定程序草案；标签标志制度草案；与其他成员签署的TBT框架下双边和多边合作协议。上述文件必须在其制定的早期阶段即草案阶段，按照TBT规定的格式通报给WTO秘书处，由其登记后，再以WTO/TBT文件的形式转发各成员。允许有利害关系的成员在规定时间内，就文件的有关内容向起草方的WTO/TBT咨询点提出自己的意见。起草方必须对所提意见给予答复。如果其他成员有要求，起草方还应提供文件草案的全文。

TBT协议第9条指出，若不存在有关的国际标准，或拟议中的技术法规的技术内容与有关的国际标准的技术内容之间存在实质性的不同，并且该技术法规可能对其他成员方的贸易活动具有重大影响时：①各成员方应适当提前一个阶段，在出版物上刊登有关他们拟提出的特定技术法规的通知，使其他成员方的有关各方熟悉这些技术法规；②通过秘书处就有关技术法规所涉及的产品通知其他成员方，并一并告知其拟议中的技术法规的简要内容和基本理由，应适当提前一个阶段发出此类通知，以便有时间进行修改和考虑有关意见；③在接到请求时，向其他成员方提供拟议中的技术法规的细节或副本，并且如可能，应阐明其中有关与国际标准本质上不尽一致的地方；④一视同仁地给予其他缔约方一段合理的时间，以便于他们有时间提交书面意见。在接到请求时，应讨论这些意见，并考虑这些书面意见和讨论的结果。只有在一成员方发生危及其安全、健康、环境保护或国家安全的紧急情况下，或者在遇到此类威胁时，它可在认为必要时，省略上述的有关步骤，但是在采用某技术法规时也应该做到：及时通过秘书处将特定的技术法规，它所涉及的产品通知其他成员方，同时简要说明该技术法规的目的和基本理由，包括紧急情况的性质；一经请求，要向其他成员方提供该技术法规及副本等。

此外，在标准的制定、采纳与实施方面，在附录3中规定：《关于制定、采用和实施标准的良好行为规范》中一般规定，标准化机构应至少每6个月一次出版一个工作大纲，它包括其名称、地址。如有可能，应在有关标准化活动的国家和地区性出版物上公布已有该工作大纲的通告，在采纳一标准前，该标准化机构至少应提供60天的期限，以便于各成员方的有关当事方对该标准草案发表意见；只有在前述紧急情况下，这一期限才可予以缩短，对于合格评定程序来讲，协议对信息公开和交流也在第5、7、8条做了类似的规定。在组织机构中，协议第10条规定，每一成员方应确保设立一个查询处，能回答其他成员方和它们的有关当事方所提出的一切合理询问。

（四）关于争端解决规则

TBT协议第13~14条款规定了有关争端解决的机构、磋商和解决的内容。

1.在组织机构方面

TBT委员会由各成员代表组成，每年至少召开一次会议就TBT协议有关问题进行磋商。但有关TBT争端将不再由TBT委员会主持，而应在统一的争端解决机构（DSB）主持下，按乌拉圭回合通过的争端解决谅解协议（因此TBT第14条"磋商和争端解决"大大简化）开展工作。

2.在磋商与争端解决规则方面

附录3《关于制定、采用和实施标准的良好行为规范》以及协议第14条"磋商和争端解决"部分对此进行了严格规定，明确要求各成员方应保证其中央政府的标准化机构接受并遵守这个《良好行为规范》，同时采取它们所能采取的合理措施，确保在其领土上的地方政府或非政府的标准化机构以及境内一个或多个机构为其成员的区域性标准化机构，接受并遵守该《良好行为规范》。一方面明确要求，"成员方标准化机构遵守《良好行为规范》各项规定的义务，应予适用，并不考虑标准化机构是否接受该《良好行为规范》"，表明各成员方遵守《良好行为规范》的义务，并不以标准化机构是否接受该《良好行为规范》为其前提条件，即不论该国的标准化机构是否已经接受《良好行为规范》，成员方政府都应履行与之相应的义务；另一方面，要求"有关成员方通过秘书处及时通报上述标准化机构承认或撤销承认《良好行为规范》的情况，其中包括由此而将受到影响的产品名称"；此外，要求TBT委员会每年至少应对接受《良好行为规范》的标准化机构就其执行情况进行一次审议。

值得重视的是，在一成员方认为另一成员方没有按照TBT协议第3、4、7、8和9条的要求做出令人满意的结果，并且它的贸易利益受到严重影响的情况下，可进入争端解决程序，将把争端中的非中央政府机构视为一个成员方对待（第14条第4款）。这在于强调各级机构都要对由其自身行为引发争端所造成的后果负责，而且即使由非中央政府机构所造成的后果，亦一律要提高到中央政府机构这个层次上来对待。

（五）对发展中国家差别待遇原则

TBT协议体现了照顾发展中国家在体制安排、资金和贸易方面的特殊需要，给予差别待遇和更优惠的待遇。承认发展中国家在制定和实施技术法规、标准以及有关是否符合技术法规和标准的评估程序方面可能会遇到特殊困难，是TBT协议签署的一个基础。TBT协议在序言中强调了对发展中成员方优惠待遇的重要性和必要性。TBT协议的这一原则集中体现在第11条和第12条，协议要求各成员在接到其他成员特别是发展中国家成员的请求时，应就其技术法规的制定，设立国家标准化机构和参加国际标准机构，设立是否符合该成员境内所用标准的评定机构。这些国家的生产者希望有机会利用其境内的政府或非政府机构所实施的合格评定体系需要采取的步骤等提出建议，并给予技术援助。同时，为保证发展中成员方能够遵守本协议，经发展中国家请求，TBT委员会可以给予这些成员所承担的协议义务的整体或部分免除，但必须有具体的期限。另外，为了保证各成员对义务的履行，TBT协议还规定TBT委员会应定期审议协议。所规定的在国内和国际上给予发展中国家的特殊和差别待遇。

TBT协议要求各成员应尽可能采取合理措施，确保国际标准化机构在发展中国家成员提出请求时，审议就对发展中国家成员有特殊利益的产品制定国际标准的可能性，并尽可能地制定这些标准。

此外，考虑到发展中国家成员在发展、财政和贸易方面的特殊需要，各成员应确保其制定的技术法规、标准和合格评定程序不会对发展中国家的出口制造不必要的障碍。

专栏3-2

对TBT协议执行和管理情况的第一次审议

TBT协议第15.4条规定，在协议生效第三年年底，以及此后每个第三年年底，TBT委员会会对协议的实施和管理情况进行审议，包括有关透明度的规定，如有必要，在不违反第12条规定的情况下，将对协议所规定的权利和义务进行调整以确保共同的经济利益以及权利和义务的平衡。委员会应根据协议的执行情况向货物贸易理事会提交对TBT协议的修改建议。

根据这个规定，TBT委员会分别在1997年的2月14日举行的第八次会议上，6月20日举行的第九次会议上，10月3日举行的第十次会议上，以及11月13日举行的第十一次会议上对协议在第一个三年的执行情况进行审议。各使团就审议所提交的建议包含在下列文件中：G/TBT/W/36、39、40、41、44、45、47和Add.1、48、50、51、53、54、55和56。

委员会重申了制止和消除技术性贸易壁垒的重要性及协议在促进这一目标得以实现的过程中所起的重要作用。

委员会审查了各成员实施协议的情况，评估了协议使贸易（包括中小企业贸易）便利化的程度。总的来说，协议在最初三年的运作中，通过保证技术法规、标准和合格评定程序不对国际贸易产生不必要的障碍，体现了协议在促进实现GATT 1994所定目标方面的能力和潜力。委员会认为没有必要调整协议规定的权利和义务，没有必要对协议内容进行修改，但委员会也指出，在实施协议的若干领域中也产生了一些困难和问题。因此，委员会通过了大量决定、建议和计划以更好地履行协议。另外，委员会重申，按照13.1条的规定，每个成员都有权在委员会会议上讨论任何与履行协议或为协议的实施有关的问题。

资料来源：佚名. 对TBT协议执行和管理情况的第一次审议［EB/OL］.［2018-11-19］. http://www.sc.gov.cn/zt_sczt/wto/xgzs/200701/t20070116_170594.shtml.

案例3-1

技术贸易壁垒协定第一案——欧洲沙丁鱼案

［案例简介］

沙丁鱼是一种常见的罐头用鱼，主要产自两个海域，一是大西洋的东北部，包括地中海和黑海，被称为欧洲沙丁鱼；二是太平洋东部，秘鲁和智利的沿海一带，被称为太平洋沙丁鱼，这两种鱼虽然形体不同，但都生活于近洋，都属于小型鲱科鱼类。

1989年6月21日，欧共体发布了有关罐装沙丁鱼销售法规（European Communities Regulation，ECR），规定必须是欧洲沙丁鱼。1978年联合国粮农组织（FAO）和世界卫生组织（WHO）下属的食品法典委员会，就对听装沙丁鱼及其产品制定了94号标准（称Codex Stan 94，简称CS94）。本案涉及的是1999年新增加的有关沙丁鱼名称的特殊条款（即6.1.1（i）和（ii））。94号标准的第2.1款规定，沙丁产品是指鲜活或冷冻的21种沙丁鱼，包括欧洲沙丁鱼和太平洋沙丁鱼，而新增的条款则对各种沙丁鱼应如何称谓做出了规定。ECR只规定了欧洲沙丁鱼的销售标准，对太平洋沙丁鱼却未作规定，客观上起到了不承认太平洋沙丁鱼是沙丁鱼，使其无法在欧共体市场上销售。

秘鲁于2001年3月20日就此问题提出与欧共体磋商，同年5月31日磋商未果，6月7日秘鲁要求成立专家组，7月24日专家组成立并具有标准授权。秘鲁的主要诉求是，ECR禁止沙丁鱼罐头的名称带有原产国称谓，如称秘鲁沙丁鱼；禁止带有出产水域称谓，如称太平洋沙丁鱼，不符合WTO/TBT协定第2.4款的规定（成员应采用国际标准）。秘鲁还指称ECR不符合TBT协定第2.2款（不对贸易造成不必要的障碍）、第2.1款（国民待遇与最惠国待遇）以及1994 GATT第3.4款关于国民待遇的规定。欧共体则持完全相反的立场。

2002年5月29日专家组散发了正式报告，认定ECR不符合TBT协议第2.4款的规定。但欧盟不服，提出了上诉。2002年9月26日上诉机构做出了最终裁决，驳回了欧盟的上诉。

[案例分析]

（1）关于"技术法规"问题

专家组首先援引了TBT协定附件一第1条的规定，指出构成一项技术法规必须具备两项条件，一是规定了产品的特性；二是属强制性规范。专家组分析了ECR，第一条指明了ECR适用的产品——"加工的沙丁鱼"；第二条的规定既涉及了产品的内在特性，也涉及了与产品相关的某些特性，还规定加工的沙丁鱼必须专门由欧洲沙丁鱼制成。因此，专家组认定欧盟的条例系一项"技术法规"。

（2）关于TBT生效前的"技术法规"是否受2.4款约束问题

欧盟认为ECR是在1995年WTO各项协定生效之前制定的。依据《维也纳条约法公约》第28条（条约不溯既往）的规定，欧盟认为TBT协定第2.4款不适用于TBT协议生效之前已经存在的技术法规。

专家组认为，ECR于1989年6月21日通过，TBT协定于1995年1月1日生效，条例在TBT协定生效后并未停止存在，相反是继续在生效。TBT协定的2.2款规定："各成员应保证技术法规的准备、通过或实施在目的或效果上均不对国际贸易造成不必要的障碍。"第2.3款规定："如技术法规通过时的环境或目标已不复存在，则不得维持此类技术法规。"第2.5款还规定："一成员在准备、通过或实施可能对其他成员的贸易有重大影响的技术法规时，应按照第2款到第4款的规定对其技术法规的合理性进行说明。"据此，专家组驳回了欧共体的抗辩，认定ECR受TBT协定第2.4款的管辖。

（3）关于CS94是否属"相关国际标准"问题

鉴于双方对CS94是一项标准并无异议，专家组认定CS94是一项"标准"。对于判断"食品法典委员会"是否是一个"国际机构"，专家组依据TBT协定附件一第4条"国际机构或体系指至少对相关机构的所有成员均开放的机构或体系"的规定，认为该委员会的章程和程序规则的第一条符合这一规定，故食品法典委员会是一个"国际机构"。上诉机构支持了专家组的结论。

欧盟条例只规定欧洲沙丁鱼可以在欧盟销售，就等于禁止了CS94标准规定的其他20种沙丁鱼，包括太平洋沙丁鱼在欧盟市场上的销售。这就明显与CS94标准相冲突，表明ECR并未以该标准为基础。

本案之所以被称为"技术贸易壁垒协定第一案"，是因为在本案中第一次真正涉及了技术贸易协定的相关条款。而在此之前的案例，虽然投诉方也将其作为诉讼请求提出，可是都因司法经济原则而被省略。

资料来源：

[1] 北京市张玉卿律师事务所. 在技术标准上的以小博大——秘鲁诉欧共体沙丁鱼案 [J]. WTO经济导刊, 2007（7）.

[2] 吴蕾. WTO "技术性贸易壁垒协定第一案"之法律透析——欧共体沙丁鱼案 [J]. 武大国际法评论, 2005（1）.

第二节 实施卫生与动植物检疫措施（SPS）协议规则解读

一、SPS协议的产生及其内容

《实施卫生与动植物检疫措施协议》（Agreement on the Application of Sanitary and Phytosanitary Measures，简称SPS协议）是在乌拉圭回合中达成的一项协定。

（一）SPS协议的产生

SPS协议是指，成员方为保护人类、动物或植物的生命或健康而实施的所有相关的法律、法规、要求和程序。乌拉圭回合以前，没有独立的SPS协议存在，在很大程度上，它为东京回合所达成的TBT协议所涵盖。

在经济发展和社会进步的同时，人类和动植物面临着更多的安全挑战，如有些病虫一旦由进口产品带入进口方，很容易在进口方领土上繁衍，造成危害。于是许多国家规定进口农产品必须满足本国制定的卫生检疫措施规定，否则就禁止进口。也有国家借口保护人畜生命安全和生态平衡，设置了一些不合理的卫生检疫措施和标准，使其成为影响贸易正常发展的非关税壁垒，由此引发了一系列国际贸易纠纷。在乌拉圭回合中形成了体系化的货物贸易多边法律体制，由GATT 1994和12个附属协议组成。SPS协议从TBT协议中分离出来，作为一个单独的附属协议诞生了。

SPS协议的宗旨是在"期望改善各成员的人类健康、动物健康和植物卫生状况"的同时，"期望建立规则和纪律的多边框架，以指导卫生与植物卫生措施的制定、采用和实施，从而将其对贸易的消极影响减少到最低程度。"

（二）SPS协议的主要内容

SPS协议由引言、正文和附件三部分组成。引言部分全面阐述了该协定的宗旨。

SPS协议的主要内容都包括在正文之中，正文共14条46项，包括总则、基本权利义务、协调、等效、风险评估和适当的卫生与植物卫生保护水平的确定、适用地区条件（含适应病虫害非疫区和低度流行区的条件）、透明度、控制、检查和批准程序、技术援助、特殊和差别待遇、磋商和争端解决、管理、实施以及最后条款。

附件分为三个部分：（1）附件A，定义；（2）附件B，卫生与植物卫生法规的透明度、法规的公布；（3）附件C，控制、检查和批准程序。三个附件分别从不同角度和方面对正文所涉及的基本概念、内容加以说明和阐释。

二、SPS协议的主要原则

SPS协议的基本原则主要体现在三大方面：科学证据原则、国际协调原则、风险评估及保护适度原则，主要体现在该协议的核心条款——第2条（基本权利和义务）、第3条（协调）和第5条（风险评估和适当的卫生与植物卫生保护水平的确定）中。当然这些原则又可以细化为科学依据、国际协调、同等对待、风险评估、适用地区的条件等方面。

（一）科学依据原则

SPS协议第2条第2款规定，各成员应确保任何动植物卫生检疫措施的实施不超过为保护人类、动物或植物的生命或健康所必需的程度，并以科学原理为依据，如无充分的科学依据则不再实施，但第5条第7款规定的除外。SPS协议第3条第3款可知，成员若有科学上合理证据或确定其根据第5条而实施较高的检验或检疫保护水准是适当的，则成员的检验或检疫水准可高于国际标准、准则、建议。第2条第2款中规定："各成员应确保任何卫生与植物卫生检疫措施的实施不得超过为保护人类、动植物的生命或健康所必需的程度，并以科学原理为依据，如果没有足够的科学依据，则不得实施，但第5条第7款规定的除外。"

在WTO的司法实践中，成员间的争议主要起因于对第2条第2款规定的不同理解上。第2款规定了两方面的内容，前半部分规定了成员的义务，后半部分规定了该义务在一定情况下的例外。而要正确理解第2条第2款的含义尤其是"足够的科学依据"的含义，必须将第2款规定的一般义务与第5条第7款关于风险评估的具体义务联系起来理解。因此，实际上，第2条第2款的例外条款是第5条第7款。第5条第7款允许在一定的条件下，即使没有足够的科学依据，也可以临时采取卫生检疫措施。也就是说，一成员采取的卫生与植物卫生检疫措施应以风险评估为依据，风险评估必须支持卫生检疫措施。如果卫生检疫措施与风险评估结果之间不存在合理的客观的关系，则可认为一成员所采取的检疫措施没有足够的科学依据，故不得实施。但卫生检疫措施与风险评估结果之间是否存在合理的关系，需要根据个案确定，依赖于案件的具体情况，包括措施的性质、风险评估结果的质量和数量等。

（二）国际协调原则

SPS协议第3条第1款规定，为在尽可能广泛的基础上协调卫生与植物卫生措施，各成员的卫生与植物卫生措施应根据现有的国际标准、指南或建议制定，除非本协定特别是第3款中另有规定。第3条第2款规定，一成员可以决定颁布与国际标准一致的卫生检疫措施。

由此可见，所谓国际协调原则主要包括：（1）鼓励各成员根据国标标准、指南或建议来建立自己的动植物卫生检疫措施。（2）存在国际标准时，应以国际标准为依据，但"以国际标准为依据"并不等于"完全符合国际标准"或"与国际标准完全一致"。（3）第3条第1款和第3款的关系是"一般与例外"的关系。第3条第3款允许成员政府采取比有关国际标准更严格的动植物检疫措施，确立高于国际标准的保护水平，但又为行使这一权利设定了严格的限制条件：要么陈述科学理由，要么证明现行的有关国际标准达不到该国认为适当的健康保护水平，而且根据第5条第1~8款的相关规定，成员采取的检疫措施是适当的。

SPS协议明确了在SPS协议领域的三个制定国际标准的组织，包括国际食品法典委员会（CAC）、世界动物卫生组织（OIE）、国际植物保护公约（IPPC）。这些组织通常被称为"三姐妹组织"，它们制定的国际标准和技术性文件可为专家参与世贸组织（WTO）争端解决提供参考意见。[14] 在2001年以前这三个组织的主要成就是：食品法典委员会（CAC）共建立标准204项、国际准则33项、守则42项和其他文本17项；世界动物卫生组织（OIE）也积极开展协调，如新修订了国际动物健康法典，并与WTO签署了合作与磋商协议；新修订的国际植物保护公约IPPC文本充分体现了SPS协议的原则精神，同时IPPC作为与WTO/SPS相关的三姐妹国际组织中最年轻的一个，为了发挥协调作用，加强了植物检疫国际标准制定工作，已制定10项植物检疫措施国际标准（ISPMs）。

小知识3-3

在SPS协议领域的三个制定国际标准的组织

（1）国际食品法典委员会（CAC）

国际食品法典委员会（Codex Alimentarius Commission，CAC）属于联合国粮农组织的下属机构。1963年，联合国粮食和农业组织（FAO）和联合国世界卫生组织（WHO）共同创建了FAO/WHO食品法典委员会（CAC），并使其成为一个促进消费者健康和维护消费者经济利益，以及鼓励公平的国际食品贸易的国际性组织，该组织的宗旨在于保护消费者健康，保证开展公正的食品贸易和协调所有食品标准的制定工作。

CAC颁布的主要国际标准是食品法典，包括食品卫生、食品添加剂、农药残留量、污染物、标签以及分析与抽样方法等规定，还包括业务守则、准则和其他建议性措施等；颁布了"食品卫生一般原则""肉类卫生一般原则"等参考资料。这些标准和规定可作为成员食品立法和管理的样本，并能用于国际贸易。

（2）世界动物卫生组织（OIE）

世界动物卫生组织（Office International Des Epizooties，OIE）是1924年建立的一个政府间组织，也称"国际兽疫局"（International Office of Epizooties，IOE）。2007年6月，OIE有169个成员。它的总部在法国巴黎。该组织是在1920年比利时牛瘟兽疫之后创建的。该病发端于印度，对其传播的担心导致了1921年3月巴黎召开的国际会议。28个国家于1924年1月25日签署了协议，成立了该组织。

OIE的主要职能包括：一是向各国政府通告全世界范围内发生的动物疫情、疫情起因和控制方法；二是在全球范围内，对动物疾病的监测和控制进行国际研究；三是协调各成员在动物和动物产品贸易方面的法规和标准。OIE通过收集、加工和发布有关世界动物卫生状况的资料，向各成员提供对国家控制体系非常重要的信息，以及针对国际贸易制定的动物卫生法规方面的信息等，主要刊物有《OIE公告》《世界动物卫生状况年度统计》《科技回顾》等。WTO/SPS协议明确要求各成员使用OIE制定的标准、指南和建议，包括《国际动物卫生法典》《诊断试验和疫苗标准手册》《国际水生动物卫生法典》《水生动物疾病诊断手册》等。针对动物疫病的诊断、预防接种、流行病监测、疫病控制与根除、消毒和认证规程、实验室设备等编制的指南。

（3）国际植物保护公约（IPPC）制定的标准

国际植物保护公约（International Plant Protection Convention，IPPC）是1951年联合国粮食和农业组织（FAO）通过的一个有关植物保护的多边国际协议，1952年生效。1979年和1997年，FAO分别对IPPC进行了2次修改，1997年新修订的植物保护公约是最新版本。

IPPC是保护植物卫生的一项国际协定，其目的是通过信息交流等手段，采取具体行动防止植物有害生物的传入和扩散，并促进有害生物防治措施的发展。IPPC已制定了32个《植物检疫措施标准》（ISPM），主要包括与国际贸易有关的植物检疫原则、有害生物风险分析准则、外来生物防治物的输入和释放行为守则、建立非疫区的要求、植物检疫术语表、输出验证系统等。ISPM标准旨在使成员在国际植物检疫中使用的法规和原则相一致。IPPC缔约方有义务就有害生物状况、法规和要求、有害生物名单、违规和紧急处理等相互交换信息。

资料来源：

[1] 中国国家认证认可监督管理委员会. 国际食品与法典委员会（CAC）[EB/OL]. [2019-01-05]. http://www.cnca.gov.cn/bsdt/ywzl/gjhzyhr/gjzz/200610/t20061018_50267.html.

[2] 佚名. 世界动物卫生组织 [EB/OL]. [2019-01-06]. https://baike.baidu.com/item/%E4%B8%96%E7%95%8C%E5%8A%A8%E7%89%A9%E5%8D%AB%E7%94%9F%E7%BB%84%E7%BB%87.

[3] 佚名. 国际植物保护公约 [EB/OL]. [2019-01-07]. https://baike.baidu.com/item/%E5%9B%BD%E9%99%85%E6%A4%8D%E7%89%A9%E4%BF%9D%E6%8A%A4%E5%85%AC%E7%BA%A6.

[4] 云南出入境检验检疫局科技处. 与"3+1"防线建设相关的国际准则和法律法规 [EB/OL]. [2018-11-15]. http://www.ynciq.gov.cn/html/030801/11827.html.

（三）同等对待原则

SPS协议第4条第1款规定"如果出口成员客观地向进口成员表明它所采用的卫生与植物卫生措施达到了进口成员适当的卫生或植物卫生保护水平，即使这些措施不同于进口成员自己的措施，或不同于从事同一产品贸易的其他成员所采用的措施，各成员应等同地接受其他成员的卫生与植物卫生措施"。SPS委员会强调各成员有必要提供关于它们适当的保护水平确定方法的信息，并承认等同性，而不是要求措施完全一样。为进一步提高透明度，委员会鼓励各成员提交它们达成的等同性承认方面的双边协议和决定的相关信息。委员会对有关国际组织正在开展的、可促进这一概念应用的工作表示欢迎。

（四）风险评估原则

风险评估是制定和实施SPS措施最重要的科学依据之一。SPS协议第5条第1款、第5条第2款和第5条第3款做出了相关规定。SPS协议附件1第4条明确界定了风险评估的含义：根据可能实施的动植物卫生检疫措施来评价虫害或病害在进口成员境内传入、定居或传播的可能性，以及相关的潜在生物和经济后果；或评价食品、饮料或饲料中存在添加剂、污染剂、毒素或致病有机体对人类或动物的健康产生的潜在的不利影响。可见，风险评估是对不利影响潜在性的评估。

SPS协议第5条第1款规定：各成员应确保其动植物卫生检疫措施是依据适应环境的对于人类、动物或植物的生命或健康的风险评估，并考虑到由有关国际组织制定的风险评估技术。SPS协议第5条第2、3款列举了WTO成员在风险评估中应当考虑的具体因素，包括可获得的科学证据；有关工序和生产方法；有关检查、抽样检验方法；特定病害或虫害的流行等。

对该项原则的把握主要在于：一是作为风险评估所依据的科学证据要有特定性。证据要确实针对所存在的风险。必须对争议措施所涉及的特定风险进行评估，否则就表明其风险评估对所涉及情况不是"十分明确的"。二是要有时效性。在判断一项风险评估是否符合第5.1条规定时，只应当根据风险评估做出时获得的证据来进行，而不应考虑风险评估做出后出现的科学证据。三是要注意"科学以外"的因素。在实践中，在SPS协议中没有明确提及的因素容易引发矛盾，如消费者关注、文化或道德偏好以及社会价值判断等，能否在WTO成员确定一项风险是否存在时予以考虑？在"荷尔蒙牛肉案"（见第6章案例

6.3）中，专家组的结论是：科学以外的证据不应在风险评估中予以考虑，而是应该在风险管理中予以考虑。上诉机构推翻了专家组这一结论并认为：在WTO成员进行一项风险评估时，可以考虑该条款中没有列举的证据。上诉机构对该条款做了扩大解释，即可以考虑其他的诸如消费者关注、社会价值判断等证据。

有学者认为，SPS协议之所以规定了风险评估制度，就是要以科学检验、科学证据等来制约SPS措施的滥用或错误使用，而一个国家的所谓消费者关注、社会价值判断等，虽然也是以"危害公共健康"为外衣，但有可能是由于媒体舆论对消费者的误导，也有可能是一国的政府为了保护国内的相关产业，这些"关注"或"判断"也许并没有科学依据。

（五）适用地区条件原则

适用地区条件原则又称为区域化原则。"区域化"是SPS协议的重要内容之一，区域化是指认可一个出口地区（一国全部或部分地区或边境毗连地区）无疫病或病虫害（或者影响很小）。SPS协议第6条规定了适用地区条件，包括适用病虫害非疫区和低度流行区的条件，具体内容如下：（1）各成员应保证其卫生与植物卫生措施适应产品的产地和目的地的卫生与植物卫生特点，无论该地区是一国的全部或部分地区，或几个国家的全部或部分地区。（2）各成员应特别认识到病虫害非疫区和低度流行区的概念，对这些地区的确定应根据地理、生态系统、流行病监测以及卫生与植物卫生控制的有效性等因素。（3）声明其领土内地区属病虫害非疫区或低度流行区的出口成员，应提供必要的证据，以便向进口成员客观地证明此类地区属于且有可能继续属于病虫害非疫区或低度流行区。为此，应请求、应使进口成员获得进行检查、检验及其他有关程序的合理机会。这一条款的实际执行，明显降低了卫生与植物卫生措施对贸易的限制，促进了成员间农产品贸易和双边市场准入。但是，这一条款的执行也存在一些困难，这类困难包括对国际标准、准则或建议解释和执行上的分歧，进口国承认病虫害非疫区或低度流行区往往是一个相当漫长的行政过程，并经常涉及复杂的风险评估。为此，SPS委员会在历经五年讨论的基础上，制定了《实施区域化的非约束性指南》，并于2008年5月15日正式生效，用以指导国际贸易实践中对该项原则的把握。

案例3-2

美国诉日本苹果案

［案情背景］

1950年6月，日本为了防止苹果蚕蛾（coding moth）进入，制定了《1950年植物保护法》和《植物保护法实施条例》等规章，对外国进口水果依品种不同而采取不同的检疫处理措施。1971年，这项进口禁令被取消。1987年，日本农林渔业省制定了两部试行检测准则，即《取消进口禁令指南——熏蒸》和《昆虫死亡率比较测试指南——熏蒸》（这两项指南都没有公布），再次因植物卫生原因禁止苹果和其他水果的进口，其中的"品种测试要求"规定对产品的每一品种进行测试合格后方能输入日本，导致各国新品种水果无法于短期内出口而蒙受市场损失。美国的出口商因为这一严格的检疫措施而不得不全面撤出日本市场，损失惨重。美国认为，日本的这些措施欠缺科学根据和透明度要求，且不符合风险评估和适当水平原则，双方多次磋商未能解决争议。1997年10月，美国将争端提交世界贸易组织，要求成立争端解决专家小组。

[案情分析]

该案例主要涉及以下一些法律问题：

（1）关于充分科学证据问题

SPS协议第2条第2款规定，各成员应确保任何动植物卫生检疫措施的实施不超过为保护人类、动物或植物的生命或健康所必需的程度，并以科学原理为依据，如无充分的科学依据则不再实施，但第5条第7款规定的除外。根据SPS协议第3条第3款可知，成员若有科学上的合理证据或确定其根据第5条而实施较高的检验或检疫保护水准是适当的，则成员方的检验或检疫水准可高于国际标准、准则和建议。专家认定日本的做法不符合协议第5条第7款的规定："在此种情况下，各成员应寻求获得更加客观地进行风险评估所必需的额外信息，并在合理期限内据此审议SPS措施。"日本品种测试措施不属于暂时性措施。专家小组表示，日本并未于合理期间内审议所称的暂时性措施，也没有证据显示日本在该段期间内进一步寻求更多的科学信息。

（2）关于风险评估问题

专家小组根据以下三项要件来审查SPS措施所依据的风险评估报告是否符合SPS协议第5条第1款规定义务，即有关"源于害虫或疫病"的风险评估是否适当：①指出成员欲防止入侵、立足或传播至该领域内的害虫、疫病及可能因此伴随而来对生态及经济环境的影响；②评估这些害虫或疫病入侵、立足、传播及其伴随而来对生态及经济环境影响发生的可能性；③评估采取有关SPS措施后这些疫病入侵、立足、传播的可能性。如果评估的结果是风险很高，则采取较为严格的措施便是适当的，否则便是不适当的。专家小组认为，根据以上几点日本的SPS措施不符合有关风险评估的要求，是不适当的，违反了SPS协议的要求。专家组认为，日本涉及其他减轻风险的措施，因此是不充分的。

（3）关于透明度问题

美国指出，日本农林渔业省公布的两项试行检测指南——《取消进口禁令指南——熏蒸》和《昆虫死亡率比较测试指南——熏蒸》均未公布，不符合SPS协议第7条规定的"透明度"义务。日本指出它已将这些规定和标准通知了有关国家动植物检疫机构，任何有利害关系的外国政府都可随时通过咨询点获得这些指南。同时这些指南不是强制性的法律、法规或命令，只是示范。专家小组认为，符合下述三个条件即属应予公布的措施：①采取措施；②措施是检疫规章，即诸如法律、条例或条令等的检疫措施；③普遍适用。

专家小组的结论公布后，1998年11月，日本提出上诉。12月，美国也提交了上诉材料。1999年2月，上诉机构做出报告，认为SPS协议不仅包括普遍适用的法律、法令或命令，也应包括普遍适用的其他文件。日本于1999年底取消其施行50年之久的水果品种检疫处理措施。

资料来源：

[1] 张汉林，等. WTO与农产品贸易争端[M]. 上海：上海人民出版社，2001：259-299.

[2] 谢岚.《实施卫生与动植物检疫措施协定》及其相关争端解决案例浅析[J]. 山西农业大学学报：社会科学版，2007（3）.

[3] 崔征. SPS最新案例——美国诉日本苹果案[J]. WTO经济导刊，2004（4）.

三、SPS协议与WTO其他协议的关系

（一）SPS协议与GATT 1994第20条的关系

SPS协议是GATT有关规定渗透到动植物卫生检疫领域的产物。GATT第20条一般例外规定共有10条与SPS协议有关，主要是第b款的规定，即"为保护人类动植物的生命或健康所必需的措施"。

从法律上来说，首先，SPS协议是GATT 1994的附属协定，是构成GATT 1994的重要组成部分。其次，SPS协议是GATT第20条b款规定的细化、补充与发展，在GATT第20条b款之外为成员方增加了一些程序性和实体性的义务。再次，SPS协议在GATT 1994的义务之外又附加了义务，即除了解释GATT 1994的有关条款之外，SPS协议有自身的实体性义务。所以，在法律适用上，并不要求一国措施先违反GATT 1994，再适用SPS协议。

从内容上看，尽管SPS协议所规制的SPS措施并没有涵盖GATT 1994第20条（b）项中"为保护人类、动物或植物的生命或健康所必需的措施"之全部，但它无疑是当今各国在对外经济交往中为实现此种目的而采取的最主要、最常见的措施，当然也就构成该领域中影响国际贸易的最重要因素。

（二）SPS协议与TBT协议[①]

SPS协议与TBT协议二者是特别法与一般法的关系，在适用上SPS协议比TBT协议优先。SPS协议管辖下的动植物卫生检疫措施不属于TBT协议的管辖范围。不过，两者的共同点也很突出：有共同的制度基础，在很大程度上，两个协议都被视为根据GATT第20条（b）项授权采取的"为保护人类、动植物的生命或健康所必需的措施"的解释；都规定了国民待遇义务和最惠国待遇义务；规定了贸易影响最小原则，即"必要性原则"，这也是两协议共同要求遵守的原则。

两者的不同在于：一是适用范围不同。SPS协议主要适用于为保护人类动植物生命或健康所采取的措施，其范围较窄；TBT协议适用于除动植物卫生检疫措施之外的技术法规、标准和合格评定程序的制定与实施，范围宽于前者。但是如果落实到某项具体措施究竟属于哪一个协议管辖，就要看其实施目的了。如果单纯为了保护人类动植物生命或健康，就属于SPS协议管辖；如果为了诸如实现标准的统一、保障国家安全以及防止欺骗行为等其他目的，则适用TBT协议。

二是制定依据不同。SPS协议是以GATT第20条b款为依据制定的，其目的是保证人类、动植物生命安全和健康，而TBT协议则是以GATT第1条第3款有关国民待遇和最惠国待遇条款的规定为依据制定的，其目的是保证各国在技术法规标准和合格评定程序方面的规定不违反GATT中的上述基本义务。从法律上说，SPS协议可以构成一项积极抗辩；而TBT协议则不是一项抗辩。援引SPS协议容易胜诉，援引TBT协议容易败诉。

三是内容规定的侧重点不同。由于SPS协议管辖的范围较窄，而且有明确的界定，另外，根据SPS协议的相同条款所提出的法律请求的数量在增加，所以为专家组和上诉机构提供了一个把SPS协议核心条款的含义不断具体化、明确化并更增强其可操作性的

① 主要参考了徐颖.《实施动植物卫生检疫措施的协议》分析——兼论转基因生物产品的法律管制［D］.北京：中国政法大学，2002：20-22；肖冰.《SPS协定》研究［D］.厦门：厦门大学，2000：62-74.

机会。SPS协议涉及食品安全、动物卫生和植物卫生三个领域，而TBT协议涉及范围更广，除去与上述领域有关的SPS措施外，所有产品的技术法规和标准都受TBT协议管辖。TBT协议中出现较多的且有较重要作用的是程序性的规定，比如有关信息交换的规定和透明度的规定等，它对国际贸易体制的主要（并非不重要）贡献在于增进透明度和信息交换。

四是在国际标准的适用上规定不同。SPS协议不要求成员方采取的卫生检疫措施与相应的国际标准准则建议完全一致，只要经过科学的风险评估，成员方就可以采取比以国际标准为依据的措施所提供的保护水平更高的措施。TBT协议则要求成员方的技术法规标准和合格评定程序与相应的国际标准严格一致，各成员方不得任意决定采取高于国际标准所提供的保护水平的措施。

五是对科学性的要求不同。SPS协议十分注重动植物卫生检疫措施的科学性，以科学的风险评估作为实施措施的必要前提，除非该措施以相应的国际标准为基础。可见，科学性是SPS协议的强制性要求。TBT协议则不要求技术法规、标准的制定必须有科学依据，而只是把可能获得的科学和技术信息作为判断不实施技术法规可能带来的风险时所应考虑的因素之一。

综上所述，SPS协议与TBT协议都是旨在促进贸易自由化的协议。两个协议在适用范围上有互补性，在内容上有不少相同之处，但是SPS协议比TBT协议规定得更为具体，因而也就具有更强的适用性。TBT协议适用于所有工业产品和农产品，SPS协议只适用于农产品和食品。TBT协议所指的国际标准是指ISO和IEC制定的标准。SPS协议所指国际标准指CAC、IPPC和OIE制定的标准。

此外，SPS协议与《农产品协议》关系也很密切。SPS协议是与《农产品协议》相伴生的产物，并构成《农产品协议》的一个重要组成部分，并"与进口准入、出口竞争、国内支持并列成为《农产品协议》的第4根支柱"。

第三节 政府采购协定（GPA）规则解读

政府采购一般会占一个国家年度GDP的10%~15%，但在GATT谈判之初，并未纳入其中，主要原因在于政府采购是绝大多数国家通行的保护本国产业的重要政策手段。例如，美国在1933年颁布了《购买美国产品法》，要求联邦政府必须购买美国产品。此后，欧美国家经过艰苦谈判，在1979年形成了政府采购协定（Government Procurement Agreement，GPA），性质为诸边。经过多次修改后在1994年形成新的GPA。1995年WTO诞生后，GPA也相应成为WTO框架下的一项诸边协议，由成员自愿签署。2006年12月8日，世界贸易组织政府采购委员会暂行通过了1994版GPA新的修订文本，2007版GPA就此诞生。该协定规定，凡今后参加WTO政府采购协定的国家都要按照2007版GPA的规定执行。2007版的GPA将避免利益冲突和打击腐败行为作为立法宗旨，健全和完善了之前政府采购版本的规定。为了吸引更多的发展中国家加入到WTO政府采购协定，WTO政府采购委员会就1994版的政府采购协定做了一定的框架修改，2007版的GPA将非歧视原则和透明化原则贯穿于始终。

1979年政府采购协定只有美国、加拿大等少数几个成员。2004年GPA也只有13个成员方，共28个国家和地区，其中以发达国家为主。2004年后，随着欧盟两次东扩，12个东欧发展中国家以欧盟成员身份加入了GPA，GPA成员增至44个国家和地区。[1]GPA还有20多个观察员，除国际货币基金组织、经济合作与发展组织、联合国贸易和发展会议组织3个国际组织外，主要是发展中国家和地区。

专栏3-3

中国将加入政府采购协定

世界各国政府采购约占23%的需求，即占经济比重约1/4，是重要的贸易项目。中国正在致力于"尽快加入"GPA，一方面中国巨大的政府采购市场将惠及所有缔约方，中国政府采购一般占GDP 30%左右，2009年，中国的采购市场规模大约为1 000亿美元，而这一规模一直在以15%的速度增加；另一方面，中国也能从世界贸易组织的41个政府采购协定成员中享受到国外政府采购带来的利润（目前为止，世界贸易组织的153个成员中有41个加入了该协议）。

2007年，中国第一次提交了加入GPA的申请书，在至今的数轮谈判中，GPA成员对我国清单中未涵盖次级中央实体颇有微词。2010年7月中旬，中国提交了一份全新加入《政府采购协定》的出价。尽管美国贸易副代表赞扬了修改后的出价，认为其有了"显著的进步"，远优于2007年的出价，但是一些政府采购协定成员还是要求中国"加入更多购买实体，并进一步降低门槛"。

2011年年底，我们提交了一份强有力的包含地方实体在内的第三次出价清单。

2018年4月，习近平主席提出中国要加快加入《政府采购协定》进程。国务院专门成立了《政府采购协定》谈判工作领导小组，成员单位由财政部、发展改革委、商务部等24个部门组成，加强对谈判工作的领导和协调。中国从启动谈判以来，持续改进出价，不断扩大承诺的开放范围。按照世界贸易组织的指导性规定，此类加入GPA谈判一般需在18个月内结束。当然，我国加入GPA还需要各参加方务实对待谈判，顺利完成谈判进程。

资料来源：

[1] 丁清芬，等. 中国希望"尽快加入"政府采购协定 [EB/OL]. [2019-01-05]. http://www.chinadaily.com.cn/zgrbjx/2010-08/06/content_11105906.htm.

[2] 耿雁冰. GPA第三批出价清单年底提交 地方政府入列 [EB/OL]. [2019-01-05]. http://stock.jrj.com.cn/2011/06/29095210321221.shtml.

[3] 财政部. 中国加快加入《政府采购协定》进程 [EB/OL]. [2018-06-10]. http://www.ggcg.tv/show-143-3907-1.html.

一、GPA的主要内容

GPA文本分为正文和附录两部分。正文由总则和24条条款构成。总则主要是明确成员方加入GPA应当实现的目标。条款的主要内容可概括为以下几个方面：一是原则性规定，主要是对适用范围、采购项目金额的估算方法、基本原则、原产地规则、对发展中国

---

① 史啸虎. 中国今年能加入政府采购协议（GPA）吗？[EB/OL]. [2019-01-05]. http://www.aisixiang.com/thinktank/shixiaohu.html.

家的特别待遇和采购活动中适用的技术规格，以及协议适用例外情况等做出规定。二是采购方式和采购程序规定，包括采购方式的定义，供应商资格条件和审查要求，公开招标公告和应载明的信息，选择性招标的程序，等标期限，招标文本应载明的内容，投标、受标、开标和授予合同的有关规定，采购活动中的谈判要求，限制性招标的适用情形和相关要求，补偿交易的适用条件，透明度要求以及合同授予信息公告要求等。三是监督制约方面的规定，主要是向其他成员披露政府采购法律、采购活动的决定、年度采购统计等信息以及按要求提供落标人说明材料，处理投诉的要求，采购活动中争议的磋商和争端解决办法等。四是其他规定，包括GPA的机构及职责，加入、生效、修改、退出、文本保存等事项。

附录1是各缔约方适用于本协议的市场开放清单，包括5个附件，即中央政府采购实体清单及门槛价（附件1）、地方政府采购实体清单及门槛价（附件2）、其他实体清单及门槛价（附件3）、服务项目清单（附件4）和工程项目清单（附件5）；附录2至4为各缔约方发布政府采购信息的刊物清单，其中附录2为发布政府采购招标和中标信息的刊物名称，附录3为发布供应商信息的刊物名称，附录4为发布政府采购法律、法规、司法判决、采购程序等信息的刊物名称。

关于开放门槛价。GPA成员中央采购机构开放的门槛价，货物和服务均为13万特别提款权（2007年底按1特别提款权=1.58美元，1美元=7.4元人民币计算，约152万元人民币），工程大多是500万特别提款权（约5 846万元人民币），最高为850万特别提款权（约9 938万元人民币）。地方采购机构的货物和服务都是35.5万特别提款权（约415万元人民币），工程多数为500万特别提款权，最高为1 500万特别提款权（约17 538万元人民币）。其他采购机构货物和服务项目最高为45万特别提款权（约526万元人民币），工程最高为1 500万特别提款权（约1.75亿元人民币）。

二、GPA的主要规则解读

（一）GPA的适用范围

GPA第1条、第2条、第5条和第23条是确定适用范围的主要条款。该协定没有对政府采购的适用范围进行概括性定义，而是通过采购实体、合同及其限价和估价、例外事项和特殊待遇等三个方面来确定。

2007版GPA在第2条"适用范围"中规定：就本协定而言，涵盖的采购指因政府目的的采购。（1）货物、服务或它们的结合：①在各缔约方附录1中列明的；②不以商业销售或者转售为目的的采购，或者不用以商业销售或转售目的的货物或服务的生产或供应的采购。（2）按照合同所有的含义，包括购买、租借或租购合同，无论是否具备购买的选择权。（3）按照第7条发布公告时，根据第6~8款进行评估，其价值等于或者超过附件1的门槛价的。（4）由采购机构进行。（5）第3款或缔约国附录1范围内的。该协定的适用范围实际上取决于与附录1所涵盖的实体的谈判。附录1关于采购实体有3个附件，分别涉及中央政府实体、中央以下政府实体和其他实体。所谓"其他实体"是那些不属于政府序列但是受政府影响和控制的采购实体，包括事业单位或者企业单位等。有关适用范围的合同问题有三个：一是合同的种类，该协定适用于政府采购的任何契约方式，包括购买、租赁、租借等。二是合同的价值限额，该协定只适用于价值不低于附录1所列有关最低限额的采购合同，没有达到这一限额的可以不受该协定的约束。最低限价理论上是通过加入谈判确定的，但是也有共同性的门槛价，例如中央政府实体采购货物和非建设服务的共同最低门槛，是13万特别提款权，大致相当于17万美元。三是合同的估价，该协定第2条对此做出了规定。"估价"是指如何确定合同价值的制度，此规定可以用于防范对该协定的规避，例如应当计算在内的事项而没有计入，或者将一个大价值合同分为几个小合同。因此该协定规定估价应当考虑所有形式的报酬，包括任何奖金、酬金、佣金和应收利息，要求实体对估价方法的选择不得用于避免该协定的适用，也不得为此目的而分割任何采购要求。

（二）非歧视原则

GPA在序言中明确要求，各缔约方在制定和实施政府采购的法律、法规、程序和惯例时，不得对国内产品与服务及包括供货商和服务提供者在内的国内供应商提供保护，亦不得在其他缔约方之间造成歧视。

GPA第3条规定："对于本协定涵盖的有关政府采购的所有法律、法规、程序和做法，每一参加方应保证：（a）其实体不得依据外国联营或所有权的程度而给予一当地设立的供应商的待遇低于给予另一当地设立的供应商的待遇。（b）其实体不得依据供应产品或服务的生产国而歧视当地设立的供应商，只要该生产国依照第4条的规定属本协定的参加方。"同时，第3条还规定："对于本协定涵盖的有关政府采购的所有法律、法规、程序和做法，每一参加方应立即无条件地对其他参加方的；产品、服务或提供产品或服务的其他参加方的供应商提供不低于下列水平的待遇：（a）给予国内产品、服务和供应商的待遇；及（b）给予任何其他参加方的产品、服务和供应商的待遇。"

GPA第5条规定：各缔约方不得通过拟定、采取或者实施政府采购的法律、规则、程序和做法来保护国内产品或者供应商而歧视国外产品或者供应商。在招标过程中，GPA要求招标公开并确保招标程序以非歧视的方式进行，各机关不得以任何足以构成妨害竞争的方式向任何供应商提供有关材料；另外在资格审查阶段，各机关必须对各供应商实施同样的待遇。

需要特别说明的是，贯彻GPA中的非歧视原则与贯彻世贸组织非歧视原则存在一个显著差异：GPA的非歧视原则是不要求通过传统意义上的最惠国待遇原则来贯彻的，是GPA基于对各国开放政府采购市场自由度和政府采购国内法制成熟度差异的现实来安排的。GPA规定了参加方对政府采购应做出具体承诺，因而GPA实现非歧视待遇的具体方式、政府采购的实体、具体适用对象、范围，可以取决于成员方的各自承诺，从而形成一种在政府采购协定内，各成员方可因分别谈判的承诺不同而各自分享政府采购资源的局面，这与WTO其他一揽子协定完全不同，也就是说，GPA中所规定的非歧视原则仅仅适用于GPA签署国。

（三）透明度原则

GPA的透明度原则首先要求，缔约方的相关法律、法规以及政策、标准的公开和透明。GPA序言表示，应提高有关政府采购的法律、规章、程序和做法的透明度。而依据GPA第19条第1款中规定，缔约方与本协定有关的政府采购的法律、规章、司法裁判、通用的行政规定及程序（包括标准合同条款），应及时在附录4所列刊物上公布，以便于其他缔约方及其供应商了解有关内容。同时，缔约方应随时按其他缔约方要求解释其政府采购程序。其次要求，采购信息和采购程序透明。主要体现在 GPA 第 9 条、第 17 条、第 18 条和第 19 条之中。这些信息公开义务中，有一些义务是针对缔约方的采购人设定，另一些则是直接针对缔约方设定。主要包括：（1）招标邀请。GPA 第 9 条要求，除非是限制性招标另有规定，采购人应发布采购招标邀请的公告，此类公告应公布在附录 2 所列刊物上，应载明：采购的性质与数量，采购方式，开始交货或完成交货时间，提交投标邀请或列入合格供应商库，授予合同和提供技术规格资料及其他文件的机构地址，要求供应商提供的经济及技术条件、资金保障及有关资料，招标文件售价及付款方式，对购买、租赁或租购的报价。（2）非缔约方供应商的待遇。GPA 第 17 条规定，每一缔约方应鼓励其采购人，以公开的方式表明其受理来自非协定参加方的供应商投标书的各项条件，包括对竞争性招标程序的任何背离或援引质疑程序的条件，同样要用 WTO 的一种官方语言公布上述第 9 条规定的采购通告和采购摘要通告，并受理来自本协定缔约方的供应商的投标。缔约方应确保在一般采购过程中不改变采购规则，如有必须改变的情况，应采取令人满意的补救措施。（3）采购程序和采购结果的信息公开。GPA 第 18 条规定，采购人有公开采购信息的义务，包括采购程序方面的信息和采购结果的信息。（4）统计并报送资料。各缔约方应统计本国政府采购的资料，并向政府采购委员会提供属协定管辖的政府采购的年度统计资料。

（四）公平竞争原则

GPA 第 7 条至第 16 条规定的采购方式，分为公开招标、选择性招标和限制（有限）性招标三种。公开招标是指所有有兴趣的投标者均可参与的投标。选择性招标，是指由采购实体邀请一定数量供应商参与的投标，大致相当于我国法律规定的邀请投标。使用这一程序的采购实体应当有符合条件的供应商清单，该清单应当至少一年公布一次，说明其有效性和条件。限制（有限）性招标，是指采购实体可以与特定供应商进行谈判达成采购协定的采购方式。它大致相当于我国法律规定的单一来源采购，是对竞争性采购方式的例外和补充。该协定第 15 条具体列举了可以进行有限招标的若干情形，包括无投标回应、由于技术原因而无竞争、情况紧急等。为了保证政府采购的充分竞争，该协定第 8 条专门规定了供应商资格。它要求各个采购实体在审查供应商资格时，不得在其他参加方的供应商之间或者本国供应商与其他参加方的供应商之间造成歧视。该条为执行上述原则规定了供应商资格审查程序的具体要求。例如参加招标程序的任何条件，应当限于对保证公司履行所涉合同的能力所必需的条件。供应商的财政、商业和技术能力应当根据该供应商的全球商业活动及其在采购实体所在地的商业活动来进行判断。

（五）对发展中国家给予优惠待遇原则

GPA 第 5 条规定，发展中国家可以与在该协定下参加谈判的其他方商谈确定彼此可接受的作为适用国民待遇原则的例外实体、产品和服务清单，但要考虑到每一实体、产品或服务的特定情况。这也就为发展中国家的加入开辟了一条更宽广的道路。同时还规定了对发展中国家的技术援助："每一发达缔约方应在发展中缔约方提出请求时向发展中缔约方提供它们认为合适的一切技术援助，以解决这些国家在政府采购领域遇到的问题。"

（六）例外原则

GPA除了对发展中国家给予特殊和差别待遇例外之外，还规定了在一定条件下可以不适用第23条：一是国家基本安全利益例外；二是公共利益例外，例如为保护公共道德、秩序和安全、人类和动植物的生命和健康或者知识产权所采取的措施。而这些例外具体执行时表现为非歧视原则和透明度原则等方面的例外。

关于非歧视原则的例外，GPA第3条第3款规定：不使用与进口关税、对进口征收或与进口有关的各种费用、征收此种关税和费用的方法和其他进口规定与程序以及本协议相关管辖的有关政府采购的法律、规章、程序和做法之外的影响服务贸易的措施。主要体现：一是GPA允许成员以分别承诺方式排除非歧视原则的适用，开放本国政府采购市场。GPA允许成员方之间谈判确定贸易实体、产品或服务清单，划定采购范围，作为适用非歧视原则的例外，对于地方政府的采购，也可以根据双边谈判，商定开放的领域。GPA成员方通过在附录中列明出价清单，承诺本国政府采购的市场开放义务，以表明清单外的其他实体、部门及地方采购不应受约束，从而明确划出本国政府采购事项中不受GPA非歧视原则约束的范围。此外，GPA 1996年版第5条第4款规定，成员方可对政府采购准入提出一定限制，从而在一定承诺条件下，实现非歧视原则的适用例外。二是GPA文本框架仅对非歧视原则做出原则性和概括性的规定，设置了许多"口袋空置条款"，使得成员方可做出有所倾向的解释，从而导致非歧视原则适用例外。例如，对专业性很强的政府采购还没有进行大量的技术性规范，以及对国家安全、公共利益的非歧视例外规定均属于此类。三是GPA 2006版本新增加了绿色采购和环保条款，这有可能造成更多的成员方将环境和自然资源保护作为政府采购中新的非歧视原则适用例外。

关于透明度原则例外。相关规定存在于GPA第18条第4款、第19条第2、4款之中。（1）虽然采购人应依据缔约方的供应商要求而提供有关供应商落标原因、中标供应商名称及其投标的特点和相对优势等资料以及采购结果公告中的有关信息，但是，如果涉及妨碍法律的执行、违反公共利益或者影响特定公营或民营企业合法商业利益的，或者损害供应商之间公平竞争的，采购人应予保留。（2）属于本协定缔约方的落标供应商，其政府可在不影响磋商与质疑程序的前提下，向采购方政府索取有关资料，确认该项采购的公平性和公正性。采购方政府应提供有关中标供应商投标的特点、相对优势及合同金额等资料。在通常情况下，这些资料由落标供应商政府决定是否公开，但是，该政府应谨慎地行使这种权利，公开这些资料有碍今后投标竞争的，未经提供这些资料的缔约方同意，不得予以公开。（3）向任何缔约方提供的机密资料，如有碍法律的执行、违背公共利益，或影响特定的公营或民营企业的合法利益，或有损供应商之间的公平竞争，未经提供这些资料的缔约方正式授权，不得予以公开。

（七）救济机制

政府采购救济，是指在政府采购的过程中，由于采购人的违法行为或违反采购合同的行为导致供应商的财产利益遭受损失时，供应商依法可采取的补救措施。相关规定在GPA第20条之中，包括磋商程序、质疑程序以及救济措施。关于磋商程序，GPA第20条第1款规定："供应商对违反本协定规定的采购提出投诉时，缔约方应鼓励供应商与采购人进行磋商，解决争议。采购人在不妨碍按质疑程序采取纠正措施的前提下，应对此异议及时、公正地予以考虑。"关于质疑程序，GPA第20条第2款规定："缔约方应提供非歧视、及时、透明且有效的程序，便于供应商对采购活动中因违反本协定规定……情况提出质疑。""……以使各供应商对有利益或曾经有利益的采购过程中可能存在的违反协定的情况提出质疑。"并规定，各项质疑应由一家法院或与采购结果无关的独立公正的审议机构进行审理。关于救济措施，GPA规定审议机构可采取的救济措施应当包括：应采取快速的临时措施，及时纠正违反本协定规定的行为，保全商业机会；对质疑事项的评估及做出决定的可能性，这种评估应当包括质疑理由是否成立以及供应商提议的措施是否具有可行性等；纠正违反本协定行为的措施，或对损失或损害的补偿。

（八）尊重国家主权规则

GPA条款对国家主权的影响，有尊重国家主权和限制国家主权两方面。出于尊重参加国主权而对GPA本身目标进行限制的条款主要有两个：一是第3条第2款和第3款的规定，即协定第1条的规定不适用于任何关税和收费，这些税费的征收方法，其他重要管理规定和方式，除了法律、管理规定和程序做法以外的其他可以影响服务贸易的措施。二是规定例外事项的第23条，以保护国防和其他重要公共利益不受贸易自由化的影响。对于国家主权进行限制的条款，也有两个。一是第1条对附录1中所列举的政府采购单位范围的规定；二是被称为GPA立法最重要成就的所谓双层结构救济体制的第20条和第22条的规定。根据第20条规定的异议程序，由采购国内的法院或者其他公正、独立的审查机构处理供应商对违反本协定提出的异议。根据第22条的规定，对于一个或者多个参加方未能履行其在GPA下义务发生的争议，可以诉诸WTO的争端解决机制解决。

第四节　装运前检验协议规则解读

一、《装运前检验协议》简介

《装运前检验协议》（Agreement on Preshipment Inspection）是WTO管辖的一项多边贸易协议。[①]《装运前检验协议》（以下简称"《装前协议》"）第1条3、4款规定："装运前的检验活动系指所有涉及用户成员方的产品的质量、数量、价格，包括汇率和金融条件，和/或关税税则目录商品分类情况的检验。""受成员方协议委托或授权执行装运前检验任务的任何机构"都属于"装运前检验机构"。可见，装运前检验不仅包括货物品质、数量、价格之检验核对，还包括与货物进口有关的汇率、金融条件和/或关税税则目录商品分类情况等事项的检验工作。

《装前协议》除序言外，共有9个条款，分别对适用范围和定义，用户成员方的义务，出口成员方的义务以及有关程序问题做了规定。《装前协议》的宗旨是规范有关成员使用装运前检验措施的行为，确保装运前检验是非歧视和透明的，避免给国际贸易造成不必要的障碍。《装前协议》建立了一个独立审查程序，规定建立一个解决检验机构与出口商之间争议的独立实体，作为货物贸易理事会的附属机构。《装前协议》规定的范围为"在成员方领土内进行的所有装运前的检验活动"。这主要包括两种情况：①由成员方政府授权

---

① 对《装运前检验协议》的介绍，主要参考了中国科学院第15期WTO法律规则与评述（下）的《装运前检验协议》评述（二）。

或委托进行的检验；②由政府部门的任何机构授权或委托进行的检验。这里的"成员方"实际上是指出口成员方，因为协议序言中已指明，"按规定这类检验是在出口成员方境内进行"。

二、关于进口成员方的权利和义务

在《装前协议》第2条标题中，使用的是"用户成员方"这一概念。按照第1条的定义，"用户成员方"是指"政府或政府部门的任何机构授权委托或行使在装运前的各项检验活动的这一成员方"，简言之，即"进口成员方"。用户成员方政府，根据协议应负有以下义务：

（1）遵循非歧视原则，尊重并保护出口商的合法权益，以公正、公平、平等的态度和方式对待同一状态下的所有出口商，并给予其国民待遇。进口成员方还应确保装运前检验活动所采用的操作程序和标准的客观公正性，确保检验机构的所有检验人员在检验时具有一致性。

（2）保证装运前检验活动的透明性。根据《装前协议》第2条第5、6、7、8款的规定，各用户成员方（进口成员方）应确保装运前检验活动以透明的方式进行：进口成员方政府应及时公布一切与装运前检验有关的法律、法规和规章，以便其出口成员方政府和商人悉知；公布用于检验和核实价格以及外汇兑换率核实的所有的程序和标准；公布出口商在装运前检验中的权利；公布在出口商对检验结果有不同意见的情况下应采用的上诉程序；进口成员方应确保出口商以方便的方式获得上述有关法律规定和与装运前检验有关的其他资料。《装前协议》在第2条第15款还进行限定，即除非"经出口商方面的原因或不可抗力的原因"而无法在原安排的日期进行检验，否则原定之日期不得变动。基于平衡考虑，同时也防止在出现紧急情况时，由于协议限定过死而丧失灵活性和变通性，协议规定在紧急情况下，对现行检验程序的补充要求和变动可在GATT 1994第20和第21条（一般例外和安全例外）基础上，在告知有关出口商之前予以采用。

（3）保证装运前检验活动按照约定标准或国际标准。《装前协议》规定，通常情况下进口成员方应确保所有装运前的检验活动，包括检验结果（清洁报告或不合格通知单）的签发，均应在出口该产品的关境内进行，检验的标准应以买卖合同中双方的约定为准，如无此约定，则应采用相关的国际标准。

（4）保护商业秘密的义务。根据《装前协议》第2条第9款的规定，各成员方（进口方政府）应确保将装运前检验过程中收到的所有未经公布、未向任何第三方公布、未能在公共媒体获得的信息，作为商业秘密对待。各用户成员方应确保其装运前检验机构为此建立工作程序。根据《装前协议》第2条第10款的规定，在一定的情况下，因其他成员方的要求，进行检验的成员应提供与检验货物有关的信息，不过满足其他成员方的要求只能限制在一定的范围，即不得公布有损装运前检验程序效果的商业秘密，不能泄露对特定企业的合法利益有损害的商业秘密。根据《装前协议》第2条第11款的规定，进口成员方政府有关机构如果为了安排信用证和其他支付、结关、办理进口许可证、外汇管理等需要，获得了出口商从未向第三方公开的信息，有义务作为商业秘密给予保密。根据《装前协议》第2条第12款的规定，进口成员方政府保证装船检验机构不得要求出口商提供如下有关的信息：①涉及专利、许可证或未公开的生产工艺，或专利权注册尚未办妥的生产工艺等生产情况数据；②未公布的技术数据，但不包括必须要用以证明符合技术法规或标准的技术数据；③内部价值，包括生产成本在内；④利润水平；⑤出口商与供应商之间的合同内容，除非是不如此检验机构就无法进行检验。对于这一保密义务有三方面的例外：①按惯例应信用证或其他支付方式要求；②海关要求；③进口许可或外汇管制要求。

（5）避免延误检验的义务。根据《装前协议》第2条第15款的规定，检验机构应根据其余出口商所运抵的日期，按照检验程序完成检验。根据《装前协议》第2条第16款的规定，检验机构在收到全部检验文件和完成检验后，应于5个工作日之内签发说明检验结果的清洁报告，或提交不签发检验清洁报告的详细书面解释。在后一种情况下，检验机构应及时审阅出口商的书面意见，并应出口方的请求，尽快按照双方达成的重新检验日期进行复检。根据《装前协议》第2条第17款的规定，应出口商的要求，检验机构应在检验之日前，对价格、外汇兑换率、装运清单等在交易合同基础上进行核实，并对进口许可申请书进行初步审核。一旦初步核实有了结果，检验机构不得随意否定，并应立即以书面的形式对其是否接受核实的结果告之出口商。如果是否定的结果，则还应向出口商陈述其详细的理由。根据《装前协议》第2条第19款的规定，如果检验结果的清洁报告有笔误，则检验机构应及时纠正并将改写的清洁报告尽快送到有关方面。

三、关于出口成员方的义务

按协议之规定，出口成员的义务有三条：①非歧视原则。出口成员方应确保在执行有关装运前检验活动的法律和法规时，持非歧视的方式。②透明度原则。出口成员方政府对装运前检验有关的法律、法规和规章应及时公布，包括修改、修订的法律、法规和规章的内容，以便其他政府和商人知悉。③技术援助。对于出口商所在国境内进行的装运前检验活动，出口成员方政府应为有关检验机构的检验活动提供方便。同时应检验机构的请求，出口方成员应双方约定的条件向对方提供技术援助，技术援助包括提供咨询意见和有关装运前检验所必需的相关资料。根据各方约定，这种技术援助可以在双边、诸边或多边的基础上提供。

四、关于独立的审议程序

由于装运前检验直接涉及进出口方的经济权益，在装运前检验过程中，各方极有可能出现矛盾，产生各种各样的争议。故《装前协议》鼓励装运前检验机构和出口商共同协商解决他们之间的争议。同时，为避免不必要的延误，防止某一方的故意拖延以及保证争议能得到公平合理的解决，协议给予了双方向独立的审议机构提交争议的权利。这一机构由一个代表装运前检验机构的组织和代表出口商的组织联合组成，它是专门为执行本协议解决争议的组织，各成员方采取合理措施确保机构的独立性的维护和协议规定之程序的建立。独立的审议程序的组织形式是专家小组。

《装前协议》规定，独立审议机构有三组专家名册，分别由代表装运前检验机构的组织提名的一组人员、代表出口商的组织提名的一组人员以及独立审议机构提名的一组独立的贸易专家构成。这些名册应每年进行调整并公开发布。当争议发生且出口商或装运前检验机构有意提请解决争议时，应与独立机构联系请求组成一个三人专家小组：出口商和装运前检验机构分别从自己一方提名的专家组名册中选出一名成员，第三名成员由独立机构从独立贸易专家组中选出并由其任专家小组主席。专家小组负责做出必要的决定确保争议能尽快得到解决以及确定与此有关的其他程序性问题。三人专家小组的决定采用多数议决制，审议决定应在提交独立审议要求后的8个工作日内做出并通知各方。该时限经双方协商可予以适当延长，但不应造成不必要的开支和延误。

如果各方协商一致，那么为了使争议能尽快得到解决，装运前检验之争议也可由一个独立的贸易专家来单独审理。这一名独立的贸易专家应由独立审议机构从独立贸易专家这一组名册中筛选确定，由其负责做出必要的决定，以确保尽快解决争议。无论是三人专家小组还是单个独立贸易专家所做出的决定，对作为争议当事者的出口商和装运前检验机构都具有约束力。

五、关于其他程序问题

《装前协议》第5条至第8条分别就通知、审议、协商、争议解决和最后条款做了规定。《装前协议》要求，当世界贸易组织协定对有关成员方生效后，各成员方应向秘书处提交其使本协议生效的法律、法规文本。装运前检验的有关法律和法规如有变动，在没有正式公布前不得实施，公布后应立即通知秘书处转告其他成员方。"各成员方应保证他们的法律和法规不与本协议中的各项条款相抵触"。WTO部长会议应每三年对本协议条款的内容、实施执行情况进行审议，并对本协议各项目标的实现和在执行过程中取得的经验进行回顾。作为此类审议的结果，部长会议成员方在其他成员方的要求下，应就影响本协议实施的有关事宜与其他成员方进行协商。各成员方为执行本协议产生的争议按照WTO争端解决谅解的规则处理。协议最后强调，各成员方保证他们的法律和法规不与本协议中的各项条款相抵触。

正因如此，《1994年海关估价协议》第2条第21款对进口方成员以及检验机构对出口商申诉的程序做出了规定。首先，进口成员检验机构应在每个设有装运前检验业务管理和办事的地点——城市或港口，指定专门人员受理出口商提出的有关反对检验机构决定的投诉。其次，检验机构必须认真、积极、慎重地对待出口商的上述意见，在充分考虑后应尽快地做出决定，并立即向进口商通告其做出的处理意见。再次，进口成员方政府的检验机构在装运前检验过程中应避免有关方面的利益冲突，简化检验程序。

第五节　海关估价协议解读及运用

一、海关估价协议的产生

海关估价是指一国海关根据法定标准和程序，为征收关税对进出口货物进行估价，从而确定完税价格的一种行为或过程。

为了促进世界贸易的健康发展，消除非关税措施对世界贸易的障碍，在乌拉圭回合多边贸易谈判中达成了《关于实施1994年关贸总协定第7条的协定》（简称《海关估价协议》，本书简称《估价协议》）。该协议为世界各国海关估价提供了一套公正、公平和公开的估价方法。

《估价协议》在序言中明确指出海关估价的原则与性质：①使用公平的、统一的和中性的海关估价制度，对货物进行海关估价，目的在于杜绝肆意的或虚假的海关估价。②确定进口货物的成交价格为海关估价的基础，明确在进行海关估价时，应当对海关估价制定符合商业惯例的简单和公正的标准，而且估价程序应是普遍适用的，而不应区分供应来源的不同，以充分体现非歧视性的原则。

《估价协议》不适用的范围包括：①倾销或补贴货物的进口。不能采用《估价协议》规定的估价方法确定倾销和补贴货物的进口价格，并以此作为征收反倾销税或反补贴税的依据。②非商业性进口。包括旅客携带入境物品和行李、邮递物品等。③非直接进口。主要包括暂时进口的货物，从出口加工区或保税区等特定贸易区进入到成员方关税区内的货物、退运货物和运输中损坏的货物等。成员方自行确定如何对这些货物进行估价。

二、《估价协议》的主要内容

《估价协议》包括一个序言和四个部分，24个条文和3个附件及2个决议。第一部分，海关估价规则，共17条；第二部分，管理、磋商和争端解决，共2条；第三部分，特殊待遇和差别待遇，只有1条；第四部分，最后条款，共4条。3个附件分别是：解释性说明、海关估价委员会和发展中国家优惠待遇。2个决议是《关于海关当局有理由怀疑对申报价格的真实性和准确性提出质疑的个案决议》（又称为《关于转移举证责任的决议》）和《关于最低价格和进口的独家代理、独家经销及独家特许事项的决议》。

三、海关估价规则

《估价协议》规定了6种海关商品估价方法，海关在使用这些方法时，应严格遵守下列顺序：只有当按照第一种方法无法有效地做出估价时，方可使用第二种方法，其后几种亦是如此（顺序遵守的规定也有一个例外，即当进口商提出要求时，可以颠倒第四种和第五种方法的顺序，然而，各发展中成员可以规定前述进口商的选择要求必须得到海关的批准）。

（一）第一种方法：交易价值

本方法是协议规定的海关估价的基本方法，应尽量广泛地加以运用。交易价值，是指商品出口至进口国时实际支付或应支付的价格（这常常就是发票上的价格，但并非一定如此），但需经一些具体调整。只有当交易满足数项条件时，本方法才适用。如《估价协议》规定，买卖双方相互关联会影响交易价值认定，但买卖双方相互关联本身并不能构成不接受交易价值的理由，只要双方的关系并不影响价格，那么，交易价值仍可接受。《估价协议》提供其他可供选择的方法，借此可以建立：海关当局审查销售方面的情况，如有必要可同进口商进行对话；进口商可证明有待估价的商品的交易价格非常近似于以前已为海关当局所接受的相同或相似的商品的海关估价（"标准估计"）。

这部分内容涵盖在第1条和第8条的所有规定中。第8条特别规定当被认为构成海关价值一部分的某些特别因素，由买方所引起但没有包括在该进口货物实付或应付价格中时，应调整实付或应付价格。第8条亦规定在成交价值中应包括某些不以货币而以特定货物或劳务形式可能从买方转到卖方的支付款项。为此，《估价协议》的第1条和第8条应该综合在一起理解。

在任何时候如果不能按第1条的规定确定海关估价，则第2条至第7条规定了确定海关价值的各种方法。

（二）第二种方法：相同货物的成交价格

相同货物的成交价格是指同一或大约同一时间进口的、与待估价货物相同：包括数量上相同或相近、另一宗已被海关估价确认的进口货物的成交价格。

《估价协议》第15条第2款a项的规定，所谓相同货物指在各方面相同，包括其物理性能、质量和信誉。如果表面上具有微小差别，则不妨碍被认为符合相同货物的定义。

《估价协议》第15条第2款b项的规定，在以相同货物的成交价格作为海关估价的时候，海关应该考虑商业条件和交易条件的影响，并尽可能采用相同商业条件下的销售的、与被估计货物数量大体相同的货物的成交价格来确定海关估价。如果没有此种销售，则应采用按不同商业条件或不同数量出售的相同货物的成交价格。

《估价协议》第2条第3款的规定，如果具有两个以上相同货物的成交价格时，则应采用其中最低者来确定应估货物的关税价格。

（三）第三种方法：类似货物的成交价格

类似货物的成交价格指在同一或大致同一时间进口的、与待估价货物在各主要方面类似的货物的已被海关确认的成交价格。而类似货物是指在构成、材料和特点方面与待估价货物极其相似，并在商业上可与待估价货物互换的货物。关于类似货物的确定及其成交价格的调整规定与相同货物的有关内容基本一致。

《估价协议》第15条第2款b项的规定，所谓类似货物就是尽管与应估商品比较各方面不完全相同，但它有相似特征，使用同样的材料制造，具备同样的效用，在商业上可以互相替代的货物。在确定时应考虑包括该货物的品质、信誉、现有的商标等。

《估价协议》第15条第2款c项的规定，如果该进口货物产商不再生产类似货物，可使用同一生产国其他生产者的货物作为类似货物。

《估价协议》第3条第2款的规定，在进行调整时，还应考虑到进口货物和类似产品之间由于运输距离和方式的不同在成本和其他费用方面的差异。

《估价协议》第3条第3款的规定，在适用本条款时，如果类似货物有一个以上的成交价格，则应以最低的成交价格来确定进口货物的估价。

（四）第四种方法：扣除价格

扣除价格是指以其他进口商把与待估价进口货物相同或类似的另一宗进口货物按其进口时的原样出售后所得价格，扣除该进口商的正常利润和正常的商业成本，从而得到该待估进口货物的成交价格。此种方法的变种是采用进口货物在进口国加工后用于出售实现的价格，在此种情况下还要扣除进一步加工的增值部分。这一变种仅在应进口商的请求之下方能使用（那些已利用本协议提供给它们的，无论进口商是否已做出请求可选择适用本变种方法的发展中国家除外）。

《估价协议》第5条第1款a项的规定，以进口货物或相同、类似进口货物在国内销售时的价格为基础减去有关的税费后所得的价格。扣除的项目有代销佣金、销售利润和一般费用、进口国国内的运费、保险金、进口关税和国内税等。

《估价协议》第5条第一款b项的规定，如果既没有进口货物，也没有相同或类似的进口货物在同一时间后大致相同时间出手，则对这批应税进口货物进行初步估价并征收进口关税，然后再按这批进口货物原样在90天内首次出售的单价扣除进口商品的商业利润和商业成本，推定其进口交易价格并按这一推定的进口交易价格再计算应征关税，与先期已缴纳的关税相比，多退少补。

（五）第五种方法：估算价值

采用此方法，海关估价包括生产成本及某些其他规定的额外费用，如利润和一般费用的总和。根据《估价协议》第6条的规定，以制造该进口商品的材料、零部件、生产费、运输和保险费用等成本及销售进口商品所产生的利润和一般费用为基础进行估算完税价格。另根据附件1对第6条的说明，利用计算价格进行海关估价，必须以进口商能够提供有关资料和单据，并保存所有必要的商业账册为条件，所提供的账目必须符合生产该产品的国家所采纳的会计原则，否则，海关就不会采纳。

（六）第六种方法：顺序类推法

根据《估价协议》第7条的规定，当以上任何方法都不能确定海关估价时，应通过采用与本协议的原则或总协定第七条精神相符合的合理方法在进口国可得到信息的基础上加以确定。

（七）禁止使用的估价方法

海关估价无论如何不得依据下述方法加以确定：（1）进口国生产的商品在本国的销售价格；（2）可供海关从两种可选择的估价中选用较高的估价制度；（3）出口国国内市场的商品价格；（4）除已确定的进口商品的估算价值，或在采用顺序类推法已确定的与上述第3条第5款所列条款相符的相同或相似产品的估算价值以外的其他生产成本；（5）出口到除进口国以外其他国家的商品价格；（6）最低海关估价；（7）或武断的或虚假的估价。

（八）对发展中国家的特殊及差别待遇规则

《估价协议》及其议定书（被视为本协议不可分割的一部分）包括对发展中国家的特殊及差别待遇条款。可供发展中国家采用的使其海关当局能够使进口商在颠倒扣除法与推算价值法的顺序以及采用扣除法的变种方面，海关当局可以取消进口商正常享有的权利，这些特殊可能性业已提及。其他规定还有：

（1）推迟适用。发展中国家可在《估价协议》生效之日起不超过5年的期限内，推迟适用本协议的条款。如果这一推迟被证明还不够，则还可请求再延长，只要能提出充分理由，本协议各方将对此项请求予以同情考虑，这一点应为各方所理解。此外，发展中国家可在适用本协议所有其他条款之后不超过3年的期限内推迟适用有关推算价值法的条款（见《估价协议》第6条，第20条1、2款以及附件3的相关规定）。

（2）官方规定的最低价值。依据官方规定的最低价值估价商品的发展中国家可做出保留，以使其能在可能经本协议各方一致同意的条件下，在一段有限的过渡期间保留此类估价方法。

（3）技术援助。根据《估价协议》第2条第3款的规定，发达国家成员应根据与发展中国家双边协议的条件，为发展中国家成员提供技术援助，包括培训人员、协助准备实施的措施、取得有关海关估价方法资料的途径以及有关实施协议的建议。

（4）独家代理商、独家批发商以及独家特许权转让人。本协议各方一致同意，如在有关由适用本协议的发展中国家的独家代理商、独家批发商以及独家特许权转让人经办的进口做法中出现问题，则在此类国家的请求下，应对此项问题予以研究，以寻求适当的解决途径。

案例 3-3

美国与阿根廷鞋类、纺织品与服装进口措施争端案

阿根廷进口关税都是按价计征，从 1993 年起，阿根廷针对进口纺织品、服装和鞋类征收最低特种进口税。美国认为阿根廷对这些商品征收超过其减让表承诺的 35% 的约束关税税率的最低特别进口关税，违反了 WTO 的相关条款。这一案例涉及的法律问题较多，这里仅分析专家组对有关《估价协议》内容的审查。

阿根廷最初计算最低特别进口关税的方法是依据国际平均进口价格，而这一价格主要是根据美国市场价格计算的，而美国市场价格往往高于出口价格。美国认为，这样计算的结果必然造成实际征收的税率超过 35%。阿根廷则提出了三点抗辩：最低特别进口税按有关国际价格计算时总是低于 35%；美国并没有证明它的贸易因此受到损害，阿根廷的措施只是"可能"违反 WTO 的规定，因此美国没有起诉的依据；如果真的出现美国所说的情况，则进口商可以根据阿根廷国内法起诉。

专家组指出，既然最低特别进口税是根据所谓的"有关国际价格"计算的，在进口价格低于"有关国际价格"时，实际征收的税率就会超过 35%。即使某一产品的最低特别进口税率低于 35%，如果该产品的进口价格大大低于"有关国际价格"，则其实际税率仍可能超过 35%。专家组注意到，《估价协议》规定，关税应当根据进口货物的交易价值计算，而交易价值则是"产品出口时实际支付或应当支付的价格"。如果阿根廷当局认为进口商申报不实，则可以根据情况进行调整或给予刑事处罚，但如果因为怀疑进口商申报价格不实，就违反关税约束的义务，这是《估价协议》或 WTO 的其他协议都不允许的。

阿根廷被判败诉后，于 1998 年 6 月 22 日的 DSB 会议上，阿根廷表示它将在 1998 年 10 月 19 日将纺织品的服装特别税降低到 35%，到 1999 年 1 月 1 日将统计税降低到 0.5%。在 1999 年 5 月 26 日 DSB 召开的会议上，阿根廷宣布，其 108/99 号法令将于 1999 年 5 月 30 日实施，根据这一法律，缴纳统计税不得超过美国同意的税率。

资料来源：佚名. 美国诉阿根廷影响鞋类、纺织品等进口的措施 ［EB/OL］．［2018-12-03］. http：//www.cnzjqi.com/Wto-Tbt/case/20071015/202657.shtml.

第六节　我国对 WTO 非关税规则的运用

一、对 TBT 协议规则的运用

一方面，要建立与 TBT 协议要求相一致的技术标准和合格评定程序；另一方面也需要抵制和突破其他成员方设置的种种技术贸易壁垒。

第一，推广和使用国际标准是跨越技术性贸易壁垒的必然选择。一是我国应大力推行国际标准化发展战略，建立与国际接轨的标准体系和认证体系，抓紧制定我国有优势、有自主知识产权的高新技术标准，尤其要加快涉及安全、卫生、健康、环保等标准的制定。二是要积极参加国际标准化机构或体系，主动参与国际标准的制定和修订工作，将我们的

合理要求，包括我国先进的、具有优势的技术标准纳入到国际标准的制定、修订和协调工作中去。三是要参与 TBT 预警机制建设。

小资料 3-1

我国的 TBT 预警机制建设

我国技术性贸易壁垒预警系统在 2001 年开始启动，国家质量监督检验检疫总局于 2003 年 6 月设立了中国 WTO/TBT 国家通报咨询中心，建设了技术性贸易措施网。国内首个技术性贸易壁垒预警系统于 2004 年 5 月在深圳推出并投入运行。目前，主要省市都已建立了 WTO/TBT-SPS 通报咨询中心，建设了相关网站，部分省市建立了技术性贸易壁垒预警平台。各级预警系统利用通报咨询制度，通过网上对话窗口，向社会通报国内外技术法规、技术标准等信息，为企业提供信息查询、对策咨询等服务，在规避和应对国外技术性贸易壁垒方面取得了一定成效。

资料来源：杨慧力，何中兵，杨国柱. 技术性贸易壁垒的制度化趋势与我国预警系统的建设 [J]. 中国科技论坛，2009 (8).

第二，要加快构筑我国的技术性贸易措施体系。目前，我国在这方面的相关措施还未形成体系，缺乏系统性和连续性，我国应参照国际通用做法，加快建立科学、合理、规范的技术性贸易措施体系。为此，我国应大力加强实验室检测实力。TBT 协议要求缔约方互相承认合格评定的结果，互相承认的前提是实力，实验室的实力主要表现在检测范围、数据精确、时间快速上。

第三，应努力研究 TBT 协议，研究各成员方实施的种种合格评定程序。对违反 TBT 协议的合格评定程序，及时提出自己应有的抗辩。如因 TBT 协议本身的宽泛规定而无法抗辩成功时，我们可以"以其之道，还治其人之身"。此外，依据 WTO 有关规则对国外技术性贸易壁垒进行评议是 WTO 成员的权利。为此，我国应该对国外不合理的要求提出我们的抗辩理由，并对国外立法进行及时评议。

第四，努力推动双边承诺。TBT 协议第 6 条第 3 款规定："在其他成员方的请求下，应鼓励各成员方参加谈判，以达成双边承认各自合格评定程序结果的协议。"TBT 协议鼓励对各自合格评定程序结果的双边承认。欧盟已经与澳大利亚、新西兰、美国、加拿大、瑞士及其他一些国家签署了相互承认协定。我国也应积极参加缔结此种双边承认协定。

第五，要努力争取发展中国家的优惠待遇。我国应依据 TBT 协议的规定，对我国出口到发达国家的产品，要求发达国家采用适合我国发展、资金和贸易要求的国际标准，作为检验标准和方法的基础。同时，积极参与国际标准化机构的工作，对我国具有优势的产品，努力要求制定相应的国际标准，以防止发达国家利用其技术优势进行贸易保护，限制我国产品进口。

案例 3-4

温州打火机案

2002 年 5 月中旬，欧盟通过了 CR 标准，并将从 2004 年 6 月起正式实施。CR 标准是一项关于打火机安全使用条款"防止儿童开启装置措施"的法案（即 CR 法案），规定出口价在 2 欧元以下的打火机必须安装防止儿童开启的"安全锁"，否则不准进入欧洲。欧洲各国以及日、韩等国因劳动力成本高等因素，打火机出口价均在2欧元以上，唯独中国的在2欧元以下。

从20世纪90年代初起，温州金属打火机开始出口欧美等国家，并以价廉物美、品种繁多的优势打破了日本、韩国、欧洲等国家和地区垄断世界打火机市场几十年的局面，迫使他们90%以上的打火机企业关闭，纷纷转向与温州合作，搞定牌生产。

安全锁的工艺并不复杂，但专利已为国外垄断。温州打火机业如果花大价钱购买专利，则成本必然大幅提高，出口之后将失去竞争优势。若温州企业自行研制安全锁，千辛万苦出的成果还可能撞上国外知识产权保护体系。即便不侵权，确认专利的机构不在中国，必须递交进口国相关机构认可，认可时间需1年以上，且代价不菲。

中方提出了抵制CR法案的充分理由：温州金属外壳、可重复使用的打火机与一次性塑料外壳打火机在产品结构、使用材料、生产工艺、价格及产品消费对象都有很大区别；我国已实施出口打火机法定检验制度，其法定检验标准已与国际质量体系（包括安全标准）接轨，经国家法定检验合格后出口，其质量可靠、安全性强。另外，欧盟向我方提供的有关打火机发生安全事故的资料，全部属于一次性打火机，从这一点看也能证明温州金属打火机具有绝对的安全性能；并且，从温州金属打火机10多年来的出口历史看，从来没有接到国外消费者有关安全事故的投诉。显然，CR法案规定出口价低于2欧元的打火机需要安装"防止儿童开启装置"，其实质是把价格和安全勉强联系在一起，不合理、不科学，因为价格高低无法左右产品的安全性。正常的技术标准不能对贸易造成扭曲，造成歧视，这有违WTO公平竞争原则和非歧视性原则。

2003年12月17日，商务部进出口公平贸易局在温州通报，欧盟有关机构近日决定，暂不将打火机CR标准作为《通用产品安全指令》的参考标准在欧盟《官方公报》上公布。这意味着CR标准暂时不构成对中国输入欧洲打火机产品的技术性障碍。但欧盟将从2004年春起，对打火机强制实施ISO 9994（2002年版）安全标准。这又是一道新的、更高的安全质量"门槛"。

资料来源：陈黎. 2003温州打火机案：突破欧盟CR技术壁垒初战告捷 [J]. WTO经济导刊，2004（4）.

二、构建SPS壁垒应对机制

一是要根据我国产品质量的现状，鉴定出我国产品已经能够达到或接近国际标准的部分，并将与此相关的国内标准予以优先转化。实际上，并不是所有的国际标准都难以为发展中国家所接受，凭借发展中国家现有的技术水平和产品质量完全可以达到其中相当一部分标准的要求。

二是要积极参与有关国际标准的制定，打破发达国家一统国际标准之天下的局面。由于SPS协议第3.1条把有关国际标准纳入其义务内容范畴，虽然只是"根据"而不需全部"符合"，但已实质性地影响到这些国际标准的约束效力。按照第3.2条的规定，凡符合有关国际标准，即视为符合SPS协议。第12.4条还规定："在一成员不将国际标准、指南或建议作为进口条件的情况下，该成员应说明其中的理由，特别是它是否认为该标准不够严格，而无法提供适当的卫生与植物卫生保护水平。如一成员在其说明标准、指南或建议的使用为进口条件后改变其立场，则该成员应对其立场的改变提供说明，并通知秘书处以及有关国际组织，除非此类通知和说明已根据附件B中的程序做出。"第104条规定："各成员应鼓励和便利发展中国家成员积极参与有关国际组织。"第12.2条规定："委员会应鼓励所有成员使用国际标准、指南和建议。"作为世界上最大的发展中国家，我国应当积极参与，力争在标准制定的源头上掌握一定的主动权，从而改变目前我国及发展中国家成员完全被动服从的局面。

专栏3-4

我国对进口植物种苗实施指定入境口岸措施

国家质检总局发布公告，决定自2010年4月1日起对进口植物种子、苗木、砧木、接穗、插条、球茎、块根等活体植物繁殖材料（以下简称"植物种苗"）实施指定入境口岸措施。

据了解，植物种苗传带外来有害生物的检疫风险极高，为此，世界各国均将进境种苗检疫作为植物检疫工作的重中之重。据统计，2008年我国进境植物种苗共1.46万批2.5亿美元，共截获各类有害生物644种，其中检疫性有害生物34种495次。2009年进境植物种苗共1.45万批2.4亿美元，共检出有害生物1 136种11 380次，其中检疫性有害生物67种558次。2010年，我国共截获植物有害生物3 654种、40万次，其中检疫性有害生物217种、2.9万次，其他有害生物3 437种、37.1万次。与2009年相比，我国截获有害生物种类增长了8.62%，截获次数增长49.37%；截获检疫性有害生物种类增长14.81%，截获次数增长56.88%；截获其他有害生物种类增长8.25%，次数增长48.8%。

针对截获疫情，检验检疫机构依法采取了退运、销毁、除害处理等措施，有效地发挥了国门安全把关的作用。但是，进口活体种苗携带疫情检测鉴定技术难度很大，如果口岸查验隔离设施、实验室条件及检测人员达不到相应要求，很可能让一些外来有害生物成为"漏网之鱼"。

近年来，外来有害生物入侵我国呈明显递增趋势，出入境检验检疫机构在全国外来疫情监测中发现黄瓜环斑驳病毒、玉米褪绿斑驳病毒、花生黑腐病菌、黄顶菊、刺桐姬小蜂、红火蚁、扶桑绵粉蚧等一系列严重危害农林业生产安全的病虫害，并配合地方政府及相关部门采取铲除防控措施。对进口植物种苗实施指定口岸、隔离检疫等制度，是被发达国家实践证明防范外来有害生物传入的最有效措施。通过组织专家考核具备相应查验条件、技术手段、检测人员等检测能力的口岸，才允许进口种苗，能够确保种苗携带的各类有害生物特别是难以检测的细菌、病毒、真菌等得到快速准确的检测，从而确保国家安全引进种苗，既满足科研和生产的需要，又防止有害生物传入。

资料来源：

[1] 质检总局. 对进口植物种苗实施指定入境口岸措施 [EB/OL]. [2019-01-05]. http://www.gov.cn/gzdt/2010-01/20/content_1515273.htm.

[2] 新华社. 2010年全国截获进境植物有害生物3 654种、40万次 [EB/OL]. [2019-01-05]. http://www.gov.cn/jrzg/2011-01/20/content_1789440.htm.

章末案例

美国限制中国禽肉产品进口案

2004年初，中美两国同时爆发禽流感，双方均停止进口对方国家的禽肉。尽管中国在疫情结束后单方面恢复了对美国鸡肉的进口，美国国会和农业部却一再阻止从中国进口禽肉产品。

2009年6月18日，美国国会众议院拨款委员令通过2010年农业拨款法案，维持2008年、2009年法案中关于禁止美农业部采取允许从中国进口禽肉产品的措施的规定（即"733条款"和"727条款"）。根据美国立法程序，该法案还需经众议院和参议院全体会议表决并由总统签字生效。

7月28日，美国肉类产品行业敦促国会取消对进口中国禽肉的限制措施，以避免美国肉类出口受到报复。由美国肉类企业和贸易团体组成的联盟在国会作证时表示，美国法律允许所有152个WTO成员申请向美国出口肉类产品，专门针对中国的这一限制是不公平的。该联盟法律代表还表示，如果国会不重新考虑上述规定，那么将无法避免与中国发生严重贸易冲突。该联盟成员包括美国最大肉类企业，如泰森食品公司、美国嘉吉公司等，以及美国商会等贸易团体。

8月，美国参议院以80对17票通过了"2010财政年度综合拨款法案"，其中取消了对华禽肉进口的歧视性条款，修改为允许从中国进口禽肉，但要求加大对华禽肉的检验检疫力度，其严格程度高于对其他禽肉出口方采取的措施。按照美国立法规定，就参议院对上述法案的修改内容，参议院必须和众议院举行联合会议进行协商，达成一致意见。业界人士和研究学者分析，目前美国会正处于夏季休假期间，计划于几周后复会时举行联合会议讨论该问题；中国将美国对华禽肉歧视性做法诉诸WTO，目前已进入专家组组成阶段，WTO已于8月12日召集中、美双方举行了首次专家组组成会议，听取了双方关于专家组人选的标准。

美国参议院于8月4日通过了美国农业部和食品药品管理局的预算，参议院通过的版本中改变了众议院通过版本中继续禁止中国鸡肉进口的条款，改为规定如果美国政府相关部门能采取特殊措施确保中国鸡肉可以安全食用，将允许从中国进口鸡肉。此举可能会结束中美间有关中国鸡肉进口的贸易争端。中国方面认为，美国在长达两年的时间里禁止进口中国生产的鸡肉，违反WTO规则，并已将美国有关法案诉诸WTO争端解决机制。

2014年10月，在WTO裁定美国针对中国禽肉采取的进口限制措施不符合WTO规则后，美国迫于压力宣布给予青岛九联等四家企业向美国出口熟制禽肉的资格，不过前提是"加工原料来自美国或美国认可的国家"，这些国家主要是加拿大和智利以及美国。

2017年7月，在美国牛肉重返中国的同时，时隔13年后，中国熟制鸡肉也已悄然进入美国。这一"鸡肉换牛肉"的协议是中美经贸"百日计划"的一部分。

资料来源：根据中华人民共和国商务部网站相关资料整理。

案例思考：

[1] 美国2010年农业拨款法案是否合理？

[2] 美国会参议院在华禽肉进口问题上的处理方法一再更改的原因是什么？

[3] 我国应对此类贸易争端的经验有哪些？

本章小结

1.技术性贸易壁垒是指一国以维护国家安全、保障人类健康和安全、保护动植物健康和安全、保护环境、防止欺诈行为、保证产品质量等为由制定的一些强制性和非强制性的技术法规、标准以及检验商品的合格性评定程序，所形成的贸易障碍。

2.SPS协议的主要内容包括：基本权利和义务、国际化和标准化、非歧视原则、危害性评估与检疫的保护程度、非疫区和低度流行、SPS措施委员会。

3.GPA是WTO框架下的一项诸边协议，由成员自愿签署。2006年12月8日，世界贸易组织政府采购委员会暂行通过了1994版GPA新的修订文本，2007版GPA就此诞生。2007版的GPA将非歧视原则和透明化原则贯穿于始终。

4.装运前检验协议：指定检验机构对进口产品的数量、质量、价格，包括汇率与融资条件，以及货物的海关分类等，在出口方境内进行的所有装运前检验活动。协议的宗旨是规范有关成员使用装运前检验措施的行为，确保装运前检验是非歧视和透明的，避免给国际贸易造成不必要的障碍。

5.海关估价是指一国海关根据法定标准和程序，为征收关税对进出口货物进行估价，从而确定完税价格的一种行为或过程。海关估价方法：交易价值、相同货物的成交价格、类似货物的成交价格、扣除价格、估算价值、顺序类推法。

专业词汇

TBT协议　SPS协议　GPA　海关估价协议

思考题

1.试讨论技术性贸易壁垒协议产生的主要原因。
2.请为我国应对实施卫生和植物卫生措施协定提出几点建议。
3.试对TBT协议与SPS协议的关系进行辨析。
4.简述装运前检验协议的内容。
5.简述海关估价中海关和进口商的权利与义务。

本章参考文献

[1] 孔庆峰.技术性贸易壁垒理论、规则和案例 [M].北京：中国海关出版社，2004.

[2] 夏友富.技术性贸易壁垒体系与当代国际贸易 [J].中国工业经济，2001（5）.

[3] 蔡伟.《贸易技术壁垒协议》：从GATT到WTO——TBT协议研究之一 [J].中国检验检疫，2000（5）.

[4] 郭从彭.TBT协议的由来、发展和影响 [J].标准化报道，2001（5）.

[5] WTO.贸易技术壁垒（WTO/TBT）协议简介 [J].化工标准·计量·质量，2002（7）.

[6] 李文敏.WTO《TBT协定》若干问题研究 [D].厦门：厦门大学，2006：11.

［7］赵维田．绿色壁垒抑或绿色通途——解读《TBT协定》基本规则［J］．国际贸易，2004（5）．

［8］赵维田．现实合法目标所必需者——解读《TBT协定》中另一重要规则［J］．国际贸易，2004（6）．

［9］李仲周．乌拉圭回合多边贸易谈判结果法律文本［M］．北京：法律出版社，2002：59．

［10］赵维田．世贸组织的法律制度［M］．长春：吉林人民出版社，2000：266-267．

［11］乐海洋．SPS协议运作和执行情况的回顾［J］．中国检验检疫，2001（1）．

［12］谢岚．《实施卫生与动植物检疫措施协定》及其相关争端解决案例浅析［J］．山西农业大学学报：社会科学版，2007（3）．

［13］吴喜梅．对WTO《实施卫生与植物卫生措施协定》主要条款的分析［J］．河南财政税务高等专科学校学报，2003（4）．

［14］云南出入境检验检疫局科技处．与"3+1"防线建设相关的国际准则和法律法规［EB/OL］．［2018-12-08］．http：//www.ynciq.gov.cn/html/030801/11827.html．

［15］徐颖．《实施动植物卫生检疫措施的协议》分析——兼论转基因生物产品的法律管制［D］．北京：中国政法大学，2002：9-10．

［16］陶嘉．浅析《SPS协议》中风险评估的科学证据［J］．商业文化：学术版，2008（2）．

［17］郦燕冰．论《SPS协议》的风险评估问题［J］．法制与社会，2008（8）．

［18］世贸司技术法规处．WTO通过实施《SPS协定》区域化条款的非约束性指南［EB/OL］．［2018-12-23］．http：//ielaw.uibe.edu.cn/plus/view.php？aid=10477．

［19］肖冰．《SPS协定》研究［J］．厦门：厦门大学，2000：59．

［20］赵维田．世贸组织的法律制度［M］．长春：吉林人民出版社，2000：265．

［21］佚名．《政府采购协定》（GPA）简介［J］．中国政府采购，2008（1）．

［22］安宁．浅析WTO《政府采购协定》［J］．商场现代化，2010（6）．

［23］姜羽．《政府采购协定》适用范围研究——以WTO争端解决案例为视角［D］．南京：南京大学，2011：2．

［24］许鸽．WTO《政府采购协定》研究［D］．重庆：重庆大学，2007：8-9．

［25］姚艳霞．政府采购国际法律制度比较研究［M］．济南：山东人民出版社，2006：104-105．

［26］陈金池．论WTO诸边协议中之政府采购协议［D］．北京：中国政法大学，2005：28-29．

［27］时光．WTO非歧视原则在《政府采购协定》中的适用［J］．国际关系学院学报，2006（3）．

［28］富天放．浅析WTO《政府采购协定》中的非歧视原则［J］．海南大学学报：人文社会科学版，2009（10）．

［29］崔起凡．政府采购的透明度研究——以WTO《政府采购协定》为视角［J］．财税纵横，2010（7）．

［30］崔起凡. WTO《政府采购协定》救济机制研究［J］. 广西政法管理干部学院学报，2010（3）.

［31］安心. WTO《政府采购协定》的几个问题［J］. 中国法学，2001（2）.

［32］杨慧力，何中兵，杨国柱. 技术性贸易壁垒的制度化趋势与我国预警系统的建设［J］. 中国科技论坛，2009（8）.

第四章

WTO重要商品贸易规则解读及运用技巧

导 读

世界重要的贸易品有很多，如原油、乘用车、机电产品等，但WTO成员经过艰苦的谈判，仅就纺织品、农产品、民用航空器、信息技术产品等重要贸易品签订了贸易协定。

本章重点研究这些重要贸易品的WTO运行规则，了解相关协议内容，掌握贸易规则运用技巧，使我们能够运用相关法律分析有关案例，学会识别相关贸易壁垒，运用法律武器维权，并能够运用WTO规则保护本国相关产业。

章首案例

美国对中国出口聚酯短纤征收反倾销税

[案例回顾]

2006年6月23日，三家美国聚酯短纤制造商向美国国际贸易委员会和美国商务部递交起诉书，希望根据《关税法》731条款对从中国进口的部分聚酯短纤进行反倾销调查，并征收101.52%的平均反倾销税。中诉方指控中国产品在美国国内以低于正常价值的价格销售，其倾销幅度为88.15%~109.67%，对美国同类产业已经造成实质性损害或实质性损害威胁。

美国国际贸易委员会在收到申请的第10天就决定立案进行调查。美国商务部选择了印度作为"替代国"，用印度该类产品的价格来考核被调查产品的价格是否"正常"。然而，印度为保护本国市场，把进口关税提得很高，聚酯短纤的国内价格也很高，在反倾销案中与印度作比较，显然对中国企业很不利。2007年4月19日，美国最终裁定中国出口美国聚酯短纤存在倾销行为，对中国聚酯短纤终裁征税3.47%~44.30%。其中应诉企业中，慈溪江南化纤成功赢得零税率，宁波大发化纤有限公司获4.86%的反倾销税率，其他应诉中国企业获4.44%的平均税率，未应诉企业反倾销税率为44.30%。该案也被称为"美国对华纺织品反倾销第一案"。

[案例分析]

我国聚酯短纤行业主要集中在浙江和江苏两省，2004年以来产能迅速扩大，目前我国已经成为世界聚酯短纤出口大国，且美国成为中国聚酯短纤第一大出口市场。中国同时也是美国聚酯短纤的第二大供应国，仅次于韩国，见表4-1。

表4-1　　　　　　　　　　　2003—2006年美国从中国进口的聚酯短纤统计情况

美国从中国进口年份	2003年	2004年	2005年	2006年
进口量（千磅）	74 606	71 280	194 872	202 314
进口额（千美元）	26 827	29 708	93 260	112 342

数据来源：美国国际贸易委员会.

中国对美国聚酯短纤出口的快速增长，应与下面两个因素密切相关：（1）美国曾于1999年对原产于日本和中国台湾地区的聚酯短纤产品提出反倾销诉讼并最终裁定征收反倾销税，并于2006年4月通过复审，延长了该案中的反倾销税实施期限。（2）2003年欧盟曾对中国出口的聚酯短纤立案反倾销调查，最终裁定征收4.9%至56%的反倾销税。很多中国企业出口的聚酯短纤"几乎全部退出了欧盟市场"，于是纷纷"转移市场"加大对美出口。

资料来源：

[1] 李小北，池本幸生. 反倾销案例——中国在对外贸易中如何应对棘手的问题 [M]. 北京：经济管理出版社，2008：147–152.

[2] 陆圣. 美国对华聚酯短纤反倾销案点评 [EB/OL]. [2019-01-05]. http://www.chinayarn.com/news/ReadNews.asp? NewsID=35359.

案例思考：

[1] 美国对华纺织品征收反倾销税的真实目的是什么？

[2] 纺织品国际贸易一体化以后对我国纺织品有什么有利与不利影响？我国纺织品在与美国纺织品的出口竞争中有什么优势与不足？

[3] 结合本案例看积极应诉与不应诉有什么不同后果？在反倾销应诉中应注意些什么？

第一节　纺织品贸易规则解读及运用

一、国际纺织品贸易协定（MFA，以下称"多种纤维协定"）

从1950年起，许多新独立国家的纺织业获得了很大的发展。美国等发达国家大量进口纺织品，本国的纺织业抵挡不住低工资国家和地区的纺织品的竞争，要求政府采取数量限制措施，保护本国的纺织业。在关贸总协定主持之下，1961年7月，在日内瓦召开了有关纺织品贸易的国际会议，根据美国所提出的草案，达成"国际棉纺织品短期安排"。1962年2月，签订了有效期为5年的"国际棉纺织品长期安排（LTA）"，同年10月生效。长期安排的参加范围扩大到几乎所有的纺织品贸易国，限制范围也扩大了，对所有棉纺织品都实行了有选择的歧视性限制。长期安排5年到期后，又延长了2期，每期为3年。20世纪60年代末，随着化学工业的发展，人造纤维在纺织品生产中的用途日益增加，发达国家要求提高纺织品的限制范围和限制水平，缔结一项适用范围更广的多边贸易协定。1972年，在关贸总协定主持下，42个纺织品贸易国经过艰苦的谈判，达成了"国际纺织品贸易协定"，也称"多种纤维协定"，从而把纺织品的范围从棉纺织品扩大到化纤产品。

MFA于1973年12月30日签订，1974年1月1日生效，有效期限为4年，适用范围包括棉、羊毛、人造纤维及其制品。国际上为了监督实施多种纤维协定，建立了两个机构，即"关税及贸易总协定纺织品委员会"及"纺织品监督机构"。该协议后经5次延长，最近一次延期是在1991年7月，这次延长了17个月。在这次延期之前，有41个国家和地区（欧共体作为一个单一参加者）参加了多种纤维协定。[①]中国已在1984年参加了多种纤维协定。它通过进口数量配额、年增长率、结转安排等手段，构造了一整套多种纤维产品的贸易保护机制，包括：①各纺织品进出口国通过双边谈判，确定各自间的纺织品和服装的进出口量（配额），并确定每年配额增长的幅度。纺织品内容包括：棉、毛、人造丝、亚麻、苎麻和丝及混纺织品（第4条）。②进口国在市场紊乱时，可单方面实行限制（包括歧视性的）（第3条）。③设立纺织品监督机构，监督协定的实施和处理成员间的纠纷。

二、纺织品与服装协议（ATC）

（一）ATC产生的背景

MFA国际纺织品贸易协定所建立和维持的进口配额制度严重违背了关贸总协定的相关规则。首先，MFA违背了非歧视原则。多种纤维协定中的配额制度，显然属于歧视性的配额，对纺织品进口产生了明显的抑制作用。如在多种纤维协定第二个有效期内（1978年1月到1982年12月），曾规定"合理偏离条款"，即发达国家在某类未受限制的产品年进口增长率超过一定限度时，可首先实行单方面进口限额。此后，发达国家滥用"合理偏离条款"的现象十分严重，导致南北之间的矛盾和冲突加剧。其次，MFA违背了取消数量限制原则。总协定规定原则上应取消进口数量限制，各缔约方对本国工业只能通过关税加以保护，至于进口限额及许可证制度等保护措施均在禁止之列。因此，发达国家利用MFA的配额制度保护业已衰落的本国纺织业是毫无道理的。再次，MFA违背了公平贸易原则。按照MFA第二个基本目的规定，要控制具有破坏性的进口，为此，发达国家利用精心策划的配额制度，对发展中国家的纺织品出口进行严格限制。例如，美国政府规定，当某一类纺织品的进口达到美国产量的20%，或当某类纺织品进口在12个月内增长率超过30%，即可认为已经引起"市场扰乱"，便可据此采取单方面制裁措施。

由于MFA严重阻碍了纺织品和服装贸易的发展，侵害了广大出口国（主要是发展中国家）的贸易利益，修改和废止MFA的呼声日益高涨，于是纺织品和服装贸易被纳入了第八轮"乌拉圭回合"谈判。经过发展中国家的不懈努力，同时发达国家为了换取发展中国家在服务贸易和知识产权议题上的让步，在纺织品议题上采取了较为灵活的立场。1994年12月，关贸总协定（GATT）乌拉圭回合结束，作为重要成果之一的纺织品与服装协议（ATC）诞生，这对于国际纺织品服装贸易来说是一个划时代的文件，它宣告了以数量限制为主的MFA体系的结束，从而将纺织品服装贸易纳入多边贸易体制，并于1995年1月1日正式生效。ATC的宗旨在于改变纺织品与服装市场的贸易保护现状，促使其逐步实现自

---

① 另有资料显示，1990年已有54个纺织品进出口国家和地区参加了这一协定，协定成员的纺织品贸易额占世界纺织品贸易额的80%以上。参见汪尧田. 多种纤维协定与扩大我国纺织品出口——论充分利用国际协定促进我国出口之一 [J]. 广州对外贸易学院学报，1990（4）.

由化，并回归到关贸总协定（GATT）规则体系中。

（二）ATC的主要内容

ATC由前言、9条正式条款、1个附件组成。根据这一协议，纺织品和服装贸易将从1995年1月1日起至2005年1月1日完成贸易一体化，在10年过渡期中，将不断提高纺织品和服装出口增长率，逐步取消数量限制，直到最终实现自由贸易。为此，该协议的第1条第1款给予ATC的定义是"各成员在纺织品和服装部门纳入GATT 1994的过渡期内实施的规定"。可见，ATC与其他协议有所不同，ATC只在10年过渡期内适用，其他协议的大部分内容基本是永久性的。

1.ATC一体化进程安排

——1995年1月1日，各方至少将协议内具体清单中的相当于1990年纺织品和服装进口总量16%的产品实行回归。

——1998年1月1日，至少再将1990年进口量17%的产品实行回归。

——2002年1月1日，至少再将进口量18%的产品实行回归。

——2005年1月1日，再将余下的所有产品实行回归。所有多种纤维协定的配额限制全部取消，纺织品和服装贸易完全纳入GATT。

在10年过渡期的各个阶段，协议制定了一个不断提高现有增长率的公式。即在第一阶段（1995年1月1日—1997年12月31日），多种纤维协定项下双边协定的年增长率应在原有年增长率基础上追加16%；在第二阶段（1998年1月1日—2001年12月31日）每年再追加25%；第三阶段（2002年1月1日—2004年12月31日），每年再追加27%，见表4-2。

表4-2 新协议取消配额的各阶段限制安排

阶段	开始时间	取消配额限制比例（%）	配额进口数量增加比例（%）
一	1995年1月1日	16	16
二	1998年1月1日	17	25
三	2002年1月1日	18	27
四	2005年1月1日	取消所有剩余配额	完全一体化

资料来源：REINERT K A.Give us virtue，but not yet［J］．World Trade，2000（1）.

在上述各个阶段，实行回归的产品选择均应包括以下四组：毛条和纱、布、纺织制品、服装。

2.反规避条款

协议强调各成员方应制定必要的法律法规，处理转运、改变路线、谎报原产国和伪造官方文件等规避行为，可以对规避产品扣减有关国家的配额，并规定成员方应该协商解决。协议第5条明确地规定了磋商程序。如果磋商达不成满意的解决办法，则可提交纺织品监督局（TMB）处理。如果经过调查有足够的证据，则可以拒绝货物进口；如果货物已经进口，则可以扣减真正原产国的配额，但适当考虑原产国参与的实际情况，上述行动可在有关各方磋商后采取。这实际上允许进口国在磋商未成的情况下，也可以单方面采取反规避的措施。当出现规避行为时，各方应在与本国立法不相抵触的前提下，尽可能全面地合作，建立有效的制度，包括交换信息、进行实地调查与取证、与有关成员协商采取一切必要行动如禁止进口等。

3.过渡期保障条款

协议第6条规定了过渡期保障措施：如果目前未受限且未纳入GATT 1994 规则的产品大量进口，对国内生产者造成严重损害或严重损害的实际威胁，那么，就可以使用"过渡期保障措施"。协议规定，这一过渡性保障措施"应尽可能少用"。本协议保障措施同关贸总协定第19条规定的保障措施在判定标准方面基本一致。两者本质的差别在于本协议保障措施是建立在国别基础上的，即可以对来自特定来源的特定产品的伤害性进口采取措施，而关贸总协定保障措施则是普遍非歧视地实施。过渡期保障措施的最低水平不得低于最近12个月的进口额。存续时间最长可保持3年，但不得延长，并于该产品纳入世贸组织时终止。若某产品被实施保障措施超过1年，则第一年后各年度限制水平增长率不得低于6%，确保以高于《多种纤维协议》的速度放宽限制。过渡期保障措施仅适用于未转轨的产品。一旦纳入世贸组织，就可援引关贸总协定第19条的保障措施。

尽管过渡期保障措施是一种较为公平合理的过渡性保护措施，却难以发挥应有的主导作用。一些国家绕开保障机制，转而采用一些更为有效或隐蔽的手段来维持贸易保护。替代保障机制的保护措施主要有以下几种：①反倾销行动是一种重要的保护手段。与ATC保障行动相比，反倾销行动的保护期限更长（为期5年）。②改变原产地标准是另一种方式。③某些发达国家利用ATC第4条管理和调整过渡期内MFA配额的条款，避开TMB和DSB的监管，与出口国举行双边谈判，迫使对方自动实行出口配额限制。④关税也会继续充当重要的保护工具。尽管ATC对关税水平进行了约束，但纺织品市场现行的平均税率仍然高于约束税率，并且约束税率在向出口国提供补偿的情况下可以调高。

案例4-1

美国与印度关于羊毛衫贸易摩擦

1995年4月，美国做出决定，准备根据《纺织品与服装协议》第6条的规定对印度的羊毛衫实施单边限制行动。1995年7月，美国正式对印度的羊毛衫进行限制。TMB于1995年8月和9月对此案进行审查并做出裁定：美国证明了"存在严重损害威胁"，采取的临时保障行动符合《纺织品与服装协议》有关规定。然而，印度认为美国的保障措施违背了《纺织品与服装协议》第2条、第6条和第8条的规定，表示不能服从TMB的裁决。

1996年4月，在印度的请求下，DSB成立了专家组，对印度申诉美国对羊毛衫的进口限制进行调查。专家组裁定美国采取的保障措施违反了纺织品协议的有关规定。

根据专家组的意见，进口成员要援引《纺织品与服装协议》第6条必须满足两个条件：第一，至少考虑第6条第3款所列出来的所有因素；第二，确认严重损害或严重损害威胁是由进口的增加导致，而不是由于其他因素，如技术变化或者消费者变化引起的。

在审查了这些因素后，专家组认为美国没有审查第6条第3款列出来的11个因素中与羊毛衫工业相关的8个因素，其中有5个因素提供的资料只是泛泛地谈到羊毛衫部门，没有具体谈到特定的部门。专家组裁定，美国不能证明严重损害及实际损害威胁是由进口增加引起的，因此，美国的限制没有遵循《纺织品与服装协议》第6条的要求。

最后，专家组得出结论：美国违反了《纺织品与服装协议》，损害了印度的利益，它建议DSB做出这样的裁定。

1997年2月，印度对专家组的部分结论提出上诉，上诉内容包括什么样的成员有举证责任，TMB的角色及专家组是否必须根据申诉成员的所有申诉请求进行裁定等。1997年4月，上诉机构支持专家组对所有问题做出的裁定。

1997年5月，DSB通过了上诉机构的报告及上诉机构修改后的专家组报告。

本案的启示：①印度政府通过在DSB中的有效工作，推翻了美国单方面做出的限制措施，行使了WTO赋予成员的基本权利。我国的纺织业在美国一直受到比较严格的限制，国内企业也因此遭受严重的损失，为此，我们要学习印度政府帮助企业积极应诉，争取胜诉权。②我国作为WTO成员，也可以运用《纺织品与服装协议》第6条的有关规定，对来自其他成员的进口纺织品实行过渡性保障措施。当然这要在严格遵守第6条条款的基础上进行，否则也会受到来自其他成员的申诉。

资料来源：王春燕. 实证评析WTO《纺织品与服装协议》中的过渡保障条款［J］. 山东纺织经济，2006（2）.

4.设立纺织品监督局

纺织品监督局（TMB）是货物贸易理事会下属的常设机构，对ATC的实施进行监督与管理。过渡期各阶段中，该机构将为协议的具体实施制订一套完善的计划，提交货物贸易理事会审议。若就某问题各方未能达成一致，TMB将从中斡旋，提出建议，各方应尽可能全面接受。若一方认为不合理，应向TMB提出异议。当该局进一步提出建议仍未能解决时，有关成员才可向世界贸易组织争端解决机构提出申诉，进而援引GATT第23条第2款以及其他解决争端的规定。由此可见，TMB是解决该类贸易争端的首选机构。各方如果在协议生效的期限过后又按有关规定设立新的限制或变更已有限制时，则应在这些限制生效后的60天内通知TMB。

ATC从根本上改变了管辖纺织品贸易达数十年之久的贸易体制，以市场配置为基础的自由贸易取代了以配额为基础的管理贸易。在根据既定时间表将纺织品贸易逐步纳入世贸组织体系的同时，不断提高受限产品的贸易自由化水平，为纺织品与服装贸易顺利过渡到多边贸易体制中创造了条件。

三、后配额时代中国把握纺织品贸易国际规则

（一）"纺织品特别保障措施"之魔咒

纺织品特别保障措施由两部分组成：一是《中华人民共和国加入世贸组织议定书》第16条的"特定产品过渡性保障机制"（称"TPSSM"，又称"特保条款"）；二是《中国加入工作组报告书》第242段（又被称为"242条款"）。"特保条款"规定：如原产于中国的产品在进口至任何一个WTO成员领土时，其增长的数量或所依据的条件对生产同类产品或直接竞争产品的国内生产者造成或威胁造成市场扰乱，则该成员可以请求与中国磋商，磋商无法达成协议的情况下，该成员可以对此类产品撤销减让或者限制进口，可以实施包括数量限制在内的贸易保护措施。虽有效期至2008年12月31日，但该权利可以延续到2013年。很多国家并就此做出了国内立法确立对中国产品的过渡性保障机制。

"242条款"规定：如一成员认为原产于中国的纺织品和服装产品由于市场扰乱，威

胁阻碍这些产品贸易的有序发展，则可请求与中国磋商，磋商无法达成协议，则该成员可以继续维持进口限制，时限不能超过1年，且不得重新实施。但当民间主体再次提出申请，或者美国纺织品协议执行委员会（CITA）自行发起、启动该程序，则CITA可以按照程序重新做出是否采取特别保障措施的决定。如果决定是肯定的，则可以再次实施。该条款的有效期至2008年12月31日。

我国纺织品出口在2005年前前后后的几年，因不断遭遇"特别保障措施"而受挫。2004年年底，作为主要的纺织品服装出口国之一的土耳其以中国纺织品服装可能对其国内产业市场造成混乱为由，对进口男装、童装、成衣、衬衣、领带，以及装潢用纺织品等42类产品实施特保措施，规定每年的增幅不能超过7.5%。另外，秘鲁政府决定从2004年10月14日开始对中国的合成纤维制服装、棉制非针织服装等20多个税号的纺织品实施临时特别保障措施。哥伦比亚政府为了限制中国的商品大量进入国内市场，于2005年8月17日决定对从中国进口的纺织品实行临时特保措施，涉及58个税号，征收的附加税税率水平在59%~91%；8月19日又宣布将从中国进口的部分商品的关税税率提高到61%~87%。8月11日巴西纺织服装工业协会正在向巴西政府提出一项申请，呼吁政府对来自中国的80种纺织品实施特保措施。

（二）中国与欧美纺织品贸易摩擦

欧盟是全球第一大纺织品出口国以及第二大服装出口国，平均年交易额约达2 000亿欧元。而中国纺织品对欧盟的大量出口势必会对其市场造成冲击。因此，欧盟希望凭借中国入世时签署的纺织品特保条款，缓和中国纺织品强大的国际竞争力给其国内市场造成的冲击。

2005年1月7日，欧盟正式启动了对中国38个类别的纺织品实施"单独事先监控"，4月28日对9类纺织品启动特保调查，5月27日启动了对T恤和麻纱特保程序。6月11日中欧双方就中国部分输欧纺织品问题签署了备忘录。欧盟承诺对来自中国的棉布、T恤衫、套头衫、裤子、女式衬衫、床单、女连衣裙、胸衣、桌布、亚麻纱等十类产品终止调查，在2005年6月11日至2007年年底期间内，按每年8%到12.5%的增长率确定我国出口的数量。在此之前，欧盟就加强了对华纺织品特保措施方面的立法。2002年6月25日，《欧盟委员会通过了欧盟特定产品过渡性保障机制修正案》，以立法的形式对从中国进口的产品采取限制措施。2003年1月28日，欧盟委员会发布公告对其贸易规则"3030/93"中第三国进口纺织品管理的一般规则做出修改。修改内容如下：（1）增加欧盟贸易规则"3030/93"的失效条款；（2）增加针对中国的特保措施条款。2003年3月8日，欧盟委员会发布《第427/2003号条例》，确立针对中国产品的过渡性保障机制，并于2003年3月9日生效。2005年贸易摩擦爆发以后，更加强化了立法。欧盟委员会于2005年4月6日公布《针对中国纺织品实施特保措施的行动指南》。该指南就特保措施的实施程序和标准做出了规定，明确划分了在何种情形下考虑对自中国进口的纺织品采取特别保障措施。2005年4月27日，欧盟又公布《关于对欧共体适用纺织品特定保障条款指南》规定了采取特保措施的基本条件为"市场扰乱"、"威胁纺织品贸易的有序发展"，以及需要考虑的其他因素。欧盟于2005年6月23日发布了《中欧纺织品协议的实施办法》，并规定实施办法采取"两重审核"，即根据中国政府的官方出口许可，欧盟再次签发进口许可证。2005年9月12日，欧委会完成了与中国滞港纺织品解决办法相关法规的制定程序，该法规为欧盟成员国对中国滞港纺织品签发进口许可证提供法律依据。该法规于9月13日在官方公报上正式公布，14日生效。法规规定：对增量部分，一半由中方通过调剂的方式解决，另一半由欧方单边增加可进口数量解决；对于7月20日之前出运的相关产品，申请欧方进口许可证的截止日期延至9月20日；为避免这部分数量进一步扩大，确保进口许可证签证系统管理的有效性，9月20日后，任何此类的申请将不予考虑。

专栏4-1

中国对欧盟纺织品服装出口的发展情况

中国对欧盟纺织品服装出口发展总体来看是顺利的，但也有起伏，可分为以下几个阶段：

（1）1980—1984年停滞时期。在这5年间，中国对欧盟纺织品服装的出口呈现停滞不前的局面，1983年甚至出现负增长。其主要原因在于在历经"文化大革命"后，中国经济还处于改革开放初期，而中欧经贸关系也才处于起步阶段，这些都制约着我国对欧盟出口的发展。

（2）1985—1991年快速增长时期。在这7年间，我国对欧盟出口呈现出快速增长的势头，年均增长率达到30%。由于政治原因，1989年增长最为缓慢，但当年增长率仍然保持两位数增长（12.5%）。我国纺织品服装出口欧盟由11.69亿美元扩大到54.54亿美元。这主要是因为我国进一步扩大对外开放，加大吸引外资等一系列措施的积极影响。

（3）1992—2002年平稳发展时期。在经过前一轮迅猛发展后，这一阶段中国对欧盟出口进入平稳发展时期，年均增长率约为7%。其主要原因在于这一阶段欧盟经济出现增长缓慢的现象，国内需求持续减弱，同时这一阶段，欧盟对中国纺织品服装反倾销案件也不断增加，直接影响我国对欧盟的纺织品服装出口。

（4）2003—2005年快速增长时期。这一阶段我国对欧盟出口又一次迅猛增长，其间年平均增长率达到30%。2004年我国对欧盟纺织品服装出口突破200亿美元，占当年中国纺织品服装出口总额的12%。2005年接着突破300亿美元，占当年我国纺织品服装出口总额的16%，欧盟成为我国最大的纺织品服装出口市场。中国加入世贸组织以及加大促进出口的政策力度，欧盟经济的逐步复苏，再加上后配额时代的到来都有力地促进了我国对欧盟纺织品服装出口贸易的重新快速增长。

（5）2006年至现在稳定增长时期。2005年以后欧盟采取了一系列措施限制中国纺织品进口，包括2005年6月双方签署了备忘录，9月28日就建立双边监控体系达成一致，在取消所有输欧纺织品数量限制的前提下，将备忘录项下的8个纺织品类别纳入双边监控体系。中国政府将对纳入双边监控体系的8个类别纺织品施行为期一年的出口许可，不设数量限制，并实行企业经营资质准入。2006年我国对欧盟的出口增速显然较前三年放缓，年增长率为14.6%。

资料来源：

[1] 斯隽. 中欧纺织品服装贸易的发展历程和结构简析 [J]. 商场现代化，2009（7）.

[2] 聂资鲁. 入世后欧盟对华纺织品特保措施立法发展研究 [J]. 法学杂志，2006（5）.

美国是中国纺织品主要出口市场之一，中美纺织品贸易摩擦也在2005年前后一触即发。根据美方统计，2002年、2003年和2004年，我国对美纺织服装出口额分别为121.87

亿美元、149.25亿美元和182.40亿美元，在美纺织品进口总额中的比重分别为15.65%、17.91%和20.31%。2005年1—5月，我国对美纺织服装出口达94.72亿美元，在美国纺织品进口总额中的比重为25.88%，与去年同期相比，我纺织品对美出口增长53.6%。另据美国商务部的数据显示，在配额取消后的3个月从我国进口的纺织产品总额比去年同期大幅增加了62.5%。中国对美纺织品出口过快增长也正是贸易摩擦产生最直接原因。

2003年11月18日，美国纺织品协议执行委员会正式决定对我出口的针织品、胸衣、袍服三类纺织品启动特别保障措施。2004年4月6日，美国纺织品协定执行委员会宣布展开针对进口中国纺织品服装的贸易调查。2004年10月8日，美国全国纺织品组织协会等5家组织以"市场扰乱威胁"为由提出对中国的347/8类（棉制裤子）实施特保措施。此后的两个月内，美国业界又分别针对衬衫、内衣等8项产品提出特保申请，并对针织布、袍服和胸衣三种已经受到特保限制的纺织品重新提出了特保申请。2005年4月4日，美国纺织品协议执行委员会（Committee of the Implementation of Textile Agreements，CITA）宣布自行启动针对三类由中国进口的纺织品保障程序。三类产品包括棉质针织衬衫及裤子（338/339）、棉制裤子（347/348）、棉制及人造纤维内衣裤（352/652）。2005年4月6日，美国纺织服装生产商协会宣布，针对中国纺织品提出7起"特保"申请，涵盖14类产品。以上14类产品美国2004年的进口量达到142.4亿美元，而从我国进口的就有14.5亿美元。此次"特保"申请所涵盖的我国产品，占到了2004年美国从我国进口纺织服装总值178亿美元的8.1%，占从世界（包括中国）进口总值897亿美元的1.6%。4月27日，CITA同意受理美国纺织服装生产商协会于4月6日提起的7起"特保"调查申请。5月5日，CITA根据美国联邦巡回上诉法庭的决定宣布重新恢复考虑2004年业界对原产于中国的纺织品服装实施特别保障措施的12起申请，以判定12类中国服装产品对美国市场是否构成扰乱及扰乱威胁，并将考虑对此12类产品采取特别保障措施。5月13日，CITA对外宣布，美国政府已决定对3个类别的中国服装纺织品实施特别保障措施，即重新实行配额限制。所涉及的产品分别为棉制针织衬衫（338/339）、棉制裤子（347/348）、棉及化纤内衣（352/652）。11月8日，中国与美国签署了《中华人民共和国政府与美利坚合众国政府关于纺织品和服装贸易的谅解备忘录》。至此，中美双方经过七轮磋商最终就相关纺织品问题达成协议。该备忘录从2006年1月1日开始执行，一直到2008年结束。

专栏4-2

中美纺织品摩擦伤及美国棉农

美国对来自中国的纺织品进行限制，虽然保护了其国内同行业者的利益，但对美国棉花业界来说并不是一个利好消息。美国限制进口中国的纺织品，美国棉花公司对中国的棉花出口也受到了波及。中国一些纺织企业因为担心配额问题，不敢随便接国外订单，为此放弃了计划中的棉花进口订单。据悉，从5月初美国传出将对中国三类纺织品设限开始，美国纽约的棉花期货价格开始一路下跌。

美国是世界上第二大棉花生产国，美国销往中国的棉花约占其总产量的一半。中国纺织业对棉花的需求量非常大，美国设限的做法，对中国纺织企业造成很大影响，势必直接影响对棉花的进口，最后影响到美国棉农、棉商和消费者的利益。

资料来源：高森. 中美纺织品摩擦伤及美国棉农［N］. 东方早报，2005-07-12.

（三）中国纺织品贸易策略

正如本章章首案例所揭示的美国、欧盟等发达国家及一部分发展中国家在 2005 年以后对中国纺织品又进行大规模的反倾销措施，限制中国产品进口，针对我国纺织品的贸易摩擦案件正在呈上升态势。据不完全统计，截止到 2006 年 10 月，我国纺织品已经受到或正在接受他国贸易设限制裁的案件总数高达 70 多起。2002 年入世以后，国际社会对我国纺织品发起的案件有 64 起，占案件总数的 90% 以上，2005 年共发起 19 起，2006 年前 10 个月共发起 24 起。从贸易保护措施的使用类型来看，反倾销依然是国际社会对华纺织品贸易设限使用频率最高的贸易保护措施，其次是保障措施。从涉及的国别来看，美国、印度、土耳其和欧盟分别位居各国对华纺织品服装发起反倾销调查的案件次数前四名。印度和土耳其对我国纺织品服装发起反倾销调查的案件次数已经超过了欧盟。印度是全球纺织品贸易纠纷案件中申诉最多的国家，我国与印度的纺织产业在产品结构、产业结构和竞争优势等方面存在诸多相似之处，双方必然互为最大的竞争对手已是不争的事实。总的来看，发展中国家累计对我国纺织品的设限次数远远超过发达国家，且两者之比为 4：1。严峻的形势告诫我们，单纯依靠低成本获取竞争优势的我国纺织品产业已经无法高枕无忧了。更何况由于设备技术落后，我国不但缺乏开发新产品能力，而且难以提高质量和降低成本，我国纺织品国际竞争能力仍然偏低。如，我国棉纺织业先进设备拥有量低，自动络筒机仅有 30%，而发达国家是百分之百；各种无梭织机占 10%，不但远低于欧美发达国家 40% 的水平，而且也低于世界平均水平（20%）。

在国际环境如此复杂的条件下，中国纺织品贸易既要遵循 WTO 规则，又要善于化解矛盾，并在对外贸易中立于不败之地，无论对于政府，还是行业协会，或者企业自身来说均是严峻的考验，必须在以下环节中积极努力，争取变被动为主动，把我国纺织品贸易推向更高水平。

第一，要积极应诉。2007 年 4 月 11 日，涉案金额 6 500 万美元，堪称美对华纺织品反倾销第一案——聚酯短纤反倾销案，以中国企业普遍获得较低终裁税率告终。美国商务部当天公布的终裁结果显示：在被调查的 54 家企业中，有 19 家应诉，其中江南化纤获得了本案中唯一的零税率；另有 18 家企业获得 3.47% 至 4.86% 不等税率；而其余 35 家未应诉企业则要被征收 44.3% 的反倾销惩罚性税率。但相比较美国较早提出的 101.52% 反倾销税率而言，这是自 2004 年美国对华家具反倾销后，中国企业又一次在反倾销应诉中大获全胜。这次胜利与企业的积极应诉有很大关系，尤其是江南化纤的积极应诉取得成效十分明显。2006 年 6 月 23 日，美国企业向美国商务部提交了反倾销起诉书，此次被直接列名的中国聚酯短纤生产企业共 54 家，而江南化纤、远纺工业（上海）和宁波大发企业被要求强制应诉。江南化纤没有任何犹豫，迅速组成应诉工作小组，在律师的具体指导下，全力以赴地投入到反倾销应诉工作中。在立案后的 5 个月中，江南化纤和律师团队根据美国商务部的要求提交了大量的问卷答复、数据信息和支持材料，递交的材料多达几千页，并针对这些材料中的内容与起诉方进行了多次针锋相对的书面抗辩。此后每个应诉环节江南化纤都能早准备、积极行动，最终取得零税率的好成绩。

第二，要完善符合国际惯例的政府支持体系。要明确政府的所有政策和措施都应该以维护各出口企业公平竞争为前提，否则政府的支持措施就可能成为国外反倾销的把柄。政府主要应该完善国际贸易产业救济和保护机制，从物流、金融、保险、法律援助等方面提供支持和引导。政府应当引导企业调整产品结构，对出口产品总量和产品结构进行宏观调控，鼓励和发展知识密集型和互补型的纺织产业，在巩固原有市场的基础上开拓新市场。目前我国纺织品出口地区过于集中，是产生贸易摩擦一个很大的诱因。我国应逐步实现市场结构多元化，提高纺织品抵抗外来风险的能力。值得强调的是，统计部门应随市场变化不断提高统计效率和准确性；商务部门和行业组织应进一步健全和完善行业监测预警机制。

第三，要加强行业协会的指导作用。面对各国贸易保护措施，纺织企业不能盲目抱怨、消极回避或一厢情愿地希望通过抗争来减弱各国贸易保护，行业协会要进行有效组织，利用国际贸易规则，积极应对。同时利用协会的专家优势，及时通过预警系统对纺织品服装出口实施全方位、全过程的跟踪监测，维护公平的贸易环境。通过信息收集网络，收集全球市场关于纺织品生产、销售、贸易政策等方面的信息，建立预警信息资料库，并通过网络等方式将信息反馈给纺织企业，形成政府、行业协会、企业的良性互动。

第四，要改善纺织品出口结构，增强竞争力。服装和深加工产品仍是国际纺织品服装贸易的主体，中国将继续把发展服装和深加工高附加值产品作为扩大出口的主攻方向的同时，要增加中高档服装出口比重；应将家用和产业用纺织品作为扩大纺织品出口的新增长点，家用纺织品生产要形成高档次、功能化、系列化产品，包括床上用品、毛巾类、线带类、手帕类和地毯类产品；应开发档次适中、款式新颖、风格雅致、包装精美，符合国际大众消费趋势的服装产品，这也会对改善出口结构、增加出口具有重要的现实意义。为此，我国纺织企业必须提高产品开发和设计能力，促进产品结构优化，提高技术含量和产品附加值，使目前这种低劳动力成本、低附加值同时脆弱的数量竞争比较优势，转变为技术含量高、抗风险冲击强的高质量竞争优势。

第五，要建立我国纺织企业内部的反倾销机制。企业建立反倾销预警机制、快速反应机制的关键是培养熟悉国际反倾销法律的人才，另外，企业内部要配置应对反倾销的高效信息沟通体系，其中，建立一套完善的符合管理规范的会计管理基础将有利于及时向外方提供"正常价值"资料，有利于保持主动。我国纺织品出口企业要想在国际市场上保持比较稳定的份额，必须要借鉴国外从"贸易立国"向"海外投资立国"的经营策略转变。确立正确的营销观念，由纺织品贸易出口为主转向贸易与投资并重，力争在海外直接建厂，建立一批跨国公司、企业，使其产品能够就地生产、就地销售，使反倾销可能性降低到最低程度。

第六，要充分利用WTO争端解决机制维护自身权利。1947年关贸总协定"乌拉圭回合"达成的《关于争端解决规则与程序的谅解》，是世贸组织关于解决争端的基本法律文件，具有较好的强制性和约束力。当我们遇到纺织品贸易争端时，应通过WTO争端解决机制公平、妥善地解决纺织品贸易争端，并积极争取在争端解决中处于有利地位。

专栏4-3

近年来我国纺织行业面临的出口和发展压力

经过2005年的纺织品出口贸易摩擦的集中爆发，中国纺织品出口开始回归理性。但到2010年前后，中国纺织品出口面临的贸易摩擦越来越多样化，从最初的配额限制、反倾销、特别保障措施，到目前的反补贴、技术壁垒、企业社会责任、召回等形式。特别是金融危机爆发以来，各国失业人口增加，居民消费减少，使得市场需求进一步萎缩，纺织品贸易摩擦日益激烈。据商务部统计，2010年我国纺织服装行业共遭到与反倾销有关的案件40起，数量与2009年基本持平。2010年，各国（地区）未发起针对我国纺织品服装的特别保障措施案件，与2009年相比大幅减少。

仅在技术性贸易壁垒领域，2010年，加拿大卫生署对华纺织品服装类产品的召回通报呈大幅增长态势，共发布23起通报，与2008年和2009年相比有大幅增加，其中涉案产品最多的是儿童服装。2010年，美国消费品安全委员会的召回通报中，涉华纺织品服装类产品的通报共37起，同比增长54.2%，其中涉案产品也是儿童服装或涉及儿童的用品居多。2010年，欧盟委员会非食品类快速预警系统对华纺织品服装类产品共发布召回通报304起，同比增长42.7%，其中涉案产品主要为儿童服装和玩具。

2016年纺织品出口方面数据仍不乐观。2016年1—11月，我国纺织品服装累计出口额为2 441.85亿美元，同比下降5%。其中纺织品累计出口额为971.62亿美元，同比下降2.60%；服装累计出口额为1 470.23亿美元，同比下降6.51%。但在人民币贬值、"一带一路"建设的影响下，2017年纺织品出口压力将不断得到缓解。

资料来源：

[1] 佚名. 2010年我国纺织业的贸易摩擦 [EB/OL]. [2019-01-05]. http://www.hometex114.com/news/208082.html.

[2] 佚名. 2017年纺织出口压力将不断得到缓解 [EB/OL]. [2019-01-05]. http://www.hometexnet.com/person/Article.aspx? ClassID=130130.

第二节　农产品贸易规则解读及运用

一、关贸总协定的农业贸易规则

在国际贸易中，农产品贸易由于关系一国粮食安全战略、政治因素、地理环境与气候、生产结构、就业、出口国与进口国利益等诸多方面的问题，一直都被视为货物贸易中的"重中之重"。各国在农业问题上为谋求本国利益，都在实施名目繁多的农业扶持政策及措施。由此带来了大量的国际贸易争端，尤其是欧盟与美国，自20世纪60年代以来，农业贸易问题一直是这两个主要农产品竞争对手之间矛盾冲突较为突出的领域。

（一）关贸总协定历次贸易谈判

从关贸总协定生效至乌拉圭回合谈判启动之前的30多年时间里，在关贸总协定框架下进行了8轮多边贸易谈判，在乌拉圭回合谈判之前共有三次与农产品贸易有关。（1）狄龙回合（1960—1962年）中，美国迫于新成立的共同市场6国集团①的力量，同意其向共同体市场出口的一些农产品受共同体制定的共同税率的影响；（2）肯尼迪回合（1964—1967年）中，美国提出大幅度削减农产品进口关税，并要求取消进口数量限制，因遭到

---

① 这里指的是：1951年4月18日，法、意、联邦德国、荷、比、卢6国签订了为期50年的《关于建立欧洲煤钢共同体的条约》。1955年6月1日，参加欧洲煤钢共同体的6国外长在意大利墨西拿举行会议，建议将煤钢共同体的原则推广到其他经济领域，并建立共同市场。1957年3月25日，6国外长在罗马签订了建立欧洲经济共同体与欧洲原子能共同体的两个条约，即《罗马条约》，于1958年1月1日生效。

欧共体的拒绝而未果；（3）东京回合（1973—1979年）中，也因为美欧两个农产品贸易对手的冲突，最后仅就牛肉和奶制品达成了两项协议，农业贸易自由化进展甚微。

（二）GATT有关农产品贸易的条款

1947年签订的GATT并未区分农产品和工业品，因此从原则上说，GATT规则应适用于农产品贸易。但是GATT对农产品贸易的例外规定却导致农产品贸易长期游离在GATT规则之外。此类规定有：

一是GATT第6条有关初级产品的例外规定，使得各缔约方为稳定初级产品国内价格或初级产品生产者的收入而建立的制度，如为稳定农民的收入及农产品价格而实施农业补贴措施，在GATT法律框架下具有合法性。

二是第11条关于取消数量限制的例外规定：为防止或缓和输出缔约方的粮食或其他必需品的严重缺乏而临时实施的禁止出口或限制出口，或为执行国内销售或生产限制或消除暂时的国内过剩而对农渔产品实施的进口限制不适用于取消数量限制情况。

三是第16条关于补贴的规定。"缔约方应力求避免对初级产品的出口实施补贴"，"只要该补贴的实施不得使自己在该产品的世界出口贸易中占有不合理的份额"。这种"力求避免""不合理的份额"是模糊不清的，很难起到限制实施补贴的作用。

四是第20条关于"一般例外"规定。这一规定使得缔约方实施动植物卫生检疫等贸易壁垒措施，以及限制农产品进口的措施有了很好的依据。

五是第25条关于"解除义务条款"的规定。1955年缔约方全体被迫按第25条给予美国农产品以无限期的"解除义务"。自此欧共体、日本纷纷躲避GATT义务，农产品贸易游离于GATT规则之外。

（三）乌拉圭回合谈判的成就

由以上条款可知，农业贸易主要还是作为例外长期游离于多边贸易协定的约束之外。世界农产品贸易无序可循，冲突不断。为了减缓主要农产品生产和贸易伙伴之间的摩擦，改变世界农业生产结构的不合理状况，扭转世界农产品市场的混乱和扭曲，世界各国纷纷达成共识，呼吁通过谈判寻求解决上述问题的办法。为此，乌拉圭回合谈判（1986—1994年）首次把农产品贸易作为谈判的中心议题，并成功地将世界范围内的农产品贸易自由化引入了正轨，签署了《乌拉圭回合农业协定》（即《农业协定》，Agreement on Agriculture，AOA）。AOA为建立一个公平的、以市场为导向的农产品贸易体制提供了一个基本框架。WTO农业协定的签署，标志着农产品贸易开始走上制度化的道路，农产品贸易开始受到多边贸易体制的约束。

《乌拉圭回合农业协定》签订后，各国纷纷表示要降低农产品关税和开放农产品市场。比如欧盟从1993年开始对原有的共同农业政策进行了调整，主要包括削减谷物和畜牧产品价格，控制生产数量，克服农产品过剩现象等。美国则宣称将借助协议的原则，来推动本国农业政策进行一次有深远意义的改革，促进畜牧、水产、果菜等高产值农业的发展，并逐步以更富有自由竞争意识的政策，来取代原有的以"实行支持价格，保障农民收入"为中心的农业政策。尽管如此，《乌拉圭回合农业协定》所规定的市场开放度仅为3%~5%，也就是说仍然存在着相当程度上的保护。

专栏4-4

主要发达国家的农业保护政策

工业化国家农产品贸易保护的模式基本可以分成3种：一是美国式的，包括加拿大，主要是补贴出口；二是欧洲共同体/欧盟模式的，通过价格支持政策使其从原来的农产品进口国变成出口国；三是日本式的，主要是限制进口，韩国属于这一种。

1.美国农业政策

美国的农业对内扶持政策主要表现在直接补贴、税收政策激励和出口激励等政策的制定和实施方面。①通过立法直接补贴。美国对农业的直接补贴由来已久，从罗斯福总统的农业价格补贴到20世纪70年代开始的预算内财政直接补贴，美国对农业的补贴政策从来没有间断过。②税收政策支持。美国并没有专门的农业税税种，主要是普遍开征的所得税。而美国国家税收收入中来自以经营农场为生的农民的部分微乎其微。这与联邦政府每年大量的补贴比较起来，形成强烈的反差。③促进出口等激励政策。首先，农业部与商务部等政府部门设立专门的机构为农业提供出口信息。其次，政府和金融部门联合提供出口信贷担保资助农产品出口。政府成立了规模庞大的农业信贷体系。此外，政府还推出出口信贷担保，即由"农产品信贷公司"负责实施各类出口信贷担保项目，使美国农业出口商和银行避免出口销售贷款未能按期支付的风险。

此外，美国政府主要采用关税配额制保护国内部分敏感农产品，利用配额外高关税达到抑制进口的目的。而且当进口价格低于触发价格，或者数量超过给定的上限，美国保留申请对超过配额的进口征收附加关税的权利，这符合WTO《农业协定》规定的特别保障（SSG）条款。

2.欧盟共同农业政策

一是统一农产品价格：①目标价格或指导价格，如果市场价格高于这一价格，共同体管理机构就动用共同农业基金抛售农产品，维护消费者的利益。②干预价格或最低保证价格，如果市场价格低于这一价格，共同体管理机构就动用共同农业基金收购农产品，维护生产者的利益。③门槛价格，这是外来农产品到达共同体港口的最低进口价格。对于需要从世界市场上进口的短缺农产品，共同体发放短缺补贴，鼓励各成员的农业生产者增加这一类产品的生产。

二是建立共同的农产品关税、非关税壁垒。对非成员进口谷物实行进口许可证，对出口产品进行补贴，补贴额一般相当于共同体农产品价格与世界市场价格差额，从而增强了农产品在国际市场上的竞争力。

三是建立共同农业基金。共同农业基金的支出分为"保证部分"和"指导部分"。保证部分主要用于农产品的干预收购和抛售的支出、出口补贴以及汇率变动所引起的货币补贴等支出；指导部分主要用于改进生产设施，改进农产品销售的工程设施，改革生产结构，协调地区经济发展，以及促进农业现代化、培训农业技术人员等。

3.日本农业政策

一是收入稳定政策。20世纪90年代后期引入该政策，如果当年市场价格低于历史平均价格，则该政策用来补偿农民的部分损失。

二是生产补贴。与其他国家相比，日本对农业的补贴比值也是最高的。

三是保险计划。农作物出现歉收或家禽遭遇疾病等自然灾害时，农场主会得到保险赔偿，政府也会象征性地支付给农场主部分赔偿金；如果损失金额超过保险金额的话，则政府还会提供再保险降低农场主的损失。

四是粮食储备制。政府通过与大垄断财团联合控制中小企业的方式，指导相关企业储备部分食品和饲料，主要是大米，还有黄油、脱脂奶粉、小麦、大豆以及用作饲料的玉米。根据市场供需购进或抛售储备粮食以维持国家食品安全。

五是关税壁垒。日本农产品的关税保护率在主要发达国家中是最高的。经济合作与发展组织（OECD）发表的发达国家农业政策调查报告指出，日本的农业保护主要依靠高关税，报告对各国的农业保护政策进行了量化计算，统计结果显示2004年发达国家平均保护率为60%，美国为35%，欧盟为53%，而日本的农业保护率为91%，主要是通过高关税提高进口价格实现的。

资料来源：

［1］田维明，武拉平. 农产品国际贸易 ［M］. 北京：中国农业大学出版社，2005：303.

［2］田卉. 浅析农产品贸易自由化问题 ［D］. 北京：首都经济贸易大学，2007：3-8.

二、AOA的主要内容

AOA共有序言、正文和附件三个部分21个条款，5个附件。就其实体法规则而言，主要有进口准入（第4~5条）、出口竞争（第8~11条）和国内支持（第6~17条），另外卫生检疫规则（第14条）也十分重要。AOA所实施的产品范围包括世界上主要的粮农产品（但不包括橡胶、黄麻、剑麻及纤维产品和渔产品、林产品）。正文包括术语定义，产品范围，减让和承诺的并入，市场准入，特别保障条款，国内支持承诺，国内支持的一般纪律，出口竞争承诺，出口补贴承诺，防止规避出口补贴承诺，加工产品，出口禁止和限制的纪律，适当的克制，卫生与植物卫生措施，特殊和差别待遇，最不发达国家和粮食净进口发展中国家，农业委员会，对承诺执行情况的审议，磋商和争端解决，改革进程的继续以及最后条款。5个附件中，附件1为产品范围，附件2—4为国内支持的具体规定，附件5为关于第4条第2款的特别处理，是对AOA在市场准入、国内支持和出口补贴方面做出的具体规定。

（一）市场准入规则

市场准入是AOA基本和长期目标，协议中有关国内支持承诺、出口竞争承诺、农产品关税减让表等规定，都是为一国的农产品进入另一国市场而铺垫的。就市场准入规则的具体规定来看，《农产品协议》要求：①非关税措施关税化。各方要将所有的非关税措施转化为具有相同保护程度的关税措施，取消非关税措施。②关税配额。对关税化后保护程度有所提高的某些农产品，各方要以关税配额的形式承诺一定的进口数量。③关税减让。各方要对关税化的税率进行削减，但具体各方削减比例则通过谈判设定。

（1）只许"约定税率"原则。AOA第4条第2款规定："各成员方不得保持、采用或者恢复使用业已规定要折算成普通关税的任何措施。""任何措施"包括："进口数量限制、进口差价税、最低进口价格、任意性进口许可证、经营国家专控产品的单位所持有的非关税措施、自愿节制出口，以及普通关税以外的同类边境措施；但是不包括按国际收入规定，或者按一般非针对农产品的关贸总协定1994或世贸组织附件1A中多边贸易协议规定而保持的措施。"协定规定，发达国家在 6 年内（1995—2000 年）将关税税率削减 36%，每项产品削减 15%；发展中国家在 10 年内将关税税率削减 24%，每项产品削减 10%。减让基期为 1986—1988 年，从 1995 年开始执行。最不发达国家成员没有降低关税的义务。

对只许约定税率原则，AOA 规定了两个例外条款。第一则例外是 AOA 第 5 条 "特别保障条款"（SSG）规定的可征收附加税规则，即凡在改革进程中遇有进口产品的数量激增或者价格骤跌，当增至或跌到一定限度时，允许进口国对之加征附加税。特别保障机制有两种形式：一是对付数量激增的 "数量触发" 式，二是对付价格骤降的 "价格触发" 式。同一时间只能采取一种，不得兼用。数量触发指进口产品数量超过触发线时，可加征附加税，附加税税额最高只能达到约定税率的 1/3，且加征期以当年为限。价格触发指货物到岸价格跌至触发线以下时，可征附加税。"触发价格线" 一般为基期（1986—1988 年）的世界市场价格，也即该产品单位价格的平均到岸价。第二则例外，通称 "大米条款"，是在乌拉圭回合结束前夕的最后时刻，为争取日本与韩国签署而专门对大米贸易做出的 "网开一面" 规则：允许成员方在一定条件下对某项产品（大米）迟延一段时间再作关税量化。表现在《协议》第 4 条第 2 款 "附件 5 另外规定" 的表述和附件 5 的 "特殊对待" 条款。该附件（A）段讲的是对发达国家的规定，（B）段讲的是对发展中国家的规定。

（2）非关税量化原则。AOA 规定所有进口数量限制、进口差价税、最低进口价格、进口许可证、志愿出口限制等非关税措施均须转化为关税。具体规定现行的非关税壁垒措施应转化为相应的关税等值。关税等值的计算方法是，某种（使用了非关税措施）农产品的关税等值等于该产品的国内市场平均价格减去该产品或者相近产品的国际市场平均价格；关税等值用来制定农产品进口的从量税或从价税（即建立相应的关税）；农产品加工品的关税等值等于农产品原料的关税等值（农产品原料占农产品加工品的比重）。

小知识 4-1

了解 G33

G33 是在多哈农业谈判中形成的一个发展中国家集团，成立时包括 33 个成员，目前成员数已增加到 46，但仍维持 G33 的称呼。中国最初是 G33 的观察员，后转为正式成员。该集团主要关注的是特殊产品（SP）、特殊保障机制（SSM）和国内支持中的微量允许（de minimus）。简而言之，G33 要求，发展中成员的一定数量的 SP 免于进行关税减让或只进行较少的减让，在某种产品进口出现激增时通过 SSM（如加税）来进行必要的保护，微量允许免于削减。

目前，美国、欧盟和 G20 确实代表了多哈谈判的几个主要方面的力量，但也不局限于此。除此之外，还存在另外一些国家和利益集团，比如包括瑞士和日本等代表农业保守国家的 G10；还有以印度尼西亚、菲律宾等发展中国家为代表的 G33，他们在谈判中比较重视特殊产品议题；还包括传统的农业出口国，如以澳大利亚为代表的凯恩斯集团。

资料来源：

[1] 雷蒙. G33 部长级会议快照 [J]. WTO 经济导刊，2007（4）.

[2] 袁瑛. "多哈回合作为一个发展回合，对最不发达国家的关心是远远不够的" ——访商务部世界贸易组织司司长兼中国政府世贸组织通报咨询局局长张向晨 [J]. 商务周刊，2006（15）.

（二）出口竞争原则

农产品贸易出口竞争规则的核心是消除农产品贸易中的扭曲现象和实现世界农产品贸易自由化和平等竞争。AOA主要从农产品的生产和销售两个角度对农产品出口竞争进行规范，具体体现在国内支持、出口补贴和卫生及动植物检疫等方面。

1.三箱政策

东京回合谈判签署"反补贴守则"时就把国内补贴分为红灯、黄灯和绿灯补贴。AOA按补贴性质与经济职能把农业补贴分装进绿色、黄色和红色箱子，分别表示允许的、须减速（承诺减让）的以及禁止的支持政策。AOA中暂无"红箱"政策，但增加了针对发达国家的"蓝箱"政策和发展中国家（不含中国）的"特殊和差别待遇"措施。

"绿箱政策"是指列入AOA附件2且符合基本标准的，不产生或产生较少贸易扭曲的政策，可以免于削减的国内支持措施。AOA附件2的"政府服务计划"中列举了12种计划，并规定了相应的特定政策条件。这12种计划包括：政府资助的研究计划、病虫害控制措施、培训服务、推广和咨询服务、检验服务、营销和促销服务、基础设施服务等一般服务；用于粮食安全目的的公共储备；国内粮食援助；对生产者的直接支付；与生产脱钩的收入支持；收入保险和收入安全网计划中政府的资金参与；自然灾害救济支付（直接提供或以政府对农作物保险计划资金参与的方式提供）；通过生产者退休计划提供的结构调整援助；通过资源停用计划提供的结构调整援助；通过投资援助提供的结构调整援助；环境计划下的支付；地区援助计划下的支付。所谓符合基本条件主要包括：①对贸易没有扭曲作用、对生产没有影响，或只有最小限度的扭曲作用和影响。②该支持应通过公共财政融资的政府计划（包括放弃的政府税收）提供，而不涉及来自消费者的转移。③该支持不得具有对生产者提供价格支持的作用。④该支持应当符合《农业协定》附件2中所列明的特定政策标准和条件。

值得注意的是，"绿箱政策"的实施有很大灵活性，按照AOA第7条第1款的规定，成员方可以根据实际情况在符合规定的范围内采取不受削减约束的其他国内支持措施。这无疑给资金雄厚的发达国家增加新的国内支持措施提供了有利的机会。据WTO的统计，乌拉圭回合后，相当多的成员方为了加强对本国农业的支持使用了新的绿箱支持政策，其中澳大利亚增加的措施达32种之多，其次分别是加拿大、日本。

"黄箱政策"是指有利于农业生产者，但不能满足AOA附件2规定条件的国内支持措施，会产生贸易扭曲的政策，要求予以减让。主要是指WTO各成员方减让表第四部分所含的国内支持削减承诺，包括价格支持、营销贷款、面积和牲畜数量补贴、投入补贴和某些有补贴的贷款计划等。这些承诺以"综合支持总量"和"年度和最终承诺水平"表示。具体减让要求见国内价格支持部分。但在以下三种情况下黄箱措施可不需要削减：①"微量"支持。这体现为AOA第6条第4款的规定。微量水平是指影响最小的支持。对于特定农产品，在发达成员方和发展中成员方，该微量水平分别不超过一基本农产品在相关年度内生产总值的5%和10%；对于非特定农产品，在发达成员方和发展中成员方，该微量水平分别不超过该成员方农业生产总值的5%和10%。②发展中成员方的发展性措施。这体现为AOA第6条第2款的规定，即发展中成员方采取下列农业补贴措施不应承担削减义务：一是根据乌拉圭回合谈判中期评审协定，政府为鼓励农业和农村发展而采取的措施，包括发展中成员方农业可普遍获得的投资补贴、发展中成员方低收入或资源贫乏生产者可普遍获得的农业投入补贴；二是发展中成员方为鼓励从种植非法麻醉品作物转向多样化生产而给予生产者的国内补贴。③蓝箱政策。

"蓝箱政策"是指与限产计划相关的支付或限产计划下给予的某些直接支付可免予减让承诺（如休耕地差额补贴）。AOA第6条"国内支持承诺"的第5款例外条款规定：按限制生产计划给予的直接补贴，不属于国内支持削减承诺的范围，必须符合：①此类支付按固定面积或者产量给予；或②此类支付根据基期生产水平85%或85%以下给予；或③牲畜支付按固定头数给予。符合上述3条中的任何一条都属"蓝箱政策"支持。这些内容可看作是界定"蓝箱政策"的标准。与附件2"绿箱"第6条中"'与生产'脱钩的收入支持"相比，"蓝箱政策"免于削减比较勉强，因此不好直接放到"绿箱"中，是欧美妥协、平衡的产物。

小资料4-1

关于《布莱尔宫协议》

乌拉圭回合谈判7年中，由于美国和欧共体之间分歧严重，尤其是双方在农产品补贴和贸易问题上不肯让步，致使谈判搁浅。1992年11月19日，美欧经过激烈的讨价还价终于在华盛顿白宫附近的布莱尔宫达成一项原则协议，称《布莱尔宫协议》（The Blair House Accord）。《布莱尔宫协议》的主要内容是：（1）按接受补贴的出口产品数量计算的出口补贴削减幅度由24%降至21%；（2）以综合支持量为尺度的国内支持削减承诺按总体平均削减的方式实施，而非针对每一具体产品支持水平的统一削减；（3）与作物限产政策相联系的直接支付计划，包括欧共体的补偿支付和美国的差额补贴，可以纳入"蓝箱"，免予削减；（4）设立"和平条款"，保护协议容许范围内的农业补贴措施在GATT体制下免受指控。妥协的确是解决问题的上好对策，此协议采用妥协的方法再一次解决了欧美之间数年难以决断的危机。该协议经过协定后成为农业谈判最终协议的基础。但其仅仅是欧美之间的双边协议，还有待其他缔约方一致同意。

资料来源：

[1] 佚名. 农产品贸易法律体制研究 [EB/OL]. [2018-12-07]. http://www.cacs.gov.cn/cacs/lilun/lilunshow.aspx? articleId=67433.

[2] 王桂山. "一夫当关，万夫莫开"——布莱尔宫协议与乌拉圭回合谈判 [J]. 世界知识，1993（20）.

专栏4-5

德国绿箱政策以及农业补贴

2000年德国60万农民共从欧盟得到了122亿马克的补贴，德国各级政府又提供了151亿马克的补贴，分摊到每个农民头上，人均高达4.5万马克。据统计，德国农民的平均年收入不过是6.3万马克，换句话说，德国的农民其实是靠政府养着。这种补贴还只是直接的农业投入部分，用于道路等基础设施的费用还不计在内。

德国的补贴制度是在欧盟共同农业政策（CAP）框架下运行的。1992年和2000年的共同农业政策大幅度改革，使得德国和其他欧盟成员国对农业的主要补贴形式不再实行与产量挂钩，改为依据不同作物的面积补贴和对牲畜的头数补贴，以及休耕地面积补贴，并越来越紧密地和环境、食品安全、动物福利等因素相联系，其绿箱政策的属性越来越强。主要包括：（1）环境保护补贴。①生态农业。②粗放型草场使用，包括将耕地变为粗放使用型草场。（2）种植业补贴、休耕补贴和畜牧业补贴。这是WTO允许德国等欧盟成员国对农民提供的直接补贴，又叫"蓝箱"补贴。迫于WTO的压力，德国等欧盟成员国对农民提供的直接补贴正在由"蓝箱"变为"绿箱"，即越来越紧密地和环境、食品安全、动物福利等因素相联系，与农民的环保工作如植树造林和清除环境污染等挂钩。其主要包括种植业补贴、休耕面积补贴和畜牧业补贴等。（3）农业基础设施建设投入。德国政府通过财政直接投资的方式支持农用基础设施建设，主要以补贴和贷款方式对农民实施的水利、道路、土地整治等农村基本建设工程给予资助。（4）农业科技投入、农村社会保障和农业保险补贴。

德国还重视建立农业保险补贴制度，对农业保险费和农业保险管理费进行补贴，增强农业抗御自然灾害的能力。

资料来源：朱立志，方静. 德国绿箱政策及相关农业补贴［J］. 世界农业，2004（1）.

2. 出口补贴

出口补贴是指为农产品出口提供的补贴，是最容易产生贸易扭曲的政策措施。关于"出口补贴" AOA第1条"术语定义"中的解释是："'出口补贴'指依出口行为而给予的补贴，包括本协议第9条所列的出口补贴。"第8条所称的"符合本协议的补贴"，具体指的是第9条第1款所列明的6种在农产品贸易中最常见的补贴形式，这样就把"出口补贴"的内涵密封得近乎到滴水不漏的程度。这6种出口补贴形式是：（1）政府或其机构给予的直接补贴，包括实物支付，不论是给予企业、行业、生产者或其所组成的社团。（2）政府或其机构以低于本国市场的价格处理农产品库存供出口。（3）向出口的农产品或用作出口产品原料的农产品融资付款。（4）为降低出口产品的营销成本而给予补助。（5）降低出口产品的运输费用。（6）给掺进出口产品的农产品（原料）的补贴。

AOA对削减出口补贴的规定是："成员各方同意，不给予不符合本协议和该成员方减让表中承诺的出口补贴。" AOA要求各方削减出口补贴，发达国家在6年内将其出口补贴的支出额减少36%，受补贴的出口产品的数量减少21%；发展中国家在10年内将其出口补贴的支出额减少24%，受补贴的出口产品的数量减少14%；最不发达国家可对出口补贴不作削减。削减出口补贴以1986—1990年为基期，从1995年开始执行。对于基期内没有补贴的农产品，禁止以后对其提供出口补贴。

《农业协定》虽然在削减出口补贴上迈出了重要的一步，但是出口补贴的进一步削减仍面临着一些问题。如一些国家利用替代手段（出口信贷和国际食品援助等）来规避出口补贴的削减；出口补贴集中了少数重要农产品，尤其是奶产品和粮食，使得部分农产品的出口补贴削减变得更加困难；出口补贴集中于少数几个国家，其中欧盟是使用出口补贴最多的，其次是瑞士和美国。

案例4-2

美国诉加拿大牛奶补贴案

WTO农业规则命运多舛，自诞生之日起备受贸易争端的困扰。据统计，自WTO成立之日，到2001年3月，WTO受理的农产品贸易争端就高达85起，占各类争端总数的近

40%。这里仅介绍其中一个典型案例：美国诉加拿大牛奶补贴案。

1997年10月8日，美国向WTO争端解决机构申诉加拿大的牛奶出口补贴和关税配额问题。后来，新西兰也对加拿大提出了类似的申诉。其中，涉及WTO农业规则的是牛奶出口补贴。美国和新西兰认为，按照加拿大的牛奶特别计划，出口奶制品的生产者可以得到价格低于国产奶制品的原料，构成了出口补贴，说明加拿大逃避出口补贴义务。后来，WTO的专家小组和上诉机构经过研判，尽管结论略有不同，但均裁定加拿大违反了WTO的《农业协定》等规则。1999年10月27日，争端解决机构通过了上诉机构和专家小组的报告。11月19日，加拿大声明将执行争端解决机构的裁定。

这起案件所涉及的WTO农业规则的主要内容为：各成员必须通过削减关税和非关税壁垒来扩大市场准入。同时，规定发达国家的农业生产补贴应在6年内按基数水平削减20%，发展中国家在10年内削减13%。关于削减农产品出口补贴，规则规定发达国家应在6年内将农产品出口补贴总额在1986—1990年水平的基础上削减36%，发展中国家在10年内最低削减幅度为24%。

美国诉加拿大牛奶补贴案是WTO争端解决机构解决的第一起涉及农产品补贴的纠纷。此后，WTO争端解决机构还解决了多起涉及农产品补贴的纠纷。另外，WTO成员的农产品贸易争端并不仅仅涉及补贴问题，还涵盖几乎所有的农产品规则，如市场准入规则、SPS协议等。

资料来源：刘力. 农产品规则与美国诉加拿大牛奶补贴案［N］. 人民日报，2001-11-08.

（三）国内价格支持规则

1.综合支持量

AOA的国内支持规则体现在第6、7、13条和附件2—4之中。关于"综合支持量"（AMS）在AOA第1条给的定义是："指给基本农产品生产人用以资助某项农产品的，或者给农产品生产人全体用以资助非特定农产品的，以货币表示的年度支持水平"。AOA规定，实施期内即1995年开始的6年时间和实施期后可以提供的最大综合支持量，即承诺以1986—1988年的支持水平为基准，从1995年起，发达成员方6年内逐步削减20%，发展中成员方10年内削减13%，并将一部分国内支持性补贴分离开来装进"绿箱"政策中。AOA附件2在第1条规定，被要求免于削减承诺的国内支持措施，必须符合没有或者只有很小的贸易扭曲作用，或者对生产的影响很小，即为：①该支持是由政府计划中公共基金（包括政府财政）资助，不包括从消费者转来的；②该支持不具有给生产人价格支持的作用。但是，实际列入附件2那一长串的单子的是在乌拉圭回合谈判中经过激烈争论才定下来的，难免要掺进一些杂质。

AOA虽然达成了减让国内支持的承诺，但部分国家在综合支持量削减后仍保持较高的水平，发达国家AMS远高于发展中国家。发展中国家基期基数太小，使将来利用某些支持政策的空间有限。

2."和平条款"

为了防止或避免动辄单方面地采取报复或反报复措施并形成贸易战，AOA专门设置了一个标题作"适当的克制"的第13条，通称"和平条款"。此条的内容主要是协调AOA规则与关贸总协定第6条、第16条和反补贴守则之间的冲突，为减少不必要的争论提供依据。例如，对于符合 AOA 第 6 条 "国内支持承诺" 的措施，包括放进 "蓝箱" 的直接收入补贴，只要按关贸总协定 "反补贴守则" 认定为对进口国相同产品的国内行业造成 "损伤"，则可进行反补贴调查，征收反补贴税，但调查当局应保持 "必要的克制"，以免引起贸易战。"和平条款" 包括 3 款：第 1 款是针对 "绿箱" 措施的；第 2 款是针对 "黄箱" 和 "蓝箱" 措施的；第 3 款是针对农产品出口补贴而言的。此条款于 2003 年 12 月 31 日到期，已于 2004 年 1 月 1 日 "寿终正寝"。

第 21 条和 "和平条款" 从根本上保证了 AOA 对于 WTO 其他协议在适用上的优先权。AOA 第 21 条规定："在遵守本协议规定的前提下，1994 年 GATT 和世界贸易组织附件 1 中的其他多边贸易协议的规定适用。" 这也就是说，如果 AOA 与其他协议产生冲突，AOA 具有优先权。

（四）卫生及动植物检疫规则

AOA 第 14 条规定："成员各方同意实行《实施卫生与动植物检疫措施协议》。" 这表明实行 SPS 协议，原本就是 AOA 不可缺少的一项重要内容，它与进口准入、出口竞争、国内支持并列成为 AOA 的第 4 根支柱。

AOA 规定：允许各成员采取正常的以保护人类健康、动植物生命安全及其生长为目的的措施，但这些措施不应构成不公正的歧视，从而造成隐蔽性，对农产品国际贸易进行限制。对进口农产品的卫生检验应以国际标准和准则为基础。在国际贸易中动植物卫生检疫（SPS）逐渐成为阻碍贸易发展的重大因素，部分地造成了发达国家之间、发达国家与发展中国家之间频繁发生农产品贸易战，尤其是发展中国家农产品出口的一个严重障碍。此外，动植物卫生检疫涉及食品安全，各国都不会掉以轻心。因此，在新一轮谈判中，动植物卫生检疫也就成为各方关注的焦点。

综上所述，AOA 通过规范农产品的市场准入条件和竞争环境，为农产品贸易自由化奠定了重要的基础。但是由于农产品的特殊性和敏感性，农产品贸易自由化的进程并非一帆风顺，农产品贸易规则也处于不断完善之中。按 AOA 第 20 条规定，"各成员方同意在实施期（1995—2000 年）结束的前一年（即 1999 年）开始继续改单进程的谈判"，以总结实行减让承诺所获得的经验，以及为实现 "建立一个公正的和市场型农产品贸易体制的目标"，"还需作何种的进一步承诺"。

专栏 4-6

韩国全面开放美国牛肉市场引风波

美韩于 2007 年 6 月 30 日签署了关于自贸区的协定。协定生效后，2/3 的农产品关税将立即被取消，95% 的消费品和工业产品贸易的关税将在 3 年内被取消。据国际贸易委员会的统计，关税和配额的取消将使美对韩国年出口额增长 100 亿美元。

在此背景下，2008 年 4 月 18 日，韩国与美国达成协议，全面开放韩国牛肉市场，允许美国所有剔除风险物的牛肉向韩国出口。有关议定书将于 5 月中旬生效。

美方对韩国的立场表示赞赏。美国贸易代表施瓦布说，"进口议定书与 OIE 的原则及其他国际标准完全一致。美国安全、低廉和高质的牛肉将很快出现在韩国的餐桌上。""美韩牛肉贸易恢复后，美议会批准美韩自贸协定的主要障碍将被消除。内阁将与议会紧密合作，促使议会尽快批准该协定。""希望韩国领导人帮助说服仍限制美国牛肉进口的日本、中国台湾、中国和其他市场的领导人认真考虑这个问题，考虑其消费者的利益，像韩国那样按国际认可的原则和标准重新开放其市场。"

而韩国政府此举却遭到韩国民众的强烈反对，大规模抗议集会接连不断。迫于压力，6月10日，韩国总理韩升洙率内阁全体成员向总统李明博提出集体辞职。至此韩国内阁任职仅107天。此前，李明博的8名高级幕僚已经辞职。

资料来源：

[1] 陈植新. 韩国全面开放美国牛肉市场 [EB/OL]. [2018-11-03]. http://www.cafte.gov.cn/gjscts/gjncpsc/20080421/6008.asp.

[2] 农业贸易促进中心. 牛肉风波压垮韩国政府 [EB/OL]. [2018-10-28]. http://www.cafte.gov.cn/gjscts/gjncpsc/20080611/6037.asp.

三、多哈回合农产品贸易谈判

（一）AOA存在的问题

随着成员方实施AOA过程中一些问题的暴露，人们不断反思AOA各项条款，批评的声音接踵而来。以下是简单梳理的AOA存在的主要问题和缺陷。

一是协定设计不公平。AOA以工业国家的农业为前提，这些国家在WTO成员中享有独一无二的特权。"绿箱"和"蓝箱"政策免除削减的义务，发达国家能够提供多少国内支持是没有限度的，尽管他们承诺减少支持，支持水平仍然是相当高的。而且美国、欧盟等大多数发达经济体却将过去属于黄箱政策的补贴措施，转化为绿箱措施予以支持，由此会继续刺激农产品生产，造成过度出口。根据经济合作与发展组织（OECD）的资料，1999年OECD成员中农业生产者40%的收入来自补贴。OECD在1999年对农业的总补贴为3 600亿美元，其中欧盟、日本、美国占了90%。

二是市场准入条件难改变。乌拉圭回合谈判使农产品关税壁垒在一定程度上有所下降，但农产品的关税约束水平仍然达62%，市场准入壁垒林立。发达国家关税超12%的农产品占全部税号的10%，一些重要农产品的关税高达350%~900%。关税高峰农产品中，关税超过30%的农产品，美国有20%，欧盟有25%，日本则达30%，加拿大为1/7。[30]据统计，美国有1/5的关税高峰税率超过了30%，欧盟和日本的比例为1/4，加拿大的比例为1/10，关税高峰对农产品贸易造成了巨大影响。

三是出口补贴扭曲贸易。AOA有条件地允许部分农产品出口补贴合法存在，无疑会扭曲世界农产品市场。首先，出口补贴主要是由少数发达成员使用的。在使用农产品出口补贴的国家中，97%的出口补贴集中在欧盟、瑞士、美国和挪威4个发达成员。其中，欧盟是全球最大的出口补贴使用者。1995—1998年，欧盟年均出口补贴支出约60亿美元，占全球出口补贴支出的89.1%，其次是瑞士、美国和挪威，分别占5.3%、1.5%和1.3%。其次，是出口补贴集中在少数农产品方面。各国的出口补贴并非平均分摊到每一农产品上，而是有所侧重。出口补贴主要集中在小麦和面粉、粗粮、糖、奶油和黄油、脱脂奶粉、奶酪、其他奶制品、牛肉、猪肉、家禽肉和蛋这些农产品组上。概言之，乳制品、猪肉、谷类得到出口补贴最多，是各成员重点保护的对象。美国、欧盟对这些农产品集中使用出口补贴，与成员各施巧计，规避出口补贴承诺不无关系。

四是粮食安全问题未得到重视。尽管AOA的序言和附件2（绿箱政策）中有提及粮食安全，但仍然没有试图就粮食安全这个概念下定义或者列举任何明确的措施使发展中国家能够处理他们所关注的粮食安全。此外，除了附件5的特别例外，AOA并没有区分为了粮食安全需要的主要食物和其他农作物之间的关系，考虑到农业对世界贫困人口生计的中心地位，这是协定的一个严重疏漏。

（二）多哈回合农产品贸易谈判的成就

虽然AOA的签订奠定了农产品贸易自由化的基础，但由于AOA毕竟是各方妥协的产物，具有大量模糊性、原则性条款，各缔约方纷纷利用这些条款推行实质上的贸易保护主义。加上随着全球贸易自由化浪潮的深入，发达国家纷纷调整农业保护政策，面对新的农业保护手段，AOA显得有些"力不能及"，针对这些情况，在多哈会议上由发展中国家提出了启动新一轮农产品贸易谈判——多哈回合谈判。

农业谈判也是多哈谈判的核心议题之一。由于农业的特殊性和敏感性，在WTO的150个成员中，不论是农业人口只占本国就业人口2%~3%的美国和欧盟，还是农业人口占80%的中国和印度，不论是以农产品进口为主的日本，还是以农产品出口为主的巴西，绝大部分都非常关注各自的农业发展问题，都试图通过谈判维护自身的利益，维护本国农民的利益。所以此次谈判步履维艰。2003年2月的《农业谈判未来承诺模式草案第一稿》（即"哈宾森案文"），在2004年，达成《农业模式框架协议》。2005年10月中国香港部长会议前夕，美国、欧盟、G20的《模式谈判提案》，2008年12月的《农业模式修正草案（第四稿）》（简称"模式修正草案"）是迄今为止最新的谈判案文。

2005年12月13日，在中国香港举行的世贸第六次部长级会议中重新启动的谈判再次失败，此次会议达成的《部长宣言》并未确定补贴和关税削减的具体公式，只是各成员的贸易部长就与达成农产品和非农产品市场准入"整体模式"相关的一般参数设置达成了一致意见。规定"各成员应当平行取消一切形式的出口补贴以及对一切出口具有同等限制效力的措施，并将最后期限再次延长到2013年"。关于农业补贴，宣言将农业补贴划分为3个层次：欧盟享有最高水平的补贴支持，其现行关税的削减幅度也将更大；美国和日本处于第二层次；其他成员处于第三层次。宣言规定，应对扭曲贸易的国内支持予以全面削减，且削减数量应当超过"黄箱""蓝箱"补贴和微量补贴的削减数额，由此约束WTO成员，使其很难通过对补贴进行再次分类的方法规避已做出的削减承诺。然而，宣言并未对"蓝箱"补贴的标准进行规制。关于市场准入，各成员只是同意将其关税削减划分为4个层次，承诺就发展中成员和发达成员的"相关门槛达成一致"。宣言就各成员市场准入的灵活性问题予以了规定，指出各成员应当对"敏感产品"的处理达成一致。宣言并没有提出具有约束性的法律规定，只是就农产品贸易自由化问题，提出指导性意见，对推动农产品贸易自由化发展的意义不大。此外，2005年中国香港部长会议就棉花问题达成以下共识：从实施期开始，发达成员应该为最不发达成员的棉花出口提供免关税、免配额的市场准入机会；大幅度削减棉花部门的扭曲贸易国内支持；发达成员在2006年前取消所有形式的棉花出口补贴。但发展中成员要求提供免关税和免配额市场准入机会、AMS削减与特定产品蓝箱限制、出口补贴禁止，以及实施期等问题，美国表示反对，致使棉花补贴谈判陷入僵局。

2008年7月的《一揽子方案》因为发达成员与发展中成员在特殊保障机制问题上分歧

巨大再度失败。2009年农业谈判主席多次协调美国、欧盟、凯恩斯集团、G20、G10等主要谈判方的立场，但未能有效弥合分歧。与此同时，谈判工作组将重点转向谈判的技术性工作。2009年12月，WTO第七届部长级会议基本没有讨论具体问题，仅发出推动谈判的呼吁。2010年以来，在国际金融危机影响的背景下，美欧等发达成员自顾不暇，多哈回合继续处于停滞状态。多哈农业谈判以来，虽然目前各方分歧较大，仍然没有达成最终协议，但在市场准入、国内支持、出口竞争等议题方面已达成一定共识，并就出口禁止与出口限制、贸易援助等议题形成一般原则性共识，对改善国际农业竞争环境具有积极意义。

除此之外，多哈回合农业谈判最重要的成果是达成了"新蓝箱政策"。2004年8月1日凌晨，147个成员在经过长达40多个小时马拉松式的谈判后，最终达成了《农产品框架协议》，新的多哈农业框架协议有一项重要内容，就是签署了欧-美联合提案，对蓝箱进行了重新定义和限制，形成了所谓"新蓝箱"。新规定相对于AOA第6条第5款来说，有两处明显变更：一是在原规定"按限产计划作直接支付"的基础上提出了另一个选择，即"不与生产挂钩的直接支付"；二是原有"蓝箱"没有对直接支付的数额作任何限制，而新规定则为"蓝箱"设定了一个硬指标，即任何"蓝箱"不得超过该国农业生产年度总值的5%。可见，"新蓝箱"与原"蓝箱"主要的区别在于：原"蓝箱"是一种与限产挂钩的直接补贴，而"新蓝箱"则是一种不与当前产量挂钩的直接支付，不需要每年进行统计计算和核查，没有扭曲作用，不违背市场原则。但是"新蓝箱"扩大了使用范围，一些发达国家在其现行综合支持总量已将达到其承诺约束水平时，通常利用蓝箱措施来规避黄箱措施的削减承诺。

WTO多哈回合谈判自2001年11月启动至2008年7月宣布"失败"，经过了漫长的7年，多哈谈判包括了农业、非农（工业）和服务等主要议题。在这些议题中，由于农业的敏感性和特殊性，加之农业谈判涵盖的内容涉及面广，复杂且影响因素较多，因此农业谈判一直是本轮谈判的焦点和难点，影响着谈判的整体进程。

四、对我国运用《农业协定》规则的建议

（一）中国对农业支持的不足

我国的农业政策一方面表现出有与AOA相冲突的地方：农业政策中运用行政手段干预粮食流通、棉花收购资格的审批权过于集中、羊绒和蚕茧流通领域仍保持较浓的计划经济痕迹、化肥流通仍受到较严的计划手段影响、种子和农药的经营实行许可制度等计划经济痕迹明显；进出口许可证制度、进口配额制、国有贸易、限制竞争的外贸经营权、限量登记制度等非关税措施依然存；粮食购销政策、农业投入品补贴政策等国内支持政策"黄箱"特点明显。

另一方面，也是最主要的表现为对农业支持政策的不足。我国财政对农业的补贴始于20世纪50年代末，最早以国营拖拉机站的"机耕定额亏损补贴"形式出现，之后逐渐扩展到农用生产资料的价格补贴、农业生产用电补贴、贷款贴息等方面。如，我国财政用于农业支出在一般年份仅占总支出的8%左右，而印度、泰国等国家却达到15%左右；按照AOA对农业的总AMS的"微量允许"水平计算，我国今后的农业支持每年可达到485亿元人民币，而按减让基期1986—1988年的平均水平计算，中国在基础设施建设、粮食储备、贫困地区扶持、自然灾害救济、生产资料的补贴等方面，平均每年投入仅276亿元人民币。再如，美国对小麦、玉米、花生、棉花、乳制品等主要农产品实施"无追索权贷款"；巴西法律也规定，商业银行吸收的存款，必须有25%~30%用于农业项目贷款，且农业贷款年利率不得超过8.75%，而一般商业贷款年利率则为16%~25%；法国、西班牙的农业贷款的利率仅相当于非农贷款的一半，利率差额由财政负责补贴。而我国目前农业贷款一直保持较低水平。全国只有10%的农民可以通过银行、信用社等正当渠道获得资金。

专栏4-7

中国"绿箱"支持结构评价

根据《农业协定》，"绿箱"政策包括11项措施，即政府一般性服务、粮食安全储备补贴、粮食援助补贴、与生产不挂钩的收入补贴（收入稳定计划）、收入保险计划、自然灾害救济补贴、农业生产者退休补贴、农业资源储备补贴、农业结构调整投资补贴、农业环境保护补贴、区域援助计划（扶贫支出）。

政府一般性服务，包括：①农业科研；②病虫害控制；③培训；④推广咨询服务；⑤检验服务；⑥农产品市场促销服务；⑦农业基础设施建设；⑧其他一般性服务。

绿箱政策根据其政策目标和经济学原则的不同，可分为以下三类（如图4-1所示）：

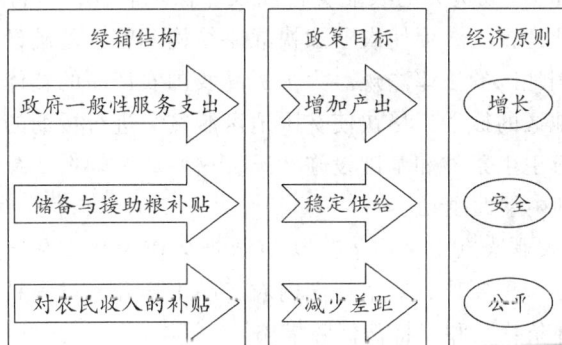

绿箱结构	政策目标	经济原则
政府一般性服务支出	增加产出	增长
储备与援助粮补贴	稳定供给	安全
对农民收入的补贴	减少差距	公平

图4-1　绿箱措施分类——结构、目标与原则

由图4-2可见，1996—1998年，与国际平均相比，中国"绿箱"支持结构有以下明显的特点：（1）政府机构费用较高，而直接转移给农民的支付少：3年中，中国政府一般性服务费用占总"绿箱"支出的67.5%，而同期国际平均仅占39.4%；直接转移给农民的支付仅占1.4%（主要是自然灾害救济），而国际同期平均高达25.5%。（2）粮食安全储备补贴太高：占总"绿箱"支出的27.9%，而国际同期仅占1.2%。（3）国内粮食援助支出过低：仅占"绿箱"总支出的1.4%，而同期国际平均为33.5%。（4）"绿箱"支持结构中有许多空白：如农产品市场促销服务、生产者收入稳定、收入保险、退休补贴、资源停用补贴、结构调整投资补贴计划等，中国无此类对农民的直接补贴。而国际同期此类补贴比例占其"绿箱"总支出的25%以上。（5）对照图4-1和图4-2可以看出，与国际平均数相比，中国政府的国内农业支持政策明显地倾向于增加生产、促进增长和稳定供给、维护安全；但是对减少收入差距和促进社会公平的目标却明显地关注不够，这也许是导致那几年中国农民收入增速连续下降、城乡收入差距持续扩大的重要原因。

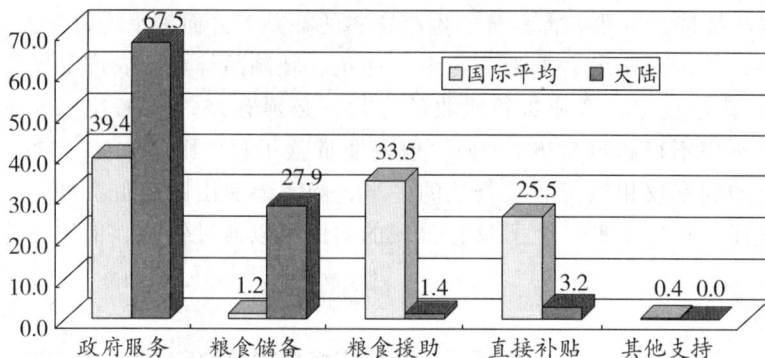

图4-2　中国与国际"绿箱"支持结构比较（1996—1998年平均）

资料来源：钱克明．中国"绿箱"政策的结构与效率［EB/OL］．［2019-01-05］．http：//www.doc88.com/p-981346099655.html.

（二）合理利用AOA规则发展我国农业

1.加强相关立法建设

我国农业立法必须接受WTO农业规则以及我国在加入WTO谈判中所承诺的义务的约束，建立与WTO农业规则相适应的农业法律、法规体系。一要在AOA框架下，充分借鉴美国、欧盟、日本等WTO成员方的农业支持和农业保护制度，完善我国农业支持和保护法律体系，加大对农业的投入，促使农业加快战略结构调整、基础设施建设和生态环境保护。二要制定援助贫困地区的法律法规。为了提高我国农产品的整体国际竞争力，我国应及时立法加大对贫困地区的援助，尽快使贫困地区脱贫。进行援助的目标主要是改变贫困地区的生态环境、教育卫生条件和基础设施状况，这些政策均在"绿箱"政策范围。

2.在农业贸易谈判中掌握主动

我国在参加WTO农业谈判中，要坚持以AOA框架作为开放农产品市场的基础，决不接受超出这一框架的不合理要价；要坚持国内农产品市场开放过程具有渐进性与安全性。

3.充分利用"例外条款"和"特殊保障措施"

AOA《农产品协议》针对非关税措施的关税化制定了三个例外：为维护国际收支平衡而采取的措施，根据1994年GATT一般保障措施或WTO其他协定而采取的措施。为此，应认真研究规则，巧妙运用这些例外条款和特殊保障措施，适时地对进口农产品进行数量限制，掌握控制市场开放风险的主动权，达到对国内农业生产进行保护的目的。

4.充分利用"绿箱"政策

AOA中明确规定了对符合要求的12项"绿箱"措施予以完全免于减让，而由于种种原因我国目前只使用了其中的6项。为此建议，我国应当调整投入结构，把农业国内支持的重点逐步转到生产环节中，从而充分利用"绿箱"政策保护和支持农业发展。包括，环境项目研究和病虫害控制等一般性农业生产服务补贴、为保障食品供给而支付的储存费用补贴、自然灾害补贴、农业生产结构调整补贴、向农业生产条件明显不利的地区所提供的地区发展补贴等。同时要增加科技投资和农业基本建设投资；加大对农业基础设施建设、农业科研教育和技术推广、农业生态环境的保护的投入以及质量标准、市场信息等服务体系建设的支持力度；坚持扶贫开发，支持不发达地区的经济发展；调整粮食安全储备制度，适当减少国家的粮食储备，要利用储粮补贴规定鼓励社会储粮，形成国家、集体和个人多元储备相结合的粮食安全储备体制等。

5.巧妙利用"黄箱"政策

AOA并非全部禁止"黄箱"措施，而只是适当约束，主要包括对农业直接的价格支持和投入补贴。我们要根据我国发展农业的需要，借鉴国际经验，充分利用这一政策空间。我国农业补贴中的"黄箱"支出，主要包括价格支持措施（粮棉定价收购和保护价收购）和农业生产资料价差补贴。我国入世谈判承诺把《农业协定》6.2款的投资补贴和投入品补贴计算到6.4款的微量允许中，确定我国农产品价格补贴、投资补贴和投入品补贴最高可达农产品总产值的8.5%，而目前我国的"黄箱"补贴远未用足，还有很大的发展空间。首先，调整农产品价格支持方式。在深化农产品流通体制改革的基础上，调整农产品支持和补贴结构，逐步减少对农产品流通、消费环节的补贴，将支持与补贴的重点转向生产环节和农民。将现有的国家用于粮食、棉花流通的补贴，转为政府对农民无偿提供种植大宗农产品的补贴。同时，完善农业生产资料的价格补贴政策，扩大提供低价化肥、农药、农膜、农用油和农业机械的支出。其次，建立良种补贴制度，加快优良品种推广。在现有的稻谷、玉米、小麦、大豆良种补贴的基础上，增加补贴的强度和规模，并逐步向棉花、油料以及部分禽兽品种延伸，加快我国种植业和养殖业良种的推广，形成规范运作的良种补贴制度。

6.扩展运用"蓝箱"政策

长期以来，"蓝箱"政策并未被我国政府所重视。其实，"蓝箱"措施为完善我国农业补贴政策提供了新的途径，对农业发展是相当重要的。特别是新"蓝箱"措施取消了限产的约束，扩大了"蓝箱"措施的适用范围，我国应该注重对"蓝箱"措施的采用，如在禽流感肆虐的时候，为了限制禽类的生产，帮助农民及早转产，政府可以向养殖农户提供限产补贴，以减少农民的损失。

此外，在"黄箱"空间逐步填满的情况下，要灵活地将"黄箱"补贴转变为"蓝箱"补贴，并逐步增加实施"蓝箱"补贴的比重，以提高对农业的支持力度。

第三节　其他重要贸易品协定解读及运用

一、民用航空器协定

（一）民用航空器的定义

在现代社会生活中，民用航空器是人类生产和交往不可缺少的工具。根据1919年在巴黎签订的《关于管理空中航行的公约》的规定，其是指"大气层中靠空气反作用力作支撑的任何机器"。而根据1967年国际民航组织一项建议，航空器被重新定义为："凡能依靠空气的反作用力，而不是依靠空气对地（水）面反作用力作支撑的任何机器为航空器。"而从法律层面看，航空器可以分成两个大类，即国家航空器类及民用航空器类。1944年在美国芝加哥签署的《国际民用航空公约》（简称芝加哥公约）第3条第2款对国家航空器做了规定："用于军事、海关及警察部门的航空器，应认为是国家航空器。"按照芝加哥公约的规定，任何一个航空器，只要它是供上述三个部门使用的就肯定不是民用航空器，而是国家航空器。

（二）《民用航空器协议》的主要内容

《民用航空器贸易协议》（Agreement on Trade in Civil Aircraft）是世界贸易组织管辖的诸边贸易协议。《民用航空器贸易协议》的核心内容要求签署方全面开放民用航空器（军用航空器除外）以及零部件的进口市场。《民用航空器贸易协议》规定，协议适用的产品范围主要有所有民用航空器，所有民用航空器发动机及其零件和部件，民用航空器的所有其他零件、部件及组件和所有地面飞行模拟机及其零件和部件。无论在民用航空器的制造、修理、维护、改造、改型或改装中用作原装件还是替换件，都属于该协议的适用范围。该协议有27个签署方。

《民用航空器贸易协议》分3个部分、9个条款和1个附件，涉及协议的适用范围和贸易规则等。主要规则包括：产品范围、关税和其他费用、技术性贸易壁垒、政府指导的采购、强制分包合同和利诱，贸易限制，政府支持、出口信贷和航空器营销，地区和地方政府，监督、审议、磋商和争端解决及最后条款等方面。《技术性贸易壁垒协议》与《补贴与反补贴措施协议》的各项规定适用于民用航空设备的贸易。协议的宗旨是实现民用航空设备贸易的自由化。

协议主要规定在民用客机、直升机、民航发动机及零部件、滑翔机、地面飞行模拟机以及氧气面罩等产品方面，实现自由贸易化，要求所有签署方从1980年起，取消对这些产品的进口关税，并加以约束不得提高。这些关税减让优惠将按照最惠国待遇原则适用于所有WTO成员。此外，签署方必须接受按协议规定的纪律，约束对民用航空器的生产和销售环节所给予的补贴，以消除由于政府支持民用航空器的发展、生产和销售而对民用航空器贸易产生的不利影响等。

关于关税减让：要求各签署方在1980年1月1日前，取消对附件所列产品的进口和修理征收的所有关税和其他费用。

关于技术性贸易壁垒：要求各签署方之间的民用航空器认证要求及关于操作和维修程序的规格，应按WTO的《技术性贸易壁垒协议》的规定执行。

关于贸易行为：规定民用航空器的购买只能根据竞争价格、质量和交货条件进行，民用航空器的购买者有权根据商业和技术因素选择供应商。各签署方不得要求，也不得施加不合理的压力，使航空公司、航空器制造商、从事民用航空器购买的其他实体，从任何特定来源购买民用航空器。各签署方不得以数量限制、进出口许可程序要求来限制民用航空器的进出口。

关于政府支持、出口信贷和营销等方面的规则：WTO的《补贴与反补贴措施协议》适用于民用航空器贸易，在实施不可诉补贴方面，应避免对民用航空器贸易产生不利影响。民用航空器定价应依据对回收所有成本的合理预期。

关于贸易政策的统一问题：要求各签署方不得直接或间接要求或鼓励地区和地方政府和主管机关、非政府机构和其他机构采取与本协议规定不一致的措施。

关于争端解决：规定如果一签署方认为其在该协议下的贸易利益受到另一签署方的影响，则应首先进行充分磋商，寻求双方可以接受的解决办法；磋商未果可请求委员会审议。委员会应在30天内召开会议，尽快审议此事，并做出裁决或建议。本协议所涉及的任何争端均应适用WTO等争端解决机制。

案例4-3

波音和空客的补贴之争

随着波音和空客两家飞机制造公司在全球市场上的竞争走向白热化，美国与欧盟关于飞机补贴的长期争议也日渐升温。双方在无法通过双边谈判达成一致的情况下，诉诸世贸组织争端解决机制。在2005年7月20日世贸组织争端解决机构的会议上，应美国和欧盟再次提出成立专家组的请求，世贸组织争端解决机构决定同时成立两个专家小组，分别调查美国和欧盟对对方提出的补贴指控。至此，这场世贸组织成立以来涉案金额最大的贸易诉讼大案正式展开。

世界大型民用飞机市场曾经长期被美国公司所控制。1970年，空中客车公司成立，在欧盟前身欧共体及其成员国的财政支持下，该公司在世界大型民用飞机市场的份额稳步增加，成为美国公司的强大竞争者。2003年，空中客车公司在全球的交付量首次超过波音公司，成为世界头号大型民用飞机制造商。

美国从一开始就对欧共体及其成员国政府补贴空中客车公司的做法感到不满。在20世纪70年代初期关贸总协定（GATT）东京回合谈判中，美国曾试图通过签署《民用航空器贸易协议》限制欧共体对飞机的补贴，由于遭到欧共体的阻挠，协议没有明确限制补贴的使用，而是仅仅规定缔约方在提供支持时应避免对民用飞机贸易产生不利影响。

20世纪80年代上半期，世界民用航空市场出现衰退，美欧之间的竞争更趋激烈。由于空中客车公司在竞争中渐占上风。自1986年开始，美国与欧共体就规范对空中客车公司的补贴进行了多轮谈判。1989年美国针对德国政府对空中客车公司实施的汇率补贴计划向GATT提出投诉。1992年3月，GATT专家小组对第一起投诉做出认定，德国的汇率补贴属于出口补贴，违反了东京回合《补贴与反补贴措施协议》第9条的规定。1992年7月17日美欧双方达成"关于在大型民用飞机贸易领域实施GATT民用航空器贸易协议的协议"，主要内容包括：禁止政府对大型民用飞机的生产提供财政支持；限制政府对大型民用飞机开发的直接支持，此类支持不得超过全部开发成本的33%，而且要在17年内按不低于政府借贷成本的利息予以偿还；限制政府对大型民用飞机开发的间接支持，此类支持限定在该国大型民用飞机行业产值的3%以内。

1999—2000年，空中客车公司启动A380的研制，并最终获得巨大成功，欧盟为此提供的包括"启动补助"在内的各类补贴高达65亿美元。2004年空中客车公司宣布准备开发与波音7E7（即后来的波音787）类似的A350机型，并有消息说欧盟会再次提供补贴支持。布什总统指示美国贸易代表采取一切措施制止欧盟对空中客车公司的补贴。美国一方面继续寻求与欧盟通过谈判达成协议，另一方面向世贸组织提出投诉。欧盟也指责美国政府对波音公司同样提供了大量补贴。

美国与欧盟于2005年5月31日分别向世贸组织提出成立专家小组的请求。空中客车、波音、天价补贴金，再加上欧盟、美国这两大经济体，足以使这一争端成为WTO（世界贸易组织）成立以来最庞大复杂的案件，业内称其为"海拔最高的战争"。

2010年6月和9月，世贸组织先后做出空客和波音政府补贴案的初步裁决，分别认定欧盟向空客、美国向波音提供了非法补贴。2011年1月31日，世贸组织向美国和欧盟正式提交最终裁决。3月31日世界贸易组织公开了裁决报告，支持欧盟部分诉求，裁定美国航空制造业巨擘波音公司获得美国至少53亿美元非法补贴。但这场长达近7年的贸易争端距离终点尚需时日。2009年3月23日，世贸组织也曾对美国波音公司与欧盟空中客车持续了6年之久的反补贴诉讼做出了裁定，认定欧盟对空中客车提供的补贴近200亿美元。而在业界看来，世贸组织此举不过是各打五十大板，波音与空中客车两家豪门之间的恩怨情仇将不断地上演下去。

资料来源：

[1] 柏青. 波音空客之争拷问全球补贴制度 [N]. 国际商报，2005-12-26.

[2] 柴莹辉. 波音空客的补贴诉讼：未落幕的海拔最高之战 [N]. 中国经营报，2009-09-20.

二、信息技术产品协定（ITA）

（一）ITA的产生

在乌拉圭回合谈判结束时，美国、加拿大、欧盟、日本四大贸易伙伴，对有关信息技术产业产品贸易自由化达成初步意向，决定在1994年后继续对诸如半导体、计算机及零部件等主要信息技术产品贸易自由化进行磋商。随后澳大利亚也加入谈判（即4+1）。推动在全球范围内进行正式信息技术谈判的，是1996年4月19日四大贸易伙伴在日本神户召开的会议。这次会议提出在2000年前削减信息技术产品关税，并游说所有国家都参加到该项谈判中来，不必拘泥于WTO组织的范围。

1996年12月，包括美国、欧共体、日本、加拿大四方在内的29个国家和单独关税区在WTO第一届部长级会议期间，就有关信息技术协定的主要产品达成一致意见，最后发表了《关于信息技术产品贸易的部长宣言》。宣言规定，该宣言如期生效应满足的条件是，在1997年4月1日之前，必须有占全球信息技术产品贸易总量约90%的参加方通知接受该宣言。1997年3月26日，参加《关于信息技术产品贸易的部长宣言》的40个国家的信息技术产品贸易已占全球该产品贸易总量的92.5%，该宣言如期生效。据世贸组织统计，1998年全球信息技术产品总额约6 000亿美元，占世界商品贸易总额的10.2%，超过汽车贸易量和农产品贸易量。

该宣言以及各参加方提交的信息技术产品关税减让表，构成《信息技术协定》（Information Technology Agreement，ITA）。ITA在参加主体上，类似于诸边贸易协议，在适用对象上，则与多边贸易协议相同，可称为"次多边贸易协议"，该协议是世贸组织成立后，关于有形商品贸易自由化达成的第一个多边协议，也是对《基础电信协议》的扩展和补充，因此又称为"展边协议"。协议的宗旨是：提高社会水平及扩大商品生产和贸易的目标，实现信息技术产品全球贸易的最大自由化，鼓励世界范围内信息技术产业的不断技术进步。世界贸易组织成立了扩大信息技术产品贸易参加方委员会。

ITA是世界贸易组织成立后新达成的协议。任何世界贸易组织成员和申请加入WTO国家或单独关税区均可参加该协议，但需要提交关税减让表、产品清单等文件，并获得ITA已有参加方的审议通过。2003年4月24日，WTO扩大信息技术产品贸易委员会第35次会议同意接受中国成为ITA的第43个参加方。截止到2004年2月16日，有61个世贸组织成员签署加入世贸组织《信息技术协定》，这些成员的网络产品占全球网络产品贸易的97%。

2013年9月，俄罗斯成为ITA第78个成员。2015年7月18日，世界贸易组织扩大ITA产品扩围谈判形成了一份扩围产品清单，共计201项产品。这份扩围产品清单是世贸组织近20年来达成的规模最大的关税协定，也是全球IT产品史上最大规模的减税协议。2016年7月1日起实施降税，绝大多数产品将在3~5年后最终取消关税。中美两国将降低半导体、医疗设备、GPS设备以及其他新产品等多种高科技产品关税。ITA更新对于中国国产手机行业最有利。

（二）ITA的主要内容

ITA由序言、4个条款及1个附件组成。序言阐明了协定的宗旨：考虑到信息技术产品贸易在信息产业发展及全球经济强劲增长中的重要作用，提高社会水平及扩大商品生产和贸易的目标，实现信息技术产品全球贸易的最大自由化，鼓励世界范围内信息技术产业的不断技术进步。主要条款规定了信息技术产品的范围、关税及其他税费削减、实施期，以及扩大产品范围的进一步谈判等内容。附件是模式及产品范围，包括附表A：协调制度税则号清单和附表B：产品清单。

ITA承诺在2000年1月1日前取消包括计算机、计算机软件、通信设备、半导体、半导体制造设备和科学仪器在内的6大类共200多种产品（不包括电视、录像机等消费类电子产品）的关税。ITA规定，从1997年4月1日起分4个阶段执行，每一阶段减少关税25%。4个阶段的时间分别为1997年7月1日、1998年1月1日、1999年1月1日和2000年1月1日。印度、韩国、泰国、马来西亚、印度尼西亚、哥斯达黎加这6个新兴国家和中国台湾地区可以就少数特定产品延后取消关税，但不能晚于2005年将上述信息产品关税减至零。

ITA涉及的产品非常广泛，约占《商品名称及编码协调制度》中近300个税号。ITA涉及关税税则号8469-9030范围内有关产品，即涉及计算器、现金出纳机、自动装置、电信设备、寻呼机、便携式电话机、专用录音机和录像机、计算机、数字摄像机、放大器、传声器、电容器、某些显示器、印制电路、各种插头、光电复印机以及电子控制和监视设备、网络设备、电子数据处理设备、CD-ROM驱动器、半导体、晶体管等400多种产品。由于很多产品是新产品，在该制度中没有相应的编码，因此ITA将产品范围分为两类，即附表A和附表B。

附表A和附表B所列的信息技术产品主要有以下几大类：一是计算机类：包括计算机系统、笔记本电脑、中央处理器、键盘、打印机、显示器、扫描仪、硬盘驱动器、电源等零部件；二是电讯设备类：包括电话机、可视电话、传真机、电话交换机、调制解调器、受话器、应答机、广播电视传输接收设备、寻呼机等；三是半导体及半导体生产设备；四是软件、科学仪器及其他信息技术产品类。

由于各国的发展情况不同，因此对信息技术产品的关税减让各国选择的产品在数量和部门范围上也不相同，但基本出发点是一致的，即通过更长的实施期，为各自目前一些相对落后的产业部门提供较为充裕的发展时间。

为防止多功能的信息技术产品与消费类电子产品混淆，例如，CD-ROM驱动器被列入录像机而征收进口关税，"信息技术"概念中的每种产品精确定义，对具体起草信息技术协定具有特别意义。为了明确信息技术产品与消费类电子产品的区别，对这些设备的功能进行了非常详细的介绍。

（三）ITA的基本原则

ITA只是一个关税削减机制。虽然协议也规定要审议非关税壁垒，但不需要做出约束承诺。成为ITA参加方，必须遵守四条原则：第一，承诺必须涵盖协议所列全部产品，对于产品范围不存在例外，但对于敏感产品，可以延长降税实施期，但必须削减至零关税；第二，所有产品必须削减至零关税；第三，其他税费必须约束在零，削减非关税措施；第四，参加方削减关税及其他税费的措施并入GATT 1994所附各自减让表中，在ITA承担的义务在最惠国待遇基础上实施，参加方削减信息技术产品进口关税的措施也适用于世界贸易组织其他所有成员。换言之，尚未参加该协议的世界贸易组织其他成员只享受权利（免费搭车者的好处），不承担义务。这是与诸边贸易协议不同之处。

（四）ITA的例外

在ITA谈判中，发达国家竭力要求各参加方在2000年将协议中所有信息技术产品的关税降到零，但为吸收更广泛的参与，它们也不得不对发展中国家和地区的情况予以考虑。经过谈判，一些发展中国家和地区的部分信息技术产品获得例外，其降税执行期可延长到2000年以后，最长到2005年降到零。由于这些国家和地区情况不同，它们的例外产品数量和部门范围也不同。不过，它们的基本出发点是一致的，即通过延长ITA实施期，为各自一些相对落后的产业部门提供较长的和较为充裕的发展期。比如，韩国的例外产品包括计算机及零部件、电话电报广播电视发送设备、卫星地面站设备、可移动通信设备及电话交换机等。中国台北选择了计算机部件、电话交换机、无线电话机、对讲机、广播电视发送设备等。印度提出了一份长长的例外产品清单，并提交了到2007年全部信息技术产品关税降到零的目标。经过与美欧加日四方为代表的发达国家的激烈的讨价还价，印度最终有122项产品获得了延长降税实施期的例外，占印度信息技术减让表中产品总数的50%以上，但实施期最长只到2005年。

章末案例

巴西诉美国高地棉补贴案

美国2002年颁布了为期6年的《2002年农场安全与农村投资法》（简称FSRI法案），以直接收入补贴、差额补贴及保证收购等手段，提供给棉农125亿美元的补贴。2002年9月27日，巴西向WTO争端解决机构（DSB）状告美国向高地棉花生产者、用户及出口商提供各种补贴违法，并于2003年请求成立争端解决小组，就FSRI法案是否违反WTO《农业协定》及补贴及平衡税措施规定进行裁定。2003年3月，WTO争端解决机构成立专家组审理此案。该案被称为WTO历史上有关大宗农产品补贴的第一个案件。

2004年6月，经过长达一年的调查取证，专家组认为美国三种出口信用担保项目属于违禁出口补贴；美国对棉花生产还提供了其他的几项非法补贴；美国国内棉花扶持项目不属于受《和平法》保护范围，某些项目条款有严重的歧视性规定，导致世界棉花市场价格下跌，严重损害了巴西和其他世贸成员的利益。

美国不服提起上诉。2005年3月，上诉机构裁定美国棉花补贴措施不符合《关贸总协定》、《农业协定》和《反补贴协定》相关规定。争端解决机构要求美国调整补贴措施，使其符合WTO规则相关要求。2005年7月，美国宣布停止接受长期出口信用担保项目的申请，采用了"风险基费"结构来提供两项短期出口信用担保。2006年2月，布什总统签署了法令废除高地棉花用户营销执照项目。在此担保项目下2004年度共支付了36 300万美元，2005年度支付了58 200万美元，预计2006年将达到39 700万美元。

巴西认为美国没有真正执行争端解决机构裁定，于2006年8月向争端解决机构申请成立执行专家组，10月25日，专家组成立。2007年12月，专家组裁定美国采取的市场营销贷款、反周期补贴和出口信用担保措施违反了它在《农业协定》和《反补贴协定》下应承担的若干义务，并与贸易争端解决机构所做裁定和建议不符。2008年2月，美国向上诉机构提出上诉。2008年6月2日，上诉机构基本维持执行专家组意见。

在WTO争端解决小组听取巴西对美国主张25亿美元年贸易报复金额的前夕，美国2009年3月2日发出一份声明，除指控巴西主张的贸易报复金额过度浮夸外，亦批评其要求制裁范围太过广泛，巴西主张制裁范围除提高对美产品的进口关税外，并扩及限制美国服务业市场进入与暂停对美国知识产权进行保护等。

资料来源：根据中国农业外经外贸信息网站和WTO Reporter相关报道整理。

案例思考：

[1] 美国的农业补贴属于什么补贴（"绿箱"、"黄箱"还是"蓝箱"）？为什么会引起巴西的强烈不满？

[2] 为什么越是发达的国家越是补贴农业？你能谈谈我国在农业支持政策方面的差距吗？

本章小结

1.多种纤维协定于1973年12月30日签订，1974年1月1日生效，有效期限为4年，适用范围包括棉、羊毛、人造纤维及其制品。其基本目标是扩大纺织品贸易，减少贸易障碍，逐渐实现世界纺织品贸易的自由化，并防止对进口国市场的破坏。

2.纺织品与服装协议（ATC）一体化的安排主要分为三个阶段，并在五个方面采取措施。其中纺织品和服装的进口配额制按四个阶段和规定比例在10年内取消，即到2005年实现纺织品和服装贸易自由化。以1990年为基准期，第一阶段为1995年1月1日以前，基准期进口额至少16%必须纳入世贸组织。第二阶段为1998年1月1日以前，基准期其余进口额至少17%必须纳入世贸组织。第三阶段为2002年以前，第二阶段余下的基准期进口额至少18%必须纳入世贸组织。第四阶段为2005年1月1日以前，全部取消其余限制。

3.WTO关于农产品贸易规则。乌拉圭回合谈判（1986—1994年），第一次将农产品贸易的谈判置于关贸总协定的中心位置，并成功将世界范围的农产品贸易自由化引入了正轨。《农产品协议》主要体现在：市场准入、出口补贴和国内支持以及卫生检疫四个方面的限制措施。

4.《民用航空器协定》以及《信息技术产品协定》都是20世纪初期的产物，随着科学技术的发展，以及人民生活水平的提高，有关高科技产品贸易方面的问题也逐渐暴露出来。世贸组织的《信息技术产品协定》，旨在规范信息技术产品多边自由贸易体制。该协议是世贸组织成立后关于有形商品贸易自由化的第一个多边协议，也是对基础电信协议的扩展和补充。2015年7月18日，世界贸易组织扩大ITA产品扩围谈判形成了一份扩围产品清单，是世贸组织近20年来达成的规模最大的关税协定，也是全球IT产品史上最大规模的减税协议。ITA更新对于中国国产手机行业最有利。

专业词汇

ATC　后配额时代　农产品协议　民用航空器协定　信息技术产品协定　ITA扩围产品清单

思考题

1.后配额时代纺织品服装贸易的特点是什么？对中国纺织品出口的影响怎样？

2.试分析"特保措施"对我国纺织品出口的影响。

3.WTO的农产品贸易规则是什么？《农业协定》还有哪些地方需要修改？

4.多哈回合农业谈判的主要障碍是什么？应如何协调？

本章参考文献

[1] 佚名. 关于多种纤维协定 [J]. 纺织信息周刊，2001 (46).

[2] 蔡玉兰，李克兢. 从MFA到ATC看入世对中国纺织品贸易的影响 [J]. 郑州纺织工学院学报，1998 (12).

[3] 黄立新. MFA、ATC、TBT对中国纺织品服装贸易的影响 [J]. 纺织科学研究，2002 (2).

[4] 汪尧田. 多种纤维协定与扩大我国纺织品出口——论充分利用国际协定促进我国出口之一 [J]. 广州对外贸易学院学报，1990 (4).

[5] 施禹之. 多种纤维协定回归关贸总协定及其对我国纺织品贸易的影响 [J]. 国际贸易问题，1993 (3).

[6] 杨懿乐. WTO《纺织品和服装协议》读解 [J]. 丹东师专学报，2001 (12).

[7] 张汉林，张海平，宋克军. 乌拉圭回合《纺织品与服装协议》与中国纺织品服装生产出口的发展 [J]. 国际商务，1996 (4).

[8] 徐刚.《纺织品与服装协议》的过渡期保障机制 [J]. 云南经济管理干部学院学报，2001 (3).

[9] 张汉林，张海平.《纺织品和服装协议》与我国纺织服装业 [J]. 国际贸易，1996 (5).

[10] 冯淑娟. ATC实施后中国纺织品服装出口研究 [D]. 杭州：浙江大学，2005：41-45.

[11] 陈映希. 中国纺织业如何预防"特保"风潮进一步恶化 [J]. 新经济杂志，2005 (9).

[12] 聂资鲁. 入世后欧盟对华纺织品特保措施立法发展研究 [J]. 法学杂志，2006 (5).

[13] 佚名. 美纺织品市场现状及中美纺织品贸易 [EB/OL]. [2018-10-19]. http://china.toocle.com/cbna/item/2008-03-19/2548175.html.

［14］马晓明．论WTO框架中有关中国纺织品的特殊保障措施［EB/OL］．［2019-01-09］．http：//www.yfzs.gov.cn/gb/info/wtoyfz/lwxc/2007-04/09/0941515422.html.

［15］王丽萍．中国纺织品贸易摩擦的新趋势［J］．经济导刊，2007（10）.

［16］高晶．我国纺织品国际贸易的竞争分析［J］．现代经济信息，2011（20）.

［17］蔡岩红．江南化纤打赢美对华纺织品反倾销第一案［N］．法制日报，2007-05-13.

［18］韩雪．浅议新时期我国应对国际反倾销的措施——基于中美聚酯反倾销案例分析［J］．科教文汇，2009（5）.

［19］安春明．中国纺织业应对金融危机的对策分析［J］．纺织导报，2009（2）.

［20］刘烨．浅析《农业协定》谈判及其对我国农业的影响［J］．经济研究导刊，2009（29）.

［21］薛荣久．世界贸易组织（WTO）教程［M］．北京：对外经济贸易大学出版社，2005：174.

［22］赵维田．世贸组织《农产品协议》解读［J］．国际贸易问题，1999（5）.

［23］陈运雄，蔡梅娥．《农业协定》中的国内支持规则对我国农业立法的思考［J］．法制与经济，2010（11）.

［24］吕宏．世贸组织《农产品协议》［J］．新农业，2002（5）.

［25］宫丽，吕宏．WTO框架下农产品贸易规则分析［J］．农业经济，2002（6）.

［26］葛声．WTO《农业协定》农业国内支持规则探析［J］．安徽农业科学，2010，38（8）.

［27］王玉学，罗从清．WTO《农产品协议》中的补贴问题研究——兼论WTO背景下我国农业保护政策的契合［J］．农村经济，2004（12）.

［28］佚名．农产品贸易法律体制研究［EB/OL］．［2018-09-10］．http：//www.cacs.gov.cn/cacs/lilun/lilunshow.aspx？articleId=67433.

［29］王浩云，任勇．WTO《农业协定》的主要缺陷及对多哈回合的展望［J］．经济师，2005（8）.

［30］田维明，武拉平．农产品国际贸易［M］．北京：中国农业大学出版社，2005：233.

［31］程国强．WTO农产品出口补贴规则执行评价［R］．国务院发展研究中心调查研究报告，2006-06-05：6.

［32］WTO Secretariat. Export Subsidies［R］. WTO background paper by the Secretariat, TN/AG/S/8，2002-04-09.

［33］赵艳敏．WTO《农产品协定》的适用缺陷及我国对策［J］．安徽警官职业学院学报，2009（5）.

［34］田卉．浅析农产品贸易自由化问题［D］．北京：首都经济贸易大学，2007：10.

［35］朱满德，程国强．多哈回合农业谈判：进展与关键问题［J］．国际贸易，2011（6）.

［36］中国世界贸易组织研究会．2005—2006年中国WTO报告［M］．北京：中国商务出版社，2006：85-88.

［37］韩高举．多哈农业框架协议与"新蓝箱"政策［J］．世界农业，2005（7）.

［38］王金梁．WTO农业协定下我国农业政策调整研究［D］．大连：东北财经大学，

2007：26-34.

[39] 朱艳春. 《农业协定》与国外农业补贴对我国农业发展的启示 [J]. 新疆师范大学学报：哲学社会科学版，2007（6）.

[40] 高峰. 农业支持和补贴政策的国际比较 [J]. 经济纵横，2004（6）.

[41] 何忠伟，蒋和平. 我国农业补贴政策的演变与走向 [J]. 中国软科学，2004（10）.

[42] 梁艳芬. 民用航空器贸易协议 [N]. 中国纺织报，2001-07-27.

[43] 郑国伟. 《信息技术协议》及对我国相关工业发展的影响 [J]. 世界机电经贸信息，1998（3）.

[44] 沈杰. 世贸组织《信息技术产品协议》及我国应采取对策 [J]. 国际经贸探索，2000（2）.

[45] 佚名. 世贸组织公布《信息技术协定》履行的最新情况 [EB/OL]. [2018-12-09]. http：//www.cacs.gov.cn/news/newshow.aspx？articleId=9108.

[46] 盛军. 《信息技术产品协议》一把双刃剑——《信息技术产品协议》对中国电子信息产业的影响 [J]. 世界机电经贸信息，2000（9）.

[47] 盛水源. 信息技术产品协定的内容影响及对策 [J]. 世界机电经贸信息，1997（14）.

[48] 石杰. 《信息技术产品协议》介绍 [N]. 国际商报，2003-05-08.

[49] 佚名. WTO信息技术协议的意义及影响 [J]. 华南金融电脑，2000（2）.

第五章

WTO贸易救济规则解读及运用技巧

导　读

本章主要介绍了WTO的三种贸易救济措施，即反倾销、反补贴及保障措施。反倾销和反补贴措施针对的是价格歧视的不公平贸易行为，保障措施针对的是进口产品激增的情况。反倾销、反补贴、保障措施，简称为"两反一保"。

WTO是建立在市场经济基础上的多边贸易体制。公平竞争是市场经济顺利运行的重要保障，公平竞争原则体现在世界贸易组织的各项协定和协议中。公平竞争原则是指成员方应避免采取扭曲市场竞争的措施，纠正不公平贸易行为，在货物贸易、服务贸易和与贸易有关的知识产权领域创造和维护公开、公平、公正的市场环境。WTO禁止成员采用倾销或补贴等不公平贸易手段扰乱正常贸易的行为，并允许采取反倾销、反补贴等贸易补救措施，保证国际贸易在公平的基础上进行。

GATT 1994第6条、16条规定某一缔约方以倾销或补贴方式出口本国的产品而给进口国国内工业造成了实质性的损害或有实质性损害的威胁时，受损害的进口国可以征收反倾销税和反补贴税来对本国工业进行保护。

对货物贸易中可能产生扭曲竞争行为、造成市场竞争"过度"的状况，一成员政府在WTO授权下，为维护公平竞争，维持国际收支平衡或出于公共健康、国家安全等目的可采取措施，以维护市场竞争秩序。第19条规定："如因意外情况的发展或因一缔约国承担本协定义务（包括关税减让在内）而产生的影响，使某一产品输入到这一缔约国领土的数量大为增加，对这一领土相同产品或与他直接竞争产品的国内生产造成重大损害或产生重大损害威胁时，这一缔约国在防止或纠正这种损害所必需的程度和时间内，可以对上述产品全部或部分地暂停实施其所承担的义务，或者撤销或修改减让。"采取上述措施必须遵循三个条件：磋商、对等和无歧视。如《农业协定》的目的在于为农业贸易提供更高的公平程度；知识产权方面的协议，将改善智力成果和发明作为竞争条件；《服务贸易总协定》将进一步规范国际服务贸易的竞争环境、促进服务贸易的健康发展作为宗旨。同时，WTO也反对各国滥用反倾销和反补贴来达到保护主义的目的。

保障措施是指成员在进口激增并对其国内产业造成严重损害或严重损害威胁时，依据GATT 1994所采取的进口限制措施。该措施是成员政府在正常贸易条件下维护本国国内产业利益的一种重要手段，它与针对不公平贸易的措施不同。设置该措施的目的在于：使成员所承担的国际义务具有一定灵活性，以便其在特殊情况出现时免除其在有关WTO协定中应当承担的义务，从而对已造成的严重损害进行补救或避免严重损害之威胁可能产生的后果。

"两反一保"贸易措施，具有合法性、简便性和有效性。合法性表现在该措施是WTO法律文件规定的合法保护措施；简便性表现在，一纸诉状就可以诉多个国家和上百家企业；有效性表现在，能有效打击外国产品大量进口，而不易被报复。

学习本章的目的是了解与掌握WTO贸易救济规则的这三个措施的理论、具体的实施步骤以及运用技巧，并能将其灵活运用。

章首案例

美国征收25%关税对中国钢铁出口影响有多大

2018年3月9日，美国总统特朗普签署命令，15天后对美国进口的钢铁和铝分别征收25%和10%的关税。该税针对向美国出口钢铁、铝的所有国家，但加拿大、墨西哥获得30天的关税豁免。

美国是世界上最大的钢铁进口国。美国钢铁协会提供的数据显示，2017年美国进口钢铁产品3 812.1万吨，同比增长15.4%。其中成品钢材2 955.8万吨，同比增长12.2%。在成品钢材进口排名中，中国位列第7位，进口81.3万吨，较2016年下降5.7%，占美国成品钢材进口总量的2.75%。

中国钢铁产量占世界总产量的一半左右，出口量也稳居世界首位。2011年以来，中国钢材出口连年保持两位数增长，至2015年出口量到达顶峰1.12亿吨。2015年后，受国际贸易保护主义及国内供给侧改革影响，钢材出口进入下降通道，2016年出口1.08亿吨，同比下降3.5%，2017年出口7 541万吨，同比大降三成。

中国对美国钢铁出口多年来一直走低。第三方市场研究机构兰格钢铁研究中心监测数据显示，2006年，中国出口美国钢材产品540万吨，占中国当年钢材出口总量的12.56%；到2017年，中国出口美国钢材产品118万吨，仅占中国钢材出口总量的1.56%。在中国钢材出口国排名中，美国由2006年的第2位下降至2017年的第18位。

中国对美国钢铁出口萎缩是受美国频繁的贸易调查影响。美国是对中国钢铁产品发起反倾销、反补贴最多的国家。据美国商务部的数据，截至2018年2月15日，在美国169项针对钢铁产品的反倾销和反补贴税中有29项涉及中国市场。同时，美国对中国的钢铁产品发起了201、421、337、232等保障措施或特保调查，利用多种形式的关税限制中国钢铁产品进口。2017年12月6日，美国商务部宣布，将对经由越南出口至美国的原产地为中国的钢材制品征收反倾销和反补贴税，对来自越南的使用中国基材的耐蚀钢产品征收199.43%的反倾销税和39.05%的反补贴税，对来自越南的使用中国基材的冷轧钢产品征收265.79%的反倾销税和265.44%的反补贴税。

最令人担心的是美国的保护关税产生坏的示范效应，在全球掀起新的贸易保护潮流，进而波及中国对其他国家的钢铁出口。以光伏行业为例，2011年11月，美国商务部对中国光伏产品发起双反调查，一年之后，欧盟也跟随对中国光伏产品进行双反调查。在钢铁行业，中国也时常遭受欧盟的双反调查。

由于欧美的双反保护关税，中国钢铁出口重心已经向欧盟、美国之外的国家转移。2016年，中国向东盟、中东地区和韩国出口钢材6 909.29万吨，同比增加395.61万吨，增长6.07%，占出口总量的63.69%。

2017年4月，美国商务部分别对进口钢铁和铝产品启动"232调查"（指美国商务部根据1962年《贸易扩展法》第232条款，对特定产品进口是否威胁美国国家安全立案调查）。2018年2月16日，美国商务部公布调查报告，认为进口钢铁产品严重损害国内产业，威胁国家安全。

美国商务部在钢铁领域建议三种制裁措施：（1）对所有进入美国的钢铁出口国统一征收24%的进口关税；（2）对特定国家或地区（巴西、中国、哥斯达黎加、埃及、印度、马来西亚、韩国、俄国、南非、泰国、土耳其及越南）征收至少53%的关税，对其他国家实施和2017年等额的进口配额；（3）对所有钢铁进口国实施等额于2017年进口量63%的配额制度。

特朗普最终选择了第一种方案，并将税率提升至25%。关税保护政策已经引发了美国钢材的价格上涨。兰格钢铁研究中心数据显示，以钢产品热轧卷板为例，2018年2月初美国中西部钢厂出厂价格为718美元/吨，月末已涨至789美元/吨；螺纹钢月初为606美元/吨，月末已涨至694美元/吨。

2018年3月，中国最大的几家钢铁出口企业股价均微跌。

资料来源：

[1] 佚名. 出口压力有增无减 钢铁贸易命运多舛 [EB/OL]. [2018-06-20]. http：//www.100ppi.com/news/detail-20180418-1233993.html.

[2] 沈小波. 美国征收25%关税对中国钢铁出口影响有多大？[EB/OL]. [2019-01-05]. http：//money.163.com/18/0311/13/DCKEABB900258105.html.

[3] 佚名. 美国将对借道越南出口美国的中国钢材征收惩罚性关税 [EB/OL]. [2018-12-16]. http：//finance.sina.com.cn/7x24/2017-12-06/doc-ifyphtze4814819.shtml.

案例思考：

[1] 美国针对进口中国钢铁产品采取了哪些贸易保护措施？这些措施联合运用的作用是什么？

[2] 本国产业衰退一定是进口产品带来的吗？打击进口产品真的可以振兴本国产业吗？

[3] 反倾销措施的依据是什么？一国反倾销会产生示范效应吗？

第一节　贸易救济措施规则解读

"贸易救济"中的"贸易"实际上特指对外贸易，国内贸易不在其涵盖范围内。"贸易救济"就是指在对外贸易领域或在对外贸易过程中，国内产业由于受到不公平进口行为或过量进口的冲击，造成了不同程度的损害，各国政府给予他们的帮助或救助。

一、WTO贸易救济法律制度及实践

（一）WTO贸易救济法律体系

贸易救济法律包括国内法和国际法两部分，作为国内法的贸易救济法律是国内法律制度的有机组成部分，作为国际法的贸易救济法律是世贸组织法律体系的一个重要内容。例如，美国对外贸易法的第201、301条款，《1930年关税法》的第337条款；中国对外贸易法还规定了适用服务贸易的保障措施，针对进口转移的救济措施，其他国家未履行义务时的救济措施、反规避措施和预警应急机制等，均属于国内法的贸易救济法律。

世贸组织有关规则是在各国贸易救济法律制度基础上，通过讨价还价之后形成和发展起来的。主要规定在关税与贸易总协定、反倾销协议、反补贴协议和保障措施协议之中。反倾销协议、反补贴协议和保障措施协议分别就关税与贸易总协定中的贸易救济规则做了进一步的细化与阐述，关税与贸易总协定与这些协议共同构成了世界贸易组织的贸易救济规则，不可以脱离关税与贸易总协定适用反倾销协议、反补贴协议或保障措施协议，反之亦然。除上述规定外，农业协定规定了农产品的特殊保障措施。从广义上讲，中国入世议定书中规定的针对特定产品的过渡性保障措施、对纺织品的特殊保障措施，都属于世界贸易组织的贸易救济制度，但已经超出了传统意义上的"两反一保"范围。

世界贸易组织的贸易救济制度的主要方式是反倾销、反补贴和保障措施，但这三类保障措施一般不允许双重使用。

（二）贸易救济实践

由表5-1可知，1996—2017年，由WTO成员发起并通报给WTO相关委员会的贸易救济调查（包括反倾销、反补贴和保障措施调查）共有6 177起，年均发生频率约281起；同期已实施的贸易救济措施共有3 888起，年均实施频率约177起，其中1998—2000年、2008—2010年两个时段全球贸易救济案件剧增，均可见金融危机、经济危机爆发后大约三年内是贸易保护主义盛行期。

由表5-1可知，从1996年到2017年，WTO成员共发起反倾销调查5 372起，实施反倾销措施3 484起，占比分别达到87%和90%。由此可见，在WTO成员采取贸易救济调查和贸易救济措施过程中，反倾销成为其中最主要的手段。

由表5-2、表5-3可知，发起反倾销调查和采取反倾销调查措施排前五位的国家（或地区）依次为印度、美国、欧盟、巴西和阿根廷，调查的次数分别为888起、659起、502起、410起和352起；采取措施的次数分别为656起、427起、325起、251起和241起。由此可见，频繁使用反倾销调查并采取措施的国家有发达国家，也有发展中国家，仅2015—2017年，印度采取了122起、美国采取了82起、巴西采取了54起、欧盟采取了26起反倾销措施，印度2017年一年就采取了47起反倾销措施，美国采取了33起反倾销措施，这无疑有反倾销贸易摩擦逐步白热化的趋势。

在采取贸易救济调查和贸易救济措施过程中，由于WTO规则不允许重复使用贸易救济措施，所以在采取反倾销措施后就不能再使用反补贴措施了，因此，由表5-1可知，反补贴调查和反补贴措施使用相对较少，占比分别为7.7%和6.1%。由表5-4、表5-5可知，

表5-1　　WTO成员采取的贸易救济调查和贸易救济措施情况（1996—2017年）　　单位：起

年份 \ 措施	反倾销		反补贴		保障措施		贸易救济合计	
	调查	实施	调查	实施	调查	实施	调查	实施
1996	226	92	7	4	5	1	238	97
1997	246	127	16	3	3	3	265	133
1998	264	185	25	6	10	5	299	196
1999	357	190	41	14	15	5	413	209
2000	296	236	18	21	25	7	339	264
2001	372	169	27	14	12	9	411	192
2002	311	218	9	14	34	14	354	246
2003	234	224	15	6	15	15	264	245
2004	221	154	8	8	14	6	243	168
2005	198	138	6	4	7	6	211	148
2006	203	142	8	3	13	7	224	152
2007	165	105	11	2	8	5	184	112
2008	218	143	16	11	10	6	244	160
2009	217	143	28	9	25	10	270	162
2010	173	134	9	19	20	4	202	157
2011	165	99	25	9	12	11	202	119
2012	208	121	23	10	24	6	255	137
2013	287	161	33	13	18	8	338	182
2014	236	157	45	11	23	11	304	179
2015	229	181	31	15	17	11	277	207
2016	298	171	34	24	11	6	343	201
2017	248	194	41	18	8	10	297	222
总计	5 372	3 484	476	238	329	166	6 177	3 888

注：数据来源于WTO官网/贸易专题（https：//www.wto.org/english/tratop_e/tratop_e.htm）。

表5-2　WTO部分成员采取的反倾销调查情况（1995年—2017年）　（总次数≥100起）　单位：起

国家或地区\年份	阿根廷	澳大利亚	巴西	加拿大	中国	埃及	欧盟	印度	印度尼西亚	韩国	墨西哥	巴基斯坦	南非	土耳其	美国	全球总数
1995	27	5	5	11	0	0	33	6	0	4	4	0	16	0	14	157
1996	22	17	18	5	0	0	25	21	11	13	4	0	34	0	22	226
1997	15	44	11	14	0	7	41	13	5	15	6	0	23	4	15	246
1998	6	13	18	8	3	14	22	28	8	3	12	0	41	1	36	264
1999	22	24	16	18	2	7	65	64	8	6	11	0	16	8	47	357
2000	41	15	11	21	11	3	32	41	3	2	6	0	21	7	47	296
2001	28	24	17	25	14	7	28	79	4	4	6	0	6	15	77	372
2002	10	16	8	5	30	3	20	81	4	9	10	1	4	18	35	311
2003	1	8	4	15	22	1	7	46	12	18	14	3	8	11	37	234
2004	12	9	8	11	27	0	30	21	5	3	6	3	6	25	26	221
2005	9	7	6	1	24	12	24	28	0	4	6	13	23	12	11	198
2006	10	11	12	7	10	9	35	31	5	7	6	4	3	8	8	203
2007	7	2	13	1	4	2	9	47	1	15	3	0	5	6	28	165
2008	19	6	24	3	14	0	19	55	7	5	1	3	3	23	16	218
2009	28	9	9	6	17	2	15	31	7	0	2	26	3	6	20	217
2010	14	7	37	2	8	1	15	41	3	3	2	11	0	2	3	173
2011	7	18	16	2	5	2	17	19	6	0	6	7	4	2	15	165
2012	12	12	47	11	2	1	13	21	7	2	4	5	1	14	11	208
2013	19	20	54	17	11	2	4	29	14	8	6	6	10	6	39	287
2014	6	22	35	13	7	9	14	38	12	6	14	0	2	12	19	236
2015	6	10	23	3	11	4	11	30	6	4	9	12	0	16	42	229
2016	23	17	11	14	5	14	14	69	7	4	6	24	0	17	37	298
2017	8	16	7	14	24	0	9	49	1	7	8	3	0	8	54	248
总次数	352	332	410	227	258	100	502	888	136	142	152	121	229	221	659	5 529

注：数据来源于WTO官网/贸易主题/反倾销：1995—2017年WTO成员实施反倾销调查情况（按成员通报统计）（https：//www.wto.org/english/tratop_e/adp_e/adp_e.htm）。

表5-3　　　1995—2017年WTO部分成员采取反倾销措施情况（总次数>100起）　　　单位：起

国家或地区 / 年份	阿根廷	澳大利亚	巴西	中国	欧盟	印度	墨西哥	南非	土耳其	美国	全球总数
1995	13	1	3	0	15	7	16	0	11	33	120
1996	20	1	6	0	23	2	4	8	0	12	92
1997	11	1	2	0	23	8	7	18	0	20	127
1998	13	20	14	3	28	22	7	13	0	16	185
1999	9	6	5	2	18	23	7	36	1	24	190
2000	14	5	9	5	41	55	6	13	8	31	236
2001	14	11	13	0	13	38	3	5	2	33	169
2002	22	9	5	5	25	64	4	15	11	27	218
2003	19	10	2	33	2	52	7	1	28	13	224
2004	1	4	5	14	10	29	7	4	16	14	154
2005	8	3	3	16	20	18	8	0	9	18	138
2006	4	5	0	24	12	16	5	7	21	5	142
2007	8	1	9	12	12	24	0	1	6	4	105
2008	5	3	11	4	16	31	0	3	11	23	143
2009	16	2	16	12	9	30	1	3	9	15	143
2010	15	2	5	15	5	32	2	1	10	17	134
2011	8	5	13	6	11	26	1	0	2	4	99
2012	9	10	14	5	3	30	4	1	1	7	121
2013	9	9	30	8	12	12	2	2	8	7	161
2014	9	14	32	12	1	15	8	1	9	22	157
2015	11	10	31	5	10	38	9	5	7	14	181
2016	1	5	13	11	5	37	12	0	9	35	171
2017	2	14	10	5	11	47	2	0	10	33	194
总次数	241	151	251	197	325	656	122	137	189	427	3 604

注：数据来源于WTO官网/贸易主题/反倾销：1995—2017年WTO成员实施反倾销措施情况（按成员通报统计）（https://www.wto.org/english/tratop_e/adp_e/adp_e.htm）。

发起反补贴调查排在前列的主要有美国219起、欧盟79起、加拿大65起、澳大利亚28起；采取反补贴措施较多的国家依次为美国122起、欧盟38起、加拿大29起、澳大利亚15起，采取反补贴措施均超过发起反补贴调查案的半数以上。从全球情况看，2000年以后启动反补贴调查和采取反补贴措施的案例明显增加，启动反补贴调查连续多年超过了20起，采取反补贴措施连续多年超过了10起。

表5-4　　　1995—2017年WTO部分成员启动反补贴调查情况（总次数>10起）　　　单位：起

年份＼国家或地区	澳大利亚	巴西	加拿大	埃及	欧盟	南非	美国	全球总数
1995	0	0	3	0	0	0	3	10
1996	0	0	0	0	1	0	1	7
1997	1	0	0	0	4	1	6	16
1998	0	0	0	4	8	1	12	25
1999	1	0	3	0	19	2	11	41
2000	0	0	4	0	0	6	7	18
2001	0	1	1	0	6	1	18	27
2002	1	0	0	0	3	0	4	9
2003	3	1	1	0	1	0	5	15
2004	0	0	4	0	0	0	3	8
2005	0	0	1	0	3	0	2	6
2006	1	0	2	0	1	0	3	8
2007	0	1	1	0	0	0	7	11
2008	2	0	3	0	2	2	6	16
2009	1	0	1	0	6	0	14	28
2010	1	0	1	0	3	0	3	9
2011	2	3	2	0	4	0	9	25
2012	2	1	6	0	6	0	5	23
2013	1	2	4	0	5	0	19	33
2014	2	1	12	6	2	0	18	45
2015	2	0	3	0	2	0	23	31
2016	8	1	2	2	1	0	16	34
2017	0	1	11	0	2	0	24	41
总次数	28	12	65	12	79	13	219	486

注：数据来源于WTO官网/贸易主题/补贴与反补贴：1995—2017年WTO成员实施反补贴调查情况（按成员通报统计）（https://www.wto.org/english/tratop_e/scm_e/scm_e.htm）。

表5-5　　　　1995—2017年WTO部分成员采取反补贴措施情况（总次数>10起）　　　　单位：起

年份 \ 国家或地区	澳大利亚	加拿大	欧盟	墨西哥	美国	全球总数
1995	0	1	0	7	5	19
1996	0	0	0	0	2	4
1997	0	0	1	0	0	3
1998	0	0	2	0	1	6
1999	0	0	3	0	11	14
2000	1	5	10	0	2	21
2001	0	1	0	0	10	14
2002	0	0	2	0	10	14
2003	0	0	3	0	2	6
2004	0	1	2	0	2	8
2005	0	2	1	1	0	4
2006	0	0	0	0	2	3
2007	1	1	0	0	0	2
2008	0	3	0	0	7	11
2009	0	1	1	0	6	9
2010	1	1	3	0	10	19
2011	1	1	2	0	3	9
2012	2	4	0	2	2	10
2013	3	3	3	0	4	13
2014	0	0	2	1	6	11
2015	2	2	1	0	10	15
2016	1	2	1	0	16	24
2017	3	1	1	0	11	18
总次数	15	29	38	11	122	257

注：数据来源于WTO官网/贸易主题/补贴与反补贴：1995—2017年WTO成员采取反补贴措施情况（按成员通报统计）（https：//www.wto.org/english/tratop_e/scm_e/scm_e.htm）。

在采取贸易救济调查和贸易救济措施过程中，使用频率最小的就是保障措施，由表 5-6、表 5-7 可知，1995—2017 年，全球启动保障措施调查 331 起，1996—2017 年实施保障措施共 166 起，远远低于反倾销调查和实施的 5 529 起、3 604 起，也低于反补贴调查和实施的 486 起、257 起。此外，启动保障措施调查最多的国家是印度，也仅仅 43 起，其他均在 30 起以下，实施保障措施超过 10 起的仅有三个国家——印度、印度尼西亚和土耳其，印度最多为 21 起。

表 5-6　　　　　1995—2017 年启动保障措施调查的国家或地区（总次数 > 10 起）　　　　单位：起

国家\年份	智利	埃及	印度	印度尼西亚	约旦	菲律宾	土耳其	乌克兰	美国	全球总数
1995	0	0	0	0	0	0	0	0	1	2
1996	0	0	0	0	0	0	0	0	2	5
1997	0	0	1	0	0	0	0	0	1	3
1998	0	1	5	0	0	0	0	0	1	10
1999	2	1	3	0	0	0	0	0	2	15
2000	3	1	2	0	1	0	0	0	0	25
2001	2	0	0	0	0	3	0	0	1	12
2002	2	0	2	0	8	0	0	0	0	34
2003	0	0	1	0	0	3	0	0	0	15
2004	1	0	1	1	0	0	0	0	0	14
2005	0	0	0	1	1	0	0	0	0	7
2006	1	0	0	1	1	1	5	0	0	13
2007	0	0	0	0	1	0	3	2	0	8
2008	0	1	1	2	2	1	1	1	0	10
2009	1	0	10	0	0	1	1	2	0	25
2010	0	0	1	7	1	0	0	3	0	20
2011	0	1	1	4	0	0	1	2	0	12
2012	1	4	1	7	1	0	0	0	0	24
2013	2	0	3	0	0	2	1	1	0	18
2014	0	2	7	3	1	0	3	0	0	23
2015	4	2	2	1	0	0	1	1	0	17
2016	0	0	1	0	1	0	0	0	0	11
2017	0	0	1	0	0	0	2	0	2	8
总次数	19	13	43	27	18	11	23	13	12	331

注：数据来源于 WTO 官网/贸易主题/保障措施：1995—2017 年 WTO 成员启动保障措施调查情况（按成员通报统计）（https://www.wto.org/english/tratop_e/safeg_e/safeg_e.htm）。

表5-7　　　　　　　　1996—2017年实施保障措施的国家或地区（总次数>10起）　　　　　单位：起

年份 国家	印度	印度尼西亚	土耳其	全球总数
1996	0	0	0	1
1997	0	0	0	3
1998	4	0	0	5
1999	1	0	0	5
2000	1	0	0	7
2001	0	0	0	9
2002	2	0	0	14
2003	0	0	0	15
2004	0	0	0	6
2005	1	0	2	6
2006	0	1	4	7
2007	0	0	0	5
2008	0	0	4	6
2009	3	2	1	10
2010	0	0	0	4
2011	1	7	1	11
2012	2	1	0	6
2013	0	1	0	8
2014	4	2	1	11
2015	0	3	1	11
2016	2	0	0	6
2017	0	0	1	10
总次数	21	17	16	166

注：数据来源于WTO官网/贸易主题/保障措施：1996—2017年WTO成员采取保障措施的情况（按成员通报统计）（https://www.wto.org/english/tratop_e/safeg_c/safeg_e.htm。

中国在改革开放以后，对外经济贸易取得了突飞猛进的发展，据世界贸易组织的货物贸易数据统计，1978—2017年，中国进出口总额从206.4亿美元增长到41 045.04亿美元，占世界贸易总额比重从0.79%增加到11.5%，已经成为世界贸易大国。

正因如此，针对中国的贸易救济案件逐年增多，对我国出口贸易产生较大的抑制作用。世贸组织的数据显示，2008年全球35%的反倾销、71%的反补贴涉及中国。这与中国出口额占全球出口8%的贸易地位，显然比例失衡。[1]

总的来看，从2000年到2009年，国外对华贸易救济案有不断上升趋势，2009年总数最高达到120件，见表5-8。中国商务部提供的数据显示，加入世界贸易组织以来，2002年至2010年，中国共遭受国外贸易救济调查692起，合计金额389.8亿美元。[2]到2010年全球贸

---

① 李洁金，旼旼，刘丽娜，刘国远. 中国15年遭反补贴调查最多，受贸易保护伤害最重［N］. 南宁日报，2009-12-31.
② 佚名. 外贸摩擦频发 中企不能忍气吞声［EB/OL］［2011-09-09］. http://www.chinanews.com/cj/2011/09-09/3319761.shtml.

易救济案降了近一半的前提下，仍有半数案件针对中国，可见中国面临的国际经济环境十分严峻。仅就钢铁产业来说，据不完全统计，从1991年至2016年，国外对中国钢铁发起的各类贸易保护措施已经超过210起，涉及24个国家和地区，涉案金额超过百亿美元。

表5-8　　　　　　　　　　　　　国外对华贸易救济案件　　　　　　　　　　单位：起

案件 \ 年份	2000	2001	2002	2003	2004	2005	2006	2007	2008	2009
反倾销	44	55	51	53	49	56	72	62	76	77
反补贴	0	0	0	0	3	0	2	8	11	13
保障措施	25	12	34	15	14	7	13	8	10	23
特别保障措施	0	0	3	4	2	7	4	0	2	7
贸易救济总数	69	67	88	72	68	70	91	78	99	120

资料来源：根据2009年WTO发布的《反倾销案件统计》《反补贴案件统计》《保障措施案件统计》以及中国贸易救济网整理而来。

由表5-9可以，1995—2017年全球共发起对中国反倾销调查的案例有1 269起，最终实施了反倾销措施的共926起；发起超过100起的国家（或地区）有印度、美国、欧盟和阿根廷，最终采取反倾销措施的总次数超过100起的仅有印度和美国，印度为167起，美国为119起（见表5-10）。

表5-9　　1995—2017年对中国发起反倾销调查的主要国家或地区（总次数>30起）　　单位：起

国家或地区	发起反倾销调查
印度	214
美国	150
欧盟	132
阿根廷	107
巴西	96
土耳其	81
墨西哥	54
澳大利亚	53
哥伦比亚	50
加拿大	40
博茨瓦纳	39
伊斯瓦蒂尼	39
莱索托	39
纳米比亚	39
南非	39
韩国	31
全球总次数	1 269

注：数据来源于WTO官网/贸易主题/反倾销：1995—2017年WTO成员针对中国发起的反倾销调查（按成员通报统计）（https：//www.wto.org/english/tratop_e/safeg_e/safeg.htm）。

表5-10　　1995—2017年对中国采取反倾销措施的主要国家（总次数>20起）　　单位：起

国家或地区	采取反倾销措施
印度	167
美国	119
欧盟	95
阿根廷	76
土耳其	75
巴西	71
墨西哥	39
加拿大	30
澳大利亚	26
哥伦比亚	24
韩国	24
博茨瓦纳	21
伊斯瓦蒂尼	21
莱索托	21
纳米比亚	21
南非	21
全球总次数	926

注：数据来源于WTO官网/贸易主题/反倾销：1995—2017年WTO成员针对中国实施反倾销措施情况（按成员通报统计）（https：//www.wto.org/english/tratop_e/safeg_e/safeg_e.htm）。

专栏5-1

全球贸易救济案降两成　近半数调查针对中国

世界银行发布报告称，2010年第一季度，全球新发起的包括反倾销、反补贴和特保案在内的临时进口限制贸易救济案同比下降20%，连续两个季度下降。

据新华社和境外媒体报道，2009年第四季度，全球贸易救济案同比降幅大约为20%。2010年第一季度，世贸组织有13个成员发起新的贸易救济调查，其中，发展中成员发起的新调查占74%。中国的出口商继续为贸易救济调查案的头号目标，共有约47%的新增调查针对中国。

国家信息中心研究员阎敏表示，整个世界范围内经济复苏，使得各国采取的贸易救济案下降。国际货币基金组织（IMF）4月中旬预计，世界货物贸易量将增长8%。

针对中国这个"特例"，阎敏表示，中国当前全球出口第一的地位，以及相对各国较快的复苏速度，决定了中国必然会遭遇最大数量的贸易救济。尽管各国对反对贸易保护主义的呼声很高，但是具体操作还是从本国的政治经济利益出发的。

中美战略对话刚刚结束，中美两国发表的经济对话联合成果中称，双方承诺致力于构建更加开放的全球贸易和投资体系，反对贸易和投资保护主义。不过就在对话结束的当天，美国商务部25日宣布最终裁定，对从中国进口的钾磷酸盐征收69.5%至95.40%的反倾销关税以及109.11%的反补贴关税。

资料来源：胡红伟.全球贸易救济案降两成 近半数调查针对中国［N］.新京报，2010-05-27.

在针对中国的贸易救济案中欧盟和美国是主要起诉国。仅2010年欧盟对中国出口产品发起的贸易救济调查就有11起，是2009年7起的1.6倍，立案数量为近4年来最多，涉案金额亦较大。涉案产品包括三聚氰胺、铜版纸、玻璃纤维制网眼织物、瓷砖、无线数据卡、磷酸三酯、不锈钢无缝钢管、石墨电极等。[1]2009年1月至11月，美国各类贸易救济案约为50宗，其中超过一半针对中国。[2]商务部新闻发言人姚坚说，2009年前三季度，共有19个国家和地区对中国产品发起88起贸易救济调查，包括57起反倾销、9起反补贴，总金额约有102亿美元规模。在今年我国遭遇的贸易救济措施涉案金额中，美国占到57%。[3]截止到2010年7月，美国正在实施的对华贸易救济措施涉案产品达104种。[4]

专栏5-2

欧盟对华贸易救济政策"变脸"

2010年2月18日，欧盟对我国铜版纸产品发起反倾销调查，并于2010年4月17日发起反补贴调查，成为欧盟针对我国的第一起"双反"案。2010年11月17日，欧盟对该案做出反倾销初裁，决定征收19.7%的临时反倾销税。此次涉及"双反"关税征收的企业包括APP（中国）、太阳纸业和晨鸣纸业，而受影响最大的是APP在华企业金光纸业，该公司是中国铜版纸最大的生产和出口企业。

2011年5月14日，欧委会就对华铜版纸反倾销反补贴案做出终裁，裁定对中国企业征收4.3%~12%的反补贴税和8%~34.8%的反倾销税。这是欧盟对华第一起反倾销反补贴案。金光纸业占到中国出口欧盟铜版纸份额的70%~80%，终裁结果落定后，该公司将被强制征收20%的混合关税（12%的反补贴关税及8%的反倾销关税）。其实，自临时反倾销税实施后公司便基本停止了对欧出口。终裁落定后，有60天的时间提起上诉，APP（中国）高层目前正在向欧盟法庭上诉。另一家涉案企业晨鸣纸业表示，高额的强制性关税使他们不得不暂停对欧出口，将出口目的地加以调整。

欧盟在不承认中国市场经济地位，对华反倾销调查中采取歧视、不公正的"替代国"做法的同时，执意对中国产品发起反补贴调查，对同一产品同时进行反倾销反补贴双重救济，违背世界贸易组织规则。

资料来源：佚名.欧盟对华贸易救济政策"变脸"［EB/OL］.［2019-08-05］.http://www.chinanews.com/cj/2011/05-16/3042684.shtml.

近年来，针对中国的贸易救济出现了一个新特点，那就是发展中国家发起的调查案件

---

① 中华人民共和国商务部进出口公平贸易局. 2010年欧盟对华贸易救济调查立案数量增多［EB/OL］.［2011-01-18］. http://gpj.mofcom.gov.cn/aarticle/subject/mymcyd/subjectdd/201101/20110107368114.html.
② 赵家章. 贸易保护主义无助消除贸易逆差，美或食苦果（红旗文稿）［EB/OL］.［2011-04-01］. http://www.cfi.net.cn/p20110401000272.html.
③ 佚名. 前三季国外对我发动88起贸易救济调查 美占57%［N］. 人民日报，2009-10-16.
④ 中华人民共和国商务部进出口公平贸易局.美国目前正在实施的对华贸易救济措施涉案产品一览表［EB/OL］.［2010-08-04］. http://gpj.mofcom.gov.cn/aarticle/subject/mymcyd/subjectdd/201008/20100807088256.html.

剧增。商务部进出口公平贸易局2010年9月发布的数据表明，发展中国家2009年对中国发起的贸易救济调查数量比2007年增长40%，涉案金额是2007年的4倍多。这一增长速度远高于发达国家对中国发起贸易救济调查数量增长速度。统计表明，2007年发展中国家对中国发起贸易救济调查为51起，到2009年已达77起，同期发达国家对中国发起贸易救济调查则从30起增加到37起，涉案金额增加了一倍多。[①]

专栏5-3

印度密集对中国出口产品发起17起贸易救济调查

来自商务部的消息称：2008年10月以来印度密集对中国出口产品发起17起贸易救济调查，其中反倾销调查10起、反补贴1起、特别保障措施2起、一般保障措施4起，涉及青霉素工业盐、热轧钢、炭黑、轮胎等产品，涉案金额约15亿美元。此外，印度还于近期对中国钢铁、化工、纺织等产品实施进口限制措施。1月23日，印方宣布禁止从中国进口玩具，为期6个月。

"十八般武艺样样用上了！"商务部国际市场研究部研究员白明2月12日接受《法制日报》记者采访时称，印度不但用了国际贸易纷争中通常使用的反倾销、以环保和安全为由的进口限制措施等，连较少使用的反补贴、一般保障措施和WTO针对中国设置的特殊保障措施都用上了。

对于印度为何对中国密集"开火"，白明解释说："主要是中印两国同属发展中国家，产业结构重叠性大，劳动要素重叠性大，都以劳动密集型生产了大量同类型产品，存在竞争；同时，由于进口国市场的萎靡，为确保出口量，出口国对该市场的争夺也会转化为对本国市场的保护。"

在上述17起贸易救济调查中存在一起反补贴调查。在此之前，该调查常被发达国家所采用，例如美国和加拿大，南非曾使用过，但后来撤诉了。反补贴对中国的杀伤力很大，因为我国地方政府对企业减税、贷款优惠是普遍存在的，同时，反补贴的成立可能会导致很多国家纷纷效仿。

资料来源：周斌. 印度近几个月密集对中国出口产品发起17起贸易救济调查，面对贸易保护潮中国如何拆招［N］. 法制日报，2009-02-13.

二、中国贸易救济法律体系及实施

（一）中国贸易救济法律体系

中国贸易救济法律体系包括：

一部法律：《中华人民共和国对外贸易法》（简称《对外贸易法》）。新的《对外贸易法》增加了"与对外贸易有关的知识产权保护""对外贸易调查""对外贸易救济"3章内容，完善了对外贸易调查与对外贸易救济等法律框架。《对外贸易法》按照WTO成员享有权利与履行义务相平衡的原则，就对外贸易调查、对外贸易救济等方面增加了相关规定，授权有关政府主管部门在WTO规则范围内依法运用反倾销、反补贴及保障措施等救济手段，为中国产业和市场的健康发展提供了强有力的支持和保障。

三个行政法规：《中华人民共和国反倾销条例》、《中华人民共和国反补贴条例》和

---

① 商务部：发展中国家对中国发起贸易救济调查剧增［EB/OL］.［2010-09-09］. http://www.chinanews.com/cj/2010/09-09/2523799.shtml.

《中华人民共和国保障措施条例》。三个条例从法律实体和法律程序上对反倾销、反补贴和保障措施的认定和实施程序都有明确规定。

二十七个部门规章。商务部成立后，修订并发布了27个关于贸易救济措施的部门规章，内容涉及反倾销、反补贴、保障措施调查与裁决等方面。

两个司法解释。2002年11月21日，最高人民法院发布公告，就反倾销和反补贴案件的司法审查公布了两个司法解释：《最高人民法院关于审理反倾销行政案件应用法律若干问题的规定》和《最高人民法院关于审理反补贴行政案件应用法律若干问题的规定》，自2003年1月1日起施行。这两个规定为中国法院开展反倾销、反补贴案件的司法审查提供了法律依据。

（二）中国贸易救济法律实施

贸易救济法律规定，属于对外贸易管理法律制度的一个组成部分，主要包括对外贸易调查、主动贸易救济与被动贸易救济规定。

1.对外贸易调查的规定

中国《对外贸易法》规定：为了维护对外贸易秩序，国务院对外贸易主管部门可以自行或者会同国务院其他有关部门，依照法律、行政法规的规定对下列事项进行调查：（1）货物进出口、技术进出口、国际服务贸易对国内产业及其竞争力的影响；（2）有关国家或者地区的贸易壁垒；（3）为确定是否应当依法采取反倾销、反补贴或者保障措施等对外贸易救济措施，需要调查的事项；（4）规避对外贸易救济措施的行为；（5）对外贸易中有关国家安全利益的事项；（6）为执行对外贸易法有关条款规定，需要调查的事项；（7）其他影响对外贸易秩序，需要调查的事项。

为执行《对外贸易法》的规定，外经贸部于2002年制定了《对外贸易壁垒调查暂行规则》，2005年2月2日商务部将其修订为《对外贸易壁垒调查规则》，自2002年起，商务部每年发布《国别投资贸易环境报告》。

2.主动贸易救济法律规定

主动贸易救济是指我国（进口国）企业或政府主管部门主动向外国（出口国）企业或政府提起反倾销、反补贴和保障措施的贸易救济。我国主动贸易救济的法律制度比较完备，操作性强，而且完全符合WTO规则。以上提到的法律法规主要是这一层面的。

专栏5-4

我国贸易救济案件呈五个特点

特点一：反倾销措施仍是我国企业贸易救济的主要形式。1997—2008年，我国共发起贸易救济调查165起，其中反倾销164起，占我国贸易救济案件总数的99.4%；保障措施1起，占比0.6%。由此可见，我国运用贸易救济措施12年来，反倾销仍是我国企业用来保护自身利益的主要手段。

特点二：入世后我国反倾销申诉案件明显上升。1997—2008年，我国反倾销立案数为164起，年均13.7起，最高峰值在2002年，达到30起。1997—2000年的4年间，我国反倾销立案总数为16起，年均立案数为4起。但2001—2005年的5年间，我国反倾销立案总数为120起，年均立案数为24起；2006—2008年的3年间，我国反倾销立案数为28起，年均立案数为9.3起。

特点三：日本、韩国和美国仍为我国申诉的主要对象国。1997—2008年，我国共对25个国家（地区）发起反倾销调查。在我国启动的164起反倾销案件中，日本、韩国被列为申诉对象国的案件均为31起，并列第一，均占我国反倾销申诉案件总数的18.9%；美国为24起，位居第三，占比14.6%；中国台湾地区15起，占比9.2%。

特点四：申诉企业所属省份集中于北京、吉林和山东。1997—2008年，我国原审申诉企业共涉及26个省份（直辖市）。未涉案的省级行政区（港、澳、台除外）5个，分别为西藏、宁夏、海南、贵州、安徽。其中，北京企业位居第一，发起52起反倾销案；吉林位居第二，为42起；山东居第三，为41起。

特点五：涉案产业以化工为主，并逐渐向医药、农产品、机械和电子扩展。1997—2008年，我国发起的164起反倾销案件中，涉及化工产品的反倾销案件仍位居首位，为126起，占我国申诉反倾销案件总数的76.8%。涉及行业共计9类：化工（126起）、造纸（14起）、冶金（8起）、纺织（7起）、电子（3起）、机械（2起）、轻工（食品添加剂）（2起）、医药（1起）、农产品（1起）。共涉及产品50种。

资料来源：主荣. 我国贸易救济案件呈五特点 [EB/OL]. [2018-12-10]. http://info.gongchang.com/Economic/2010-02-16/87697.html.

3.被动贸易救济法律规定

被动贸易救济是指我国（出口国）应对外国（进口国）企业或政府主管部门对我国出口产品提起的反倾销、反补贴和保障措施的贸易救济。2001年外经贸部发布了《出口产品反倾销应诉规定》，2006年7月14日商务部将其修订为《出口产品反倾销案件应诉规定》。

第二节 反倾销规则解读

一、倾销的出现

根据GATT 1994第6条第2款和WTO《反倾销协议》的规定，倾销是指一国（地区）的生产商或出口商以低于其国内市场正常价格将其商品抛售到另一国（地区）市场的行为。倾销是一种国际市场上的价格歧视行为，是不完全竞争企业追求利润最大化的理性选择。

二、反倾销的历史演变

反倾销政策的发展经历了从国内法发展到国际多边贸易规则，多边贸易规则又反过来影响国内法，同时它又出现在区域贸易协定中，最终形成反倾销的相关规定在国内法、国际多边贸易协定、区域贸易协定中同时并存，且又相互影响的复杂局面。

Finger（1993）认为世界范围内的早期国内反倾销立法浪潮出现在20世纪的前30年。随着第一次世界大战结束，西方国家开始担心德国会将大量的国内产品盈余对外倾销，再加上国内政坛充斥着对掠夺性倾销行为的担忧，因此受到倾销影响的国家纷纷进行了反倾销立法。1904年加拿大首先立法，新西兰（1905年）和澳大利亚（1906年）这些英国的殖民地也纷纷效仿。随后，南非（1914年）、美国（1916年）、英国（1921年）相继进行了反倾销立法。中国国民政府在1931年也制定了反倾销法。反倾销发展的历史轨迹从西方早期工业化国家的国内法开始，其立法的初衷就是保护本国工业免受倾销的损害或抵制掠夺性倾销。

1904 年加拿大的反倾销法有两个重要特征：一是只要认定外国商品在加拿大市场上作差价销售，就构成倾销；二是认定倾销后，即可征特别关税，不需证明对本国同业有损伤，所以它是"自动适用"的。该法规定，在征收普通关税之外可再征收倾销税，倾销税税额等于出口价格与国内公平市场价格的差额，且不应超过从价税的 15%。①

1916 年的《岁入法》是美国首例反倾销法案，其目的就是抵制不公平竞争，因此反倾销法在美国也称"公平贸易法"。这个法律的第 800—801 节规定：任何进口商经常且有计划地在美国销售进口品，其价格大大低于这些产品当时在生产国主要市场上的实际市场价格，或者大大低于这些产品经常出口到其他国家市场时的价格，但是要加上进口中所需要的各种成本，如果这样做的意图是要损害或摧垮美国某一产业，或者阻碍美国某一产业的建立，或者是要限制这些产品在美国的竞争，那么这种行为就是违法的。对于违法行为要处以不超过 5 000 美元的罚款或不超过一年的监禁或者两者并罚。该法的缺陷，一是对"不公平竞争"没有准确的定义；二是没有域外效应，无法调整出口国生产商的行为。因此导致适用这个法律的案例非常少。②

到了 20 世纪 30 年代，欧美各贸易大国都相继制定了内容大同小异的反倾销法。立法的主要根据是"倾销有害论"。

GATT 第 6 条直接借鉴了美国的反倾销法，甚至有些是抄过来的。迄今为止，GATT 第 6 条仍是 WTO 反倾销规则的纲领。其最核心的内容，一是"缔约各方承认，用倾销方式把一国产品以低于该产品正常价值销入另一国商业领域，凡对一个缔约方境内已有行业造成或威胁造成重要损伤，或者大大妨碍一国国内行业建立者，应予谴责"；二是"为抵消或制止倾销，一个缔约方得对倾销产品征收不超过倾销差额的反倾销税"。

三、反倾销规则解读

根据 GATT 1994 第 6 条及 WTO《反倾销协议》的有关规定，我们可以对 WTO 反倾销规则进行简单解读。

（一）倾销幅度

WTO 允许的反倾销措施不是针对倾销行为，而是针对造成损害的倾销行为。根据 GATT 1994 第 6 条第 2 款的规定，判断损害性倾销的标准有两个：第一，来自外国的出口产品以低于正常价格在本国市场上销售，即存在倾销的幅度；第二，倾销对本国同类产品工业造成了严重或实质性损害，或形成了实质性损害的威胁，或实质性阻碍某项新兴工业的建立。

倾销幅度即出口价格低于正常价格的差额。因此，确定倾销幅度，关键是确定出口价格、正常价格和二者之间的比较规则。

出口价格是出口商将其产品出售给进口商的价格。当不存在出口价格，或因出口商与进口商或第三者之间有总公司、母子公司或控股等关系或其他原因而使出口价格不可靠时，则可根据被指控倾销商品首次在进口国内向独立商人转售的价格，即进口商向另一个

---

① 瓦伊纳. 倾销：国际贸易中的一个问题［M］. 沈瑶，译. 北京：商务印书馆，2003：166-177.
② 瓦伊纳. 倾销：国际贸易中的一个问题［M］. 沈瑶，译. 北京：商务印书馆，2003：210-219.

与其无任何关系的人出售的价格作为出口价格。

确定正常价格有三种方法：

一是出口国国内销售价格。它是指被指控倾销产品或与其相同或相似的产品在调查期间通常是1年至1年半，在出口国国内市场上已付或被约定应付的价格。使用这种价格必须注意：①具有代表性；②是正常贸易渠道中形成的价格，即独立交易商之间的价格，而由总公司与分公司、联营公司之间交易的价格不能采用；③不能将低于成本价销售的价格作为正常价格。

二是对第三国的出口价格。当不存在或无法确定倾销产品的国内销售价格时，进口国可采用倾销产品向第三国出口的可比价格确定正常价格。选用向第三国的出口价格应考虑以下因素：产品具有可比性；向所有第三国销售的同类产品价格中的较高价格；向第三国的销售做法与向反倾销调查国销售此类产品的做法相类似；向第三国的销售价格不能低于产品成本；向第三国的出口量一般不低于出口到反倾销调查国市场总量的5%。

三是结构价格。当用出口国国内销售价格和向第三国出口的价格均无法确定倾销商品的正常价格时，可采用结构价格来确定。结构价格是指被指控倾销产品的生产成本加合理的管理费用、销售和一般费用以及利润。其中，生产成本通常包括原材料、能源、劳动力等；管理费、销售费和一般费用应以与生产有关的实际数据以及受调查的出口商或生产商在正常贸易过程中相关产品的销售依据计算；利润的计算也不得超过在原产地国内市场上同类产品销售时通常得到的利润。

在对正常价格和出口价格进行适当比较后，便确定出倾销的幅度。

但在对正常价格和出口价格进行比较时，应对两种价格作必要的调整，把两种市场上的相同或同类产品的价格放在同一市场环境中进行比较。方法有三种：第一，用加权平均的正常价格同所有可比出口交易的平均价格比较；第二，正常价格与出口价格以逐笔交易为基础进行比较；第三，如果出口价格因不同进口商、地区或时间差距较大，进口方可以用其计算出的加权平均正常价格与每笔出口交易的价格进行比较。

专栏5-5

关于中国市场经济地位问题

市场经济地位是反倾销调查确定倾销幅度时使用的一个重要概念。反倾销案发起国如果认定被调查商品的出口国为"市场经济"国家，那么在进行反倾销调查时，就必须根据该产品在生产国的实际成本和价格来计算其正常价格；如果认定被调查商品的出口国为"非市场经济"国家，将引用与出口国经济发展水平大致相当的市场经济国家（即替代国）的成本数据来计算所谓的正常价值，并进而确定倾销幅度，而不使用出口国的原始数据。

在长达十几年的中国加入世界贸易组织的谈判中，一些国家对中国的完全市场经济地位表示怀疑。在最终签署的中国加入世贸组织议定书的第15条中规定："如接受调查的生产者不能明确证明生产该同类产品的产业在制造、生产和销售该产品方面具备市场经济条件，则该世贸组织进口成员可使用不依据与中国国内价格或成本进行严格比较的方法。"此项规定"应在加入之日后15年内终止"。也就是说，中国15年内不自动具有市场经济地位。要取得完全市场经济地位，需要得到进口国的承认。

加入世界贸易组织以后，中国一直与相关国家进行完全承认中国市场经济地位的谈判。2004年4月14日，新西兰率先承认中国的完全市场经济地位。这意味着中国在获得完全市场经济地位问题上首次取得突破。到2010年5月份，全球已经有近150个国家承认中国完全市场经济地位，但占中国进出口总额45%的前三大贸易伙伴欧盟、美国和日本，全球3/4的高收入国家及地区和印度不承认中国完全市场经济地位。对中国发起贸易救济措施调查前十位国家和地区中，绝大多数没有承认中国的完全市场经济地位。

2010年5月24日至25日，中美的第二轮战略与经济对话取得丰硕成果。其中一项重要内容就是：美方承诺将在贸易救济调查中，认真考虑并给予提出"市场导向行业"申请的中国企业公正、合理的待遇，并通过中美商贸联委会，以一种合作的方式迅速承认中国市场经济地位。

资料来源：

[1] 佚名.市场经济地位 [EB/PL]. [2019-01-20]. http://baike.baidu.com/view/2472708.htm.

[2] 胡江云.中国离完全市场经济地位并不遥远 [N]. 人民日报，2011-06-14.

（二）倾销损害

根据GATT 1994第6条第3款的规定，对一项倾销产品是否采取反倾销措施，还需要确定该项产品的倾销是否对进口国的国内产业造成了损害，以及损害与倾销之间是否存在因果关系。这里所说的损害是指因倾销行为对一国国内产业造成实质性危害或实质性损害威胁，或对这种产业的建立构成严重阻碍。这里所说的国内产业是指进口国国内生产相同或类似产品产业的生产者全体，或虽不构成全体，但包括其国内生产相同或类似产品产业的大部分生产者。如果两个或两个以上国家通过一体化具备单一的、统一的市场，则整个一体化区域内的产业也被称为国内产业。

在确定实质性损害时，要考虑以下因素：（1）无论是绝对数量还是相对数量，倾销产品均构成急剧增长。（2）进口引致的价格对国内相同或相似产品的价格有巨大抑制或下降影响，并导致对进口产品需求的大幅度增长。（3）进口产品对进口国国内产业相同或类似产品的生产商产生的影响以及后续冲击程度，包括对产量、销售量、库存、市场份额、价格、利润、生产率、投资回收率、现金流动、设备利用能力、就业等经济指标的影响状况。

实质性损害威胁是指进口国国内产业虽然尚未处于实质性损害的境地，但已受到威胁，而且其威胁是真实的、迫切的和可以预见的。

严重阻碍某一产业的建立是指倾销产品严重阻碍了进口国建立一个生产该同类产品的新产业。它指的是一个新产业在实际建立过程中受到了严重阻碍，而不能理解为是倾销产品阻碍了建立一个新产业的设想或计划，而且必要时要有充分的证据来证明。

倾销与损害之间的因果关系，是指进口国国内产业受到的损害是由于进口产品的倾销直接造成的。其他因素对产业造成的损害不得归咎于倾销产品。这些因素包括：需求变化、消费模式变化、限制性贸易措施、技术进步以及出口实绩和国内产业的生产率变化等。在确定倾销与损害的因果关系时，并不一定要证明倾销的进口产品是造成损害的主要原因，只要能证明是造成损害的原因之一即可。

四、反倾销的措施

根据GATT 1994第6条的规定，反倾销措施只允许一种手段——反倾销税，而不允许使用进行数量限制等措施。

（一）临时性措施

在倾销调查中初步认定存在倾销、国内工业损害及因果关系后，进口方当局可采取措施，以防在调查期间有关工业受到更为严重的损害。临时性反倾销措施主要有两种形式：一是征收临时性反倾销税，时间一般不超过4个月，特殊情况下如需延长，也不得超过9个月；二是采取担保方式，即支付现金或保证金，其数额不得高于预计的临时性反倾销税。临时性的反倾销税措施只能从开始调查之日起60天后采取。

（二）价格承诺

在反倾销调查初步裁定存在倾销后，如果出口商主动承诺提高倾销商品的价格或停止以倾销价格向投诉方国内市场出口，则可以达成价格承诺协议，进口方将停止调查，但出口商要定期提供执行该协议资料，并允许对资料中的有关数据进行核实。但如果出口商违背价格承诺协议，进口方有关当局则可采取紧急行动，包括采取反倾销临时性措施。

价格承诺的有效期限一般不得超过征收反倾销税的有效期限，并应进行必要的审查以确定是否需要保持价格承诺。

进口方反倾销调查当局不能接受其价格承诺，应向出口商说明不接受的理由，并给出口商说明其意见的机会。

（三）反倾销税的征收

当最终裁决确定存在倾销，并因此对进口国相同或某一类似产品的产业构成了实质性损害，就可对该倾销产品征收反倾销税。反倾销税是指在正常海关税费外，进口方管理机构对倾销产品征收的一种附加税。反倾销税的税额不得超过倾销幅度。如果反倾销调查及最终裁定涉及多个出口国家或地区，并要对不同来源的倾销产品按适当的数额征收反倾销税时，应根据无歧视原则，对所有倾销产品按适当的数额征收反倾销税。反倾销税在抵消损害的期限内有效，但最长一般不得超过5年。反倾销税的纳税人是倾销产品的进口商，出口商不得直接或间接代替进口商承担反倾销税。

（四）反倾销税的追溯征收

反倾销税的追溯效力是对某项进口商品裁定征收反倾销税后，可在某些情况下对以往进口的该商品追征反倾销税。这些情况包括：

第一种情况：在做出倾销造成产业损害或损害威胁的最终裁定时，如果由于缺乏临时性措施而使倾销产品在调查期间继续对进口方境内产业造成损害时，则最终确定的反倾销税可以溯及能够适用临时性措施的时候开始计征。如果反倾销调查现在初步裁定存在倾销时已制定出临时性措施，在追溯性计征反倾销税时，如最终确定的反倾销税额超过已支付或应支付的临时性反倾销税，则其差额不再征收。如果最终确定的反倾销税额低于已支付或应支付的反倾销税额或交付的担保金，则其差额应给予退还，或重新计算税额。

第二种情况：如果反倾销调查最终裁定进口商有造成损害的倾销史，或者进口商知道或理应知道出口商在进行倾销，并肯定会对进口方产业造成损害，或者损害是短期内引起新产品的大量进入而造成的，那么反倾销税可以对那些在临时性措施适用之前90天内进入消费领域的倾销产品追溯计征。

第三种情况：对倾销产品做出的最终裁决是属于损害威胁或者严重阻碍的裁决，而损害尚未发生，则反倾销税只能从该损害威胁或严重阻碍的裁决做出之日起计征。在临时性措施试用期间交付的现金押金予以退还，担保应尽快解除。

五、反倾销措施实施程序

反倾销调查程序是指一国反倾销当局根据国内受到倾销损害的相关产业的起诉，对被指控倾销的产品进行立案调查的过程。主要包括：

（一）申诉

反倾销申诉是反倾销立案的根据。调查的发起必须由进口方境内声称受损害的产业或其代表所提交的书面申请开始。在特殊情况下，进口方当局也可以开始反倾销调查。《反倾销条例》第13条规定："国内产业或者代表国内产业的自然人、法人或者有关组织（以下统称申请人），可以依照本条例的规定向商务部提出反倾销调查的书面申请。"

申请的内容包括：①该倾销行为对国内产业相同产品造成的损害；②倾销产品与声称的损害之间存在因果关系；③申请人的身份以及申请人对国内相同产品生产价值和数量的综述；④该产品在原产地国或出口国国内市场上出售时的价格资料、出口价格资料；⑤所声称倾销进口产品数量发展变化的资料，进口产品对国内市场相同产品价格影响以及对国内有关产业造成后续冲击程度的资料，表明有关影响国内产业状况的有关因素和指数。

《反倾销条例》第17条规定："在表示支持申请或者反对申请的国内产业中，支持者的产量占支持者和反对者的总产量的50%以上的，应当认定申请是由国内产业或者代表国内产业提出，可以启动反倾销调查；但是，表示支持申请的国内生产者的产量不足国内同类产品总产量的25%的，不得启动反倾销调查。"

（二）立案

进口方当局对申诉所提供的证据的准确性和充分性进行复查后，决定是否立案，并予公告。公告包括下列内容：①出口国名称和涉及的产品；②开始调查的日期；③申请书声称倾销的证据；④导致产生声称损害存在因素的概要说明；⑤指明有利害关系的当事人及其住址；⑥允许有利害关系的当事人公开陈述其观点的时间限制。

立案后，进口方当局便向因倾销产品面临被调查的当事方或其他各利害关系方等发出问卷调查。

（三）调查

《反倾销条例》第26条规定："反倾销调查，应当自立案调查决定公告之日起12个月内结束；特殊情况下可以延长，但延长期不得超过6个月。"也就是说，我国反倾销案件调查期限最长时间为自立案调查决定公告之日起18个月。实地调查主要侧重于与同类产品的生产工艺、技术设备、产品的用途、原材料使用、产品的理化性质等方面的内容。在反倾销调查开始以后，若发现下列情况应立即终止调查：第一，倾销或损害证据不足；第二，倾销幅度按正常价值的百分比表示小于2%；第三，如果从一个特定国家进口倾销产品的数量被确定为占进口国国内市场上相同产品不足3%时，倾销产品的数量可忽略不计。

（四）初裁与终裁

初裁是指在适当调查的基础上，有关当局做出肯定或否定的有关倾销或损害的初步裁定。初裁的法律意义在于进口方当局可以视情况采取临时措施与价格承诺措施。

在调查过程中，有关当局做出存在倾销的最初裁决，并且断定采取临时措施对防止调查期间发生损害是必须的，可采取临时措施。若出口商以价格承诺方式主动承诺修改其价格，或停止以倾销价格向该地区出口，并且当局对消除倾销不利影响感到满意时，反倾销调查程序可以暂时停止或终止。否则，可立即采取临时措施。

终裁是指进口方当局最终确认进口产品倾销并造成损害而做出对其征收反倾销税的裁决。如决定征收反倾销税，还应公布各涉讼出口商、生产商出口产品应征收的反倾销税额或税率。

（五）行政复审

行政复审应该在任何有利害关系的当事人提出审查要求，并提交了认为十分必要的确定资料，或者征收反倾销税已过了一段合理的期限时进行，其目的是当局对继续征收反倾销税的必要性进行审查。行政复审一般应在12个月内结束。

需要强调的是，执法机关具有一定的酌情裁量权。在反倾销法领域，尤其国际或多边的体制里，面对各国市场的不同环境与法律结构，面对科学技术日新月异的状况，没有灵活性较大的酌情而定的要求，法律规则很难实际运转。就GATT/WTO反倾销规则而论，诸如第6条的"相同产品""国内行业""正常价值""重要损伤"等一连串术语，就很难为之下一个滴水不漏的严格法律定义。但酌情处理权（discretive power）又具有相当多的任意性，易产生偏袒。因而，如何防止各国执法机关滥用酌情处理权力，是个巨大难题。

案例5-1

中美水产第一案

2004年2月，美国国际贸易委员会建议对原产于中国等6个国家的冷冻和罐装暖水虾征收高额反倾销税，致使我国虾产品出口严重受阻。这是我国加入世贸组织后，在国际贸易中遭受的第一起有关水产品的反倾销调查。

2002年1月，以佛罗里达半岛沿海地区为代表的美国南部阿拉巴马、佛罗里达、佐治亚、得克萨斯、路易斯安那、密西西比、北卡罗来纳、南卡罗来纳8个州的养虾业的47家企业组成"南方虾业联盟"，以本国虾产业利益受到进口虾威胁为由，商议对原产于泰国、中国、越南和部分南美国家在内的16个国家的进口对虾提起反倾销立案调查诉讼申请。

2002年7月，美国对虾加工商也加入到"南方虾业联盟"，该联盟的企业总数达到217家，使涉案产品的范围从原料虾扩大至对虾加工品。2000年，由西弗吉尼亚联邦参议员罗伯特·伯德提出并获通过的《伯德修正案》允许将关税收入补贴给最先提出倾销诉讼的企业。2001—2003年，美国向提起倾销诉讼的企业补贴了8亿美元。有关业界人士预计，在本次对虾反倾销案中，即使仅对目前50%的6国进口虾数量征收15%的反倾销税，关税总额也将达到1.8亿美元。按此计算，参与和积极支持本次反倾销诉讼案的217家捕虾业者，每家可从征收的反倾销税中平均分得82.9万美元补偿金。这就是美国企业积极申诉的重要原因。

2003年8月8日，美国"南方虾业联盟"决定向美国国际贸易委员会申请对以中国为首，包括巴西、泰国、委内瑞拉等12个对虾出口国提起反倾销诉讼。2003年，美国联邦政府以救灾款（disaster assistance）的名义资助国内捕虾业者3 500万美元。

2003年12月31日，美国"南方虾业联盟"，正式致函美国国际贸易委员会，要求对亚洲和拉美几个国家的冷冻和罐装暖水虾征收25.76%~63.68%的反倾销税。

2004年1月4日，美国国际贸易委员会发布公告，启动对原产于中国、巴西、厄瓜多尔、印度、泰国和越南的冷冻和罐装暖水虾的产业损害调查程序。

2004年2月17日，美国国际贸易委员会初裁认定，原产于巴西、中国、泰国、印度、越南、厄瓜多尔的冷冻和罐装暖水虾损害了美国以海洋捕捞为主的虾产业，建议对上述国家的虾产品征收高额反倾销税。2004年7月6日，美国商务部发布公告，对原产于中国和越南的冷冻和罐装暖水虾做出反倾销初裁：除中国湛江国联水产品有限公司外，中国暖水虾生产商和出口商的倾销幅度为7.67%~112.81%；越南暖水虾生产商和出口商的倾销幅度为12.11%~93.13%。7月同期，美国国家海洋渔业服务署以宣传野生捕捞虾的营销费用的名义资助"南方虾业联盟"400万美元。

2004年4月，我国渔业大省——浙江虾产品对美出口全面停止。自2004年下半年开始，我国几乎失去了美国虾产品市场。

2005年1月6日，美国国际贸易委员会对原产于巴西、中国、厄瓜多尔、印度、泰国和越南的冷冻和罐装暖水虾做出产业损害终裁：原产于上述6国的冷冻暖水虾对美国国内产业造成了实质性损害；原产于中国、泰国和越南的罐装暖水虾没有对美国国内产业造成损害；原产于巴西、厄瓜多尔和印度的罐装暖水虾属于微量。

受到本次案件影响，我国将损失2亿美元/年的产品价值——"产品贡献额"，即产品所需设备的折旧、利息、管理费、劳动力工资、利润和税收等。

资料来源：中国贸易救济信息网. 反倾销，中美水产第一案［EB/OL］.［2018-11-18］. http://www.cacs.gov.cn/zhongmeimaoyi/show.aspx?str1=4&articleId=37879.

案例思考：

［1］我国企业怎样做才能在遭遇反倾销起诉案中摆脱"非市场化经济"地位？

［2］这个案件经历了3年的时间，我国很多企业对此都没有做出任何反应，只有在造成损失了，才想到应诉或者不应诉。为此，我国政府与企业早期应该怎样防范此类案件产生的极不利后果？

［3］中国湛江国联水产品公司为什么会取得特殊待遇？

［4］在此类案件中行业协会应起到什么作用？我国行业协会存在的问题是什么？

六、中国遭遇的反倾销不公平待遇

2010年，根据世贸组织公布的反倾销调查报告，中国连续16年成为世界上遭受反倾销调查最多的国家，连续5年成为全球遭遇反补贴调查最多的国家。仅2010年上半年，有19个世贸组织成员共发起了69起反倾销调查，比去年同期下降29%。但中国仍是遭遇反倾销调查的"重灾区"，29次成为反倾销调查的"关照对象"。中国出口商品（主要是金属、化学品及塑料）是被调查最多的商品，占反倾销调查总量的1/3，但数量较2009年初下降了17%。[①]

1995—2010年上半年，中国遭受国外反倾销案件立案数量累计达到784起，平均每年50.58起，其中2008年和2009年分别达到历史顶峰的76起和77起。

全球每5起反倾销案件立案中平均有1起是针对中国的。从反倾销案件立案数量占实施反倾销措施案件数量的比例来看，中国的比例最高，高达71.81%，比世界平均水平高出近7个百分点。[②]由表5-11可知，仅中国钢铁产业在1999—2009年就遭遇了众多国家的反倾销调查，这其中有的是发达国家，有的是发展中国家，这一外贸发展局面常常被称为"腹背受敌"。

表5-11　　1999—2009年中国钢铁产业遭遇反倾销调查和反倾销措施的主要来源国

项目 国家	反倾销调查次数	反倾销措施次数	反倾销措施中有最终措施次数
美国	63	38	35
加拿大	22	21	10
墨西哥	17	12	9
南非	10	9	9
印度	8	5	5
澳大利亚	7	3	3
土耳其	7	6	6
阿根廷	6	2	1
哥伦比亚	4	4	2
泰国	4	2	2
印度尼西亚	4	3	2
秘鲁	3	3	3
巴西	3	2	2

数据来源：转引自刘军. 国际反倾销与中国钢铁对外贸易问题研究［D］. 长沙：湖南大学，2011.

据商务部统计，2015年中国出口的产品共遭遇了87起来自22个国家和地区发起的贸易救济调查，涉案金额达到81.5亿美元，其中钢铁产业受到来自15个国家和地区发起的37起贸易救济调查，涉案金额总计48.4亿美元。2016年，中国出口的产品共遭遇了来自27个国家（地区）发起的119起贸易救济调查案件，包括91起反倾销、19起反补贴、9起

---

　　① 佚名. 中国连续16年成为遭受反倾销调查最多的国家［N］. 国际商报，2010-12-08；中国新闻网.外贸摩擦频发中企不能忍气吞声［EB/OL］.［2011-09-09］. http://www.chinanews.com/cj/2011/09-09/3319761.shtml.
　　② 佚名. 中国离完全市场经济地位并不遥远［N］. 人民日报，2011-06-14.

保障措施，涉案金额达到143.4亿美元。其中立案数量最多的国家为印度和美国，案件数量分别为21和20起。与2015年相比，数量上升了36.8%，金额上升了76%。增加的贸易摩擦主要集中在钢铁领域，2016年中国出口产品共遭遇21个国家和地区发起的钢铁贸易救济调查案件49起，包括32起反倾销、10起反补贴、7起保障措施，涉案金额达到78.95亿美元，占全年同期全部贸易救济案件数量和金额的41.2%和55.1%。与2015年全年相比，数量上升了32.4%，金额上升了63.1%。2017年，中国出口到国际市场上的产品共遭遇了来自21个国家和地区发起的75起贸易救济调查，包括55起反倾销、13起反补贴、7起保障措施，涉案金额总计110亿美元（见表5-12）。

表5-12　　　2015—2017年我国钢铁产品遭受反倾销调查情况

项目 年份	贸易救济调查次数	钢铁行业受反倾销次数	钢铁反倾销占比
2015	87	37	43%
2016	119	49	41%
2017	75	13	17%

注：数据来源于中华人民共和国商务部贸易救济调查局/贸易摩擦应对/案件统计（http://gpj.mofcom.gov.cn/article/cx/ajtj/?11）。

由以上分析可知，中国外贸发展总是能在一次一次贸易摩擦的漩涡中获得重生，2018年爆发的中美贸易战正以前所未有的冲击力考验着中国外贸发展的实力和雄心。

案例5-2

阿根廷对中国产草甘膦实施反倾销措施

2001年11月，美国孟山都公司与当地合伙企业阿塔诺尔公司联合向阿根廷对外贸易委员会提出申诉，指控中国草甘膦以低于正常价值的价格在阿销售，对其造成了损害。2002年4月，阿根廷政府对中国产草甘膦正式立案进行反倾销调查，调查期限为2000年8月1日至2002年3月31日，为期一年零七个月。这是继2001年9月巴西对我草甘膦进行反倾销调查以来第二个对我同类产品提起反倾销调查的南美国家。

2002年5月，中国五矿化工进出口商会组织我涉案企业积极应诉。阿根廷是我草甘膦的重要出口市场，据我海关统计，2002年我对全球出口草甘膦2.67亿美元，其中对阿出口3 426万美元。如果不应诉，则有可能将被逼全部退出阿根廷市场。最后，我三家主要的对阿出口企业——浙江新安化工集团股份有限公司、镇江江南化工厂和中化上海进出口公司同时决定奋起应诉。在以后近两年的时间里，这三家企业为了中国的草甘膦行业与阿方进行了顽强的抗争，直到最后胜诉。

2004年2月4日，阿根廷政府对本案做出终裁，宣布终止对中国草甘膦反倾销案的调查，并不对中国产草甘膦征收反倾销税。至此，本案以我方胜诉告终。

本案成功的经验是：首先要积极应诉，本案组织了强大的应诉团队，包括企业、律师、商会、政府和我驻阿使馆经商处等，调动了一切可资调动的资源，打赢这场官司。其次要敢于抗争。在我方的积极努力和抗争下，最终放弃了替代国转而接受了中国企业的"正常价值"，构成本案进展的关键拐点。当然，本案发生时，正是我国加入WTO的第一年，阿政府由于法律认定方面的原因，在涉及我"非市场经济地位"问题上采取了软化的立场也十分重要。

资料来源：佚名. 阿根廷草甘膦反倾销案，中国企业取得完全胜利［EB/OL］.［2018-11-15］. http：//finance.sina.com.cn/roll/20040207/0930621648.shtml.

第三节　反补贴规则解读

补贴是国际社会经济生活的现实，其形式多种多样，几乎所有国家在不同的经济发展阶段都曾经通过补贴促进某些领域的发展。一方面，一国政府有权采取它认为适当的任何政策促进国内经济发展和提高人们的生活水平，这是一国的主权所在，也是符合联合国宪章精神的；另一方面，一国对国内工业的补贴在某些情况下会对国家间的自由贸易造成不利影响，而且补贴很容易被各国用来作为贸易保护主义的工具。

一、补贴的定义及分类

（一）补贴的定义

1947年《关税与贸易总协定》就对补贴与反补贴做了原则规定。"东京回合"又做了较为详细的规定。在"乌拉圭回合"中，经谈判各方的共同努力，最终达成了更为明确、更易操作的《补贴与反补贴措施协议》（SCM）。但该协议只处理影响货物贸易的补贴，《农业协定》中对农产品的补贴还有一些特殊的规定，关于服务贸易的补贴在《服务贸易总协定》中另有规定。

根据SCM协定第1条的规定，补贴是指成员方政府或任何公共机构（以下统称"政府"）提供的财政资助或其他任何形式的收入或价格支持。根据这一定义，补贴只有在满足下列3个条件时才能成立：（1）提供了财政资助；（2）资助是成员方领土内的公共机构提供的；（3）资助授予了某项利益。SCM以列举形式明确列出的补贴形式有：第一，政府直接转让资金，如赠予、贷款、资产注入等；潜在的直接转让资金或债务的直接转移，如政府为企业提供贷款担保。第二，政府应征税收的减免。第三，政府提供除一般基础设施之外的货物或服务，或购买货物。第四，政府向基金机构拨款，或委托、指令私人机构履行上述三项职能。第五，构成GATT 1994第16条含义内的任何形式的收入或价格支持。

（二）补贴的分类

在东京回合谈判中，曾讨论过"交通信号灯"分类法，即把各种补贴分为三类。第一类是不应引起国际关注的补贴，列入"绿灯"，以示放行；第二类是应引起国际关注、在国际贸易中应予禁止或允许进口国征收反补贴税的补贴，列入"红灯"类，以示阻挡；第三类是介于第一、二类之间的那类补贴，在某种情况下也要引起国际或国家关注，列入"黄灯"。直到乌拉圭回合也遵循这种分类法，将补贴分为禁止性的补贴（"红灯"）、可申诉的补贴（"黄灯"）和不可申诉的补贴（"绿灯"）。

1.禁止性补贴

除《农业协定》的规定外，下列补贴应予禁止：

第一种是出口补贴。它指在法律或事实上与出口履行相联系的补贴。SCM第3条第1

款第（a）项规定：法律或事实上视出口实绩为唯一条件或多种条件之一而给予的补贴，即出口补贴。这种补贴会使进口产品与受补贴的国内产品的竞争中处于劣势，从而抑制相关产品的进口。进口替代补贴可以是给予进口替代产业优惠贷款，或为此类企业提供比其他企业更优惠的货物或服务，或在外汇使用方面提供更多的便利条件，或减免此类企业所得税等直接税，或通过允许加速折旧等方式减小所得税税基，等等。具体列举如下：（1）政府按出口实绩对某一企业或产业提供的直接补贴。（2）外汇留成计划或其他任何类似的出口奖励措施。（3）政府为出口货物提供优于内销货物的国内运输及运费。（4）在生产要素的投入方面对出口产品的生产提供比用于国内消费生产中使用的相似的或直接竞争中的产品或服务更优惠的条件。（5）减免或缓征出口企业应缴或已缴的社会福利费和直接税。（6）在计算应征收的直接税的基础上，给出口企业以特殊的折扣。（7）超额退还或免除出口企业的间接税。（8）超额免除或延期用于出口商品生产的货物或服务前期累积间接税。（9）超额退还用于生产出口商品的进口产品的进口税。（10）政府按不能明显弥补费用和损失的保险费率，提供出口信贷担保或保证。（11）政府以低于国际资本市场利率提供出口信贷，或政府代为支付信贷费用。（12）构成出口补贴的其他由公共开支的项目。但是，对出口产品免征间接税或退还已征的间接税，不构成出口补贴；出口退税如超过实际征收的税额，超额部分则构成出口补贴。出口补贴会刺激出口增长，有可能对进口方或第三者相关产业造成实质损害或实质损害威胁，因此为禁止性补贴。

第二种是进口替代补贴。根据SCM第3条第1款第（a）项的规定，将使用国产货物而非进口货物的情况为唯一条件或多种条件之一而给予的补贴，即进口替代补贴。进口替代补贴会使进口产品在与受补贴的国内产品的竞争中处于劣势，从而抑制相关产品的进口。

禁止性补贴不仅包括法律规定，还包括事实存在，即如果某项补贴并非由法律规定以出口实绩为条件，但事实上是为了促进出口而提供，仍构成出口补贴。澳大利亚汽车皮革补贴案（WT/DS126）中，澳大利亚政府同本国唯一生产和出口汽车皮革的公司——哈尔公司签订了拨款合同，规定了一个总的销售目标，该目标实际上是出口目标，拨款合同显然是为了维持该公司的出口方面的竞争力，构成了第3条第1款的出口补贴。签订的贷款合同没有任何与销售有关的条款，虽然哈尔公司可能用销售的所得来偿还贷款，但不是以出口实绩为条件提供的贷款，因此贷款合同不是禁止性补贴。

2.可申诉性补贴

所谓可申诉性补贴，是指那些不是一律被禁止，但又不能自动免于被质疑的补贴，即仅允许在一定范围内实施的，且在实施过程中损害了其他成员方的贸易利益而导致其利益受到损害的成员方提起申诉的补贴。可申诉性补贴包括：（1）政府机构虽然没有像某些特定企业提供直接或间接的资金转移，如赠款、贷款和资产投入等，或承担责任，如贷款担保等，但其活动却涉及这些业务。（2）政府机构给予企业特殊的优惠安排，如实行差别税率、缓征税收，或注销拖欠税款、减免税收等。（3）政府机构以特别优惠的条件向某些特定企业提供货物，如原材料、设备、中间品等，或服务，如运输、技术、各种生产和销售服务等。（4）政府机构通过民间基金组织或其他私人机构向某些特定企业安排优惠税收，提供资金、货物和服务。（5）政府机构对某些特定企业或产业实施的各种收入保证或价格支持政策。（6）政府机构提供的任何其他优惠。

认定某一成员方因可申诉性补贴而利益收到严重损害，应存在以下情况：（1）实施下列补贴：第一，某项从价补贴的数额超过价格的5%。第二，对某项产业的经营性亏损进行补贴。第三，对某企业的经营性亏损进行填补性补贴，这种补贴不是属于长期发展计划和避免严重社会问题而向该企业提供的一次性补贴，而是周期性的、不断重复的补贴。第四，直接债务的免除，即免除政府债权何以补贴抵销企业应付债款。（2）造成如下后果：第一，阻止和妨碍其他成员方的同类产品进入本国市场或进入第三国市场。第二，在同一市场上与其他成员方同类产品的价格相比，受补贴产品的价格明显下降，或在同一市场上对其他成员方的同类产业造成严重的价格抑制、价格下跌或销售量减少等后果。第三，与以往3年的平均市场份额相比，收到补贴的初级产品或商品在世界市场上份额增加，并且呈现持续上升的趋势。

3.不可申诉性补贴

不可申诉性补贴是指各方成员在实施这类补贴措施的过程中，一般不受其他成员方的反对或因此而采取反补贴措施。它有两种类型：

（1）不具有专向性，而是那些具有普遍性的补贴，这种补贴不会引起成员方的任何反补贴措施。

（2）政府对科研、落后地区以及环保的补贴，即使具有专向性，也属于不可申诉性补贴。这种不可申诉性补贴应符合以下条件：第一，为公司所从事的科研活动或为高等教育或科研单位与公司在合同基础上所从事的科研活动提供的补贴，但不得超过基础研究支出75%和应用研究支出50%，且仅用于人员开支、科研设备、科研服务、管理方面的费用。第二，为扶持落后地区的发展而在一定的地域范围内对一切企业都适用的补贴。经济落后地区应符合以下标准：一是清楚表明地理区域以及经济与行政区划；二是该地区的人均国民生产总值低于该成员方境内的85%，失业率高于该成员方境内失业率的115%。第三，为适应新的环保要求扶持改进企业现有设备而提供的补贴，这种补贴应是一次性的，并且不得高于采用环保要求所需费用的20%。

二、反补贴规则

SCM协定第11.2条要求，提出反补贴申请应当包括充足证据证明（a）补贴存在、（b）损害，以及（c）补贴进口产品与被指控损害之间的一种因果关系。缺乏有关证据的简单断言不能视为足以满足本款的要求。第11.3条要求，调查机关应审查申请中提供的证据的准确性和充分性，以确定是否有足够的证据证明发起调查是正当的。

（一）反补贴调查

SCM协定第11条规定：任一成员方如果有证据证明其他成员方采取的补贴措施对本国国内产业造成了损害，都可向本国调查当局提出发起反补贴调查的申请。申请书应包括：（1）申请人的身份和对申请人国内生产的相同产品的数量与价值的说明。（2）对被指控补贴产品的一个全面说明，包括原产国或出口国的名称、每个已知出口商或外国生产者的身份以及已知进口商的名称等。（3）有关所指控补贴的存在、数量与性质的证据。（4）由于进口补贴产品而导致的对国内产业损害的证据，包括所指控补贴产品进口数量的变化情况、这些进口对国内市场相同产品的价格的影响以及进口对国内产业的影响。

（二）损害的确定

判断进口成员方境内的相同或相似产品的产业是否因受补贴产品的大量进口而受到了严重损害，应审核以下三个方面：一是受补贴产品的进口数量是否大增，并对同类产品的市场价格造成明显的压制。二是进口成员方同类产品产业是否受到严重或实质性损害威胁。三是补贴与产业损害之间是否存在因果关系。

（三）补贴的争端解决

SCM对成员方之间有关补贴的问题的争端，提供了更便捷的多边解决程序。

禁止性补贴争端解决。若一方提出磋商请求后30天内未能达成双方同意的解决办法，则可将争端提交争端及解决机构。争端解决机构受理后，应立即成立专家组。专家组应在成立后的90天内，向争端当事方提交最终报告，并发送给WTO所有成员。如专家组认定补贴为禁止性的，则应建议立即撤销补贴，并明确限定撤销补贴的时限。除非争端一方表示上诉，或争端解决机构经协商一致不通过专家组报告，否则争端解决机构应在报告发送给所有成员后的30天内通过该报告。如专家组报告被上诉，上诉机构一般应在30天内提出裁决报告，最长不得超过60天，交由争端解决机构予以通过，除非争端解决机构经协商一致拒绝授予申诉方这种权利。实施补贴的成员方可就报复措施是否适当提请仲裁。

可申诉性补贴争端解决。一成员方如果有理由认定一成员方实施的可申诉性补贴对其利益造成了不利影响，则可要求与实施补贴的成员方进行磋商。若提出磋商请求后的60天内未能达成协议，任何一方可将争端提交争端解决机构，成立专家组。专家组的职权范围应在专家组成立后的15天内确定。专家组应在120天内向争端各方提交最终报告，并发送给WTO其他所有成员。除非争端一方表示要求上诉，或争端解决机构协商一致决定不通过专家组报告，否则争端解决机构应于报告发送给全体成员之日起的30天内通过该报告。若上诉，上诉机构应于60天内提出裁决报告，最长不得超过90天。除非争端解决机构经协商一致不同意，否则争端解决机构应与上诉机构报告发送给全体成员之日起的20天内通过上诉机构报告，争端当事方必须无条件接受该报告。

如果争端解决机构通过的专家组报告或上诉机构报告认定可申诉性补贴应予撤销，则实施补贴的成员应在报告通过之日起的6个月内采取适当措施，消除补贴所造成的不利影响或取消该项补贴。在此期间，争端当事方还可就补偿问题进行谈判。如未达成补偿协议，且实施补贴的成员方亦未在规定时限内采取适当措施，则争端解决机构应授权申诉方采取在性质和程度上与被诉补贴相当的反补贴措施，被诉方可就报复措施的适当性问题提请仲裁解决。

不可申诉性补贴争端解决。不可申诉性补贴一般不会对国际贸易造成消极影响，WTO一般不予干涉。但对于专向性的不可申诉性补贴应通知补贴与反补贴措施委员会，一旦这些措施被认为与规定的标准不符，就可能被视为可申诉性补贴，而且，即使某种补贴符合不可申诉补贴的标准，但若该专向性的不可申诉性补贴对其他成员方造成无可挽救的不利影响，则同样要进入磋商程序。如果双方在60天内未达成解决办法，则可将争端提交补贴与反补贴措施委员会。补贴与反补贴措施委员会应在120天内做出裁决，如果裁决在6个月内未得到执行，补贴与反补贴措施委员会可以授权申诉方采取与不利后果的程度和性质相当的反补贴措施。

案例5-3

加拿大烧烤架案

2004年4月13日，加拿大边境服务署（CBSA）应加拿大安大略省的Fiesta烧烤架有限公司的申请，对原产于中国的户外用烧烤架立案，进行反倾销与反补贴的合并调查，涉案产品金额约2 000万美元。6月11日，加拿大国际贸易法庭做出初裁，认定原产于中国的户外用烧烤架对加拿大国内的相关产业造成了实质性损害。8月27日，CBSA做出初裁，认定原产于我国的户外用烧烤架在加拿大市场存在着倾销和补贴行为，涉案企业的补贴幅度均为16%，决定对原产于中国的户外用烧烤架分别加征34.6%的临时反倾销税和16%的临时反补贴税。

2009年11月，CBSA决定终止对原产于或出口自中国的户外用烧烤架进行的反倾销和反补贴调查。经过最终计算，烧烤架产品的加权平均倾销幅度为1.6%；同时，CBSA认定，在反补贴调查问卷中所列举的八项政府补贴中，中国企业仅从中国政府的外商投资企业税收优惠政策方面获得了利益，经计算，补贴额为1.4%。根据加《特别进口措施法》规定，上述倾销幅度和补贴额均可忽略不计，因此，CBSA决定终止本次反倾销反补贴调查，并将退还已征收的临时关税。至此，国外对我发起的首起反补贴调查因我方应对及时合理而取得胜利。

对于补贴的构成，有两个因素：一是SCM协定第1.1条规定的财政资助或者资金或债务转移；二是授予了一项利益。加拿大国内产业的反补贴调查申请中含有一些证据，证明中国存在政府贷款等多种形式的财政资助、减税形式的税收放弃、货物或者服务的政府提供。但是，对于烧烤架案，申请方和CBSA的声明都没有丝毫关于"授予了一项利益"的证据。对于钢制紧固件案，申请方没有提供丝毫关于"授予了一项利益"的证据。简言之，证明补贴存在的一个重要构成因素根本就没有满足。

案例补充信息：加拿大于2004年4月至2006年6月对中国产品发起4起反补贴调查，涉及烧烤架、碳钢和不锈钢紧固件、复合地板和铜制管件4类产品。

在已经审结的前3起案件中，烧烤架产品补贴额属于可忽略不计范围，调查机关终止了调查，碳钢和不锈钢紧固件产品和复合地板产品被裁定征收反补贴税。

资料来源：

［1］王建华，范荷芳. 国外反补贴：案例、警示与对策［J］. 国际经济观察，2007（10）.

［2］福建对外经济贸易合作厅. 加拿大终止对我烧烤架反倾销和反补贴调查，中国在第一起反补贴案中胜诉［EB/OL］.［2019-01-03］. http：//www.fiet.gov.cn/article.jsp？mid=20080617101940460496.

［3］中华人民共和国商务部条约法律司. 加拿大对我烧烤架和钢制紧固件反补贴调查立案的法律分析［EB/OL］.［2018-09-18］. http://tfs.mofcom.gov.cn/aarticle/ztxx/dwmyxs/200607/20060702582507.html.

（四）反补贴措施

1.临时措施

调查当局初步认定存在补贴，且对进口成员方的相关产业造成了严重损害或严重损害威胁，为防止损害继续扩大，可征收临时反补贴税。临时措施的实施不得早于自发起调查之日后的60天，其实施期间应限定在一定的时期内，最长不超过4个月。

2.补救承诺

如果在反补贴调查期间，出口成员方政府承诺取消被诉补贴，或出口商承诺修正出口价格，并且有关的承诺已为调查当局所接受，就视为达成了补救承诺。这时，反补贴调查应停止或中止。如果以后情况表明并不存在产业损害或损害威胁，则补救措施应自动取消。

3.反补贴税

如果反补贴调查当局最终裁定存在补贴和产业损害，进口成员方当局就可征收反补贴税。反补贴税的税率或税额按单位产品所实际得到的补贴来计算，但绝对不得高于补贴率或补贴数额。如果较低的税率即可消除损害或损害威胁，则应适用较低的税率。反补贴税应在生效之日起的5年内停止，除非停止征收反补贴税可能造成补贴的继续或再度发生损害。

（五）对发展中成员的特殊待遇

SCM对发展中成员给予的特殊待遇包括：一是如果反补贴调查发现，源自于发展中成员的受调查产品所得到的补贴不及该产品单位价值的2%（发达成员为1%，最不发达成员为3%），或者受补贴产品的进口值不到进口方同类产品进口总值的4%，且所有不到4%的发展中成员的合计进口量不及进口方同类产品进口总值的9%，则应立即取消反补贴调查。二是最不发达成员和人均国民收入不到1 000美元的发展中成员不必取消禁止使用的出口补贴，其他发展中成员可在8年内（并可申请延长）逐步取消此类补贴。三是对于那些在8年期满之前已取消出口补贴的发展中成员，以及最不发达成员和人均国民生产总值不到1 000美元的发展中成员，若它们对产品的补贴不及该产品单位价值的3%，则也应立即取消反补贴调查，此项规定截止到2003年年底。四是发展中成员达到出口竞争性标准的产品（既有较强竞争力的产品），在2年内逐步取消补贴，对最不发达成员和年人均国民生产总值不足1 000美元的发展中成员，可在8年内逐步取消。出口竞争性标准是该产品连续2年在世界贸易中占3.25%及以上的份额。五是对于根据国内产品使用情况而定的补贴（及当地成分要求），其禁令在5年内不适用于发展成员，最不发达成员为8年。

案例5-4

欧盟对进口自中国的卡客车轮胎启动反补贴调查

2017年10月14日，欧盟委员会宣布，对进口自中国的卡客车轮胎启动反补贴调查。此次被调查产品为"负荷指数大于121的全新或翻新卡客车充气橡胶轮胎"。调查时间为2016年7月1日至2017年6月30日，损害调查期为2014年1月1日至2017年6月30日。据了解，这次调查由反对不公平轮胎进口同盟提起，加入该组织的欧盟卡客车新胎和翻新胎生产商，轮胎产量超过欧盟总产量的45%。根据欧盟相关法律规定，这次反补贴调查应在立案公告公布后13个月内完成。此外，8月11日，欧盟委员会已对进口自中国的卡客车全新和翻新轮胎启动反倾销调查，该调查由反对不公平轮胎进口同盟于6月30日提起。

欧盟调查数据显示，2014年1月1日至2017年6月30日，欧盟从中国进口的轮胎量由约350万条增加至约460万条，上涨了32%。其市场份额由17.1%增加到21.3%。

2018年5月8日，欧盟委员会公布决定，对从中国进口的卡客车轮胎征收反倾销税。

征税产品既包括新轮胎，也包括翻新轮胎。

根据欧盟委员会公告，所有来自中国的轮胎产品，都被划入征收范围，每条轮胎最多需要加税82.17欧元（约合622.9元人民币）。以韩泰轮胎中国工厂为例，该公司需要缴纳29.1%的反倾销税，每条向欧盟出口的轮胎，需要多缴纳52.85欧元（约合400.94元人民币）（见表5-13）。

表5-13   中国轮胎生产商/出口商被征收反倾销税情况

生产商/出口商	初裁反倾销税税率（从价税，理论税率）	初裁临时反倾销措施（欧元/条）（换算后从量税，实际征收）
兴源	68.8%	82.17
佳通	33.2%	57.42
风神	48.1%	64.13
韩泰	29.1%	52.85
其他提交抽样答卷企业	40.2%	62.79
其他所有企业	68.8%	82.17

2018年5月10日，商务部新闻发言人高峰表示，中方对此强烈不满，敦促欧方切实履行中国加入世贸组织议定书第15条相关义务，在反倾销调查中给予中国企业公平待遇。高峰说，中方注意到，在本案调查过程中，欧委会继续使用不公平的"替代国"计算方法，以其他国家企业的数据来替代中国企业的成本数据，人为制造高额的倾销幅度；欧方对中国产品采取限制措施，既损害中国企业利益，也不符合欧盟轮胎产业的长远发展和欧盟消费者的利益。

资料来源：

［1］刘宁. 欧盟对中国轮胎启动反补贴调查［EB/OL］.［2018-12-25］. http：//www.tireworld.com.cn/news/guancha/20171017/26713.html.

［2］王旭达. 欧盟对中国卡客车轮胎征收反倾销税［EB/OL］.［2019-01-03］. http：//www.tireworld.com.cn/news/info/tire/201858/28872.html.

第四节　保障措施规则解读

保障措施作为公平贸易条件下的WTO成员的自我保护性措施，经历了较长的历史进程。自1943年《美国墨西哥互惠贸易协定》确定了保障措施条款以后，有关保障措施的规定普遍见于各种自由贸易协定。保障措施的目的是给本方的产业发展提供一定的保护期，以方便对其进行产业结构调整或提高，加强本方产业竞争力。因此，保障措施被称为WTO整个法律体系得以全面运转的"安全阀"。

按GATT 1994第19条和《保障措施协议》，可以将保障措施定义为：在公平贸易条件下，某一成员方在执行GATT/WTO的有关承诺时，因为意外情况的发生，使某种特定产品的进口激增，以致严重损害或严重威胁本国相同或类似产品的生产者，该成员方为保障本方经济利益，对该产品全部或部分地暂时停止实施 GATT/WTO 所规定的义务，或者撤销，或者修改减让，以减少损害或避免严重损害威胁的一种自我保护性贸易救济措施。

《保障措施协议》由序言、1 个附件和 14 条正文组成。在 14 条正文中除第 1 条总则外，其他第 2、3、4、5、6、7、8、9、10、11、12、13、14 条共 13 个条文都彰显了实施保障措施的程序性规定，或主要为程序性规定。从整个协定的内容分析，协定也主要是规范成员方实施保障措施的条件、方式、程序、期限和围绕措施实施可能出现的争端解决。当然，协定在规范程序的同时也明确了实施成员方和受影响成员方围绕保障措施应有的权利和义务。由此，可以确定，保障措施是所有成员的一种实体权利，但 WTO 法律框架的着眼点在于规范该权利的实施程序。

一、实施保障措施的前提条件

GATT 1994 第 19 条第 1 款规定："如因意外情况发生或因一成员承担本协定义务（包括关税减让在内）而产生的影响，使某一产品输入到该成员领土的数量大为增加，对这一领土内的同类产品或与其直接竞争产品的国内生产者造成严重损害或产生严重损害威胁时，该成员在防止或纠正这种损害所必需的限度和时间内，可以对上述产品的全部或部分暂停实施其所承担的义务，或者撤销或修改减让。"《保障措施协议》第 2 条第 1 款进一步明确指出："一成员只有根据下列规定才能对一项产品采取保障措施，即该成员已确定该产品正以急剧增加的数量（较之国内生产的绝对增加或相对增加）输入其领土，并在此情况下对生产同类或直接竞争产品的国内产业造成严重损害或严重损害威胁。"据此，一成员在实施保障措施时，应当具备以下条件：

（1）进口激增。它是指进口产品的数量激增，包括"相对增加"与"绝对增加"。绝对增加是进口产品的数量的实际增长。

（2）进口激增原因。进口激增的原因分为 GATT 1994 所规定的"意外情形"和"进口成员承担 WTO 义务的结果"。何谓"意外情形"即为"不可预见情况"或"意外情况"。GATT 1994 与《保障措施协议》对此未做出明确解释。在 1950 年捷克斯洛伐克诉美国皮帽案中，关税与贸易总协定工作组曾将"不可预见情况"解释为，"关税减让时不能合理预见的情况"。所谓"进口成员承担 WTO 义务结果"，是指成员方履行 WTO 义务时，其中最主要是有关关税减让和削减非关税壁全义务，提高了进口产品的竞争力，从而导致进口产品数量急剧增加的结果。

（3）进口激增后果。进口激增的后果是导致进口国国内产业造成严重损害或严重损害威胁。GATT 1994 第 19 条对严重损害和严重损害威胁未予以界定，但《保障措施协议》对此却做出了明确规定，第 4 条第 1 款规定，严重损害应理解为对某一成员国内产业造成的"重大的全面损害"；严重损害威胁是"明显迫近的"。而且确定严重损害威胁的存在应基于事实，不能仅以想象、推测或远期的可能性作为依据。

因此，所谓严重损害是指对一成员某一国内产业总体状态上所造成的重大损害。严重损害威胁是指显而易见的、迫近的损害威胁的存在的事实，该威胁不是可想象、推测或远期的可能发生的事实。

在确定或判定是否对进口国国内产业造成严重损害或严重损害威胁时，主管机构应当评估或衡量影响该国内产业状况的、客观和可量化的所有相关因素。这些相关因素主要包括：①有关进口产品绝对增加或相对增加的比例和数量；②进口产品在国内市场上所占的市场份额；③国内产业的销售水平、总产量、生产率、设备利用率、盈亏以及就业变化等。

　　一般来说，实施保障措施只需要遵守该协定和WTO法律制度框架中有关的规则，不需要征得其他成员方的同意，或做出其他安排。

案例5-5

美国"201条款"

　　美国"201条款"是美国根据关贸总协定的"免除条款"，又称"逃避条款"制定的国内法规。它是指美国1974年贸易法201—204节，现收在美国法典2251—2254节，这4节总的题目是"受进口损害的产业的积极调整"。该条款授权总统在来自其他国家的进口产品数量以致给国内产业造成严重损害威胁时，采取适当的救济措施以防止或补救损害并使国内产业必要的调整更为便利。

　　具体规定如下："若合众国国际贸易委员会认定某进口至合众国的产品，其增长的速度造成了国内同类产品或直接引起竞争产品的严重损害或有这种损害的威胁，总统应根据本部分条款在职权范围内采取一切可行的适当行动来帮助国内行业针对进口竞争积极地调整，以获取较大的经济和社会效益，免受损失。"按照这一规定，如果国内行业受到由于进口增多而造成的实质性损害或威胁，就可以要求国际贸易委员会（ITC）实施补救性措施。ITC负责确认进口增多是否造成了损害。如果委员会得出了肯定性的结论，就可向总统推荐实施紧急性的补救措施。美国总统决定是否实施补救性措施，不同于美国的反倾销、反补贴法，"201条款"不要求调查出口国是否进行了不公平的贸易活动，但是它要求对国内行业是否受到损害作深入的调查，要求损害必须是实质性的，而且进口增多是导致损害的实质性原因。

　　特别提请关注：美国限制钢铁进口的"201条款"于2002年3月20日正式启动。美国的钢铁保护最终救济方案即"201条款"规定，对钢材、长板等进口的主要钢铁品种，实施为期3年的关税配额限制或加征高达8%~30%不等的关税。这是迄今为止美国历史上对进口钢铁施加的最严重的一次贸易限制。

　　资料来源：刘健，蔡高强. 美国201钢铁保障措施案及对中国的启示 [J]. 湖南财经高等专科学校学报，2002（6）.

　　案例思考：

　　[1] 什么是"免除条款"、"免责条款"或"逃避条款"？

　　[2] 反倾销、反补贴和保障措施中哪类措施对保护国内产业见效最快？

　　[3] 美国限制钢铁进口的"201条款"对我国有什么启示？

二、保障措施的实施

（一）实施保障措施应遵守的原则

　　第一，实施保障措施应该是无歧视的。采取保障措施不能有选择针对其中一两个国家，而应该对该产品的所有出口国一视同仁，或者说，保障措施应遵循无歧视待遇原则。进口限制措施仅针对产品而不论该种产品的来源。但与此同时，《保障措施协议》并未彻底禁止选择性保障措施。其中的有关条款允许以某种歧视性方式分配配额，即进口方通过有保障措施委员会主持下的磋商，证实从某成员方的进口额在代表性时期内与该产品进口总额的增长百分比例不相称，在有充分的理由实施以及实施歧视性保障措施的条件对所有进口方都是公平的情况下，可对造成国内产业严重损害的该进口方进行重点限制。

第二，调查程序要公开透明。调查要通告所有利害关系方；要举行听证会或采取适当方式使利害关系方能够提供证据或发表意见，尤其是对保障措施是否符合公共利益发表意见；一切有关事实与法律问题的结论都必须公布；任何拟采取措施的成员方应提前与出口产品有实质关系的成员方进行磋商。

第三，要在一定的限度内。保障措施必须限定在防止或补救严重损害和提供产业调整所必需的程度和时间内。因为保障措施的真正目的在于促进经济结构调整，而非限制国际市场竞争。所以，保障措施的实施必须有一个限度。如果使用数量限制作为保障措施，则不应将进口数量降低到过去3年内进口的平均水平。

第四，保障措施应是暂时的。保障措施实施期限一般不超过4年；在特殊情况下，经有关当局决定同意可以延长，但是最长只能延至第8年。

（二）允许实施的保障措施手段

1.临时性措施

主管机构在初步裁定进口激增已经或正在造成严重损害或损害威胁的情况下，可采取临时性保障措施，但不得超过200天，并且要计入保障措施总的实施期限内。

临时性保障措施应采取增加关税形式。如果随后的调查不能证实进口激增对国内有关产业已经造成损害或损害威胁，则增加征收的关税应迅速退还。成员方要在采取临时性保障措施前通知保障措施委员会。在采取保障措施后，应尽快与各利害关系方进行磋商。

临时性保障措施还包括纯粹的数量限制和关税配额等形式，但其实施仅在防止或救济严重损害的必要限度内。

2.补偿与报复

有关成员方如果就保障措施对贸易产生的不利影响，协商贸易补偿的适当方式在30天内未达成协议，受影响的出口方可以对进口方对等地中止义务，即实施对等报复应在进口方实施保障措施后的90天内，并在货物贸易理事会收到出口方有关中止义务的书面通知30天后进行，且货物贸易理事会对此中止不持异议。如果进口方采取保障措施是因为进口的绝对增长，且保障措施符合《保障措施协议》的规定，则出口方自保障措施实施之日起的3年内不得进行对等报复。

三、对发展中成员的特殊安排

《保障措施协议》规定：如自一发展中成员的产品在进口成员方同类产品总进口中的份额不到3%，则不得针对该发展中成员的产品实施保障措施。但是当比例均不超过3%的几个发展中成员的合计比例超过9%时，实施保障措施则可适用。

发展中成员实施保障措施最长可至10年。在保障措施的再度适用方面，对发展中成员的限制也较发达成员少。

四、针对中国的特殊保障措施

我国在加入WTO的谈判中，一些成员担心我国加入WTO后出口产品快速增长而对其国内市场和国内产业造成冲击和损害，因而针对中国的出口产品设立了"针对具体产品的过渡性保障机制"（简称特殊保障措施）。《中国加入 WTO 议定书》第16条第1款规定：原产于中国的产品当进入任何一个 WTO 成员方境内时，其数量的增加或者所依条件，若对该成员方生产同类或直接竞争产品的各生产商，造成或威胁造成市场扰乱时，该成员就可以对我国产品实施保障措施。何谓"市场扰乱"，该条第4款规定：一项产品的进口快速增长，无论是绝对增长还是相对增长，从而构成对生产同类或者直接竞争产品的国内产业造成实质损害或者实质损害威胁的一个重要原因，特殊保障措施是一种专门针对中国产品的歧视性保障措施。2002年8月13日，印度启动了全球第一期针对中国的特殊保障措施调查，被调查产品为工业用缝纫针。2002年8月19日，美国启动了对坐垫升降装置的特殊保障措施调查。特殊保障措施是保障措施的一种，其某些实施条件与一般的保障措施不同。由于其实施条件比一般保障措施要宽松，其他国家可以专门针对中国产品实施这种歧视性的措施。此外，在《中国加入 WTO 议定书》生效后，很多国家做了专门针对中国的相关法律修改，对中国外贸形势十分不利。目前韩国、美国、日本、印度、加拿大、欧盟、土耳其等国家和地区已将该特保条款转为国内立法。

小知识5-1

美国特保"421条款"

美国国会在2000年经由立法程序在1974年贸易法第四部分加入了第二章"进行贸易救济，避免美国市场遭受市场扰乱和贸易转移"的内容，其中包含第421节"针对市场扰乱采取的措施"、第422节"应对贸易转移的措施"和第423节"规则与条款的终止日期"。

依据"421条款"，在中国加入 WTO 后的12年内，若中国出口至美国的产品数量增加或者所依条件，对同类产品或直接竞争产品的美国国内产业造成或威胁造成市场扰乱，美国总统可以在防止或补救市场扰乱所必需的限度和时间内，针对中国产品加征关税或实施其他进口限制手段。由此，美国使用特保条款的国内立法正式产生，这是美国专门针对中国加入 WTO 而制定的法律。

根据"421条款"，美国国际贸易委员会（ITC）可以自动或应申请启动特保措施调查，一般情况下 ITC 在60天内就做出决定。如果美国国际贸易委员会裁决损害成立，将在20天内向总统及贸易代表办公室提交一份报告，贸易代表办公室在55天内向总统提出是否采取任何措施的建议。在此期间，贸易代表办公室应举行听证会等，让进口商等利害关系方陈述意见，并可以与中国政府就此进行磋商。在收到贸易代表办公室提交的建议的15天之内，总统将公告采取具体措施，但如果总统认为采取措施不符合国家经济利益或弊大于利，也可以不采取任何措施。

资料来源：浙江省国际经济贸易研究中心. 应对特殊保障措施调查——浅析美对华轮胎"特保"案 [EB/OL].［2018-11-07］. http://www.zftec.gov.cn/myzx/wtoqy/T234987.shtml.

案例5-6

美国对中国轮胎实施特保案

2009年4月20日，美国钢铁工人协会宣布，依据美国1974年贸易法"421条款"，向美国国际贸易委员会（ITC）提出对中国售美商用轮胎的特殊保障措施案申请。2009年4月29日，ITC 在联邦纪事上公告启动对中国轮胎产品的特保调查。2009年6月18日，ITC 对中国乘用车及轻卡车轮胎特保案做出肯定性损害裁决，认定中国轮胎产品进口的大量增加，造成或威胁造成美国内产业的市场扰乱。2009年6月29日，ITC就对中国轮胎采取特保措施，提出对乘用车、轻型货车用中国制轮胎征收3年特别关税的方案：第1年至第3年额外征收的关税分别为55%、45%、35%。2009年9月2日，美贸易代表办公室在咨询财政部、劳工部、商务部等部门意见后，向奥巴马提出相关建议。

2009年9月14日，中国政府正式就美国限制中国轮胎进口的特殊保障措施启动了世贸组织争端解决程序。

2009年9月17日前，奥巴马综合各方建议做出最后裁决，于是美国于2009年9月26日实施了带有强烈贸易保护主义色彩的"轮胎特殊保障措施"：对从中国进口的所有小轿车和轻型卡车轮胎实施为期3年的惩罚性关税，对从中国进口轮胎实施的惩罚性关税税率第一年为35%，第二年为30%，第三年为25%。其裁决依据为：据ITC统计，在过去的5年间，由于中国轮胎大量进入美国市场，导致美轮胎业失去大约5 000个工作岗位，从中国进口的消费用轮胎从2004到2008年进口数增加了215%，金额则增长295%，造成美国制造业企业倒闭；ITC认定中国轮胎扰乱美国市场。

2010年12月13日世界贸易组织（WTO）宣布，美国对从中国进口的轮胎采取的过渡性特保措施并未违反该组织规则。

2011年5月24日，世界贸易组织发表的一份公报显示，中国已经通知WTO仲裁机构，决定对中美轮胎特保措施世贸组织争端案的专家组裁决提出上诉。

2011年9月5日，世界贸易组织上诉机构在日内瓦发布关于中美轮胎贸易纠纷案的裁决结果，判定美国对中国售美轮胎征收惩罚性关税符合世贸规则。

该案实施与全球金融危机导致美国经济不景气的大背景有关，这其中美国的贸易保护意图明显。业内人士表示，新一轮"贸易保护主义"已经抬头。

资料来源：

[1] 浙江省国际经济贸易研究中心. 应对特殊保障措施调查——浅析美对华轮胎"特保"案 [EB/OL]. [2018-11-17]. http://www.zftec.gov.cn/myzx/wtoqy/T234987.shtml.

[2] 李银莲. 中国败诉轮胎特保判例或被他国引用 [EB/OL]. [2018-12-29]. http://finance.ifeng.com/money/roll/20110909/4569755.shtml.

第五节　中国贸易救济规则运用的矛与盾

一、中国贸易救济规则运用技巧之矛

（一）完善反倾销法

由于我国一直采用高关税和种类繁多的非关税手段来限制进口，上至政府、立法者，下至国内大多数生产企业都缺乏利用反倾销保护国内产业的法律意识，甚至有一些企业认为，反倾销只是外国人用来限制中国产品出口的，而不知我国企业在面临国外进口产品恶意竞争时，也可以启动反倾销调查来进行自我保护。正因如此，我国反倾销立法起步较晚，直到1997年《中华人民共和国反倾销和反补贴条例》才得以颁布。2001年11月26日，国务院颁布了《中华人民共和国反倾销条例》，将反倾销与反补贴分开立法，经过2004年的修改，我国现行的反倾销法规定已经与WTO《反倾销协议》以及欧美的反倾销

法十分接近了。但与WTO《反倾销协议》及西方国家的反倾销法相比较，我国反倾销法还存在很多缺陷，需要不断完善，李英、曾宇等专家就提出了完善反倾销实体法、程序法，提高反倾销立法层次等诸多建议。

除了国家层面的立法之外，地方性的法规也需要不断加强。2006年9月，我国第一份应对出口反倾销的地方性文件《浙江省应对出口反倾销暂行办法》开始实施。该办法共23条，明确规定在应对出口反倾销过程中，县级以上政府、外经贸局、行业组织和企业的职责，并硬性规定，拒不执行应对出口反倾销相关措施的企业将被通报，并记入该企业的信用记录。

（二）勇敢拿起反倾销武器

近年来，国外产品对中国的倾销行为已经严重影响我国的产业安全，我国的反倾销实践虽然经验不足，但已经积累了一些经验。1999年6月3日，对外经贸部初步裁定原产于美国、加拿大、韩国等国对我出口新闻纸存在倾销，这是我国加入世界贸易组织后的第一起反倾销案件。此后，我国运用反倾销手段保护本国产业的意识不断增强，但是还有很多细节要注意：首先，要注意申请人资格。当表示支持申请的国内生产者的产量不足国内同类产品总产量的25%的时候，一方面要主动联合国内同行业主要生产企业共同提出；另一方面要积极参加国内行业协会，以协会名义提出申请。其次，要积极协助反倾销调查。反倾销调查一般一年内结束，延长期不得超过6个月。因此，在调查期内，申请企业要积极主动地协助调查机关做好相关调查，并按照调查机关的要求，对申请书进行相应的调整和补充，提供有关资料和信息要真实可靠，以便使主管机关及时、准确地做出定案判断，维护我国企业的权益。

根据WTO贸易统计数据信息可知，1995—2017年中国共发起反倾销调查258起，实施反倾销措施197起；启动反补贴调查9起，实施反补贴措施7起。另据《国际商报》2016年1月19日撰文，按照WTO统计口径统计，截至2015年年底，我国对外启动贸易救济调查240起，其中反倾销案件232起，反补贴案件7起，保障措施案件1起。其中2011—2015年，中国对进口产品启动贸易救济调查主要涉及欧盟（13起）、美国（11起）和日本（11起），三者合计占比76.1%。涉案国家极为集中，韩国和印度以3起并列。2015年中国对外启动的11起反倾销调查中，涉及发达经济体8起，占比72.7%，下降13个百分点，但案件绝对数同比增加2起，增幅达33.3%；涉及发展中经济体3起，占比27.3%，同比增加2起，增幅达200%。

案例5-7

中国诉加拿大、韩国和美国新闻纸反倾销案——中国反倾销第一案

根据《中华人民共和国反倾销和反补贴条例》的规定，对外贸易经济合作部于1997年12月10日正式公告，决定对原产于加拿大、韩国和美国的进口新闻纸开始反倾销立案调查。对原产于加拿大、韩国和美国的进口到中华人民共和国的新闻纸征收反倾销税，实施期限自1998年7月10日起为5年。

自1999年6月3日起，中华人民共和国海关对原产于加拿大、韩国和美国的进口新闻纸（中华人民共和国海关进口税则号列为48010000）征收反倾销税，各有关利害关系方的反倾销税税率分别如下：

加拿大：豪森纸浆纸业有限公司：61%；雄师集团：59%；太平洋纸业公司（原MB/出口销售有限公司）：57%；阿维纳公司：78%；芬利森林工业公司：78%；其他加拿大公司：78%。

韩国：韩松纸业有限公司：9%；其他韩国公司：55%。

美国：所有美国公司：78%。

这是我国加入世界贸易组织后的第一起反倾销案件，也是《中华人民共和国反倾销条例》自2002年1月1日生效实施后，依据该条例立案调查的第一起反倾销案件。

资料来源：佚名. 中国诉加拿大、韩国和美国新闻纸反倾销案——中国反倾销第一案. 电器工业，2002（8）.

（三）加强反倾销专门机构建设

要设立专门的国际贸易法院。借鉴美国反倾销司法审查模式，建立专门的国际贸易法院，来负责审理反倾销、反补贴等与世界贸易组织规则有关的涉外经济纠纷案件。

此外，还应该建立行业协会、专门研究机构、企业内部反倾销部门、反倾销联盟等正式与非正式的机构。例如，对外经济贸易大学福耀反倾销研究中心就是一个非常好的尝试。

（四）建立反倾销预警机制

由于进口产品对国内产业的损害极其隐蔽，企业往往意识到倒闭时就已经错过了投诉时机，因此，相关产业必须建立预警机制，降低遭受倾销损害的可能性。目前，我国已经在汽车、钢铁、化肥等行业建立了产业损害预警机制，但还不够高效，其他行业的反倾销预警机制更是亟待完善。反倾销预警机制涉及社会组织的各个方面，涉及政府、行业协会、相关企业，以及驻外机构、海关、税务、进出口检验检疫、统计信息、法律服务等多行业、多部门，是一个复杂的系统工程，要花费大量的人力、物力、财力，为此，建议首先应抓好以下一些重要环节。

首先，建立进口商品价格监控体系。由于倾销商品主要通过低价格对国内产业造成损害，因此在海关设立重要商品价格监控体系显得尤为必要。预先对重要商品设定一个参考价格，可以通过对进口商品价格的监控，及时发现有倾销嫌疑的进口商品，预先向进出口商提出警告。例如，美国在钢铁进口时设立的"启动价格机制"、欧盟在农产品进口时采用的"闸门价格"。

其次，要构建反倾销信息库，为反倾销预警机制提供决策的依据。建立产品预警信息资料库和海外市场准入信息数据库，及早了解商业信息，及时发布最新预警信息。

最后，重组行业协会是建立反倾销预警机制的基础。我国的行业协会的产生是经济体制改革的产物，其改革与发展明显滞后于企业，并受政府多方制约。为此，行业协会应更多地为企业提供专业服务。

（五）善于攻克反倾销难点

"倾销产品的价格"是最难搜集的证据。例如，武钢诉俄罗斯冷轧硅钢片倾销时，为申请反倾销调查，武钢用了1年时间先后4次书写和修改申请调查报告，才正式向外经贸部递交报告，该申请报告全文长达1000多页，包括47个附件材料。可见，反倾销调查必须要多方合作，努力攻克倾销产品价格确定的难题。

案例 5-8

武钢诉俄罗斯冷轧硅钢片倾销案

冷轧硅钢片分取向和无取向两种。据我国海关统计，俄罗斯向我国出口被控冷轧硅钢片仅 1996 年就有 62 071.532 吨，比 1995 年增长 56.9%。出口取向硅钢片的年平均价格 1997 年比 1996 年下降 10.5%，1998 年比 1997 年下降 21%，无取向硅钢片的降幅更大。如此大规模的倾销使我国唯一生产冷轧硅钢片的武钢深受其害，国家经贸委事后调查发现，中国国内产业类似产品的价格被迫大幅度下调，中国国内产业类似产品销售量和销售收入下降，市场份额逐年递减，生产能力大量闲置，库存增加，失业率上升……作为一种供不应求的产品，1998 年武钢冷轧硅钢片的生产能力是 31.5 万吨，而产量只有 25.23 万吨。

1997 年 3 月，武钢正式向外经贸部提出了反倾销调查申请。外经贸部商请国家经贸委后，最终决定于 1999 年 3 月 12 日正式公告立案，与此同时，国家经贸委会同有关部门组成冷轧硅钢片产业损害调查小组，对产业损害及损害程度进行了调查。调查结果表明：倾销存在，损害存在，两者之间存在因果关系。外经贸部和国家经贸委据此做出初步裁定：对原产于俄罗斯的进口冷轧硅钢片开始实施临时反倾销措施。采取临时性的反倾销税后，1999 年武钢的产量、销量和销售收入分别比 1998 年上升了 13%、50% 和 47%，1999 年底的库存比 1998 年底下降 70%。1999 年 12 月初裁后，市场需求进一步好转。

2000 年 9 月 11 日，中华人民共和国对外贸易经济合作部发布 2000 年第 8 号公告，宣布从 1999 年 12 月 30 日起，对原产于俄罗斯的进口冷轧硅钢片开始征收 6%~62% 的反倾销税。至此，这起全国第二例、冶金行业第一次的中国反倾销案，武钢人取得了最终的胜利。

资料来源：万里江. 武钢打赢反倾销官司 [N]. 财经时报. 2000-10-13.

（六）抢抓反倾销有利时间

在产业受到损害最为严重的时候及时提出反倾销调查申请十分重要。不仅要及时提出反倾销调查申请，而且及时提出期中复审调查，以及落实复审调查均十分必要。一旦发现进口产品以倾销方式进入我国，就应立即提出反倾销诉讼。山橡集团在 2003 年 9 月提请反倾销调查，非常适时，为企业免受侵害赢得了时间，从而在 2005 年 5 月就对倾销产品加征了关税。但在反倾销措施实施过程中，山橡集团发现我国对日本两家公司加征的反倾销税率只有 2%~3%，不仅没起到反倾销作用，反而使日本公司的倾销行为变得"合理化"。于是在符合规定的时间内于 2009 年 6 月提请期中复审，并获得批准，最终赢得胜利。我国没有专门的"日落复审"制度，在《反倾销条例》第 48 条有所提及，在"氯丁橡胶"反倾销案中，商务部有所引申和发挥，主管机关（商务部）在期满前 6 个月发布公告，要求利害关系方在"日落复审"前 60 天提出复审申请。山橡集团依此进行，并获得批准。

案例 5-9

中国对美国、欧盟、日本氯丁橡胶反倾销案

商务部于 2003 年 9 月 8 日正式收到重庆长寿化工有限责任公司和山西合成橡胶集团有限责任公司代表国内氯丁橡胶产业提交的反倾销调查申请，申请人请求对原产于日本、美国和欧盟的进口氯丁橡胶进行反倾销调查。商务部于 2003 年 11 月 10 日发布公告，决定对

原产于日本、美国和欧盟的进口氯丁橡胶（以下简称"被调查产品"）进行反倾销调查。

2004年12月1日，商务部发布初裁公告，初步裁定存在倾销和实质损害，并且认定倾销和实质损害之间存在因果关系，决定自公告之日起对原产于日本、美国、欧盟的进口氯丁橡胶实施临时反倾销措施，反倾销税率为：美国151%，欧盟32%~151%，日本0~151%。

2005年5月10日，商务部发布了对原产于日本、美国、欧盟的进口氯丁橡胶的反倾销调查终裁决定。决定即日起对进口该产品征收反倾销税，期限为5年，反倾销税率为：美国151%，欧盟11%~151%，日本2%~151%。

2009年8月28日，应国内氯丁橡胶产业的申请，商务部发布公告，宣布对原产于日本的进口氯丁橡胶所适用的反倾销措施进行期中复审。2010年8月，商务部网站公布对原产于日本的进口氯丁橡胶所适用的反倾销措施进行期中复审结果。根据调查结果，决定将原产于日本的进口氯丁橡胶的反倾销税税率调整为9.9%~43.9%。

资料来源：

［1］佚名. 中国对美国、欧盟、日本氯丁橡胶反倾销案［DB/OL］.［2005-05-10］. http：//www.lawyee.net/Subject/WTO/Trade_Remedy_Data.asp？RID=24.

［2］商务部. 关于对原产于日本、美国和欧盟的进口氯丁橡胶进行反倾销调查的公告［EB/OL］.［2018-11-22］. http：//www.lawtime.cn/info/jingzheng/plus/view.php？aid=2055.

二、中国贸易救济措施规则运用技巧之盾

（一）积极争取市场经济地位

《中国加入世界贸易组织议定书》规定，在识别和衡量中国产品享受补贴利益和倾销幅度时，视其为非市场经济国家，可以使用替代国的资料。从以往的案例看，使用第三国资料常常会得出对中国不利的结论。为此，中国政府近年来在争取贸易伙伴承认我国的市场经济地位方面做了大量工作。到2010年5月份，全球已经有近150个国家承认中国完全市场经济地位，但欧美等主要贸易伙伴仍然没有承认中国的完全市场经济地位。

中国政府应继续积极开展工作，争取美国早日承认中国的市场经济地位。美国并没有判定一国经济是否属于市场经济的直接标准，不过美国反倾销和反补贴法律中规定了商务部在认定某一国家是否属于非市场经济国家时须考虑的因素。这些因素包括：该国货币与其他国家货币可兑换的程度；企业与劳工通过自由谈判确定工资水平的程度；允许外国公司在国内举办合资企业或进行其他投资的程度；政府对生产资料所有或控制的程度；政府对资源配置以及对企业价格、产量决定权的控制程度；商务部认为适当的其他因素等。根据规定，美商务部关于某一国家属于非市场经济国家的认定一直有效，直到其做出撤销决定为止。被认定为非市场经济的国家可以在美国针对其产品的反倾销、反补贴调查中提出审议其市场经济地位的要求，也可以单独向美国商务部提出请求。

为此，我国一方面积极谈判争取美国立场的转变，另一方面也要积极改革争取尽快获得完全市场经济地位。

另外，我国还可以积极努力争取行业的市场经济地位，虽然非常困难，但也应该去尝试。

小知识5-2

关于美国市场导向产业的认定

在反倾销、反补贴裁定中非市场经济国家也可以申请市场导向产业。市场导向产业指运行遵循市场规则、企业的成本和价格反映市场供求规律的产业。

美国商务部规定了判定市场导向产业的3条标准：

——在价格和产量的决策过程中，不存在政府事实上的干涉；

——该产业中的企业以私有制或集体所有制为特征；

——对所有重要的生产投入所支付的购买价格都是由市场决定的。

在一个所谓的非市场经济国家，要找到符合上述条件的市场导向产业是非常困难的。到目前为止，包括中国在内，还没有一个美国认定的非市场经济国家的出口产品在美国反倾销和反补贴案中通过市场导向产业认定。

资料来源：朱庆华. 反补贴：美国对华贸易限制新动向［N］. 国际商报，2007-01-01.

（二）积极防范针对中国的贸易救济措施

1.转变生产与贸易增长方式

中国目前急需改变低效率、低成本、低附加值的产业发展模式，走高科技含量、高效率、高附加值的产业发展道路，从而可以合理提高售价，避免不必要的反倾销麻烦。我国出口贸易过于追求数量增长，资源消耗大，经济效益不高，而且容易引起贸易摩擦。今后，我国要在切实转变外贸增长方式上下功夫，尤其是要转变出口增长方式，实施以质取胜的战略，降低出口产品遭遇贸易救济措施的风险。

2.出口企业团结合作，不授人以柄

由于中国的行业集中度低，中小企业占这些出口贸易企业的绝大多数，达80%以上，而且其出口额也占全国出口总额的70%以上。这些出口企业由于技术水平、生产规模、议价能力差异巨大，降价是他们唯一抢夺订单的法宝，因此出口价格恶性竞争严重，这也是长期以来我国成为反倾销主要目标国的主要原因之一。因此，重要的是要改变传统的贸易发展方式。

3.规范各类政府补贴

我国补贴政策措施较为繁杂。2006年4月，中国政府向WTO补贴与反补贴措施委员会通知了中国实施的补贴措施，仅中央政府提供的补贴就达78种。地方政府提供的补贴的种类也不少。因此，需要进一步清理、规范我国的各项补贴措施，并尽可能降低其负面效应。首先，要坚决停止使用出口补贴和进口替代补贴。其次，可根据经济发展需要适当运用其他补贴。一方面应将其限定在必要的范围和水平，以便降低遭遇进口国反补贴调查的可能性。根据WTO规则，我国作为发展中国家，只要出口产品享受的补贴总量低于产品价格的2%，就可以免予遭受进口国的反补贴措施。另一方面，要谨慎运用不可诉补贴。1994年WTO《补贴和反补贴协议》将符合一定条件的研究补贴、落后地区补贴和环境保护补贴划为不可诉补贴，进口国对此不得采取反补贴措施，但规定自2000年1月1日起经已失效，成员方实施的任何专向性补贴都不能免于进口国的指控。因此，实施该类措施时要谨慎。

4.调整不合理的出口退税制度

虽然出口退税并不违反国际贸易规则，但从本质上来说，出口退税制度就是依靠政府的财政补贴，降低出口产品的各种税收，进而促进产品的出口。如果补贴范围过大、补贴力度过强，则极容易成为国外对中国反补贴诉讼的把柄。这也是为何很多出口压力较小的国家一方面自己补贴出口，另一方面又抨击别国补贴出口的原因。

5.建立贸易制裁预警机制

贸易制裁都有前兆，这就要求行业和政府要做好信息收集整理和预判工作，并就可能的制裁行动向国内企业和行业协会发出警示。尤其需要政府对相关出口产业可能遭遇制裁的系统性风险进行预评估和预发布信息。以中国出口美国的轮胎特保案为例，从最初动议到奥巴马签署制裁法案，历时近半年，但因为中国轮胎行业没有建立成熟的贸易预警机制，因而没有采取积极的"补救"措施，导致了对我国极其不利的后果。可能采取的一些预警措施包括外贸秩序的监管机制、信息发布机制和沟通协调机制等。

（三）善于利用发展中国家身份

WTO《反倾销协议》第15条规定："在根据本协议规定考虑适用反倾销措施时，应认识到发达国家成员对发展中国家成员的特殊情况必须给予特别考虑，如果适用反倾销税可能影响发展中国家成员的根本利益，则在适用反倾销税之前应仔细探究使用本协议规定的建设性救济措施的可能性。"在反倾销被诉案中我国可以运用这一条进行抗争。

（四）企业和政府都应积极应诉

首先，企业应避免被使用"最佳可获得信息"规则。"最佳可获得信息"规则是反倾销调查中被诉企业不应诉或消极应诉时面临的首要规则之一，WTO《反倾销协议》及其附件2对反倾销调查主管机关使用"最佳可获得信息"设置了程序上和条件上的限制。该规则主要应被用以防止反倾销调查中受调查的出口商拒绝或不在合理期间提供所要求的数据，或者严重阻碍调查。另外，在反倾销调查主管当局享有缺乏严格而明确约束的自由裁量权的情况下，该规则也极可能被用来作为推行贸易保护政策的工具，我国的出口企业在遭到外国反倾销调查时，应注意采取妥善的应诉措施，努力避免主管当局采用"最佳可获得信息"。为此，我国商务部在2006年7月14日颁布了《出口产品反倾销应诉规定》，并修订为《出口产品反倾销案件应诉规定》，强化了对应诉企业的规范管理。

其次，政府应积极配合，积极应诉。我国在长期的实践中积累了较为丰富的应诉反倾销的经验，但在应诉反补贴调查方面还属于新手。第一，如同反倾销一样，涉案企业必须积极应诉，如不应诉，进口国当局将使用对我国不利的资料，得出对我国不利的结论。第二，政府要积极参与。与反倾销调查相比，反补贴调查与政府的关系更为密切，补贴属于政府行为，企业提供的补贴情况要通过政府得到证实，政府、企业必须密切配合。

在2004年4月加拿大对我国碳钢和不锈钢紧固件产品发起的补贴调查中，加拿大当局向全部19家样本出口商和中国政府发放了调查问卷，共收到中国5家出口商和5家生产商对调查问卷的完整回复。由于中国政府的回复被认为未提供足够的信息，加拿大当局认为无法认定中国出口商是否从被调查的政府补贴项目中获益。加拿大当局依据发起调查时基于其国内产业提供的信息，估算出中国产品的原材料和加工成本与调查认定的出口价格的差额，确定中国产品享受了可诉补贴，补贴额占出口价格的31.53%。我国应该认真汲取该案的教训，做好今后的反补贴应诉工作。

案例5-10

国内纺织业首起应诉美国"双反"案获胜

2009年7月23日，美国对原产自中国大陆和台湾地区的织边窄幅织带发起反倾销和反补贴调查（即"双反"调查）。国内销量最大的厦门姚明织带饰品有限公司（以下简称"姚明织带"）作为"双反"调查立案的强制应诉企业进入调查程序。这一案例成为后配额时代美国对中国纺织品采取的第一起贸易救济措施，姚明织带闻讯后成立"双反"领导小组，在商务部、厦门市贸发局等部门的协助下，踏上了应对"双反"的艰难道路。而国内其他企业却由于应诉成本过高等种种原因放弃了。

2010年2月6日，姚明织带收到了美国商务部的初裁结果，在15家中国大陆和台湾地区应诉企业名单中，姚明织带以"零关税"成绩获得初裁应诉成功，放弃应诉的另一家企业则获得231.4%的惩罚性关税，其余13家企业被裁定为115.70%的平均加权税率。据悉，税率如果高于30%，出口企业就没有利润空间，这也意味着，姚明织带将成为目前国内唯一一家有能力做美国市场的织带企业。

2010年7月13日，美国商务部的终裁终于让历时一年的中国产窄幅织带"双反"调查尘埃落定。作为中国内地唯一的应诉企业，姚明织带为自己赢得了独家进入美国市场的入场券。其他中国织带企业由于没有应诉，则不得不面对高达123.83%或247.65%的反倾销税，而反补贴方面，另一家遭强制应诉的长泰荣树纺织有限公司也因没有应诉被迫接受117.95%惩罚性反补贴税，其余没有遭到起诉的同行则得以享受与姚明织带同等的1.56%的反补贴税。

姚明织带之所以胜诉，其秘诀在于：首先是积极应诉，寻找专业的律师，并建立与国外律师事务所的合作是至关重要的。因为案件是一环扣一环，如果没有好的律师配合，中间更换律师，时间就来不及了。其次，要把应诉当作公司头等大事，决定应诉后就要全力以赴。姚明织带在应诉中投入了大量的人力、物力，整个案件花费了300多万元，14份补充问卷接踵而来，一个问题就需要提供几百页的材料，3台打印机有时每天要打印几万份材料，应诉的材料可装一间10平方米的房子。美国的策略是要让你知难而退。最后，反倾销调查中给予企业致命一击的往往是财务的不规范和信息的不完善。因此，企业对平时的基本财务必须做好管理工作，可为企业在面对反倾销调查时争取更多的获胜机会。

资料来源：中国贸易救济网. 国内纺织业首起应诉美国"双反"案获胜[EB/OL]. [2018-10-26]. http://www.cacs.gov.cn/news/newshow.aspx?str1=2&articleId=73884.

（五）善于利用WTO争端解决机制

积极运用WTO争端解决机制，有助于抑制针对中国产品的泛滥贸易保护措施，推动世界的贸易自由化进程。如，中国政府在2009年9月14日正式就美国限制中国轮胎进口的特殊保障措施启动了世界贸易组织争端解决程序，维护了我国企业的出口权利，虽然没有达到预期效果，但是为企业寻找新市场和新的应对方法赢得了宝贵的时间。

章末案例

美国对中国编织袋"双反"案

2007年6月28日，美国编织袋协会及其成员代表向美国商务部和美国国际贸易委员会提交申请，要求对进口自中国的复合编织袋进行反倾销和反补贴立案调查，原因是中国出口产品获得补贴，并且价格低于市场售价。2007 年 7 月 18 日，美国商务部对原产于中国的复合编织袋进行反倾销和反补贴立案调查。

2008 年 6 月 16 日，美国商务部发布通知，对原产于中国的复合编织袋做出反倾销和反补贴终裁，对山东寿光健元春有限公司、山东龙兴塑胶制品有限公司分别征收反倾销税 91.73% 和反补贴税 352.82%；而对温州豪盛塑料有限公司等 13 家公司征收 64.28% 的反倾销税，对青岛汉兴包装有限公司、宁波永峰包装用品有限公司征收 223.74% 的反补贴税，其他中国公司获 91.73% 的反倾销税和 226.85% 的反补贴税。

根据美国国际贸易委员会 publication 4025 的资料显示（见表 5-14），美国自我国进口复合编织袋出现数量上的快速增长，但并未出现价格的下跌，虽然比美国本土的价格低，但这主要是中国廉价的劳动力及较低的环保成本所致，并非如美方所指控的由于大量的补贴导致低于市场价格销售。

表 5-14　　　　　　　　　　美国自中国进口复合编织袋情况

指标 ＼ 年份	2005	2006	2007
进口数量（1 000 sacks）①	112 262	153 182	234 368
进口金额（1 000 美元）	26 746	39 025	58 147
单价（美元/sack）	0.24	0.25	0.25
数量同比增长率（%）	25.52	36.45	53.00

资料来源：美国国际贸易委员会 publication 4025.

美国生产商所占市场份额并未出现萎缩。从表 5-15 数据显示，2006—2007 年，美国生产商所占市场份额增长率持续攀高，比从中国进口的增长率要高出将近 1 倍，所以，准确地说，从中国进口的增长是由美国的需求增长引起的。

表 5-15　　　　　　　　　美国生产商所占美国市场份额情况

指标 ＼ 年份	2005	2006	2007
按数量算（1 000 sacks）②	14 190	26 075	51 411
按金额算（1 000 美元）	7 682	15 692	30 656
单价（美元/sack）	0.54	0.60	0.60
数量同比增长率（%）	78.55	83.76	97.17
①/②（%）	791.13	587.47	455.87

资料来源：美国国际贸易委员会 publication 4025.

按我方提供的数据显示，2007 年与 2006 年相比，我方出口美国的编织袋增长速度是出现下降的，但美国当局在美国国内生产商的说服之下，并不采纳我方数据，而是根据美国国内生产商提供的数据并经统计学的方法进行调整，得出我方出口增长速度仍出现大幅增长的结论。

美国在此案中对中国企业双重征税，导致中国企业被迫退出美国市场。从美国对中国编织袋的"双反"案中可以看到，美国做出终裁的依据很简单，主要看来自中国相关产品进口量的增长以及相关产品价格低于美国市场价格，在做出肯定性终裁时，所需要陈述的美国相关产业是否受到实质性损害或遭受实质性损害威胁及其与中国相关进口产品的因果关系则带有较大的随意性。

资料来源：张燕芳. 美国对中国编织袋"双反"案的点评及启示［EB/OL］.［2018-12-03］. http://data.ctei.gov.cn/sjzx_fxs/sjzx_fxs_zjwz/144286.htm.

案例题：

［1］WTO的SCM协议原则的具体内容是什么？

［2］美国在调查反补贴时应该把哪些因素考虑进去？

［3］该案例对我国有哪些重要的意义？

本章小结

1.倾销是指以低于正常价格或不合理的低廉价格向外出口本国商品。反倾销调查程序是指一国反倾销当局根据国内受到倾销损害的相关产业的起诉，对被指控倾销的产品进行立案调查的过程，其程序包括：申诉与立案、调查、初裁与终裁。在反倾销的具体实施措施上包括：临时性措施、价格承诺、反倾销税的征收、反倾销税的追溯征收等。

2.补贴是指出口商品在生产、制造、加工、买卖、输出过程中所接受的直接或间接的奖金或补贴，不管这种奖金和补贴是来自政府，还是行业协会均可征收反贴税。根据补贴的不同性质，可将补贴分为禁止性补贴、可申诉性补贴、不可申诉性补贴三类。

3.受损害的进口国在征收反倾销、反补贴税时应该遵循一定的程序。征收反倾销税和反补贴税的条件必须有"倾销或补贴"的事实存在，并且倾销或补贴造成了进口国国内工业的实质性损害威胁，才能征收不起过倾销差额或补贴数额的反倾销税或反补贴税。

4.保障措施是指成员在进口激增并对其国内产业造成严重损害或严重损害威胁时，依据GATT 1994所采取的进口限制措施。保障措施作为一项保护政策，WTO对其使用做了一些限制。根据规定，使用保障措施的必要条件有：（1）进口产品大量增加；（2）进口增加是由不可预见的情况造成的；（3）进口增加是各边贸易谈判所带来的贸易自由化的结果；（4）这种大量进口对国内生产者造成了严重损害或严重损害的威胁。

专业词汇

贸易救济措施　倾销　反倾销　补贴　反补贴　禁止性补贴　可申诉性补贴不可申诉性补贴　保障措施　特殊保障措施

思考题

1.如何确定倾销的幅度和损害？

2.禁止性补贴、可申诉性补贴和不可申诉补贴怎么区别？

3.实施保障措施的前提条件是什么？

4.根据自己所学的知识分析：我国如何利用好《反倾销协议》？

本章参考文献

[1] 吴敏. 贸易救济法 [M]. 北京：中国海关出版社，2010.

[2] 机械工业信息研究院情报研究所. 贸易救济报告（2006年版）[M]. 北京：机械工业出版社，2007.

[3] 马双，林汉川，黄满盈. 国外对华贸易救济的新趋势及其应对分析 [J]. 商业经济，2011（7）.

[4] 盛建明. 反倾销国际惯例 [M]. 贵阳：贵州人民出版社，1999.

[5] 高永富. WTO反倾销协议：规范与承诺 [M]. 黄山：黄山书社，2000.

[6] 吴清津. WTO反倾销规则 [M]. 厦门：厦门大学出版社，2001.

[7] 李英，曾宇. 中国反倾销法的发展与完善 [EB/OL]. [2018-12-05]. http://www.cacs.gov.cn/news/newshow.aspx?str1=2&articleId=86485.

[8] 曹和平. 反倾销法中的最佳可获信息规则初探 [J]. 中国法学，2009（2）.

[9] 刘天成. 合理运用WTO反倾销措施保护本国产业 [N]. 中国经济时报，2001-06-06.

[10] 张汉林. 保障措施争端案例 [M]. 北京：经济日报出版社，2003.

[11] 宋和平. 产业损害调查中若干问题的理论思考 [EB/OL]. [2018-12-06]. http://www.c-ncap.org/autoinfo_cn/zfxx/lsan/webinfo/2003/01/07/1176016270542032.htm.

[12] 黄文俊，吕峰. 完善反倾销条例中的反规避制度 [N]. 国际商报，2003-08-14.

[13] 段爱群. 法律较量与政策权衡——WTO中补贴与反补贴规则的实证分析 [M]. 北京：经济科学出版社，2005.

[14] 韩立余. WTO案例及评析（1995—1999）[M]. 北京：中国人民大学出版社，2001.

[15] 李双元. 世贸组织规则研究的理论与案例 [M]. 北京：人民法院出版社，2004.

[16] 李毅，李晓峰. 国际贸易救济措施——反倾销、反补贴、保障措施与特保措施 [M]. 北京：对外经济贸易大学出版社，2005.

[17] 张志刚. 反倾销反补贴保障措施法律与实务 [M]. 北京：中国经济出版社，2002.

[18] 李本. WTO《补贴与反补贴措施协议》对内国经济法的约束与影响 [J]. 当代法学，2003（6）.

[19] 杨益. 全球贸易救济的现状、发展及我国面临的形势 [J]. 国际贸易，2007（9）.

[20] 胡江云. 中国离完全市场经济地位并不遥远 [N]. 人民日报，2011-06-14.

[21] 宋新伟. WTO《补贴与反补贴措施协议》评析及中国对策 [J]. 天中学刊，2003（2）.

[22] 曹洋. 美国对中国实施轮胎特殊保障措施的案例分析与研究 [J]. 对外经贸，2009（12）.

[23] 陈泰锋. 2005年世贸组织争端解决机制案件评述 [EB/OL]. [2018-12-07].

http：//www.cacs.gov.cn/cacs/lilun/lilunshow.aspx？articleId=27554.

［24］郑敏．美国的两起保障措施案例研究与运用启示［J］．科教文汇，2006（9）.

［25］王建华，范荷芳．国外反补贴：案例、警示与对策［J］．国际经济观察.2007（10）.

［26］Zanardi M.Anti-dumping：What are the Numbers to Discuss at Doha？［J］.The World Economy，2004，27（3）.

［27］Appleyard D R，Field A J.International Economics［M］.Beijing：China Machine Press，2002.

［28］Clive，Stanbrook.Dumping and Subsidies：the Law and Procedures Governing the Imposition of Anti-dumping and Countervailing Duties in the European Community［M］.London：Kluwer Law International，1996.

［29］Dixit A，Norman V.Theory of International Trade［M］.Shanghai：Shanghai University of Finance Economics Press，2005.

第六章

WTO贸易与环境规则解读及运用技巧

导　读

随着世界经济和国际贸易的发展，环境问题日渐凸显并成为全人类面临的最紧迫的议题之一。从20世纪70年代起，环境问题开始为国际社会所重视。1995年WTO设立了贸易与环境委员会，旨在明确环境贸易措施与多边贸易体制之间的关系。WTO主张环境与贸易协调发展，贸易不应以破坏和牺牲环境为代价，认为建立和维护一个公开无歧视和公正的多边贸易体制与维护环境和促进可持续发展不应该产生抵触；要求各成员根据自身需要和经济发展水平采取措施，按照可持续发展目标使世界资源得到最合理利用，维护和保护环境。虽然WTO规则中没有专门的文件或是协议来规范有关环境与贸易的关系，但在许多相关协定中就环境问题都做出具体规定。在《贸易与环境的决议》以及贸易与环境委员会的一系列工作报告和公告中多次指出：赞同和维护一个公平、公开、非歧视的多边贸易体制和为保护环境与促进可持续发展而采取的行动之间不应有，也不需要有任何政策上的抵触；WTO愿意在不超越多边贸易体制的权限下，协调贸易与环境保护中的各项政策。可以说，这是WTO在贸易与环境问题上的基本立场和指导思想。

本章将对WTO规则中涉及环境的条款进行归纳，通过一系列的经典案例解析相关多边贸易协定中的环境与贸易规则，着重分析WTO环境与贸易规则的冲突以及协调，全方位认识WTO环境与贸易规则的真谛，并掌握重要的一些运用技巧。

章首案例

墨美金枪鱼案

[案情介绍]

在太平洋东部热带区域，金枪鱼群常在海豚群下面游动，人们凭此用大拖网捕捞金枪鱼，为了把鱼赶拢在一起还常动用摩托艇、直升机，乃至使用炸弹，20世纪70年代，估计这种捕捞法每年造成30万头海豚死亡。面对这种残酷的捕捞行为，美国政府于1972年通过了《海洋哺乳动物保护法》，要求美国渔民遵守人为意外导致海豚死亡的数量限制，以求尽可能减少商业捕捞业中对哺乳动物（包括海豚）造成的意外伤亡。20世纪80年代，美国两次修改《海洋哺乳动物保护法》，规定凡向美国出口金枪鱼的外国渔船必须达到美国的海豚人为死亡的允许水准。

在《海洋哺乳动物保护法》管制下，美国捕捞业中造成的海豚死亡量急剧下降，其中部分原因是捕捞技术的改进，部分原因来自商业压力。1990年，占美国金枪鱼市场份额达80%的一些金枪鱼罐装公司宣布，他们对不符合"海豚安全"标准的金枪鱼不予购买销售。同年通过的《关于海豚保护的消费者情报法》为"海豚安全"标签确定了标准，该标签仅适用于不使用大拖网围捕的方式捕获的金枪鱼。1992年的《国际海豚保护法》禁止在美国销售、运输或装运不符合"海豚安全"要求的金枪鱼。

1991年，墨西哥提起诉讼，认为美国的禁令违反了GATT第11条禁止数量限制的规定，关贸协定专家组判定美国败诉。1992年，欧共体根据GATT又提起一次诉讼，专家组于1994年对此做出裁决，指出美国是借保护海豚而"强迫这些国家改变属于它们管辖的人和事的政策"。这两份报告均未获得通过。

［案情分析］

两起金枪鱼案的法律基础是GATT第11条和第3条，第11条第1款规定"任何缔约方均不得对任何其他缔约方境内产品设置或保持禁止或限制"，美国实施的禁令无疑与此相违背，第3条规定国民待遇原则，即各成员给予外方的贸易待遇应与本国的待遇相同。

美国根据GATT第20条b项和g项提出辩护，认为其贸易限制措施是"保护人类、动物或植物的生命或健康所必需的"是"与可耗尽自然资源保护相关的措施"，专家组则认为第20条b、g两项都没有规定允许一个国家采取在其本国利益之外用以保护环境的措施。

关贸总协定第3条第4款规定："任何缔约方境内产品输入到另一缔约方境内时，在关于产品的国内销售、购买、运输、分配或利用的全部法令、条例或规定方面，所享受的待遇应不低于本国相同产品所享受的待遇。"专家组则认为该款只允许对进口产品适用关于产品质量的国内法规，而不适用关于生产工艺或方法的国内法规，因此，美国限制进口金枪鱼的做法有违国际贸易的非歧视性原则。

关贸总协定第20条规定："本协议的规定不得解释为禁止缔约国采用或加强以下措施，但对情况相同的各国实施的措施不得构成武断的或不合理的差别待遇，或构成对国际贸易的变相限制：（b）为保障人民、动植物生命或健康采取必要的措施。（g）与国内限制生产与消费的措施相结合，为有效保护可耗竭的天然资源采取相关措施。"关于g项"可耗竭的天然资源"在专家组报告中认为是指诸如矿产等有限的或无生命的资源，而不包括生物或可更新的资源。

值得强调的是，墨美金枪鱼案在GATT/WTO争端中正式引入了环境贸易措施问题。本案中确立的一系列原则，成为GATT/WTO解决贸易与环境问题，以及实施环境贸易措施所采取的基本原则。一是法律渊源完全局限在GATT之内。本案专家组拒绝采用相关的国际环境条约来解释GATT第20条。二是否认国内法律的域外保护效力。专家组报告认为第20条b、g两项仅指适用于进口国管辖范围之内的措施，各国不能为达到环保目标而采取单边贸易措施，强迫别国接受未经双方同意的标准。三是把产品与产品生产过程区别开来。专家组认为美国的禁令是按生产过程的不同对同类产品进行区分，而不是仅按产品本身的质量，因而实质上限制了自由贸易。专家组的这种把对金枪捕捞过程（即产品的生产过程）与产品本身相区别的论点，实际上涉及环保法与贸易法相交叉中的一个法律难点——因为造成环境污染（或生态破坏）的，常常并不是产品本身，而是生产或加工产品方式。由此可见，本案的上述做法对环境贸易措施采取了苛刻的态度。

资料来源：

［1］肖爱，文同爱.积极应对国际贸易与环境新形势——两个案例的启示［J］.广西政法管理干部学院学报，2003（5）.

［2］张磊.论WTO对环境贸易措施的放松趋势——以五个典型案例为视角［J］.世界贸易组织动态与研究，2009（1）.

案例思考：

［1］如何正确处理作为GATT/WTO基本原则的国际贸易自由化与环境保护之间的关系？

［2］如何理解GATT/WTO第20条g项保护"可耗竭的天然资源"的含义？

［3］环境贸易措施与WTO环境与贸易规则的冲突体现在哪些方面？环保条约与GATT/WTO协定应如何协调？

［4］贸易与环境的矛盾冲突应如何解决？

第一节　WTO环境保护规则概述

一、GATT 1994对环境保护相关问题的相关规定及实施条件

（一）GATT 1994的相关规定

GATT 1994对环境保护问题的相关规定，主要体现在以下一些条款中：

（1）GATT 1994第2条关于对进口产品征收税费的规定。该条规定，缔约方可以在不违反国民待遇的前提下，按照计划自行决定对进口产品征收以保护环境为目的的环境税费。

（2）GATT 1994第11条关于取消进出口产品数量限制的规定的三种例外也与环境保护有关。

（3）GATT 1994第20条"一般例外"中（b）款和（g）款在实践中通常被作为采取环境保护措施的基本条款。"本协定的规定不得解释为禁止缔约方采用或加强以下措施，但对情况相同的各国，实施的措施不得构成武断的或不合理的差别待遇，或构成对国际贸易的变相限制：（b）为保护人类、动植物的生命或健康所必需的措施；（g）与国内限制生产与消费的措施相配合，为有效保护可能用竭的天然资源的有关措施。"第20条（b）款：对于保护人类生命和健康，这一点不难理解，但对于保护动植物的生命和健康，人们往往存在不同争议。

一种观点认为，保护动植物生命与健康是合理必要的，因为面对一个日益污染恶化的环境，保持生物的多样性将对人类有至关重要的利益，国际货物贸易大规模流动，很容易造成国内的环境问题蔓延到其他国家，从而毁灭一个地区的生物平衡，危及人类。

另一种观点认为，保护动植物的生命与健康缺乏合理的国际公认的标准，很难证明其依据的合理性和科学性，实质上为国际贸易保护主义提供了可以利用的工具。WTO的经济职能是其主要职责，WTO所设立的该例外条款其实就是在最低限度上对环境进行保护，使其最大限度地不影响和束缚自由贸易。为此人们更愿意称一些环境保护措施为"绿色壁

垒"。所谓"绿色壁垒"是以保护自然资源、生态环境和人类健康为名，通过制定一系列复杂苛刻的环保标准，对来自其他国家的产品及服务设置障碍，以保护本国产业的一种新型的非关税壁垒。无数的国际贸易实践活动也证明了绿色壁垒正在泛滥。

（二）GATT 1994例外条款的实施条件

GATT 1994第20条"一般例外"中（b）款的实施必须具备的条件：

一是本国要具备为了保护人类、动植物的生命或健康的相应法律法规。如果本国国内并没有规定相关的保护人类、动植物的生命或健康的法律法规，那么当其要求别国在进出口贸易中实施保护环境的措施时，将不具备充足的理由，别国很有可能以国民待遇原则受到侵犯而不执行其单方面施加的政策。

二是有充足的证据证明某进口货物对人类、动植物的生命或健康有害，其危害程度超出了人类、动植物的生命或健康所必需的底线。底线的设定将主要参照国际上通用的标准，这里我们不排除设置更高的标准，但必须要有充分的证据表明低于该标准将产生危害结果。

三是本国的禁止行为应当是既针对国外，又针对国内相关行业，这里主要涉及国民待遇原则。

四是没有合理的替代办法，如果通过某种合适的方法能够避免危害结果的发生，将优先适用替代办法，只有在没有第二条路可走的情况下才能实行该政策。

五是对情况相同的其他国家不得构成武断的或不合理的差别待遇，一成员的政策应对其他成员一视同仁，这也是WTO最惠国待遇原则的体现。

GATT 1994第20条"一般例外"中（b）款的实施必须具备的条件：

一是国内要有限制相关的生产和消费的措施，与其对其他国家实行的措施相配合，即不仅针对进口的产品，也针对国内的产品（体现了国民待遇原则），这种配合一般可认为是时间上的同时性，可以有合理范围的时间差，因为国内国外政策并不能完全在时间上一致，合理的前后顺序应当是允许的。

二是其目的是有效保护可能用竭的天然资源，既包括国内资源，也包括国外资源，譬如禁止进口鲸类制品，可能我们本国没有该种资源，但为保护该种国外资源也不能进口。

三是对情况相同的各国，实施的措施不得构成武断的或不合理的差别待遇或构成对国际贸易的变相限制。

在诉美国的海龟案中，我们可以看到以上几个条件同时具备的重要性。海龟是被20世纪70年代《濒危野生动植物物种国际贸易公约》列入最高级别保护的濒危珍稀动物。以往，海洋拖网捕虾作业中对海龟的误杀是这一珍稀动物生存的最大威胁。

为了保护珍稀的海龟，美国国会在1973年通过的《濒危物种法》中将各种占有、加工、加害为海洋拖网捕虾所误害的海龟视为非法。1989年美国在这一法案的修正中又增加了推动其他国家使用既能够提升海虾捕获量，又能使误入捕虾网的海龟得以逃生（逃生率97%）的海龟排离器（TED）的条款（609条款）。该条款的含义是，推动其他国家使用TED提高海龟的保护程度。在一定的海域内，如果某国的捕虾网上没有使用海龟排离器，或没有达到美国保护海龟的标准，美国将禁止从该国进口捕获的野生虾及虾类制品。1996年美国又将这一禁止扩大到一切国家，由此引发了贸易争议，20多个国家向世贸组织提出申诉或作为第三方介入。

案例6-1

海龟案

（一）案情简介

海龟作为"受到和可能受到贸易的影响而有灭绝危险的物种"被1973年的《濒危野生动植物物种国际贸易公约》（CITES 1973）列为最高级别的保护对象，不采取保护措施的话，每年将有逾12.5万只海龟因捕捞作业而死亡。1973年美国制定了《濒危物种法》，将在美国海域出现的海龟列为保护的对象。同时美国科学家研制了"海龟隔离装置（Turtle Excluder Device，TED）"，1989年开始推广TED，配有这种装置的渔网可有效地阻止海龟入网，并能增加捕虾的效率。之后，美国通过修正《濒危物种法》，即增加609条款，要求其他国家采用TED技术。美国先后于1991年、1993年和1996年发布了几个指令，最终将609条款适用于所有国家，禁止进口没有安装"海龟隔离装置"的渔船所捕获的虾及其制品。印度、马来西亚、巴基斯坦、泰国四国没有采用TED，因此，美国禁止从上述四国进口虾及虾制品。在1997年，四国随即将美国诉至WTO。

四国认为美国的第609条款是非关税性质的贸易数量限制的规定，而且TED的使用与否并不影响海虾及其产品的质量，美国的609条款是依据捕捞方式的不同对未使用该装置的产品出口进行限制，这显然违背了关贸总协定第1条。而美国认为其实施第609条款既是出于保障动植物生命的必要措施，又采取了平等适用于国际国内的实施方式，没有对各国构成差别待遇，因而是符合GATT 1994第20条"一般例外"条款的。专家组裁定美国609条款限制了自由贸易，且不属于GATT第20条例外情形。

在国内国际环保组织推动下，1998年7月13日美国提起上诉，1998年10月12日上诉机构做出终审报告，承认美国609条款具有合法性的一面，但仍裁定美国609条款做法不符合WTO规则的精神，美国对裁决报告表示支持，上诉机构的报告于1998年11月6日获得通过，11月25日美国正式承诺履行上诉机构的判决。

（二）案件分析

海龟/海虾案的意义重大，其一系列举措为环境贸易措施大大"松绑"：

（1）对"可用尽的自然资源"进一步扩大解释。印度等国认为，GATT第20条g款所指的"可用尽的天然资源"不包含生物资源，因为它是可更新的。上诉机构明确表示这一观点是不可接受的，并指出：可用尽自然资源与可更新自然资源并不相互排斥。由此将其范围进一步扩大到了生物资源。

（2）将法律渊源扩展至相关的国际环境条约。本案中，为说明美国609条款不符合GATT第20条序言的要求，专家组援引了《环境与发展里约宣言》和《生物多样性公约》的有关条款；上诉机构还引用了《濒危野生动植物物种国际贸易公约》说明海龟属于可用尽自然资源。

（3）首次肯定了国内法律的域外保护效力。上诉机构在说明609条款属于GATT第20条g款的例外措施时，认为由于海龟出现的一些水域是在美国的管辖范围内，对于第20条

g款来说，这个迁徙的濒危海洋生物与美国之间的联系就足够了。这就意味着WTO成员只要证明一种自然资源与它的管辖存在某种联系，就可以援引第20条g款证明其限制措施的合法性。由此，国内法律就可能具有域外保护效力。

（4）把产品与产品生产过程（PPM）联系起来。认为"如果某一产品因其PPM而与'可用尽的自然资源'有关，即使该PPM对产品的最终特性或性能毫无影响，但基于该PPM标准而采取的贸易措施本身仍然能够获得GATT第20条g款的支持"。由此可见，WTO开始不绝对禁止为保护环境而使用基于PPM的贸易限制手段。

（5）在裁决方法上更加理性和务实。WTO上诉机构全面地考察了美国所要推行的TED技术的特点，也考虑了美国对于虾的进口量（当时美国每年虾及虾制品进口量居世界第一位），进而接受了非政府组织的建议。这体现出WTO对环境贸易措施采取了更加开放和积极的态度。

美国的行为应说是符合GATT第20条"一般例外"中（b）款实施条件的第一条和第二条的，美国的国内法与其对外实行的政策是相互配合的，并且海龟作为一种可能用竭的天然资源是毫无疑问的，应当看到美国的政策的确也是从保护海龟的角度出发的，但美国对其他国家的要求是僵硬和不灵活的，即美国没有权力要求其他国家必须使用和美国同样的保护手段，只要有合理的并经充分证明的方法（替代办法）同样能够有效保护海龟即可。美国要求其他国家具备同样的技术构成了不合理的要求，争端解决机构据此认为其政策执行的僵硬和不灵活构成了武断的歧视，是不符合（b）款实施条件第三条的。

资料来源：

[1] 邓炯. 世界贸易组织解决贸易与环境争议的新实践——"海虾-海龟之诉"评析 [J]. 世界贸易组织动态与研究，1999（7）.

[2] 邢洪涛，班永陟. GATT第20条b、g款适用的限制及其发展趋势——对海龟案的分析 [J]. 烟台师范学院学报：哲学社会科学版，2003（1）.

[3] 肖爱，文同爱. 积极应对国际贸易与环境新形势——两个案例的启示 [J]. 广西政法管理干部学院学报，2003（5）.

案例思考：

[1] 请结合GATT 1994中与环境有关的规定，谈一谈为什么上诉法庭肯定了美国609条款的效力，却判定其败诉。

[2] 你认为章首案例金枪鱼案与本案上诉机构的判决有什么不同？

二、《建立世界贸易组织协定》中的相关内容

协议前言明确将可持续发展列为新的多边贸易体制的基本原则和宗旨之一。"按照可持续发展目标使世界资源得到最合理利用，维护和保护环境，并根据各成员不同需要和不同经济发展水平的情况，加强采取措施"。这充分体现了"可持续发展"的精神，制定了贸易自由化和环境保护的双重目标。

"可持续发展"是WTO的宗旨之一，在《建立世界贸易组织协定》中，明确了世界贸易组织的宗旨，其内容为："本协议各成员，承认其贸易和经济关系的发展，应旨在提高生活水平，保证充分就业和大幅度稳步提高实际收入和有效需求，扩大货物与服务的生产和贸易，为可持续发展之目的最合理地利用世界资源，保护和维护环境，并以符合不同经济发展水平下各自需要的方式，加强采取相应的措施；进一步承认有必要做出积极的努力，以确保发展中国家，尤其是最不发达国家，在国际贸易增长中获得与其经济发展相应的份额。"

这一宗旨充分体现了"可持续发展"的精神，可进一步解释为：①各国在实现其扩大贸易、发展生产、提高福利水平等目的的同时，应该以"可持续发展"为目的来进行资源的开发利用，并要求保护环境。②世贸组织谋求大幅度稳步提高实际收入和有效需求，扩大货物与服务的生产与贸易。③世贸组织认为在实现环境保护和合理利用资源的时候，应该顾及"不同经济发展水平"的国家和地区，不应该采取完全一致的措施和标准。保护环境与资源也不应该以牺牲发展中国家的发展为代价，满足发展中国家的发展需要是"可持续发展"的重要内容之一。

相对而言，GATT则并没有过多关注环境问题，主要是因为当时人们更为关注减少关税，取消贸易壁垒，而《建立世界贸易组织协定》不仅提到了要充分利用世界资源，并且是可持续发展的利用，从而为解决环境问题与贸易之间的纠纷提供了一个可以进行平衡的杠杆。

《建立世界贸易组织协定》总论中最重要的是提出了可持续发展的目标，即以可持续发展的方式利用世界资源和保护环境，这将为WTO在以后的经济贸易中针对涉及的环境问题具有概括和指导作用，是WTO在引领世界贸易潮流中迈出的非常重要的一步。总论是整个WTO法律文件中的纲领性文件，其对环境问题的规定相当于整个法律体系中的原则性论述，对我们分析具体附件中的环境条款和解决环境与贸易之间纠纷漏洞提供了广阔的空间。

三、《技术性贸易壁垒协议》中的相关规定

在东京回合谈判中，"环境"一词第一次写入GATT的有关条款中，具体体现在《技术性贸易壁垒协议》（Agreement on Technical Barriers to Trade，简称TBT协议）中。在该协议的前言中，与环境有关的具体内容为：（1）承认不应阻止任何国家在其认为适当的程度内采取必要的措施，来确保它的出口货物的质量，或保护人类、动物或植物的生命或健康以及保护环境，或阻止欺诈行为，只要这些措施不致成为在具有同等条件的国家之间构成任意的或不合理的歧视的一种手段，或构成对国际贸易的一种隐蔽限制。（2）技术法规和标准，包括对包装、标志和标签的要求，以及对技术法规和标准的合格评定程序不要给国际贸易制造不必要的障碍。（3）发展中国家在制定和实施技术法规、标准以及对技术法规和标准的合格评定程序上可能遇到特殊困难，希望对他们给予协助。

TBT协议第2条包括12款，分别对中央政府对技术法规的目的、制定、采用和实施进行了规定。第2条第2款规定："各成员应确保技术规章的制定、采用或实施不得对国际贸易造成不必要的障碍。为此目的，技术规章对贸易的限制不应超过为实现一合法目标所必需的程度；并考虑不实现这些合法目标所带来的风险。这些合法目标尤其指：国家安全要求；防止欺诈行为；保护人类健康或安全，保护动物或植物的生命或健康，或保护环境。"

TBT协议第5条第4款中规定，环境保护可能构成成员方认为有关国际标准指南或建议不适用于有关成员方的理由。其内容为："在要求以肯定方式保证产品符合技术规章或标准，且由国际标准化机构颁布的有关指南或建议已经存在或其指定工作即将完成时，各

成员方应确保中央政府机构使用它们，或其有关部分作为制定其合格评定程序的基础，除非在接到有关请求时已经充分说明，出于国家安全要求、防止欺诈行为、保护人类健康或安全、保护动物或植物的生命或健康、保护环境，基本气候条件或其他地理因素，基本技术或基础设施问题等原因，此类指南或建议或其有关部分并不适用于有关成员方。"

TBT协议第2条第10款中规定，环境保护问题可能构成紧急问题，成为成员方采取较为简便的程序以公开或通知其技术规章和标准的理由。

TBT协议进一步规定：当某缔约方在制定、采用或实施可能对其他缔约方贸易产生重大影响的技术法规时，应另一缔约方的要求，该缔约方应根据第2至4款解释其技术法规的合理性。当为实现第2条第2款所述某一正当目标，根据相应国际标准制定、采用和实施技术法规时，应确保该技术法规不会给国际贸易制造不必要的障碍等等。同时，该协定还对技术标准的制定、采用和实施及技术法规和标准的合格评定程序等进行了相应的规定。

四、《农产品协议》中的相关规定

《农产品协议》中有关环保的直接规定主要包括在其附件2中，该附件规定了"绿箱政策"，其中涉及与环境规划项目有关的国内支持措施不在削减之列。它包括：保护生态环境计划及农场主的直接绿色补贴（绿色补贴）等国内扶持措施，不在协定规定的削减之列；政府对与环境项目有关的研究和基础工程建设所给予的服务与支持，以及按照环境规划给予农业生产者的直接支付等与国内环境规划有关的国内支持措施，可免除国内补贴削减义务。

该协议第4条规定："各减让表中所含的市场准入减让是指关税约束和减让及其他具体规定的市场准入承诺。"第4条（b）规定："除第5条和附件5另有规定外，各成员不得维持、诉诸或重新使用已被要求转换为一般关税之任何措施。"该协议附件5为免除适用协议第4条（b）做了专门规定，就任何初级农产品及其制成品而言，其免除适用协议第4条（b）的条件之一便是：属于非贸易因素的产品，如食品安全和环境保护。

五、《补贴与反补贴措施协议》中的相关规定

《补贴与反补贴措施协议》（SCM协议）第8条第2款（c）项将不可诉补贴分成两类：一类是不具有专向性的补贴，即具有普遍性的补贴，不会基于WTO的相关规定而引起任何反补贴措施；另一类是政府对科研、落后地区以及环保的补贴，包括研发补贴、落后地区发展补贴和环境保护补贴等。SCM协议规定：若有助于消除严重的环境压力，且采取最合适的环境手段，可考虑接受环境补贴。如果这些补贴符合不可申诉补贴的标准，具体来说就是对于为改造现有设施（新的环境标准提出以前已经使用了2年以上的设施）使之适应由法律或规章所提出的新环境要求而提供的资助，可不受争端解决行为的约束。以上这种对环境保护的不可申诉补贴将对环境的改善和提高企业环境意识产生有利的影响。

但是SCM协议有关环境补贴的规定仍然过于笼统，可操作性不强，也容易引起争议。如，一成员方实行较低的环境标准，能否被视为补贴，并征收反补贴税？虽然有不少经济学者倾向于将环境补贴分为两类：一类是有预算效果的补贴，包括政府支出面的财务转移、政府收入面的税额减免、外部成本未内部化等补贴；另一类是没有预算效果的补贴，如有补贴效果的管制，即为"管理性补贴"。其中，在政府支出与收入方面有预算效果的

补贴称为狭义的补贴，狭义的补贴加上外部成本未内部化的补贴与没有预算效果的补贴称为广义的环境补贴。关于"管理性补贴"，在《补贴与反补贴措施协议》中未列出相关补贴项目，不符合SCM协议，因此成为目前争论的焦点。这也是未来WTO谈判需要解决的一项重要任务。不过目前在美国国内法中把这类问题列为可申诉性补贴。美国国内法认为缺少必要的控制工业污染的环境法规和不严格执行环境法规的行为是不可接受的。如果有证据证实存在以上两种补贴，且对美国的工业造成了损害，双方存在因果关系，美国就可以采取反补贴措施。

六、《实施卫生与动植物检疫措施协议》中的相关规定

《实施卫生与动植物检疫措施协议》（SPS协议）的大部分内容与生态环境保护密切相关。SPS协议一开始即"重申不应阻止各成员方采纳或实施为保护人类、动植物的生命或健康所必需的措施"。但这些措施的实施不应该违反非歧视原则，也不能构成变相的限制。第2条第2款规定，各成员采取的措施应"以科学原理为依据，如无充分的科学依据则不再实施"，但可以实施预防措施，即在有关科学依据不足时，根据现有的相关信息，"临时采取某些动植物卫生检疫措施"。该协议同时规定：对动植物携带疾病的传播或者输入，对添加剂、污染物、毒素、食物、饮料、饲料中导致疾病的有害物的含量，成员方有权选择它认为是合适的程度来保护其管辖范围内的人民、动植物的生命或健康。这实际重申了GATT第20条一般例外（b）款的内容。

SPS协议对成员方实施环境保护措施进行了一些限制，以避免成为贸易保护工具。一是要保证所实施的检疫措施仅限于为保护人类、动植物生命和健康所必需的范围之内，并应建立在科学原则的基础上，应当尽可能将自己的卫生与动植物检疫措施建立在现行的国际标准、指南或建议的基础上，因为实行统一的卫生与动植物检疫措施，将有助于国际贸易的顺利开展，避免造成不必要的贸易障碍。但SPS协议没有禁止各成员方制定和实施比有关的国际标准、指南或建议更高水平的卫生与动植物检疫措施，但其制定和实施必须基于科学的理由，这种科学理由必须是充足和必需的。

二是保证所实施的检疫措施应无歧视地适用于本国产品和进口产品以及来源于不同成员方的进口产品，保证所实施的检疫措施不会对国际贸易构成变相的限制。

三是各成员方应平等地接受其他成员方的卫生与动植物检疫，并对进口方的检疫给予必要的配合，这是国家环境主权的体现，是WTO对国家在贸易中行使环境主权的正视。

此外，SPS协议还对发展中国家的特殊或差别待遇方面进行了原则性的规定。

案例6-2

荷尔蒙牛肉案

（一）案情简介

1996年欧盟以荷尔蒙牛肉可能致癌为由，宣布禁止进口使用荷尔蒙添加剂的牛肉。美国和加拿大随即向WTO提出申诉。专家组裁定欧盟违反了SPS协议，认定其牛肉禁令既没有以风险评估作为基础，也没有依据现行的国际标准。欧盟提出上诉。上诉机构于1998年1月最终维持了专家组的裁定，但不同的是，上诉机关认定欧盟并没有违背国际标准。

（二）案情分析

本案是WTO成立后，基于SPS协定处理的第一案，其特殊性在于荷尔蒙的危害性在科学上尚无定论——包括来自欧盟自身科学机构的研究都表明：尚未发现荷尔蒙危害人体健康的确凿证据。

风险预防原则是指"为了保护环境，各国应按照本国的能力，广泛适用预防措施。遇有严重或不可逆转损害的威胁时，不得以缺乏科学充分确实证据为由，延迟采取符合成本效益的措施防止环境恶化"。它出现于众多国际条约中，被认为是国际环境法的基本原则之一。本案中欧盟主张其根据风险预防原则而采取的措施符合SPS协议。专家组和上诉机构拒绝就该原则是否已成为习惯国际法做出评论，但认定风险预防原则无法取代或优先适用于SPS协议关于风险评估的规定，成为独立抗辩的理由。假如只要满足"可能"会发生危害即可采用环境贸易措施，而不需要科学证据，甚至必要的风险评估，那么这对国际贸易的损害是灾难性的。

SPS协议第3条第1款规定：成员方的SPS措施应"基于"现有的国际标准、指南或建议。本案专家组将"基于"一词解释为"遵循"。上诉机构推翻了专家组的意见，认为此处的"基于"不同于"遵循"，成员方的措施只需"参照"国际标准的个别内容即为满足"基于"之要求，而不必完全遵循国际标准。

SPS协议第5条第1款要求SPS措施必须以风险评估为基础。首先，专家组将风险评估和SPS措施之间关系解释为：风险评估的结论与SPS措施所暗示的观点必须存在一致性。上诉机构推翻了该观点，认为二者之间只需要存在"合理关系"就满足了以风险评估为基础的要求。其次，专家组将风险评估和SPS措施之间关系解释为一种"主观联系"，即在采取SPS措施以前，成员方已采取风险评估，并在主观上是基于对此风险的认识而采取SPS措施。上诉机构同样推翻了该观点，将二者关系理解为一种"客观联系"，即成员方只需争议发生后，能提供证明风险存在的证据即足以满足第5条第1款。

本案中欧盟完全禁止进口添加了荷尔蒙的牛肉，但对自身含有天然荷尔蒙的牛肉却不加控制。这实际是一种PPM措施，即要求牛肉生产过程中不得添加荷尔蒙。专家组认为：既然两种牛肉都有荷尔蒙，故欧盟构成了武断的、不合理的区别对待。上诉机构却推翻了此观点，否认存在区别对待。这样就继续坚持了海龟/海虾案中对PPM措施放松限制的立场。

资料来源：佚名. 都是牛肉惹的祸——WTO荷尔蒙牛肉案. [EB/OL]. [2019-02-01]. http://www.chinalawinfo.com/News/NewsFullText.aspx? NewsId=63219.

案例思考：

[1] 为什么说就本案而言"尽管此处采取了从严控制，但本案在其他方面仍然对环境贸易措施持宽松姿态"？

[2] 在处理此类缺乏相关科学实据的贸易与环境的问题时，应该采取怎样的态度？

七、《服务贸易总协定》中的相关规定

《服务贸易总协定》（General Agreement on Trade in Service，GATS）的第6、7条均与环境保护有关。GATS第14条一般例外基本上沿用了关贸总协定一般例外的规定，（b）款规定成员方对国际服务贸易不得实行限制或歧视，但为了保护人类、动物和植物生命或健

康，服务贸易总协定不妨碍成员方在一定的情况下在服务贸易领域采取或强制执行各种措施。

此外，1993年12月15日GATT贸易谈判委员会通过了部长决定——"关于服务贸易与环境的决定"，规定：为确定是否需要为考虑此类措施而对该协定第14条进行任何修改，要求贸易与环境委员会就服务贸易与环境之间的关系，包括可持续发展问题进行审查并提出报告，同时提出建议（若有的话）。委员会还应审查关于环境问题的政府间协定的相关性及其与该协定的关系。

八、《与贸易有关的知识产权协定》中的相关规定

《与贸易有关的知识产权协定》（Agreement on Trade-Related Aspects of Intellectual Property Rights，TRIPs）第27条第2款、第3款规定，在下列情况下，可不授予专利权，并可阻止某项发明的商业性应用：（1）对人类或动物医学诊断、治疗和外科方法；（2）有关生产植物和动物（不包括微生物）的生物学方法，但对植物品种则必须给予专利保护；（3）为保护国家的公共秩序或维护公共道德，包括保护人类、动植物的生命或健康，或防止对环境造成严重污染。与此同时，该协定还鼓励各国更多地进行环境保护技术的研究、创新、转让和使用。

第二节　WTO贸易与环境规则解读

一、GATT/WTO解决贸易与环境问题的立场和原则

（一）GATT的立场与原则

1947年GATT成立的时候，环境问题还未提上国际社会的议事日程。GATT规则对于环境保护问题的态度是比较谨慎的，特别是在GATT初期，环境保护问题在多边贸易体制中并没有引起重视。

20世纪60年代末70年代初。国际社会掀起了第一次环境保护浪潮。贸易对环境状况的影响以及环境措施对贸易的影响，也开始得到了人们的重视。因此，自20世纪70年代，GATT开始逐步关注环境保护问题。1971年，GATT秘书处为1972年联合国人类环境会议准备了一个报告，即《工业污染控制与国际贸易》，主要内容是阐述环境保护政策对国际贸易的影响。在随后的讨论中，一些GATT缔约方建议，为了更深入、全面地研究环境保护政策对国际贸易的影响，应该成立一个专门的机构。当时在OECD内成立了一个环境委员会，贸易与环境问题是该委员会的工作内容之一。

1971年11月，GATT缔约方大会同意设立一个"环境措施和国际贸易工作组"（Group on Environmental Measures and International Trade，EMIT），来具体研究环境保护与国际贸易的关系，小组的工作向所有的缔约方开放。但是，EMIT在成立时就规定，只有在GATT缔约方申请时，EMIT工作组才开始工作。由于直到1991年，都没有GATT缔约方提出过申请，因此，EMIT工作组成立后，有20年都没有工作过。1992年联合国环境与发展大会使公众开始关注国际贸易在消除贫困和治理环境污染方面的作用。大会制定的行动纲领《21世纪议程》强调了通过国际贸易和其他方式推进可持续发展的重要性。在为

大会做准备工作的过程中，EMIT小组关于贸易与环境的工作也取了很大进展。其职责范围是考察环境保护政策对GATT协议执行的影响，即环境措施（如生态标签制度）对国际贸易的影响、多边贸易体制与多边环境协定的关系、各国国内对贸易具有影响的环境规章的透明度问题等。

GATT在解决争端的实践中，包括1982年加拿大诉美国金枪鱼案、1988年美国诉加拿大鲜鱼案、1990年美国诉泰国进口香烟案、1991年墨西哥诉美国金枪鱼-海豚案、1994年欧盟和荷兰诉美国金枪鱼-海豚案、1994年欧盟诉美国汽车税案等，体现了解决贸易与环境问题的立场和原则：①有关环境保护问题多引用GATT第20条，又多以违反非歧视原则、最惠国待遇原则、国民待遇原则为结案理由，说明在GATT贸易规则下环境保护规则显得软弱无力。②能用GATT第3条进行裁决，就不用GATT第20条。③比较强调一国的环境措施不具有域外效力。④对多边环境协定基本认同。

（二）WTO的立场与原则

从当今世界的发展趋势来看，实现生态、经济和社会的可持续发展已成为世界各国人民的共同愿望。WTO在环境保护问题上所持的基本立场，将直接决定WTO未来的发展方向。

在1994年GATT部长大会上，签署了《关于贸易与环境的决议》，同意在WTO内成立"贸易与环境委员会"（CTE）取代EMIT小组，继续对贸易与环境问题进行深入探讨。

WTO在《关于贸易与环境的决议》以及"贸易与环境委员会"一系列的工作报告和公告中体现了解决贸易与环境问题的立场：赞同和维护一个公平、公开、非歧视的多边贸易体制和为保护环境与促进可持续发展而采取的行动之间不应有，也不需有任何政策上的抵触；WTO愿意在不超越多边贸易体制的权限下，协调贸易与环境领域中的各项政策。

在此基础上，WTO在解决贸易与环境问题秉承的主要原则是：

（1）WTO框架内解决原则。WTO成员产生贸易与环境冲突，必须在多边贸易体制框架内解决，并要遵循成员方之间的合作原则。WTO规则是多边贸易体制法律基础，保护环境的目标只能在多边贸易体制的框架内实现。只要有对成员方产生重人贸易影响的环境政策存在，就将进入世界贸易组织协调的范围。

（2）允许各国采取环境保护措施的原则。WTO允许各成员方自主制定本国的环境政策，即环境被损害的国家可以采取适当措施保护国内环境，但必须遵循的原则是非歧视性的，包括国民待遇原则和最惠国待遇原则。

（3）解决贸易与环境冲突采取双轨制原则。涉及贸易与环境问题的冲突，如果冲突双方是WTO的成员方，争端可以在WTO内部来解决。如果涉及的成员不是WTO成员方，WTO应该怎么做，到目前为止还存在较大的分歧。但谈判制定多边的环境协议来解决非成员在贸易与环境领域的矛盾是最有效的办法，这样既防止各国采取单边的行动或制裁措施，又防范有些国家搭便车行为，并可阻止有关贸易与环境措施形成伪装的贸易壁垒。

（4）向发展中国家开放市场及提供援助的原则。WTO认为，发展中国家的贫穷也是阻碍其环境保护进程的主要障碍。因此，对发展中国家开放市场以及提供资金和技术等方面的援助十分重要。

（5）不应该有加工方式和环境标准歧视的原则。根据WTO协议的规定，因环境保护问题而进行的贸易限制措施不能因生产方式和加工方式不同而受到歧视，同时，一国不能超越国界向他国强加本国的环境标准。

（6）开放性原则。在 WTO 框架下，所有因环境与贸易问题受到影响的各方都能准时、轻易地获得有关信息。

总的来看，WTO 不是一个环保组织，主张遵循现行贸易体制的原则，即在公平、公开、非歧视等原则的基础上，允许成员自由采取国家环境保护政策和法律，并强调要尽量进行双边、诸边、多边合作来保护环境。但是，WTO 各类协议中有关环保问题的内容是经过各种国际力量的权衡斗争达成的一种妥协，具有较大的弹性和解释空间，容易产生矛盾。

二、WTO 主要环境规则解读

（一）"环保例外权"规则

乌拉圭回合谈判的最后文件中，WTO 的许多协定都增加了环境保护的内容，但其中的规定要么只是原则性的宣言，内容过于简单；要么只是一般原则的例外规定，缺乏实体性规范；要么在规定"环保例外权"的同时，又规定了许多限制措施，而且对其援用条件、适用标准、实施程序等均未做出具体而明确的界定，这些都导致世界贸易组织的环境保护规则可操作性不强。

首先，限制条件含义不确切。WTO 规定"环保例外权"的同时规定了一些限制条件，但这些限制条件的含义不确切。如"不对情况相同的成员方造成武断的或不合理的歧视"或"不对国际贸易构成隐蔽的限制"等，这些表达都过于含糊，对什么是"情况相同"，什么是"武断的"、"不合理"的或"隐蔽"的，均没有具体的衡量标准。

其次，WTO 在规定"环保例外权"时，对行使这项权利没有明确而具体的规定，尤其是没有明确当"环保例外权"和其他贸易规则相抵触时应如何协调，这样就容易诱发新的贸易壁垒的产生。

因此，关于"环保例外权"的规定，到目前为止对环境保护所起的作用不大，尤其是很多案例的裁决均以贸易规则为主，最多对一些环境规则进行了肯定的评价，在 WTO 框架内"环保例外权"的威慑力远没有得以发挥。

（二）允许成员实施环境贸易措施规则

关于环境贸易措施的分类，如果细分是非常复杂的，则每一类措施都有其特点，因此可简单将其分成三大类：一是基于国内环境立法的单边贸易措施；二是 MEAs 成员采取的单边环境保护措施；三是环境多边协定（MEAs）中直接规定的与贸易有关的环境保护措施。1991 年墨西哥金枪鱼案中，美国基于其 1972 年《海洋哺乳动物保护法令》所做的禁止进口墨西哥的金枪鱼的决定，属于第一类；1989 年《禁止使用长拖网捕鱼公约》关于各缔约国可采取措施禁止进口任何使用长拖网捕获的鱼或鱼产品的规定，1978 年国际捕鲸委员会关于成员方采取必要步骤防止成员进口鲸产品的规定均属于第二类；1973 年《濒危野生动植物物种国际贸易公约》对濒危野生动植物国际贸易严格禁止和控制措施的规定、1987 年《蒙特利尔议定书》关于控制与非缔约国进行受控物质贸易的规定、1989 年《巴塞尔公约》关于禁止和控制危险废物和其他废物的进出口规定等均属于第三类。

第一类措施有可能构成国际贸易扭曲，并损害别国的贸易利益。第二类措施依据环多边协定有其合法性。第三类措施被用于贸易保护目的的可能性很小。

（三）放松环保条款约束条件原则

WTO成立后，其上诉机构对待环境措施明显宽松了许多，不再像GATT争端解决小组那样一味地强调环保措施的"必要性"和"最少贸易限制性"。在1995年DSB受理的汽油规则案中，一改往日争端解决小组回避环境目标的习惯做法，上诉机构对于美国所采取的提高汽油质量标准的环保措施给予了充分的肯定，虽然结果还是考虑到自由贸易规则。上诉机构指出，问题的关键是美国没有证明其给予本国汽油和外国汽油、不同的外国汽油之间不同的质量标准的合理性，即没有证明其不构成对国际贸易的歧视性待遇，而不是环境措施本身的问题。上诉机构强调："事实上，《建立世界贸易组织协定》和《贸易与环境协定》中，寻求贸易与环境协调政策的意义已得到明确的承认。在确定自己的环境政策（包括环境与贸易的关系）、环境目标、制定和实施环境法规时，世界贸易组织成员享有很大程度上的自主权。对世界贸易组织来说，这种自主权只是受到需要尊重总协定及其他有关协定的要求的限制。"上诉机构的态度无疑能对WTO各成员制定今后的环境政策起到指导作用。

（四）发达国家和发展中国家环境标准一视同仁规则

从原则上讲，地球生态系统的整体性和环境问题的全球性决定了世界各国不分大小、贫富均对保护环境负有共同的责任，发展中国家并不能因为经济落后而推托相关责任和义务。因此，WTO没有顾及发展中国家在环境保护方面和发达国家的差距，乌拉圭回合最后文件中的环境方面的内容，尤其是在环境标准上对发达国家和发展中国家一视同仁，如《技术性贸易壁垒协议》中规定如果国际标准不是一国想达到的国内环保水平，缔约国可以实施特殊的国内强制措施，但必须强化透明度和事先通知原则。这样很容易导致发达国家以国内环保要求为理由，实施比国际标准更严格的环境标准，对发展中国家的出口产品实施限制。

乌拉圭回合谈判后，世界贸易组织扩大了优惠待遇原则的适用范围，允许发展中国家在货物、服务、知识产权等相关领域承担非对等的义务，享受优惠的、非互惠的待遇，但这一原则未能在贸易与环境领域获得体现。人们担心，如果允许发展中国家继续实行宽松的环境保护法规和标准，就等于迁就发展中国家生产科技含量低、环境危害重的产品，就等于容忍发展中国家建立在对自然资源进行掠夺性开发基础上出口初级产品，那么这只能加剧全球环境质量的恶化。这也正是WTO规则中令人困惑，并难以破解的难题。

（五）由DSB解决与环境有关贸易摩擦的原则

WTO争端解决机构（DSB）被认为是协调环境与贸易关系的重要机构。有学者甚至认为，由于政治谈判进展不力，WTO贸易与环境委员会已经把在多边贸易体制内协调贸易和环境的政策以及支持可持续发展的任务留给了争端解决体系。

DSB处理涉及环境问题的国际贸易争端的确存在它独有的优势：

一是运用严格的程序处理环境纠纷。DSB根据有关争端解决机制的协议，严格按照规定的诉讼程序处理案件，当事国必须在法律规定的时间内提供有利于实体权利实现的相应证据，否则就要承担不利的法律后果。

二是以贸易规则中环保措施为依据，减少了侧重贸易的传统偏见。在乌拉圭回合以后，WTO中涉及环境问题的法律规定明显增多。尽管还存在着理解上的矛盾和法律的不确定性，但是毕竟已经可以找到裁判案件的法律上的依据。相对于过去GATT的争端解决小组而言，WTO争端解决机构的裁判工作可以依据更多的和更加明确的法律规定，这在一定程度上减少了主观裁判和错判、误判的可能性。

三是争端解决机制允许DSB在技术科学性很强的环境保护方面向有关的环境专家及科学家咨询请教，收集有关的科学信息和资料。这些将有利环境问题的公正解决。

四是DSB裁定有利于广大发展中国家在世界贸易组织内寻求"绿色贸易壁垒"问题的解决。在涉及环境保护措施的贸易争端中，如1987年墨西哥与美国石化产品边境调节税案，1995年委内瑞拉、巴西诉美国汽油规则案，1998年印度、巴基斯坦和马来西亚与美国海虾海龟案等，申诉国大都是发展中国家，这在一定程度上反映了国际贸易关系的现实，即发展中国家更易遭遇到以环保为目的而设置的贸易壁垒。一些发达国家采用隐蔽性强、透明度低、不易监督和预测的保护措施，对发展中国家的对外贸易造成了很大的障碍。建立在严格的规则基础上的DSB环保措施的合理性和合法性的判定，为发展中国家提供了必要的帮助。

但是自WTO成立以来，人们发现DSB特别是其上诉机构的一个对待环境措施的明显的变化，即不再像GATT争端解决小组那样一味地强调环保措施的"必要性"和"最少贸易限制性"，而是倾向以更宽松的解释来对待WTO中的各类环保条款。

三、WTO环境规则与贸易规则的矛盾

（一）与自由贸易规则的矛盾

首先，多边环境协定下采取的环境贸易措施是全体缔约方的一致行为，各缔约方统一适用一致的贸易限制措施，这样就在全体缔约方之间形成了有利于环境保护的平等的国际经济秩序。这种贸易限制是合法的，多边贸易体制是依据关贸总协定第20条的一般例外条款来接受的。但是，为了推动非缔约方遵守协定的规定，避免非缔约方的行为抵消缔约国为实现协定目标所做的努力，多边环境协定特别针对缔约方与非缔约方的贸易规定了更为严厉的限制和禁止措施，如果非缔约方也是WTO的成员，那么这些措施就有可能违反多边贸易体制的非歧视原则。

其次，各国根据多边环境协定采取单边或统一的环境贸易措施也同样存在对国际贸易造成不合理限制及歧视的问题。目前，在世界贸易组织争端解决机构已经裁决的案件中，绝大多数由各国根据自己制定的环境法律采取单边的环境贸易措施被裁决为非法。

综上所述，无论哪一类的环境贸易措施都有可能因为限制贸易而违反自由贸易原则。一国或多国所实施的环境贸易措施在环境保护方面是合法的，而在国际贸易方面可能是非法的，容易导致其他成员方为了贸易利益而抵制，从而阻碍多边环境协定的环境保护目标的实现。

而从自由贸易的角度来看，这些环境贸易措施是设置了新的贸易壁垒，不仅不能遏止贸易保护主义的滥用，还为其提供了堂而皇之的理由。这类壁垒是自20世纪90年代以来，发达国家使用最频繁的一种主要贸易限制措施，也是当今国际贸易领域主要的贸易壁垒之一。所以，尽管乌拉圭回合注意到贸易和环境的问题，但没有解决根本性问题。

（二）与可预见性市场准入规则的矛盾

首先，各国所实施的环境贸易措施不具有可预见性。在WTO的相关条款中关于环境保护问题很多只有原则性的规定，而没有相应的实体内容，因而很容易在实践中引发贸易争端。为此，WTO制定专门的环境保护条款，形成体现环境保护思想的原则、规则和制度的规范体系十分必要。

其次，对于各协定中的环境保护例外，没有对其援用条件、适用标准、实施程序等做出具体而明确的界定。尤其是当和其他贸易规则相抵触时如何协调的问题，这些规定都没有涉及，比较容易诱发新的贸易壁垒的产生，而且这些壁垒不具有可预见性。

（三）与非歧视原则的矛盾

非歧视原则是世贸组织最基本的原则之一，它以产品为适用对象，非歧视义务适用于缔约方国内和进口的"相同产品"。这里的"相同产品"只要求具有相同的最终用途和物理特性而不考虑采用何种生产和加工方法。由于许多国家从环境保护的角度出发，制定了产品的生产和加工方法的环境标准，对一些使用会造成严重环境污染或生态破坏的生产和加工方法生产出的产品加以限制或禁止，并要求进口产品也要符合本国的环境标准，从而构成了对相同产品的差别待遇，这是非歧视原则面临的最主要的挑战。

此外，按照本国的环境标准，禁止低环境标准国家的产品进入，禁止低环境标准的国家企业进入，以及把生产垃圾、生活垃圾和污染密集型产业转移到低环境标准的国家，均是WTO环境规则的重要组成部分，体现在相关协定的例外条款中，但这些做法也同时违背了国民待遇原则。

（四）与公平待遇原则的矛盾

为了维护公平竞争的国际贸易环境，WTO特别强调各成员不得实行补贴，出口商不得以倾销方式在他国销售其产品。但是，很多发展中国家的企业无力承担治理环境污染的巨大费用，为了保护本国的生态环境，由政府对其产品提供环境补贴，将本应由企业承担的环境成本转由社会承担，因此，该国企业出口产品的成本中没有包含环境成本；如果一国环境标准较低，企业不承担环境成本、资源成本，以较低的价格大量出口产品时，这是否构成了"生态倾销"？这时如果进口国认定出口国提供了环境补贴，出口产品构成了生态倾销，进口国就可能为了维护本国利益而对其征收反补贴税和反倾销税。但这又不符合世贸组织法的要求，因为世贸组织法禁止成员仅仅因为环境管制的宽松而对其征收反补贴税和反倾销税，显然，现有的世贸组织法规无法解决这个问题。此外，《补贴与反补贴措施协议》中对"补贴"的定义把政府的积极行为视作构成补贴的必要条件之一，而制定和实施相对宽松的环境标准实质上是政府在对企业及产品提供"消极补贴"，政府的消极行为显然难以归入现行规则界定的"补贴"之列。

此外，还存在环境关税与关税减让原则的冲突，以及环境贸易措施和登记对透明度原则的冲突等。

四、WTO环境规则与MEAs贸易规则的冲突

国际社会在过去的几十年间就生态保护、废弃物、臭氧层破坏、温室效应等环境问题，通过合作方式缔结条约，制定共同接受的环境保护规范与政策，以处理日益严重的全球性环境问题。据不完全统计，目前全球约有200多项有关环境问题的协议（Multilateral

Environmental Agreement，MEAs），其中有20多个协议含有贸易条款。

这些MEAs大致可以分为三类：

第一类是保护全球生态环境的，包括：《保护臭氧层维也纳公约》（1985）、《关于破坏臭氧层物质的蒙特利尔议定书》（1987）及其《伦敦修正案》、《联合国气候变化框架公约》（1992）、《生物多样性公约》和《生物安全议定书》（2000）等。

第二类是保护濒危物种、候鸟、动物、鱼类和其他海洋动物方面的，包括：《国际鸟类保护巴黎公约》（1950）、《国际植物保护公约》（1951）、《养护大西洋金枪鱼国际公约》（1966）、《濒危野生动植物物种国际贸易公约》（1973）、《国际植物新品种保护公约》（1978）、《国际热带木材协定》（1994）等。

第三类是控制危险物品、物质生产和贸易方面的，包括：《关于控制有害废物越境转移及处置的巴塞尔协定》（1989）、《禁止向非洲进口并且在非洲控制危险废物越境转移的巴马科公约》（1991）、《关于就某些持久性有机污染物采取国际行动的斯德哥尔摩公约》（2000）等。

总的来看，WTO环境贸易规则主要是通过防止对市场人为扭曲来实现经济资源的优化配置，而多边环境协议主要是通过环境成本的内在化来校正未能反映环境成本的市场机制造成的自然资源配置扭曲来实现自然资源的优化配置。它们的共同目标是以最高效的方式使用和分配社会可利用的资源，从理论上讲是不应该有冲突的，但是环境保护国际公约是环境保护运动的产物，以环境保护为目的；而WTO规则是经济全球化的产物，以贸易自由为目的，二者的轨迹并不相同，采取的措施MEAs主要是通过规范、限制贸易手段实现环境保护的目的，而WTO则致力于不对贸易产生障碍的环境保护措施的实施。

此外，由于环境问题的多元性，大部分的MEAs只能处理某一特定类型的环境问题，因而迄今为止仍未有一个相当于WTO那样的国际环境组织来统筹管辖所有的环境问题，或整合MEAs的差异，解决涉及贸易公平议题的环境争端。因此，当MEAs不足以处理自由贸易与环境保护的冲突问题时，为追求贸易自由化的目标，并有能力处理有关争端的WTO自然就成为管辖并解决此类争议的最合适的机构。虽然不少环境保护主义者反对这种处理方式，但WTO仍是目前国际解决贸易与环境争端最重要的机构。

虽然根据某一多边环境协议而采取与环境有关的贸易措施或激励性措施来处理跨国性或全球性环境问题已成为国际社会的共识，更为重要的是，国际贸易手段上的强制性在一定程度上可以弥补环境公约执行方面的缺陷，但是多边环境公约所规定的这些贸易措施，不论其在性质上具有惩罚性还是激励性，与WTO贸易规则，如歧视性、非公平性、非透明性等存在着显性及隐性的冲突，需要在实践中特别注意。

（一）WTO与MEAs限制性环境贸易措施的冲突

一是与非歧视原则的冲突。为了使非缔约国参与MEAs，防止缔约国规避条约义务和非缔约国"搭便车"等问题，一些MEAs一方面规定了对缔约国和非缔约国在适用有关贸易措施方面的差别待遇；另一方面通过限制或禁止有害于环境的贸易活动，或采取第三国待遇措施迫使有关国家加强合作等，以实现保护国际环境的目标。这些具有贸易歧视性的措施或贸易限制性的措施极有可能引发贸易公平性争议。联合国环境规划署签署的《保护臭氧层维也纳公约》、《关于破坏臭氧层物质的蒙特利尔议定书》及其修正案与WTO的非歧视待遇原则相冲突：（1）议定书没有立即禁止缔约国对受控物质的生产与消费，相反，却基于工业合理化的目标，将缔约国受控物质的生产视作一项财产权，允许缔约国之间在生产总量控制的前提下相互转让这种权利。（2）为了防止缔约国与非缔约国之间就受控物质及含有受控物质的产品进行的贸易活动可能抵消议定书采取的控制措施，议定书及其修正案加强了对缔约国与非缔约国之间的贸易限制。（3）对包括与非缔约国的贸易限制在内的所有控制措施，缔约国不得做出任何保留。通过上述分析可以看出，当公约、议定书的缔约方与非缔约方同属WTO的成员方时，缔约国依据议定书的规定对非缔约国采取的有关受控物质贸易限制措施显然违背了多边贸易体制中的最惠国待遇原则，构成了WTO一成员方对另一成员方的歧视，从而可能引发贸易与环境方面的争端。

第三国待遇的浓厚歧视性色彩与最惠国待遇、国民待遇不符，使其难以与WTO的精神相一致。所谓"第三国待遇"就是对缔约国和非缔约国之间可能涉及环境的大部分相关贸易活动加以限制或禁止。第三国待遇设立的目的是防止第三国破坏MEAs的成员共同努力追求的环境保护目标，但从GATT第20条（b）项的必要性规定中的穷尽法则看，这种贸易限制是否就是唯一可行的必要措施可能会引发争议。早在1990年的"泰国香烟案"中，争端解决小组曾指出："假设还有任何不与GATT相抵触的替代措施存在，且为该成员在合理情况下可被期待使用时，则该项与GATT相抵触的限制措施即不是第20条（b）项认可的'必要'措施。"更有甚者，第三国待遇的效果如何，是看受贸易限制的第三国是否因此而改变其国内环境政策，不符合必要性原则，因而不能适用第20条（b）项的规定；同样，这种措施亦不能被视为第20条（g）项所规定的"主要为保护可能枯竭的天然资源的目的而设立的措施，或使得一国的国内生产或消费受到有效限制的措施"。由此可见，要使第三国待遇不受WTO的质疑和挑战，似乎不太容易。

二是与数量限制原则的冲突。在多边环境协定中有大量规定涉及运用数量限制措施直接或间接地抵制有关破坏生物多样性的贸易活动。《蒙特利尔议定书》及其修正案规定了在成员方之间进行消耗臭氧层物质的贸易限额；《濒危野生动植物物种国际贸易公约》对所列举的受到保护的879种动物和157种植物规定了贸易措施，包括出口许可证、进口许可证、再出口许可证和其他有关证明书，并对各种许可证或证明书发放规定了详细的条件。《国际捕鲸管制公约》对捕鲸数量的限制间接限制了有关鲸的国内和国际贸易活动。毋庸置疑，MEAs相关数量限制措施和WTO多边贸易体制中的一般数量限制原则是有冲突的。

三是关于PPM（Processing & Product Method）标准的冲突。PPM标准是对产品的加工和生产过程所制定的特定的环境标准，包括"加工方法标准"和"生产方法标准"。"加工方法标准"是一项要求生产者在加工过程中应达到的技术规范标准，它主要包括，在生产加工过程中采用什么物质、向大气和水中实施何种程度的灰尘、噪声、有害气体等污染排放的技术规范标准。例如，《蒙特利尔议定书》的第4条第4款规定，缔约国可以禁止或限制从非缔约国进口在生产过程中使用附件A、B中所列的受控物质。"生产方法标准"主要是有关捕杀动物、砍伐或管理植物获取相关制成品的方法标准，它主要包括：木材等森林资源在一国内的管理、砍伐办法，捕鱼所用的方式，屠宰或用以产奶的牲畜的饲养方法，捕杀动物获取食物的方法等。这些PPM标准的一个最大特点是，它们往往没有建立在科学的基础上，体现的往往是进口国的社会价值观。由于这种价值观念的差别，进口国就运用此类的PPM标准进行贸易限制。例如，欧盟禁止进口用"腿夹"捕杀动物后而获取的皮毛，它认为此种捕杀动物的方法是极不人道的；再如发生在1996年的欧盟与美国的"牛肉之争"，欧盟禁止从美国进口使用荷尔蒙催生的牛肉，美国则认为这毫无科学依据。

经济合作与发展组织（OECD）根据PPM在产品消费期间导致的环境效果，将其分为与产品有关的PPM和与产品无关的PPM。WTO的《技术贸易壁垒协议》和SPS协议仅限于对与产品有关的PPM环境污染做出可以限制贸易的规定；而《蒙特利尔议定书》、《濒危野生动植物物种国际贸易公约》和《巴塞尔公约》等则将两种PPM都视为合法的贸易限制措施。1990年发生的美国与墨西哥关于金枪鱼之争，其实质上也是这类PPM标准问题。美国认为墨西哥在东太平洋地区捕捞金枪鱼的拖网方法导致海豚受损害的数量上升，没有符合美国在这方面的环境法律规定，因此对这种金枪鱼及其制品的进口加以限制。在这场争端中，美国依据了GATT含义不确定的"一般例外"条款和《海洋哺乳动物保护法》。专家小组最终裁决墨西哥胜诉，其认为保护海豚和限制金枪鱼进口没有必然的联系，如果一国以出口国没有与其相同的环境标准为由限制它国产品的进口，就会破坏GATT体系所依赖的稳定的和可测的市场准入条件。

案例6-3

美诉泰国香烟案

这是1990年美国针对泰国所提起的一项诉讼。泰国按照1966年的《烟草法案》，禁止进口香烟及其他烟草配制品，却授权了国内香烟的销售，而且香烟还适用消费税、营业税和地方税。美国诉称上述进口限制与GATT不相符。美国还提出上述国内税与GATT不相符。美国诉称香烟进口限制违反了GATT第11条，并不能根据GATT第20条（b）项获得正当性。泰国认为，除了其他理由之外，其进口措施合理，因为政府已采取了只有当香烟进口被禁止的时候才会有效的措施，也因为美国的香烟中所含的化学物质及其他附加物很可能使其比泰国香烟更加有害，认为其进口限制符合GATT第20条（b）项，具有正当性。

争端解决小组曾指出："假设还有任何不与GATT相抵触的替代措施存在，且为该成员在合理情况下可被期待使用时，则该项与GATT相抵触的限制措施即不是第20条（b）项认可的'必要'措施。"第三国待遇的效果如何是看受贸易限制的第三国是否因此而改变其国内环境政策。一项贸易措施是用来迫使其他国家改变其国内政策，或必须改变政策才能具有保护动物生命或健康的效力，那么这种贸易措施并不符合必要性原则，因而不能适用第20条（b）项的规定；同样，这种措施亦不能被视为第20条（g）项所规定的"主要为保护可能枯竭的天然资源的目的而设立的措施，或使得一国的国内生产或消费受到有效限制的措施"。

在1990年11月7日通过的专家组报告中，专家组裁定香烟进口限制违反了GATT第11条，并不属于GATT第20条（b）项的例外，泰国败诉。

资料来源：根据WTO网站资料编写。

案例思考：

[1] 泰国的进口措施还违反了哪些WTO体系内关于环境与贸易的规则？

〔2〕你对专家组的裁决有何评价？

（二）WTO与MEAs激励性环境贸易措施的冲突

MEAs中的激励性措施一般是指对参与国际合作处理环境问题的国家的一种补偿机制。当参与MEAs所需承担的义务过重导致其成本过高，且预期利益又不十分确定时，许多国家可能会因此而失去合作的积极性。激励性措施就是采取积极和正面的鼓励方式，以达到补偿或帮助成员方的效果，往往能将徘徊于MEAs之外的国家包括发达国和发展中国家吸引加入MEAs，以使MEAs确立的目标能在最广泛的国际合作下实现。此外，当一个国家加入MEAs后，因其国内问题无法履行条约义务时，激励性措施在此种情况下可确保成员有足够能力贯彻MEAs所设立的目标。

常见的激励性措施一般有提供特别待遇或优惠、技术转让、资金援助，联合执行计划、市场开放及天然资源开放等形式。其中，资金援助机制最有效率，但也最容易引发贸易摩擦。就贸易自由化的观点而言，资金援助措施可被视为一种国际环境补贴。虽然WTO的现行规定将基于环境因素而给予补贴视为不可申诉补贴，但只要资金援助措施损害国际贸易的自由竞争，它就有可能与WTO的《反补贴协议》的相关规定产生冲突。尤其是WTO中的发展中成员，如果也是《蒙特利尔议定书》的成员，若接受《蒙特利尔议定书》多边基金的补贴援助，这一激励性质的资金援助能否被视为《反补贴协议》第8条第2项（C）款的不可申诉补贴，是有争议的。

（三）WTO与MEAs冲突解决方案

如何解决WTO与MEAs相关规则的冲突，成为国际社会面临的一个难题。一方面，当某一成员既是WTO的成员，同时又是多边环境协定的成员时，如果上述两体系中的具体规定出现矛盾冲突，如何处理它们之间的关系，解决贸易与环境之间的矛盾就成为极为重要的问题；另一方面，按照WTO《关于争端解决规则与程序谅解》的规定，WTO争端解决小组的专家应是国际贸易专家，这些专家有可能缺乏有关环境方面的专门知识，可能导致审理过程和结果的不公正性。而MEAs，争端解决机制则缺乏执行效果，部分协议（如《濒危野生动植物物种国际贸易公约》第18条）虽也规定"提出争议的成员应受仲裁裁决的约束"，但如何约束以及不受约束的后果如何，却没有相应的规定。

为此，众多有识之士对解决两者的矛盾冲突提出了如下建议：

一是特别法优于普通法。这一法则尽管未出现在维也纳条约法公约中，但它仍为国际最常用于比较条约优先适用的法则之一。据此，对于处理同一事项的数个条约或法规，具有相对特定性的条约或法规优先于仅具有一般性的条约或法规的适用，即使一般性条约或法规制定的时间较晚。这就需要根据具体情况界定MEAs，或WTO为特定的。例如，从保护臭氧层与濒临灭绝的野生动植物角度来看，《蒙特利尔议定书》与《华盛顿公约》中的有关规定远比WTO更为特定，应优先适用。

二是后法优于前法。这一法则的运用仅为相对的，而非绝对的。"后法优于前法"通常只适用于相同成员所缔结的新、旧条约之间的关系。在成员完全相同时，新条约才能优先于旧条约。故先后缔结于不同成员之间的条约并不因时间关系而有绝对的优先适用关系。因此，WTO与某一MEAs之间的成员必须全部相同，才能援引这一法则。

三是条约本身就明确表示它与相关条约的关系，解决优先适用问题。运用这一法则可能是解决MEAs与WTO相关争议较为理想的方式。在这方面已有成功的先例。例如《北美自由贸易协定》（NAFTA）中明示，当该协定中的义务与MEAs（《华盛顿公约》、《巴塞尔公约》与《蒙特利尔议定书》）的特别贸易条款不相容时，应以后者优先适用；《华盛顿公约》规定，在特定的情况下，其成员在部分关于海洋物种保护公约或协定下的权利与义务优先于其在《华盛顿公约》下的权利与义务；生物多样性公约也规定，其条款不可侵犯其缔约国在其他既存协定中的权利与义务，除非这些权利与义务严重损害与威胁生物的多样性。

尽管在WTO协定第5条中规定："总理事会应进行适当安排，以其权责与WTO有关的其他国际性政府间组织有效合作。"但这一规定仍然不足以明确表明WTO与MEAs的关系。理想的办法是，WTO参照《北美自由贸易协定》等的模式对MEAs设立特别除外规定，则两者间的潜在冲突有可能得以缓解或消失。

同时，各国站在不同的立场上，对WTO以及MEAs的改进也提出了一些看法，主要有：

（1）维持现状法。维持现状（status quo）方案是由印度、尼日利亚、埃及和中国香港等成员方提出的。大多数发展中成员持这一观点。这些成员方认为WTO协定有许多条款允许为了环境的目的使用贸易措施，足够支持环境保护目标。他们认为对于国内环境而言，WTO协定并不排斥各国以国内立法规定非歧视性的有关环境贸易措施；对处于国家管辖范围之外的环境而言，WTO体制则希望通过多边措施而不是通过单边贸易限制措施来达到保护环境的目的。维持现状的方法寻求在不修改WTO规则的情况下通过多种方式解决WTO与MEAs的关系。这些国家认为，现有WTO规则足以涵盖以保护环境为目的而采取的贸易措施（如关于一般例外的GATT第20条），如果依照某些发达国家的主张修改WTO规则来适应MEAs，那么这将使发达国家单方面所采取的高环境标准在WTO内得到多边化，赋予发达国家侵害发展中国家的权利。

但实际上，WTO内容并没有完全覆盖MEAs下的环境贸易措施，而且到目前为止，WTO中关于环境的条款，内容并不十分明确，缺乏可操作性。尽管WTO争端解决机构在处理具体争端时，对某些规定进行了比较详细的解释，增加了这些规定的可操作性，但是争端解决机构的裁决并没有立法效果，它只对具体争端本身和争端当事各方具有法律约束力。因此，这种提议并不十分理想。

（2）微调法。某些发达国家包括新西兰、加拿大等主张使用这种方法。它们认为应制定某些"指南"或"谅解书"，并在其中设置相应的标准来判断一项MEAs及其所包含的贸易措施是否符合WTO规则，如包括环境目标是否具体明确，是否存在关于环境问题的科学证据，谈判过程是否开放透明等。

（3）豁免法。豁免义务法（waiver），又称事后解决方法，由埃及、东南亚国家联盟和中国香港首次提出，其具体内容是：当一国在世界贸易组织法下的义务与多边环境协定项下的义务发生冲突时，运用GATT第5条"缔约方联合行动"和《建立世界贸易组织协定》第9条第3款、第9条第4款（决策）的规定，豁免有关成员在世界贸易组织法下的义务，允许其履行多边环境协定下的义务。这种方法的优点是可以保证所建议的贸易政策集中于有关的环境问题上，并且符合透明度的要求，不需要每个WTO成员方的批准，能够得到多数成员的支持，避免以环境保护为借口滥用贸易措施实施贸易保护主义。然而，这种方法也有其弊端，第一，这种投票通过的义务豁免，实际上是把环境协定的效力置于WTO的豁免之下，暗示着自由贸易的目标高于包括环境在内的任何其他考虑，这很容易引起环保组织的激烈批判，值得注意的是，MEAs大多是由缔约国环保部门或渔业部门的代表谈判和签署的，这些专业人士自然不希望他们所讨论制定的MEAs的最终决定权落在由非环境方面的专业人士成立的WTO的手中，即不希望国家履行MEAs义务的能力取决于WTO成员方的联合行动。因此这种方法实施的可能性不容乐观。第二，第25条的豁免需要经过每年一度的审查，是否能够得到豁免，也是不确定的，而贸易与环境问题，是一个愈来愈深刻的社会问题，用此种临时性的豁免来解决，并不妥当。

（4）激进法。在GATT 1994第20条中增加适用于MEAs贸易措施的规定，这种方法又称为"事前解决法"或"增补修订法"，是由欧盟率先提出的。然而修改GATT第20条，对依据MEAs所采取的贸易措施在WTO框架内明确给予承认，则会对那些非MEAs成员的WTO成员方增加MEAs所规定的权利与义务，这有违"条约不得为第三方创设权利与义务"的国际法原则；大多数发展中国家认为，GATT 1994第20条用词的弹性已经为环境保护提供了足够的空间，因此完全没有必要对WTO的规则尤其是第20条做出修正，这也是贸易与环境委员会的官方立场。但在此之前，还应当为MEAs设定一些条件：①平等地向所有对MEAs环境目的感兴趣的国家开放；②体现生产国、消费国、出口国和进口国等诸方面的利益；③使用贸易措施的情况应向世界贸易组织进行通知；④仅为合法的环境目的使用贸易限制。

（5）解释术语法。解释术语法也称"澄清WTO规则"。鉴于成员之间因环境问题引发的贸易争端很大程度上是因为世界贸易组织法许多条款或术语含糊不清，以欧盟和瑞士等为代表的这些成员方提议在WTO内部通过一个关于WTO与MEAs规则关系的谅解或指南，或者是修订WTO规则（特别是第20条一般例外），这样可以依据程序的和实质性的标准来处理贸易与环境的关系。具体操作起来，又有两种方式：一是在WTO总理事会主持下由各成员通过一个专门的协定解释；二是利用世界贸易组织的争端解决机制，由总理事会统一包含有关条款或术语解释内容的专家组报告或上诉机构报告。如世界贸易组织争端解决第一案——委内瑞拉诉美国精炼石油案中，上诉机构就在其报告中利用《维也纳条约法公约》中的条约解释规则对GATT第20条的引言和有关术语做了有利于环境保护的宽泛解释。

（6）专门协定法。专门协定法也称"机构合作"。瑞士提议由WTO全体成员方通过一个"解释性的决定"，在相互支持和相互区别的基础上采取综合的方法处理二者关系。这种方法的倡议者主张分析MEAs的环境影响，研究MEAs与WTO之间的矛盾与协调，努力达成一个贸易与环境的专门协定。这是在多边贸易体制的框架下对世界贸易组织法变革力度最大的一种方法。这种方法即在世界贸易组织的主持下，与联合国环境规划署、经济合作与发展组织等国际组织通力合作，发动新一轮多边贸易谈判——绿色回合，从以下三个方面评审世界贸易组织在贸易与环境问题上的法律与实践：各项贸易协定中规定的实体义务和原则，有关争端解决和相关决策的程序机制，以及主要参与方在实际和预计会发生冲突的领域所持的观点。同时制定一份国际社会和各个国家现有的各种环境保护法规、政策和措施的清单，分析其对国际贸易产生的各种影响，研究其与世界贸易组织法有关规定的冲突与协调情况，然后努力达成一个贸易与环境的专门协定。采取这种方法的理由在于处理现有的WTO规则与MEAs之间的冲突，条约法上的冲突解决规则显得无能为力。另外，许多发展中国家反对对WTO的规则做任何修改，以有利于MEAs。所以，就立法而言，人们认为探讨现有条款的替代方案，订立专门协定是一个更为可取的办法。

（7）自愿协商机制。其内容是：①在起草或开始一项依据某个MEAs的贸易措施时，应当确保国家之间充分的协商，以便找到经济上最有效的方法解决。这种协商具有自愿和非正式性质，可以是MEAs的成员之间协商，也可以与非成员方协商；②促进WTO与UNEP、NGOs和MEAs的秘书处之间的对话；鼓励各成员在依据某个（既有的或将来的）MEAs制定贸易措施时，仔细界定措施，避免解释上的冲突。该提议的基本目标是在不改变WTO既有规则的前提下避免冲突的产生，这被视为以务实合作的方式来协调WTO与MEAs规则的关系。尽管这一提议并不能保证在所有情况下问题的解决，但是有助于WTO和MEAs内部贸易与环境政策的相互理解和协调。

（8）建立专门的世界环境组织。随着全球治理的兴起，20世纪90年代有人提议建立世界环境组织（World Environment Organization，WEO）来解决环境问题。从理论上看，WEO是非常好的处理环境问题、协调贸易与环境问题的国际机构，但是在现实中，许多国家反对建立WEO，再加上建立新的全球性国际组织需要相当长和复杂的程序，还需要协调各国之间的各种利益和矛盾，因而在短期内该机构是不可能建立起来的。即使能够建立，那也会因为诸多国家的反对而失去其权威性。在WEO无法在短期内建立起来，现有的处理环境问题的国际机构又不适宜成为协调环境与贸易问题的主要框架的情况下，环境与贸易问题的协调责无旁贷地落到了WTO体制上。因为首先，WTO具有重要的国际影响力，并且已经积累了解决环境与贸易问题的一定经验。其次，WTO具有解决环境与贸易问题的足够的组织基础和政治支持。再次，现有的一些区域贸易机制（比如NAFTA）处理环境与贸易问题也具有一定的经验，可供WTO体制借鉴。所以，从现实性和可能性来看，环境贸易措施与WTO的关系和协调贸易与环境关系问题还是应该放在WTO框架下处理。

第三节　WTO贸易与环境规则运用技巧

WTO的贸易与环境规则对我国的出口贸易既有积极影响也有消极影响，消极影响是主要的。积极影响表现在：利用贸易手段解决环境问题，实现资源优化配置和污染的有效控制；促使我国企业走向市场，加快进行企业改革和制度创新，为出口贸易的发展创造条件等。为此，在对外贸易中必须正确把握和认识WTO的贸易与环境规则，改进我国对外贸易的"攻防"战略，提高企业国际竞争力。一方面，可以规避或者打破国外的环境壁垒，促进出口；另一方面，也可以设置壁垒而又不违规。

我国出口贸易的主要对象是发达国家和部分新兴工业化国家，而这些国家的环保技术、环保意识等都比较强，一旦它们利用WTO的环境规则来阻挠我国的出口商品进入其国内，那就会使我国的出口商品在国外的市场日渐萎缩。多年来，我国出口企业遭遇一波接一波的环境壁垒"寒潮",不断使企业遭受打击,当然同时也锻炼了企业。这是消极影响产生的主要原因。最突出的是,发达国家利用SPS协议和《贸易技术壁垒协定》制定对食品的安全卫生指标——农药残留量和其他有害物质等的标准,制定一系列过高的工业安全标准、防污标准等,在无形中增加我国出口商品进入这些国家的困难。对我国造成严重影响的技术标准主要有:食品中的农药残留量,陶瓷产品的含铅量,皮革的PCP残留量,烟草中的有机氯含量,机电产品、玩具的安全性指标,汽油的含铅量指标,汽车的排放标准,包装的可回收性指标,纺织品染料指标,保护臭氧层的受控物质。比如,目前机电产品是中国第一大类出口产品,而发达国家对机电产品制定了防污染、防噪声、回收等有关环保标准,使我国机电产品进入发达国家市场难度增大,机电产品出口增长速度受到一定限制。

另外,外国污染物通过对我国出口及直接投资以大规模转移污染密集型产业等渠道向我国转移,这进一步恶化了我国的生态环境,使我国部分产品尤其是农副产品的出口更加困难,亦使得我国作为行业污染密集程度较高的三资企业的产品出口受到影响。据调查,绿色壁垒对我国外贸出口的影响程度已远远超过"反倾销"案件的影响。如2008年欧洲委员会公布有关玩具安全的新指令议案,给我国玩具出口行业造成了贸易壁垒,使得玩具产业受到严重打击。

专栏6-1

绿色壁垒之痛

1998年9月,美国要求所有来自中国的木质包装和木质铺垫材料须附有中国出入境检验检疫机关出具的证书,证明木质包装经过热处理、熏蒸处理或防腐处理,违规货物将整批禁止入境,这使我国1/3以上的对美出口受到影响。第二年,英国、欧盟等也宣布对从中国离境产品的木质包装采取紧急措施,实施新的检疫标准。据当时的估算,仅欧盟的这一决定至少影响中国70多亿美元的对欧出口贸易。

1998年,"永通"有一批价值100万元的纺织品出口到欧洲。结果在检测中出了问题,说是布料里有一种化学成分对人体有害,要退货。这批货又漂洋过海回到了国内,退货中转的各种费用差不多超过布料本身的价格了。100万元莫名其妙地打了水漂。

1989年我国输往日本的绿茶因农药残留量超标被退回,同年,蘑菇罐头因存在葡萄球菌肠毒素污染而被美国扣留。1998年,上海对德国出口的单装内衣,因含偶氮染料而被迫中止出口,减少外销额达500万美元。

2001年12月下旬浙江省台州的蔬菜西兰花,在日本临时加严的检验中部分被检出农药残留超标,出口受阻。日本这次加严的措施实行批批检验,农残检测项目包括甲胺磷、敌敌畏、毒死蜱、氯氰菊酯等。台州西兰花收购价格从每个1.6元跌至0.6元。14家相关企业和种植面积达10万亩的数万农民叫苦连天。

2002年年初,浙江宁波市的一批水产品出口企业因在出口到韩国、欧盟的水产品中被检出有杂质而受到"暂停进口申报"。检查结果发现,是渔民在搬运水产品时不小心夹带了泥沙等杂质。但宁波的水产品出口却由此大吸了一口"冷气"。1到2月份,全市水产品的出口下跌二成多,其中欧盟市场下跌了97%以上。

浙江一家专业从事女装出口的制衣公司将一批成衣按订单要求发往德国时,却被拒之门外。纳闷不已的经营者被告知：不是服装尺寸不对路，而是小小的纽扣出了大问题——不符合环保要求。制衣公司当即与纽扣厂联系。从来没有听说过纽扣还有环保问题的厂家赶紧按要求重新制作了一批纽扣，换了纽扣后的这批服装才得以"过关"。

资料来源：慎海雄，潘海. 评绿色壁垒：是挑战更是契机 [EB/OL]. [2018-12-08]. http://www.chinacourt.org/html/article/200204/17/2027.shtml.

相比之下，我国利用 WTO 环境贸易规则保护本国市场的能力却很弱。WTO 主张各成员实行自由贸易，逐步开放货物和服务市场，促进国际贸易和世界经济的发展。WTO 允许其成员建立自己的符合世贸组织规范的保障机制，对本国产业进行合理的保护。WTO 的许多协议中均设有例外条款，各成员方可以灵活运用，实行对本国有利的贸易政策和措施。我国政府有关机构应熟知 WTO 贸易与环境规则，并运用此类规则，保护国家利益，企业应学会运用此类规则，在日趋激烈的国内外市场竞争中，掌握主动，维护自身利益，并提升发展能力和竞争力。

一、熟悉国际规则，完善本国法规

（一）加强对贸易与环境规则的研究

我国应加强对 WTO 以及 MEAs 的环境规则进行研究，注意趋利避害。目前 WTO 与 MEAs 的协调问题正处于研究、讨论及修改阶段。WTO 现有的环保规定不够具体，主要以原则性和例外性规范为主，但总的趋势是允许一国为环保而采取贸易措施。因此，我国应加强对其中一些细节问题和规则的研究，努力在国际贸易实践中趋利避害。

（二）在完善 WTO 环境规则中争取主动

WTO 的环境规则还有诸多不完善之处，如贸易规则与环境规则还有许多冲突之处，有关环境保护的规定还不够具体，有关环境与贸易方面的冲突解决还有很多不协调之处。为了创造和维护公平合理的游戏规则，需要所有成员的共同参与，达成互惠互利的贸易安排。因此，无论从全球贸易与环境发展的大趋势来看，还是从保护本国的自身利益来看，我国都应该积极参与 WTO 有关环境规则的谈判，并采取积极行动：

一要制定环保措施的约束规则。为避免部分国家借环境保护之名，行贸易保护之实，建议 WTO 为成员制定环保政策，建立一套有效的约束机制，并进行监督，防止环保规范的滥用。

二要争取更多的对发展中国家的环境保护援助。WTO 在发达国家的操纵之下，一方面制定很高的环境标准，另一方面却未对发展中国家为达到这种标准而最需要的生产技术与资金等方面的援助做出实质性规定。在新一轮谈判中应兼顾发展中国家利益，在制定环境规则的同时，应在相关的投资、技术转让、资金扶持等方面给予发展中国家以特别的支持。

三要促进发展中国家的内部联合。中国作为发展中的大国，有义务为制定一个符合发展中国家利益的新规则做出贡献，为此中国应加强与其他发展中国家的协调合作，力争新一轮的谈判协议更多地维护发展中国家利益。

（三）完善我国环境贸易法规

我国在环境与贸易发展中存在有关环保法规不健全，使经济贸易中难以实施环境管理和环保执法，以及相关法规不能与国际规则接轨等方面的问题。为此，我国必须根据

WTO的相关规则，结合我国的实际情况，尽快完善我国各类商品生产和销售的有关环境保护的法律法规，使我国的经济贸易的环境管理与国际惯例接轨。一方面可以积极应对发达国家的绿色贸易壁垒泛滥；另一方面又能有效防止外国污染产业转移，污染产品进口，保护本国环境，促进环境和贸易协调发展。

专栏6-2

中国禁止洋垃圾进口管理措施

2017年7月27日，国务院办公厅发布《禁止洋垃圾入境推进固体废物进口管理制度改革实施方案》，2017年年底前，全面禁止进口环境危害大、群众反映强烈的固体废物；2019年年底前，逐步停止进口国内资源可以替代的固体废物。

2012年，中国进口的固体废物达到约5 890万吨的峰值。接下来的几年，尽管进口量有所减少，但在2017年依然高达4 370万吨，其中583万吨生活源废塑料、491万吨未经分类废纸、148万吨钒渣和20万吨废纺织物均在《禁止洋垃圾入境推进固体废物进口管理制度改革实施方案》禁止之列。据统计，中国仅进口废塑料一项就占了全球废塑料出口产值的1/2强。

中国也是废纸的进口大国，具体进口情况见表6-1。

表6-1　　　　　　　　2004—2016年我国废纸进口的数量和金额

年份	进口总量（万吨）	进口金额（美元/万吨）
2004	1 230.69	172.7
2005	1 703.62	245.71
2006	1 962.33	274.81
2007	2 256.21	404.17
2008	2 420.58	555.69
2009	2 750.16	379.62
2010	2 435.23	535.33
2011	2 727.93	696.82
2012	3 006.71	627.41
2013	2 923.68	593.03
2014	2 751.84	534.78
2015	2 928.36	528.41
2016	2 849.87	498.89

注：数据来源于UNcomtrade。

2017年颁布的洋垃圾进口令，无疑也将大幅降低废纸的进口量，被限制的废纸进口为500万～600万吨，占我国进口废纸的20%左右。

二、跨越绿色壁垒，争取出口主动

（一）加强环境标准认证和管理

我国是世界上主要的纺织品、农产品及原材料的出口国，WTO的《贸易技术壁垒协定》和SPS协议对技术标准、技术法规、商品包装和标签规定、认证制度等方面的环境管理规定，对我国出口影响较大。为保证我国出口产品的环境竞争力，必须根据WTO的贸易与环境规则，加强环境管理与认证制度建设。

首先，掌握国际标准发展动态。要密切注意国外制定标准的动向，不失时机地全程追踪，不断调整我国相关产品质量指标，促进出口。

其次，开展国际环境管理认证工作。应积极推行ISO14000国际标准认证，建立产品生产的"环境质量保证体系"，并加强对出口产品生产的技术、工艺、设计、包装按照国际标准进行改造，通过国际认证的企业和产品，相当于获得了进入别国市场的"钥匙"，成为国际市场免检产品。此外，还应积极争取使我国国内先进标准纳入国际标准行列中。

（二）培育环保产业，突出绿色贸易

建立贸易与环境协调发展的外贸体系是我国顺应多边贸易体制之环境规则的重要举措。为此，一要降低资源性初级产品在出口商品结构中的比重，提高其加工程度（技术含量），以避免某些国家的"绿色"贸易壁垒的限制；二要用技术先进的产业替代技术相对落后的产业在外贸构成中的地位，鼓励高技术、高附加值和资源替代产品的出口；三要大力培育环保产业，扩大"绿色"产品出口。

三、运用环境规则，保护本国产业

（一）利用"绿箱政策"保护农业发展

虽然"绿箱政策"会对自由贸易产生微小扭曲，但是这些政策，对于保护环境、促进人类健康、动物、植物安全有重要意义。这也正是WTO的《农业协定》之所以允许"绿箱政策"存在的一个重要原因。我国是一个农业大国，与国际市场相比，我国主要农产品价格较高，若能有效利用农产品协议中的"绿箱政策"，保护我国农业健康发展是非常有意义的。我国利用"绿箱政策"的重点应该是，支持退耕还林，退耕还草，退耕还湖，改善农业生产条件，鼓励农民休耕，鼓励发展生态农业，给予改善农业生态环境的基础设施的投资直接补贴，以增加农业收入并保证农业的可持续发展。这些政策的主要涵盖面有：（1）农业环境项目研究；（2）生态农业、有机农业。按照生态农业、有机农业的标准来建设农业产业区，包括种植业、畜牧业，所有产品要符合生态农业、有机农业标准，并粘贴相关标签。（3）粗放型草场使用，包括将耕地变为粗放使用型草场，条件是：减少草场载畜量，减少肥料和农药施用量，不转变为耕地。（4）对多年生作物放弃使用除草剂。多年生作物包括各种水果和葡萄等。（5）休耕补贴等。

（二）利用"环境补贴"促进产业提升

WTO已经逐渐形成了应对扭曲贸易的政府补贴的复杂的规则和惯例，我们必须熟悉和了解，并能灵活运用，尤其是环境补贴，各国立场不一，发展中国家和发达国家在此问题上形成对垒，也许未来WTO对环境成本优势征收反补贴税的可能性是存在的，但总的来看，目前进行可操作的空间较大。一要加强对企业设备改造方面的补助。例如，SCM协定关于环境补贴的规定：如果一个国家通过了环境保护的新法规，为了实现新法规提出

的要求，某个企业必须对现有设备进行改造，这些改造对企业构成很大负担，则政府可以对此提供环境保护资助。二要对开发和引进控制工业污染的技术进行补贴。三要利用政府绿色采购制度对企业进行支持。《政府采购协定》是WTO所管辖的四个诸边协定之一。我国政府考虑到目前国内政府采购制度尚不完善，所以没有承诺加入该协定。为此，可以合法对环境保护产业、生态产业进行政府采购，已达到对企业进行环境补贴的目的。

（三）加大引资的环境管理力度

我国在引进外资中，往往只注重外资数量而忽视环境效益，致使很多国外被禁止生产的高污染产业转移进来。为此，必须要积极利用TBT协议有关环境技术标准、技术规范等规定，严格管理引进和利用外资。要提高环境标准（包括产品的环境标准、环境管理标准和环境质量标准等）尽快实现与国际标准接轨，在引进和日常管理中，要按污染程度而非简单的投资额建立投资审批制度，对污染程度较大的项目应严格控制，对不符合我国法规要求的要严格整治，并应积极鼓励外商投资于环保产业，加快环保产品的更新换代。

四、利用WTO争端解决机制解决环境争端

因WTO争端解决机制的效力和影响力，目前环境问题的纠纷除一部分采用多边环境协议的争端解决机制外，大多仍采用WTO的争端解决机制。因此，我们应熟悉这一机制的运作，在同别国发生环境问题争议时，积极利用这一机制，赢得自身应得的利益。一方面，对其他国家实施的贸易、环境措施如没充分考虑到我国和其他发展中国家利益，不完全按WTO程序要求的，我国可以通过争端解决机制投诉解决；另一方面，对我国环境保护有破坏作用的产品和项目进入要及时拿起WTO争端解决机制武器进行抗争。

（一）强化透明度以减少摩擦

随着时代的发展，贸易与环境问题越来越复杂，因此带来的贸易摩擦出现频繁爆发趋势，为了避免这类贸易摩擦频发影响正常贸易秩序，我国应加强国内环境和贸易政策法规的透明度建设。此外，我国入世以来WTO多个机构已经对我国入世承诺进行多次严格审查，也要求环境与贸易政策法规的透明度建设的步伐要加快。相关政策透明度强化后将有效化解一些不必要的贸易摩擦。

（二）寻找漏洞积极应战

对于国外运用GATT 1994第20条、TBT协议、SPS协议等条款限制我国出口的国家，我们可以寻找其不符合相关规则的漏洞，只要其政策存在漏洞我们就有胜诉的可能性，这也要求我们的企业一方面要熟知WTO运用规则，另一方面要积极应诉，从而维护我国外贸出口利益。

（三）抓住机会大胆起诉

我国在遇到国外不遵守贸易与环境规则时，要大胆拿起法律武器积极起诉，并找到相关证据和法律依据，即使在目前法律框架内还没有明确的问题，也应积极行动，争取主动，这是因为WTO在解决贸易与环境争端时，其观念也在不断更新，"海龟案"的妥善解决就是很好的启示。

章末案例

贸易中有关环境造成的纠纷

案例一：20世纪80年代初，美国海关在我出口到美国得克萨斯州的仿古瓷器中，发现有两笔货物用稻草包裹，当即责令将包装用稻草就地烧毁，重新包装，并要求我方出口公司赔付客户烧草费和重新包装费。

案例二：1997年，欧盟决定不再进口中国的贝类产品，原因是中国海洋环境不断恶化。但是，我国每年向欧盟出口贝类2 750万美元，占贝类出口的五分之一，这项禁令给我国带来巨大损失。

案例三：1997年法国以石棉具有致癌性为由，禁止所有石棉和石棉产品的使用、生产和进口。加拿大对此向WTO提出申诉，主要指责法国违反了《贸易技术壁垒协定》（以下简称TBT协议）以及GATT有关国民待遇的规定。欧盟代表法国政府进行诉讼。专家组裁定：①法国禁令中禁止石棉产品使用的部分不是技术法规，不受TBT协议调整；②法国禁止使用的石棉产品和允许在其国内使用的替代产品是相同产品，因此法国禁止加拿大石棉产品的销售违反了GATT国民待遇原则，但法国仍可基于GATT第20条（b）款证明该措施的正当性。上诉机构推翻了专家组的裁决，认为：①法国禁令作为一个整体，是一项技术法规，受TBT协议的调整，但没有针对加拿大对法国违反TBT协议的请求进行裁定；②法国禁止使用的石棉产品和允许在国内使用的替代产品对健康的危害是不同的，所以不是相同产品，因此法国法令没有违反国民待遇原则。上诉机构最终支持了法国，裁定加拿大败诉。

资料来源：

[1] 新浪财经. 树立绿色营销理念，取得国外相关认证，搜集包装最新信息，跨过绿色包装壁垒 [EB/OL]. [2018-12-11]. http://finance.sina.com.cn/roll/20071106/05331772588.shtml.

[2] 金方增. 绿色保护主义对外贸的影响及其对策 [J]. 中国市场，2005（5）.

[3] 许枫. 论WTO《技术贸易壁垒协议》对贸易与环境的法律协调——以石棉案为例 [J]. 中国海洋大学学报，2008（10）.

案例思考：

[1] 你了解目前中国所面临的几种主要的环境问题吗？

[2] 为什么环境问题日渐成为国际贸易纠纷的诱因？

[3] 运用WTO规则中有关贸易与环境的条款，分析所列案例。

◤本章小结

1.GATT第20条"一般例外"中（b）款的实施必须具备的条件：一是国内要有限制相关的生产和消费的措施，与其对其他国家实行的措施相配合，即不仅针对进口的产品，也针对国内的产品（体现了国民待遇原则）；二是其目的是有效保护可能用竭的天然资源，既包括国内资源，也包括国外资源；三是对情况相同的各国，实施的措施不得构成武断的或不合理的差别待遇或构成对国际贸易的变相限制。

2.《建立世界贸易组织协定》不仅提到了要充分利用世界资源，并且是可持续发展的利用，从而为解决环境问题与贸易之间的纠纷提供了一个可以进行平衡的杠杆。

3.《技术性贸易壁垒协议》与环境有关的规定包括：（1）承认不应阻止任何国家在其认为适当的程度内采取必要的措施，来确保它的出口货物的质量，或保护人类、动物或植物的生命或健康以及保护环境，或阻止欺诈行为，只要这些措施不致成为歧视或隐蔽限制措施。（2）技术法规和标准，包括对包装、标志和标签的要求，以及对技术法规和标准的合格评定程序不要给国际贸易制造不必要的障碍。（3）发展中国家在制定和实施技术法规、标准以及对技术法规和标准的合格评定程序上可能遇到特殊困难，希望对他们给予协助。

4.《农产品协议》中有关环保的直接规定涉及与环境规划项目有关的国内支持措施不在削减之列。

5.《补贴与反补贴措施协议》规定不可诉补贴分成两类：一类是不具有专向性的补贴，即具有普遍性的补贴，不会基于WTO的相关规定而引起任何反补贴措施；另一类是政府对科研、落后地区以及环保的补贴。

6.SPS协议的大部分内容与生态环境保护密切相关。规定，不应阻止各成员方采纳或实施为保护人类、动植物的生命或健康所必需的措施。但这些措施的实施不应该违反非歧视原则，也不能构成变相的限制。

7.WTO环境规则与自由贸易、与可预见性市场准入、非歧视和公平待遇等贸易规则之间存在矛盾，有待新一轮贸易谈判获得解决。

8.WTO环境规则与MEAs贸易规则在非歧视原则、数量限制原则和PPM标准等方面均存在一定的矛盾和冲突。

9.我国在运用WTO环境规则时必须设定对外贸易的"攻防"战略，提高企业国际竞争力。一方面要尽量规避或者打破国外的环境壁垒，促进出口；另一方面，也应该适当设置环境壁垒而又不违规。

专业词汇

多边环境协议　与环境有关的贸易措施　环境补贴　环境标准　海龟案　金枪鱼案　绿色壁垒

思考题

1.简述世界贸易组织对贸易与环境问题的基本立场和原则。

2.试对WTO协议中与环境有关的内容进行评价。

3.运用所学知识对以下案例分析、点评：

"为保护国内的水产加工业，加拿大政府按照《1976年加拿大渔业法案》发布禁令，禁止未加工的鲱鱼和鲑鱼出口。美国的水产加工业提起诉讼，要求美国也禁止未加工的鱼类出口，美国政府驳回了这一要求，同时向GATT申述，要求加拿大取消禁令，美国称这些措施与GATT不相符。加拿大认为这些出口限制措施是旨在保护鱼类储量的渔业资源管理体系的一部分，因此按照GATT规定是正当的。GATT专家组认定加拿大所保留的措施违反了GATT规定。"

本章参考文献

［1］国家环境保护总局. WTO新一轮谈判环境与贸易问题研究［M］. 北京：中国环境科学出版社，2005.

［2］国家环境保护总局政策法规司. 中国缔结和签署的国际环境条约集［M］. 北京：学苑出版社，1999：20-36.

［3］刘培哲. 可持续发展理论与中国21世纪议程［M］. 北京：气象出版社，2001：42-55.

［4］那力，何志鹏. WTO与环境保护［M］. 长春：吉林人民出版社，2002：24-40.

［5］申进忠. WTO协调环境贸易关系的理论与实践［M］. 北京：中国法制出版社，2003：6-17.

［6］世界贸易组织秘书处. 贸易走向未来［M］. 北京：法律出版社，1999：59-62.

［7］世界贸易组织. 乌拉圭回合多边贸易谈判结果法律文本［M］. 北京：法律出版社，2000.

［8］万霞. 国际环境法资料选编［M］. 北京：中国政法大学出版社，2011.

［9］WTO与环境课题组，中国加入WTO环境影响研究［M］. 北京：中国环境科学出版社，2004.

［10］徐德志. WTO协定文本与世界商道通则［M］. 广州：广东旅游出版社，1999.

［11］亚历山大基斯. 国际环境法［M］. 张若思，编译. 北京：法律出版社，2000：16-22.

［12］赵维田. 世贸组织（WTO）的法律制度［M］. 长春：吉林人民出版社，2000：12-18，46-52.

［13］朱榄叶. 世界贸易组织国际贸易纠纷案例评析［M］. 北京：法律出版社，2000.

［14］陈辉煌. 多边环境协定与多边贸易体制的矛盾与协调［D］. 厦门：厦门大学，2001.

［15］韩宇鹏，钟筱红. WTO环境贸易规则与多边环境协议冲突及其解决［J］. 江西社会科学，2004（9）.

［16］纪维维. WTO贸易与环境争端解决的"绿化"研究——以相关案例中的法律解释为视角［D］. 济南：山东大学，2006.

［17］江滨. 多边贸易体制下的环境与贸易问题［D］. 武汉：武汉大学，2004.

［18］李本. WTO环境补贴政策发展与PPP原则关系索隐［J］. 国际经贸探索，2008（6）.

［19］李寿平. WTO框架下贸易与环境问题的新发展［J］. 现代法学，2005（1）.

［20］彭海珍，任荣明. 国外自由贸易与环境相关理论及启示［J］. 财贸经济，2003（10）.

［21］汪尧田. 乌拉圭回合多边贸易谈判成果［M］. 上海：复旦大学出版社，1995.

［22］王立军. 谈企业如何利用WTO规则［J］. 辽宁经济，2003（4）.

［23］邢洪涛，班永陟. GATT第20条b、g款适用的限制及其发展趋势——对海龟案的分析［J］. 烟台师范学院学报：哲学社会科学版，2003（1）.

［24］肖爱，文同爱. 积极应对国际贸易与环境新形势——两个案例的启示［J］. 广

西政法管理干部学院学报，2003（5）.

[25] 俞淮深，沈慧. WTO的环境规则与我国外经贸的发展策略 [J]. 国际经济合作，2000（2）.

[26] 姚新超. 世贸组织与国际多边环境协议的潜在冲突及解决方式 [J]. 国际贸易问题，2004（11）.

[27] 赵维田. WTO案例研究：1998年海龟案 [J]. 环球法律评论，2001（2）.

[28] 程宗璋. 论TREMS中第三国待遇条款与GATT/WTO的冲突问题 [J]. 襄樊职业技术学院学报，2002（4）.

[29] 张磊. 论WTO对环境贸易措施的放松趋势——以五个典型案例为视角 [J]. 世界贸易组织动态与研究，2009（1）.

[30] 左海聪. GATT环境保护例外条款判例法的发展 [J]. 法学，2008（3）.

[31] 郑圣果. GATT/WTO关于单边环境贸易措施的案例研究 [J]. 黑龙江省政法管理干部学院学报，2005（1）.

[32] Biermann F.The Rising Tide of Green Unilateralism in World Trade Law—Options for Reconciling the Emerging North-South Conflict [J]. Journal of World Trade，2001，35（3）.

[33] Marceau G.The Relationship between the WTO Agreement and MEAs and OtherTreaties [J]. Journal of World Trade，2001，35（6）.

[34] Steinberg R H.，Trade-Environment Negotiations in the EU，NAFTA and WTO：Regional Trajectories of Rule Development [J]. The American Journal of International Law，1997（91）.

[35] Safrin S.Treaties in Collision，The Biosafety Protocol and the World Trade Organization Agreements [J]. The American Journal International Law，2001（7）.

[36] Kerr W A.The Next Stop will be Harder-Issues for the Next Round of Agricultural Negations at WTO [J]. Journal of World Trade，200034（1）.

[37] WTO Committee Technical Barriers to Trade.Implementation and Administration of the Agreement on Technical Barriers to Trade，Communication From the People's Republic of China [R]. G/TBT/2/Add.65，2002-01-29.

第七章

WTO服务贸易规则解读及运用技巧

导 读

20世纪80年代以来，国际服务贸易正以惊人的速度迅速增长，其增长速度甚至远高于同期国际货物贸易的增长速度。据WTO的统计，1980—2009年，世界服务贸易出口额从3 650亿美元增加到33 116亿美元，29年间增长了8.1倍；而同期世界货物贸易出口额从19 880亿美元增加到121 500亿美元，增长了5.1倍，[①]服务贸易的增长速度已超过了货物贸易，世界服务贸易在世界贸易中的地位越来越高。发达国家的服务业产值占国民生产总值的比重已普遍超过50%，服务业最发达的美国甚至超过了70%，而广大发展中国家的产业也加紧向服务业转移，服务业产值占国民生产总值的比重也在不断上升。

《服务贸易总协定》（GATS）是第一套具有法律效力的有关国际服务贸易的多边规则，是在乌拉圭回合谈判达成的。它与《多边货物贸易协定》及《与贸易有关的知识产权协定》一起构成了世界贸易组织管理国际贸易秩序的基本文件，它所确立的各项法律原则，体现了旨在实现服务贸易自由化的精神，为其他有关国际贸易的立法发展树立了典范。它将法律原则性与灵活性有机结合起来，将有力地影响和促进各国特别是发展中国家有关国际服务贸易法律的调整与完善。随着发达国家的经济普遍步入服务经济时代，世界迎来了服务业发展的一个黄金时期。随着国际服务贸易的发展势头大大超过国际货物贸易，21世纪全球经济竞争的焦点将是国际服务贸易。GATS在WTO法律体系中的作用必将日益重要，举足轻重。要熟悉GATS的规则，掌握其运用技巧，需要对其主要条款有深刻认识，从而更好地从国际服务贸易中获利。

本章的学习要着重了解WTO服务贸易规则的要点、具体适用范围及其例外，并结合案例掌握其运用技巧。

章首案例

欧盟香蕉案

[案情介绍]

1993年以来，欧盟对参加《洛美协定》的非、加、太国家（非洲—加勒比—太平洋地区的发展中国家）实行单方贸易优惠政策，包括给予特殊的免税配额，但这一做法损害

---

① 数据来源于WTO国际贸易统计数据库（International Trade Statistics Database）。

了非、加、太国家之外的其他香蕉出口国的利益。1995年，中南美洲香蕉出口国和美国等就欧盟香蕉进口措施向WTO起诉。1997年5月，专家小组裁定欧盟的香蕉进口政策违背了WTO的最惠国待遇原则和其他有关规则。欧盟不服裁定进行上诉，但上诉机构维持了专家小组的裁定。WTO争端解决机构最终裁定要求欧盟改变其香蕉进口政策以符合WTO有关协定的要求，但欧盟的香蕉进口政策修正方案一直未能使申诉方满意。

2007年2月，厄瓜多尔要求WTO争端解决机构审查欧盟新的香蕉进口制度是否符合争端解决机构1999年的裁定和建议。2008年4月7日，WTO争端解决机构执行专家组裁定欧盟未执行争端解决机构做出的建议和裁决。2007年6月，美国也以欧盟香蕉进口制度与WTO规则要求不符为由请求WTO争端解决机构建立执行专家组，并于2008年5月胜诉。

[案情分析]

（一）关于"影响"

GATS第1条第1款规定："本协定适用于各成员影响（affecting）服务贸易的措施。"可以看出，将"成员的措施"和"服务贸易"这两个关键词联系起来的是另一个关键词——"影响"，对"影响"的解释就将决定一成员所采取的"措施"中哪些是要受GATS约束的。对此，GATS第28条（c）项进一步规定："各成员影响服务贸易的措施包括关于（in respect of）下列内容的措施：（i）服务的购买、提供或使用；（ii）与服务的提供有关的、各成员要求向公众普遍提供的服务的获得和使用；（iii）某一成员为在另一成员领土内提供服务的存在，包括商业存在"。

专家组认为成员所采取的任何措施，只要影响到了服务贸易，都属于GATS的适用范围。欧盟的香蕉进口体制虽是直接规范货物进口的，但事实上已对香蕉的销售服务产生了影响，所以应属GATS的适用范围。

在上诉中，欧盟依然主张GATS不适用于本案的争议措施。上诉机构维持了专家组的裁决，认为不能将欧盟香蕉进口许可体制从GATS适用范围中排除出去。

（二）关于国民待遇原则

香蕉案中的另一焦点问题是欧盟关于经营者类别和经营活动分类的规定是否违反了《服务贸易总协定》下的国民待遇义务。上诉庭指出，该规定并非简单的许可证程序问题，它带有强烈的补助欧盟及非洲、加勒比海和太平洋地区国家香蕉经营者的目的，故违反了《服务贸易总协定》国民待遇的规定。之所以如此是因其关系到香蕉在欧盟内的"销售、推销、购买、运输"等，而在这些方面外国服务提供者和外国服务受到低于欧盟当地服务和服务提供者的待遇。事实上，销售、推销、购买、运输等一方面属于《服务贸易总协定》的范畴，另外一方面亦为《关贸总协定》第三条第四款规范的内容。从欧盟香蕉案可以看出服务贸易总协定不仅与投资领域有很大的重叠同时亦与货物贸易有许多重叠之处。而这正是《服务贸易总协定》国民待遇原则的特点所在。

需要指出的是，在服务贸易总协定下的国民待遇原则要求相关成员给予境外服务提供者不低于境内服务提供者的待遇。但其并不禁止任何成员给予境外服务提供者高于境内服务提供者的待遇。因此，服务贸易总协定下的国民待遇是指不低于国民的待遇。在香蕉案中，欧盟香蕉进口许可证体制，显然使欧盟批发销售商和外国批发销售商之间的竞争条件发生了不利于后者的改变，因而违反了GATS项下的国民待遇义务和欧盟在批发销售服务部门给予外国服务提供者不低于国民待遇的承诺。

资料来源：

［1］农业贸易促进中心.欧盟香蕉案新进展［EB/OL］.［2018-12-12］. http://www.cafte.gov.cn/gjscts/gjncpsc/20080619/6044.asp.

［2］房东.《服务贸易总协定》（GATS）法律约束力研究［D］.厦门：厦门大学，2003.

案例思考：

［1］结合案例，谈谈你对GATS关于"影响"条款的理解。

［2］结合案例，谈谈你对GATS关于"不低于待遇"原则的理解。

［3］"欧美香蕉案"还涉及其他哪些服务贸易问题？

第一节　GATS主要规则解读

《服务贸易总协定》（General Agreement on Trade in Service，GATS）是世界贸易组织管辖的一项多边贸易协定，是历史上第一个专门调整服务贸易的国际条约。它的签订有着深刻的历史背景。随着服务贸易在各国的国民经济中的地位日益提升，越来越多的国家（特别是发达国家）开始意识到实现服务贸易自由化的重要性。此时，国际贸易方式发生了很大变化：由原来的货物贸易一枝独秀发展成为货物贸易、服务贸易和技术贸易多种贸易方式共存并进的格局。

一、GATS产生背景

（一）经济全球化促进经济相互依存

世界经济的发展和资本劳动力等要素的转移是沿着先农业、次工业、后服务业的次序向前发展的，因此，国际服务贸易的迅速发展是世界经济发展的客观要求，也是社会化大生产发展的必然结果；20世纪80年代以来，贸易与投资自由化加快发展，使经济全球化趋势日益明显。各国之间的商品、服务、资本、技术、信息等各种要素在全球范围内，按照利润最大化原则自由流动和配置，使世界各国之间的经济相互影响、相互依存。发达国家的经济也普遍步入服务经济时代，世界迎来了服务业发展的黄金时期。GATS的制定和通过正是适应了这一世界发展的潮流，它所确立的一系列基本原则、目标和各种具体法律规定为国际服务贸易的大发展描绘了宏伟蓝图，开辟了无限可能性，必将有力地推动国际服务贸易的迅猛发展。

（二）美国等发达国家推动服务贸易发展

美国推动服务贸易自由化的主要动力是来自于跨国公司集团的压力，以及在服务贸易和国际投资领域的利益。美国经济经过长期发展，已经进入以服务业为支柱产业的经济结构之中，美国在服务贸易的许多领域如金融、保险、数据处理、电信、影视娱乐等行业部门具有绝对优势，因此美国急切希望在GATT的框架内实现服务贸易的自由化，打破各国对服务贸易的限制，通过大量的服务贸易出口来弥补贸易逆差。

早在东京回合谈判中，美国就试图把服务贸易作为该回合谈判的议题之一，但没有最后提出，在美国的提议下，所达成非关税协议部分，如《海关估价原则》、《技术壁垒原则》和《政府采购协定》等写入了处理服务贸易问题条款。发展中国家和一些发达国家抵制美国的提议，欧共体起初对美国的提议持疑虑，但经过调查发现欧共体的服务贸易出口量高于美国，转而坚决地支持美国；日本虽然是服务贸易的最大进口国，呈逆差形势，但在国际贸易中整体上是最大的出口国，呈现顺差形势，加之为调解在贸易上与美国日益尖锐的贸易摩擦，也支持美国的主张。因此，经过 1973—1979 年 GATT 的"东京回合"谈判的准备，在 1986 年 9 月开始的"乌拉圭回合"多边贸易谈判的部长级会议达成妥协，确定了服务贸易为乌拉圭回合的三个新议题之一。①谈判旨在为服务贸易制定出多边原则和规则，包括为各个部门制定出可行的条例，扩大服务贸易，以此作为促进所有贸易伙伴的经济增长和发展中国家发展的一种手段。

美国代表在谈判中提出了一系列旨在实现服务贸易全面自由化的意见和主张，主要是：（1）要求将关贸总协定的基本原则也同时适用于服务贸易；（2）采取将货物贸易与服务贸易合二为一的"单轨制"谈判方式；（3）拓宽服务贸易谈判的项目和范围，将通信、信息软件的处理等远距离核心服务以及涉及跨国公司内部交易及与其有关的投资、开业权等问题亦纳入谈判之中；（4）根据关贸总协定关于"维持现状，逐步退回"的原则及达成的部分协议，逐步实现服务贸易多边自由化；（5）为了推动服务贸易自由化进程，清除服务贸易形形色色的贸易壁垒，应实行"整体贸易互惠方案"，即用以美国为首的发达国家在商品贸易某些项目谈判中的让步来换取广大发展中国家在服务贸易自由化问题上的让步。

（三）服务贸易大发展呼唤国际规则

随着知识经济时代的到来，国际服务贸易的大发展将给世界经济、贸易与投资的发展带来新的生机与活力，但是由于服务贸易的涉及面十分广泛，涉及国家主权、国防经济安全、通信技术设施、人力资本、社会就业以及本国服务企业国际竞争力等诸方面复杂因素，如果没有一个原则性的国际服务贸易规范框架，服务贸易的发展将无法越过许多法律和人为行政方面的障碍。如各种服务贸易壁垒的存在及以非关税壁垒形式存在的新贸易保护主义日愈法制化、制度化，且十分隐蔽，严重制约了服务贸易的进一步发展。因此，国际贸易特别是服务贸易的快速增长迫切要求各国共同遵守贸易规则。

二、GATS 的宗旨和基本原则

（一）GATS 的宗旨

《服务贸易总协定》的宗旨是通过建立服务贸易多边规则，在透明度和逐步自由化的条件下，扩大全球服务贸易，并促进各成员的经济增长和发展中国家成员服务业的发展。协定考虑到各成员服务贸易发展的不平衡，允许各成员对服务贸易进行必要的管理，鼓励发展中国家成员通过提高其国内服务能力、效率和竞争力，更多地参与世界服务贸易。建立一套包括服务贸易各项原则和规则的多边贸易框架，借以在有透明度和逐步实现自由化的条件下扩大服务贸易，作为促进所有贸易伙伴和发展中国家经济增长和发展的一种手段。GATS 的最终目标是要在服务贸易自由化中各成员方能够获取经济增长和提升世界福利。

---

① 乌拉圭回合谈判议题包括传统议题和新议题。传统议题包括关税、非关税措施、热带产品、自然资源产品、纺织品服装、农产品、保障条款、补贴和反补贴措施、争端解决问题等。新议题则涉及服务贸易、与贸易有关的投资措施和与贸易有关的知识产权。

（二）GATS的基本原则

所谓《服务贸易总协定》的基本原则，指的是贯穿整个GATS始终，统率、规范、指导和协调GATS的内在的、稳定的原理和准则，也是该协定的具体法律规范的基础。其特点是，它不预设任何确定而具体的事实状态，也没有规定具体的权利、义务和责任。GATS的基本原则集中体现了该法律的基本精神，在价值上更为重要、在功能上调整范围也更为广泛。GATS确定了6大基本原则，即最惠国待遇原则、国民待遇原则、市场准入原则、透明度原则、发展中国家更多参与原则以及逐步自由化原则。

三、GATS的主要内容及规则解读

（一）GATS的内容简介

GATS体系由4大部分组成。

第一大部分是构成GATS规则体系的正文部分，即协定条款本身，又称为框架协定：由序言和6个部分29条组成。前28条为框架协议，规定了服务贸易自由化的原则和规则，第29条为附件（共有8个附件）。这部分规定了一整套有关约束服务贸易的原则、规则与一般定义的范围。这一部分所规定的原则、规则约束所有"世界贸易组织"成员与"乌拉圭回合"所确定的4种服务贸易方式。主要内容包括：序言、范围与定义（第1条）、普遍义务与原则（第2—15条）、特定义务（第16—18条）、逐步自由化（第19—21条）、组织机构条款（第22—26条）、最后条款（第27—29条）。

第二大部分GATS附件：为正文第29条下的附件，共8件，对较为复杂的具体部门确定了这些部门的定义、范围、原则与规则，并列出各成员方提交的最惠国待遇义务的免除名单。此附件为"特别规定"，附件与GATS正文就同一事项均有规定时，应优先适用附件的规定。

第三大部分各国关于市场准入和国民待遇的承诺细目表：各国用肯定的方式列出开放的服务部门或分部门及对市场准入和国民待遇的限制与所给予的条件，对服务的提供方式的规定等，即各国的肯定列举方式承诺，没有列入表中的即为非开放部门。

第四大部分部长会议决定与谅解，其内容可以分为两个层面：一方面表明了各国通过定期的谈判使服务贸易逐步提高自由化程度的决心；另一方面也对一些暂时性、技术性的实行程序做出规定。

小知识7-1

服务贸易的定义

GATS第1条规定了"服务"的定义：包括所有的服务部门，只有那些"行使政府职权时提供的服务"除外。这里的"政府当局为履行职能所提供的服务"是指非商业性质的，不与其他服务提供者相竞争的各类服务，比如中央银行的服务和社会保障服务等。具体地讲，服务贸易有以下4种形式：

第1条第2款将服务贸易定义为通过4种方式提供的服务：

（1）"跨境提供"方式。从成员方境内向另一成员方境内提供服务。这种服务方式的特点是服务提供者和消费者分别处于不同的国家，如电信、邮政、计算机网络等提供的跨国界服务。与货物贸易一样，强调的是买方和卖方在地理上的界线，跨国界的只是服务本身。

（2）"境外消费"方式。在某一成员方境内向另一成员方的服务消费者（指接受或使用某项服务的自然人或法人）提供服务。这种服务方式的特点是服务的对象是在服务提供者所在国生产的，如涉外旅游服务、涉外医疗服务、提供留学教育服务，以及船舶、飞机等在外国进行维修等。与第一种形式一样，这也是一种相对简单的服务贸易形式，涉外的问题较少，因为它不要求服务的消费国允许服务提供者进入其境内。

（3）"商业存在"方式。某一成员方的服务提供者通过另一成员方境内的商业存在（指在该成员方境内为提供服务而建立的任何类型的经营企业或专业机构）提供服务。这种服务方式的特点是强调通过生产要素的流动到消费者所在的国家提供服务，如在境外开设银行、保险、会计师事务所等。这种服务贸易往往与对外直接投资联系在一起。

（4）"自然人存在"方式。某一成员方的服务提供者通过任何其他成员方的领土内的自然人的存在提供服务。这种形式一般与第三种形式相联系而存在，有时也单独存在，即入境的自然人可能是以外国服务提供者的雇员形式出现，也可能是以个人身份的服务提供者的形式出现。比如，外籍教师、律师等以自然人的身份在我国境内提供服务，技术专家以个人身份到国外提供技术服务等。

以这4种提供方式为基础的服务贸易概念是非常宽泛的，这就使GATS不同于关贸总协定，它不仅仅适用于跨境的贸易，而且还适用于通过法人或自然人的移动所提供的服务。但这样一种宽泛的服务贸易概念亦可能引起一些潜在的麻烦，如当需要确定一项服务的原产地时就会很复杂。此外，GATS对什么是"服务"没有加以定义，这也表明服务的复杂性，国际上至今尚无公认的"服务"概念。

资料来源：陈双喜，魏巍，冯琳.国际服务贸易［M］. 2版.大连：东北财经大学出版社，2009：122-123.

（二）GATS的主要规则解读

根据GATS第1条的规定，GATS的适用范围是十分广泛的，"适用于成员方采取的影响服务贸易的任何措施"，这里指出了服务贸易规则与货物贸易规则的主要不同之处：货物贸易规则主要是以削减关税方式促进货物贸易自由化的发展，而服务贸易自由化的主要障碍不是关税，而是"措施"或叫"法规"，包括由中央和地方政府及官方机构采取的任何措施，以及由非政府机构在行使由中央或地方政府授予的权力时所采取的措施。这类措施可以以法律、规章的形式出现，亦可以行政规定、程序或其他任何形式出现；它可以是针对服务的购买、支付或使用，也可以是针对进入和使用某些通常成员方只规定给予公众的服务，此外，还可以是针对提供服务的商业存在和自然人存在。可见，第1条规定的GATS适用范围几乎涵盖影响所有服务部门的服务贸易的各种措施。但有以下两个例外：

（1）第1条第3款规定，GATS不适用于"行使政府职权时提供的服务"。"行使政府职权时提供的服务"指既不依据商业基础提供，也不与一个或多个服务提供者竞争的任何服务，比如社会治安或其他诸如健康、教育等公共服务。

（2）《关于空运服务的附件》中明确排除了GATS及其争端解决程序在"空运交通权"或与该交通权的直接行使有关的服务的措施方面的适用。

在这里，"成员的措施"包括由成员中央、地区或地方政府和主管机关所采取的措施，也包括由这些政府或机关授权行使权力的非政府组织如商会、协会等组织和机构所采取的措施。可见，GATS所定义的"影响服务贸易的措施"是一个宽泛的概念，因为GATS对各成员地方政府或非政府机构没有直接的约束力，因此进一步规定"在履行本协定项下的义务和承诺时，每一成员应采取其所能采取的合理措施，以保证其领土内的地区、地方政府和主管机关以及非政府机构遵守这些义务和承诺"。

值得高度重视的是GATS第14条和第16条的相关规定极易引起贸易争端。

第14条总括性规定及（a）项和（c）项的相关规定是："只要这类措施的实施不在情况相同的国家间构成武断的或不公正的歧视，或构成对服务贸易的变相限制，则本协定的规定不得解释为阻止任何成员采用或实施以下措施：（a）为保护公共道德或维护公共秩序而必要的；（c）为确保实施与本协定规定不相抵触的包括与下述有关的法律和法规所必要的"。

GATS第14条的总括性规定是指第14条开头部分的规定。具体内容是："只要这类措施的实施不在情况相同的国家间构成武断的或不公正的歧视，或构成对服务贸易的变相限制，则本协定的规定不得解释为阻止任何成员采用或实施以下措施……"由于该规定位于后面各项具体规定之前，且对这些具体规定具有统领性，因此，又被称为第14条的"顶子"或"帽子（chapeau）"。

第16条第2款及（a）项和（c）项规定："在承担市场准入承诺的部门中，某一成员除非在其承诺表中明确规定，既不得在某一区域内，也不得在其全境内维持或采取以下措施：（a）限制服务提供者的数量，不论是以数量配额、垄断、专营服务提供者的方式，还是以要求经济需求测试的方式；（c）以配额或要求经济需求测试的方式，限制服务业务的总量。"

GATS第16条第2款规定，在承担市场准入承诺的部门中，某一成员除非在其承诺表中明确规定，不得维持或采取6类措施，这6类限制性措施是对服务提供者数量限制、对服务交易总值或资产总值的限制、对服务经营总数或服务产出总量的限制、对特定服务部门或服务提供者雇用自然人总数的限制、对法人形式或合营企业类型的限制或要求、对外国资本参与比例或外国投资总值的限制。在这6类限制性措施中，前4类属于数量限制措施，第五类是对法律实体类型的限制，第六类是对外国股权参与的限制。

案例 7-1

GATS第一案——安提瓜诉美国网络赌博服务案

2004年4月7日，WTO上诉机构就安提瓜和巴布达（以下简称安提瓜）投诉美国禁止通过因特网提供赌博服务的贸易争端发表报告，裁定美国的禁止措施违反了其依据GATS具体承诺减让表和该协定有关条款所承担的义务。

本争端格外令人瞩目之处在于，这是首次涉及主权国家基于公共道德或公共秩序的理由，禁止通过因特网提供赌博服务的案件。这是WTO争端解决机构解决的第4个有关服务贸易的案件。在前3个涉及服务贸易的案件中"欧盟香蕉案"和"加拿大汽车案"实际上是围绕货物贸易而产生的争端，仅附带地涉及了服务贸易。"墨西哥电信案"是有关电信参考书和电信附件的争端。这些案件的核心并不是GATS，它们基本上没有涉及GATS的框架结构和核心规定的适用和解释。而本案第一次导致了对GATS的基本结构和数项重要规定的适用和解释，对未来与GATS有关的争端解决具有里程碑的意义和影响。因此，被称为"GATS第一案"。

[背景和案情]

安提瓜和巴布达原为英属西印度群岛中的两个小岛，1981年11月1日宣布独立并成为一个联合国家，总面积170平方千米，人口约6.7万。由于其传统旅游业在20世纪90年代受到一系列飓风冲击，该国政府开始建立主要通过因特网提供"远程"博彩服务的赌博业，作为该国经济发展战略的重要组成部分。目前，安提瓜是世界上提供网络赌博最活跃的国家之一，该行业大约1/4的服务由设在安提瓜的网络公司提供。1999年，提供网络赌博服务带来的产值占安提瓜国民生产总值（7.5亿美元）的10%，而该国政府每年2亿美元的财政收入中，约1/6来自网络赌博行业。

美国是世界上最大的赌博服务消费市场。根据"美国国家赌博影响评估委员会"这一官方机构的统计，1999年赌博者仅在美国各州的合法赌博场所投入的赌金就超过了6 300亿美元，消耗赌金约为500亿美元；1998年，68%的美国人至少进行过一次赌博，而86%的美国人在其一生中进行过至少一次赌博。尽管美国各州的赌博立法不尽相同，但对于通过因特网进行的大部分形式赌博，目前各州都无一例外地加以禁止。为了进一步加强有关监控，美国国会还通过立法禁止赌博者利用信用卡进行任何网上下注的行为。在美国政府的压力下，许多设在美国的信用卡公司停止了通过其信用卡提供网络赌博交易的业务。

安提瓜政府认为，美国对网络赌博的禁止措施对其网络赌博业造成了严重损害。据称，在美国采取禁止措施前，安提瓜的网络赌博业共有约3 000人受雇于119家公司，3年后其规模降至不到500人、28家公司；该国因美国禁止措施所受损失达9 000万美元。在此背景下，安提瓜于2003年3月13日请求与美国就其联邦和地方当局采取的影响跨境提供赌博和博彩服务的措施进行磋商。在磋商未果的情况下，WTO争端解决机构（DSB）根据安提瓜的请求，7月21日正式成立专家组来处理该争端。2004年11月10日专家组发布报告判美国违规。美国和安提瓜分别于2005年1月14日和1月24日，提起上诉。上诉机构于2005年4月7日，做出最终裁决。4月20日，世贸组织争端解决机构通过了上诉机构的报告和经由上诉机构修正的专家组报告。

[专家组与上诉机构的裁决]

关于美国在GATS框架内所做的具体承诺减让表，美国载明了"其他消遣性服务（不包括体育）"并列入了GATS第1条所界定的"跨境提供"、"境外消费"、"商业存在"和"自然人存在"4种服务贸易提供方式；其中，对于"跨境提供"方式的"市场准入限制"一栏，美国政府写入的是"没有限制（none）"。安提瓜对此的解读是，美国对跨境提供赌博和博彩服务做出了完全的市场准入承诺，而美国认为"不包括体育"的措辞表明赌博业不在其承诺范围之内。

专家组首先确认，联合国"核心产品分类系统（CPC）"在"其他消遣性服务"项下包括了赌博和博彩服务业，而美国没有表明存在与此不同的划分，因而美国的具体承诺减让表也应视为包括了赌博和博彩服务业。因而，美国违反了GATS第16条第1款和第2款（a）、（c）两项之规定。

关于GATS一般例外条款有关规定在本案中的适用。美国政府是否可以援引GATS第

14条（一般例外）（a）项中有关保护"公共道德"或"公共秩序"的规定，来合法地采取禁止跨境提供赌博和博彩服务的措施？安提瓜对此提出质疑，认为既然很多种形式的赌博在美国都是合法的（如拉斯维加斯和其他地方的赌场以及很多赛马活动），那么对通过因特网提供的远程赌博服务加以禁止就是不公平的。

专家组得出结论：美国未能证明其禁止措施是以一致的方式适用于国内提供的服务和从其他成员提供的服务，从而未能证明其实施对远程提供赛马服务的禁止措施与GATS第14条引言的要求相一致。

2005年1月，美国和安提瓜分别就专家组报告中的特定的法律问题和法律解释提起上诉。2005年4月7日，WTO上诉机构就上诉双方提出的主要问题发表报告，虽然在具体法律条款解释方面与专家组有一定的分歧，仍判定美国败诉。

［案件评析］

网络赌博是世界上一个迅速发展的产业。《华尔街时报》的一份报告指出，该行业的收入从1998年的6.5亿美元迅速上升到2003年的60亿美元。在相当长的时间内，服务贸易就争端解决而言可以说是WTO内的一个"冷门"，但是，随着服务贸易自由化谈判的深入和服务贸易重要性的不断提升，未来服务贸易争端将不断增多。

本案是GATT/WTO体制内第一次通过争端解决对"公共道德"和"公共秩序"这一敏感问题做出详细解释。

本争端另一个引人注目之处在于，本案也是加勒比海地区国家和人口少于10万的国家第一次通过WTO争端解决机制来解决贸易争端。与其诉讼对手相比，安提瓜的国土面积仅相当于美国北达科他州的十分之一，国民生产总值仅相当于2000年福布斯财富排行榜上1 700名以后的一个跨国公司，但这个世界上最弱小的国家之一，利用WTO争端解决机制投诉最强大的国家并取得初步成功，安提瓜政府官员称："它表明一个弱小国家也能在该体制内寻求救济。"

资料来源：

［1］黄志雄.WTO自由贸易与公共道德第一案——安提瓜诉美国网络赌博服务争端评析［J］.法学评论，2006（2）.

［2］韩龙.GATS第一案——"美国赌博案"评析［J］.甘肃政法学院学报，2005（7）.

扩展阅读：

［1］宋相林.GATS第6条与第16条关系探析——对"美国赌博案"重新审视［J］.法制与社会，2008（10上）.

［2］韩龙.WTO服务贸易中的规制纪律与规制自由——对GATS国内规制问题与发展趋势的透视［J］.法商研究，2003（3）.

第二节　各成员方的普遍义务解读

各成员方的普遍义务也称为一般义务，是指不论成员方是否在其承诺清单中予以具体承诺，都必须遵守这些义务的规定。它们适用于所有世界贸易组织成员，并且这些义务中的绝大部分也适用于所有服务部门。

GATS的第二部分（第2—15条）规定了各成员方的普遍义务与纪律，主要涉及最惠国待遇、透明度、发展中国家更多参与、垄断与专营的服务提供者、国内规章等问题。

一、最惠国待遇义务

GATS第2条第1款规定最惠国待遇为："对于本协定所涵盖的任何措施，每个成员方要立即地和无条件地给予任何其他成员方的服务和服务提供者在优惠上不低于它给予任何其他国家（或地区）相同服务和服务提供者的待遇。"从定义可以看出，服务贸易中最惠国待遇原则适用的对象不仅包括服务或服务产品本身，而且也包括服务的提供者，这一点与货物贸易的最惠国待遇不同，后者适用的对象仅是成员方进出口的"产品"，而不涉及"产品"的提供者。由于一般情况下，服务与服务的提供者不可分离，如果不向其他成员方的服务提供者实行最惠国待遇，则服务产品的最惠国待遇问题也就无从谈起，所以GATS将最惠国待遇的适用扩展到服务的提供者。

GATS最惠国待遇的主要特点是：

一是GATS的最惠国待遇是以"任何其他国家"作为参照标准的。该国家既可以是GATS的成员方，又可以不是该协定的成员方。

二是它是一种在相同的服务和服务提供者之间进行比较的待遇。因此，有关待遇的比较应限于处于同一服务部门或分部门的受惠国和第三国的服务和服务提供者之间。

三是它是一种不低于给惠方给予第三方待遇的待遇。因此，给惠方给予任何第三方的高出受惠方待遇的优惠都应当给予受惠方。但是，GATS并没有对这些待遇做出明确的界定，给实际操作带来一定困难。因为待遇一般包括优惠的待遇，也包括非优惠待遇，如限制措施。那么，当给惠国对所有同样享受最惠国待遇的第三国维持或增设某种限制时，该限制措施是否适用第三国呢？如果适用，就会使第三国受到的待遇劣变，如果不适用，就会造成差别或歧视待遇，从而违背了最惠国待遇的精神。

四是GATS最惠国待遇的适用范围很广。根据GATS第一条的"本协定适用于各成员方影响服务贸易的各种措施"的规定，最惠国待遇原则应在各成员方影响服务贸易的所有措施方面适用于所有成员方和所有的服务部门，既包括具体承诺表中所做出承诺的部门，又包括该表所列部门以外部门。实际上，GATS中最惠国待遇的适用范围是十分广泛的。从使用措施方面来看，包括影响服务贸易的所有措施，这些措施既可以是成员方在其具体承诺表中承诺的措施，又可以是该承诺表所没有包含的措施；从给惠的对象来看，不仅包括服务提供者，而且还包括服务提供者的服务。从采用的标准来看，所采用的第三国标准既可以是任何一个成员方的，又可以是任何一个非成员的。

最惠国待遇的适用是各成员方的一般义务，这并不排除义务的适用可以有一些例外和豁免，与货物贸易的最惠国待遇原则相同，某一成员方如果援引了这些例外，它就可以保留其与最惠国待遇原则不一致的措施：

（1）声明免除义务例外。成员方可在《服务贸易总协定》对其生效时提出最惠国待遇义务豁免清单，在清单中列出的其所要采取的与最惠国待遇义务不一致的措施所针对的部门、措施内容、适用国家、豁免期限以及产生该豁免所需条件，在清单所列事项范围内，某一成员可不承担最惠国待遇义务，即"GATS第二条豁免附录"第一条所列内容。这一声明如属于5年以上的义务免除，则须经服务贸易理事会审查，首次审查应在"世界贸易组织协定"生效后5年内进行。审查的内容包括：①产生免除义务需要的条件是否仍然存在；②确定需作进一步审查的日期。成员方此类义务的免除应在下述情况下终止：在声明免除的期限届满时终止；此类免除的期限一般最长不得超过10年。

（2）普遍例外，主要包括：边境服务贸易，经济一体化协议缔约方内部之间的服务贸易，政府采购和与保护国家安全、公共道德、公共秩序等有关的措施。

（3）组织放弃，也称被动豁免，具体是指GATS第2条豁免附录第2条所指情形，即GATS协定生效后实施的任何新的最惠国待遇义务的豁免，需要由世界贸易组织部长级会议决定是否同意豁免。

（4）互不适用。依《WTO协定》第13条1款及GATS第27条的规定，成员方相互间互不适用GATS协定的情况下，可免除成员方的最惠国待遇义务。

（5）政府采购例外。政府机构为了政治目的而非商业转售目的而购买的服务，可以免除最惠国待遇义务。

根据《服务贸易总协定》附件的规定，除上述例外之外，今后将不再允许新的例外。

二、透明度义务

透明度原则，指的是GATS的各成员方应当及时、充分地公布所有影响国际服务贸易的措施、政策、法规和习惯做法等。该原则旨在加强各成员之间的相互监督以便更好地保障《服务贸易总协定》的认真贯彻实施。由于国际服务贸易规则调整的范围是各成员方有关服务贸易的"措施"，因而保持这些"措施"的透明度就显得尤为重要。并且由于服务贸易的特点，服务贸易提供者将到其他国家境内提供服务，因而了解所在国的有关法律、法规，对其经营活动十分必要。GATS第3条关于透明度的要求，可以重点把握以下内容：实行透明度的主体是成员的政府相关部门及其所设立的咨询点；透明度的客体是成员方国内影响GATS实施的普遍适用的措施、成员签字参加的影响或涉及服务贸易的国际协定与电信咨询资料；实行透明度的方式是公开出版，设立"咨询点""联络点"，或以其他方式（如公告、广播、网络等）知会公众。

GATS第3条还从以下几个方面规定了成员方在透明度方面的基本义务：

（1）除非存在紧急情况或属于不宜公开的机密资料，各成员方应在协定生效时立即公布其所有涉及或影响服务贸易的法律、法规等有关措施，包括成员方签字加入的有关服务贸易的国际协定。这里的所谓机密资料是指一旦公布将会妨碍法律的实施或违背公共利益，或将会损害国营或私人企业合法商业利益的信息资料。

（2）成员方在制定对服务贸易有重大影响的新的法律、行政法规、命令时，或对现行法律、行政法规、命令做任何修改时，应立即或至少每年一次向服务贸易理事会报告。

（3）每一成员方在其他成员方要求提供所采取的有关服务贸易的措施或其参与的有关服务贸易的国际协定的资料时，应立即予以答复。每一成员方还应在《世界贸易组织协定》生效后2年内建立1个或多个咨询机构，以便向其他成员方提供所需资料和向服务贸易理事会提供报告。上述时间限制对发展中国家成员方可适当放宽。

（4）任何成员方如认为其他成员方采取的措施影响GATS的实施，可通报服务贸易理事会予以处理。

"透明度"条款的宗旨是各成员所采取的任何对服务贸易或GATS执行的措施都应让其他成员尽可能方便、快速地获知。这一宗旨是确保国际服务贸易正常进行，尤其是确保公平竞争的必要手段。但由于服务业涉及许多关系到国家利益与公、私企业的合法商业利益的机密资料，不宜泄露。所以，在国际贸易实践中，这一条款能否执行得尽如人意还很难说。实际上，有些国家对其有些措施总是有意或无意地予以掩盖，尤其是一些贸易管制的国家。而且此条款对"绝密信息"又没有严格定义，"紧急情况"的例外规定也极易被随意引用。

协定允许此条款存在以下例外，符合以下规定的资料可不予公布：第3条中所规定的机密资料、金融服务附件第25条（b）款规定的资料、第14条一般例外的（a）、（b）、（c）款规定、第14条中关于国家安全例外的规定。

三、发展中国家更多参与

发展中国家更多参与原则，指的是GATS的不同成员方应通过谈判达成一些具体承诺来促进发展中国家成员更多地参与世界贸易。该原则的本质是广大发展中国家在国际服务贸易中的困难和不利地位应受到认真的考虑和重视，应为其创造一个相对公平的环境，使其与发达国家在更高的起点和水平上进行竞争。GATS考虑到发达国家与发展中国家在服务贸易领域发展的不平衡性，特别规定了要保证发展中国家更多地参与到国际服务贸易中来。

GATS第4条专门规定应通过谈判具体承诺的方式来增加发展中国家的逐渐参与，体现了通过优惠及差别待遇来促进发展中国家服务贸易增长的精神。此条款有三层含义：

一是该条第1款规定，各成员方（主要是发达国家成员方）应通过承诺清单承担具体义务，促使发展中国家成员方更多地参与服务贸易。这些具体义务包括：①通过商业性的技术转让，提高发展中国家国内服务业的生产能力、效率和竞争力；②帮助发展中国家改善销售渠道和信息网络；③对发展中国家有竞争力的服务输出部门放宽市场准入的条件。这意味着必须充分尊重成员在整体与个别服务部门上的国家政策和发展程度，还意味着发展中国家在维持国际收支平衡（整体）与保护幼稚产业（个别）方面都可以得到优惠的考虑。

二是该条第2款规定，发达国家应在GATS生效后的2年内建立"联系点"，以使发展中国家的服务提供者更易获取有关服务供给的商业和技术方面的信息，有关登记、认可和获取专业认证方面的信息，以及服务技术的供给方面可能性的信息。

三是发展中国家在其承诺开放外资"开业权"①的服务部门可以提出一定条件，如以合资经营的方式、向东道国公司提供技术转移和/或改善服务销售渠道和信息网络等方面的帮助等。对最不发达国家予以特殊优惠，准许这些国家不必做出具体的开放服务市场方面的承诺，直到其国内服务业具有竞争力。

该条款在GATS中明确列出具有积极的意义，这是发展中国家争取的结果。此条款对发展中国家的更多参与没有具体的规定，仅是做了笼统的表示（最不发达国家情况例外），故并无太多的实质性意义。但我们认为发展中国家可以充分地利用这一原则在部门开放谈判中谋求好处。尤其是这一原则使得发展中国家增强其服务能力的措施成为合法。

---

① 外资的"开业权"即采用商业存在的方式提供服务。

如要求外国的服务提供者转让技术，甚至对本国的一些服务行业实施补贴等；而且发展中国家还可以利用这一原则保护本国服务业，如发展中国家在向发达国家开放其服务市场时，可以附加一些限制条件对外国的商业存在类型做出限制和要求，对其征收不同的税率，要求外商企业吸收当地服务成分，要求对方提供一些管理技术等。

同样，发展中国家还可以根据这一原则要求发达国家更多地开放市场。尤其是发展中国家服务出口的增长依赖于其劳务出口，发展中国家应促使发达国家在这方面更多地开放边境，使发展中国家的劳务，从熟练工人、半熟练工人、不熟练工人到技术人员能够更自由地输出，使发展中国家的驻外机构可以从本国招聘劳务人员，而不是只能在东道国当地招聘劳务人员。

总之，发展中国家应充分地利用这一原则，在以后的部门开放谈判中谋求发达国家的让步。

第三节　具体承诺义务

具体承诺是指成员方开放国内特定服务贸易市场承诺的义务。具体承诺是作为谈判成果相互交换成立的，但是成员方也可以对不属于承诺表的措施做出承诺，即所谓附加承诺。对市场准入和国民待遇的具体承诺是GATS制度下各成员方的特定义务，根据总协定的规定，市场准入和国民待遇不是自动适用于各服务部门，而是要通过谈判由各成员方具体确定其适用的服务部门，各成员方有权决定在其承诺表中列入哪些服务部门及维持哪些条件和限制。协定将市场准入和国民待遇的概念划分开来，各成员方的承诺表分为两个单独栏目，将能够开放的部门、分部门及给予国民待遇的资格、条件等分别列出。

一、市场准入

市场准入原则，指的是每一个GATS的成员方都应对其他成员方开放自己的服务贸易市场，使其有机会进入。其实质是要求各成员方努力消除各自阻碍国际服务贸易发展的种种壁垒。在服务贸易中的市场准入方面，《服务贸易总协定》并没有明确定义服务贸易市场准入的概念，但是《服务贸易总协定》规定，每个成员给予其他任何成员的服务和服务提供者的待遇，不得低于其承诺表中所同意和明确规定的期限限制和条件。当某一成员根据这一规定承担市场准入义务时，除非在承诺表中明确规定，否则，在做出市场准入承诺的部门中，不得维持以下六种市场准入限制：①对服务提供者的数量限制；②对服务交易或资产总金额的限制；③对服务活动数量或服务总值的限制；④对所雇用的自然人数目的限制；⑤要求以某种形式的法人实体或合资方式进行服务贸易的限制性措施；⑥对外国资本进入的限制。

二、国民待遇

国民待遇即某一成员方给予任何其他成员的服务和服务提供者的待遇应不低于其给予第三方成员相同的服务和服务提供者的待遇。操作上应注意，一方面，竞争条件实质性相同最为重要。这意味着，法律、条例、规章等规定的相同待遇未必都是国民待遇，而形式上不同的待遇未必不是国民待遇，主要应看实施结果。例如，日本规定旅游服务提供者的任职资格必须持有日本大学的旅游专业文凭，在实施效果方面产生了歧视，不符合国民待遇原则。另一方面，国民待遇的授予对象仅限于其他成员的"服务"和"服务提供者"，并不包括"服务消费者"。如，一国政府规定对外国消费者收取的旅游费用比本国消费者更高，不违反国民待遇原则。

在附加承诺（第18条）中，各国一般就有关资格认可、技术标准、许可规定等事项做出承诺。

国民待遇与货物贸易领域的国民待遇制度不同，服务贸易领域的国民待遇不是一般义务，而是一项特定义务，各成员方只在自己承诺开放的服务部门中给予外国服务和服务提供者以国民待遇。列明的承诺是义务，没有列明的部门则没有国民待遇义务。

此外，总协定就国民待遇的规定还涉及本国服务提供者与外国服务提供者的公平竞争机会问题，但这一概念十分宽泛，发达国家往往借此将触角伸入到发展中国家的国内政策领域。例如，许多发展中国家对外国银行在其境内提供银行服务往往有业务范围和地域的限制，而发达国家则认为在发展中国家营业的该国银行与当地银行处于不公平的竞争地位，因而认为没有得到国民待遇。另外，发展中国家实行的外汇管制措施也常被发达国家认为是对外国银行参与公平竞争的机会造成了潜在的损害。

案例 7-2

加拿大汽车产业措施案

[案情概述]

日本和欧共体指出，加拿大为了执行与美国之间关于汽车产品的协议，通过了一项法律，规定只有少数汽车制造商可以免税出口汽车到加拿大，并批发或零售汽车，免税的条件是在产品和服务方面在加拿大的增加值都须达到制造和销售等要求。日本和欧共体主张，这些措施不符合 GATS 第 2 条、第 6 条、第 17 条。日本与欧共体分别于 1998 年 7 月 3 日和 8 月 17 日，与加拿大就其在汽车制造方面所采取的措施进行协商，但都没有达成双方满意的解决方法。1998 年 11 月 12 日和 1999 年 1 月 14 日，日本和欧共体分别申请设立专家组。专家组于 2000 年 2 月 11 日，裁定加拿大的有关措施违反了 GATS 第 2 条和第 17 条的规定。

所争议的加拿大措施主要是：如果合格的汽车制造商要获得免税资格，那么其在加拿大当地的生产（包括某些情况下的零部件生产）必须达到最低的加拿大增值额，并且与在加拿大的汽车销售维持最低的销售比率。加拿大的此项措施：一是来自 1965 年的美国与加拿大汽车协定。美国汽车和原产设备制造件的进口商只要满足汽车协定中"汽车制造商"的定义，便可被加拿大授予免税进口待遇。二是加拿大和美国自由贸易协定与北美自由贸易协定。只要产品符合协定的原产地规则，便可自 1998 年 1 月 1 日起取消对汽车产品的关税。三是加拿大 1965 年通过的汽车关税条例（MVTO）和关税项目 950 规章（这些法律文件被 1988 年的条例（MVTO 1988）和 1998 年的条例（MVTO 1998）所取代）。MVTO 1998 规定的进口免税的授予条件与汽车协定中的规定一致，即受到加拿大增值额和比率的限制。

专家组裁定加拿大给予某些进口商进口免税，对产自某些国家的产品提供了优惠，然而此种优惠没有立即、无条件地给予产自所有 WTO 其他成员的同类产品，对其他成员的同类产品造成了歧视，且不能被 GATT 1994 第 24 条豁免，所以加拿大的措施与 GATT

1994第1条第1款的规定不符。

争端双方对专家组的报告提出了上诉。上诉机构维持了专家组的结论。

［案例评析］

就GATS中的最惠国待遇而言，加拿大的规定造成有些国家可以享受到免税，有些国家则享受不到，明显违反了GATS第2条第1款的规定："在本协议项下任何措施方面，各成员方应立即和无条件地给予任何成员方的服务和服务提供者以不低于其给予任何其他国家相同的服务和服务提供者的待遇。"

就国民待遇原则而言，加拿大的理由站不住脚。加拿大增值要求直接影响了通过方式一（跨境交付）和方式二（境外消费）提供的服务，而且加拿大在申诉方指控的部门做出过具体承诺，列举的限制不包括加拿大增值要求。专家组裁定，GATS第17条只免除了成员方对国民待遇适用中因外国性质而产生的劣势补偿，而由于通过方式一和方式二提供的服务的外国性质而存在的任何最终的内在劣势，不能免除加拿大就加拿大增值要求方面的国民待遇义务。

加拿大提出，大多数制造商只需单独通过劳工成本即可满足加拿大增值要求。专家组最终裁定，大多数制造商受益人当基于劳工成本本身超出加拿大增值要求这项事实，并不削弱加拿大增值要求作为歧视性的刺激作用，相对于在加拿大境外提供的服务，在加拿大境内提供的服务具有明显的优势。

专家组最终裁定，MVTO 1998和特别豁免令含有的对制造商受益人的加拿大增值要求，对其他成员通过方式一和方式二提供的服务给予了较低的待遇，因此与加拿大根据GATS第17条的义务不符。

资料来源：

［1］加拿大影响汽车产业措施争端案专家小组报告，世界贸易组织文件第WT/DS139/R号及第WT/DS142/R号。

［2］加拿大影响汽车产业措施争端案上诉机构报告，世界贸易组织文件第WT/DS139/AB/R及第WT/DS142/AB/R号。

［3］褚晓琳，王彬.从加拿大影响汽车产业措施案析最惠国待遇原则的适用［J］.山西省政法管理干部学院学报，2004（2）：56.

三、附加承诺

附加承诺是指成员方应就其影响服务贸易但又在上述市场准入和国民待遇义务未涉及的事项通过谈判达成承诺。这些成果应列入其"承诺细目表"，但只对参加谈判并签字的成员生效。这一规定扩展了服务贸易的特定义务范围，具有较大的随意性。

第四节 GATS其他规则解读

一、关于经济一体化例外

GATS认为，区域性或次区域性的双边或多边服务贸易自由化协定将促进世界范围的国际服务贸易自由化和经济一体化，所以GATS第5条允许最惠国待遇原则作为例外，不适用于区域性或次区域性的双边或多边服务贸易自由化协定。主要内容包括：

（1）在符合以下条件时，任何成员方均可以成为双边或多边服务贸易自由化协议的成员：该协议涉及众多的服务部门；除非符合GATS规定的例外，所签订的协议应规定在一个合理期限内取消现有的歧视性服务贸易措施，并禁止采取新的、更多的歧视性措施。

（2）在评估服务贸易一体化协议是否符合上述条件时，应考虑此类协议与成员方之间更广泛的经济一体化或贸易自由化进程的关系。

（3）如果发展中成员方是上述经济一体化协议的参加方，应按其服务贸易总体发展水平和特定服务部门的发展水平，在遵守上述条件方面（特别是有关取消歧视性贸易措施方面）给予更加灵活的考虑。

（4）经济一体化组织成员方对一体化组织之外的GATS成员方应尽以下义务：①不应提高各服务部门在组建一体化之前已实施的服务贸易壁垒水平；②对其他成员方从此一体化协议中可能获得的贸易利益不能谋求补偿。

（5）如果对经济一体化协议的内容做出补充或重大修改，则应至少提前90天就此补充或修改发出通知，并应按GATS第21条有关承诺表的修改程序进行这一补充和修改。

（6）经济一体化组织成员方如果同时是GATS的成员方，则应在加入该协议后立即将此类协议内容通报服务贸易理事会。理事会可成立一个工作组，审查该协议是否与GATS的有关规定相一致。此外，经济一体化组织成员方还应将协议实施的情况定期向服务贸易理事会报告，理事会如认为必要，则可设立一个工作组审查此类报告。

（7）任何成员方可以成为双边或多边的建立劳动力市场一体化协议的参与方，但该协议应符合以下条件：免除对协议参与方的公民有关居留权和工作许可的要求，以及向服务贸易理事会做了通报。

二、关于国内规制规定

GATS中并没有就什么是"国内规制"给出确定的答案，但对第6条具体内容的分析，仍能给我们了解该条款提供一些路径。就GATS第6条各款内容来看，仅第2、4款属于一般义务，即普遍性义务，而第1、3、5、6款仅适用于成员已做出具体承诺的服务部门，即具体承诺义务。

根据GATS第6条的规定，每一成员方在其已承诺具体义务的服务部门，应保证它所制定的影响服务贸易的措施得到公正、客观、合理的实施。

GATS第6条具体内容包括：

第1款规定"在已做出具体承诺的部门中，每一成员应保证所有影响服务贸易的普遍适用的措施是以合理、客观和公正的方式实施的"。[①]这里规范的问题是国内监管的执行方式而非监管措施本身，它体现了一种非歧视原则，而由该条款可知"国内规制"条款规范的是影响服务贸易的所有"普遍适用措施"，但关于其具体概念仍很抽象，且GATS和WTO有关文件没有对"国内规制"概念进行进一步的具体阐释。

第2款规定"成员应维持或尽快设立司法、仲裁或行政庭或程序，在受影响的服务提

---

① 参见GATS第6条第1款。

供者请求下，对影响服务贸易的行政决定迅速进行审查"，并"提供适当的救济，在相关程序未能独立于有关行政处分机关的情况下，成员方应确保对该程序能提供客观且公正的审查"。①从该条可以看出，为了使一国建立的机制能够符合GATS所追求的目的，成员方应当建立或维持一定的程序与机制，至少应当存在客观和公正的审查，并在规定的情况下能够提供适当且有效的补救措施。

第3款规定"对已做出具体承诺的服务，如提供此种服务需要得到批准，则一成员的主管机关应在根据其国内法律法规被视为完整的申请提交后一段合理时间内，将有关该申请的决定通知申请人。在申请人的请求下，该成员的主管机关应提供有关申请情况的信息，不得有不当延误"。②该条主要体现的是对成员方国内规制措施透明度的要求。

第4款，在第6条中显得尤为重要，其规定"为保证有关资格要求、程序、技术标准和许可要求条件等措施，不致成为服务贸易不必要之障碍，服务贸易理事会应经由其设立之适当机构制定必要的规范，该规范尤其应确保上述措施是：①基于客观及透明之标准，例如提供服务之资格及能力；②不得比确保服务品质所必要之要求更苛刻；③如为许可程序，不得本身成为对服务提供的限制"。③从该款可以看出GATS所指国内规制的种类包括资格要求、资格程序、技术标准许可要求和许可程序。此外与其他条款相比，该款是涉及国内规制规则的实体内容的规定，规定了成员方实施国内监管的一些基本义务，并要求成员方通过谈判进一步发展相关的国内监管纪律，因而成为进一步谈判的重点。

第5款规定"（a）在一成员已做出具体承诺的部门中，在按照第4款为这些部门制定的纪律生效之前，该成员不得以以下方式实施使此类具体承诺失效或减损的许可要求、资格要求和技术标准：（Ⅰ）不符合第4款（a）、（b）、（c）项中所概述的标准；（Ⅱ）在该成员就这些部门做出具体承诺时，不可能合理预期的"；另外，第5款（b）项规定"在确定一成员是否符合第5款（a）项下的义务时，应考虑该成员所实施的有关国际组织的国际标准"，对于"有关国际组织"这一概念，这一项下批注解释为"指成员资格对至少所有WTO成员的有关机构开放的国际机构"。④该条规定的内容主要涉及何为成员方的禁止性行为以及对可能违反承诺的成员方的评价标准。

第6款规定"在已就专业服务做出具体承诺的部门，每一成员应规定适当程序，以核验任何其他成员专业人员的能力"。⑤该条款设立的主要目的在于规范成员方对已经做出具体承诺的部门，应规定适当的程序来承担相应的义务。

2017年12月，在世贸组织第十一届部长级会议上由58名成员发出的《关于服务国内条例》（WT/MIN（17）/61）的联合部长声明为国内服务贸易这一主题提供了新的推动力，在该声明以及WPDR（国内法规工作组）中的相关讨论和成员提交的成果基础上，重申了"基于近期提案推进谈判的承诺"，为发展国际和多边规则框架提

---

① 参见GATS第6条第2款。
② 参见GATS第6条第3款。
③ 参见GATS第6条第4款。
④ 参见GATS第6条第5款。
⑤ 参见GATS第6条第6款。与这一款规定相呼应的是GATS第7条（承认）：成员可以通过与有关成员间的协定或安排或自动给予，对在特定国家已获得的教育或经历、已满足的要求或已给予的许可或证明予以认可和承认，并且向其他利益关系成员提供充分的机会，使其得以谈判加入此类协定或安排或谈判类似的协定或安排。成员要将现有承认措施、新的承认措施以及承认措施修改等及时通知服务贸易理事会。最后第7条提倡承认以多边准则为依据，各成员应与有关政府间组织或非政府组织合作，制定和采用关于承认的共同国际标准和准则，以及有关服务行业和职业实务的共同国际标准。

供选择。

专栏 7-1

GATS 中"国内规制"与"市场准入"条款的区别

GATS 第 6 条关于"国内规制"的规定与 GATS 第 16 条"市场准入"和第 17 条"国民待遇"共同构成支撑 GATS 贸易自由化的三大支柱。

"国内规制"对译的是 domestic regulation，其中的 regulation 意为通过使对象遵守规则或标准等实现系统的管理和控制，既具有管理管制的含义，也包含有法律条例的内涵。无论是将此术语表述为管理管制还是条例，都存在不贴切之处，因此使用"规制"一词兼顾了以上两重含义并使之具有动态效果。

"市场准入"和"国内规制"条款在实践中极容易混淆。

首先，就 GATS 规定而言，在市场准入限制和国内监管措施之间有一个基本的法律区分：成员方针对 GATS 第 16 条所做的承诺属于特定承诺，当某成员方就某一服务业进行了特定承诺时，原则上禁止在该行业采取市场准入限制，除非该限制被列入承诺表，但在成员方未承诺的部门可以保有这些限制，对市场准入限制的消除需借助于成员方的特别承诺谈判；相反，GATS 第 6 条属于成员方的一般义务和纪律，对国内监管措施的贸易限制影响最小化也是基于这种义务，与严格的市场准入纪律不同，采取国内监管措施是由于成员方享有的较广泛的监管自主权，只有当歧视外国服务和服务提供者或者对贸易造成了不必要限制时，才会违反 GATS 第 6 条。这是对两规则从承诺性质及附随的不同义务方面做的区分。

其次，第 16 条主要关注的基本上都是数量方面的限制，而第 6 条所关注的均为服务质量或服务提供者的能力。这是对两规则关注点的区分。

再次，从对外国服务和服务提供者的限制效果来看，第 16 条是对量的最高限制，服务提供者自身无法逾越，而相对于第 16 条对量的最高限制，第 6 条所施加的是最低要求，即市场准入取决于特定要求，服务提供者只要满足这些要求就能够准入。这是对两规则不同限制角度做的区分。

最后，从总体上粗略地说，市场准入措施是进口国在进口时或在进口地对外国产品所采取的限制或禁止进口的措施，而国内规制通常是指一国为了一定的政策目标，对进入国内市场的所有相关产品不问来源而采取的措施。这是对从措施采取的不同出发点对两规则进行的区分。

服务不同于货物，具有无形性等特征，因此国际服务贸易可以绕过海关监管，这就导致在货物贸易中所采用的关税和进口配额等手段在服务贸易中无法实施，在这种情况下，各国主要借助于"国内规制"的办法来实现对服务贸易的管理，这也决定了服务贸易自由化的关键，要削减的对象不是关税，而是各国管理模式和法令上的限制。更好地规范各国的"国内规制"是解决棘手问题以实现服务贸易承诺和自由化步伐真正的关键之所在。但讽刺的是，在 GATS 中规定最不明确的、适用性最弱的恰恰就是用来规范"国内规制"的条款——第 6 条。

资料来源：张凌燕. 论服务贸易总协定中"国内规制"条款的适用 [D]. 北京：中国政法大学，2008：16-18.

三、资格的认可

由于成员之间的制度、文化、习俗、语言不同，所以强行要求国内外服务提供者资质一致的话，那么形式上相同了，反而会造成实质上的歧视。GATS第7条规定，一成员可以与其他成员就某些有关服务提供的准则达成协议以促进国际服务贸易的进行，其宗旨是有关服务的规定、标准和要求应达成一致和相互认可，主要目的在于促进国际有关服务提供的标准的一致性。本条认为可以允许别的成员加入，其执行也应建立在合理、客观和公正的基础上。

GATS第7条具体规定如下：

（1）某一成员方可根据与有关国家签订的协议承认他国授予的学历、资历、专业资格证明或工作许可证等，也可以采取自动承认的方式给予对方此类待遇。

（2）根据最惠国待遇原则，某一成员方有关资格认可的规定，不应构成对其他不同国家的歧视，或成为限制服务贸易发展的障碍。因而，某一成员方在与其他成员方达成此类协议时，也应为其他有关成员方提供适当的机会，就其加入该协议或达成类似的协议进行谈判，如果采取自动认可的方式，则也应为其他有关成员方提供适当机会，以表明在其他成员方境内授予的学历、资历、专业资格证明等也有条件得到自动认可。

（3）通知的义务。参加协议的成员应在协议生效之后的13个月之内就其协议内容通知各成员，并允许别国加入，而有关协议的任何重大修改也应及时通知各成员。有的成员还提出以后采用一种国际统一的标准来处理有关部门的服务。

（4）有关资格认可的协议应以多边达成一致为基础。在适当的情况下，成员方应与有关资格认可的国际标准进行合作。

四、垄断与专营服务和限制竞争的商业惯例

服务业市场的垄断、提供服务专营权和限制性商业惯例适用都会产生限制竞争的作用，对服务贸易自由化构成障碍。为此，GATS也做出一系列的约束规定：

（1）各成员方应确保在其境内的垄断和专营服务提供者在有关市场提供垄断和专营服务时，不得背离其根据最惠国待遇条款及其具体承诺所承担的义务。如果某一成员方对提供某种服务做出具体承诺后，又对提供该种服务授予垄断经营权，从而损害了其已有承诺，则该成员方应通过谈判做出补偿。

（2）在垄断或专营服务提供者参与或通过其子公司参与垄断权范围之外的竞争时，不能滥用其垄断权，也不能违背该成员方承诺的具体义务。

（3）通知义务。如果某一成员方准备授予其承诺范围内的某项服务的垄断或专营权时，他应在授权之前3个月内通知服务贸易理事会。

（4）其他成员方的监督。如果某一成员方认为另一成员方正在实施与本协定不相符的垄断行为时，可请求服务贸易理事会予以审查，理事会可要求实施垄断行为的成员方提交有关的具体资料。

（5）某些不属于垄断或专营范围的商业惯例也会实际上起到阻碍服务贸易自由化的作用，因此，如果一个成员方向另一成员方提出取消此类商业惯例的要求时，另一成员方应予以充分考虑，并应提供与此事有关的、可公开的、非机密性的资料予以合作。如果双方就有关机密性资料的保密问题达成协议，也可提供有关的保密性资料，以澄清该商业惯例

是否违反 GATS 的规定。

五、紧急保障措施

GATS 第 10 条紧急保障措施条款及其具体细化的第 12 条国际收支平衡保障条款允许成员方临时修改或撤销其承担的特定义务，否则一般来说，成员做出具体承诺生效后，须 3 年后才能进行修改或撤销，体现了 GATS 对金融安全、国家安全与国家发展阶段的尊重与承认，在非歧视基本原则的前提下，服务贸易自由化进程应与成员经济发展水平与阶段相适应。GATS 规定，如果某一成员方发生国际收支严重失调和对外财政困难或对外金融地位困难的情况下，以及在经济发展或过程中因国际收支平衡受到特殊压力而为保持适当财政储备水平以实施其经济计划时，可对其所做出的服务贸易承诺采取某些非歧视性的紧急保障措施，并在形势改善时逐步取消。

六、支付和转移

服务贸易自由化不仅包括服务提供过程的自由化，还包括服务利润实现的自由化。服务贸易很重要的一点就是服务收入汇回、资金的转移和货币的兑换等问题。因此，GATS 第 11 条规定除紧急保障措施的条件外，任何成员方不得限制服务贸易中货币和资本的国际支付和转移。

七、政府采购

GATS 第 13 条规定，原则上 GATS 关于最惠国待遇、国民待遇和市场准入的各项规则，不适用于成员方涉及政府采购的法律、法规或规章。政府采购只能是为政府目的，为政府机构采购服务，是政府支出的安排和使用的行为，用于商业转售或用于商业销售目的的采购服务不属于政府采购。

八、一般例外和安全例外

服务贸易作为一个特殊的贸易领域，许多影响服务贸易的措施涉及政治经济稳定、公共道德等国计民生的重大问题。对此，协定给予一定考虑，规定了例外条款。一般例外条款包括以下内容：

GATS 的一般例外和安全例外条款的基本内容源于《关税与贸易总协定》，同时也是世贸组织几乎所有多边协定的一般规定。根据 GATS 第 14 条的规定，成员方可以采取以下措施作为其履行承诺义务的例外：（1）为维护国内公共道德或公共秩序所必需的措施。（2）为保护人类、动物和植物的生命和健康所必需的措施。（3）为履行涉及下述事项的国内法律、法规所必需的措施（这里的法律、法规不能与本协定相抵触）：①防止欺诈与假冒行为或处理不履行服务合同的后果；②保护个人隐私，防止个人资料的扩散，保护个人记录和账户的秘密；③安全问题。（4）为确保公正、有效地对其他成员方的服务和服务提供者征收直接税而采取的违背国民待遇原则的差别待遇措施。（5）为履行避免双重征税的国际协议而实施的违背最惠国待遇原则的差别待遇措施。

小知识 7-2

安全例外的内容

GATS 第 14 条规定了安全例外的内容：（1）不能要求成员方提供其认为一旦公开将有损其根本安全利益的任何资料。（2）不能阻止成员方采取下述保护其根本安全利益的行为：①直接或间接地为军事设施供应目的所提供的服务；②与裂变或聚变物质有关的服务；③战争时期或国际关系处于其他紧急状态下所采取的行动。（3）不能阻止任何成员方根据《联合国宪章》规定的义务为维护国际和平与安全而采取的行动。（4）成员方根据上述规定采取的行动应尽最大可能通知服务贸易理事会。

资料来源：杨荣珍.世界贸易组织精解［M］.北京：人民出版社，2001：294.

九、补贴

《补贴与反补贴措施协议》是货物贸易领域适用的、较为全面且严格的多边规则，但是该协议直接适用于独特而复杂的服务贸易领域颇具难度。因此，GATS尚未形成多边的反补贴纪律框架，只是规定了成员方的谈判义务，要求成员方举行多边谈判，制定必要的多边原则以避免补贴对服务贸易的扭曲影响。

但考虑到发展中国家服务贸易部门中补贴的重要性和必要性，在此问题上应给予发展中国家一定的灵活性。此外，所有成员方应相互交换其国内提供给服务部门的补贴的资料。当某一成员方认为另一成员方的补贴使其受到损害时，可以提出要求磋商的请求，另一成员方应对这一请求予以考虑。

第五节　服务贸易规则运用

一、GATS中最惠国待遇规则的运用

GATS在结构上的最大的特点就是将市场准入和国民待遇不是作为普通义务，而是作为具体承诺。但是在最惠国待遇上，把它作为一项一般义务，同时又规定了诸多例外，最明显的是第二条第二款的豁免清单的规定。这样的安排虽然有利于分歧小的部门之间早日达成协议，但也使最惠国待遇原则具有了诸多的不确定因素，在实行时困难重重。

（一）对规则的进一步理解

1.有条件最惠国待遇和无条件最惠国待遇

GATS第2条规定：每一成员应该立即无条件地给予任何其他成员的服务和服务提供者不低于它给予其他国家类似的服务和服务提供者的待遇。由此可见，最惠国待遇是适用于所有成员的一般义务，是GATS的核心内容，是多边服务贸易自由化的保证。虽然GATS表面上规定了无条件的最惠国待遇，但从理论和实践来看，对于这个问题存在着诸多争议。

无条件的最惠国待遇是实现服务贸易自由化的保证，也是GATS一直追求的目标。发达国家基于互惠理论认为其市场开放度较大，而发展中国家市场开放度较小，若实施无条件最惠国待遇，会导致很多没有给予市场准入承诺的国家"免费搭车"。美国等发达国家基于这一立场，要求在互惠的基础上实行最惠国待遇，这实际上是一种有条件的最惠国待遇，这显然是和WTO的宗旨相违背的。但是如果片面地追求无条件的最惠国待遇，一方面会使发展中国家加速市场开放的动力和压力减低，"免费搭车"者大行其道；另一方面也会使发达国家逐渐丧失给惠的动力，最后可能阻碍国际服务贸易自由化的进程。在这样的背景下，服务贸易总协定在把最惠国待遇作为一般义务的同时也在第二条第二款赋予成员列出豁免清单的权利。这样的清单虽然使成员方之间的谈判得以进行下去，但对无条件的最惠国待遇来说是一种弱化，最惠国待遇原则似乎被盖上了"有条件"的帽子。

2.豁免清单

最惠国待遇原则的豁免期间不确定。根据《服务贸易总协定》的《第2条豁免附件》，原则上这种豁免不应超过10年，这等于是说，如有特殊情形，该项豁免亦可超过10年，但是什么样的情形算是可以继续得到豁免的特殊情形，《服务贸易总协定》并未加以明确规定，尚需各成员方进行艰苦的谈判，因此该原则的豁免期间缺乏确定性。

3.关于"不低于待遇"

GATS第2条要求每一成员赋予其他成员的服务和服务提供者的待遇，"不低于"其给予任何其他国家类似服务和服务提供者的待遇，但并未对这种"不低于"应如何理解做出说明。而在第17条中，则细化了衡量标准：关键看待遇是否实质相同，形式相同未必合乎要求。那么，两条规范之间所存在的措辞上的差异，是否说明了GATS第2条所指的"不低于"仅仅限于形式上相同的待遇呢？

4.关于GATS最惠国待遇条款的适用范围

GATS第2条第1款明确，最惠国的适用范围是"本协定涵盖的任何措施"，因此，审查一个案例是否违反了GATS最惠国待遇条款的前提就是要先确定该措施是否为GATS所涵盖的措施。

（二）案例中学习的智慧

1.欧盟香蕉案

欧盟香蕉案是专家组和上诉机构对GATS中MFN适用范围问题进行解释的第一个案件。

关于"影响"问题。专家组和上诉机构在报告中初次分析了"影响"。欧共体认为受诉的四条措施，并非"影响服务贸易的措施"，它们属于货物贸易。GATS并不支配货物贸易。同时，欧共体认为"影响"一词应当进行狭窄的解释，表明争议措施必须至少是间接影响那个服务提供的日的，才能受到GATS的约束。专家组考虑了GATS条文"影响"一词的通常含义，以及《维也纳条约法公约》第31条关于条约解释的原则后认为，GATS的使用范围并没有预先排除任何措施。专家组得出结论"预先将欧共体的许可措施排除在GATS适用范围之外是没有任何法律依据的"，应该受到GATS纪律的约束。专家组进一步指出，就GATS和GATT的关系而言，GATS采取的是包括直接或间接影响服务贸易的任何措施的方法。这些规定并没有在直接调整或管理服务的措施与影响服务的措施之间相区别，被争议的措施应同时受到GATT和GATS的约束。上诉机构维持了专家组的裁决。

关于"不低于待遇"问题。专家组认为GATS第2条所维护的不仅仅是形式上的平等，还包括竞争条件上的实质平等。专家组并不认为GATS第2条第1款还缺少某些因素，以至于不能澄清"不低于待遇"的应该具有的一般含义。因此，第2条第1款的措辞是不受限制的，适用于所有形式的对竞争产生不利影响的待遇。上诉机构认为，对"事实上的不歧视要求"可以有不同的表达方式，GATS第17条仅仅是WTO协定中要求提供"不低于待遇"的诸多表述中的一种。最惠国待遇对成员所施加的义务并无限制，从该术语的一般含义来看，也并没有排除事实上的歧视问题。假设第2条不适用于事实上的歧视，则某成员会很容易设计一些歧视性的措施，来达到规避本条义务的目的。

2.加拿大汽车案

关于"无条件最惠国待遇"问题。专家组认为汽车业所存在的批发商和生产商之间的纵向联合和排他性分销安排并不能排除对某些汽车批发贸易服务提供者给予较为不利待遇的可能性，并不能排除批发商之间就从生产商那里获得汽车所存在的潜在竞争，也不能排除将同一品牌汽车销售给零售商时存在的实际竞争。上诉机构认为，专家组没有对GATS第2条第1款的含义进行明确的解释，GATS第2条第1款的规定："在本协议项下任何措施方面，各成员方应立即和无条件地给予任何成员方的服务和服务提供者以不低于其给予任何其他国家相同的服务和服务提供者的待遇。"没有基于实际存在的事实，对两类批发商的实际地位及竞争能力进行详细分析，从而得出进口免税待遇是否影响以及如何影响着两类批发商利益的结论。因而，上述机构认为专家组应在无条件最惠国待遇方面进行解释。

关于"适用范围"问题。"加拿大汽车案"在GATS的实践中具有与欧盟香蕉案同样重要的地位。该案解决了两个新的问题：确立了"适用范围"审查与实质性审查之间的逻辑关系，以及在"适用范围"审查中确认某一措施"影响"服务贸易的判断方法。专家组认为决定一项措施是否影响服务贸易并不能只进行抽象意义上的分析，还应考虑措施是否产生了与成员所承担的GATS义务和承诺相冲突的效果。因此，专家组认为该案的措施构成了"影响服务贸易的措施"，从而应当受到GATS的调整和约束。上诉机构否定了专家组的推理逻辑，认为在对与第2条的一致性进行进一步审查之前，争议措施必须是第1条第1款意义上的"影响服务贸易"的措施，才能被GATS所管辖，因此上诉机构驳回了专家组的裁定。

二、对成员方的承诺表透明度的把握

各成员方承诺表的设计造成其所做承诺整体上缺乏透明度。因为《服务贸易总协定》中没有列出各成员未做出承诺的服务部门、分部门及服务活动的信息，因而人们无从得知这些服务部门、分部分，是否存在或存在什么样的贸易壁垒。

由于各国（地区）在乌拉圭回合谈判中对于国际服务贸易方面做出的承诺本身就缺乏透明度，对那些已经承诺的部门及其减让程度并没有提供什么信息，特别是对存在着大量限制和歧视的部门更是无法提供详细情况。这是国际服务贸易多边规则目前存在的一个致命缺陷。所以，人们对目前国际服务贸易的自由化程度以及多边贸易谈判对国际服务贸易发展能起到的推进作用，感觉仍然十分朦胧，关键问题在于还没有一个总体概念。从理论上讲，最好能了解国与国之间的国际服务贸易规模，然后分别确定谈判前和谈判后对外国服务的限制和市场准入水平。遗憾的是，尽管各国具体承诺的减让表都是按统一的服务部门分类目录做出减让的，但对这些服务部门的经济变量却没有任何数据。

在机密资料难以界定方面，鉴于GATS规范的主要是各成员的行为，如何确保每个成员的行为具有相应的透明度便是执行GATS不可或缺的措施。对此GATS一方面规定了透明度的要求，另一方面也允许成员不披露机密资料。GATS规定，如果资料的提供将妨碍法律的实施或违背公众利益，或损害特定公营或私营合法商业利益，则GATS不要求成员方提供此类资料。从理论上界定哪些资料应该公开，哪些资料不应公开较为容易，实践中资料的公开可能涉及多方面利益的交叉。一般来说，透明度原则是指制度的运作，而机密资料的公开主要是针对个案。如何在一个高透明度的机制下保护机密资料主要是界定机密资料的标准问题，而GATS对此只规定了一个非常弹性的标准，加之服务贸易本身就与一国的主权和利益密切相关，这就有可能为一些成员滥用"机密资料的保护"，不适当地扩大"机密资料"的范围提供了方便，从而在事实上违背透明度原则，引发成员方之间的争端。

三、对GATS国民待遇原则的把握

国民待遇的识别标准比较模糊，缺乏确定性。因为《服务贸易总协定》第17条第1款对国民待遇的界定采用的是一种形式上的标准，也就是说某一成员方给予其他成员方的服务和服务提供者的待遇不得低于其给予本国同类服务和服务提供者的待遇。可见采用该形式标准判断是否符合国民待遇关键在于国内外服务和服务提供者是否相同。另外，该协定第17条第2款、第3款又规定了国民待遇的实质性标准，即竞争标准。该标准规定如果形式上相同或不同的待遇改变了竞争条件，与任何其他成员的同类服务或服务提供者相比，有利于该成员的服务或服务提供者，则此类待遇应被视为较为不利的待遇。由此可能使一些成员方为了满足该标准而被迫给予其他成员方同类服务和服务提供者超国民待遇。

案例7-3

美国诉加拿大期刊进口措施案

［案情介绍］

1996年3月11日，美国就加拿大禁止或限制期刊进口措施提出磋商要求，认为其违反了GATT 1994第11条。起因是加拿大颁布第9958号关税令禁止外国出版的不同版本期刊的进口，即只要进口到加拿大的期刊中有5%以上的广告内容是针对加拿大市场的，就不允许进口；同时，加拿大还对不同版本的期刊征收货物税，并且对进口期刊实行与本地期刊不同的邮寄费率。之后，有一家美国期刊离开加拿大市场回到美国，另有一家加拿大的杂志停止发行美国版。美国进一步主张，"外国版"期刊的税收待遇和优惠邮费对加拿大期刊的适用，违反了GATT 1994第3条。同年4月10日双方磋商未果，5月24日美国要求成立专家组。DSB于1996年6月19日设立了专家组。

1997年2月21日专家组提出报告，3月17日，裁定加拿大适用的措施违反了GATT规则。1997年4月29日，加拿大向上诉机构（AB）提出上诉，5月14日，美国亦提起上诉。1997年7月30日，DSB通过了上诉机构报告和修改后的专家组报告。

专家组的报告认为加拿大9958号关税令和货物税法不符合GATT的规定，而加拿大邮政资助符合GATT规定；上诉机构推翻了专家组关于"同类产品"问题上的结论，并最终认为加拿大货物税法明显地是为了保护加拿大期刊，同时，上诉机构推翻了专家组关于加拿大"受资助"邮政费率符合GATT的结论。上诉庭建议DSB要求加拿大修改专家组和上诉庭都确认违反GATT 1994的措施，使其符合GATT 1994的规定。双方同意执行期为15个月，到1998年10月30日止。加拿大在此期间撤销了被申诉的措施。

本案是WTO专家组和上诉机构处理的关于国民待遇原则的典型案例之一。

［案例启示］

（1）关于国民待遇原则

《服务贸易总协定》第17条则专门述及对"承诺表所列服务部门中和在遵守该表内所

列任何条件和资格的情况下"的服务和服务提供者的国民待遇；《与贸易有关的知识产权协定》第3条则用于规范"各成员在知识产权保护方面给予其他成员国民待遇"。《与贸易有关的投资措施协议》中也明确地提到了国民待遇原则的要求。本案中主要引用了GATT 1994在国内税费、法律以及数量限制等方面就国民待遇方面的规定。

当然，本案涉及的GATT 1994国民待遇原则有例外豁免情况，但应当依次符合以下三个前提：第一，争议措施是为了保证符合GATT 1994的国内法律法规的实施；第二，争议措施是遵守该法律法规的必然结果；第三，争议措施的实施要符合GATT 1994第20条的基本精神。

（2）关于相同产品的认定

相同产品的定义一直备受争议，在本案中，专家组和上诉机构引用关贸总协定1970年一份报告中的一段话：总协定多次使用的"相同或类似产品"等概念，对其含义的解释应以个案的方式进行，这需要在每一案件中对组成相同或类似产品的各个因素做出客观评估，包括产品在特定市场的最终用途，不同国家消费者的喜好和习惯，产品的性能、质量和特点等。专家组和上诉机构都一致加以遵守该原则，侧重于从产品的最终用途、客观特性等角度进行分析。

（3）关于加拿大邮资费率的规定是否符合GATT规定

加拿大提出，加拿大邮政公司是一家私营机构，具有不同于政府的法律资格，其收取邮政资费的规定不属于GATT第3条第4款所称的"法律、法规和规定"，因此不受该条款约束。专家组不同意加拿大的观点。理由有二，其一，加拿大邮政公司一般是根据政府的指示运作的，这一点是很明显的；其二，如果加拿大政府认为邮政公司的定价不适当，政府可根据《加拿大邮政公司法》第22节的指示权指示其变更邮资费率。因此专家组认定，加拿大邮政公司的定价政策可视为GATT第3条第4款意义上的政府措施或要求。

美国认为，GATT第3条第8款（b）项对本案不适用，因为政府资助的不是加拿大的出口商（生产者）而是加拿大邮政公司。专家组否定了美国的观点，因为专家组认为加拿大邮政公司并未从"受资助"的邮政费率政策中获得经济利益，事实上，补贴的支付不是针对加拿大邮政公司，而是专门针对合格的加拿大出版商的。因此，专家组裁定加拿大的邮政资助符合GATT第3条第8款b项。

美国在上诉中称，加拿大邮政费率措施不适用GATT第3条第8款（b）项的规定，因为该项补贴支付不是针对国内生产者，而是从一个政府实体转移到另一个政府实体。

综合来看，上诉机构认为专家组报告中对本问题的解释是错误的。上诉机构推翻专家组关于加拿大"受资助"的邮政费率符合GATT第3条第8款（b）项的结论。

资料来源：

［1］王峰.浅析美国诉加拿大期刊措施案［J］.法制与社会，2008（9）.

［2］马通.美国诉加拿大期刊进口措施案［J］.WTO经济导刊，2004（4）.

［3］李双元.世贸组织规则研究的理论与案例［J］.北京：人民法院出版社，2004：409-440.

四、需要注意的其他规则

（一）市场准入原则中的不足

所谓的市场准入就是一国通过实施各种法律和规章制度对本国市场对外开放程度的宏

观掌握的控制。各国在进行部门开放谈判时，应充分考虑到各国发展水平的不同和实际情况，本着"利益互惠""对等减让"的原则来达成市场准入方面的具体承诺。GATS市场准入原则是其最重要的原则之一，这一原则要求缔约方以其承诺的服务部门及市场准入条件为基础，对其他缔约方开放本国的服务市场。市场准入约束力较弱。

"利益互惠""对等减让"的原则是正确的，但由于各国服务贸易的管理制度和比较优势的不同，这一原则在国际服务贸易领域中的实践有时是不可行的。例如，某一服务部门在两国间互有进口和出口，但服务贸易的提供方式不同，即使两国间就各种服务提供方式实现对等减让，具体到各国所体现的重要性也会有所不同。假如甲国向乙国出口的是工程设计和咨询，则甲国多会采用商业存在的提供方式。而乙国向甲国出口的是工程劳务，则乙国多会采用人员移动的提供方式。如果双方对等地承诺商业存在自由化，则对甲国有利；如果双方对等地承诺人员流动自由化，则对乙国有利。

（二）发展中国家参与服务贸易的有限性

为了促进发展中国家在服务贸易领域的更多参与，《服务贸易总协定》第4条和第19条规定，允许发展中国家在服务贸易部门、服务贸易方法、市场准入方面，逐步放开、放宽，使之更加灵活。GATS承诺要在以下方面帮助发展中国家更多地参与国际服务贸易：第一，促进发展中国家国内服务业力量的加强及其效率和竞争力的提高，特别是在促进引进商业性技术方面；第二，在促进销售渠道和信息网络的改善方面；第三，对各部门市场准入的自由化以及对发展中国家改善服务出口方式的方面。然而，这些对发展中国家的差别待遇，与关税贸易总协定相比，给发展中国家并没有带来很大的作用。如，发展中国可以低价出口，但对发达国家出价没有限定，影响了这一规则的运用。其他规定对发展中国家来说，也只是形式上的优惠，只是一种政治意愿，并没有真正地帮助发展中国家。但无论如何，发展中国家可以利用这些条款保护本国服务业，在部门开放谈判中谋求好处。

（三）自由化含量低

服务贸易自由化多边谈判的目的在于使各成员方承担自由化义务，并对服务贸易自由化进程做出安排。GATS第19条至第21条就进一步扩大贸易自由化的谈判原则、适用范围、具体承诺的计划表以及计划表的修改做出了规定。从各国做出的服务贸易减让承诺来看，现阶段的减让结果对于服务发展和各国服务贸易市场的开放并没有产生非常重大的影响，与服务贸易多边规则所追求的服务贸易自由化目标还相距甚远，可以说服务贸易自由化的含量还很低。

此外，GATS的涵盖面不够全面。它排除了政府为行使职权而提供的服务，排除了自然人寻求居住权、就业权和公民权，不适用于交通权及其直接相关措施，且该协定的实际适用范围模糊不清。GATS中的一些规定严重缺乏服务贸易统计资料支撑，这就使得这些规定的针对性大打折扣，这也在一定程度上造成该协定采用"点菜式"肯定清单方式做出旨在实现服务贸易自由化的具体承诺，从而影响到该协定应有作用的发挥。目前，各国大多使用"国际收支平衡表（BOP）"来反映服务贸易的数据。BOP统计反映的主要是跨境服务贸易（包括过境交付、境外消费及自然人流动），而对当今世界服务贸易中占据主要地位的以商业存在形式提供的服务贸易却没有反映。在未发生外汇交易的情况下，也无法得到相关的资料。BOP对服务贸易分类的标准与GATS中所规定的分类标准还存在着较大的差距。

第六节　GATS与我国外贸

一、GATS对我国外贸的影响

GATS这样一部极其重要的国际法律对我国产生的意义和影响是多层次、全方位的，既有正面的、积极的意义和影响，又有负面的、消极的意义和影响，换言之，它既为我国提供了各种难得的历史机遇，又对我国构成了种种严峻挑战。

（一）GATS对我国外贸影响的理论分析

从积极方面看，GATS为我国服务业的发展指明了方向。GATS的"最惠国待遇"有利于预防发达国家在服务贸易领域对我国采取单方面的行动，防止在区域贸易安排中出现对我国不利的歧视性做法，而GATS的"透明度"原则也起到了监督作用。GATS鼓励发展中国家更多参与服务贸易，并在对发展中国家经济技术援助方面给予很大优惠，所以我国可以利用这些机会扩大本国具有优势的服务业的出口。同时该协定也允许发展中国家在特殊的情况下对其落后的服务业采取适当的保护措施，可以在半开放的过程中学习到发达国家在服务业上的先进技术和管理方式。GATS促进贸易更加自由化，对于我国吸引外资、增加劳动就业率有积极影响。

从消极方面看，由于GATS的签订，提高了服务贸易的自由化，且伴随着比较优势和竞争优势的进一步发展，造成我国部分落后的服务产业对发达国家的依赖，尤其是在高新技术服务贸易这一领域，例如资本、知识、技术密集型的服务行业。根据GATS的有关规定，开放我国的服务市场是政府必须认真履行的国际法律义务，但是由于我国服务业整体水平偏低、管理手段落后、国际竞争力不强，大量的服务进口，对国内同类产品的市场需求造成冲击。因此，我国服务贸易的出口自GATS生效以来一直处于逆差状态。如果这种逆差状态长期得不到改变，就很有可能在很大程度上抵消掉我国在国际货物贸易方面一部分顺差，并有可能影响到我国的国际收支平衡，从而对我国国民经济发展的总体目标产生负面影响。我国的服务业部门种类繁多，许多部门涉及我国的国防、国民经济、社会公共道德、历史传统、文化教育等至关重要的核心敏感问题和领域，因此，GATS中有关透明度、逐步自由化、最惠国待遇、国民待遇的规定将在一定程度上构成对我国国家主权的"软侵蚀"。

（二）GATS对我国外贸影响的实证分析

2001年中国入世，承诺对世贸组织做出大范围的开放，这是非常艰难的决定，因为当时中国的服务业发展水平很低，服务业产值占国内生产总值的比重仅有30%左右，这个指标不仅远远低于发达经济体（一般都在60%~70%），而且还低于全球发展中国家的平均值（50%）。在落后的服务业产业基础上向外国服务提供者大范围开放市场，需要足够的勇气和智慧。当时中国承诺开放服务贸易全部12个大部门160个分部门中的9大类100个分部门。在2007年中国加入世贸组织过渡期结束之际，中国服务贸易开放承诺清单已全部履行完毕，市场开放度接近发达成员平均承诺开放108个分部门的水平。

　　与此同时，随着中国改革开放的深入发展，中国经济与世界经济越来越紧密地连结为一个整体，越来越多的外国服务和服务提供者进入我国，国际服务贸易日益成为普通百姓日常生活的一个重要组成部分，从卫星电视节目到国际旅游，从远程教育到远程医疗，几乎无处不在。

　　中国服务贸易出口额从1982年的25亿美元迅速增加到2009年的1 286亿美元，年均增长17%，为世界平均增速的2倍左右；服务贸易出口世界排名由1982年的第28位升至2009年的第5位。①中国近年来也开始从战略高度认识服务服务贸易的重要性，在党的重要报告和商务部的规划纲要中都指出要大力发展服务贸易，这些都表明服务贸易已成为国际贸易这个没有硝烟战场上新兵家的必争之地。

专栏7-2

中国服务贸易发展状况

　　2010年，中国服务出口居世界第四位（前三位依次为美国、德国、英国），服务进口居世界第三位（前两位依次为美国、德国），出口与进口世界排名均比2009年上升一位。

　　中国服务贸易发展的特点：一是进出口总体呈快速增长态势。从国际服务贸易规模上看，据统计，2001—2017年，中国服务贸易进出口总额从674亿美元增长到约6 960亿美元（合人民币46 991.1亿元）。同期，中国服务贸易规模在世界各经济体中的排名也从第12位提高到第2位。在出口方面，2001—2017年中国服务贸易出口额从310亿美元增长到2 282亿美元（合人民币15 406.8亿元），年均增长13.29%。在进口方面，2001—2017年中国服务贸易进口额从364亿美元增长到4 676亿美元（合人民币31 584.3亿元），年均增长16.7%，同期中国服务贸易进口总额占全球服务贸易进口总额的比重从2.5%提高到10%。二是服务贸易的快速发展。这一方面促进了中国服务产业的发展，使得中国服务业产值占同期GDP的比重从2001年的33.6%稳步上升到2017年的51.6%，服务业成为最大的产业部门，并且缩小了中国与世界产业结构的差距；另一方面中国服务业市场开放为世界服务提供者带来了巨大的市场空间。2010年，中国服务业吸引外商直接投资额首次超过制造业，2013年开始中国成为全球第二大服务进口市场，2017年吸引外商直接投资额占比达到73%。无疑，中国在世界多边贸易体系中取得了互利共赢的结果。三是服务贸易逆差规模缩减。2010年，中国服务贸易逆差缩小至219.3亿美元，比2009年的295.1亿美元下降25.7%。四是逆差行业仍较集中。逆差主要集中于运输服务、保险服务、专有权利使用和特许费及旅游等服务类别，逆差金额合计为643.5亿美元。其他商业服务、建筑服务、咨询、计算机和信息服务则实现较大数额顺差，顺差额共计418亿美元。五是服务贸易国际市场结构较稳定。2010年，中国对主要贸易伙伴进出口增长迅速，服务进出口仍集中于中国香港、欧盟、美国、日本、东盟等国家（地区）。2010年，中国香港、欧盟（27国）、美国、日本和东盟继续成为中国前五大服务贸易伙伴。中国与这些国家（地区）实现服务进出口2 209.1亿美元，占中国服务进出口总额的61%，比重较2009年略有上升。除对中国香港地区呈现贸易顺差外，中国对其他四大服务贸易伙伴均为逆差。

　　影响中国服务贸易发展的因素：首先，国内外经济趋稳回暖带动中国服务贸易强势复

---

　　①　商务部．第二届中国服务贸易大会新闻发布会．[EB/OL]．[2018-12-14]．http://www.gov.cn/gzdt/2009-11/23/content_1471304.htm.

苏。2010年，世界经济扭转下滑势头，整体保持温和的恢复性增长，为中国服务贸易的发展创造了稳定的外部环境。国际货币基金组织（IMF）公布的数据显示，2010年世界经济增长率达5%；中国前四大服务贸易伙伴——中国香港、美国、欧盟（27国）、日本等国家（地区）的经济增长率分别为6.8%、2.8%、1.8%、3.9%；而中国经济增长率达10.3%。国内外经济的总体走强带动了货物贸易的大幅增长。其次，传统服务是拉动中国服务贸易增长的主要动力。运输服务、旅游在中国服务进出口总额中的占比超过50%，是促进服务贸易总量增长的主要动力。2010年，中国入境旅游市场逐步恢复，出境旅游市场再度升温。上海世博会和广州亚运会的召开将入境旅游推向高潮，而居民消费观念的日趋理性以及人民币的持续升值促进了出境旅游的增长。2010年，中国入境旅游人数（含港澳台同胞和外国人）较2009年增长5.8%，出境旅游人数同比增长20.4%。再次，高附加值服务助推中国服务出口迅速增长。随着产业结构调整步伐的加快，以高附加值为主导的产业体系加快转型，中国服务贸易结构趋于优化。近年来，以咨询、计算机和信息服务为代表的高附加值服务出口增势迅猛，有力地推动了中国服务出口的增长。2010年，中国咨询出口总额为227.7亿美元，同比增长22.3%，占中国服务出口总额的13.4%。中国计算机和信息服务出口92.6亿美元，同比增长42.1%，占比为5.4%。专有权利使用和特许费、金融服务占比虽小，但出口增幅显著。2010年，中国专有权利使用和特许费、金融服务出口额分别比2009年同期增长93.4%、204.6%。

资料来源：

［1］商务部综合司.中国服务贸易状况［EB/OL］.［2018-12-13］.http：//zhs.mofcom.gov.cn/article/Nocategory/201105/20110507535474.html.

［2］邢厚媛.加入WTO与中国服务贸易发展［EB/OL］.［2018-12-22］.http：//www.rmhb.com.cn/gd/201807/t20180706_800134635.html.

从以上中国服务贸易发展的实际数据可知，GATS对中国服务贸易的影响从最初的消极影响较大，目前正在逐步向积极影响方面转化，而且这些积极因素正在逐步扩大，成为我国服务贸易发展的主流趋势。

二、我国对GATS规则的运用策略

（一）最惠国待遇方面

一方面，我国服务业整体发展水平偏低，而某些关键性服务部门关系国家经济安全及社会公共利益，因此可以考虑在WTO规则许可的范围内对外国服务施以必要的限制及对国内服务业提供必要的保护。尤其是，由于服务贸易中的最惠国待遇是一般的义务，而国民待遇和市场准入是具体的承诺。所以我们可以履行一般义务，而在具体的承诺方面，对某些薄弱的服务部门不予开放，并可利用GATS中对发展中国家的优惠政策避免服务部门全部开放，并保持放开的步骤合理。

另一方面，可充分利用最惠国待遇的原则，享受各成员的平等待遇，免受其他国家的歧视性的政策。

在此基础上，我国给予国外服务者或服务商品的同时，也要尽量给予最惠国待遇，以免造成不必要的歧视。我国目前已经修改了大量与WTO要求不协调的法律制度，但是，还有更多方面的具体规定需要我们尽快与国际接轨，与最惠国待遇的原则保持一致。

（二）国民待遇方面

总的来看，在服务贸易领域，与最惠国待遇不同，国民待遇不是世界贸易组织成员承担的"一般义务"，而是成员方通过谈判确定的，且对不同服务部门有不同的规定。因此，GATS国民待遇原则特点表现为：国民待遇原则适用的对象既有服务，又有服务提供者，包括外商投资企业；国民待遇原则适用的范围是成员方政府（包括中央政府和地方政府）所采取的与提供服务有关的各项措施；在服务贸易领域，成员方给予外国服务或服务提供者的待遇，不应低于本国服务或服务提供者享受的待遇，但以该成员在服务贸易承诺表中所列的条件或限制为准，在成员方没有做出开放承诺的服务部门，外国服务或服务提供者不享有这种待遇。

为此，首先，我们应对WTO下的GATS国民待遇条款的内涵与其在不同领域所表现出来的不同的特点有一个清晰的认识，只有这样我们才能在WTO框架下对该原则做到充分和正确的利用。其次，我国企业在国外应根据WTO规则尽力享受国民待遇，使我国出口服务产品在国外享受与进口国或地区内的服务产品相同的待遇，在同一市场上进行公平竞争。对于其他国家不给予我国国民待遇的情形应勇于利用WTO争端解决机制，积极与之磋商，启动专家组程序。再次，我国应该将尚存在的与WTO协定的国民待遇条款不符的法律、法规进行清理，主动修正现行的法律法规，以免被他国通过WTO争端解决机制来迫使我国进行修改。在我国更要注意超国民待遇的出现，以免造成对本国企业的歧视。如2007年十届全国人大五次会议通过的《中华人民共和国企业所得税法》，一改往昔给予外国企业超国民待遇的税收优惠制度，同时也是对最惠国待遇制度的一种维护。最后，根据服务业发展的具体情况，针对已承诺开放的不同服务行业，制定实施国民待遇的具体标准，明确规定外国服务及服务提供者在哪些部门中的哪个领域享受国民待遇。对于竞争力较强的服务部门可以承担较多的国民待遇义务，例如航运业、旅游业等。对于刚刚起步、竞争力较弱、尚需保护的服务行业，可以承诺较少的国民待遇义务，例如保险业、商业零售业等。

不仅如此，GATS国民待遇存在诸多例外，我们应善于利用这些例外。GATS允许成员方在某些特定情况下对服务贸易进行有限度的限制。成员方未承诺国民待遇的部门且不必说，即使是对已经承诺承担的国民待遇义务，成员方为政策需要而采取的可能产生歧视效果的措施，以及国内行业得到的某些权力和利益是被许可排除在国民待遇之外的。施行限制性措施的成员有义务保证情况相同的成员不会受到歧视性待遇，同时此类措施不构成变相的限制。一是对于影响社会公共秩序、公共道德以及国家安全的部门或领域，我们可利用GATS第14条一般例外和第14条安全例外的有关规定，不实施国民待遇。二是在给予外国服务及服务提供者国民待遇方面，我们还可利用GATS中有关国民待遇的例外规定，例如，GATS第13条政府采购和例外及第15条给予发展中国家补贴的灵活性。三是对于一般例外与安全例外，以及保障国际收支例外的引用要谨慎。这些例外在GATS框架下的引用并不多见，更多是在WTO体制下对特定领域，如货物贸易等进行援引。而且，此类例外更多地与一国的政治经济政策挂钩，有很强的政治敏感性。另外，保障国际收支的援引还受到来自国际货币基金组织的约束，一般而言，GATS成员方援引的可能性及援引的成功性并不大。

（三）关于充分利用对发展中国家特殊待遇方面

中国是WTO最大的发展中成员，和其他发展中国家一样，中国具有比较优势的服务部门和服务提供方式大都属于劳动密集型和资源密集型，前者如工程承包、对外运输服务、建筑业等，后者如自然人流动等。所以，中国应该在这些服务领域对外开拓方面申请优惠待遇，并在其他劣势领域争取一些可以理解的贸易限制措施的出台。

（四）一些具体策略

（1）完善服务贸易的法律法规。要不断完善与GATS接轨的法律法规，而且各级政府要依据服务贸易的法律法规履行职责，给服务业创造良好的发展环境。

（2）逐步放宽服务业的市场准入。对市场准入审批手续进行严格审阅并修改，放宽部分垄断行业市场准入的条件，鼓励更多的非国有经济企业参与服务业，改变部分行业垄断经营严重、市场准入限制太严的状况，慢慢形成公开透明、管理规范的市场准入制度。并要把握开放步骤。在服务贸易自由化的进程中，应该注意两点：一是开放的基本步骤和顺序；二是每个基本步骤和顺序中涉及哪些服务部门，它们对开放服务市场的影响如何。

（3）优化服务产业结构。在发展我国传统的优势服务产业的同时，对相对劣势的服务产业予以技术、资金、人力资源、政策等方面的支持，例如给予有关企业贴息补助，或者信贷上的条件放宽等。

（4）适当运用限制措施对国内还不够成熟的服务产业进行保护。譬如利用商业规划措施，此类措施可调整性强，通过对外国服务实体在本国的活动权限进行规定，以限制其经营范围、经营方式等，以防止外国商务服务者在我国造成过度竞争情况。

章末案例

WTO服务贸易第一案——2004年美墨电信服务案

2004年WTO专家组审结了美国与墨西哥之间的一起关于电信服务贸易的争端。本案是WTO建立以来处理的第一个关于服务贸易的争端，其争议焦点是WTO历来十分关注的电信服务。由于无论在GATT还是WTO体制内，服务贸易领域在本案之前没有任何争端解决的先例可循，本案专家组报告的分析思路及其对有关文件的解读具有重要的参考价值，并在一定程度上具有开创性意义。

［案情介绍］

1997年之前，墨西哥的国内长途和国际电信服务一直由Telmex公司所垄断。1997年之后，墨西哥政府授权多个电信运营商提供国际电信服务，但根据墨西哥国内法，在国际电信市场上对外呼叫业务最多的运营商有权力与境外运营商谈判线路对接条件，而Telmex公司作为墨西哥对外呼叫业务最多的运营商，自然就享有了该项谈判权力，事实上就拥有了排除外部竞争者的权力，从而引发了希望大举进入墨西哥市场的美国电信业巨头的不满。

2000年8月17日，美国以墨西哥的基础电信规则和增值电信规则违背了墨西哥在GATS中的承诺为由，向墨西哥提出磋商请求，之后，美墨双方进行了两次磋商，但未能达成共识。2002年8月26日，成立了专家组。另有澳大利亚、巴西、加拿大、欧共体、古巴、日本、印度、危地马拉、洪都拉斯和尼加拉瓜10个成员方提交了它们的书面意见。

这是专家组首次单独在 GATS 下处理服务贸易争端，也是首个电信服务的争端。专家组分别于 2003 年 11 月 21 日和 2004 年 4 月 2 日提交了中期报告和最终报告。

[专家组结论]

（1）墨西哥基础电信服务的主要供应商 Telmex 公司对美国电信服务提供者收取的互连费率不符合墨西哥《参考文件》第 2.2 节（b）项"基于成本"的要求，墨西哥没有履行其《参考文件》第 2.2 节（b）项的承诺。

（2）墨西哥采取相关政府措施，要求作为争议服务的主要提供商的提供者之间的限制竞争做法，因此，墨西哥未能维持合理的措施阻止限制竞争做法，因此违反了《参考文件》第 1.1 节的承诺。专家组特别指出墨西哥 ILD（《墨西哥国际长途业务供应条例》）规则中的"统一清算费率"和"按比例回馈"属于"限制竞争做法"。

（3）墨西哥向美国电信服务提供者收取的互连费率大幅度地超出了"基于成本"的费率，而且其统一实施的方式导致在墨西哥电信服务的"相关市场"中排除了市场竞争，因而违反了 GATS《电信附件》第 5 节（a）款。

（4）墨西哥未能确保美国在墨西哥境内设立商业存在的"商业机构"在墨西哥境内进入和使用专门租用线路，并将其线路与公共电信传输网络和服务或其他服务提供商的线路互连，因此，墨西哥违反了 GATS《电信附件》第 5 节（b）款；专家组驳回了美国的部分诉求，裁定墨西哥在基础电信服务的国际简式电信服务方面，并未违反《参考文件》第 2.2 节（b）项和 GATS《电信附件》第 5 节的规定。

综上所述，专家组建议争端解决机构要求墨西哥修改其相关措施，从而与其在 GATS 项下所承担的义务相一致。2004 年 6 月 1 日，经过再次磋商，墨西哥放弃了上诉，正式接受了专家组的最终报告，并最终就此电信服务争端与美国达成协议。协议中，墨西哥同意废除本国法律中引起争议的条款，并同意在 2005 年引进用于转售的国际电信服务；美国同意墨西哥继续对国际简式电信服务进行严格限制以组织非授权的电信传输。

[案情分析]

本案主要涉及的法律问题，包括：（1）《服务贸易总协定》框架协议，它规定了各成员在包括电信服务在内的所有服务贸易部门中应当承担的一般义务和具体承诺的义务。（2）GATS 第 8 条包括有关垄断提供者歧视行为、反竞争行为和其他有损于具体承诺的行为。（3）《服务贸易总协定》后所附的《电信服务附件》。《电信服务附件》是《服务贸易总协定》（GATS）的条款正文之后所附的 8 个附件之一。该附件是各成员应遵守的最低限度的电信市场准入标准，它规定了各成员在电信服务贸易方面应承担的基本义务。（4）《基础电信协议》。1997 年 2 月 15 日在日内瓦基础电信谈判中达成的《基础电信协议》于 1998 年 1 月 1 日正式生效。该协议要求成员方在客观公正的基础上，无差别地向缔约方承诺部分或全部开放国内的基础电信服务业市场。（5）《基础电信协议》的《参考文件》中制定了统一的基础电信管理规则：公平竞争原则、互连互通原则、普遍服务原则、许可证条件的公开可用性原则、独立监管机构的原则、稀有资源分配和使用的原则。对于本案例来说《参考文件》最为重要。

本案的争议主要并非针对 GATS 的原则性规定，而是涉及电信贸易中非常具体的有关操作层面的问题，其中的关键法律问题是电信服务贸易中的"对接"条件与竞争政策。一方面，关于对接的义务是参考文件最重要的内容之一：不同运营商之间的网络对接在电信领域是必然遇到的情况也是电信服务的特殊属性的突出表现。另一方面，对接很可能涉及进口方提供对接的运营商的反竞争行为，跨境服务供应商不可避免地要与目标方运营商签订对接协议，而其中的技术、商业条款都可能成为阻碍其进入该方市场的反竞争工具。

本案中，专家组针对减让表及其参考文件中规定的一系列问题进行了细致解释，从而在电信服务贸易中的对接方式、竞争秩序维持、准入条件等方面为一国的电信政策制定者划定了一定的界限，而这种界限会直接影响到一国的电信政策立法权。

参考文件不仅涉及不同成员电信运营商的网络对接，还涉及WTO一直试图规制的成员竞争政策，它的主要目标之一就是在电信贸易中避免垄断，是第一个在贸易框架内建立可执行的竞争规则的国际文件。由于WTO框架内一直未能形成一个总体的贸易与竞争的规范，所以参考文件关于竞争政策的规定在整个WTO中意义重大。

资料来源：

［1］杨鸿.WTO服务贸易第一案——2004年美墨电信服务案［J］. WTO经济导刊，2006（9）.

［2］梁咏.WTO电信服务贸易规则对我国电信服务贸易立法与实践的启示——由"美墨电信服务贸易争端案"引发的思考［J］. 行政与法，2007（11）.

案例思考：

［1］根据本案例你对GATS中的市场准入问题有什么深刻的理解？

［2］怎样理解美墨电信服务案中涉及的竞争保障问题？

［3］美国在本案中的意图是什么？

［4］本案有什么意义？它与"安提瓜诉美国网络赌博服务案"有什么不同？

本章小结

1. GATS的最惠国待遇原则，是指各成员方给予任何成员方的服务和服务提供者的待遇，不得低于其给予任何其他成员方相同的服务和服务提供者的待遇。这一原则是多边服务贸易的核心与基石。

2. GATS的国民待遇原则，指的是每个成员方在所有影响服务提供的措施方面，给予任何其他成员的服务和服务提供者的待遇不得低于其给予本国相同服务和服务提供者的待遇。

3. GATS的市场准入原则，指的是每一个GATS的成员方都应对其他成员方开放自己的服务贸易市场，使其有机会进入。其实质是要求各成员方努力消除各自阻碍国际服务贸易发展的种种壁垒。

4. GATS的透明度原则，指的是GATS的各成员方应当及时、充分地公布所有影响国际服务贸易的措施、政策、法规和习惯做法等。该原则旨在加强各成员之间的相互监督以便更好地保障GATS的贯彻实施。

5. GATS的发展中国家更多参与原则，指的是GATS的不同成员方应通过谈判达成一些具体承诺来促进发展中国家成员更多地参与世界贸易。该原则的本质是广大发展中国家在国际服务贸易中的困难和不利地位应受到认真的考虑和重视，应为其创造一个相对公平的环境，使其与发达国家在更高的起点和水平上进行竞争。

6. GATS的逐步自由化原则，指的是国际服务贸易自由化不能一蹴而就，只有立足于现状，循序渐进，才有可能取得成功，否则就会欲速而不达，因为在国际服务贸易领域存在着数不清的壁垒和障碍。

专业词汇

服务贸易　服务贸易谈判　GATS　跨境提供　境外消费　商业存在　自然人存在

思考题

1.GATS的适用范围是怎样的？

2.GATS对国际服务贸易的定义是怎样的？

3.GATS的基本规则有哪些？

4.GATS的后续谈判的核心和重点是什么？

5.如何理解WTO最惠国待遇与国民待遇原则在服务贸易领域中的运用？

本章参考文献

[1] 陈双喜，魏巍，冯琳.国际服务贸易 [M]. 2版. 大连：东北财经大学出版社，2009：110，122-123.

[2] 周汉民.国际贸易法 [M]. 上海：上海教育出版社，1995：427.

[3] 任泉.乌拉圭回合内幕 [M]. 北京：世界知识出版社，1996：29.

[4] 邓力平，陈贺菁.国际服务贸易理论与实践 [M]. 北京：高等教育出版社，2005：69.

[5] 苑涛.WTO概论 [M]. 北京：清华大学出版社，2008：227.

[6] 杨荣珍.世界贸易组织精解 [M]. 北京：人民出版社，2001：294，286.

[7] 陶凯元.国际服务贸易法律的多边化与中国对外服务贸易法制 [M]. 北京：法律出版社，2000：130.

[8] 孙娜.论GATS第6条与我国服务贸易法规的发展 [D]. 北京：首都经贸大学，2006：8.

[9] 石静霞.WTO服务贸易法专论 [M]. 北京：法律出版社，2006：228.

[10] 张凌燕.论服务贸易总协定中"国内规制"条款的适用 [D]. 北京：中国政法大学，2008：5-7.

[11] 韩龙.GATS第一案——"美国赌博案"评析 [J]. 甘肃政法学院学报，2005（7）.

[12] 李华.浅析GATS中的最惠国待遇 [J]. 法制与经济，2007（7）：59.

[13] 刘狄平.GATS最惠国待遇条款实践分析 [J]. 法制与社会，2009（3）：142.

[14] 任德发.《服务贸易总协定》研究 [D]. 哈尔滨：黑龙江大学，2005.

[15] 黄胜强.国际服务贸易多边规则利弊分析 [M]. 北京：中国社会科学出版社，2000：87-88.

[16] 王贵国.从服务贸易总协定看经济一体化的法律渗透 [A]. 陈安.国际经济法论丛（第1卷）[C]. 北京：法律出版社，1998：108.

［17］王绍媛.对《服务贸易总协定》的研究与思考析［J］.税务与经济，2002（1）：76-77.

［18］叶欣等.国际服务贸易统计现状业发展趋势［J］.国际贸易问题，2001（1）：50.

［19］赖新.论《服务贸易总协定》对我国的影响及对策［J］.山西财经大学学报，2008（2）：39.

［20］房东.《服务贸易总协定》（GATS）法律约束力研究［D］.厦门：厦门大学，2003：156.

第八章

WTO与贸易有关的投资规则解读及运用技巧

导　读

　　国际贸易与国际投资是当今世界经济发展的两大支柱。贸易领域有WTO的规范，而投资领域形成统一的国际规范一直是个难题。乌拉圭回合谈判中达成的《与贸易有关的投资措施协议》（以下简称TRIMs协定），把与贸易有关的投资措施（以下简称TRIMs）纳入到同一管辖范围，无论对国际贸易还是对国际投资均是一个重大贡献。

　　在WTO的规范协调下，国际投资，特别是国际直接投资（FDI），以惊人的速度爆炸式发展。根据联合国贸发组织的数据，1985年，全球FDI流量为600亿美元，到1995年猛增到3 150亿美元，2005年更增加到1.12万亿美元。据不完全统计，全球FDI流入量在2007年达历史最高水平1.98万亿美元，2008年、2009年受金融危机影响有所下降，2011—2012年已在缓慢回升。

　　联合国贸发组织报告归纳了2011—2012年全球直接投资流动的五大特点：一是尽管全球经济持续动荡，但FDI已缓慢增长。2011年全球FDI流动上升了17%，达1.5万亿美元，超过了全球经济危机前3年的平均水平。二是发达国家以及发展中和转型经济体FDI流入量均出现上升。其中，发展中和转型经济体继续在全球FDI流入量中占一半以上，吸引外资创历史最高水平，达7 550亿美元，这主要得益于"绿地投资"的强劲增长。三是在发展中国家中，2011年FDI流入量的增长主要不再由南亚、东亚和东南亚（增长11%）推动，而更多的是由拉美和加勒比地区（增长35%）以及转型经济体（增长31%）驱动。而在最不发达国家最为集中的非洲，FDI流入量则继续下降。四是流入发达国家的FDI增加了18%，但其主要来源于跨境并购的增长，而不是来自于最需要的生产性投资，如"绿地投资"等。此外，部分跨境并购项目主要是由跨国公司重组及剥离非核心业务所致。五是2012年全球FDI流动增长具有不确定性。贸发组织预计，2012年全球FDI流动将温和增长，达1.6万亿美元左右。但全球经济复苏脆弱将对2012年全球FDI流动的增长带来影响。跨国并购和"绿地投资"在2011年第四季度已经出现下滑，这表明2012年全球FDI流动的增长仍存在风险和不确定因素。[①]

　　为了深入理解国际投资全球化发展动力，以及把握国际投资发展趋势，必须要对国际

---

① 孙楠.今年全球FDI前景谨慎乐观［N］.国际商报，2012-02-01.

投资规则进行深入研究和分析，掌握跨国投资的国际运行规则和法规。

本章通过详细解读TRIMs协定的主要条款，理解并把握WTO的TRIMs的重要规则，了解TRIMs领域中的矛盾，学会运用TRIMs规则解决摩擦，了解TRIMs协定的积极作用和所存在的不足。掌握TRIMs协定的具体条件以及发展趋势，对我国参与国际投资提出具体建议。

章首案例

欧共体、日本和美国与印度尼西亚关于汽车工业措施的纠纷

[案情简介]

印度尼西亚从1993年起实行激励计划、国产汽车计划、向TPN提供6.9亿美元贷款等汽车发展激励计划，这一计划具体包括，根据国产化率和汽车的类型对汽车中使用的进口汽车部件减税或免进口关税，根据国产化率和汽车类型对汽车中使用的进口汽车零配件免进口关税，对某些特定种类的汽车减征或免征奢侈品税。

美国、欧共体和日本提出，1993年和1996年计划根据整车中使用的国产部件给予税收，对国产汽车中使用进口部件给予关税优惠，违反了GATT第3条第4款和TRIMs协定第2条；对某些国产汽车的税收优惠违反了GATT第3条第2款；对韩国车的优惠违反了GATT第1条的最惠国待遇原则。日本提出印度尼西亚的国产汽车计划没有立即公布，违反了GATT第10条第3款。欧共体指出，印度尼西亚的措施损害或剥夺了其利益。美国还提出，印度尼西亚实行国产汽车计划，并对1993年汽车计划作修改，扩大了补贴范围，违反了反补贴协议第28条；在商标的取得、维持和使用方面违反了TRIPs协议。

争议点：GATT、TRIMs协定与反补贴协议的关系和印度尼西亚的措施是否严重损害了申诉方利益（是否可以起诉）这两个问题。

关于第一个问题：首先，GATT第3条禁止在国产品和进口产品之间的歧视，第16条则特别对补贴问题做了规定，它们针对不同的问题，规定了成员方不同的义务，它们之间不可能冲突。其次，就国产化要求来看，反补贴协议和TRIMs协定规定了不同的义务：如果确认一项措施违反了反补贴协议第3条第1款，补救措施是取消补贴，但可以同时保留国产化的要求；与此相反，如果一项措施被确认违反TRIMs协定，可以在保持补贴的情况下取消国产化要求。所以，即使补贴改成了其他鼓励措施，国产化要求仍然违反TRIMs协议；而取消了国产化要求，补贴措施仍然不符合反补贴协议。由于两个协议有不同的适用范围，所以它们之间并不存在冲突。

关于第二个问题：印度尼西亚是发展中国家，是否可以以这一理由起诉发展中国家。反补贴协议第27条第9款规定了对发展中国家提供的可以起诉的补贴之处理方法，要求对发展中国家实施的补贴措施，仅仅说补贴损害了某个成员方的利益，还不足以起诉，必须证明取消或损害的是根据GATT能够得到的利益。提出申诉的成员方必须提供遭受严重损害的证据。如果受补贴企业处于创建阶段，补贴超过总投资15%时，就认为存在严重影响。有两个问题需要解决：

（1）相同产品的认定。根据反补贴协议第6条第3款规定："如果存在以下一种或几种情况，第5条（c）款所说的严重影响就可能出现：（a）补贴的结果是排斥或阻碍另一成员方的相同产品进入实施补贴的成员方市场……（c）补贴的结果是在同一市场上，与其

他成员方相同产品的价格相比，受补贴产品的价格明显下降。"整车是相同产品的，其进口的组件是否构成相同产品？专家组认为仅凭未装配完成这一事实不能确定它们是不相同的产品。

（2）依据印度尼西亚的汽车计划所提供的补贴是否造成了排斥和阻碍这些相同产品进入印度尼西亚市场的影响。分析这一问题主要依据相关的市场数据。专家组经分析认为，欧共体市场份额的下降不能构成确定被排斥或阻碍的决定性证据。

美、欧、日指出，汽车计划提出的国产化要求违反了GATT第3条和TRIMs协定。专家组指出，印度尼西亚的措施违反了TRIMs协定第2条。既然已经确认印度尼西亚的措施违反了TRIMs协定，根据这一结论提出的建议完全能够补救印度尼西亚的措施违反GATT第3条第4款的情况。为此，专家组认为它没有必要再分析印度尼西亚的措施是否违反GATT第3条第4款的问题。

专家组认为由于印度尼西亚的税收法律结构，进口产品的征税肯定高于国产相同产品，因此，印度尼西亚的措施违反了GATT第3条第2款。

根据印度尼西亚的税收结构，它给予一个成员方的利益没有"立即无条件"地给予其他成员方相同产品。据此，专家组认为印度尼西亚的措施违反了GATT第1条第1款，既然已经确认印度尼西亚的措施违反了GATT第1条和第3条，就没有必要再讨论日本的诉请。

美国指出，印度尼西亚根据国产化率提供的免税违反了反补贴协议第28条。专家组认为，协议第28条使用了"与本协议规定不符的"补贴，从通常的理解来看，这不应当包括本案争议的补贴计划，不同意美国指控印度尼西亚扩大了补贴措施的范围。

美国还指控印度尼西亚违反了TRIPs协定第3条及第65条第5款的义务。专家组认为，在整个商标申请程序方面并不存在对其他国家国民的歧视，美国没有提供足够证据证明印度尼西业违反了TRIPs协定第3条的义务。

结论：①1993年和1996年汽车计划将国产化要求与税收优惠挂钩，违反了TRIMs协定第2条；②1993年和1996年汽车计划对国产汽车有利的销售税待遇违反了GATT第2条；③1993年汽车计划的关税和销售税优惠，以及1996年汽车计划的关税优惠违反了GATT第1条；④欧共体证明了印度尼西亚通过专项补贴严重损害了欧共体的利益；⑤美国未能证明印度尼西亚通过专项补贴严重损害了美国的利益；⑥印度尼西亚没有违反反补贴协议第28条第2款；⑦美国未能证明印度尼西亚违反了TRIPs协定第3条的义务。

资料来源：

[1]欧共体与印度尼西亚关于汽车工业措施的纠纷——WT/DS54.

[2]日本与印度尼西亚关于汽车工业措施的纠纷——WT/DS55/6和WT/DS64/4.

[3]美国与印度尼西亚关于汽车工业措施的纠纷——WT/DS59/6.

[4]佚名.WTO成员之间的反补贴案例[EB/OL]. [2018-12-14]. http://wenku.baidu.com/view/7f510b51f01dc281e53af08c.html.

案例思考：

[1]印度尼西亚汽车工业措施在WTO框架下是否合法？根据前面章节内容，谈谈你的看法。

［2］为什么与贸易有关的投资措施协议在当今全球经济环境下，发挥着越来越为重要的作用？

第一节　TRIMs的主要内容及基本原则

一、TRIMs协定的诞生

对于TRIMs一词，国际上尚无被普遍接受的定义，有些国家认为TRIMs是指东道国采取的与贸易有关的要求或鼓励投资者作出特定行为的措施。有广义和狭义之分。从广义来看，TRIMs可分为四大类：投资鼓励、履行要求、公司行为和母国措施。从狭义看，所谓的TRIMs是指东道国政府要求或鼓励私人投资者进行特定行为的措施，而这些措施对国际贸易的流向又会产生重要影响。它们主要包括投资鼓励与履行要求这两类措施。这两类措施是目前国际社会规制的对象，也是我们讨论的重点。[1]

在乌拉圭回合谈判之前，GATT调整的范围只限于国际货物贸易。第二次世界大战后，尤其是20世纪70年代以来，国际直接投资日趋频繁，特别是以跨国公司为主体的对外直接投资活动日益频繁，并开始对国际经济包括国际贸易的发展产生越来越大的影响。与此同时，投资国与东道国之间以及东道国与投资者之间围绕着直接投资方面的矛盾和纠纷也在不断增加。为了促进国际投资活动的健康发展，国际社会在近几年间曾做过多方面的努力，起草或制定了许多规则与协议。这些规则和协议有的在一定范围内得到实施，但绝大部分并未付诸实施。由于没有获得授权，关贸总协定组织的几次贸易谈判并未将国际投资问题列入谈判议题。经过发达国家特别是美国的努力，1986年10月，关贸总协定各缔约方部长在乌拉圭埃斯特角城签署宣言时首次将与贸易有关的投资措施列入了新一轮多边贸易谈判的三个正式议题之一（另两项新议题为服务贸易和与贸易有关的知识产权协定），该宣言将与贸易有关的投资措施协议定义为："对贸易起限制和扭曲作用"的任何对投资的鼓励或非鼓励措施。其中，鼓励措施指阻碍贸易活动正常进行的投资措施，非鼓励措施则指改变贸易正常流向的投资措施。

经过8年的谈判，最终达成了《与贸易有关的投资措施协议》（以下简称TRIMs协定），并将其作为乌拉圭回合一揽子协议的一部分，适用于所有成员方。由于是第一次将投资问题纳入关贸总协定谈判内容，TRIMs协定并没有涉及太多的投资规则，只是明确规定了禁止采取的一部分投资措施。但作为一个开始，它也明确规定了要在今后进行内容更广泛的进一步谈判。

由于是第一次将投资问题纳入关贸总协定的谈判内容，所以TRIMs协定并没有涉及太多的投资规则，只是明确规定了禁止采取的一部分投资措施。但作为一个开始，它也明确规定了要在今后进行内容更广泛的进一步谈判。

二、TRIMs协定适用范围

（一）内容要点

TRIMs协定由序言和9个条文以及附录组成，内容包括：适用范围、国民待遇与禁止数量限制、例外、发展中国家成员方、过渡安排、透明度、投资措施委员会、争端解决等。

1.序言部分

TRIMs协定序言部分首先宣告了其订立的法律根据——埃斯特角部长宣言的授权,并阐明了该协定的宗旨:①避免和取消那些可能引起贸易限制和扭曲作用的投资措施;②促进世界贸易的扩大和逐步自由化,并便利国际投资,以确保自由竞争,实现所有国家,特别是发展中国家的经济增长;③考虑发展中国家尤其是最不发达国家在贸易、发展和财政方面的特殊需要。

2.正文部分

TRIMs协定的正文部分包括9个条文,规定了以下内容:

(1)适用范围。根据TRIMs协定第1条的规定,其适用范围较窄,仅限于"与贸易有关的投资措施",即指投资东道国政府采取的能够影响国际贸易的流向和流量的措施,与贸易无关的措施不在TRIMs协定规范之列。值得注意的是,这里的"贸易"是狭义的贸易,仅指货物贸易,不包括服务贸易。

东道国政府采取的投资措施主要可分为鼓励措施和限制措施两大类。鼓励措施是东道国政府为了吸引更多的国外直接投资而采取的措施,包括对外国投资企业的关税减免、加速折旧、优惠提供贷款等;限制措施是东道国政府为了在吸引外资的同时保护本国经济不受冲击而采取的于本国经济有利的一系列措施,包括当地股权要求、外汇管制、国内销售要求、贸易平衡要求、当地成分要求等等。TRIMs协定的立法目的主要是为了制约对国际贸易产生限制或扭曲作用的投资措施,因而主要涉及的是各种限制措施的禁止使用。协议并未规定何为"与贸易有关的投资措施"。但一般认为,与贸易有关的投资措施大体上可分为:投资激励、经营要求、限制性商业惯例、母国限制等。

依据该协定序言,其宗旨是避免某些投资措施可能给贸易带来的限制和扭曲作用,以此"期望促进世界贸易的扩大和逐步自由化,便利跨国投资,以便提高所有贸易伙伴,特别是发展中国家成员的经济增长,同时保证自由竞争"。

同时,该协定也未区分对外国企业所采取的措施和那些影响国内企业的措施,规则对两者都适用。该协定也未区分影响现有投资的措施和适用于新投资的措施。但该协定第一条的规定似乎说明了,它仅适用于与货物贸易有关的投资措施,不适用与服务贸易和技术贸易有关的投资措施。同时,协议调整的是投资措施而非贸易措施,一国采取的纯属贸易管理性质的措施如许可证制度等不属于协议调整范围。

(2)国民待遇和数量限制。TRIMs协定第2条"国民待遇与数量限制"是该协定最重要的条款,所采用的是概括与列举相结合的立法方法。该条第1款为概括性规定,即"在不损害GATT 1994项下其他权利和义务的情况下,各成员不得实施与GATT 1994第3条或者第11条规定不一致的TRIMs"。该条第2款为列举性规定,即本协定附件列出一份与GATT 1994第3条第4款规定的国民待遇义务和GATT 1994第11条第1款规定的普遍取消数量限制义务不一致的TRIMs清单。从该规定结构看,列举规定优先适用,如果出现清单未列举的情况则适用概括性规定。因为清单是开放的,所以有可能其他TRIMs被发现不符合这些GATT条款。

在概括性规定中,GATT 1994第3条规定的是国内税收和国内法规的国民待遇,它禁止成员方在制造、销售、运输、分配或使用等方面实施背离国民待遇原则的国内税收、费用、法律、条例及要求。其第4款规定："一成员方领土产品输入到另一成员方领土时，在关于产品的国内销售、推销、购买、运输、分配或使用的全部法令、条例和规定方面，所享受的待遇应不低于相同的本国产品所享受的待遇。"因此，当一成员方某种投资措施使进口产品在其境内的待遇低于当地产品时，这种投资措施即应被禁止。

GATT 1994第11条是有关取消数量限制的规定，在列举性规定中，附件清单对违背国民待遇义务和普遍取消数量限制义务的情况做出了详细列举。其第1款要求"任何成员方除征收税收或其他费用以外，不得设立或维持配额、进出口许可证或其他措施以限制或禁止其他缔约方领土的产品的输入，或向其他缔约方领土输出或销售出口产品"。据此，任何成员方都不得采取能够产生限制或禁止从其他成员方进口产品或向其他成员方出口产品的效果的投资措施。

（3）例外规定。TRIMs协定第3条为"例外条款"，规定"GATT 1994项下的所有例外均应适用于本协定的规定"。这些例外包括诸如幼稚工业的建立与发展、国家政治稳定与安全、保障人类及动植物的生命或健康需要、边境贸易优惠以及为保障国际收支而实施的数量限制等。这些例外措施是GATT灵活性的体现，将它们适用于TRIMs协定，使该协定易为众多成员接受，并在实践上更加可行。

TRIMs协定的内容还包括对发展中国家的特殊待遇以及程序性的规定。在发展中国家的特殊待遇方面，协定规定发展中国家可以暂时偏离国民待遇和普遍取消数量限制的规定，这种偏离主要是由于出现国际收支平衡困难等情况。TRIMs协定第4条规定，发展中国家根据GATT 1994第18条（关于维持国际收支平衡）、《GATT 1994关于收支平衡条款的谅解》以及1979年11月28日采纳的《关于收支平衡的贸易措施的1979年宣言（BISD265/205-209）》规定的范围和方式，有权暂时背离TRIMs协定第2条所规定的义务。在程序性规定方面，协定对与该协定规定不符投资措施的通知与实施协议的过渡安排、投资政策法规和做法的透明度、与贸易有关的投资措施委员会的设立与职责、磋商和争端解决，以及货物贸易理事会对协定文本进行评审并建议对文本进行修正做出了规定。

此外，还有通知与过渡性安排、透明度要求等方面的规定。

3.附录部分

TRIMs协定附录为解释性清单（illustrative list），采用概括性与列举性相结合的方法，列举了与GATT 1994第3条第4款和第11条第1款不符的5项与贸易有关的投资措施。这5项为协议明确禁止，而不管采取这些措施是否造成损害后果，也不管外国投资者是否接受了这些措施都不允许在成员方实行。

（1）要求企业购买或使用本国用品或来源于任何国内渠道的产品，具体形式有：规定有关国产品的具体名称，即具体产品类别；规定了有关国产品数量或金额；规定了企业生产中必须使用国产品的最低比例。

（2）要求企业购买或使用的进口产品限制在一个与其出口的当地产品的数量或价值相关的水平。

（3）普遍限制企业进口其产品所使用的或与其生产有关的产品，或将进口量限于企业出口其产品的数量或价值的水平。

（4）通过对使用外汇的控制，限制企业进口其生产所使用的或与其生产有关的产品，即将企业用汇额度限定在其出口净得的外汇之内。

（5）限制企业出口其产品或为出口销售其产品，既规定了具体产品、产品的特定数量或价值，又规定了其在当地生产的数量或价值的比重。

在上述 5 项 TRIMs 中，前 2 项属于 GATT 1994 第 3 条第 4 款规定的国民待遇义务不相符的 TRIMs，后 3 项属于 GATT 1994 第 11 条第 1 款规定的与普通取消数量限制义务不符的 TRIMs。在列举上述 5 项 TRIMs 时，该解释性清单还指出该协定禁止使用这些措施，不仅是因为它们涉及法律上的问题或政府的行政裁决，而且还因为它们是"获得某项好处而必须遵守"的条件。该协定没有说明这种好处是什么，但一个明显的例子是，为修建一座新工厂而提供补贴，而工厂的产品要受制于 TRIMs。可见，协定完全禁止当地含量要求，但没有禁止出口义务。协定还禁止对任何原材料或中间产品的进口加以具体限制的外汇平衡要求。但是，成员方政府可以规定，一公司在规定时期内的外汇收入至少要与该公司在同期内的外汇支付持平。

（二）与贸易有关的投资措施概述

1. 与贸易有关的投资措施的含义

WTO 的重大成果之一在于突破了 GATT 多边贸易体制只限于货物贸易的窠臼，适应经济全球化和国际经济一体化的发展趋势，把服务贸易、知识产权、国际投资等新的议题纳入其规则框架，并制定了 GATs（服务贸易总协定）、TRIPs（与贸易有关的知识产权协定）和 TRIMs（与贸易有关的投资措施协议）等相关协定，使 WTO 规则成为迄今为止管理范围最为广泛的一部国际经济法典。

国际直接投资的飞速发展大大加速了世界经济一体化的进程，在全球范围内提高了资源配置的效率，跨国公司通过 FDI 将先进的技术和经营管理方法乃至市场营销网络带到广大发展中国家，对这些国家的经济增长产生了重大的推动作用。然而，与国际贸易相比，在国际投资领域一直缺乏一套全面、完整的多边规则进行规范。虽然国际社会的某些成员曾试图制定此类规范，但由于各国之间存在着重大分歧，一直难以达成一致意见。国际投资与国际贸易存在着紧密的联系，而 WTO 在解决多边贸易问题上具有非常丰富而成功的经验，这使得很多国家致力于将多边投资规则的谈判纳入 GATT/WTO 框架之下。乌拉圭回合多边贸易谈判达成的 TRIMs 协定、TRIPs 协定和 GATs 协定都从不同角度对多边投资的问题进行了规范。而其中的 TRIMs 协定更是国际上第一个协调直接投资问题的协定，标志着 GATT/WTO 规则已经超越了传统的货物贸易范围，跨入了国际直接投资的领域，对多边投资规则产生了重大的影响。

在乌拉圭回合中，"与贸易有关的投资措施"是谈判的议题之一。谈判的焦点是是否可以保留国产化要求、外汇平衡要求和出口要求。发达国家认为它们对贸易产生了扭曲作用，要求取消这些要求，而发展中国家认为它们对增加出口和实现工业化有促进作用，应当运用它们来引导投资。虽然二者分歧较大，争论激烈，但由于经济全球化进程的不可逆转和跨国公司的迅猛发展，国际投资日益重要，且投资与贸易密不可分，故最终达成 TRIMs 协定，并将其纳入世贸组织规则。

所谓与贸易有关的投资措施是指能够对国际贸易产生扭曲或限制的投资措施。对国际贸易的扭曲是指改变国际贸易的正常流向，对国际贸易的限制是指阻碍国际贸易活动的进行。在种类繁多的投资措施中，有些投资措施与贸易的发展并无关系，而另一些投资措施则与贸易有直接或间接的关系。例如，贸易平衡要求，即要求外资企业的进口必须与其出口当地产品总量或价值相等，会对国际贸易起到一定的扭曲作用。还有的投资措施对贸易的影响并不十分直接和明显，例如，最低出口额要求，只有当出口困难时才影响到贸易而成为与贸易有关的投资措施。因此，区别一项投资措施是否与贸易有关，要看该投资措施的实际效果。

2.与贸易有关的投资措施的特点

与贸易有关的投资措施的特点主要包括：①投资措施必须是针对贸易的流向及贸易本身的；②投资措施引起了对贸易的限制或损害作用；③投资措施与关贸总协定的有关规定不符；④投资措施的实施方法可以是抑制性的，也可以是引导性的；⑤实施根据是东道国政府发布的普遍适用的或适合于某种特定情况的法律、行政规定、法院的裁决和政策。

具体来看，各国在引进外资的过程中，采取的附加要求措施一般包括：当地含量要求——在生产中使用一定价值的当地投入；贸易平衡要求——进口要与一定比例的出口相当；外汇平衡要求——规定进口需要的外汇应来自公司出口及其他来源的外汇收入的一定比例；外汇管制——限制使用外汇，从而限制进口；国内销售要求——要求公司在当地销售一定比例的产品，其价值相当于出口限制的水平；生产要求——要求某些产品在当地生产；出口实绩要求——规定应出口一定比例的产品；产品授权要求——要求投资者以规定的方式生产指定产品供应特定的市场；生产限制——不允许公司在东道国生产特定产品或建立生产线；技术转让要求——要求非商业性地转让规定的技术或在当地进行一定水平和类似的研究与开发活动；许可要求——要求投资者取得与其在本国使用的类似或相关技术的许可证；汇款限制——限制外国投资者将投资所得汇回本国的权利；当地股份要求——规定公司股份的一定百分比由当地投资者持有。

而在投资鼓励方面，各国实施的投资鼓励措施大体可分4类，即国内税减让、关税减让、补贴和投资转让。

三、国民待遇和数量限制

（一）内容要点

1.国民待遇

根据TRIMs协定第2条的规定，将原本适用于货物贸易的国民待遇原则引申适用于与贸易有关的投资领域，投资东道国采取的与贸易有关的投资措施应符合GATT 1994确立的国民待遇原则，即在投资过程中产生的进口产品的待遇仍适用于国民待遇原则。值得注意的是，它只涉及进口"产品"的国民待遇，并不是所有外国直接投资活动都可以享有国民待遇，这是因为关贸总协定中国民待遇原则适用的对象是进口的"产品"，而不是其他。

根据TRIMs协定附录的规定，违反国民待遇原则的与贸易有关的投资措施不仅包括东道国国内法律和行政法规规定的强制性措施，而且包括那些采用后会给东道国带来竞争优势的措施。在乌拉圭回合谈判中，美国曾提出一份与贸易有关的投资措施清单，并被乌拉圭回合贸易谈判委员会采纳。这一清单列举了10多项投资措施，包括当地成分要求、进口限制、贸易平衡要求、国内销售要求、外汇管制、技术转让要求、外汇平衡要求、当地股权要求等。但在最终达成的TRIMs协定中，明文禁止东道国采取的与国民待遇原则不相符合的投资措施只列明了两种：①当地成分要求。要求外国投资企业购买或使用本国产品或来源于国内渠道的产品。这种投资措施对贸易的扭曲作用主要是可以阻止或限制进口产品的使用。具体包括以下形式：规定外国投资企业必须购买指定的特定产品；规定购买当地产品的数量或价值；规定购买与使用当地产品的数量或价值的比重。②贸易平衡要求。要求外国投资企业购买或使用进口产品的数量或价值应与该企业出口当地产品的数量或价值相当。

2.数量限制

根据TRIMs协定第2条的规定，投资东道国采取的与贸易有关的投资措施应符合GATT 1994关于禁止数量限制的规定。根据GATT 1994第11条的规定，禁止进出口贸易中的各种数量限制，数量限制的具体表现形式有：配额、进口许可证、自动出口限制、数量性外汇管制等。TRIMs协定在附录中规定：与普遍取消数量限制义务不相符的投资措施包括国内法律、行政法规的强制性规定以及那些采用后会给东道国带来竞争优势的措施。它具体列举了3种不符合禁止数量限制的投资措施：①对外国投资企业进出口产品的限制，包括两种形式：一般地限制企业用于当地生产的产品的进口或与当地生产相关的产品的进口，以及规定企业出口在当地生产中所占数量或价值的比重。②以外汇平衡的方法限制企业进口产品。具体方式是规定企业用于购买进口产品的外汇应与其出口产品的创汇额相当。③限制外国投资企业出口其产品。具体形式包括：对特定产品出口的数量限制，对出口产品数量或价值的限制，规定出口产品的数量或价值应在当地生产中所占的比重。

（二）例外规定

根据TRIMs协定第3条的规定，GATT 1994规定的所有例外规定均适用于TRIMs协定。这些例外包括诸如幼稚工业的建立与发展、国家政治稳定与安全、保障人类及动植物的生命或健康需要、边境贸易优惠以及为保障国际收支而实施的数量限制等，还包括电影片的例外、特殊补贴的例外、差别运费的例外、政府采购的例外等。这些例外措施是GATT灵活性的体现，将它们适用于TRIMs协定，使该协定易为众多成员接受，并在实践上更加可行。有关禁止数量限制的例外主要是基于国际收支困难和外汇储备不足而采取的歧视性数量限制。此外，根据GATT 1994第20条和第21条的规定，成员方还可以基于以下原因采取例外措施：为维护公共道德，为保障人民、动植物的生命和健康，为保护本国具有艺术、历史或考古价值的文物，为保护国内可能用竭的天然资源，为维护国家安全利益等。

TRIMs协定第4条还为发展中国家和最不发达国家规定了特别的例外。对于发展中国家成员方基于建立特定产业而提供必要的关税保护、为国际收支目的而实施的数量限制等，可以"暂时"保留违反国民待遇原则和禁止数量限制原则的投资措施。

四、对发展中国家成员的规定

根据TRIMs协定第4条的规定，发展中国家成员有权以GATT 1994第18条、《关于〈1994年关税与贸易总协定〉国际收支条款的谅解》和1979年11月28日通过的《关于为国际收支目的而采取贸易措施的宣言》允许其成员偏离GATT 1994第3条和第11条规定的程度和方式，暂时偏离TRIMs第2条的规定。

GATT 1994第18条是关于发展中国家特别待遇的条款，它承认"各成员方，特别是那些只能维持低生活水平，处于发展初期阶段的缔约国的经济逐步增长，将有助于实现本协定的宗旨"。为此，它将发展中国家分成两类国家，并规定了不同的特殊待遇。

第一类是"只能维持低生活水平，经济处于发展初期阶段的成员方"，这一类国家与地区有权遵循GATT 1994第18条第1节、第2节和第3节的规定。这三节的内容分别为：①为加速某一特定工业的建立以提高人民的一般生活水平，修改或撤销关税减让表中某项减让；②在面临国际收支困难时，为了保护对外金融地位和保证有一定水平的储备以满足实施经济发展计划的需要，采取数量限制方法来控制进口水平；③为了提高人民的一般生活水平，有必要对某一特定工业的加速建立提供政府援助。根据以上第2节、第3节的规定这些国家可以实施贸易平衡要求、进口用汇限制、国内销售要求、进口替代要求等投资措施，而无需经成员方全体批准，只需按第18条规定履行一定的通知和协商程序。第二类是经济处于发展阶段，但又不属于第一类范围的成员方，可经成员方全体申请获准后实施以上第3节所规定的投资措施。

《GATT 1994关于收支平衡条款的谅解》与GATT 1994第12条和第18条有关，其中第3节为成员方提供了取消数量限制的例外，即当国际收支平衡出现严重情况时，成员方可以有条件地采取新的数量限制措施。

TRIMs协定禁止各成员使用13类与贸易有关的投资措施，包括：当地成分要求、贸易平衡要求、外汇平衡要求、外汇管制要求、国内销售要求、生产要求、出口实绩要求、产品授权要求、生产限制、技术转让要求、许可要求、汇款限制、当地股份要求。这13类措施被认为违反国民待遇和一般禁止使用数量限制的规定。协定规定给发达国家2年的过渡期，但过渡期对发展中国家为5年，最不发达国家为7年。过渡期满后，需视谈判情况而定，原则上发展中国家和最不发达国家期满后可以申请延长。

五、通知与过渡性安排

TRIMs协定第5条共5款，规定了各成员方取消与贸易有关的投资措施的具体期限、步骤和方法。第1款规定在《建立世界贸易组织协定》生效后的90天内，各成员方应向货物贸易理事会通知其所有正在实施但与本协定规定不符的与贸易有关的投资措施。内容不仅应包括这些投资措施的主要特征，还应包括实施这些措施的具体情况。

第2款规定，发达成员方应在《建立世界贸易组织协定》生效后2年期限内取消这类与贸易有关的投资措施。发展中成员方的期限为5年，最不发达成员方的期限为7年。第3款规定在发展中成员方，特别是最不发达成员方在规定期限内取消有关的投资措施存在特殊困难时，可请求货物贸易理事会予以延期。货物贸易理事会在对此类请求予以评审时，应具体考虑该成员方自身的经济发展情况、财政状况和贸易需求情况，在此基础上做出是否准予延期的决定。

为了防止某些成员方在本协议生效前或在过渡期间加紧或强化实施与贸易有关的投资措施，第4款特地规定了一个"冻结点"，即在过渡期间，任何一成员方不得加强其所通知的与贸易有关的投资措施，使得它们与本协定的要求差距加大，同时还规定在《建立世界贸易组织协定》生效前180天之内开始实施且与TRIMs协定不符的与贸易有关的投资措施不享受过渡期，应立即取消。

小知识8-1

对新投资项目的过渡规定

为了保持各国法律、法规的稳定性，不使取消投资措施前已有企业处于不利的竞争地位，成员方对在过渡期内的新投资仍应适用原有的投资措施，第5款最后规定成员方在过渡期对新的投资仍可适用已有企业所适用的同样与贸易有关的投资措施，但应符合以下条件：①新投资生产的产品与已有企业的产品相同；②这一适用是为了避免扭曲新投资企业与已有企业之间竞争条件所必需的，也就是说，为了使双方处于公平竞争条件下，有必要对它们适用同样的投资措施。但按上述条件对新投资适用的原有的投资措施都应向货物贸易理事会通报，并且这类投资措施对新投资企业与已有企业的适用上应完全相同。这类投资措施的取消应对两类企业同时予以终止。

六、透明度原则

（一）基本内容

根据TRIMs协定第6条规定，各成员方就其采取的投资措施应当履行GATT 1994第10条规定的有关透明度和通报义务，并遵守1979年11月28日通过的《关于通知、协商、争端的解决和监督的谅解》和1994年4月15日通过的《关于通报程序的部长宣言》中有关透明度和通报的规定。具体地说，每一成员方应向世界贸易组织秘书处通报其刊载有投资措施的出版物（包括各级地方与区域性政府所使用的相关出版物），这里的投资措施不仅包括成员方全国性的法律、法规的规定，而且包括其地方政府和权力机关制定的地方性法律、法规的有关内容。每一成员方对另一成员方索取有关资料的请求应给予同情和考虑，并且对另一成员方提出的有关投资措施的磋商请求应提供充分的协商机会。但是，对于那些一经公布将有碍法律的执行或违背公共利益或损害特定企业（包括公有企业和私有企业）合法商业利益的信息资料，成员方有权不予以公布和通报。

若其他成员方因有关本协定的任何事项而要求一成员方提供相关资讯，该成员方应对此要求予以合理考虑，并应为对方提供充分的磋商机会。但根据GATT 1994第10条的规定，各成员方可以不公开有碍法律实施并对公共利益及特定企业的合法商业利益造成损害的信息。

（二）透明度原则的适用

透明度原则已成为各成员方在有形商品贸易、技术贸易和服务贸易、投资、知识产权中所遵守的一项基本原则，几乎涉及贸易的所有领域，作为乌拉圭回合通过的两个新议题之一的TRIMs协定也将此原则明确规定于条文中，并规定各成员应遵守GATT 1994第10条有关要求。关贸总协定对公布和实施有关贸易条例的具体规定如下：①总协定要求的透明度是互惠的，各缔约国彼此都要公开有关贸易法规和条例；②所有应予公布的贸易条例应予迅速对外公布，并且是现行有效的；③缔约国采取的按既定统一办法提高进口货物关税或其他费用的征收率或者对进口货物及其支付转让实施新的或更严的规定、限制或禁止的普遍适用的措施，非经正式公布，不得实施；④缔约国应把国际贸易、补贴和反补贴、许可证、保障措施等活动向总协定提出专门报告。有关本国的法规、规章和决定的副本也要及时提交给秘书处；⑤缔约各国应以统一、公正和合理的方式实施所有应予公布的法令、条例、判决和决定。

根据《乌拉圭回合部长宣言》和"蒙特利尔部长级中期谈判会议"的决定，关贸总协定专门成立了一个贸易政策审议机构对各成员方的贸易政策定期轮流审议，并规定对主要贸易国，如美国、日本和欧洲共同体的贸易政策每两年全面审议一次。

审议时有关国家必须全面整理、介绍自己的贸易政策措施并分门别类地提出报告。秘书处也独立地整理出一份报告。缔约各方在两份报告的基础上根据总协定原则和具体规定进行审议和分析。

审议报告由以下几部分组成：①缔约方经济与贸易的关系；②按贸易政策措施分类的贸易体制介绍；③各类产品受不同贸易政策措施影响的情况。

（三）透明度原则的例外

GATT 1994 第 3 条第 3 款规定："每一成员应对另一成员就与本协定有关的任何事项提出的提供信息的请求给予积极考虑，并提供充分的磋商机会。"根据 GATTT 1994 第 10 条，不要求任何成员披露会妨碍执法或违背公共利益或损害特定公私企业合法商业利益的信息。也就是说根据 GATT 第 10 条第 1 款规定，总协定并不要求成员公开那些会妨碍法令贯彻、执行，违反公共利益和损害某一公私企业正常商业利益的机密资料。具体而言，每一成员方都应公布其与贸易有关的投资措施，并通知世贸组织的秘书处，应公布和通知的措施不仅是中央政府做出的，还包括地方政府和地方当局所适用的措施。此外，每一成员对于另一成员索取资料的请求，应给予同情的考虑；对于另一成员就本协定运作而提出的有关事项，应给予适当磋商的机会，但是各成员对于会阻碍法律执行或违背公共利益或妨碍特定企业合法商业利益的资料，可以不予披露。

第二节　与贸易有关的投资管理

一、与贸易有关的投资措施委员会

（一）该委员会的主要职责

根据 TRIMs 协定第 7 条规定，成立一个对所有成员方开放的组织机构——与贸易有关的投资措施委员会。该委员会应选举自己的主席和副主席，每年至少举行一次会议，或应任何成员方的请求而举行会议。该委员会的主要职责是：①履行货物贸易理事会为它规定的职责，管理和监督 TRIMs 协定的实施与运作，向成员方提供咨询机会与服务，以磋商与本协定的运行和执行相关的任何事宜，并每年向货物贸易理事会提交有关的年度报告；②负责监督与贸易有关的投资措施协议的运行和执行，并每年向货物贸易理事会汇报这方面的情况。向各成员方提供与 TRIMs 协定的实施与运作有关的任何事宜的协商机会。

（二）与各委员会关系的规定

与贸易有关的投资措施委员会是货物贸易理事会下设的一个负责与贸易有关投资措施实施的专门委员会，履行货物贸易理事会所指定的职责，并每年向其报告工作。

该委员会是依据 TRIMs 协定第 7 条设立的，依据协定第 7 条第 3 项的规定，委员会应逐年向货物理事会提报工作成果，并检讨各委员会执行该协定的情形。有关依据协定第 5 条第 1 项的规定，各委员应将其所实施与该协定相抵触的投资措施，与世界贸易组织协定对其生效90日内向货物贸易理事会提报。该协定第5条第5款规定委员为维护现有企业利益，避免扭曲现有企业与生产同类产品的新投资事业竞争态势，基于过渡期间对新投资事业实施相同的投资措施，并通知货物贸易理事会。另外，由于协定第9条也规定，在协定生效的5年内，货物贸易理事会必须对协定内容进行检讨，包括研究是否将竞争政策纳入投资协定的规范中，向部长会议提出本协定之修正案。

二、磋商与争端解决

根据TRIMs协定第8条的规定，与TRIMs协定的实施有关的争端解决应适用GATT 1994第22条和第23条有关争端解决的规定。详见第10章。

三、货物贸易理事会的审议

（一）审议的基本内容

TRIMs协定第9条规定：在《建立世界贸易组织协定》生效的5年内，货物贸易理事会应审查本协议的运行情况，并在适当的时候向部长会议提交文本的修改建议。在审查中，货物贸易理事会应考虑是否需要对有关投资政策和竞争政策做补充规定，这实际上为日后TRIMs协定全面扩大适用于投资和竞争领域埋下了伏笔。

（二）投资政策

1.贸易与投资之间的经济关系

（1）贸易与投资之间的相关度。有关国际贸易和投资流向之间关系的经验性研究证明，在投资流出和本国出口之间存在着一种总体积极关系。投资流入和东道国出口之间也存在着同样的关系。对各个东道国而言，对于那些为鼓励出口导向、经济增长而实行开放和自由贸易政策的国家，贸易的积极影响要比那些仍然依赖进口替代品用以促进经济增长的国家更为显著。

（2）投资政策和措施对贸易的影响。关于刺激投资，国际组织的研究已经证明，刺激投资并不是跨国公司选址决策的一个主要决定因素。近20年来，刺激投资的政策有所增加，并且，采用鼓励政策的类型也变得更加多样化，由此导致了在各国之间为吸引外国直接投资的恶性竞争。刺激投资的滥用会使得投资扭曲地流向那些能提供财政鼓励的国家，从长远来看，刺激投资的政策会扭曲国际贸易的流向，损害了那些不能给予刺激投资的国家的利益，尤其是对那些出口生产的国家。

2.贸易与投资关系对发展和增长的意义

一些国家的经验表明，外国直接投资给东道国带来了一系列有形的和无形的益处。无形的益处包括技术创新、管理技巧和人力资源开发。外国直接投资通过刺激竞争，也帮助了国内产业增加效率。这些无形的益处被认为比外国直接投资对资本形成、税收收入和贸易支付平衡更为重要。

（三）竞争政策

竞争政策是政府干预和规范工商企业市场行为的重要工具之一，其核心是维护和促进竞争，以保证一国产业活动的效率和活力。在不同国家和不同背景下的用法各不相同。从广义而言，竞争政策包括与市场竞争相关的所有政策，包括贸易政策、调控政策和政府为处理私营或公共企业的反竞争政策所采取的各种政策。狭义竞争政策的定义仅包括上述定义中的最后一部分内容，即规范企业反竞争行为的法规或政策。

贸易与竞争政策对发展和经济增长的作用。新加坡部长会议上成立的竞争政策工作组特别注意分析了贸易和竞争政策对发展的作用。在这个方面，有人指出，在一些国家的竞争法律和政策的实施或加强不是孤立的，而是作为旨在促进经济和社会发展的一整套相互关联的改革政策的一个组成部分。这些改革的核心特征是更多地依靠各种市场力量作为发展和调整的推动力，并依靠一个旨在确保这些力量为公众利益运作的框架的建立，特别是通过促进或维持市场的竞争来推动。相关的改革包括向外部开放市场的措施（包括贸易自由化和外围投资领域自由化）、私有化以及具体部门法规的改革或（和）解除管制。

第三节 对 TRIMs 协定的评价

一、TRIMs 协定的意义

TRIMs 协定的制定具有重大意义，它第一次以成文规范形式将某些 TRIMs 措施纳入 WTO 规则框架之下，成为 WTO 最终法律文本的一个组成部分。它标志着多边贸易体制对投资措施问题的调整从 GATT 框架下的个案调整方式转变为 WTO 框架下的普遍调整方式，对于相关 TRIMs 措施进行了规范和约束。通过 TRIMs 协定及其他有关协定，WTO 规则框架对国际投资法产生了重要的影响。WTO 将本应属于国际投资法调整范围的投资措施率先纳入调整范围，为此后在 WTO 框架下讨论多边投资问题奠定了基础。

二、TRIMs 协定的不足之处

由于 TRIMs 协定所规范的 TRIMs 属国内法范畴的投资措施，而各国经济发展水平不同，法律制度各异，使得 TRIMs 成为"乌拉圭回合"多边贸易谈判分歧最大、争论最激烈的议题之一，作为各缔约方讨价还价、折中妥协的产物，而 TRIMs 协定不可避免地存在以下缺陷：

1. TRIMs 协定的调整范围过于狭窄

TRIMs 协定只包括 9 个条文和 1 个例示清单，几乎是 WTO 框架下各协定中篇幅最短的一个。它仅仅将调整范围限于"与贸易有关的"投资措施，还远不是一个多边国际投资规则，更未触及对贸易产生重大扭曲作用的限制性商业惯例。而且，其条文中尚有诸多模糊之处未予厘清，比如，该协定未对何为 TRIMs 措施进行界定，只是列举了几种 TRIMs 措施。而对于"为获得一项利益而必须遵守的措施中"的"利益"一词如何解释也未明确规定，如果对"利益"一词进行宽泛的解释，那么"补贴"也是一种利益，而按照《补贴与反补贴措施协议》的规定，根据出口表现或用国内产品取代进口产品为条件而给予的补贴，均应被禁止。这就使 TRIMs 协定与《补贴与反补贴措施协议》在调整范围上可能出现重合，在具体适用中产生困难。这些均表明 TRIMs 协定在限制 TRIMs 方面只迈出了第一步，离成为全面调整国际投资与国际贸易关系的多边条约还有相当遥远的距离。

2. TRIMs 协定不少条文含义模糊，缺乏必要的确定性和可操作性

作为各缔约方相互妥协的产物，TRIMs 协定对一些矛盾尖锐、难以协调的敏感问题采取回避的方法，使得一些重要条款含义模糊、过于抽象，所规范的 TRIMs 本身没有一个明确的定义，对于诸如怎样才算对贸易造成"限制""扭曲"，怎样才称得上具有"损害作

用"等敏感问题不作必要的解释，使得TRIMs协定缺乏应有的可操作性，在实践中难以执行，并留下了不少隐患。

3. TRIMs协定存在较多的灰色区域，有损于其整体功效

为缓和各缔约方的矛盾，TRIMs协定在规定国民待遇、取消数量限制及透明度要求等原则的同时，又制定了较多的"例外规定"，使TRIMs协定中存在较多的"灰色区域"，这将为一些缔约方滥用这些"例外规定"宽容自己，限制别国，逃避履行协议义务提供了可乘之机。TRIMs协定的这一缺陷使其最初的目标与实际功效存在较大的差距。

4. TRIMs协定在一定程度上加剧了投资领域国际立法的不平衡性

TRIMs协定没有约束外国投资者特别是跨国公司投资行为的规范，如没有关于跨国公司的销售和市场配置战略、差别价格和转移定价、限制性商业做法等方面的规定，而这些方面是影响东道国的社会、经济和技术发展及其优先目标的重要方面。因此事实上使该协定成为限制东道国TRIMs的单方面守则。实际上，投资东道国所采用的一些TRIMs在很大程度上是为了抵消投资者所采用的限制性商业惯例对贸易的扭曲作用，TRIMs协定没能改变大国主宰一切的局面，对发展中国家具有较大的负面影响。

尽管TRIMs协定有待进一步完善，但其作为当代最具广泛影响的国际投资法典，对国际投资法及各国外资立法的发展起到了重要的促进与导向作用。随着各国政治与经济力量对比关系的变化，TRIMs协定必将逐步消除种种缺陷，更有效地发挥维护及促进贸易与投资自由化的积极作用。

三、TRIMs协定的实施效果及其问题

WTO以来，TRIMs协定在规范各缔约国的投资措施方面起到了重要作用。各国在加入WTO以后纷纷对其国内投资立法加以修改，以符合TRIMs协定的要求。如中国在加入WTO后分别对《中外合资经营企业法》、《中外合作经营企业法》和《外资企业法》进行了修订，取消了当地成分要求、外汇平衡要求等与TRIMs协定规定不符的投资措施。此外，根据TRIMs协定的要求，各缔约国应向货物贸易理事会通知其正在适用的、不符合TRIMs协定规定的、所有与贸易有关的投资措施。根据这一要求，成员方要向货物贸易理事会报告其正在实施的相关投资措施的情况。截至目前，共有26个国家或地区向理事会提交了报告，此后，又有24个国家或地区提交报告，声明其并未实施任何与TRIMs协定不符的与贸易有关的投资措施。另外，共有80个国家（地区）根据TRIMs协定第6条第2款的要求，将其境内载有与贸易有关的投资措施的出版物，通知秘书处。上述规定及其实施，使得各国关于投资措施的法律和政策更趋透明，有利于进一步对相关投资措施进行规范。可以说，TRIMs协定的实施取得了一定成效。然而，应当看到的是，TRIMs协定的实施还存在诸多问题。

四、TRIMs协定的本质探析

首先，这是推动贸易和投资自由化的协议。从协定禁止的对象和适用范围来看，TRIMs协定不是纯投资协议，而是介于投资与贸易之间、具有双重性质的协议。尽管协议将特定范围的投资规范纳入新的多边贸易体制之中，被公认为当今最具广泛意义的国际投资协议，但严格地说，它具有贸易协议的特征。如序言规定，该协定的宗旨是"期望促进世界贸易的扩展和逐步自由化，并便利跨国投资"，即协定具有贸易自由化和投资自由化

的双重宗旨。该双重宗旨决定了协定的双重特征。一方面，它是对WTO体制的重大突破。它第一次将投资问题纳入了世界多边贸易的法律体制之中，打通了国际贸易法与国际投资法两大体系，拓宽了WTO法律体制的管辖范围，为未来的多边贸易体系涉及更多的投资与竞争政策问题打开了"潘多拉的盒子"；另一方面，它同时在国际投资法的发展史上也具有里程碑的意义。它是第一部世界范围内对投资问题有约束力的实体性多边协定。以前一些国家或经济集团虽然制定了一些协定、行动守则，但总无法形成有约束力的多边协议。而TRIMs协定将国际贸易原则引入国际投资法领域，推动传统的国际投资法进行深刻的变革。就经济方面的积极影响而言，受与贸易有关的投资措施影响最大的行业——电信、化工、汽车、制药等行业的国际直接投资是本协定最大的受益者，该领域的外资将获得比其他行业更快的发展。东道国放松对国际投资的管制，增强政策法规的透明度，改善其投资环境，促进各国外资立法的统一性和公开性，必将推动国际贸易和国际投资的自由化发展，国际直接投资的增长速度也会比以前更快。

其次，附属于GATT的协定。TRIMs协定具有相对独立的地位，但它从GATT母体中脱胎而来，并大量地将GATT的一些原则与规定融入其条文之中，对于GATT条文有很强的依附性。

再次，过渡性和模糊性的协议。由于TRIMs协定是乌拉圭回合多边贸易谈判分歧最大、争论最激烈的议题之一，所以作为各缔约方讨价还价、折中妥协的产物，协定体现了过渡性和模糊性相结合的特点。一方面经过各方妥协确定下来的协定条文的内容和体系都未完全定型。协定有限的范围使得各成员方决定将来考虑是否对协定进行补充，增加投资和竞争政策的条款。这说明现行有效的协定只是缔约各方暂时达成的临时性协定，这也标志着协定将会不断地演进。另一方面，为了回避一些矛盾尖锐、难以协调的敏感问题，协定的一些重要条款含义模糊、抽象，缺乏必要的确定性和可操作性，对所规范的TRIMs本身没有一个明确的定义。

最后，协议是限制东道国TRIMs的单方面守则。协议只规定了东道国取消TRIMs的义务，在一定程度上加剧了投资领域国际立法的不平衡性。它只对东道国的投资措施进行了约束和规范，对其他与贸易有关的投资措施，如资本输出国的限制措施和限制性商业惯例并未纳入多边约束渠道。但东道国已再无法采用一些TRIMs抵消资本输出国的限制措施和限制性商业惯例对贸易的扭曲作用，获得TRIMs对经济带来的发展利益。因此，TRIMs协定仍没能改变大国主宰一切的局面，意味着东道国外资立法主权受到挑战和削弱，对发展中国家具有较大的负面影响。而且由于资本输出国的不断施压，TRIMs协定可能将越来越多的投资措施列入明文禁止的范畴，发展中国家可能处于越来越不利的地位。

五、多哈回合TRIMs协定的发展

2001年11月多哈会议后，按部长宣言第12条（b）项TRIMs协定的审议工作和对TRIMs协定执行问题的讨论开启了。谈判分两大阵营：一是以美国、欧盟、加拿大、日本为代表的发达国家；二是以印度、巴西和非洲国家团体为代表的发展中国家。

（一）关于第5.1条的修改

TRIMs协定没有对所禁止的TRIMs给出明确的定义，而是采用概括式与列举式相结合的做法来规定所禁止的TRIMs，这一概括性的规定可囊括其他所有未予列举的投资措施，

解释起来具有较大的弹性。大多数发展中国家和最不发达国家甚至根本不知道哪些措施是它们需要通知的，甚至有的国家在通知之后又撤回，另外，对于一些临时采用的协商性TRIMs可能会存在着通知困难。有些TRIMs是通过政府与投资者的谈判而协商达成的，并不出现在政府的法令中，有的也并非政府对投资者的"要求"，而是投资者自愿实施的。透明度和通知义务对这些TRIMs的适用至少存在两个困难：一是此类TRIMs是否一定实施或者以何种方式实施在既定的文件中是不可预知的，一切取决于谈判的结果。二是此类TRIMs常包含着投资者的商业秘密，而这些根据TRIMs协定条款是可以不公开的。实际上，更实质的矛盾在于如果允许缔约方采取此类TRIMs则会损害自由贸易，如果禁止此类TRIMs则会损害投资者和东道国双方的利益，东道国将不允许外资的进入，投资者将失去投资带来的利益。矛盾的根源是国家对外资有决定权，这是国家主权的一部分。

（二）关于第5.3条的修改

部分发展中国家提出为获得过渡期补充明确标准的修改建议是合理的，这可以从协议条文的缺陷中得到证实。条文为发展中国家获得过渡期设置了三层障碍，这三层障碍使延期的获得变得非常困难。一是决定是否延长过渡期仅用"特殊困难"和"考虑发展中国家个别的发展，财政和贸易的需要"作为判断标准，此外并没有明确的标准。二是即使成员方符合延期的标准，货物贸易理事会也可以毫无理由地拒绝给予延期。三是允许延长的标准是"个别的发展"，财政和贸易的需要强调的是"个别需要"，而不是在序言中提到的"考虑到发展中国家'特殊的发展、财政和贸易的需要'"，也就是说，协议不承认每个发展中国家都有权自动获得这种延期。

而发达国家主张货物贸易理事会的自由裁量权可以反映各个国家的具体情况，所以该条并不需要修改。但在实践中，自由裁量权的行使建立在每一个请求延长过渡期的政府与美、日、欧之间的双边会谈的基础之上，这些双边会谈中，发达国家常常给请求国施加超越TRIMs范围的附加条件。

（二）关于第4条的修改

TRIMs协定仅在程序上设置过渡期，使发展中成员能够延期执行有关协定规定的义务，而在规则的内容方面对发展中成员给予了有限优惠和特殊待遇只有目前第4条规定，该特殊和有差别待遇条款的付诸实施依赖于GATT第18条和其他国际收支平衡条款。这种嫁接到TRIMs协定的GATT条款，实际上没有真正地为TRIMs协定设计。就第18条本身而言，这一优惠待遇也是包含在GATT原有的条款之内的，根本称不上足够的特殊和差别待遇条款。这一规定缺少具体的可操作性。因此，发展中国家主张根据其发展目标的需要使用TRIMs，也可以通过指出原条文的缺陷及增加新的特殊和有差别待遇条款是合理的，而这一主张遭到发达国家的反对。发达国家认为，允许发展中国家根据其发展目标的需要使用TRIMs，意味着给予发展中国家TRIMs协定一定程度的豁免，这虽然可能与GATT 1994的国民待遇与数量限制要求不符。

六、多哈回合TRIMs谈判的成功与不足

多哈会议的TRIMs协定谈判成功之处在于它毕竟拉动了TRIMs协定审议中久久不能启动的执行问题的谈判。许多发展中国家认为多哈回合谈判倡导发展目标和对发展中国家特殊情况的考虑，因此需要应用发展模式重新解释和修改TRIMs协定。由印度、巴西等几个发展中国家在谈判中发挥骨干和领袖作用，主动提出提议，把发展中国家的发展需要具体化，其他发展中国家则围绕这些提议在谈判中形成彼此配合、互相呼应的态势，这些都是发展中国家在多边体制中的集体力量逐渐强大的表现。发展中国家执行TRIMs协定的困难和要求终于可以全面地得到WTO权力机关的注意。

但从协定的结果来看，TRIMs协定谈判至今并未取得最后结果，主要是由于发达国家同发展中国家之间在协定修改和审议等问题上的立场始终未能统一。没有发达国家的支持，TRIMs协定的执行谈判难有较大突破。

第四节　TRIMs协定在我国的运用

TRIMs协定作为WTO最重要的法律规则之一，构成了对与贸易有关的投资措施的有力约束和限制。中国作为世界上外资进入最多的发展中国家，应该充分重视与贸易有关的投资措施对外资的干预和调控作用，引导外国投资，促进我国产业结构升级和经济发展。同时，对于我国处于初级阶段的海外直接投资也提供了更大的发展空间和更多的成长机会。

一、把握和运用好四大原则

（一）透明度原则

依据TRIMs协定第6条，各WTO成员应公布与贸易有关的投资措施并通知WTO秘书处，应公布和通知的措施不仅包括中央政府做出的，而且包括地方政府和地方当局所适用的措施。

我国加入WTO后，从WTO基本法律原则和框架来看，对中国法律制度提出了三项要求：一是法律的透明度；二是统一、公正、合理的法律实施；三是独立客观的司法审查。这三项要求实质上已经构成了现代法制的核心。而其中的透明度原则和要求，更是触及了法治的灵魂——关于国家权力的问题。我国实行透明度的范围是与贸易有关的一切政府措施以及所有的法律、法规、规章、法令、指令、行政指导、政策和其他措施，并在这些规则、措施实施之前，使WTO成员获得所有有关信息。我国政府还承诺，创立或指定一份官方刊物，专门用于公布有关法律；建立或指定一咨询点，应任何个人或政府的要求提供代表中国政府权威观点的信息。首先，我国公布了关于外商投资的内部文件，一方面指导外商投资，另一方面加强对外资企业的监督和管理。其次，规范立法权限。一要收回地方的外资立法权限。从现行的各类引进外资的地方立法来看，其内容与相关的全国性法律、法规大量重复，其区别主要在于规定了本地区给予外资以更优惠的各项待遇。而我国现阶段外资立法取向已由原来的注重吸收外资数量转为以提高外资质量为中心，因此国家应从宏观上加强对外商投资方向和产业的调控，应收回地方外资立法权。二要对于有关外资引进和管理的各项行政法规、规章的制定权，应收归国家对外经贸主管机关单独行使。既可以较大程度地避免各项外资法律、法规内容重复、冲突现象的出现，又可以保证外资法在全国范围内得以有效、全面实施，有助于提高我国外资立法的透明度，改善引进外资的法律环境。

但该原则也规定，成员可以不公开有碍法律实施或对公共利益及特定企业的合法商业利益造成损害的信息。这一条清楚地表明了透明度原则所要求公布的TRIMs的范围，这便是我国可以灵活运用的规则，并把握好这一规则运用的尺度。

同时，依据协定第5条，各成员方应在WTO生效后的90天内将各自正在实施且与协定不符的一切与贸易有关的投资措施通知货物贸易理事会。并且，成员方有义务告知措施的主要特征。这一规定可以为我国海外直接投资在做出决策前提供一个了解东道国法律环境的渠道，并为做出正确决策赢得先机。

（二）国民待遇原则

TRIMs协定是集中体现外资国民待遇的协议之一。对外资实行国民待遇已成为国际投资领域的一项通行规则和惯例。我国要为内外资企业提供一个竞争的投资环境，必须按照TRIMs协定所确立的标准，逐步取消妨碍国民待遇的有关经营要求方面的投资措施。

（1）取消差别待遇。一是取消大部分当地成分的要求。二是取消出口创汇的要求。三是逐步取消对外商投资领域的限制。四是取消对出口实绩的要求。鼓励外资企业出口，可以采取出口退税的办法，这样做也可以使内外资企业享有同等待遇。我国相关法律规定，外商投资企业购买生产要素时，中国同类产品具有优先权；外商投资企业自行解决外汇平衡问题，外商投资企业若要进口原材料和设备等，就必须出口一定数量的产品以换取外汇，解决进口用汇问题，这些均构成对外商投资企业经营活动条件的限制。目前我国已根据世界贸易组织规则和所做对外承诺，对有关外商投资企业法律做了适当的修改，修改或删除了上述履行要求的规定。但有关外商投资企业法的实施条例或施行细则，以及有关的地方性法规，也应作相应的修改。

（2）公平税负。优惠政策可以在一定程度上增强对外资的吸引力，但它是建立在牺牲国家部分税收利益的基础上，减少了国家的财政收入，而且又使内资在竞争中处于不利地位。要公平税负，目前主要是要统一税收政策和税率水平，杜绝各种各样的税收减免和攀比行为。

当然，给外资国民待遇，不意味着内资与外资的绝对平等。在当今国际社会，还没有任何一个国家给予外资与内资完全相同的国民待遇。无论是发达国家还是发展中国家，毫无例外都对外资规定了若干限制，只是限制的范围与程度不同而已。我国是一个发展中国家，总体经济实力还比较落后，不能无条件、无保留地对外资全面实行国民待遇，而必须对国民待遇规定适当的、合理的例外。我国应遵循TRIMs协定和相关国际投资规范、惯例确立的原则和规则及例外规定，在涉及国家安全、社会公共利益、传统民族工业、特殊自然资源、幼稚产业和支柱产业等方面，对外资予以限制或禁止，并不违背国民待遇原则。

（三）取消数量限制原则

取消我国外资立法中有关数量限制的一些规定是建立正常的市场运行机制，实现贸易与投资自由化的一种基本措施。但我国可以保留一定的配额许可证管理商品。由于世贸组织协定的保障和例外条款的使用也是有严格限制条件的，所以我国的配额许可证管理商品应逐渐减少，并且在具体做法上也应灵活些，比如不要在法律中写入违反禁止数量限制原则的条款，而应对进行配额许可证管理的商品做具体规定。

（四）争端解决原则

依据 TRIMs 协定第 8 条，本协定项下的磋商和争端解决适用 WTO《争端解决谅解》所详述和适用的 GATT 1994 第 22 条和第 23 条的规定。众所周知，WTO 不同于以往国际组织的一个突出特点在于它是以司法性质的争端解决机制为后盾的。该机制有力地保障了 WTO 的所有规定能够落到实处，得到有效的遵守和执行。同样，它也适用于 TRIMs 协定，能够使 TRIMs 协定的实施更具强制力保证。因此，我国要善于运用争端解决机制应对与贸易有关的投资领域的摩擦，同时使中国的海外直接投资获得更强大的司法保障。

二、把握和运用好发展中国家特殊待遇和例外原则

根据 TRIMs 协定第 4 条，考虑到发展中国家在贸易和投资方面的实际情况和特殊要求，它们可以暂时自由地背离国民待遇和一般取消数量限制原则。协定第 3 条规定，GATT 1994 项下的所有例外均应酌情适用于本协定的规定。

TRIMs 第 5 条第 2 款规定，各发达成员方在 WTO 协定生效 2 年内取消一切与 TRIMs 协定不符的投资措施，发展中成员方和最不发达成员方取消与 TRIMs 协定不符的投资措施的时间期限为 5 年和 7 年。发展中成员方和最不发达成员方还可以请求货物理事会延长取消的期限，但同时需要陈述实施该协定各条款的实际困难。因此，我国企业在选择投资东道国时，一定要把各国的过渡期考虑进去，为自己赢得更多主动权，避免盲目所带来的失误。

一般来说，鼓励国产化是许多发展中国家通常采取的措施，特别在汽车行业更是如此。中国过去的政策也在以进口为代价的基础上鼓励国产化生产。这些政策包括关税、配额、津贴等方面的鼓励措施。比如，在 20 世纪 90 年代，中国有关汽车行业的政策包括了税收优惠、国产化部分的要求、进口限制、对外国投资的限制等。汽车行业的合资公司如果不能确保达到一定的国产化，则不可能得到批准。国产化要求实际上是当地成分要求的一种表现形式，同时它也涉及数量限制问题，因此会被看作违反 TRIMs 协定的。自乌拉圭回合后，已发生多起关于某些发展中国家的汽车业政策是否符合 GATT 的有关规定和 TRIMs 协定问题的争议，并提交给 WTO 争端解决机构解决。这些争议主要是由日本、美国和欧盟对印度尼西亚、菲律宾、巴西等发展中国家提出的。中国加入 WTO 后，将不得不停止某些被 TRIMs 协定禁止的强制性贸易方面的要求。

依据中国加入 WTO 的有关协议逐步取消汽车等行业的国产化方面的要求，以避免这类争议的发生。中国应采用与世界贸易组织协定及 TRIMs 协定相一致的法律或条款来进行技术或其他技能方面的转让，以促进汽车工业的发展。此外，中国目前的国产化法律和政策几乎是不透明的，这也不符合 WTO 协议的要求。

但同时我们也必须明白，发展中成员的这种自由背离应符合 GATT 1994 第 18 条的规定，即为了达成扶植国内幼稚产业发展和平衡外汇收支的目的。而 TRIMs 第 3 条适用于所有成员方的例外情形应包括保障人类及动植物的生命与健康需要、边境优惠贸易、国际政治稳定与安全、幼稚产业的建立与发展和保障国际收支而实施的数量限制。这些条件构成了海外直接投资的法律保障，使东道国不得滥用例外规定。

三、采取 TRIMs 协定未予禁止的措施

TRIMs 协定禁止的是违反 GATT 国民待遇原则和数量限制原则的投资措施，而不是禁止一切投资措施。凡未被协议明文禁止的 TRIMs，应当看作是协定允许的，除协定附录中明确列举的 5 种 TRIMs 外，原则上不应当将协定的禁止性规定扩大到其他的 TRIMs。如果对禁止性规定随意作扩大解释或扩大适用，不仅违背了广大发展中国家的利益，还与 TRIMs 协定缔结的初衷不相符。

因此，东道国为实现本国经济发展目标，一方面可以对外国投资继续采取 TRIMs 协定未予禁止的措施加以引导。例如，美国在诉加拿大外国投资审查法案中就争论说，要求投资者出口一定数量或一定比例的产品的义务，与 GATT 第 17 条第 1 款（C）是不相符的。GATT 专家小组对此持否定态度，认为 GATT 中没有任何规定禁止施加此类要求。虽然这一裁定受到某些发达国家学者的批评，但它毕竟不为 TRIMs 协定所禁止，因此是我国在实践中可以继续采取的措施。

另一方面，对于 TRIMs 协定所禁止的措施，在某些情况下，可以援引该协定所规定的例外而继续适用。TRIMs 协定第 3 条规定，1994 年 GATT 项下的所有例外均应适用于本协定的规定。这些例外既包括 GATT 1994 第 3 条和第 11 条中规定的例外，也包括 GATT 中普遍适用的例外。因此，在基于维护国际收支平衡、幼稚工业保护、维护社会公德、保障人民生活和健康、国家安全等例外情况下采取的限制措施，不属于违法。

此外，有时还可以通过其他措施，达到相同的目的。例如，当地成分要求是为 TRIMs 协定所禁止的，但是如果我们能利用好普惠制及原产地规则，也能达到利用当地成分的目的。原产地规则作为与投资有关的贸易措施，对与贸易有关的投资措施的替代作用，使原产地规则在对外资当地成分含量等履行要求方面发挥着积极作用。除此之外，制定《外商投资产业指导目录》以及运用反垄断立法，对某些产品制定以关键技术为标准的原产地规则，迫使采用先进技术并且扩散先进技术，真正达到"以市场换技术"的目的。

总的来看，TRIMs 协定针对的只能是投资措施，不包括贸易措施，而且作为要求 WTO 成员限期取消的投资措施，TRIMs 仅指那些对贸易产生限制和扭曲作用的投资措施，不包括对贸易产生积极推动作用的投资措施。此外，与服务贸易和技术贸易有关的投资措施不属 TRIMs 协定所调整的对象。可见，TRIMs 协定的适用范围是有限的。但我们要注意防止发达国家对应予禁止或限制的 TRIMs 作扩大解释，以维护中国和发展中国家经济发展的目标和利益。此外，跨国公司采取的具有限制和扭曲贸易效果的"限制性商业行为"，也应该受到高度关注。

发展中国家多采用 TRIMs 来管理跨国投资。因此，我国对海外直接投资，应尽量选择属于 WTO 成员的发展中国家，因为这些国家受 TRIMs 协定的约束和管制，投资的法律环境相对较好。

章末案例

巴西汽车工业措施案

巴西政府在 1995 年 12 月颁布了一项关于汽车工业的法规，该法规包含两项 TRIMs 措施：①当地成分要求：规定汽车制造厂商可以对其进口的原料、设备等享受最高达 90% 的关税减免，条件是其制造的整车中必须包含 60% 以上的原产于巴西的零部件，而且，其使用的原料、设备中，进口和国产的比例至少为 1：1。②贸易平衡要求：根据该要求，生产商如果想获得关税减免，其进口的原材料和整车不得超过其净出口额，此外，其进口的汽车零部件不得超过净出口的2/3。1996年12月，巴西政府为了鼓励汽车制造商在其国内最为贫困的东北部地区建立制造厂，又规定如果能满足上述60%的当地成分要求，则可以免除对进口的汽车零部件和原材料的全部关税。

巴西的上述措施引发了各汽车制造大国的强烈不满，1996年7月30日，日本向WTO提出了正式申诉，声称巴西违反了TRIMs协定第2条、GATT 1994第1条第1款、第3条第4款和第11条第1款以及反补贴协定相关条款，并要求与巴西进行磋商。稍后，美国于同年8月8日也申请加入磋商程序，并以与日本相同的理由向WTO提出了正式申诉。1997年5月7日，欧盟也加入了这一磋商程序。但是，各申诉方都没有要求成立专家小组对本案进行裁决。从本案的申诉内容来看，各国的申诉中除了认为巴西的措施违反TRIMs协定第2条以外，都一致认为这些措施同时违反了GATT的相关规定。这是因为，根据TRIMs协定的规定，被禁止的TRIMs措施是指与GATT 1994第3条和GATT 1994第11条不相符的TRIMs措施，这就将TRIMs措施的范围严格限制在GATT规定的原则范围之内。

事实上，相关国家只需要引用GATT的国民待遇原则和普遍取消数量原则同样可以进行申诉，而不必通过援引TRIMs协定的相关条款。从这个意义上来看，TRIMs协定只是对GATT中的相关原则进行了重复，并没有发展出新的原则，TRIMs协定后面所附的例示清单也仅是对违反上述原则的TRIMs措施进行了举例。与WTO框架下其他协定相比，TRIMs协定的实施似乎缺乏某种独立性，往往只能和GATT规则结合使用。

巴西的汽车工业政策对来自不同国家的投资者之间的竞争也产生了一种失衡的效应。由于美国的通用和福特汽车公司在巴西实施这些投资措施以前已经在巴西建厂多年，所以它们很容易就可以达到60%的当地成分要求。这样其进口的原材料、设备和零部件就可以减免关税，使得这些厂商生产的汽车在价格上具有很大的优势。而日本的本田等汽车公司此前并未在巴西设厂，而只能从美国向巴西出口汽车。巴西的这些投资措施实施之后，由于不能获得关税减免，使得本田汽车价格远高于通用和福特汽车，本田汽车对巴西的出口量从1995年的4 000辆暴跌到1996年的821辆，减少了近8成。这也就是为何日本首先就巴西的汽车工业投资措施向WTO提出申诉的根本原因。

资料来源：鲍志才.世界贸易组织经典案例评析 [M]. 成都：四川辞书出版社，2003：22-34.

案例思考：

[1] TRIMs协定被广泛用于协调国际汽车产业贸易纠纷，为什么会存在这一现象？

[2] 如何完善TRIMs协定，使之促进国际直接投资，并给各当事国带来益处？

本章小结

1.TRIMs协定由序言和9个条文以及附录组成，内容包括：适用范围、国民待遇与禁止数量限制、例外、发展中国家成员方、过渡安排、透明度、投资措施委员会、争端解决等。

2.TRIMs协定最重要的规则就是国民待遇和数量限制规则。其规定，在不损害GATT 1994项下其他权利和义务的情况下，各成员不得实施与GATT 1994第3条或者第11条规定不一致的TRIMs，并列举了与GATT 1994第3条第4款规定的国民待遇义务和GATT 1994第11条第1款规定的普遍取消数量限制义务不一致的TRIMs清单。

3.TRIMs协定第3条规定，GATT 1994规定的所有例外规定均适用于TRIMs协定。这些例外包括诸如幼稚工业的建立与发展、国家政治稳定与安全、保障人类及动植物的生命或健康需要、边境贸易优惠以及为保障国际收支而实施的数量限制等。

4.TRIMs协定第4条为发展中国家和最不发达国家规定了特别的例外。对于发展中国家成员方基于建立特定产业而提供必要的关税保护、为国际收支目的而实施的数量限制等，可以"暂时"保留违反国民待遇原则和禁止数量限制原则的投资措施。

5.根据TRIMs协定第7条规定，成立一个对所有成员方开放的组织机构——与贸易有关的投资措施委员会。该委员会的主要职责是：①管理和监督TRIMs协定的实施与运作；②负责监督与贸易有关的投资措施协议的运行和执行，并且每年向货物贸易理事会汇报这方面的情况。

6.TRIMs协定的制定具有重大意义，它第一次以成文规范形式将某些TRIMs措施纳入WTO规则框架之下，成为WTO最终法律文本的一个组成部分。它标志着多边贸易体制对投资措施问题的调整从GATT框架下的个案调整方式转变为WTO框架下的普遍调整方式，对于相关TRIMs措施进行了规范和约束。通过TRIMs协定及其他有关协定，WTO规则框架对国际投资法产生了重要的影响。

7.中国作为世界上外资进入最多的发展中国家，应该充分重视与贸易有关的投资措施对外资的干预和调控作用，引导外国投资，促进我国产业结构升级和经济发展。同时，TRIMs协定对于我国处于初级阶段的海外直接投资也提供了更大的发展空间和更多的成长机会。

专业词汇

与贸易有关的投资措施　TRIMs　例示清单　FDI

思考题

1.与贸易有关的投资措施的作用与意义是什么？

2.我国应如何利用TRIMs协定的第4条？

3.你认为TRIMs协定存在哪些不足，其修改的前景怎样？

本章参考文献

［1］余劲松.《TRIMs协议》研究［J］.法学评论，2001（2）.

［2］佚名.《与贸易有关的投资措施协议》评述［EB/OL］.［2018-12-15］.http://www.cas.cn/jzd/jyb/jwjhb/jgjscyygwjhb/dswq2002/200906/t20090619_1680391.shtml.

［3］赵蓓文.国际投资规则的发展与WTO多边投资框架建立的可行性分析［J］.世界经济研究，2003（6）.

［4］单文华.世界贸易组织协定中的国际投资规范评析［J］.法学研究，1996（2）.

［5］世界贸易组织乌拉圭回合多达贸易谈判结果法律文本［M］.对外贸易经济合作部国际经贸关系司，译.北京：法律出版社，2000：143.

［6］世界贸易组织秘书处.乌拉圭回合协议导读［M］.北京：法律出版社，2000：118.

　　［7］佚名.《与贸易有关的投资措施协议》评述（2）［EB/OL］.［2018-12-15］.
http：//www.cas.cn/jzd/jyb/jwjhb/jgjscyygwjhb/dswq2002/200906/t20090619_1680392.shtml.

　　［8］赵维田.世贸组织的法律制度［M］.长春：吉林人民出版社，2000：21-26.

　　［9］余劲松.论国际投资法的晚近发展［J］.法学评论，1997（6）.

　　［10］贾海燕.《TRIMs 协议》评析及走向研究［D］.大连：大连海事大学，2005：23.

　　［11］盛斌.WTO 与多边投资协议［M］.天津：天津大学出版社，2003：126.

　　［12］叶兴平.WTO 体系内制定投资规则的努力［J］.现代法学，2004（26）.

　　［13］江艳冰.TRIMs 协定与我国外资立法［J］.国际经贸探索，1999（6）.

　　［14］单文华.外资国民待遇基本理论问题研究［A］.国际经济法论丛（第1卷）［C］.
北京：法律出版社，1998：244.

　　［15］段小松，屈三才.刍议 TRIMs 协定对我国海外直接投资的影响［J］.广西政法管
理干部学院学报，2003（6）.

　　［16］苟大凯.TRIMs 视角看原产地规则［J］.重庆电力高等专科学校学报，2002（4）.

第九章

WTO 与贸易有关的知识产权
规则解读及运用技巧

导 读

知识产权是当前也是今后相当长时间内中国与现行国际秩序既得利益者矛盾冲突的核心。在所有 WTO 规则里最核心的是知识产权保护规则，反倾销反补贴更多地属于一种技术层面的规则。知识产权保护决定一个国家在国际分工中的地位。[①]

《与贸易有关的知识产权协定》（TRIPs）是当今世界范围内知识产权保护领域中涉及面广、保护水平高、保护力度大、制约力强的一个国际公约。该协定吸收了世界知识产权组织（World Intellectual Property Organization，WIPO）所管理的多项知识产权公约的内容。TRIPs 为 WTO 成员设定了有关知识产权保护的最低标准，在此基础上形成了一个国际性的知识产权保护体系。履行此项协定已成为各国参与国际交往和开展国际贸易的基本条件之一。

随着对外贸易量的不断增加，越来越多的中国企业面临着在国外市场知识产权的保护。由于法律制度、企业意识、保护手段等诸多原因，导致中国企业在欧美市场遭遇众多的知识产权问题，侵权诉讼频频发生。在此背景下，为了更好地规避和应对知识产权争端，保护好我国的知识产权利益，学习 TRIPs，掌握与贸易有关的知识产权规则运用技巧，显得尤为必要。

本章的学习要着重掌握《与贸易有关的知识产权协定》的目标、基本原则、保护范围，及其规则的具体执行措施，在此基础上，思考我国政府和企业如何运用这些规则。

章首案例

美国与印度关于对药品及农用化学品专利保护纠纷案

[案情简介]

本案是有关印度的专利法保护与《与贸易有关的知识产权协定》的协调问题。印度于 1970 年制定了专利法案，但该法案只授予有关食品与药品的方法以专利，而不授予产品本身。对此，美国认为印度没有给予药品和农用化学产品专利保护，违反了根据 TRIPs 协定承担的义务。1996 年 7 月 2 日，美国依据 DSU 第 4 条与 TRIPs 协定第 64 条，要求与印度进行磋商。

1996 年 7 月 27 日，美印双方举行磋商，未能达成一致。11 月 7 日美国要求 DSB 建立

---

① 李向阳. 全球反倾销聚焦中国：如何用国际规则保护自己 [EB/OL]. [2008-07-29]. http://www.chinanews.com/cj/kong/news/2008/07-29/1327399.shtml.

专家组以审查其所提交事宜，11月20日DSB决定成立专家组。

美国认为，印度的专利法案违反了TRIPs协定第70条第8款的规定，即"如果《建立世界贸易组织协定》生效之日，某成员方尚未在医药化工产品及农用化工产品的专利保护上，符合本协定第27条规定的义务，则不论《建立世界贸易组织协定》第六部分（即关于过渡期的规定）如何规定，该成员方均应在《建立世界贸易组织协定》生效之日起，规定促使上述发明的专利申请案可以提交的途径"。同时，还违反了TRIPs第70条第9款规定，即"如果某产品依据第8款属于某成员方的专利申请之客体，不论本协定第六部分如何规定，授予其自获得市场准入之日5年的独占销售权，或者，直至在该成员方被授予产品专利或被拒绝授予为止，视何种期限较短而定，条件是：某项专利申请在《建立世界贸易组织协定》生效之后已经提出，并且该产品已经在另一成员方被授予专利和市场准入"。

专家组经过分析，即使印度存在有关行政机构的授予"独占销售权"的做法，也缺乏法律的授权和保障，因此不能认为已经履行了《与贸易有关的知识产权协定》所规定的义务。另外，印度认为TRIPs第70条第9款与其他条款一样，可享受《与贸易有关的知识产权协定》第六部分的过渡期。专家组认为，由于第9款的产品是"依照第8款（1）而提交的专利申请案中之客体"，因此第9款生效的日期应与第8款相同，即1995年1月1日起生效。因此，印度没有履行第70条第9款的义务。

专家组在经过分析审理后，于1997年9月5日做出了最后报告认为印度专利法不符合《与贸易有关的知识产权协定》。印度不服，于10月15日向上诉机构提出上诉。经审理后，上诉机构维持了原来专家组报告的主要结论。1998年4月22日，美国和印度双方宣布，两国已达成协议，印度必须在1999年4月16日之前修改其相关的专利法律制度，使其与TRIPs规定义务相一致。

资料来源：赵学清. WTO典型案例精析［M］. 重庆：重庆大学出版社，2002：24-28.

案例思考：

［1］TRIPs在专利保护方面有哪些主要内容？TRIPs对发展中成员有哪些特殊待遇？这些特殊待遇对发展中国家有多大的实际意义？

［2］本案中印度与美国的主要矛盾点在哪里？

［3］WTO成员方之间关于知识产权问题的冲突、争端，该如何解决？

第一节　TRIPs的主要内容

一、TRIPs的产生

知识产权是指人们对其在科学、技术、文化、艺术等领域的发明、成果和作品所依法享有的各种权利的总称。随着科学技术的不断发展，含知识产权的商品进出口、技术转让、商标和专利的使用权及版权许可等活动在贸易中的比重日益增大，知识产权与国际贸易的关系也日益密切，并形成了一个专门的名词"与贸易有关的知识产权"。

但同时由于缺乏对知识产权的保护，仿冒商品、假冒商标、盗版软件和音像制品等侵犯知识产权的行为不断出现，扭曲了贸易关系，成为相关国际贸易的严重障碍。由此，知识产权的国际保护开始受到人们的重视，各国相继缔结了知识产权保护公约，主要有：《保护工业产权巴黎公约》（《巴黎公约》）、《商标国际注册马德里协定》（《马德里协定》）、《专利合作公约》、《保护植物新品种国际公约》、《保护文学和艺术作品伯尔尼公约》（《伯尔尼公约》）、《保护表演者、录音制品制作者和广播组织公约》（《罗马公约》）、《集成电路知识产权公约》等。但这些已有知识产权国际公约实施完全依赖各缔约方国内法，缺乏有效的国际监督机制，导致其对知识产权的保护效果并不令人满意。在此背景下，制定统一知识产权保护的法律，为与贸易有关的知识产权纠纷提供有效的解决方式，逐渐成为国际贸易谈判的焦点。

由于发达国家和发展中国家之间分歧过大，直到1986年乌拉圭回合开始时，各国也没有就是否将知识产权纳入多边谈判议题达成一致。1991年，关贸总协定总干事提出了乌拉圭回合最后文本草案的框架，其中《与贸易（包括假冒商品贸易在内）有关的知识产权协定》基本获得通过。经过艰苦的谈判，1994年4月15日参加部长会议的各参加国在摩洛哥的马拉喀什签署了《与贸易有关的知识产权协定》（TRIPs），该协定于1995年7月1日正式生效。后来，世界贸易组织专门为监督执行《与贸易有关的知识产权协定》成立了知识产权理事会。

二、TRIPs的目标及原则

（一）TRIPs的目标

TRIPs协定序言部分规定了各成员方缔约的目的：减少国际贸易中的扭曲和障碍，有效和充分地保护知识产权，确保知识产权的实施和程序不对合法贸易构成壁垒。

1.减少国际贸易中的扭曲和障碍

国际贸易中的扭曲是指在贸易中存在大量的假冒商品和仿制商品，以致贸易方向变成由假冒者或者仿制者流向消费者，从而大大地损害了商品原设计者或发明者的经济利益。TRIPs从提出到签订始终贯穿要严厉打击因商品的假冒或仿制而损害合法知识产权人的权益的行为。

国际贸易中的障碍是指在贸易中因各国的知识产权的规定不同、保护水平的差异，使知识产权的贸易摩擦不断增加，使得知识产权贸易不能顺利进行。为此TRIPs不同于以往的关贸总协定以及其他知识产权国际条约，对各国知识产权保护的实体法和程序法制定了统一的最低标准，从而在很大程度上减少因知识产权的规定而导致的贸易妨碍。

2.促进知识产权国际范围内更有效和更充分的保护

TRIPs缔结的主要驱动力在于发达国家在全球市场建立统一的知识产权保护标准的需求。长期以来，发达国家与知识产权有关的法律法规较为完善，但在相对落后的国家其知识产权没有受到有力的保护，与贸易有关的知识产权侵权严重影响了发达国家的利益。鉴于已有公约对知识产权的保护缺乏相应的力度，以美国为首的发达国家在规则的制定中完全以发达国家的标准为根据，并以此确定了统一的知识产权保护最低标准。因此，虽然TRIPs是世贸组织成员的最低保护标准，但这些标准超越了许多发展中国家的社会和经济技术水平。

3.确保知识产权的实施和程序不对合法贸易构成壁垒

TRIPs不仅对各国知识产权的实体法提出最低标准，而且在第三部分有关知识产权国内执法程序中对程序也提出了原则要求，即各国的执法程序应公平合理，不对合法货物贸易构成阻碍。其具体要求是：不应收费过高，不应包含不合理的时间限制，不应有无保障的拖延；应书面通知有关当事人，保护当事人的商业秘密等。

小资料9-1

美国 "337条款"

美国的 "337条款" 源自美国《1930年关税法》的第337节，该条款禁止进口侵害美国知识产权的物品。其中的知识产权包括专利、注册商标和著作权（包括软件著作权）、半导体光电产品、商业秘密与灰色市场（gray market）进口等。

"337条款诉讼" 具有以下特点：

（1）起诉条件宽松。"337条款" 明确授权ITC在美国企业起诉的前提下，对进口中的不公平贸易做法进行调查和裁处，此不公平贸易做法甚至可以不以实质损害为前提。只要该进口对美国某产业的生存或发展构成威胁或损害，就可以启动该程序，这较之通常的知识产权法律更为严格，从而使调查有利于保护起诉方的利益。

（2）结案迅速。大多数 "337条款" 案件必须在12个月内审结。而美国联邦法院的专利诉讼案件至少需要几年的时间才能审结，因而，越来越多的美国公司开始利用 "337条款" 对付来自外国公司的市场竞争，近几年大量针对我国公司的 "337条款" 诉讼更加证实了这一点。

（3）后果严重。"337条款" 诉讼对美国的知识产权拥有者提供了包括排除令、全面或有限排除令、永久或临时排除令以及停止和终止侵权令在内的多种救济措施。被告企业一旦被判定违反了 "337条款"，USITC将签发排除令或侵权令，指示美国海关禁止该批产品的进口，其结果并不是使被诉方交纳专利使用费用和对侵权方提供金钱赔偿（严重侵权除外），而是可能导致特定企业的相关产品乃至全行业的相关产品都无法进入美国市场，甚至波及其他领域的相关产品。

资料来源：张平. 入世后我国知识产权重大涉外案件研究［EB/OL］.［2018-12-16］. http://www.doc88.com/p-6631979751874.html.

扩展阅读：

［1］中国贸易救济信息网. 美国近5年对华337调查超20年总和：机电产品成重灾区［EB/OL］.［2018-12-16］. http://www.docin.com/p-1518258842.html.

［2］秦力文. 江苏圣奥完胜美国富莱克斯公司［N］. 法制日报，2010-07-15.

小资料9-2

2010年美国337调查涉华案件数量达历史新高

2010年1月1日至12月31日，美国国际贸易委员会共发起58起337调查，其中有19起调查被诉方涉及中国企业，占调查总数的1/3，美国贸委发起337调查，涉华案件总数均达历史新高。这19起案件的特点是：均为专利侵权诉讼；涉案产品绝大部分为机电产品，特别是电子信息技术产品，如动态随机存储器、显示设备、半导体集成电路芯片、喷墨墨盒等；大部分案件涉及国外在华投资企业。

资料来源：中华人民共和国商务部贸易救济调查局. 2010年美国337调查涉华案件数量达历史新高［EB/OL］.［2018-12-20］. http://gpj.mofcom.gov.cn/aarticle/subject/mymcyd/subjectkk/201101/20110107368166.html.

（二）TRIPs的原则

为实现以上三个目标，世界贸易组织成员方在知识产权保护方面应遵守的一般原则是：

1.最低保护水平原则

TRIPs所规定的知识产权保护水平是"最低标准"，这意味着世界贸易组织成员，无论社会发展状态以及经济技术水平如何，对知识产品的保护至少要达到TRIPs确立的标准。各成员可以通过其国内立法提供高于协定的保护水平，但没有义务一定要高于该水平。

2.国民待遇原则

有关知识产权的保护，成员方向其他成员方国民提供的待遇不得低于对其国民所提供的待遇，但《巴黎公约》、《伯尔尼公约》、《罗马公约》以及《集成电路知识产权公约》中各自有关国民待遇例外规定的除外。至于表演者、录音制品制作者以及广播组织者权利保护的国民待遇范围，仅限于《与贸易有关的知识产权协定》中已规定的各项权利。

但国民待遇的适用也不是绝对的。在司法和行政程序上，各成员方可以对其他成员方的国民免除国民待遇义务，但这种例外不得违反《与贸易有关的知识产权协定》的各项规定。例如，在司法中，大多数国家都规定，外国人在本国诉讼，只能请本国律师而不能请外国律师代理；在行政程序方面，对于专利、商标的申请代理要求，做出外国人与本国人不同的规定等。

3.最惠国待遇及其例外原则

TRIPs第4条是关于最惠国待遇及其例外的规定。最惠国待遇是指在知识产权保护方面，任何成员对另一成员方国民所给予的优惠、特权以及豁免，应立即无条件地给予其他成员方的国民。但是在下列四种情况下，可不实施最惠国待遇：①基于国际司法协助协定而产生的任何优惠、特权以及豁免，且这种协定并非专对知识产权保护而签订；②按《伯尔尼公约》或《罗马公约》规定不具有国民待遇性质而只对另一国的优惠、特权或豁免待遇；③TRIPs未列入的有关表演者、录音制品制作者以及广播组织者的权利，即使承认这些权利的成员之间互相给予保护，也可以不延伸到未加保护的其他成员；④TRIPs对某成员方生效前，该成员方已经与其他成员特别签订的协定中给予的优惠或特权，但这些协定应通知与贸易有关的知识产权理事会。

4.保护公共利益原则

TRIPs第8条以"原则"规定，各成员在制定或修改其法律或规章的过程中，可采取必要措施保护公共健康和营养，促进对其社会经济和技术发展至关重要部门的公众利益；成员方还可采取措施以防止权利拥有者滥用知识产权或借以对贸易进行不合理限制或实行对国际技术转让产生不利影响的做法。成员在采取上述各项措施时不得违反TRIPs的有关规定。

5.权利用尽原则

所谓权利用尽（exhaustion），是指知识产权所有人对其权利一次用尽。例如：关于专利权的用尽，大多数国家规定，专利权人制造或经专利权人授权许可制造的专利产品销售之后，其他人无须经过许可就可以有权使用或者再销售该专利产品。这是一个争议较大的问题，各国知识产权法律法规对此有不同的规定。TRIPs 对此也未做出统一的规定。但是如果一国的法律对本国国民不适用，那么对外国国民也不能适用权利用尽原则。

三、TRIPs 的主要内容及特点

（一）TRIPs 的主要内容

TRIPs 共 73 条，由序言和 7 个部分组成：第一部分是总则和基本原则（第 1—8 条），第二部分是关于知识产权效力、范围和使用标准（第 9—40 条），第三部分是知识产权的实施（第 41—61 条），第五部分是争端的防止和解决（第 63—64 条），第六部分是关于过渡期的安排（第 65—67 条），第七部分是机构安排与最后条款（第 68—73 条）。最后条款对 TRIPs 的审议和修正、保留、安全例外等内容做出了详尽的规定。

（二）TRIPs 的特点

TRIPs 引用了其他知识产权国际公约的很多内容。但是比较而言，TRIPs 有自己的特点：

1. 内容涉及面广

TRIPs 保护的知识产权主要包括 7 个方面：版权和相关权利、商标、地理标志、工业产品外观设计、专利、集成电路布图设计、未披露信息，几乎涉及了知识产权保护对象所有的领域。而 TRIPs 以前的有关知识产权的国际公约都是针对某一具体领域的，例如，《保护工业产权巴黎公约》仅局限于工业品产权领域，《伯尔尼公约》仅限于版权保护领域。TRIPs 既涉及工业产权领域，又涉及版权领域，甚至还涉及一些新的知识产权保护对象的领域。

2. 对知识产权保护水平高

TRIPs 在知识产权各方面的保护水平都超过了过去已有的国际公约。比如说对驰名商标的保护，对计算机软件的保护，对商业秘密的保护等很多方面，有些是这些国际公约没有规定的，有些国际公约的保护水平比 TRIPs 的要求低。

3. WTO 中有形商品贸易的原则延伸到了知识产权领域

有些规则在原来的关贸总协定和世贸组织中，主要是针对有形商品的贸易，现在 TRIPs 把这些规定沿用到知识产权领域中来了。这是其他有关知识产权国际公约所没有的。TRIPs 沿用到知识产权领域中的 GATT 和 WTO 关于有形商品贸易的原则主要有：最惠国待遇原则、透明度原则、争端解决原则、对行政当局决定的司法审查原则、承认知识产权为私权原则。

4. 强化了知识产权执法程序和保护措施

在已有的知识产权国际公约中，一般规定的都是实体法的内容，例如：什么样的对象可以给予知识产权保护，保护的条件是什么，所保护的权利包括哪些等等。但对于执法程序、具体保护措施却只有原则性的规定，把具体执行问题留给各成员在自己的国内法中解决。TRIPs 中不仅用了很大篇幅对知识产权的执法程序和保护措施做了具体详细的规定，而且要求各个成员都必须执行，即不是提供参考，而是带有一定的强制性。例如，禁止令、损害赔偿、临时措施等，这些措施将在本章"TRIPs 的执行"部分作具体介绍。

5. 强化了执行措施和争端解决机制

TRIPs 强化了协议的执行措施和争端解决机制，把履行协议、保护知识产权与贸易制

裁紧密结合在一起。

过去已有的知识产权国际公约要求成员方执行公约的规定，但其实施结果并不令人满意，因为这些公约的实施完全依赖各缔约国的国内法，缺乏有效的国际监督机制，导致各国保护水平不一。即使有个别成员不执行公约的某些条款，也只是受到一种道义上的谴责，没有其他制裁措施。而TRIPs就有了这方面的规定。作为WTO成员，如果一个国家或地区不履行TRIPs的义务，就可以用贸易制裁的方法进行惩罚，例如可以采用贸易报复，有时这种贸易报复不是来自于一两个WTO成员，而是所有WTO成员的制裁报复，这会对一个国家的国际贸易带来非常重大的影响，因此确保了TRIPs规定的有效执行。

再有一个是争端解决机制，即成员之间围绕着知识产权保护问题发生了冲突、争端，该如何解决？TRIPs引入WTO的争端解决机制，提供了一套解决成员之间争端、纠纷的办法，设置了仲裁机构。仲裁同样具有法律效力，如某一成员不履行仲裁裁决，就要受到相应的制裁。

案例9-1

江苏申锡获胜业内首例国际知识产权诉讼

2010年9月28日，"江苏申锡获胜业内首例国际知识产权诉讼新闻发布会"在南京金陵饭店召开。经过历时887天的美国司法程序，美国时间2010年8月17日，美国内华达州地方法院做出了驳回原告赛开利公司及达克泰集团状告江苏申锡建筑机械有限公司（以下简称"申锡公司"）的商业外观侵权和不公平竞争诉讼请求。自此，申锡公司与世界高空作业机械行业巨头的知识产权之战取得了实质性胜利。申锡公司胜诉，既是我国高空作业机械行业获胜国际侵权诉讼的首例也是中国工程机械行业走向世界的成功示范案例。

申锡公司自1988年成立以来，始终不渝地走科技引领、自主创新的道路，成为国内高空吊篮行业的龙头企业，迄今具有年产高空作业机械愈万台的综合生产能力，拥有34项国家专利，并荣获行业内唯一的中国驰名商标。

2008年3月，申锡公司接到世界高空作业机械龙头企业赛开利公司和达克泰集团通过当地州立法院发出的起诉传票，主诉申锡公司制造的吊篮核心部件——提升机涉嫌外观侵权和不公平竞争。

2008年3月底，申锡公司毅然进入应诉程序。与许多国内企业一样，首度应诉国际诉讼的申锡公司，由于不熟悉美国的法律，也经历了与律师事务所的一段磨合期。最终申锡公司聘请了美国资深知识产权律师梅裕华和美国的十大律师事务所之一的REEDSMITH组成的强大的律师团来应对这个案子，认真细致地做好各种应诉工作。

据记者了解，申锡公司打赢了这场官司，赢得了尊严，也赢得了新的商机和发展空间。2010年1月至9月，公司销售超亿元，相当于上年销售的总和，产品40%出口亚洲、欧洲、南美洲、中东及大洋洲等地的60多个国家和地区。预计2010年第四季度和2011年的产销形势将更好。

资料来源：薛海燕. 江苏申锡获胜业内首例国际知识产权诉讼——掌握自主核心技术，积极应对国际诉讼［EB/OL］.［2018-12-20］. http://district.ce.cn/zg/201009/28/t20100928_21855698.shtml.

四、TRIPs的适用范围

（一）版权和相关权利

1.版权的概念

TRIPs要求成员保护的版权是指作者对其创作的文字、艺术和科学作品依法享有的专有经济权利，包括：①翻译权；②复制权；③公开表演权；④广播权；⑤朗诵权；⑥改编权；⑦录制权；⑧制片权；⑨出租权。

受版权保护的客体是指在文学、科学、艺术领域中具有独创性的思想表达形式。值得注意的是，随着科学技术的发展，TRIPs对版权保护的客体范围拓展到计算机程序和数据编排及其他资料汇编，但是保护并不涉及数据或资料本身。

2.邻接权的概念

邻接权又可称为与版权有关的权利，是指与作品传播有关的权利，即表演者、录音制品制作者和传媒许可或禁止对其作品复制的权利。TRIPs的第14条第1、2、3款规定，对于将表演者的表演固定于录音制品的情况，表演者有权禁止未经许可的行为。

3.版权与邻接权的保护期

一项作品（电影摄影制作品和应用艺术品除外）的保护期限若不是基于自然人生命计算的，则该保护期不得少于经许可出版之年终起50年，如果作品自完成起50年未被许可出版，则保护期不少于作品完成之年终起50年。但是如果作品保护期限是以自然人生命期限计算，则在作者的有生之年再加50年。对邻接权的保护期限，应至少自录音制品被固定或表演发生之年年终延续到第50年年终，而对有关广播组织者权利的保护则应自有关广播被播出之年年终起至少20年。

专栏9-1

计算机软件著作权被侵，保护知识产权任重道远

软件产业是信息产业的核心和灵魂，其在世界各国经济发展中都起着至关重要的作用。明确计算机软件的保护范围及软件著作权侵权判定标准，对软件产业的保护意义重大。

某知名软件厂商表示，中国软件产业发展面临的最大障碍是软件盗版。软件产品、技术的应用和研发水平，在很大程度上左右着整个IT行业的发展进度，对社会经济的方方面面都有大影响。软件厂商在新产品开发和现有产品维护、升级的工作中，投入了大量的人力、物力资源。

据法律专家介绍，中国自1991年起逐步制定了一套全国性的法规体系，保护计算机软件的著作权，而且加入了保护著作权的国际条约。上述法规包括《中华人民共和国著作权法》、《中华人民共和国著作权法实施条例》、《实施国际著作权条约的规定》和《计算机软件保护条例》。中国也加入了《伯尔尼公约》和《世界版权公约》。这些公约在中国完全有效。

著作权法特别把计算机软件列为受保护的作品。软件条例更进一步规定受保护的范围。目前中国法律规定国内和国外的软件都受到同等的保护。如果外国的作品是由《伯尔尼公约》成员方的公民或居民创作的或者作品是首次在这些国家或在这些国家和其他国家同时发表的，这些作品就会在中国受到保护。外国的计算机程序被视为文学作品，受到保护，无须在中国的任何机关登记。保护期自首次发表日期起计50年。

除了民事处罚外，中国还对著作权的侵犯者实施刑事处分。根据《中华人民共和国刑法》，对于未经著作权人许可以营利为目的复制发行计算机软件的案件，可处7年以下有期徒刑。

相关事件链接：2005年6月28日上午，被称为2005年中外知识产权第一案的"英特尔诉深圳东进软件著作权纠纷案"在深圳市中级人民法院第二次开庭。

相关案例链接：北京市海淀区人民法院审理王红星、赵坤侵犯著作权案刑事判决书，发布时间2005年2月5日。

资料来源：佚名. 计算机软件著作权屡屡被侵 保护知识产权任务重［EB/OL］.［2018-12-21］. http：//www.techweb.com.cn/it/2005-10-30/25830.shtml.

（二）商标

1.商标的概念

TRIPs所规定的商标，是指一生产经营者的货物或服务上的、能够明显区别于其他生产经营企业的任何标记或标记组合，成员方应对商品商标与服务商标均提供保护。商标以注册为保护之前提。

2.商标权和驰名商标的保护范围

注册商标权利人享有专有权以防止任何第三方未经其许可而在贸易活动中使用与注册商标相同或近似的标记于相同或类似的商品或服务，以免造成混淆。

TRIPs规定了对驰名商标的特殊保护，不仅保护驰名商标所核定使用的商品或服务，而且把与驰名商标所核定使用的商品或服务非类似的商品或服务也纳入其保护之列。即使是不同的商品或服务业，也不得使用他人已注册的驰名商标。

3.商标保护期限

商标的首期注册及各次续展注册的保护期均不得少于7年，商标的续展次数无限制。商标权人无正当理由至少连续3年未使用其注册商标的，有关机构可撤销注册。

（三）地理标志

地理标志，也称为原产地标记，其用于标示出某商品来源于某成员领土内，或来源于该成员领土内的某地区或某地点，显示该商品的特定质量、信誉或其他与该地理来源相关联的特征。各成员应对地理标识提供保护，包括对含有虚假地理标识的商标拒绝注册或宣布注册无效，防止公众对商品的真正来源产生误解或出现不公平竞争。

关于地理标志的问题最容易发生在酒类，所以TRIPs对葡萄酒和烈酒地理标识提供了更为严格的保护。该协定规定，成员方应采取措施，防止将葡萄酒和烈酒的专用地理标识，用于来源于其他地方的葡萄酒和烈酒。

（四）工业产品外观设计

TRIPs所指的工业产品外观设计主要是指工业品的装饰特征，不包括对主要根据技术或功能考虑而进行的外观设计，即对产品的形状、图案、色彩或者其结合所做的设计。在具体实施中，受工业品外观设计保护的产品主要集中在纺织品、皮革制品和汽车等产品。其具体规定如下：（1）授予外观设计保护的前提条件为，它是独立创作的、具有新颖性或原始性的设计，必须与已知的外观设计有重大区别。（2）因为纺织品设计具有周期短、数量大、易复制的特点，因而得到了特别重视。协议强调了对纺织品设计的保护，允许成员方自行选用外观设计法或版权法来完成这项义务，并且不得提出不合理的要求来妨碍这种保护的取得。（3）外观设计所有人有权禁止他人未经许可，以生产经营目的制造、销售或进口使用该外观设计的产品，或体现了该外观设计精神的产品。（4）外观设计的有效保护期至少为 10 年。(5) 一切技术领域中的任何发明，不论是产品发明还是方法发明，只要其具有新颖性、创造性并适合于工业应用，均可获得专利。但在以下情况下不授予专利：①对人或动物的诊断、治疗和外科手术方法。②除微生物外的动植物工艺，除用微生物和非微生物方法生产的、主要是用生物过程生产的动物、植物品种。但是，TRIPs 协定允许各成员方用其他适当的形式对植物品种提供保护。③以保护公共秩序、社会公德为目的，包括保障本国人民、动植物的生命或健康，或避免对环境的严重危害而涉及的有关发明。

专利权人对专利享有独占权。具体表现在：①如果专利标的物是产品，则专利所有人有权禁止第三方未经其许可从事制造、使用、销售、提供销售或为这些目的而进口专利产品。此外，专利权人还有权制止他人未经其许可进口其享受产品专利或方法生产的产品。②如果该专利是方法专利，则专利权人有权制止他人未经许可使用该专利方法，以及从事使用、提供销售或为这些目的而进口至少是由专利方法直接获得的产品。③专利权人还有权转让或通过继承方式转移专利权，有权同他人订立许可合同获得报酬。

各成员的法律可以规定，在特殊情况下，允许未经专利持有人授权即可使用（包括政府使用或授权他人使用）某项专利，即强制许可或非自愿许可。但这种使用须有严格的条件和限制，如授权应一事一议。只有在此前的合理时间内，以合理商业条件要求授权而未成功，才可申请强制许可。但强制授权使用后，应给予专利权人适当的报酬。

专利的保护期应不少于 20 年。

专栏 9-2

智能手机侵权乱战

据《华尔街日报》报道，2009 年 10 月，诺基亚起诉苹果，指控 iPhone 侵犯诺基亚 10 项智能手机专利。同年 12 月，苹果公司提起反诉讼。美国国际贸易委员会（ITC）受理双方诉讼。此后，苹果又起诉诺基亚、HTC 在智能手机技术方面的侵权。2010 年，HTC 展开反击，向 ITC 控告苹果侵害其包括智能手机耗电技术等在内的 5 项自有专利，要求 ITC 禁止苹果在美国销售 iPhone、iPad 和 iPod。2010 年 10 月，微软向美国国际贸易委员会和美国华盛顿州西部地区地方法院提起诉讼，指控摩托罗拉旗下的 Android 智能手机侵犯了自己的 9 项技术专利，涉及邮件同步、日历和联系人、会议日程安排、信号强度和电池电量变化的通知应用等技术。2011 年 3 月，据国外媒体报道，诺基亚控诉苹果公司侵犯其手机技术专利一案已有最新结果。诺基亚的起诉要求未能获得美国国际贸易委员会的支持。美国国际贸易委员会在裁决中表示，苹果并没有对诺基亚所提出的 5 项专利构成侵权。对于这一结果，诺基亚的发言人表示失望。

2011 年 4 月 2 日北京消息，据国外媒体报道，美国一家名为 H-W Technology 的公司本周早些时候在得克萨斯州北区达拉斯分区美国地方法院提出起诉，将包括苹果、RIM 和谷歌在内的一共 32 家技术公司告上法庭，H-W Technology 声称那 32 家公司均侵犯了它在 2009 年 4 月份获批的一项专利权。

据 H-W Technology 称，被侵权的专利技术的专利号为 7525955，它早在 2005 年 3 月就对该技术提出了专利申请，专利描述为"带有搜索和广告功能的 IP 手机"。

H-W Technology 在诉讼书中表示，被侵权的专利技术主要适用于可以安装应用软件的智能手机，用户可以利用手机从厂商处获得信息和报价，然后完成相应的交易，在这个过程中，用户都不用打电话。换句话说，这将会对应用商店和商务应用软件均构成影响。

H-W Technology 提出的诉讼主要针对的是苹果的 iPhone、RIM 的 Torch、三星的 Focus、HTC 的 Thunderbolt 以及摩托罗拉的 Droid X，据说这些智能手机都侵犯了 H-W Technology 的专利权。除了硬件厂商之外，H-W Technology 还向应用软件开发商如亚马逊等提出了专利侵权诉讼。

据 H-W Technology 称，亚马孙的应用软件侵犯了它的一项专利权，该专利权可以让智能手机用户在不打电话的情况下，利用手机完成交易。H-W Technology 还对 eBay、Hotel.com、谷歌及其 Android 市场以及 Expedia、Priceline、Orbitz 和 Kayak 等提出了类似的诉讼。

2011年4月，ITC 正式开始审判苹果起诉诺基亚、HTC 在智能手机技术的侵权案件，苹果此前起诉这两家公司侵犯多项 iPhone 上使用的技术专利，包括触控滑动解锁。ITC 供职律师 Erin Joffre，代表 ITC 公开表示，在目前的初步审判中，ITC 的立场偏向于支持诺基亚和 HTC，该律师表示苹果无权要求禁止进口诺基亚和 HTC 的智能手机产品。

2011年8月3日消息，据路透社报道，7月5日，苹果向 ITC 起诉三星专利侵权，并寻求在美国市场禁止出售三星智能手机和平板电脑的禁令。ITC 做出回应，宣布同意调查苹果提起的诉讼。

2011年第二季度，全球智能手机市场上，苹果和三星双双超越诺基亚，成为全球最大的两家智能手机厂商。其实，就在苹果于7月5日向 ITC 指控三星专利侵权的前一周，三星也向该机构提起了苹果侵犯其专利的诉讼，并寻求停止苹果 iPad 和 iPhone 在美国市场销售的禁令。ITC 在一份声明中表示，经投票表决，该机构将对苹果提起的诉讼展开调查。

分析指出，苹果与三星之间不断升级的专利侵权互控，使得二者之间的供应关系变得日益紧张。公开数据显示，在2010年，苹果是三星的第二大客户，并为后者贡献了57亿美元的销售额。三星主要向苹果提供半导体元件。

事实上，当前在智能手机领域，诉讼大战到处硝烟弥漫，苹果与诺基亚、微软与摩托罗拉、爱立信与中兴等均存在法律纠纷，苹果更是处于风口浪尖。2011年7月底，诺基业向 ITC 再次提起申诉，称苹果侵犯其整个产品线的专利。

资料来源：根据相关新闻报道整理。

（五）集成电路布图设计

集成电路是指以半导体材料为基片，将两个以上元件（至少有一个是有源元件）的部分或全部互连集成在基片之中或者之上，以执行某种电子功能的中间产品或最终产品。布图设计是指集成电路中的两个以上元件（至少有一个是有源元件）的部分或全部互连的三维配置，或者为集成电路制造而准备的上述三维配置。

成员方应禁止未经授权权利持有人许可的下列行为：为商业目的进口、销售或以其他方式发行受保护的布图设计，以及有受保护的布图设计的集成电路或含有上述集成电路的物品。

对集成电路布图设计的保护期限为10年，自提交注册申请之日起或者在世界上任何地方首次投入商业性使用之日起算。同时，允许各成员方规定，该保护期自布图设计创作之日起15年后终止。

（六）未披露信息的保护

未披露信息又称为商业秘密，是指不为公众所知的、具有商业价值、经权利人采取了保密措施的经济信息。未披露信息的权利持有人有权防止他人未经许可而以违背诚信商业行为的方式，披露、获得或使用该信息。

TRIPs对未披露信息的权利限制未做出具体规定，但第39条暗示：如果出于保护公众的需要，则可以对这种权利实行某些限制。因为未披露信息的专有权主要是靠保密期来维护的，所以TRIPs也就没有规定其保密期限问题。

此外，TRIPs还对许可合同中限制竞争行为进行控制。

五、TRIPs的主要机构

世贸组织成立与贸易有关的知识产权理事会，监督TRIPs的实施，尤其是监督全体成员履行该协定的义务，并为成员协商与贸易有关的知识产权问题提供机会。与贸易有关的知识产权理事会履行各成员赋予它的其他责任，尤其是在争端解决程序方面提供它们要求的任何帮助。在运行其职能时，TRIPs知识产权理事会可与它认为合适的任何方进行磋商并索取资料。TRIPs规定知识产权理事会在履行其职责的过程中应当和世界知识产权组织（WIPO）相互合作。

TRIPs还规定各成员应建立并通知在其政府机构内设立的联络点，并随时准备就侵权货物的贸易交流资料，尤其应在假冒商标货物和抄袭版权货物贸易方面，促进海关当局之间的交流与合作。

第二节　TRIPs与其他知识产权保护条约的关系

与WTO其他协定相比，TRIPs的特殊性在于与其他知识产权保护公约之间密切的法律关系。TRIPs将保护知识产权的主要国际条约——《巴黎公约》、《伯尔尼公约》、《罗马公约》和《集成电路知识产权公约》的实体性条款纳入其中，形成了一个综合的知识产权保护条约体系。通过引入其他知识产权协定的条款，TRIPs拓展了WTO知识产权保护的法律渊源，加强了知识产权国际保护体系的完整性和协调性。

TRIPs把已有的有关的知识产权国际公约分为3类：①基本完全肯定、要求全体成员必须遵守并执行的国际公约。这类国际公约共有4个：《保护工业产权巴黎公约》《保护文学和艺术作品伯尔尼公约》《保护表演者、录音制品制作者和广播组织罗马公约》《集成电路知识产权公约》。TRIPs对这4个国际公约的个别条款做了修改和保留，它要求WTO全体成员遵守和执行上述4个公约。②基本完全肯定、要求全体成员按对等原则执行的国际公约，这类国际公约共有10余个，主要是《巴黎公约》的子公约。③不要求全体成员遵守并执行的国际公约。凡是TRIPs没有提到的、也不属于上述两类的国际公约，均不要求全体成员遵守并执行，主要有《世界版权公约》《录音制品公约》等。本节主要介绍TRIPs与《巴黎公约》、《伯尔尼公约》、《罗马公约》及《集成电路知识产权公约》的关系。

TRIPs在第2条中规定了其与《巴黎公约》等4个主要知识产权国际公约的关系：①就本协定第2、第3及第4部分而言，全体成员均应符合《巴黎公约》1967年文本第1条至第12条及第19条之规定。②本协定第1至第4部分的所有规定，均不得有损于成员之间依照《巴黎公约》、《伯尔尼公约》、《罗马公约》及《集成电路知识产权公约》已经承担的现有义务。另外，在第9条和第14条等处又分别提到与《伯尔尼公约》《罗马公约》的关系。

表9-1列出了TRIPs和主要知识产权国际协定。

一、TRIPs与《巴黎公约》的关系

TRIPs要求其成员遵守《巴黎公约》的最新文本（即1967年斯德哥尔摩文本）。其主要内容是：

表9-1 　　　　　　　　　　　　　**TRIPs和主要知识产权国际协定情况表**

条约名称	内容要点	管理机构
《与贸易有关的知识产权协定》（TRIPs）（1995年7月1日生效）147个签字国	知识产权的范围与标准，执法，取得和保持知识产权的程序，争端解决，过渡安排和组织机构	WTO
《巴黎公约》（1883年签订，1967年修订）129个签字国	保护专利权，商品和服务商标权，商号名称，设计造型，工业设计，地理名称标志，制止不公平竞争，允许强制许可	WIPO
《伯尔尼公约》（1886年签订，1979年修订）111个签字国	和《巴黎公约》一样，按非歧视原则制定的基本版权条约	WIPO
《罗马公约》（1961年签订）47个签字国	保护邻接权（表演者，录音品制作者，广播组织）	WIPO
《集成电路知识产权公约》（1989年签订），尚未生效	对集成电路的知识产权条约	WIPO

（1）国民待遇原则。《巴黎公约》第2条规定："任何本同盟成员方的国民，在工业产权保护方面，在其他本同盟成员国内应享有该国法律现在或今后给予该国国民的各种便利。同时，被请求保护的国家不得要求本同盟成员方国民必须在该国有永久住所或营业所才能享有工业产权权利。"另外，公约第3条规定："非本同盟成员方的国民，在一个同盟成员方的领土内有永久住所或有真实的、正当的工商营业所者，也应享有与本同盟成员方国民同样的待遇。这一原则允许在关于司法及行政程序、管辖权以及送达通知地址的选定或代理人的指定上，由各成员方声明保留。"

（2）优先权。《巴黎公约》第4条规定：在一个同盟成员国内正式提出了专利申请（或其他工业产权申请），自该申请提出之日起的一定期限内（发明专利与实用新型专利是12个月内，外观设计专利和商标注册是6个月内），在其他成员方提出同样的申请时享有优先权，即这些成员方都必须承认该申请案在第一个国家递交的日期为本国申请日。作为一种权利，优先权可以连同专利申请案或商标注册申请案一起转让。

（3）宽限期。《巴黎公约》第5条B项规定：缴纳规定的工业产权维持费允许至少6个月的宽限期，但如本国法令有规定，则还应照缴附加费；第5条C项规定：在贸易活动中使用的注册商标只有经过一定的合理期限，并且有关人员不能提出其不使用的正当理由

时，才能撤销。

（4）临时性保护。《巴黎公约》第11条规定："公约各成员方必须依本国法律，对于在任何一个成员国内举办的、经官方承认的国际展览会上展出的商品中可以申请专利的发明、实用新型或外观设计，可以申请注册的商标，给予临时保护。"在临时保护期内申请专利或商标注册的，申请案的优先权日从展品公开展出之日起算。

（5）关于专利保护、商标保护和不正当竞争等问题的最低要求。

以上是《巴黎公约》的实体内容，也是TRIPs要求全体成员共同遵守的。而巴黎公约第13—18条及第20—30条是关于组织机构的设置运作和过渡条款，TRIPs予以排除。

二、TRIPs与《伯尔尼公约》的关系

TRIPs第9条第1款规定：全体成员均应遵守《伯尔尼公约》1971年文本第1条至第21条及公约附录。但对于《伯尔尼公约》第6条之二规定之权利或对于从该条引申的权利，成员应依本协定而免除权利或义务。《伯尔尼公约》第1条至第21条的主要内容是：

（1）国民待遇原则。在《伯尔尼公约》中，国民待遇原则是指：公约成员的国民，其作品不论是否出版，均应在公约的一切成员方中享有公约最低要求所提供的保护。这是公约的"作者国籍标准"，也称"人身标准"。非《伯尔尼公约》成员方的作者而在成员方有惯常居所的也适用这一标准。非《伯尔尼公约》成员方的国民，其作品只要是首先在某个成员方出版的，或在某个成员方及其他非成员方同时出版的也应当在一切成员方中享有公约提供的保护。这是公约的"作品国籍标准"，也称"地点标准"。

（2）自动保护原则。《伯尔尼公约》第5条第2款规定，依国民待遇而享有著作权不需要履行任何手续，也不要求加注任何主张权利保护的标示。按人身标准享有国民待遇者，其作品一经创作完成，即自动享有著作权；按地点标准享有国民待遇者，其作品一经在成员方首次出版（或影片一经发行、建筑物一经建成）就自动享有著作权。

（3）著作权独立性原则。享有国民待遇的作者在公约任何成员方所得到的保护，均须依照"权利要求地法"，而不应依赖"作品来源地法"去保护。也就是说，自动保护原则是在著作权的地域性原则范围之内的。

（4）经济权利。《伯尔尼公约》要求各成员方至少要保护的权利包括翻译权、复制权、表演权、无线广播与有线广播权、公开朗诵权、改编权、录制权和制片权；可以保护的权利有追续权。

（5）精神权利。公约要求至少保护的精神权利有署名权和保护作品完整权。

（6）保护期限。公约要求对一般作品的经济权利保护期不少于作者有生之年加死后50年；摄影作品及实用艺术品，不少于作品完成后25年；电影作品不少于同观众见面后或摄制完成后50年；匿名或假名作品，不少于出版后50年；合作作品不少于最后一个去世的作者死后50年。对精神权利的保护期至少应与经济权利的保护期相等，也可以提供无限期保护。

（7）追溯力。公约对一切成员方在提供版权保护方面的最低要求，不仅适用于各成员方的参加公约之后来源于其他成员方的受保护作品，而且适用于在一个成员方参加公约之前已经存在而在其来源国尚未进入公有领域的作品。

（8）对发展中国家的优惠。《伯尔尼公约》的附件规定，只要任何成员方被联合国大会承认属于"发展中国家",该国在翻译与复制来源于其他成员方的作品时,就可以由主管当局依照一定的条件颁发"强制许可证"。

以上内容除关于精神权利的保护以外,都为TRIPs所采用,而且TRIPs还将有些规定扩大适用,如将其中的追溯力原则适用于录音制品和表演。TRIPs之所以将《伯尔尼公约》关于精神权利的保护排除出去,是考虑到一些国家原本就未对精神权利保护做出规定,另外,精神权利保护与贸易问题没有直接关系。

三、TRIPs与《罗马公约》的关系

《罗马公约》是邻接权保护中的第一个世界性公约,其主要内容有:

(1)国民待遇原则。《罗马公约》规定的国民待遇原则是针对三种不同的邻接权主体而做出的。对表演者来说,如果其表演活动发生在《罗马公约》的成员国内,或表演活动已被录制在依照《罗马公约》受保护的录制品上或表演活动未被录制,但在《罗马公约》所保护的广播节目中播放了,那么不管表演者在成员国内有无国籍或住所,都应享有国民待遇。对录音制品制作者来说,如果该录制者(自然人或法人)系《罗马公约》成员方国民,或录音制品系首先在《罗马公约》成员国内录制,或录音制品系首先在《罗马公约》成员方中出版发行,则可以享有国民待遇。对广播组织而言,如果该广播组织的总部设在《罗马公约》成员方中,或有关的广播节目是从《罗马公约》成员方中的发射台首先播出的,则该广播组织可以享有《罗马公约》规定的国民待遇。

(2)公约规定的邻接权。①表演者的权利,包括防止未经许可而广播或向公众传播其现场表演(但是专为广播而表演者以及根据录音或录像而广播者例外)的权利;防止未经许可对现场表演进行录制的权利;防止未经许可复制其表演的录制品(如果原始录制未经表演者同意,或制作该复制品的目的与表演者所同意的目的不一样的话)。②录音制品制作者的权利,即许可或禁止直接或间接复制其录音制品。③广播组织的权利,包括许可和禁止转播其广播节目的权利;许可或禁止固定其广播节目的权利;许可或禁止复制未经其同意而制作的它们的广播节目录制品,或为了与公约规定的目的不同的目的而复制依照公约规定所做的广播节目录制品;许可或禁止通过在公共场所的接收装置向公众收费传播它们的电视节目。

(3)允许各国自行规定权利的行使。公约规定了在某些情况下,对表演者的保护可以由各国法律自行做出规定;同时规定了各国法律可以对录音制品制作者及表演者自行做出规定的情况。

(4)保护期限。《罗马公约》规定了20年的保护期,其中录音制品和录制在录音制品中的表演自录制年份的年底起算;未录制的表演,自表演举行年份的年底起算;广播节目自广播年份的年底起算。

(5)对保护的限制。《罗马公约》第15条规定对私人使用、在时事报道中摘要使用、广播组织为自己广播使用而利用自备设备临时录制、纯粹为教学或科研目的的使用可不适用于公约规定的保护。另外,各国法律还可以像对著作权一样规定对权利的限制。

(6)追溯力。《罗马公约》对生效前已获得的权利没有追溯力,公约也不适用在该国生效前已经举行的表演、已经广播的节目和已经录制的录音制品。

对以上(1)、(2)、(3)项的内容,TRIPs大都予以采用,但同时也有所增删。如增

加了录音制品制作者对其录音制品许可或禁止出租的权利。对（4）、（5）、（6）项的内容则大多进行了修改。如将表演和录音制品的保护期延至 50 年，对保护的限制不能不合理地损害权利人的利益，将《伯尔尼公约》关于追溯力的原则扩展适用于表演者权和录音制品制作者权。

四、TRIPs 与《集成电路知识产权公约》的关系

1989 年由世界知识产权组织主持通过的《集成电路知识产权公约》至今尚未生效，但 TRIPs 依然同意以该公约的部分规定为基础对集成电路布图设计提供保护，并补充了一些规定。也就是说，实际上，《集成电路知识产权公约》在 WTO 的成员方生效了。

TRIPs 明确各成员遵守的公约的主要内容是：

（1）保护客体，即布图设计。它是指集成电路中多个元件（其中至少有一个是有源元件）和其部分或全部集成电路互联的三维配置，或者是指为集成电路的制造而准备的这样的三维配置。另外，条约对受到保护的客体有一定的创作高度的要求，即布图设计在其创作时，对布图设计创作者和集成电路制造者来说都不是常规的设计。

（2）采用制定特别法的形式予以保护，或在著作权法、专利法、工业品外观设计或不正当竞争法中给予保护。但由于各国实践中多以专门法的形式予以保护，TRIPs 在体例上也是采取与著作权法、专利法等并列的形式。

（3）国民待遇原则。《集成电路知识产权公约》采用《巴黎公约》关于国民待遇原则的精神，即缔约国的国民或在缔约国内有住所的自然人或在缔约方领土内为创作布图设计或生产集成电路而设有真实和有效的单位的法人或自然人。国民待遇的例外和《巴黎公约》也基本相同。

（4）保护范围。TRIPs 第 36 条规定的保护范围除了重复原《集成电路知识产权公约》的规定外，还增加了为商业目的进口、销售或以其他方式发行含有受保护的集成电路的物品为非法的规定。

（5）无需权利持有人许可的行为，或称为权利限制，包括：①为私人目的或单纯为评价、分析、研究或者教学的目的复制受保护的布图设计。②在第一布图设计的基础上做出第二布图设计的人实施受保护的行为不视为侵犯第一布图设计权利人的权利。③权利人对第三人独立创作做出的相同的具有原创性的布图设计，不得行使其权利。④不知道或没有合理的根据知道集成电路中含有非法复制的布图设计而从事进口、销售等违法行为的不承担侵权责任。对此，TRIPs 还增加规定，行为人即使得到通知，仍可以就以前库存的或已订购的上述集成电路继续进口、销售等，但应向权利人支付合理的使用费。⑤允许成员方的法律规定对布图设计未经权利人许可的使用。TRIPs 在第 37 条第 2 款又增加规定对集成电路布图设计的未经许可的使用同样应遵守 TRIPs 第 31 条的规定。⑥受保护的集成电路布图设计由权利持有人或经权利人同意投放市场后，原权利人的权利就用尽了，这和专利权用尽原则是相同的，不同在于布图设计权的地域性不考虑在内。

（6）保护期。《集成电路知识产权公约》规定的保护期为至少 8 年，TRIPs 规定为至少 10 年，从注册申请的提交日起，或从该设计于世界任何地方首次付诸商业利用的时间起算。

第三节 TRIPs的执行

TRIPs在执行方面的规定有：①各成员应保证国内法中含有TRIPs规定的执法程序，以便对任何侵犯受该协定保护的知识产权的行为采取有效行动，执行这些程序时应避免对合法贸易造成阻碍，并设有防止有关程序滥用的保障措施。②知识产权执法的程序应公平、公正，不应过于烦琐或费用高昂，也不应有不合理时限或导致无故拖延。③对案件的裁决最好以书面形式做出，并陈述理由，且在合理时间内告知诉讼当事方。④诉讼当事方应有机会要求司法机构对行政机构的决定进行审议，在符合条件的情况下，应有机会要求对初审的司法判决进行复审。但是，成员方没有义务为刑事案件中的无罪判决提供审议机会。

一、TRIPs执行的程序

TRIPs主要规定各成员应当对知识产权持有人提供执行知识产权的民事司法程序以及司法机关给予的民事救济；但并不排除成员就知识产权的执法适用行政程序和刑事程序，成员可以对是否采用行政程序和刑事程序进行选择。

（一）民事司法程序

民事司法程序应符合公平合理原则，体现在：①被告应有权获得及时的和足够详细的书面通知，包括赔偿请求的根据；②应允许当事人委托独立的法律顾问充当代理人，而且有关程序不得强制性要求当事人本人出庭而给其带来负担；③参加程序的所有当事人应有权详细陈述权利要求的根据并提供所有的有关证据；④除与现有的宪法要求相违背以外，民事程序应为识别和保护保密信息提供措施保障。

1.证据的提供

当一方当事人提供了足以支持其赔偿要求的并能够合理地获得的证据，同时指出与支持其赔偿要求有关的证据处于另一方当事人控制之下时，司法部门有权在满足保守机密情报的条件下责令另一方当事人提供这样的证据。

如果诉讼程序的一方当事人主动并且没有正当理由拒绝寻求必要的信息，或者没有在合理的期间内提供必要的信息，或者有意妨碍与知识产权执法有关的程序，在已为当事人提供对所述主张或证据的听证机会的前提下，成员方可以授权司法部门在它们所获得的信息的基础上，做出初步或最终的判决。

2.对侵犯知识产权的民事救济

（1）禁止令。司法部门应有权责令一方当事人停止侵权行为，包括在海关批准进口之后，立即禁止侵犯知识产权的进口商品在其管辖范围内进入商业渠道。但如果当事人获得或订购该商品是在知道或者应当知道经营这样的商品将会导致对知识产权的侵犯之前，司法部门则不能行使以上权力。

（2）损害赔偿。对明知或应知自己从事侵权活动的侵权人，司法机构有权责令其向权利持有人支付足够的损害赔偿。司法机构还有权责令侵权人向权利持有人支付有关费用，包括相应的律师费用。在适当的情况下，即使侵权人不是明知或应知自己从事的活动构成侵权，各成员也可授权司法机构责令其退还利润或支付法定赔偿金，或者两者并举。

（3）其他救济。为有效地遏制侵权，成员方司法机构有权在不给予任何补偿的情况下，责令将被发现侵权的货物清除出商业渠道，以避免对权利持有人造成任何损害；或者在不违背成员方现行宪法的情况下，下令将被发现侵权的货物销毁。司法机构还有权在不给予任何补偿的情况下，把主要用于制造侵权产品的材料和工具清除出商业渠道，以便将发生进一步侵权的风险降低到最低限度。

（二）行政程序

如果行政程序涉及案件的是非曲直，而且其结果是采取某种民事法律救济措施，则此类程序实质上与民事程序的有关原则相一致。

（三）刑事程序

如果知识产权侵权行为严重，构成犯罪，知识产权纠纷就要进入刑事程序。TRIPs对于知识产权纠纷的刑事程序和惩罚的规定比较笼统，这使得各成员在相关立法方面比较自由。TRIPS要求各成员应规定刑事程序和处罚至少适用于具有商业规模的故意假冒商标或版权案件。可使用的救济措施应包括足以起威慑作用的监禁或罚金，在适当情况下，可使用的救济措施还应包括剥夺、没收，以及销毁侵权货物和主要用于侵权活动的任何材料与工具。各成员可规定适用于其他知识产权侵权行为的刑事程序和处罚，尤其是针对故意并具有商业规模的侵权案件。

（四）关于过渡期的规定

根据各成员方经济发展水平的不同，TRIPs规定了不同的过渡期：①发达成员的过渡期为世界贸易组织协议生效后1年，即到1996年1月1日。②发展中成员的过渡期为世界贸易组织协议生效后4年，即到2000年1月1日（处于由计划经济向市场经济转型、正进行知识产权体系的改革或者面临知识产权法起草和实施特殊问题的国家也适用该过渡期的安排）。③最不发达成员的过渡期为11年，即到2006年1月1日。特殊情况下，最不发达成员还可以获得更长的过渡期，但应向知识产权理事会提出具有正当理由的请求，并由理事会做出决定。④在TRIPs生效之日，发展中成员按照本协定规定的义务需要将对产品专利的保护扩大到在其领土上尚不能获得保护的技术领域，它可以再延迟5年即到2005年1月1日适用本协议的规定。

为保障过渡期安排的实施，TRIPs一方面规定，在过渡期内所有成员方不得采取任何导致现有知识产权保护水平降低的措施；另一方面也规定，发达成员应向发展中成员和最不发达成员提供技术和资金支持。为了使最不发达成员能够建立良好的能够生存的技术基础，发达成员应采取措施，鼓励和促进其境内的企业和研究机构向最不发达成员传输技术。

二、TRIPs允许采取的措施

（一）可采取的临时措施

在知识产权的司法程序中，从司法程序开始到最终裁决这一段时间里，为避免被告继续实施侵权行为给原告带来不必要的经济损失，司法机构应当实施相应的临时措施。其主要包括：（1）司法机构有权责令采取迅速和有效的临时措施，以阻止任何侵犯知识产权的行为发生，特别是阻止有关货物进入其管辖下的商业渠道。（2）在适当的时候，司法机构有权采取不作预先通知的临时措施，尤其当任何延迟很可能对权利持有人造成难以弥补的损害时，或存在证据正被毁灭的明显风险时。（3）司法机构有权要求申请人提供任何可以合理获得的证据，以使司法机构足以肯定该申请人是权利持有人。司法机构有权责令申请人提供足以保护被告及防止滥用程序的保证金或相当的担保。（4）如果采取了未作预先通知的临时措施，司法机构应在执行该措施后立即通知受影响的各方。如果被告提出请求，司法机构应对这些措施进行审议，决定这些措施是否应予以修正、撤销或确认。（5）执行临时措施的主管机构可要求申请人提供在辨认相关的货物时所需的其他必要信息。（6）司法机构在其确定的合理期限内，若仍未能开始审理有关案件，则在被告提出请求的情况下，应撤销或以其他方式终止临时措施。如果司法机构未确定时限，则采取的临时措施不超过20个工作日或31个日历日，以长者为准。（7）如果临时措施被撤销，或由于申诉人的任何作为或不作为而失效，或发现对知识产权的侵权行为或者威胁不存在，则应被告的要求，司法当局应有权责令申请人向被告适当补偿。

（二）可采取的边境措施

国际贸易中侵犯知识产权的商品进出入一国的商业渠道要经过关境，为了中止放行进口的侵权产品，同时制止侵权产品的出口，TRIPs规定了与边境措施相关的措施。在海关放行后，主管当局可以通过临时措施阻止侵权商品进入其管辖范围内的商业渠道；在海关放行前，则可以通过边境措施中止放行侵权商品进入一国市场。但必须是依当事人的请求采取边境措施，以及主管当局依职权主动采取边境措施。TRIPs规定，当权利人有合法理由怀疑假冒或盗版商品有可能进口或者有其他侵犯知识产权的活动时，可以向行政或司法当局书面申请要求海关中止放行。成员方还可以提供对于意图从其他地区出口的侵权产品由海关中止放行的程序。

三、知识产权争端的预防及解决

为防止产生知识产权争端，TRIPs规定了透明度原则，在已发生知识产权争端的情况下，又规定了解决争端的途径。

（一）争端的预防

为了预防知识产权争端的发生，TRIPs规定了争端预防的透明度原则：（1）成员与本协定内容有关的法律、规则，以及具有普遍适用性的终局司法判决和行政裁决都应以官方语言公开发表。如果无法实现这样的公开发表，也应当要使之为公众所能获得，使各国政府和权利所有者能够了解其内容。一成员政府或政府机构与另一成员政府或政府机构签订的任何与本协定内容有关的协议也应公开发表。（2）成员应当将上述的法律和规则通告与贸易有关的知识产权理事会，以便帮助该理事会检查本协定的运作情况。

（二）争端的解决

各成员有关知识产权争端的解决，应适用WTO争端解决机制。争端解决机制主要规定在WTO《关于争端解决的规则与程序的谅解》之中。根据该谅解，WTO成员发生争议，应首先进行磋商，磋商应于一方提出申请后60天之内结束。如果磋商未达成协议，则一方可向"争端解决机构"（Dispute Settlement Body，DSB）申请成立专家小组（panel）；该机构应于45天内决定是否同意成立专家小组（只有该机构全体反对，才能不成立专家小组）；专家小组应于6个月内做出裁决。专家小组虽然只是协助争端解决机构做出裁决或建议，但专家小组的报告只有在该机构全体意见一致的情况下才能被否决。

任何一方都可以就裁决向"上诉机构"（Appellate Body）提出上诉。上诉机构将对裁决的法律问题进行审查，最多必须在90天内做出维持、修改或撤销的决定。争端解决机构可以在30天内接受或否决上诉机构的报告。

败诉方必须履行裁决，但如果无法立即履行，则争端解决机构可以给予一个合理的履行期限。如果在合理的期限里不履行裁决，胜诉方可以要求补偿；败诉方也可以主动给予补偿。当败诉方未能履行裁决，又未给予补偿时，胜诉方可以要求争端解决机构授权采取报复措施，中止协议项下的减让或其他义务。

专栏9-3

WTO知识产权争端解决实践十三年

自1996年1月1日TRIPs对发达成员1年的过渡期届满，至2009年1月1日，在13年中，WTO成员提起的涉及TRIPs的争端共27起，其中，专利案件11起、知识产权执法案件6起、版权案件5起、商标或地理标识案件4起、未披露信息保护案件1起。这些案件的进展和详情，为我们审视WTO知识产权争端解决中存在的问题，提供了最佳素材。

WTO知识产权争端集中于TRIPs实施的早期，即1996—2001年。2001年后提起的案件只有4起。这与TRIPs的过渡期安排有关。依据TRIPs第65条，发达成员的过渡期为1年，发展中成员可再推迟4年。1996—2001年间，正是多数WTO成员执行TRIPs的实施期，容易因实施TRIPs而发生争端。2001年后，除最不发达成员之外，多数成员已通过国内立法实施了TRIPs，争端减少。过渡期之后，2004—2006年间，WTO成员未提起知识产权案件，2007年之后的两起案件均针对中国。

从争端方的构成来看，与WTO争端解决实践的总体情况吻合。绝大多数知识产权争端是由美国（17件）、欧共体（7件）等发达成员提起的，但被诉的案件也较多。美国、欧共体和加拿大是卷入TRIPs争端最多的成员。这些成员的服务业和工业较为发达，制药、软件、娱乐等产业在国内生产中所占的比重更大，对知识产权更为依赖。卷入TRIPs争端的发展中成员有印度、巴西、阿根廷、中国等，但只有巴西曾作为申诉方出现。

从争端解决途径来看，近半数的案件是和解解决的（13起，约占48.1%），经专家组和/或上诉机构审结的案件只有9起。在剩余5起未决争端中，有3起发生在2001年以前，但至今未给予争端解决机构（DSB）任何通知，处于外界不明的状态。这表明，尽管WTO体制的法律化程度很高，但争端方仍习惯于外交和政治的解决方法，而非准司法的、法律的方法。

从执行来看，知识产权案件的执行期比一般案件长，均超过10个月。例如，印度药品和农业化学制品专利保护案，争端方协商确定执行期为15个月；美国版权法110（5）节案，仲裁确定执行期为12个月；美国综合拨款法211节案，争端方最初协商确定执行期为10个月，但后来被延长。

从最终执行结果来看，总体情况良好，但美国的执行存在严重问题。在《版权法》第110（5）节案中，美国宁肯支付赔偿，也不修改版权法。美国与申诉方欧共体达成的关于补偿的临时安排已于2004年12月最新通报，执行未有任何新进展。在《综合拨款法》第211节案中，最初确定的执行期为不迟于2003年1月3日，但根据美国向WTO的最新通报，本案仍未得到执行。上述两个案件均起诉于1999年，至2009年已过去了10年。与此形成鲜明对比的是13起和解结案的案件。在这13起案件中，只有1起是欧共体起诉的，其余12起案件都是美国起诉的。在WTO成立后的5年时间里，美国通过十几起起诉，成功地促使其他成员修改国内法，实施TRIPs，却拒不修改自身被裁定违反TRIPs的立法。

资料来源：李小玲．WTO知识产权争端解决实践十三年：回顾与评述［J］．国际经贸探索，2009（11）．

第四节　TRIPs与中国

21世纪是知识经济时代，作为知识产权保护核心制度的TRIPs对我国经济发展影响深远。对此，我国政府与企业必须高度重视，积极探索TRIPs的运用技巧，以最大限度地保护国家知识产权利益。

一、TRIPs对我国知识产权保护的影响

（一）版权保护

由于TRIPs将计算机程序和有独创性的数据汇编明确列为版权保护的对象，而我国知识产权在这方面的保护尚未跟进，对于一些外国进口计算机软件不能给予合理的保护，因此导致屡次遭到软件商的侵权诉讼。而国内市场盗版软件屡禁不止，严重危害知识产权所有者的利益，从而导致外商不愿意向我国出口先进软件科技技术，也不愿意向我国进行技术软件投资，这对我国软件产业的发展极为不利。

此外，TRIPs延长了某些作品的保护期，这对于进口影片和录音作品的知识产权保护提出了更高的要求。而长期以来，此类知识产权的侵权行为在我国很普遍，很多外国音乐作品被抄袭、改编后并未得到声明或原版权所有者许可便公开在市场上发行。随着加入WTO相关领域过渡期的结束，TRIPs正式生效，我国在保护外国录像作品、录音作品问题上面临巨大挑战，这对我国的影视业产生重要影响。

讨论9-1

音乐抄袭　你原谅吗？

2006年中国内地"花儿乐队"在专辑《我是你的罗密欧》和《花季王朝》中有13首歌涉嫌抄袭、改编外国音乐录制作品，并爆出《嘻唰唰》涉嫌抄袭日本组合PUFFY的《K2G奔向你》；传遍大江南北的《吉祥三宝》也因嫌疑抄袭法国电影歌曲而遭到侵权起诉。

2006年有网友统计的音乐涉嫌抄袭的纠纷有：

花儿乐队创作的《嘻唰唰》涉嫌抄袭日本组合PUFFY的《K2G奔向你》；

《天下第一宠》涉嫌抄袭韩国歌手金建模的《养子》；

《星囚歌剧》涉嫌抄袭英国歌手GeriHalliwell的《Calling》；

《童话生死恋》涉嫌抄袭比利时K3组合的《Turn Back Time》；

《该》涉嫌抄袭加拿大歌手艾薇尔的《I DO NOT GIVE》；

胡彦斌创作的《尴尬》涉嫌抄袭美国乐团Hoobastankd的《Crawling In The Dark》；

王蓉创作的《水煮鱼》涉嫌抄袭杨臣刚的《老鼠爱大米》；

张含韵演唱的《酸酸甜甜就是我》涉嫌抄袭挪威女歌手 Lene Nystroms 的《Pretty Young Thing》；

容祖儿演唱的《明日恩典》涉嫌抄袭 Tension 的《奇异恩典》（英皇公司承认旋律相似）；

F.I.R 创作的《千年之恋》涉嫌抄袭张卫健的《冷眼旁观》；

刀郎创作的《披着羊皮的狼》（谭咏麟演唱）歌词涉嫌抄袭何太极同名作品。

大量的类似案件是否为抄袭很难有定论，主要原因就是音乐引用与音乐抄袭界限十分模糊，请谈谈你的看法。

（二）商标保护

在商标方面，TRIPs 提出了更高的保护要求，扩大商标的范围，并对驰名商标进行特殊保护。在这方面，我国也是屡遭发达国家的侵权诉讼，如对 Addidas、Nike 等外国驰名品牌服装商标侵权。在商标的许可和转让问题上，TRIPs 否定了强制许可制度，我国将不能强制外国驰名商标许可国内相关厂商使用并获利，从而将给国内缺乏比较优势的服装业、制鞋业以严重打击。

（三）专利的保护

TRIPs 明确规定：一切技术领域中的发明，无论是产品发明或方法发明，只要有新颖性、创造性，并可付诸工业应用，均可能获得专利权，不能因地点、技术领域、进口或本地制造的差异而被歧视。这一规定将改善中国的专利保护现状，使一些具有中国特色的传统产品（如中药、陶瓷等）的制作技艺和方法得到有效保护，能够更好地参与国际竞争。

专栏9-4

反思中国出口企业为何屡屡"折戟"知识产权关

在 2008 年 9 月 18 日在佛山召开的中欧知识产权制度与外观设计专利国际研讨会上，国家知识产权局副局长李玉光提及了一起中外知识产权纠纷案例——在德国柏林国际消费电子展上，德国海关以"可能侵犯专利权"为由，突袭了包括中国企业在内的 69 家企业的展位。他说："这一事例再次表明，我国企业对国际特别是发达国家的知识产权保护制度和运作规则了解得不是很清楚，运用得不是很充分，自身的知识产权保护意识也不强。"

事实上，中国外贸产业近年来遭遇了一场又一场的知识产权争端。然而，来自欧盟的最新统计数据却发人深省。

一、欧洲专利局官员展示"数字鸿沟"

中国的外贸企业在遇到知识产权纠纷时，普遍认为这是国际市场通过滥用知识产权保护规则，构筑起新的贸易壁垒。

根据欧盟内部市场协调局的数据，1996 年 4 月—2008 年 8 月，694 977 件商标通过欧洲内部市场协调局注册，其中，中国大陆申请人注册了 2 626 件，占比仅为 0.3%。而同期美国申请的专利占了 21%，德国占了 17%，日本占了 3%。就连中国港澳台地区都申请注册 8 654 件，占 1.31%。而据国家知识产权局发布的《2007 年中国知识产权保护状况》公报显示，仅 2007 年，我国受理的国外申请人在中国的商标注册申请量就达到了 10.3 万件，同比增长 6.1%。

二、跨越鸿沟，需要政府企业共同努力

2008年6月发布的《国家知识产权战略纲要》中明确提出，近5年的目标之一是："本国申请人发明专利年度授权量进入世界前列，对外专利申请大幅度增加。培育一批国际知名品牌。"

欧洲专利局官员介绍，有时候，很多中国企业仅仅是因为技术处理上的不严格，就导致了申请不过关。例如在外观设计上欧洲要求非常严格，有时甚至专利申请图片的背景不单一、图片的质量太差也成为拒绝给予批准的原因。

资料来源：肖思思，王攀. 反思中国出口企业为何屡屡"折戟"知识产权关 [EB/OL]. [2018-12-21]. http://www.gd.xinhuanet.com/newscenter/2008-09/20/content_14448308.htm.

（四）对于未披露信息

TRIPs新加入了对商业秘密的保护。过去中国法律并未对商业秘密加以特别规定，这严重影响了企业的创新积极性。TRIPs的新规定将更有利于激发企业的自主创新积极性。

二、中美知识产权保护争端

中国与美国之间的知识产权保护争端由来已久。自1991年以来，美国根据国内贸易法的特殊"301条款"多次将中国列入"重点观察国家"，甚至"重点报复国家"名单。长期以来，中美双方主要通过双边磋商的方式解决彼此间的争议。2001年中国加入WTO后，在双边经贸关系发展的同时，中美知识产权纠纷也随之突显。

2007年4月10日，美国就"中国——与知识产权保护和实施有关的措施"（案件编号：WT/DS362）向中国提出WTO磋商。2007年6月7—8日，中美双方就此案进行了磋商，加拿大、日本、欧盟和墨西哥作为第三方参与磋商。美国于2007年8月21日正式提起设立专家组的请求。2007年9月25日，WTO争端解决机构决定就此案成立专家组。美国提出的投诉共有三项，分别是：（1）中国刑法中规定的假冒商标和侵犯著作权的行为，受刑事处罚的门槛（即满足一定数量要求）太高。不符合中国在TRIPs第三部分"知识产权的实施"下的义务，特别是与TRIPs第41条第1款和第61条的规定不符。（2）中国有关处置海关查获的侵权产品的规定允许侵权产品在取消假冒商标或其他侵权标识后进入市场流通，这些措施与TRIPs第46条、第59条的规定不符。（3）被要求在进入中国市场前经历审查机构审查（或者其他形式的出版前或者发行前的审查）的作品，在审查完成和在中国出版和发行被授权前无法得到著作权的保护，违反TRIPs第9条第1款、第14条、第41条第1款和第61条的规定。此外，上述措施给予外国作品的待遇低于给予国内作品的待遇，违反TRIPs第3条第1款。

2008年10月，专家组向中美双方提交了中期报告。2009年1月26日，WTO专家组向各成员公布了最终报告，并在3月20日DSB会议上通过，中美双方宣布不再上诉。至此，中美首个知识产权案件尘埃落定。

世贸组织专家小组做出如下裁决：①关于刑事门槛。专家组裁定美国没能证明中国有关刑事门槛的规定不符合TRIPs。②关于海关措施。专家组认为，虽然中国海关对进口冒牌货仅摘除非法标志的处置方式不符合TRIPs，但美国没能证明捐赠给社会公益机构、卖给权利人等处置方式不符合TRIPs，美国也没能证明中国有关拍卖的规定影响了海关销毁货物的权力。此外，专家组还认为，中国海关措施适用于出口货物，高于TRIPs所规定的义务。③关于中国著作权法。专家组认为，虽然对未能通过审查的作品、通过审查的作品中被删除的部分不提供著作权保护，不符合TRIPs和《伯尔尼公约》，但在从未提交审查的作品、在等待审查结果的作品、通过审查作品之未修改版本等方面，美国未能证明中国的做法不符合TRIPs。专家组还强调，其裁决不影响中国的内容审查权。

根据上述结论，专家小组建议根据《关于争端解决的规则与程序的谅解》第19条第1款，中国应使著作权法和海关保护符合其在TRIPs下的义务。

中美知识产权WTO第一案，从准备到起诉，美国用了近5年的时间。虽然此次没有完全胜诉，但美国政府很可能再次对我国知识产权保护问题发难。因此，我国应做好打持久战的准备，从多角度采取相应的策略，避免贸易纠纷的出现甚至贸易战的打响。

三、中国运用TRIPs的策略及技巧

针对TRIPs对于我国的一系列影响，政府与企业应从宏观与微观两方面积极行动起来，谋划策略，掌握运用技巧。

（一）政府方面

政府应不断完善知识产权保护制度，强化相关法律的履行和执行，同时积极参加WTO多边谈判，参与规则制定，熟知规则，并争取自身利益。

1.正确认识TRIPs，善用国家自主性

根据WTO规则，与TRIPs所规定的义务相抵触的成员域内的任何规定都应进行修改，并要求成员必须达到TRIPs的知识产权最低保护标准。作为WTO的成员，我国政府履行承诺，遵循国内法不得与TRIPs相冲突的原则，对知识产权法律制度进行修改，构建了全新的知识产权体系。但是，TRIPs是一个在发达国家主导下形成的协议，更多地体现发达国家的利益，忽视了发展中国家的实际经济技术水平。知识产权争端是一场"长期的没有硝烟的战争"，我国应未雨绸缪，应在TRIPs框架允许范围内，最大限度发挥国家自主性，制定符合本国国情的知识产权保护制度，并争取在日后的WTO争端中据理力争。

2.完善知识产权保护制度

第一，增强版权保护。修订保护版权及相关权利的现行法律，修改相关的版权制度（包括《著作权法实施细则》和《实施国际著作权条约的规定》）以保证完全符合中国在TRIPs项下的义务。此外，有必要改进版权执法，明确规定保存证据（包括书面证据）的临时措施，以及阻止进一步侵权的救济措施。

第二，完善商标立法并加强商标的保护力度。我国现行《商标法》在一些方面与TRIPs和《巴黎公约》的要求还存在一定差距，应该修改现行《商标法》，以完全满足TRIPs的要求。

第三，进一步完善关于地理标识和原产地名称的立法，将原产地名称纳入商标法保护，并且必须纳入原产地证明商标中给予法律保护。在法律上应当要求，在同一原产地名称下众多的企业必须申请、注册各自的商标。这一方面能够使企业得到双重的保护，另一方面也能防止商标权和原产地名称权之间的权利冲突。建议在《商标法》中应对地理标识保护作专门规定。

第四，加强国内专利立法及保护。TRIPs在对专利的强制许可方面赋予了成员相当大

的灵活性，我国应高度重视利用这一弹性条款。在TRIPs允许的范围内，对于跨国公司技术垄断、暴发重大公共健康危机等突发事件，应该大胆利用专利强制许可措施，最大限度地保护我国的国家利益，并借此促进技术进步，缩小我国与发达国家在经济技术发展水平上的巨大差距。另外，在专利法领域，既然TRIPs给予成员方自由决定权利用尽原则的权利，我国专利法也应明确规定权利国际用尽原则，允许、鼓励国民获得合法的、廉价的知识产权商品。

第五，加强对集成电路布图设计的保护。根据TRIPs的要求，中国需要加强对布图设计的保护，以支持集成电路产业的快速发展。虽然我国的《集成电路布图设计保护条例》已经施行，然而这仅是一部行政法规，建议在适当的时候将其上升为法律，以便对集成电路布图设计进行更好的保护。

第六，注重立法技术，确保立法精细化。在2007年中美知识产权保护争端解决过程中，WTO专家组对于我国的著作权法律、最高人民法院和最高人民检察院的司法解释，甚至对具体案件的批复、国家知识产权局制定的规章、解释等均进行了全面、详尽的审查，从中找到了诸多不统一、不协调之处，使得我们在争议中多次出于被动地位，最终部分败诉。这不得不警示我们必须重视立法技术，并将立法精细化进一步提上日程。立法部门在起草相关法律、法规时，应当认真研究该立法可能涉及的国际条约、WTO协定，尽量避免法律、法规的条款与国际条约、协定相冲突。

3.加强知识产权保护制度的履行和执行

第一，切实履行TRIPs的规定。我国作为一个有重要国际影响的大国，必须信守国际法基本原则，认真履行包括TRIPs在内的WTO协定，平等地保护本国、他国国民的知识产权。同时，提高全民的知识产权保护意识，鼓励技术创新和产业升级。

第二，加强对民事诉讼程序、行政程序的履行和救济。目前我国对大多数知识产权侵权行为都采取行政手段处理。但对于那些涉及屡犯和故意盗版、假冒等情节严重的案件，将移交有关主管机关按照刑法的规定起诉。如果行为触犯刑法，则还应通过刑法程序加以解决。

4.积极参与谈判，争取发展中国家的权利

我国是WTO的正式成员，同时作为一个发展中的大国，我们应该团结广大发展中成员，积极参加WTO多边谈判，在谈判中学会利用各种策略，据理力争，争取制定有利于发展中国家的知识产权保护的国际法规则，使得发展中国家的利益能够在多边贸易体制内得到维护。例如，在多哈举行的第四次WTO部长会议上，发展中国家通过努力，在其通过的《TRIPs协议与公众健康宣言》里，在一定程度上维护、体现了发展中国家的利益。该宣言"在保持我们在TRIPs中所做的承诺的同时"，也重申了发展中国家可以使用TRIPs提供的弹性条款，并明确了弹性条款的具体内容，另外还重申了发达国家成员向其本国企业和机构提供优惠措施来促进、鼓励向最不发达国家成员进行技术转让的承诺等等。

案例9-2

生命高于专利权，跨国药厂撤回对南非起诉

代表39家跨国制药企业起诉南非政府侵犯专利权法的南非制药商联合会2001年4月

19日在比勒陀利亚高等法院宣布，撤回对南非政府的起诉。至此，这场持续3年、被称为利欲熏心的跨国公司与以民为本的发展中国家政府之间的"道德官司"以"性命高于专利权"的结果告终。

1997年，南非政府就《药品及相关产品管理法案》通过一项修正案，授权政府在有获得专利所有者允许的情况下，生产其拥有专利权的药品，并允许进口没有专利所有者颁发的生产许可证的药品。众多药厂指责修正案使政府不受限制地凌驾于药品专利权法之上，并向法院提出了起诉。

其实，跨国制药厂商做出撤诉的决定也是迫不得已。多年来，这些企业生产的艾滋病药品的价格一直居高不下，致使许多急需药品的患者在高昂的价格前望而却步。南非是世界上艾滋病患者最多的国家之一，南非政府的修正案是为使国民更易于获得治疗艾滋病的药品而制定的。因此，自这场官司开始以来，南非政府就得到了国内外的广泛支持。法庭开庭后，包括医生无国界组织、艾滋病组织在内的非政府组织展开了声势浩大的声援南非政府的活动。据报道，在越来越大的压力下，跨国制药企业在通过联合国秘书长安南与南非总统姆贝基达成共识后，决定撤销起诉。

"对生命的重视可以逾越对专利权的尊重"成为本案的重要结论。这一案件更深远的影响在于，南非政府为广大贫困国家和发展中国家开创了一个先例，使它们可以援引此案来制定法律，规避专利权法，以获得急需药品。因此，此案的结果被认为是世界范围内挑战利用专利权法牟取高额利润的跨国制药企业的斗争取得的一个具有历史意义的阶段性胜利。

资料来源：邓黎．生命高于专利权，跨国药厂撤回对南非起诉［N］．扬子晚报，2001-04-20.

案例思考：

你认为生命权和知识产权哪个更重要？

（二）企业方面

企业是知识产权保护的微观主体，除了不断增强自主创新的能力之外，还应当培养灵活运用WTO知识产权保护规则的能力，防止侵权行为与被侵权事件的发生。

1.寻找合法、无偿使用他人智力成果的契机

TRIPs的知识产权保护机制一方面具有很强的排他性，另一方面具有很强的地域限制性、时间限制性。充分利用后面两种特性，就有可能获得合法、无偿使用他人知识产权的机遇。例如，可以在专利权保护的地理范围以外无偿使用该技术生产有关产品并销售；对于超过有效保护期的专利技术、在有效保护期内被专利复审委员会宣告无效或因专利持有人未按时交纳年费而自动失效的专利技术，可以无偿使用。为此，企业的知识产权事务主管部门要对相关知识产权项目做大量的获取资料和搜集信息的工作，在相关领域掌握主动权，争取有利地位。

2.正确处理自主创新与合法仿制的关系

从长远来看，提高自主创新能力，是保证企业在知识产权问题上取得主动地位的根本途径。因此，企业应当通过增加资金、先进设备和智力资源的投入提高研发强度，通过建立有效的创新激励机制激发员工的创造力，争取实现技术突破，生产拥有自主知识产权的产品。

但是，鉴于目前中国企业的技术水平普遍不高，在近期内应当将合法仿制作为促进产业发展的重要途径之一。积极引进国外的先进技术和新产品，并在适当的条件下开展仿制活动，在仿制的过程中可以提高自身的研发能力和技术水平。而且，合法仿制是WTO规则所允许的行为。因此，作为发展中国家的企业，我们应当充分利用合法仿制，把它作为学习、掌握先进技术的一个重要环节；决不能因噎废食，由于担心侵犯知识产权而放弃这种合法、有效的技术发展路径。

3.在被控侵权时积极应诉

有些外国企业纯粹是将知识产权诉讼作为打击竞争对手的工具，实际上它们持有的知识产权并未遭到侵犯，有时甚至属于无效产权。该类企业故意虚张声势，就是企图迫使竞争对手自动退出目标市场。如果被诉方盲目退避、放弃应诉，那么正中该类企业的圈套。相反，如果被诉方迎难而上、积极应诉，那么很有可能赢得诉讼。以珠海炬力与SigmaTel专利纠纷案为例，珠海炬力在面对SigmaTel的起诉时，不仅发起多方位知识产权保卫战，同时也在中国市场对SigmaTel公司进行战略性反击。经过几年努力，珠海炬力的辩护应对策略取得巨大成功。

此外，企业在进行知识产权诉讼的收益成本分析时，除了考虑近期利益、局部利益之外，还应当兼顾长远利益和整体利益。知识产权诉讼不仅关系到当前的市场份额，还关系到未来的市场份额和知识产权使用费；从目前来看也许只涉及少数企业的利益，而从长期来看可能涉及整个行业的利益。如果我国企业不应诉，外国政府有关部门将推定我方默认申诉方的侵权指控属实，仅仅根据申诉方提交的材料进行缺席裁决，结果使我国企业在该国市场陷入最坏的境地。因此，在大多数情况下，受到侵权指控的国内企业及相关企业应当结成联盟，共同策划应诉方案，分担诉讼费用。

章末案例

印度专利政策与制药业的发展

[案情简介]

印度作为发展中国家的典型代表，其知识产权制度的实践颇具特色。尤其在近40年知识产权制度的完善中，印度始终在履行国际承诺的同时，坚定地实施维护国家利益的立法政策。印度制药业正是有了从1970年至2005年实时修订的《专利法》的支持才得以迅速崛起。

1970年，印度颁布的《专利法》，排除了对药品专利的保护，促进了印度仿制药品产业的高度发达。直至2004年12月印度颁布《2004年专利（修订）条例》才履行了TRIPs的义务，规定对药品等产品进行专利保护，但新的专利法在许多方面注重利用TRIPs的弹性，努力确保印度制药产业不处于危险境地。其中，对涉及药品专利保护对象的界定及相关规则的做法值得关注。

1.在药物发明的产品专利规则中，印度专利法严格限定其范围，以尽可能排除跨国制药企业的垄断。印度修改专利法后，药品等产品将获得专利保护，对此有人担心，这将会导致药品价格的急速上升，对重要药物的获得具有不利影响。为此，印度专利法第3（d）条从可申请专利的项目中排除了某些发明，包括：不会引发已知物质功效增强的已知物质新构造的简单发现，或对已知物质新用途、新特性的简单发现不具有可专利性。在这个限定下，已知物质的新形式不能被授予专利，除非它们在功效方面具有相当意义的不同特性；新的专利体系中的可专利性标准可以避免制药公司就现有药物的微小改造而获得专利，而且通过对TRIPs协议及其弹性的研究，可以肯定印度的规定与TRIPs不相冲突。

2.在涉及药品的数据保护、平行进口、审查程序等方面，印度专利法确保印度制药产业在竞争中占据有利地位。药品数据独占权可能会从实质上延长专利的保护期限。根据印度《1970年专利法》第107A（b）条的规定，平行进口商只能在有专利权人合法授权的情况下进口专利产品。新专利法对此条款的修改充分利用了TRIPs有关平行进口的弹性，将"有专利权人合法授权"，改为"符合法律规定的授权"，这样，从批发商、零售商、药房等转售商处进口专利药物也属于合法行为，拓宽了平行进口的范围。

即使在TRIPs严格的标准下，新的印度专利法仍然很大程度上保持了其一贯的政策立场。印度在利用TRIPs弹性设定本国法律标准及保护性条款从而确保贫困人群获取治疗的权利方面，为其他发展中国家树立了一个样板。现实亦表明，在一贯的专利政策支持下，印度制药产业是近年来发展最成功的典范，它们的科技实力也正是在宽松的知识产权法律背景下积累起来的，相信在印度2005年专利法的庇护下，印度制药企业将继续在竞争中处于有利地位。

资料来源：刘华，周莹. TRIPs协议弹性下发展中国家的知识产权政策选择［J］. 知识产权，2009（2）.

案例思考：

［1］印度的案例对我国运用TRIPs规则有什么启示？

［2］根据本案例，你对TRIPs规则及其例外规则有什么新理解？

本章小结

1.TRIPs是《与贸易有关的知识产权协定》的简称。TRIPs共73条，由序言和7个部分组成。TRIPs序言部分规定了各成员在知识产权保护方面应遵守的一般规则，包括：最低保护水平、国民待遇原则、最惠国待遇、保护公共利益原则。TRIPs涉及的知识产权共有8个方面：版权和相关权利（邻接权）、商标、地理标志、工业品外观设计、专利、集成电路布图设计、对未披露信息的保护权和对许可合同中限制竞争行为的控制。世界贸易组织专门为管辖TRIPs成立了知识产权理事会。

2.TRIPs是在吸收《巴黎公约》、《伯尔尼公约》、《罗马公约》及《集成电路知识产权公约》合理条款的基础上形成的。TRIPs对这4个国际条约的内容基本是肯定的，仅对其个别条款做了修改和保留，并要求WTO全体成员遵守和执行。

3.TRIPs规定了各成员的一般义务，即各成员应使本协定的各项规定生效。各成员可以，但不应有义务在其法律中实施比本协定要求更广泛的保护，只要这种保护不违反本协定的规定。各成员有权在它们自己的法律制度和实践中制定实施本协定规定的适当方法。

4.作为知识产权保护的核心制度，TRIPs对我国的经济发展影响深远。对此，我国必须高度重视，积极探索TRIPs的运用技巧，以最大限度地保护国家知识产权利益。作为宏观主体，政府应当不断完善知识产权保护的制度，强化相关法律的履行和执行，同时积极参加WTO多边谈判，争取发展中国家的利益。

专业词汇

知识产权　TRIPs　《巴黎公约》　《伯尔尼公约》　《罗马公约》　《集成电路知识产权公约》　临时措施　强制许可

思考题

1.简述TRIPs产生的背景。

2.简述TRIPs的目标、原则和保护范围。

3.TRIPs对知识产权保护有哪些措施？

4.试析TRIPs对我国经济发展的影响。

5.你认为我国在知识产权保护方面还有哪些方面需要改进？

6.请谈谈你对"山寨"产品的看法。

本章参考文献

［1］白津夫.WTO理论与实务［M］.北京：中国城市出版社，2002：204，206-214.

［2］陈洁，赵倩.WTO与知识产权法律实务［M］.长春：吉林人民出版社，2001：17-24.

［3］国家保护知识产权工作组.WTO知识产权争端解决机制案例评析［M］.北京：人民出版社，2008：68.

［4］李顺德.WTO的TRIPs协议解析［M］.北京：知识产权出版社，2006：30-38.

［5］杨荣珍.世界贸易组织规则精解［M］.北京：人民出版社，2001：323.

［6］周道坤.世界贸易组织（WTO）主要规则与实务［M］.重庆：重庆出版社，2003：44，239.

［7］赵学清.WTO典型案例精析［M］.重庆：重庆大学出版社，2002：24-28.

［8］杨红菊，何蓉.从TRIPs的谈判历程看知识产权国际规则的制定［J］.知识产权，2008（2）.

［9］郭寿康，史学清.WTO协定的首次修订——TRIPs协定第31条之修改［J］.海南大学学报：人文社会科学版，2009（1）.

［10］何俊鹏.TRIPs及其对中国对外贸易的影响及对策［J］.广西经济管理干部学院学报，2009（3）.

［11］李小玲.WTO知识产权争端解决实践十三年：回顾与评述［J］.国际经贸探索，2009（11）.

［12］刘华，周莹.TRIPs协议弹性下发展中国家的知识产权政策选择［J］.知识产权，2009（2）.

［13］殷钧祥.我国进入涉外知识产权纠纷高发期［J］.领导决策信息，2009（2）.

［14］宋杰.公共秩序与中美知识产权争端WTO第一案——以对美国第3项指控的分析为中心［J］.电子知识产权，2008（5）.

［15］汪贵顺．WTO知识产权保护规则的特点及我国的对策［J］．江苏商论，2008（1）．

［16］张平．入世后我国知识产权重大涉外案件研究［R］．国家知识产权局，2005．

［17］佚名．诺基亚苹果智能手机专利侵权案：诺基亚取得首胜［EB/OL］．［2018-12-21］．http：//www.cacs.gov.cn/cacs/news/xiangguanshow.aspx articleId=78308.

［18］佚名．海关公布保护知识产权十大案例　涉中商品价值激增［EB/OL］．［2018-12-21］．http：//news.xinhuanet.com/legal/2011-04-26/c_121348182.htm.

［19］佚名．反思中国出口企业为何屡屡"折戟"知识产权关［EB/OL］．［2018-12-21］．http：//www.gd.xinhuanet.com.

第十章

WTO贸易争端解决规则及运用技巧

导　读

WTO贸易争端解决机制的创立是经济全球化发展中最具有特色的贡献。与GATT的争端解决机制相比，新机制从一开始就更具有生命力，表现在其强有力的法律效力上。WTO的争端解决机制是以明确的规则为基础，同时在解决争端的过程中规定了结案的时间表；争端解决机构的第一次裁决由专家组做出，并由WTO全体成员通过或否决，这就为各成员方严格遵守争端解决机制规则，提供了制度保障。

但是成员方出现贸易争端后，WTO并不马上做出贸易裁决，而是在可能的情况下，先通过双边或多边的协商和调解来解决争端。据统计，在WTO提出的案件中，1/6是通过"庭外"调解解决的。

本章主要介绍了WTO争端解决机制的特点与解决争端应注意的问题，WTO解决争端的机构、原则与程序。通过本章的学习，可以全面了解WTO贸易争端解决机制的主要程序及特点，掌握WTO解决争端机制的运行规则及运用技巧，可以熟练运用WTO贸易争端解决规则分析相关案例，并能在一定程度上参与解决我国对外贸易中遇到的各类贸易争端。

章首案例

委内瑞拉对美国的汽油规则案例

1995年1月23日，委内瑞拉向WTO贸易争端解决机制提起诉讼，指控美国新制定的"汽油规则"采用双重标准，使外国企业不能享受国民待遇，从而损害了委内瑞拉在美国市场的汽油销售。这是WTO成立后发生的第一起贸易争端案件。这一案件能否顺利解决，是对WTO贸易争端解决机制效率的一个检验。一个发展中国家与世界第一经济强国之间所发生的贸易纠纷，能否在WTO框架内得到公正、合理的解决，引起了WTO各成员方的高度关注。

委内瑞拉是南美洲经济较发达的国家之一，年均国内生产总值900多亿美元，其中石油部门产值约占其GDP的1/3。可见石油产业及石油产品的出口对委内瑞拉经济发展具有重要的意义。

1993年，美国环保署根据国会1990年《清洁空气法》修正案所制定的"汽油规则"，要求从1995年1月1日起在美国销售的汽油必须符合新的清洁度标准，并且又在细则中规定了2种不同的执行情况：1990年营业6个月以上的国内供应商可自行确定本企业的标准，国外供应商和在1990年营业不足6个月的国内供应商必须执行新法定标准。

委内瑞拉认为，美国政府新的汽油清洁度标准和销售政策，显然违背了WTO国民待遇的原则，没有对外国供应商采取一视同仁的态度，在实施新汽油政策时对进口汽油的化学成分规定了比国产汽油更加严格的标准，构成了对国外汽油供应商的歧视。

委内瑞拉是美国重要的汽油供应国。国营委内瑞拉石油公司（PDVSA）是世界上规模很大的石油企业，也是在美国的第7大外国投资企业。国营委内瑞拉石油公司控股的CitgoPetroleum公司在美国拥有成千上万个加油站，占全美汽油零售市场9%的份额。据专家预测，美国政府采取的歧视性贸易措施如果得以实施，仅成品油销售一项，就使委内瑞拉每天减少对美石油出口5万桶。面对世界最大的发达国家——美国设置的歧视性贸易壁垒，委内瑞拉没有妥协退让。为了打赢这场官司，委内瑞拉聘用了专家和律师，做了充分的准备，同时积极争取其他发展中国家成员的理解和支持，同年4月，巴西也提起了对美的诉讼。据当年曾参与解决这一贸易纠纷案的委方WTO问题谈判专家、现任委内瑞拉中央大学教授的阿雷亚诺回忆，当时世贸组织刚刚成立，许多成员对贸易争端解决机制还不十分熟悉，究竟能否胜诉，委方并无十分把握，毕竟对手是当今世界上唯一的超级大国。然而，委内瑞拉没有其他选择，因为屈服就意味着国家利益将遭受巨大的损失。

1996年1月29日，WTO争端解决机制的专家小组完成了对此案的调查报告，同意委方提出的合理诉讼要求，责成美国修改有关法律中带有歧视性的贸易条款。虽然美国对此不服，提出上诉，但是贸易争端上诉机构最终还是肯定了专家小组提出的报告，并于1996年5月20日做出最终裁决。委内瑞拉打赢了这场官司。

根据这一裁决，美国和委内瑞拉在随后6个半月里就美方应采取的措施达成了协议，美方被允诺在5个月内修改有关法律条款，WTO争端解决机制监督了有关过程。1997年8月26日，美国向争端解决机制报告，修改后的新汽油政策已于同年8月19日颁布执行。

本案的关键是：一项不符合GATT国民待遇的措施能否享受GATT第20条之例外。GATT第20条规定了10种可以享受例外的情况，美国的基准设定规则涉及其中的三种：保护人类生命和健康，执行国内法，保护自然资源。对每一种情况，要想享受例外都有一定的条件，本案专家组和上诉机构主要分析了第7种（第20条（g））例外。综合来看，符合这一例外的条件主要是措施的目的（立法出发点），采取的措施是否与要达到的目的相符，以及是否对国内产品采取了相同的措施（仅适用与第20条（g））。即使一项措施符合了这些条件，属于第20条列举的具体情况，这一措施能不能享受豁免，也要看是否符合第20条的引言。本案最终美国"败诉"就是由于上诉机构认定美国的措施不符合GATT第20条的引言。

资料来源：杨立新. WTO贸易争端知识与第一号诉讼案例简介［J］. 港口经济，2002（3）.

案例思考：

［1］根据本案可以看出WTO解决争端机制的主要程序是什么？

［2］委内瑞拉胜诉后，执行靠的是什么？美国在本案执行中有什么值得称道的？

［3］该案例的顺利解决有什么重要意义？

第一节　WTO解决争端机制概述

一、WTO解决争端机制的形成

《建立世界贸易组织协定》附件二《关于争端解决规则与程序的谅解》（Understanding on Rules and Procedures Governing the Settlement of Disputes，DSU）是世贸组织关于争端解决的最基本的法律文件。它规定了适用于乌拉圭回合各项协议下可能产生争端的一套统一规则，确立了WTO的争端解决机制。DSB的作用就是"对一个为适应现今纷繁复杂国际关系中的经济问题和促进国家之间合作而建立的条约体系而言，争端解决机制尤为重要。争端解决程序增强了条约的有效性，提高了规则导向系统的可预见性和效力，避免WTO协议像其他一些国际规则那样失于软弱无力"。

WTO的争端解决机制是以GATT 40多年争端解决实践为基础，经过发展和重新谈判而确立起来的。

GATT第22条和第23条规定了执行GATT各项协议过程中缔约方之间争端解决的核心规则，包括磋商、申诉、专家组建议及执行等方面的规定。GATT争端解决机制的这套规则存在内容太过粗略，操作性不强等弊端，特别是GATT理事会要采用协商一致的原则才能通过专家组的建议或做出其他决策。为了自身的利益，败诉方政府可以行使否决权阻止整个过程。出于同样原因，在确定专家组的职权范围、选择专家组的人员组成、在败诉方政府采取改正措施等方面，有关进程有可能被进一步拖延。这样就损害了人们对GATT争端解决制度的信心，使谈判各方决定要为WTO建立一套统一的约束力更强的争端解决机制。

经过乌拉圭回合多边贸易谈判，终于形成了WTO争端解决机制的基本法律文件《关于争端解决规则与程序的谅解》（DSU）。DSU包括27条和4个附件，主要内容是世界贸易组织争端解决机制的适用范围、管理机构、一般原则、基本程序和特殊程序。

WTO的DSU合理地吸收了GATT争端解决机制中经实践证明行之有效的一系列制度，并对之进行了有机的结合；另一方面，它又在总结经验与教训的基础上，针对原机制存在的各种弊端，采取了大胆的改进与革新；同时，进一步拓宽了争端解决机制的适用范围，丰富了解决争端的各种手段。

WTO争端解决机制适用于乌拉圭回合各项协议，包括GATT、WTO协定本身及其所附全部货物贸易协议、GATS和TRIPs等。WTO的新机制在保留了GATT体制中的一些核心内容外，还采用了上诉程序，规定了补偿和交叉报复措施等，加强了这一体制的作用，增强了约束力。

DSU是乌拉圭回合谈判中多边关系的一个焦点。DSU所有条款的精神都在第3条第2款中得到了体现。DSU第3.2条规定"世贸组织的争端解决机制是为多边贸易体制提供保证和可预见性的一个中心环节。各成员承认该机制用以保障各成员有关协议项下的权利和义务，以及按照国际公法解释的习惯规则，澄清有关协议的现有条文。DSB的各项建议和裁决不得增加或减少各有关协议所规定的权利和义务"。实践证明，DSU在执行过程中是非常有效的。

解决争端机制是 WTO 的基本机制之一，是各个协议得以切实执行、世界贸易体制安全和正常运转的重要保障。WTO 争端解决机制，有效地维护了多边贸易体制的权威，被誉为"WTO 皇冠上的明珠"。世贸组织前任总干事鲁杰罗说过："如果不提及争端解决机制，那么任何对 WTO 成就的评价都不完整。从许多方面讲，争端解决机制是多边贸易体制的主要支柱，是 WTO 对全球经济稳定做出的最独特的贡献。"这一评价是非常中肯和符合实际的。

二、WTO 解决争端的主要组织

（一）争端解决机构

DSU 建立了争端解决机构（Dispute Settlement Body，DSB）来负责监督争端解决机制的有效顺利运行。争端解决机构，隶属于部长会议。争端解决机构的设立为该组织解决争端的规范化创造了必要的条件，这是世界贸易组织优于关贸总协定之处，因为关贸总协定始终未能建立这样一个机构。有了专司解决争端的机构，该组织成员之间发生的争端就可以随时上告到常设的法庭。这就为及时化解矛盾，促进国际贸易顺利发展提供了保障。1995 年 1 月 31 日，在世界贸易组织总理事会第一次会议上，争端解决机构正式成立，并选举澳大利亚的唐纳德·凯尼恩（Donald Kenyon）大使为该机构的第一任主席。

争端解决机构的职责是：①成立专家组并通过报告；②组建上诉机构并通过其报告；③监督裁决和建议的履行；④根据有关协议授权中止各项减让和其他义务。

DSB 的举证责任首先在申诉方，如果初步证据成立，则举证责任转移到被申诉方，被申诉方要反驳被指控的不符之处。

争端解决机构的办事规则是：①视需要召开会议，以期在《关于争端解决规则与程序的谅解》规定的时间框架内解决争端；②向有关理事会和委员会通报有关争端解决的进展情况；③按照协商一致的原则做出有关决定。

（二）专家组

专家组（panels）必须在宣布建立之后的 30 天内组成。DSB 专家组的成员十分广泛，既有政府官员也有非政府官员，均应通晓国际贸易。专家只能以个人资格进行工作，各成员方不能干涉或影响专家组审理争端。专家组一般由 3 人组成，经各方同意也可以是 5 人。

世贸组织秘书处根据需要从一份合格人选名单中向争端各方建议 3 名可能的专家组成员。若在选择专家组成员是同时存在实际困难，专家组成员也可由总干事指定。当选的专家组成员以个人身份提供服务，不接受任何政府的指示。专家组成员应为资深政府官员或非政府人士，并应具有多种不同的背景和丰富的经验。虽然依照专家组的行为规范，专家组成员不接受任何政府指示，但是，因为专家组每个成员的意见对专家组的成员的人选甚为重视，在以往关贸总协定处理案件时，就曾出现过因专家组组成人员的争执而使争端得不到及时解决的案例。专家组的责权范围是：（1）按照××××协议的有关规定，审查××××（当事方名称）以 D/S××××文件提交争端解决机构的有关事项，进行调查以有助于争端解决机构提出各项建议，或有助于该机构按照那个或那些协议中的规定做出裁决；（2）专家组应对有争端各当事方列举的任何有关协定中的各项规定加以审定并提出建议；（3）在设立专家组的过程中，经与当事方协商，争端解决机构也可以授权其主席确定该专家组不同的职权范围。

根据不同的争端，可同时设立多个专家组。被诉方同多个申诉方之间发生的关于同一个问题的争端，一般可分别成立专家组，但是，一般由同一专家组对各个争端统一审理。专家组是在磋商未果时，在申诉方的请求下由争端解决机构成立的。有关程序要求争端解决机构最迟不晚于在它第二次审议建立专家组的要求之前将专家组建立起来，除非有反对建立专家组的一致意见，因此专家组的建议几乎是自动的程序。在世贸组织已审结的一些案件中，有申诉方第一次提出成立专家组的要求而未获争端对方同意的案件多次发生。但是，申诉方第二次审议建立专家组的要求时，专家组得以成立。

与国内法院相比，专家组的主要不同在于：一是WTO备有专家名册以供各方选择，专家均有个人固定职业岗位，办完该案即返原职，不具有长设性与专职性；二是专家组审理过程处于全封闭状态，没有透明性和公开性，只有写成具有裁决性质的报告并经DSB批准后，才予公布。

专家组报告一般应在6个月内提交给争端各方，如果属于紧急案件，如涉及易腐货物的案件等，时限即缩短为3个月。有关争端的解决完毕，专家组的使命也即终结。

（三）常设上诉机构

建立于1995年2月10日的争端解决机构组建了常设上诉机构（Appellate Body）。依照《关于争端解决规则与程序的谅解》的规定，常设上诉机构由7人组成，每一任期为4年，可连任一次。7名成员依一定程序定期轮换。7名成员应在世贸组织中有广泛代表性，并必须具备法律、国际贸易以及各有关协议内容的专门知识。7名成员的遴选程序是：各成员方代表团提名；在提名的基础上，世贸组织总干事、争端解决机构主席、总理事会主席以及货物贸易理事会和知识产权理事会的主席联合提出建议名单；争端解决机构正式任命。常设上诉机构的成员必须是法律和国际贸易领域中公认的权威，并且是对各有关协议具有专业知识的人员。这些成员并不隶属于任何国家的政府。

这7名成员分别来自美国、新西兰、德国、埃及、菲律宾、乌拉圭和日本。7名成员中有法官1名，律师1名，职业外交官2名，法学教授2名，经济学教授1名。常设上诉机构的日常办事人员为1名登记员、3名专职助理和1名秘书。

上诉机构审理案件过程完全保密，其审理范围只包括专家组报告中的法律问题和专家组所做的法律解释，不涉及事实问题。一般情况下，上诉机构的审案时限为60天，特殊情况下不能超过90天。除非DSB一致决议不通过上诉机构的报告，上诉机构报告应在向各成员方发布的30天内通过，有关各方应无条件接受该报告。专家组和上诉机构审理时都强调司法经济原则，即只分析为解决争端所必须分析的问题，不必分析申诉方提出的所有诉请，以节省双方的时间和费用。

常设上诉机构的办事规则主要有：（1）上诉机构应在任何时间，临时接到通知即提供服务；（2）任何案件的上诉应由该机构7名成员中的3名同时受理；（3）上诉机构成员不参与任何可能产生直接或间接利益冲突的争端；（4）只受理争端的当事方对专家组的决定提出的上诉案中有重大利益的第三方可以向该机构提出书面意见，该机构将给予听取其意见的机会；（5）上诉应限于专家组报告中所涉及的法律问题以及该专家组所做的法律解释；（6）上诉机构应在与总干事和争端机构主席磋商的基础上制定其工作程序；（7）上诉机构的工作程序应当保密；（8）在上诉机构报告中，由各成员发表的意见不署名；（9）上诉机构可以维持、修改或推翻专家组的法律认定和结论。

三、WTO争端解决的原则

原关贸总协定在多年解决贸易争端的实践中形成了一些原则，《关于争端解决规则与程序的谅解》重申世贸组织在解决争端时要信守这些原则，并对某些原则做了必要补充，使其更为完善。

WTO解决争端机制的基本原则是平等、迅速、有效、双方接受。

（一）磋商、调节原则

在《建立世界贸易组织协议》中，各成员方承诺，要建立一个完善的、更有活力的和持久的多边贸易体系，以促进世界经济贸易的发展，提高世界各国人民的生活水平。要维护这样一个组织，实现其确立的目标，各成员方对于在它们之间的贸易争端采取友好协商的态度是十分必要的。因此，《关于争端解决规则与程序的谅解》要求每个成员保证，对另一个成员提出的关于在其境内所采取的影响各有关协议实施的措施问题，给予同情的考虑，并就此提供充分的磋商机会。世贸组织总干事作为该组织的最高行政官员，则应积极进行斡旋、调节或调停，协助各成员及时解决争端。从以往的经验看，大多数贸易争端都是通过争端双方友好磋商获得解决的。当发生了严重的贸易摩擦时，人们总可以看到关贸总协定或世贸组织的总干事不停地穿梭于争端双方的首都之间，他们的斡旋与调解使许多可能触发的贸易战得以避免，即使已发生了贸易战，也可以使其很快消弭。当年欧共体和美国之间发生的"荷尔蒙牛肉战"就是在邓克尔总干事的大力斡旋下得以平息的。

（二）权利、义务平衡原则

世贸组织的成员方既享受各有关协定规定的权利，又须按协定要求相应的义务。例如，一成员既享受其他成员对其减低关税的权利，也必须对其他成员同样减低关税的义务；一成员应按透明度原则向其他成员公开其法规、政策、措施的文件，也同样享受其他成员提供的相应的有关资料。在出现一成员认为其按有关协定所获得的利益正在直接或间接地受到另一成员所采取的措施的损害时，世贸组织就应迅速发挥作用，使各成员的权利和义务保持平衡，在解决各成员之间的贸易争端时，不管是世贸组织所提出的有关撤除那些与有关协议不一致的补救措施，还是它授权中止有关协议项下的减让和其他义务，其目的都是为了求得成员方之间权利和义务的平衡，《关于争端解决规则与程序的谅解》还规定，争端解决机构的各项建议和裁决不得增加和减少各有关协议规定的权利和义务。

（三）程序上的协商一致原则

世贸组织的争端解决机构在做出决定时，同原关贸总协定一样，遵循协商一致的原则。关于这一原则，世贸组织的争端解决机制比关贸总协定的旧机制更完善，它引入了"无异议协商一致"和"反向一致"的概念。按前一概念，在争端解决机构做出决定的会议上，倘若没有成员就拟议的决定正式提出反对意见，则应认为争端解决机构就提交的争端事项做出决定时，意见是一致的。而后一概念则是指所有参加争端解决机构的成员对于某个问题或程序均持反对建议。在双方各执一端的诉讼中，出现"反向一致"建议的情况甚为罕见，正是这种罕见的"反向一致"原则的引入，保证了对某些问题的及时处理和某些程序的顺利进行。

四、WTO争端解决的程序

贸易争端的迅速解决对于世界贸易组织的有效运作是至关重要的，因此，《争端解决规则和程序的谅解》详细地规定了解决争端所应遵循的程序和时间表。

1.磋商程序

磋商是争端解决的第一个阶段，世贸组织争端解决机制鼓励争端双方首先通过磋商寻求与世贸组织规定相一致的、各方均可接受的解决办法。

磋商的一般程序是：①争端一方根据某个有关协定向争端对方提出磋商请求；②接到磋商请求的争端方应自收到请求的10天内，对该请求做出答复（双方同意的时间除外）；③在收到请求后不超过30天内，真诚地开始进行磋商。在紧急情况下，包括涉及易腐货品的争端，应在收到该项请求之后不超过10天的时间内进行磋商。

磋商的规则是：①请求磋商的争端方应向争端解决机构及有关理事会和委员会书面通报其关于磋商的请求。其通报文件中应说明提出磋商的理由，包括争端中各项措施的核实材料，并说明申诉的法律依据。②磋商应秘密进行。③磋商不损害任何一方在以后诉讼程序中的权利。④每个成员方要对磋商的请求给予同情的考虑，提供充分机会。⑤在根据某个协议的规定而进行磋商的过程中，在按照《争端解决规则和程序的谅解》采取进一步行动之前，各成员应力求使事件的调解得到令人满意的结果。⑥在进行磋商的过程中，各成员方应特别注意发展中国家成员的各项特殊问题及利益。⑦根据有关协议的规定，对正在进行的磋商所涉及问题有重大贸易利益的其他成员方如有意参加磋商，可在该磋商的请求分发之日起10天内，向参加磋商的各成员和争端解决机构通告其参加磋商的愿望。若参与磋商的成员同意其理由，则可参与磋商。

有下列情况之一时，申诉方可要求成立专家组，进入下一程序：①争端另一方收到请求之日起10天内未予答复；②争端另一方收到请求后30天内（或双方另外统一的期限内）未进入磋商；③争端另一方收到请求后60天内磋商未果；④在紧急情况下，争端另一方收到请求后20天内磋商未果；⑤若参与磋商的所有当事方一致认为该争端无法通过磋商解决，则申诉方可在60天的期限内提出成立专家组的请求。

2.调解程序

调解程序的正式名称为"斡旋、调解和调停程序"。该程序是在争端双方同意的基础上自愿进行的。进行该程序的请求可由争端的任何一方在任何时候提出。该程序可在任何时候开始，也可在任何时候终止。一旦调解程序终止，申诉方即可提出成立专家组的要求。若争端各方同意，在专家组程序进行过程中仍可继续进行调解程序。世贸组织总干事以其职务上的资格可以进行斡旋、调解和调停以协助各成员解决争端。在进行调解程序时，应为争端各当事方所持立场保密，并应无损于任何一个当事方依照程序进行下一步诉讼程序的权益。

3.专家组程序

在争端双方磋商达不成协议或一方对磋商的要求未予答复的情况下，即可进入专家组程序，专家组程序是整个争端解决程序中最为复杂的部分，为使该程序能够顺利进行，确保专家组能够迅速、及时地采取行动，防止可能败诉的一方采取拖延战术，《争端解决规则和程序的谅解》附录3特为专家组制定详细的工作程序，专家组在审理案件时，除非在征询了争端各方的意见之后另有安排，否则必须遵循这一程序。

这一程序包含两个部分，一部分为专家组审议案件的行为规范，另一部分为一个标准的工作进度表，完成这一相互衔接的程序的最高时限为34周。

4.保密规定

在专家组的行为规范中要求专家组审理案件时采取保密原则。专家组的会议应秘密举行，有关各方只有在收到邀请，可以向外界披露表明其立场的声明，并在接到一成员方的要求时，才可以提供该争端方提交专家组的非机密性的概要。

5.辩论发言顺序

在专家组与各争端方举行的首次实质性会议之前，争端双方均应将包含案件事实及其论点的书面材料提交专家组。在与各争端方举行的首次实质性会议上，还应邀请与案件有利害关系的第三方讲述其观点。正式辩论在专家组第二次实质性会议上进行。发言的顺序与第一次会议的顺序相反，先由被诉方发言，然后是起诉方发言。在会议举行之前，争端双方均应将书面申辩材料提交专家组。

6.透明度问题

专家组工作程序中强调了透明度问题。该程序要求争端各方及有利害关系的第三方提供其口头声明的书面材料。此外，有关的说明、辩驳及声明均应在双方皆在场的情况下做出，任一方提交的材料、对专家组报告叙述部分的评论以及对专家组所提问题的答复均应提供给争端的对方及有利害关系的第三方。

7.标准进度表

标准进度表规定了专家组工作的每一步骤应完成的时间。专家组工作程序规定，除非出现难以预料的情况，专家组应经常举行必要的会议。

8.专家组工作时限

作为一般的规则，专家组应在6个月内完成其工作。若遇紧急情况，则其工作应缩短至3个月之内完成。但是，由于可能遇到难以预料的情况，故在专家组工作程序及《争端解决规则和程序的谅解》文本都规定了一定的灵活余地。每当专家组在正常的时限内不能结束其工作时，应将延迟的原因书面通知争端解决机构，并应提出其提交报告的估计时间。但是，无论如何，每一案件的审理时间不得超过9个月。

9.专家组报告的构成

专家组报告必须以书面形式做出。报告对每一细节都应有详细的叙述，故一般的报告文本的篇幅都长达数百页。一份典型的专家组报告通常包括：①序言，简述案件审理情况，介绍专家组的授权范围和专家组人员组成；②有关程序问题的陈述；③有关该案件的各方面的事实的陈述；④争端双方主要观点的陈述，一般应包括概述和详述两部分；⑤第三方主要观点的陈述；⑥中期评审情况；⑦专家组调查结果；⑧结论和建议。

10.对发展中成员的待遇

《争端解决规则和程序的谅解》第12条第10款和第11款对发展中成员方做了优惠规定。当案件所涉及的有关措施为发展中的成员方所采取时，则可将磋商的时限适当延长。争端解决机构的主席在有关各方协商后，可决定其延长的幅度。若发展中国家为被诉方，专家组可给予其充分的时间让其准备关于案件的说明。由于发展中国家有时缺乏管理方面和技术方面的手段，难以对有关要求做出迅速的答复，故应给予有关的发展中国家一定时间的幅度来研究案件所涉及的问题和准备其应提交的材料。

11.资料的提供

专家组有权向其认为合适的任何人寻求有关资料或进行技术方面的咨询。这一点新规定是至关重要的，因为以往的专家组都是在争端各方提供的资料的基础上做出结论，而在提供资料方面，发展中国家与作为其诉讼对方的发达国家相比，显然处于不利的地位。若专家组向一成员方管辖下的个人或机构提出有关要求时，应通知该成员方。专家组有权从任何有关的来源收集资料，并就案件征询有关专家的意见。有关科学技术方面的问题，专家组可以要求某一专家审查小组提供书面咨询报告。《争端解决规则和程序的谅解》附件4对专家审查小组的任命及其职责做了规定。专家组审议应秘密进行，专家组的报告应在争端各方不在场的情况下起草。个别专家组成员表述的意见不应具名。

12.专家组报告的通过

由于专家组的报告内容详细、复杂，并且涉及许多原则问题，故要求在报告散发给成员方20天后才考虑在争端解决机构中通过。任何对专家组报告持有异议的成员方应在争端机构举行会议至少10天之前以书面形式提出异议。争端各方应充分参与争端解决机构对专家组报告的审议，并将其观点一一记录在案。

专家组报告散发给成员方后60天内，该报告应在争端解决机构的会议通过。只有出现以下两种情况才可以不通过专家组报告：其一是争端的一方已将其准备上诉的决定正式通知了争端解决机构；其二是争端解决机构一致决定不采纳该报告。

13.上诉复审程序

世贸组织争端解决机制中上诉复审程序的设立为各成员方政府在解决争端的最后阶段说明其立场，并为寻求更完满地解决双方的争端提供机会。同时，上诉阶段实质上也是完整的司法过程的一部分。为此，争端机构设立了常设上诉机构专司受理对专家组审理的案件的上诉。

上诉只能由争端当事方提出。不过，经过确认的第三方可以向常设上诉机构提供书面材料和进行口头的说明，上诉机构应给予机会听取第三方的意见。

按照一般的规则，自一争端方正式通知其上诉之日起至上诉机构做出其决定止，应不超过60天。在紧急情况下，常设上诉机构将决定其相应的进度。若出现特殊情况，则常设上诉机构也可延长其工作期限至90天，但是它必须书面通知争端解决机构，说明延期的理由和估计提交报告的时间。

上诉机构应在争端解决机构主席及世界贸易组织总干事磋商的基础上制定该机构的各项工作程序。上诉机构应与各有关成员方联系以取得它们提供的有关资料。上诉机构的工作程序应当保密。应当在争端各当事方不在场的情况下，借助其提供的资料和所做的各项陈述和声明，起草上诉机构的各种报告。在上诉机构报告中，由该机构各成员发表的意见不具名。

常设上诉机构仅审理专家组报告所涉及的法律问题和专家组所做的法律解释问题。常设上诉机构可以维持、修改或推翻专家组的法律认定和结论。同专家组的做法一样，当上诉机构认定某一项措施与某一个适用的协议的相关规定不相符时，可建议有关成员方采取行动，以使该项措施与有关协议的规定达到一致。上诉机构还可推荐执行协议的途径和具体方法。

上诉机构的报告应在该报告向各成员方散发后30天内由争端解决机构通过，除非争端解决机构一致决议不通过该报告。争端各当事方应无条件接受已通过的报告。按照一般规则，从争端解决机构设立专家组到通过上诉机构的报告的时间最长不超过12个月。

从世贸组织已审结的案件看，上诉机构的大部分裁决支持了专家组的意见，但也对个别的结论予以否定或修正。例如，委内瑞拉和巴西诉美国的"汽油标准案"中，美国在争端解决机构举行通过专家组报告的会议前向常设上诉机构提出上诉请求。上诉机构受理了上诉申请。经复审，上诉机构维持了专家组所做的美国违反了其所承担的关贸总协定有关义务的结论。但是，上诉机构也对专家组对关贸总协定第10条的解释做了修改。在欧共体诉日本的"酒类税收案"中，日本向上诉机构申诉，要求对专家组关于关贸总协定第3条第2款的解释进行复审。上诉机构的复审结论认为，日本对与本国产品类似的产品征收过量的进口税，确实违背了关贸总协定第3条第2款第1项所规定的义务。但是，上诉机构修改了专家组的法律推理。上诉机构发现专家组在解释法律时出现了错误，即专家组在解释第3条第2款时，未考虑第3条第1款的要求。

上诉机构所设立的60天的审理期限保证了其工作的效率，使这一司法程序不致变成无休止的论辩。上诉机构在处理紧急争端时将裁决限制在申诉意见书限定的较小的范围内，避免了庭审时将范围随意扩大延误时机和陷入有关技术泥沼的危险。

五、WTO争端解决机制的特点

与关贸总协定争端机制相比，世贸组织的这一机制在许多方面都有改进，具有一些鲜明的特点。

（一）已建立统一的争端解决程序

乌拉圭回合达成的谅解综合了关贸总协定在解决贸易争端方面逐步形成的原则与程序。《争端解决规则和程序的谅解》既适用于《建立世界贸易组织协定》，又适用于多边贸易协定，其附件1中规定，应以每个协定的各签约方通过的决定为前提条件。对于每个单独的协定中所涉及的专门的程序或规则，《争端解决规则和程序的谅解》中规定这些规则具有优先效力。这些规定不仅把关贸总协定涵盖的服务贸易以及农产品、纺织品等敏感商品纳入其管辖范围，而且在实用程序的选择方面有了明确的规定，这样就避免在适用法律上出现分歧，为解决程序的迅速启动奠定了基础。

（二）已设立争端解决机构

原关贸总协定的争端解决机构未形成专门负责解决贸易争端的权威机构，这一职责由关贸总协定缔约方理事会承担了。而世贸组织成立了专门负责解决争端的机构，该机构隶属于世贸组织总理事会之下，由一位主席主持，并有自己的议事规则与程序。争端解决机构有权成立专家组和拟订上诉机构报告，监督裁决和建议的履行，并依照有关协议授权中止各项减让和其他义务。

（三）引入自动程序

《争端解决规则和程序的谅解》及其附件对于争端解决的各个阶段都确定了具体的

工作时限：（1）接到磋商请求后，应于10日内做出响应，并于30日内开始磋商。（2）若有关成员在10日内对磋商要求置之不理，或在60日后磋商未果，则申诉方可要求成立专家组。被诉方可对专家组成立表示不同意见，但申诉方第二次提出要求，专家组的成立即为自动程序。专家组的职责范围应在20日内确定，专家小组人员组成应在30日内完成。（3）专家组的审案时间一般不超过6个月；遇有紧急情况，则应在3个月内完。但无论遇到何种情况，审案时间不得超过9个月。（4）争端解决机构应在专家组提出报告后60日内通过该报告，除非当事一方已通知其有意上诉的决定或有"一致意见"反对该报告。（5）若有上诉，其程序一般不应超过60日，最多不超过90日。争端解决机构应在上诉机构提出报告后30日内通过该报告，除非有反对该报告的"一致意见"。

WTO争端解决机制各阶段对时间的要求见表10-1。

表10-1　　　　　　　　　　　争端解决机制各阶段时间表

磋商、协调等	60天
设立专家组并任命其成员	45天
最终报告提交各方	6个月
最终报告提交WTO各成员方	3个星期
争端解决机构通过报告（如无上诉）	60天
总计（如无上诉）	1年
上诉机构报告	60天至90天
争端解决机构通过上诉机构报告	30天
总计（如无上诉）	1年零3个月

资料来源：世界贸易组织秘书处. 乌拉圭回合协议导读［M］. 北京：法律出版社，2004.

（四）增设上诉程序

世贸组织争端解决机制的程序中设立了上诉程序，并建立了相应的常设上诉机构受理上诉的案件。这一程序是关贸总协定的程序所没有的。当事方均有上诉权，但上诉须限制在专家组报告所涉及的法律问题和专家组做出的解释范围内。上诉机构可维持、修改或推翻专家组的裁决和结论。

（五）加大了裁决的执行力度

在争端解决机构做出建议或裁决之后，是否迅速贯彻执行决议或裁决关系到能否有效解决争端。《争端解决规则和程序的谅解》中规定，在专家组报告或上诉报告通过的30日内举行的争端解决机构会议上，有关方必须表明其执行裁决的意向。如果立即执行做不到，则可以在"一段合理时间内"做到；如果在20日后，谈判仍未达成协议，则申诉方可以要求争端解决机构授权其对另一方中止减让或其他义务。

这里需要特别指出的是，从关贸总协定的"一致同意"原则，转变为除非"一致同意"反对，专家组报告必须通过，仲裁的决定必须执行。这一转变，增强了执法的力度，因为在一般情况下，"一致同意"否定某项决议的意见很难达成，这就基本排除了某些成员在败诉后故意阻挠专家组报告的通过，或故意阻止裁决执行的可能性。

（六）引入交叉报复的做法

《争端解决规则和程序的谅解》中规定，被中止的减让应与专家组所审理的问题同处一个部门。但有时会发现在同一部门很难中止减让，其效力也很小。若出现这种情况，则可在同意协议项下的不同部门中止减让，若这样做还不可行或不起作用，则可设法中止同一协议项下其他部门的减让或其他义务，这被称为报复程序。若并不可行或无效，而且所处情况又十分严重，则该当事方可设法阻止另一有关协议项下的减让或其他各项义务，这被称为交叉报复程序。

通过授权进行报复使有关当事方可挑选更有效的方式对违反协议的情况进行报复，这就从另一方面促使败诉方须认真考虑执行裁决。可进行交叉报复的规定被视为提高世贸组织争端解决机制效力的有力的措施之一。

（七）设立对最不发达成员的特别程序

在关贸总协定的历史上，发展中国家运用其机制解决贸易争端时不够积极，这主要是因为发展中国家经济实力太弱，即使专家组判定其胜诉，如果发达国家不理睬专家组的裁决，或阻挠专家组报告的通过，则发展中国家也无能为力。即使关贸总协定授权其进行报复，也会因为其经济力量小，对大国难以造成有影响的损伤，而且很可能只会进一步损害自己的利益。

为了使那些经济力量弱小的最不发达国家能够利用这一机制保护自己的利益，谅解特别规定：在涉及最不发达国家成员的争端案件和争端解决的所有阶段，应特别考虑这些最不发达国家成员所处的特殊环境，并应在处理涉及某个最不发达国家成员引起的事件中适当施加限制。如果认定最不发达国家成员所采取的措施导致了其他成员利益的丧失和损害，则起诉当事方按照这些程序请求赔偿获得中止减让或其他义务的授权时，应施加适当的限制。

此外，在磋商阶段，如果有最不发达国家的请求，则应在设立专家组之前进行斡旋、调解和调停，以帮助各当事方解决该项争端。

除上述主要特点之外，新的争端解决程序在各个环节的设计都比关贸总协定的机制更为紧密；在所设机构的人员挑选方面有更详细的规定；在使用的有关法律概念方面，有更严谨、明确的定义。

综上所述，世贸组织争端解决机制的这一特点一方面弥补了关贸总协定争端解决机制存在的缺陷，另一方面也有所创新，新的机制可以说是比旧机制更为完善，也更有效率了。

第二节　WTO服务贸易争端解决规则

建立于关贸总协定近50年经验基础上的世贸组织争端解决机制是一种新的、独特的、组织化的和平解决国际贸易争端的制度。服务贸易争端解决机制是世贸组织将传统的关贸总协定争端解决机制扩展到新领域的产物。世贸组织争端解决机制同样适用于基于《服务贸易总协定》（GATS）而发生的服务贸易争端。世贸组织多边框架下的服务贸易争端解决机制由GATS第22、23条的特殊程序和《关于争端解决规则与程序的谅解》的一般程序共同构成。

一、服务贸易争端解决的法律依据

处理涉及服务贸易争端的案件的首要依据是GATS第22、23条。GATS第22、23条规定了服务贸易争端解决的特殊程序：磋商和争端解决及执行。当第22、23条规定无法解决争端时，可以援引《关于争端解决规则与程序的谅解》来解决，因为《关于争端解决规则与程序的谅解》是世贸组织解决贸易争端（包括货物贸易争端和服务贸易）的一般程序，它同样适用于服务贸易争端的解决。换句话说，服务贸易争端解决的法律依据有两个：一是GATS第22、23条的规定，二是《关于争端解决规则与程序的谅解》。

GATS第22、23条分别对服务贸易争端解决的磋商、争端解决和执行做了规定。其中有关磋商的规范与《关于争端解决规则与程序的谅解》第4条的磋商程序相似，但增加了对第22条第3款所列的特殊情况下的磋商的规范；GATS第23条规定了争端的解决和执行，还规定了在争端仍无法解决的情况下，可以进一步援用《关于争端解决规则与程序的谅解》第22条的中止义务和具体承诺的事实。

服务贸易争端解决还有一些适用的特别规定：部长会议于1994年4月15日在马拉喀什做出的《关于服务贸易总协定争端解决若干程序的决定》（以下简称《决定》），GATS的《关于金融服务的附件》第4款和《关于空运服务的附件》第4款。其中，援用《关于空运服务的附件》的争端解决程序的前提条件是：已用尽双边和其他多边协定或安排的争端解决程序并且解决争端未果。

二、磋商程序及启动争端解决机制的条件

根据DSU第1条第1款，DSU的规则和程序适用于按照附录1所列各项协定的磋商和争端解决规定所提出的争端。GATT中有关磋商和争端解决的规定见其第22条和第23条，这是GATT争端解决机制的基础条款。GATS关于磋商和争端解决的规定也正好在GATS的第22条和第23条。尽管这两个条款编号在GATS和GATT中都是相同的，但是仍然存在一些差异。

（一）磋商程序

GATT第22条和GATS的第22条都是关于"磋商"的规定，就一般性的磋商程序而言，服务贸易与货物贸易适用的原则是一致的，但是GATS第22条比GATT第22条多了第3个条款。该条款规定，属于成员间为避免双重征税而签订的国际协定范围内的措施引起的有关国民待遇问题的争端不应适用GATS第22条和第23条。如果各成员不能就某一项措施是否属于它们之间的此类协定范围达成一致，则应当允许两成员中的任何一个成员将该事项提交服务贸易理事会，并由服务贸易理事会将该事项提交仲裁。仲裁裁决是终裁，并对各成员具有约束力。这是有关服务贸易争端解决的一个特殊规定。

（二）启动争端解决机制的条件

GATT和GATS第23条虽然名称不同，前者为"利益丧失或减损"，后者为"诊断解决与执行"，但是均规定了启动世贸组织争端解决机制的条件。GATT第23条规定了3种诉因，即"违约之诉"、"非违约之诉"以及"其他情况之诉"。如果将GATT第23条与GATS第23条规定的诉因相比较，可发现，GATS没有像GATT一样规定"其他情况之诉"。

GATS第23条则规定了两种可以启动争端解决机制的情况：①如果任何成员认为任何其他成员未能履行本协定项下的义务或具体承诺，则这是服务贸易领域的"违约之诉"；②如果任何成员认为其根据另一成员在本协定第三部分下的具体承诺可合理预期获得的任何利益，由于事实与本协定规定并无抵触的任何措施而丧失或减损，则这是服务贸易领域的"非违约之诉"。但GATS去掉了"使得本协议的任何目的受到妨碍"这一要件。

GATS关于非违约之诉的规定与GATT有所不同，GATS规定得更为具体和严密。首先，GATS规定了受到损失或减损的利益必须是根据其他成员在GATS第三部分做出的具体承诺可以取得的；其次，这种利益的取得必须是可以合理预期的。但是在货物贸易争端解决的历史上，专家组根据GATT第23条裁定非违约之诉成立时，也常常以缔约方某项关税减让承诺为基础，而且总是考虑其他缔约方基于该关税减让承诺而产生的合理期待利益是否会丧失或减损。因此，GATS这一规定体现了对货物贸易争端解决实践经验的发展和完善。

另外值得注意的是，在违约之诉的情况下，GATS不再要求任何结果要件，即仅有措施的违约性即可构成启动争端解决机制的充分理由。GATS似乎做了一个推定，即不履行GATS义务或具体承诺会导致其他成员在该协议项下直接或者间接享有的利益受到丧失或减损。事实上，在货物贸易争端解决历史上，从未有缔约方在被认定为履行有关协议义务的情况下，通过主张结果要件不存在而成功对抗其他缔约方提出的申诉。因此，专家组在审理违约之诉时，往往有这样的默示推定：结果要件存在与否，事实上很难成为否定违约之诉成立的理由。DSU第3条第8款明文确认了这种推定，即如果发生违反在适用协定项下所承担义务的情况，则该行为被认为初步构成利益丧失或减损案件。在此情况下，应由被起诉的成员自行决定是否反驳此指控。因此，虽然GATS在违约之诉中去掉了结果要件，但在实践中并不会与GATT违约之诉产生实质性的区别。

即使如此，由于GATT与GATS关于诉因规定的不一致，货物贸易的违约之诉与服务贸易的违约之诉仍会有某些区别。例如，在货物贸易争端中，发动争端解决机制的一方在提起违约之诉时虽然不用证明，但仍然必须主张其依据本协议直接或间接享有的利益受到丧失或减损，或本协议的任何目的之达到受到妨碍。而在服务贸易争端中，发动争端解决机制的一方在其请求中，无须提到任何违约结果的问题。

更进一步而言，在货物贸易违约之诉中，违约造成其他成员的利益丧失或减损只是一个初步的推定，因此被诉的一方在理论上仍然可以提出这一推定不成立的抗辩。虽然这种抗辩一般难以获得支持，但是起诉方仍然必须对这种抗辩进行反驳，而专家组或上诉机构在其报告中也需要对此进行认定。而在服务贸易的违约之诉中，对违约造成其他成员的利益丧失或减损无须特别主张或证明。

综上所述，GATS起草者在总结货物贸易争端解决机制运作历史的基础上，对GATT第23条加以改进与完善，制定了服务贸易争端解决的条款。但由于GATT在演变为GATT 1994时，在这方面并没有做出与GATS相似的修订，因此，启动货物贸易与服务贸易争端解决机制的条件有一些不同，但这种不同并非实质性的。

简言之，根据第23条第2款，在违约之诉的情况下，不再要求任何结果要件，仅仅有关措施的违约即构成启动世贸组织争端解决机制的充分理由。这里似乎已经推定不履行

GATS协议下的义务或具体承诺即会使其他成员在该协议下直接或间接享有的利益丧失或者遭受减损，而且这一推定是不可推翻的，即违约之诉不必以损害结果作为启动服务贸易争端解决机制的必要条件。

三、对审理服务贸易争端专家组成员的资格的特殊要求

DSU附件2列出了应适用的所有协议中包括的关于争端解决的其他特殊或附加规则和程序。根据DSU第1条第2款，如果这些规则和程序与DSU一般规则和程序一致，则前者应当优先适用。其中，服务贸易争端解决应适用的特别规定包括：部长会议于1994年4月15日在马拉喀什通过的《决定》、GATS《关于金融服务的附件》第4款和《关于航空运输服务的附件》第4款。

《决定》主要对审理服务贸易争端的专家组成员资格做出了更明确的规定。对于审理贸易争端的专家组成员资格，DSU第8条第1款规定，专家组应由政府资深人员和/或非政府的个人组成，包括曾在专家组任职或曾向专家组陈述案件的人员、曾任一成员方代表或GATT缔约方代表或其先前协定的理事会或委员会中的代表人员、秘书处人员、曾经出版国际贸易法或政策著作的人员，以及曾任一成员方高级贸易政策官员的人员。由于服务贸易领域的很多问题专业性很强，所以在乌拉圭回合谈判中，服务贸易谈判组就能够审理具体服务贸易部门贸易争端的专家组成员资格问题提出了关注，于是通过了上述《决定》，并于1995年3月1日被服务贸易理事会采纳。

《决定》从三个方面对专家组成员资格进行了规定。首先，审理服务贸易争端的专家组成员应当在处理与GATS和/或服务贸易有关的问题，包括相关管理问题方面具有经验。其次，审理某个服务部门争端的专家组应具有与发生争端的该具体服务部门相关的必要经验。但是该条规定针对的是专家组，而不是专家组中的每一个成员。最后，WTO秘书处应保存一份能够担任审理服务贸易争端的专家组成员的资深人员名单，但该名单的目的仅是协助对专家组成员的选择，审理服务贸易争端的专家组成员并非必须是该名单所列的人员。

在实践中，由于贸易争端各方对于任何专家组成员的选择都有机会参与并发表意见，而为了使争端得以公平解决，争端各方事实上总会选择有能力处理该争端者担任专家组成员，因此，虽然DSU和其他WTO协议中并未有上述类似规定，但每个专家组成员的资历事实上基本与其处理的争端相符。

《关于金融服务的附件》第4款规定，审理有关审慎措施和其他金融事项争端的专家应具备与争议中的具体金融服务相关的必要专门知识。这一规定比《决定》要更进一步，不仅要求专家组应具有金融方面的专长，而且这一专长还应该与争端所涉及的具体金融服务有关。但这里"其他金融事项"到底应包括哪些并不清楚，仍有待通过将来的金融争端解决实践加以澄清。

《关于航空运输服务的附件》第4款为航空运输服务领域的贸易争端适用GATS争端解决程序设置了两项前提条件。第一，只有当有关成员在航空运输服务领域承担义务并做出具体承诺时，方能援用GATS规定的争端解决程序。第二，航空运输服务领域的争端发生后，争端方必须先尝试通过其他双边、多边协定或安排中规定的争端解决程序来解决争端，只有在用尽上述程序之后才能适用GATS程序。

四、对成员违反服务贸易义务的认定

由于服务贸易比货物贸易的形式更加多样，并且涉及生产要素流动和投资问题，所以WTO成员在服务贸易领域做出的一般承诺与货物贸易非常相似，但是在市场准入和国民待遇的具体承诺方面，二者差别较大。从GATT到WTO货物贸易领域的具体承诺始终围绕降低关税与取消非关税贸易壁垒而进行，主要体现为各国的关税减让表、对某些非关税壁垒的保留及运用限制等。但对于服务贸易而言，各成员的具体义务是通过"具体承诺减让表"来体现的，其中又分为水平承诺和行业承诺。前者对列入承诺表的所有服务部门均适用，后者则对具体服务部门的市场准入和国民待遇的限制进行规定。由于服务贸易包括四种提供方式，所以这种具体限制针对每种服务的提供方式列出。具体承诺表中对服务部门的分类以联合国的《核心产品分类》（以下称CPC）作为重要参考。

此外，根据GATS第2条第2款，成员可维持使用与该条第1款规定的最惠国待遇不一致的措施，只要该措施列入《关于第2条豁免的附件》。相对于具体承诺表而言，豁免附件的结构较为简单，包括豁免适用的部门、对要求豁免的措施描述、不适合最惠国待遇的理由、针对的成员以及措施拟将持续的时间等。综上所述，只有将WTO成员的"具体承诺减让表"、《关于第2条豁免的附件》与GATS规定的一般原则结合起来考察，才能判断该成员在服务贸易领域做出的具体承诺和义务。鉴于任何对成员违反服务贸易义务指控的前提应当是该成员的具体承诺，因此了解这种承诺结构特点是非常重要的。

第三节　WTO争端解决规则运用技巧及运行成效

一、在世贸组织中解决争端应注意的问题

自世贸组织成立至1998年年底世贸解决机构已审结十余起贸易争端。另有近百起争端在受理中，有的在受理后因磋商达成和解而撤诉；有的正处于双方磋商阶段；有的已成立了专家组，正有专家进行调查；有的正处于上诉阶段，等待上诉机构的最后裁决；有的则已到了最后执行阶段。从目前争端解决机构的运作情况看，世贸组织争端解决机制的效率正在显现出来，以至于在1998年4月17日的报告中，世贸组织总干事鲁杰罗称"任何对世贸组织成就的评论，如果不提世贸组织争端解决机制这个许多方面均为多边贸易体系的支柱，并作为世贸组织对全球经济稳定做出的一项最杰出的贡献的话，那种评论绝非完善，新的贸易组织争端解决机制既比其前身关贸总协定体制更强有力，又更加具有自动性和可信性"（摘自因特网信息）。今年，投诉到世贸组织争端解决机构的贸易争端大量增加，这是一种可喜的现象。在前100项申诉到世贸组织的争端案件中，发展中国家为申诉方的计31项，远高于关贸总协定时期的比例。这充分说明了该组织成员对这种新机制的信任。那么，在世界贸易组织中解决争端应注意些什么问题呢？

（一）争端双方均应注意的问题

1.双方要努力争取以磋商方式解决争端

世贸组织鼓励争端双方首先通过友好磋商，在双边的基础上把彼此之间的分歧弥合。这对于将来进一步发展双方的贸易关系是十分有利的。只有在双方的矛盾没有商量的余地

时，才应诉诸世贸组织裁决。在整个诉讼过程中，还可以在任何阶段进行磋商。一旦磋商达成和解，则诉讼即应停止。在目前世贸组织受理案件中，大部分的案件是经过双方磋商而达成双方和解的。

2.请总干事调停争端

如果双方磋商却又不便指出，则可请求总干事出面调停。协议规定，总干事负有调停之责。在以往的案件中，就有经过调停而解决纠纷的先例。特别是双方矛盾尖锐、贸易战一触即发之际总干事的调停尤显重要。如欧美之间关于"荷尔蒙牛肉"的争端，双方的贸易战就因总干事的调停而结束。

3.关于设立专家组的问题

（1）在世贸组织的争端的过程中，专家组程序乃是最为复杂的阶段。首先双方均应注意专家组的设立是否确属必需。如果仍有磋商解决的可能性，则可阻止专家组的成立。举行进一步的磋商，旨在友好解决争端。但是这种主旨只能有一次，因为进一步磋商未果，对方在提出专家组的成立申请的话，专家组的成立就是自动程序。在已进行处理的诸多案例中，专家组大多是在第二次提出申请时得以成立的。

（2）双方还应注意专家组的组成人员的情况。如果专家组中有争端方认为不适合的人选，应提出磋商；磋商未果，可以要求争端解决机构主席指定专家组成员，以求公正地解决争端。

（3）如果争端一方是发展中国家，还应注意在专家中是否有来自发展中国家的成员。

4.关于上诉问题

按规定，对于专家组所做的结论，胜诉、败诉两方均可上诉，以求争端得到更圆满的处理。在以往审结的案件中，胜、败双方均提出上诉的事例一再出现。败诉一方固然希望上诉机构推翻专家组的结论，胜诉一方也可通过上诉，使专家组结论中判决不明确或不充分的部分得到纠正。

另一点需注意的是上诉内容必须是对专家组关于有关协议条文的法律解释的异议。对于除协议条款所涉及法律问题以外的问题，上诉机构则不予受理。

（二）申诉方应注意的问题

（1）申诉方必须首先确定申诉方所依据的协定。申诉书中应充分列举被诉事由，即被违反的各有关协议的具体条款。这些条款可以是协议的正文，也可以是协议序言中所阐述的原则；既可以是整个条款的要求，也可以是条款中的要求，还可以是条款中的某一行文字的规定。

（2）若争端双方磋商未果，申诉方即可提出成立专家组的请求，让案件改由专家组进行审理。若第一次请求被对方阻止，则可于进一步磋商未果后第二次提出申请。接到申诉方的第二次申请，专家组将依例自动成立。

（3）申诉事由若属紧急情况，则可以要求依据规定，采取加速解决争端的程序。

（4）应向专家组充分提供有关申诉的证据材料。有关答辩人员应充分掌握这些资料，以便在专家组中进行有说服力的申辩。

（5）应认真审查和研究专家组提交的准备在争端解决机构通过的临时报告。对专家组报告应进行逐句甚至逐字的详细研究与推敲。若需上诉，则应于争端解决机构通过该临时报告的会议进行之前，及时提出上诉申请。

（三）被诉方应注意的问题

（1）充分研究申诉方所诉理由。对于对方援引的有关协议的条款应逐条进行核对；①对方所引条款是否有例外规定，而所诉事由是否恰属例外的范围（如"最惠国待遇"、"国民待遇"、"免责条款"、"透明度原则"等均有例外事项；若是发展中国家，则"授权条款"所涉事项均为例外事项。）②是否有以往的判例可供援引。从世贸组织审案的依据看，以往案件的处理结果或裁决的表述都对后来的判决有影响，例如对某些定义，以往案件的表述往往成为专家组援引的对象。

（2）调查研究国内实际情况。对于申诉方所诉的本国国内违反协议的政策和措施的实际情况要进行认真调查研究。应将有关资料进行系统整理，供专家组参考和供小组内答辩之用。

（3）若发现申诉方所诉问题确实存在，则宜及早采取行动，撤销有关违反协议的法规和措施，或及时修改有关政策，以期在专家组报告通过前使对方撤诉。

（4）认真审阅研究专家组的报告。专家组报告往往十分复杂详细，必须认真研究。如被判败诉，则应认真找出可以上诉的理由。

（5）若需上诉，则应在争端解决机构召开通过专家组报告之前及时提出上诉申请。上诉申请书应详列对专家组所做法律解释的异议。

（四）胜诉方应注意的问题

（1）胜诉方应特别注意裁决的执行问题。裁决若得不到执行，或未得到及时执行就失去了裁决的实际意义。首先，要与对方磋商执行专家组裁决的日期。如在合理期间不能达成协议，则可要求进行仲裁。

（2）要特别注意对方采取各种手法拖延执行裁决。这一条要性已为以往多项案例的执行情况所证实。要及时对败诉方执行情况进行监督。必要时要提醒或督促对方按时执行裁决。

（3）若对方不执行裁决，应立即考虑请求授权报复的可能性。

（4）对发展中国家政府败诉方，应给予同情的考虑，在需要执行裁决时有所限制。

（五）败诉方应注意的问题

（1）若被专家组或上诉机构裁定败诉，则应首先对裁决表明态度。从目前已裁决的案件看，尚未发现不接受裁决的先例。败诉方应表明服从裁决，并主动提出和胜诉方进行关于执行裁决的磋商。

（2）与对方磋商执行裁决的时间表。应考虑国内的立法程序的要求和进行政策、措施的修改可能对本国经济贸易带来的不利影响，争取对方对具体困难的谅解和宽容，将不利影响控制在最小限度。

（3）应认真研究被确认违反协议的政策、法规，或者有关措施，并及时做出调整或修改。

（4）若败诉方为发展中国家，则可依照规定要求对方给予照顾。

二、WTO解决争端"不违法之诉"规则运用技巧

由关贸总协定明确定义的"不违法之诉"是WTO争端解决机制中最具特色的条款之

一。关贸总协定第23条第1款（b）项规定，即使不违反关贸总协定的规定，只要造成了对缔约方依关贸总协定享有利益的直接或间接的损害或丧失，或阻碍了关贸总协定目标的实现，受害国就可提出投诉。

（一）"不违法之诉"的构成要件

首先，被诉方实施了不违反GATT/WTO各协议的措施。这里的"措施"不仅包括政府颁布的法律和法规，还包括不具法律执行力的政府行为，如采取某项行为就可获得政府某些好处或限制的政府行政指南等。因为在考虑一项措施究竟是否属于第23条第1款（b）项意义上的措施时，不能以该措施是否具有强制执行力为标准，而要看该措施的实施对私营企业所产生的作用和影响。一项措施尽管不具有约束力，但当它对某种行为的鼓励与不鼓励足以对企业的行为产生影响时，同样也会对成员方之间的市场准入竞争条件产生不利影响，从而事实上破坏成员方之间业已形成的关税减让和利益的平衡。[①]

另外，从GATT过去的实践看，某些私营部门的行为，如果有政府的充分参与，也有可能被视为政府措施。所以，一国的强制性规定，可执行的指导性或建议性文件，甚至迫于政府压力的企业行为都可以被视为政府措施。所有这些措施的共同特点就是都不与GATT/WTO的各项现行协议相冲突，这是其与"违法之诉"的本质区别。构成"不违法之诉"的"措施"的另一个要素是：该措施须具有不可预见性。

其次，申诉方合理预期的利益受到丧失或损害。由于不需要证明是否违法，只要表明已存在的利益遭到丧失或损害就可起诉，因此，根据GATT第23条第1款（b）项提起"不违法之诉"是很容易的，而GATT第23条第1款（a）项规定的"违法之诉"就可能失去有效性。为了防止这种情况的蔓延，GATT和WTO专家组在实践中发展了"合理期望原则"，即"不违法之诉"必须是针对使投诉方的"合理期望"落空的措施提起的。

"合理期望"的来源包括谈判中所做的保证和声明，已确立的谈判实践，政府政策的行为，GATT的规定和以前存在的竞争条件等。其中谈判中所做的保证和声明在实践中经常被上诉机构推翻，而且随着争端解决机制逐渐向"规则化"的轨道转变，谈判中所做的保证和声明必须要有明确的证据，才能成为"合理期望"的来源。

"合理期望原则"的保护对象是各种直接或间接的利益。一方面，它保护缔约方对政府行为的合理期望。除非另有规定，这些期望一般包括遵循以前通过的专家组报告中的解释，期望现行的贸易政策在未来将继续适用等。另一方面，关税减让的主要价值在于它确保改善价格竞争的条件，使市场准入环境更好。但是，政府的一些措施可能会在制度上抵消这些好处。例如，对国内产品进行补贴，取消对进口产品的补贴，对"相似产品"采取歧视性的关税待遇，进口许可要求等。"合理期望原则"通过保护预期得到的改善的竞争机会，保护了贸易谈判中所做出的减让的价值。GATT序言中表明缔约方的共同目标是建立"互惠的和共同的利益安排，使关税和其他与贸易有关的壁垒有实质性的减少"。因此，保护缔约各方的"合理期望"是保证国际贸易中的安全性和可预见性的必然要求。

最后，申诉方合理预期的利益丧失或损害与被诉方的措施之间的因果关系。"不违法之诉"成立的第三个条件是，申诉方合理预期的利益丧失或损害是由于被诉方所使用的措

---

① 尹立. 浅析WTO争议解决机制中的非违反（协议）之诉 [M]. 北京：法律出版社，2004.

施造成的。GATT过去在审理"不违法之诉"案件时，确定利益的丧失或损害一般都是确定由于关税减让效果的抵消而使国内产品和进口产品之间形成的竞争关系正在受到影响，而不是对贸易量产生影响。在实践中，专家组认为在因果关系方面应考虑以下几个问题。一是因果关系的程度，即该措施是利益丧失或损害的唯一原因或只是原因之一。专家组认为，只需考虑该措施是否导致了利益的丧失或损害，即该措施只需是利益的丧失或损害的原因之一即可。二是措施的来源中立性，即一项措施是否在进口产品和国内产品之间有区别。专家组认为，某项措施即使在法律上没有歧视，在事实上也有可能构成歧视。三是因果关系故意的相关性。专家组认为，GATT"不违法之诉"条款没有要求证明造成利益的丧失或损害的故意，而只要求证明措施的后果，即是否影响了竞争关系。当然，如果能够证明表面上来源中立的措施事实上是为了限制进口，专家组就可能从中发现因果关系，但是否有故意并不是决定性的。

（二）举证责任

DSU第26条第1款第1项明确规定："（根据GATT第23条第1款（b）项投诉的）投诉方应该提供详细的正当理由支持其对某项不与有关适用协定冲突的措施所提出的任何投诉。"因此，"不违法之诉"的投诉国必须承担举证责任。尽管不必提出实际所受损害的具体贸易额的证据，但其举证内容也不能仅限于所指控的不违法措施本身。投诉国需要证明另一缔约方不违反关贸总协定的措施，不仅破坏了其合理预期的利益，而且扰乱了它们之间原有的竞争关系，所以造成了其依照关贸总协定直接或间接享有的利益的丧失或损害。而证明"措施"与"利益的丧失或损害"之间的因果关系是举证的难点所在，也是"不违法之诉"胜诉的关键。在"柯达诉富士"案中，专家组认为美国（原告）应举证证明三项内容：（1）日本实施了哪些政府"措施"；（2）依GATT规定计入美方的"利益"有哪些；（3）这些"措施"造成了"利益"的丧失或损害，即两者之间的因果关系。仅政府"措施"一项，美国就举出了一大批日本政府做出的从"内阁决定"到"大型商店法"等近20项法规。但要证明这些政府措施限制了柯达胶卷和相纸在日本的销售，是非常复杂和困难的。美国最终由于未能举证证明日本的政府措施"抵消或损害"了美方依WTO享有的"利益"而败诉。

案例10-1

日本消费胶卷和相纸进口案

［案例回顾］

胶卷和相纸在日本市场主要通过三种渠道销售：传统的出售胶卷和相纸的商店，占50%；一般仪器商店，占33%；其他零售方式，占27%。美国认为，从1967年开始的近30年时间里，日本颁布了20多项涉及零售业的法律、法规或行政决定。美国把这些法律、法规或行政决定分为三类：（1）限制流通的措施。美国认为此类措施将进口胶卷和相纸排除出传统销售渠道。（2）大型商店法。美国认为此类法律法规限制了胶卷和相纸流通的其他渠道。（3）限制促销的措施。美国认为此类措施不利于进口胶卷和相纸的销售。美国认为，日本一直采取变相的限制措施影响胶卷和相纸的进口，或对进口胶卷和相纸的待遇低于国产胶卷和相纸的待遇，违反了GATT第3条第4款；日本的这些措施剥夺或损害了美国的利益，违反了GATT第23条第1款；日本政府没有公布所有的行政规定，违反了

GATT第10条第1款。1996年7月11日，美国与日本就日本影响进口胶卷和相纸销售的措施进行磋商，但未取得满意的结果。1996年9月20日，美国请求成立专家组。1996年12月17日，专家组正式成立。

[案例要点分析]

首先，专家组认为，对于GATT第23条第1款规定的"措施"应作比较宽泛的解释，即这里所指的"措施"不仅指法律、法规，也包括政府行为，只要这些政府行为起到了鼓励或限制企业的某项活动的作用。专家组还注意到GATT第23条第1款使用的是英语中的一般现在时，因此这里的措施应该是指正在执行的，且对美国的利益有影响的政府措施。

第二个要件是本案中美国根据GATT可以期望得到哪些利益。专家组指出，美国应当证明，与日本的关税减让谈判使美国得到了能够合理预见的利益，但日本随后采取的措施剥夺或损害了美国的这些利益，且这些措施是美国难以预见的。因此，美国提出的利益预期是否合法的关键在于日本的限制措施是发生在关税减让谈判终结前还是终结后，如发生在终结之后则一般应假定为合法，除非日本提出反面证据予以反驳。

第三个要件是日本的措施与美国利益的丧失或损害之间的因果关系。专家组认可了美国提出的综合考虑各单项措施的理论，但应由美国详细地证明这一理论与该案的相关性。最终专家组认为，美国在本案中没有提供充分的证据证明其利益的丧失或损害是由于三类限制性措施造成的，因此认为美国对日本的"不违法之诉"不能成立。

资料来源：张华，朱淑娣. DSB不违法之诉对我国行政合理性原则的启示——小议美国与日本胶卷进口案[J]. 华东政法学院学报，2002（3）：22-25.

（三）救济方式

由于在"不违法之诉"中被诉方并未违反GATT的规定，因此其并没有撤销该措施的义务；缔约方全体也无要求被诉方撤销无造成扰乱竞争关系合法措施的权利，而只能要求其考虑消除损害的各种方法。对"不违法之诉"的救济方式的更详细的规定主要体现在WTO《关于争端解决规则与程序的谅解》的第26条中，主要包括以下三个方面：

一是专家小组或上诉机构应建议有关成员达成一项相互满意的调整。某项措施如经专家小组或上诉机构确认虽不违反有关适用协定，但对投诉方依据该有关适用协定享有的利益造成了丧失或损害，或阻碍该适用协定目标的实现，虽然被诉方没有义务撤销该项措施，但专家小组或上诉机构应建议有关成员达成一项相互满意的调整办法，而不能做出撤销该措施的建议。

二是不同于"违反之诉"程序中的仲裁（在"违反之诉"中，有关实施争端解决机构建议和裁定的期限的仲裁是终局性的，且是有约束力的）。在"不违法之诉"程序中，仲裁可以决定利益蒙受丧失或损害的水平，也可以提出有关相互满意调整方法的建议，但此种建议对争端当事方是没有约束力的。

三是补偿可以作为解决该争端的最终办法（一项相互满意的调整办法）的组成部分。由此可见，"不违法之诉"的救济根本在于双方的协商，其最终目标不是撤销有关措施，而是实现双方满意的调整。这也体现了GATT第23条第1款（b）项的基本宗旨，即对缔约各方权利义务平衡的扭曲进行补偿或补偿性调整。

三、WTO争端解决机制的运行成效

总的来看，十几年来WTO争端解决机制得到了广大WTO成员的普遍支持，各成员基本遵守了DSU的相关规则，即使有反对意见也能以大局为重。WTO成员对DSU的充分信任，推动了WTO争端解决机制的进步和发展。正如前任WTO总干事素帕猜（Dr. Supachai Padtchpakdi）认为的，WTO受理争端冲突较多是因为："第一，WTO成员方政府信任争端解决机制。第二，WTO协定比GATT协定的范围要大得多。"

WTO争端解决机制取得的成效主要可以概括为：解决案件数量大，发达国家和发展中国家均能积极参与，涉及的协定多而集中，执行情况良好。根据世贸组织报告，从1995年初到2007年年底的13年中，世贸组织争端解决机构（DSB）共受理投诉369件，其中，DSU第21条第5款程序投诉24件，完成了专家组和上诉机构审查的投诉127件，已解决或结案的投诉91件（其中以相互同意办法结案的投诉60件，其他方式结案的投诉31件）。[①]

第四节　我国运用WTO争端解决规则技巧及策略

在发展对外贸易过程中，国家之间出现贸易纠纷与摩擦，通常属于正常现象，双方应通过友好协商寻求解决。如前所述，随着中国对外贸易规模的扩大，我国出口产品在进口国受到的贸易限制也在迅速增加。进口国的一些不合理做法损害了我国的正当贸易利益。如果通过双边途径无法得到合理解决，我国就应该启动WTO争端解决程序，通过多边机制寻求解决。2001年12月11日我国加入WTO，其最显性的利益就是可以借助WTO争端解决机制来解决贸易争端。但截止到2008年，我国仅提出了2件WTO争端解决机制下的投诉，应诉案件10件，这种状况与中国遭受繁多的贸易限制形成了鲜明的对照。[②]中国需要加强对WTO贸易规则和争端解决规则的研究，培养精通WTO规则和争端解决程序的法律人才，学习其他发展中国家利用WTO争端解决机制的经验，合理利用多边体制与规则维护我国的正当贸易利益。

一、加强WTO争端解决规则及相关法规的研究

（一）加强WTO争端解决趋势和预测研究

要明了利用争端解决机制的主要使用者（博弈方），哪些国家与我国经贸关系密切，有可能与我国发生贸易争端，是否具有足够强大的法律服务力量和后援，能否将争端上告WTO？要研究WTO争端解决案例涉及哪些协议，与我国现行贸易政策和法律关系有无冲突或矛盾，是否是我国出口面临的主要障碍？

从目前的趋势看，WTO争端解决案例的主要博弈方与我国的经贸关系都很密切，涉及的协议中反倾销、补贴与补贴、保障措施、技术性贸易壁垒等协议与我国有密切关系，要重点研究这些国家涉案的原因和应对策略，剖析其胜诉和败诉的经验和教训。要设立专门机构，配置相应的专业人员，专门从事研究美国、欧盟、日本、加拿大、澳大利亚、韩国、印度、墨西哥、巴西、阿根廷等主要争端成员的立法、行政与司法走势。要加强收集

---

① 余敏友. 世界贸易组织争端解决活动——中国表现及其改进建议 [J]. 法学评论，2008（4）.
② 余敏友. 世界贸易组织争端解决活动——中国表现及其改进建议 [J]. 法学评论，2008（4）.

与涉案产品相关产业的景气变动及国际行情变化，随时掌握国内外市场行情及外国竞争者动向，包括涉案产品在国外的营销网络、市场区域、市场需求及消费、产业集中度等，以掌握国外企业实际经营状况，建立反倾销、反补贴、保障措施（特别保障措施）、技术性贸易壁垒预警机制。

（二）加强WTO争端解决理论与案例研究

对于WTO成立与运行机制的理论基础，我国研究尚不深入，这将很难预测WTO发展的方向、理解WTO争端解决机制改革的成因，自然也就很难有中国的话语权。美国和欧盟是WTO争端解决机制的既得利益者，也确实在主导WTO的发展，但这不仅仅是因为美国和欧盟的经贸实力，更重要的是因为这些国家和地区对WTO法规、制度设计研究深入，运用灵活。借鉴国外经验，我国要加强对WTO法律法规的研究，特别是要研究在WTO未来的变革与发展中我国的应对策略，让美国和欧盟考虑中国的利益和立场，并融入未来的制度设计中。要加强对WTO争端解决案例研究，要剖析争端的起因、专家组报告和上诉机构报告支持和否决争端方的具体理由、争端的应对策略等。通过对具体案件的分析，不仅可以详细了解WTO争端解决机制的运行规则和程序，还可从中吸取经验教训、学习申诉和应诉策略与技巧。

二、增强运用WTO解决贸易争端的能力

（一）完善与WTO规则相适应的国家政策与法律体系

事实证明有完善的国家政策与法律体系有助于减少贸易纠纷的发生和贸易争端的解决。要尽快清理和修改与WTO规则不相适应的现有政策和法律，并根据我国参与国际经济和贸易竞争的实际需要制定新的规定。在今后的法制建设中，需要进一步明确立法权限。凡由中央规定的事项，地方不得做出规定，已经做出了规定的，应当予以废止；即使是地方可以结合本地实际情况做出规定的事项，也应符合WTO协议和中国已经做出的承诺（特别是我国加入WTO做出的承诺）。要进一步增强法制工作的透明度。所有相关的法律、法规和政策措施，都要及时在官方刊物或网站上公开，并设立相关的咨询点，以便为WTO成员提供具有权威性的咨询服务。要加大对知识产权的保护力度。我国知识产权保护立法起步较晚，几经修订后仍与WTO的要求有差距。各种行政管理手段需要进一步简化、透明和规范化，如在商检、海关估价、动植物检疫等方面的管理应逐步实现规范和社会化管理。

（二）加强商务部公平贸易司的建设

公平贸易司专门受理对违反WTO协定或其他国际贸易协定且对我国合法权益造成损害的外国行为的申诉，并进行调查核实，根据调查核实的结果按照WTO争端解决机制的规则和程序决定是否采取行动以及采取什么样的行动，以及对针对我国的申诉，代表我国在双边或多边争端解决机制中作好应诉准备，包括核实对方指控、提出反驳、进行谈判，或采取其他双边或多边争端解决的程序的双重任务，并应对美国、欧盟、日本、韩国、印度、巴西等国家的立法、行政与司法进行监察，建立相应的数据库，检查任何可能的抵触，在必要时提出磋商和准司法的争端解决。此外，该机构还应协调各行业之间、各企业之间、各行业与企业之间的利益，使全国上下对外形成合力，对WTO协定在全国范围内统一实施进行有效的监督。可见该机构的责任重大，任务繁重，而我国该机构成立较晚，人员不足，为此，应加强该机构的建设，加大资金支持力度，壮大力量，提高应诉和申诉的综合能力。

（三）培养一支能够胜任解决争端的人才队伍

要应对贸易争端解决需要的是集WTO、政治学、经济学、贸易学、法律学、文化学、社会学等多学科交叉的综合人才。因此要充分利用我国的人力资源和各大专院校、科研院所的作用，加快我国综合人力的培养进程。武汉大学现已建有WTO学院，教育部在对外经济贸易大学设有中国WTO研究院重点研究基地，要充分发挥其带动和示范作用。同时要尽可能地利用国外的资源，通过"请进来，走出去"的双向交流，学习其他国家在参与WTO争端解决机制方面的经验，锻炼人才队伍。

三、WTO规则运用及策略选择的技巧

（一）被诉时规则运用及策略选择

当我国为被诉方时，应采取"专家小组/上诉机构为上，磋商解决和相互满意解决次之"的策略，力求对我国有利的结果。

在一般情况下，应在各阶段的开始时刻同意磋商，在最后时刻达成相互满意的解决方案，专家组决定支持申诉方后立即选择上诉策略，专家组决定或上诉机构决定后选择尽可能晚地执行WTO决定或达成相互满意的解决方案或补偿，在WTO授权报复后立即选择执行WTO决定的策略。要辨明申诉方的申诉理由及真正目的。有的申诉可能是善意的，可以通过磋商解决，但我方原则是尽可能晚提出和解方案（磋商解决、相互满意解决、达成补偿协议）；有的可能是属于政治目的或报复性的（如DS222案件），这时很难达成相互满意的解决方案，就应充分研究被诉理由，逐条核对：是否有例外规定，是否已有相似判例？要调查国内政策与法律的实施情况，最重要的是要争取执行的合理期限，修改有关政策。如果上诉，上诉申请书一定要列明异议及充足的理由。若被专家组或上诉机构裁定败诉，则应首先对裁决表明态度，主动提出和申诉方进行关于执行裁决的磋商。尽量争取更长的执行裁决的时间表。要充分考虑国内立法程序要求和政策、措施的修改对本国经济贸易带来的不利影响，争取对方对具体困难的谅解和宽容。要认真研究被确认违反WTO有关协议的政策、法规，或者有关措施，并及时做出调整或修改。

（二）申诉时规则运用及策略选择

当我国为申诉方时，应坚持"磋商解决为上，专家小组/上诉机构次之；相互满意解决为主，请求报复为辅"的策略，力争迅速有效地解决争端。在一般情况下，应在各阶段的开始时刻提出磋商并接受被诉方提出相互满意的解决办法，专家组请求阶段应选择立即请求成立专家组策略，专家组报告出并支持被诉方后立即上诉，专家组决定或上诉机构决定后被诉方不执行WTO决定立即提出报复请求，被诉方在WTO授权报复后立即执行WTO决定。为降低申诉成本，或增强报复能力，或提高申诉胜诉概率，可以采取联合申诉和用"羊群效应"提出申诉。申诉要充分列举被诉事由（被违反有关协议的具体条款），专家组充分提供有关申诉的证据材料，有关答辩人员应充分掌握这些材料，以便在专家组中进行有说服力的申辩。要认真审查和研究专家组提交的准备在争端解决机构通过临时报告。对专家组报告应进行详细研究。若需上诉，则应于争端解决机构通过该临时报告的会议进行之前，及时提出上诉申请。要与对方磋商执行专家组裁决的日期，如在合理期间内未能达成协议，则可要求进行仲裁。要尽量不让对方拖延执行裁决，及时对诉方执行情况进行监督，必要时要提醒或敦促对方按时执行裁决。若对方为发展中国家应给予同情的考虑，在需要执行裁决时应有所限制。

章末案例

关于厄瓜多尔诉欧盟加税案

欧盟一直想维护其在非洲、加勒比海和太平洋地区（非加太地区）殖民地国家的利益。这些国家希望欧盟对价格低廉的拉美香蕉征收每吨300欧元的进口关税，以防止拉美香蕉大量涌进欧盟市场。而目前非加太国家则免关税进入欧盟市场。欧盟25国成员每年消费的香蕉数量超过400万吨。拉美主要香蕉出口国包括厄瓜多尔、哥伦比亚、哥斯达黎加以及巴拿马。欧盟决定，将从2006年开始提高拉美香蕉进口关税，从而引发了与世界上最大的香蕉出口国厄瓜多尔之间的争端。厄瓜多尔于是要求WTO对此进行仲裁，请求交叉报复。

厄瓜多尔案是交叉报复第一案，而以后的案例大部分"认同并采用"了厄瓜多尔案仲裁报告的解释，为此，这里主要以厄瓜多尔案为例，集中讨论仲裁人对相关条款是如何解释和裁定的。

根据DSU第227条，仲裁人具有两项职责：一是判定报复水平是否与损害水平相当；二是判定DSU就交叉报复所规定的原则和程序是否得到遵守。这两项判断对授权交叉报复至关重要。

仲裁人解释了交叉报复的基本性质，并做出四点澄清：第一，报复的目的是促使裁决的执行。仲裁人认为，交叉报复必须有助于促使裁决的执行，如果在同一部门或协定下无法进行报复或不能产生强有力的效果。那么，促使执行裁决的目标便无法达到，WTO争端解决执行机制便不能正常运转。第二，交叉报复是一种例外情况。仲裁人裁定，交叉报复是一项例外情况。为此，DSU对引用交叉报复设定了限制条件和举证之责，这些条件在引用正常报复的情况下是不存在的。第三，报复是一把"双刃剑"。仲裁人强调，报复从本质上说是一把"双刃剑"，不仅会影响被报复方，也会在一定程度上影响实施报复的一方。如果争端双方在经济实力和贸易规模上存在巨大差异，交叉报复对弱小成员的负面影响更大。第四，报复对胜诉方损害最小。仲裁人认定，采取正常报复形式对厄瓜多尔的伤害要大于对欧盟的伤害。因此，厄瓜多尔可以选择一种包括交叉报复在内的报复形式，即选用一种对自身伤害最小的报复形式。

仲裁人解释了引用交叉报复的一般纪律，并提出以下四点：第一，"可行性"和"有效性"的定义。仲裁人从字面上解释了"可行性"一词，认为此词的意思是"在实践中有用或可用"或"倾向于或适合采取措施的，而不是一种猜测"。仲裁人认为"有效性"的含义是指"报复方需要确保报复足够有力，并产生预期的效果，即报复能够促使执行方执行裁决"。第二，"可行性"或"有效性"的关系。仲裁人做出两点澄清：一是"可行的"或"有效的"之间的关系是"或"，而不是"和"，报复方只需证明两者其一即可，不必同时满足。二是报复方证明了在同一协定下另一部门的报复是不可行的或无效的，并不意味着在另一协定下的交叉报复就是可行的或有效的。这是两套程序，需分别加以证明。第三，对"情势已足够严重"的定义。在判定是否"情势已足够严重"的过程中，仲裁人认为，发展中国家与世界最大贸易方之间存在差异的事实，足以证明厄瓜多尔在货物或服务领域对欧盟进行报复是不可行的或无效的。第四，什么是"更广的经济因素"？仲裁人指出，交叉报复所涉及的"更广的经济要素"对争端双方均会产生影响，由于厄瓜多尔与欧盟之间在贸易实力和经济力量上存在巨大差异，加之香蕉贸易对厄瓜多尔经济的重要性，报复会对厄瓜多尔产生更大的负面影响，使其经济恶化。

仲裁人对跨部门交叉报复的纪律提出了以下意见：第一，中止其他部门减让的门槛低于中止其他协定减让的门槛。仲裁人强调，跨部门报复的门槛应比跨协议报复的门槛低，前者只需证明在同一部门报复不可行或无效，后者还要另行证明存在着"足够严重"的情况。第二，在工业品、消费品领域报复的可能性要分别考查。在工业品方面，仲裁人裁定，厄瓜多尔是一个弱小的发展中国家，在欧盟工业品出口中仅占可忽略不计的份额。因此，厄瓜多尔在工业品领域进行报复对欧盟不会产生任何实质性影响，因而是无效的。关于消费品，仲裁人裁定，厄瓜多尔未能说明厄瓜多尔在欧盟消费品出口中仅占微小份额。因此，厄瓜多尔在消费品领域进行报复并不是没有效果的。

资料来源：傅星国. WTO争端解决中"交叉报复"的案例分析［J］. 国际经济合作，2009（7）.

案例思考：

［1］仲裁人的主要职责是什么？案件一般在什么情况下才能进入仲裁程序？

［2］什么是交叉报复？交叉报复的基本性质和一般纪律有哪些？

［2］通过对这两则案例的学习，你对DSB有什么更深刻的理解？

本章小结

1.WTO争端解决机制建立了统一的争端解决程序、争端解决机构等加大了裁决的执行力度，并引入交叉报复做法增强实施效果，设立了对最不发达成员的特别程序。

2.WTO争端解决机制为国际贸易领域解决争端的规范化创造了必要条件，而且这是世界贸易组织优于关贸总协定之处，因为关贸总协定始终未能建立这样一个机构。WTO贸易争端解决的原则包括权利、义务平衡原则，程序上的协商一致原则等。贸易争端的迅速解决对于世界贸易组织的有效运作是至关重要的。争端解决的程序包括：磋商与调解程序、专家组程序、上诉复审程序。争端解决机制对各个程序所需时间进行了严格的规定。

3.由关贸总协定明确定义的"不违法之诉"是WTO争端解决机制中最具特色的条款之一。关贸总协定第23条第1款（b）项规定，即使不违反关贸总协定的规定，只要造成了对缔约方依关贸总协定享有利益的直接或间接的损害或丧失，或阻碍了关贸总协定目标的实现，受害国就可提出投诉。

4.服务贸易领域的争端由世界组织争端解决机构和服务贸易理事会受理，但是提请世贸组织解决的服务贸易争端数目却不多。原因可能在于两个方面，一是因为GATS本身的结构特点，将成员方的一般义务与具体义务分开，大多数成员"量力"进行具体承诺，对不成熟的服务部门没有进行实质性的开放，因此违反承诺的概率相对小一些；另一方面，作为世界上第一套规制国际服务贸易问题的原则和框架，以及GATS的各项纪律并不完善，对成员设定的义务在一些方面亦不明确。因此，国际服务贸易在WTO生效后数年间并未成为争端解决的热点，只有少数案件部分涉及服务贸易的问题。

5.从WTO涉及仲裁及交叉报复的典型案例可以获得的启示：发展中国家仍然可以借助多边贸易体制指控大国，说明在法律面前成员不分大小一律平等的理念，也表明争端解决机制的运转是正常的。

专业词汇

争端解决机构　贸易摩擦　交叉报复　不违法之诉　服务贸易

思考题

1.世界贸易组织对发展中国家的优惠待遇原则主要有哪些？有什么重要意义？

2.常设上诉机构的办事规则是什么？

3.争端双方均应注意一些什么问题？

本章参考文献

[1] 对外贸易经济合作部世界贸易组织司. 中国加入世界贸易组织法律文件（中英文对照）[M]. 北京：法律出版社，2002.

[2] 陈彪如. 国际经济学 [M]. 上海：华东师范大学出版社，1993.

[3] 陈已昕. 国际服务贸易法 [M]. 上海：复旦大学出版社，1997.

[4] 蔡学恩，张发坤. 论WTO争端解决机制中的举证责任 [J]. 法学评论. 2003（6）.

[5] 傅星国. WTO争端解决中"交叉报复"的案例分析 [J]. 国际经济合作，2009（7）.

[6] 龚宇. 不违法之诉与WTO争端解决机制 [J]. 福建政法管理干部学院学报，2001（1）.

[7] 海闻，P林德特，王新奎. 国际贸易 [M]. 上海：上海人民出版社，2002.

[8] 胡北平. WTO争端解决机制公平性分析 [J]. 世界经济研究，2003（1）.

[9] 何茂春. 国际服务贸易：自由化与规则——兼论扩大开放与国家经济安全 [M]. 北京：世界知识出版社，2007.

[10] 纪文华，姜丽勇. WTO争端解决规则与中国的实践 [M]. 北京：北京大学出版社，2005.

[11] 石静霞，陈卫东. WTO国际服务贸易案例研究（1996—2005）[M]. 北京：北京大学出版社，2005.

[12] 石静霞. 中国发展国际服务贸易的若干法律问题——结合GATS的若干分析 [J]. 中国法学，1997（5）.

[13] 汪尧田，周汉民. 世界贸易组织总论 [M]. 上海：上海远东出版社，1995.

[14] 杨斐. WTO服务贸易法 [M]. 北京：中国对外贸易出版社，2003.

[15] 杨国华，李咏箑. WTO争端解决程序详解 [M]. 北京：中国方正出版社，2004.

[16] 杨立新. WTO贸易争端知识与第1号诉讼案例简介 [J]. 港口经济，2002（3）.

［17］余敏友，左海聪，黄志雄．WTO 争端解决机制概论［M］．上海：上海人民出版社，2001．

［18］余敏友．世界贸易组织争端解决活动——中国表现及其改进建议［J］．法学评论，2008（4）．

［19］赵维田．世贸组织（WTO）的法律制度［M］．长春：吉林人民出版社，2000．

［20］赵维田．WTO 的司法机制［M］．上海：上海人民出版社，2004．

［21］张瑞萍．《服务贸易总协定》基本原则评析［J］．当代法学，1998（3）．

［22］赵瑾．WTO后国际贸易争端的特点［N］．中文导报，2000-08-30．

第十一章

WTO规则完善与中国之运用

导 读

自1995年世界贸易组织诞生至今已经20多年了。在20多年的发展中，世界经济贸易状况发生了翻天覆地的变化，WTO规则作为世界贸易领域最权威的规则，也应为此进行一些重大改革，但因WTO多哈回合谈判始终未果，因此WTO的变革显得微弱而艰难。了解新时期WTO规则变革的内外动力及其改进方向是我们灵活运用WTO规则，促进我国外经贸事业可持续健康发展的必要前提。

本章着重介绍目前世界贸易组织谈判的新进展、WTO规则改进的新趋势，并探讨我国的应对之策。

章首案例

欧美肉战"荷尔蒙"

[案情介绍]

荷尔蒙是人体内分泌系统分泌的能调节生理平衡的激素的总称。各种荷尔蒙对人体新陈代谢内环境的恒定，器官之间的协调以及生长发育、生殖等起调节作用。荷尔蒙被注入动物体内后会与动物细胞结合后随着血液渗透到全身，控制身体的生长、发育、新陈代谢、神经传导等。

20世纪70年代，在法国和意大利的青少年中曾流行一种荷尔蒙紊乱症。有人认为这是由于养牛场使用了一种叫DES的荷尔蒙，导致牛肉荷尔蒙含量过高，被食用后进入人体所致。欧洲消费者遂组织起来联合抵制这种牛肉。1980年9月，欧共体决定限制动物使用荷尔蒙。从1981年到1988年，欧共体为此先后颁布了Directive 81/602/EEC、Directive 88/146/EEC和Directive 88/299/EEC三个法令。

1996年，欧盟出台了一个新的法令——96/22/EC，法令从1997年7月1日起生效。法令继续禁止在动物生长阶段使用荷尔蒙；进一步限制为科研和医疗目的的使用；对违反规定的农场主和商户设定了更严厉的处罚力度。

欧盟是美国和加拿大牛肉出口的主要市场，与欧盟相反，荷尔蒙在这两个国家的农场是允许使用的。为此，1987年美国根据《技术贸易壁垒协定》起诉欧共体，认为"荷尔蒙禁令"无科学依据，要求建立专家小组对其进行技术鉴定。欧盟则认为，对动物食用荷尔蒙是一种生产方法，《技术贸易壁垒协定》规定成员方不得以生产方法规避该协定的实质条款。诉讼最终无果而终。

1989年，美国对欧盟采取报复措施，对部分欧洲产品加征100%的关税。欧盟起诉美国，同年双方达成协议，欧盟允许美国牛肉进入欧洲市场，但必须保证不含荷尔蒙。美国取消了一部分欧洲产品的报复措施，但对其他产品仍采取报复措施。

1995年WTO成立后，美国于1996年1月26日引用新的规则起诉，称欧盟的做法违反了《关贸总协定》（1994）、《技术贸易壁垒协定》、《动植物卫生检疫协定》和《农业协定》，不合理地限制肉制品进入欧洲市场。翌年2月，加拿大、澳大利亚、新西兰和挪威以第三方身份参诉。同年6月19日，欧盟利用新的WTO争端解决机制起诉美国要求取消报复措施。一个月后，WTO成立专家组开始审理美国诉欧盟案，所有报复措施才被取消。两周后，加拿大也以同样理由，起诉欧盟的"荷尔蒙禁令"。

1997年8月18日，WTO专家组一审全部支持了起诉方认为"荷尔蒙禁令"高于国际通用食品安全标准，没有充分的科学依据，也没有履行必要的论证程序，构成人为的贸易壁垒。欧盟不服提出上诉。1998年1月16日，上诉机构认为"荷尔蒙禁令"确实高于国际通用标准。

终审裁决之后，欧盟答应在1999年5月13日之前履行裁决。1999年4月，欧盟又通知WTO，愿意给美国和加拿大一些物质补偿，但不愿意撤销"荷尔蒙禁令"。同年6月，美国和加拿大申请WTO授权对欧盟采取报复措施，获得同意。美国可以报复的数额为每年1.168亿美元，加拿大的是1 130万加元。

迫于压力，欧盟于2003年颁布了新荷尔蒙禁令（2003/74/EC），并据此称已经完全履行了裁决，要求美国和加拿大撤销报复措施。美国认为这个新禁令换汤不换药，仍然禁止农场使用荷尔蒙，而许多研究已经证明使用荷尔蒙激素饲养动物不会对人体造成危害。随后，三方展开了密集的外交斡旋，但收效甚微。

欧盟和美国为解决该争端，于2009年5月13日签署《欧盟-美国关于优质牛肉的谅解备忘录》（简称"2009年谅解备忘录"）。依"2009年谅解备忘录"条款的要求，该报复性关税应于2012年8月终止征收。在"2009年谅解备忘录"规定的时间之前，美国已取消征收该关税。

［案例分析］

本案件的难点就在于，争议范围已经超过了传统意义上的贸易范畴，涉及人类生命健康。同时，欧美两方的政治、经济实力相当，都不愿意做出实质性的让步。这才致使案件一拖再拖，迟迟不能达成双方满意的结果。

欧美两方的争端也体现在新一轮多边谈判的会场上。两方在农产品、非农产品市场准入等议题上存在着重大分歧，使得谈判停滞不前。

资料来源：

［1］佚名. 荷尔蒙［EB / OL］.［2018-12-22］. https: //baike. baidu. com / item/% E6%BF% 80% E7%B4%A0/45268？fromtitle=%E8%8D%B7%E5%B0%94%E8%92%99&fromid=33422#viewPageContent.

［2］罗汉伟. 欧美肉战"荷尔蒙"［J］. 中国经济周刊，2010（34）.

［3］商务部条法司. 美国将不再执行针对欧盟荷尔蒙案的报复性关税［EB/OL］.［2018-12-22］. http://tfs.mofcom.gov.cn/aarticle/ztxx/dwmyxs/201112/20111207856874.html.

案例思考：

[1] 欧盟"荷尔蒙禁令"是否符合 WTO 规则？

[2] 从欧美荷尔蒙案中中国应该吸取的经验教训有哪些？

第一节　WTO规则特点及面临的危机

WTO 规则指的是用以设定各成员方之间权利义务关系之 WTO 项下的规则。WTO 规则的主要特征需要我们认真领会，才可能有效地把握和运用。

一、WTO 规则的主要特点

1.全球性认同

世界贸易组织是一个独立于联合国的超国家的永久性国际组织。因此，WTO 规则高于个别国家的国内法律规范。任何国家的经济立法若与 WTO 规则相抵触，可被判违背WTO 规则而受到制裁。世界贸易组织要求其成员"一揽子"接受有关的协定和协议，不得提出保留。WTO 还通过贸易政策审议机制来审议、评估各成员的贸易政策对多边贸易体制的影响，促使各成员严格遵守 WTO 规则，并公开各成员的贸易政策，提高贸易政策的透明度。特别是在解决争端方面，WTO 形成了非全体成员一致反对，否则将自动通过裁决的争端解决机制。正是由于 WTO 规则对其成员具有强制约束力，再加上其涵盖第一、第二、第三产业，涉及知识产权，WTO 才可以与其他相关的世界经济组织一起，使生产要素按一定规则在全球范围重组，使资源得到有效利用。WTO 规则还间接影响着非 WTO成员方，无论是市场经济国家，还是非市场经济国家都自觉不自觉地接受或默认 WTO 规则。这是 WTO 规则的全球性。

2.兼有两大法系的某些特点

大陆法系和英美法系是世界上的两大法系。大陆法系就是成文法系，其法律以成文法即制定法的方式存在，英美法系则更加注重以往的判例。为适应各成员在经济贸易一体化过程中的需要，WTO 规则融合了大陆法系和英美法系两者的特点。也就是说，它以成文法作为最基本的法律形式，同时还确立了判例和解释例对成文法的重要补充作用。

3.法律规则体系严密

WTO 规则一共有六个层次：第一层次是宪法式的法律文件——关于建立世界贸易组织的马拉喀什协议；第二层次是 4 个基本附件；第三层次是附件的附件；第四层次是对条文的补充或解释的文件；第五层次是独立性的补充文件；第六层次是一些判例或解释例。作为一揽子的协定，WTO 规则要求所有成员必须整体接受，不能选择部分接受。在接受这些协议时，不得有保留，这就形成了一个很严密的法律框架体系以及对所有成员整体使用的约束。

4.集实体法和程序法于一体

WTO 基本框架的 16 个条文和 4 个附件，在规定了所有成员方普遍适用的贸易规则的同时，还规定了一套行之有效的争端解决机制和程序。

5.文本表达方式众多

WTO规则共有60多个法律文件，在这60多个法律文件里面，用到了多种文本表达形式，分别是17个协议、3个协定、25个决定、6个宣言、1个议定书、1个最后文件、8个谅解以及条约。这反映出WTO法律规则的务实性和针对性及现实操作可行性。

6.涉及的领域广泛

随着全球经济社会的发展，WTO规则涉及的领域更加广泛。具体体现为其内容已由最初的货物贸易领域逐步扩展到服务、投资、知识产权、劳工标准以及与贸易有关的投资措施，乃至当前热门的电子商务领域。值得注意的是，这种扩展是沿着两条线索进行的：首先是与社会、经济、科技、技术、文化的发展同步，紧跟时代的步伐，把最新出现的发展如电子商务、知识产权等均纳入其中。其次是所涉及的范围已逐步由物质领域扩展到精神领域，更紧密地与人结合，如劳工标准、知识产权和环保标准等。还有就是从有形推向无形，如对商标的保护。这一特点使WTO规则更加适应时代的发展。

7.灵活性

WTO规则在要求各成员一致遵守共同规则的前提下，考虑不同成员的不同情况，为其履约留下一定的机动空间，特别是对发展中国家和最不发达国家。为了实现贸易自由化这一全局、长远目标，兼顾不同成员的局部利益，使WTO规则和相关法律文件能够在实践中行得通，它们确定的条款和为成员规定的义务都不是绝对的，而是设立了相应的例外条款，考虑到发展中成员的特殊情况做了一些过渡性的灵活安排。因此，灵活性是WTO规则的又一特点，可以在协调世界贸易自由、维护成员正当利益的同时，兼顾到不同国家和地区的局部利益。

8.具备科学、开放、公平、平等、自由的精神

这一精神特性主要体现在WTO的三大基本原则中，即非歧视原则、自由贸易原则和公平竞争原则。非歧视原则是世贸组织的基石，由无条件最惠国待遇和国民待遇原则组成。它要求成员排除宗教信仰等意识形态的干扰，让各成员不分意识形态、政治制度，平等、互惠、公平地共同发展。世界贸易组织的宗旨是推动贸易自由化，通过谈判削减各种贸易壁垒和歧视性待遇，在WTO中的各项协议及其主持的多边贸易谈判都体现了这一基本原则。公平竞争原则是指成员之间所进行的公开、平等、公正的竞争。公平竞争可以调动经营者的积极性，使他们不断完善管理，向市场提供质优价廉的新产品，使社会资源得到合理的配置，并最终为消费者和全社会带来福利。

二、我国及其他发展中国家对WTO规则的把握

WTO规则的影响已经扩散到越来越多的国家。发展中国家由于经济落后在WTO体制下处于不利地位，因此更需要积极研究和利用WTO规则，在经济全球化的浪潮下争取更多的发展机会。

案例 11-1

DELL公司事件

[案情简介]

2005年年初，美国Dell公司的部分员工，给原IBM公司的客户发送短信息，要求它们不要再订IBM的货，理由是IBM的PC业务已经被中国的联想集团公司收购。Dell公司

的做法对联想集团公司产生了损害，联想集团公司完全可以拿起 WTO 规则作为武器，让 Dell 公司付出代价，但是，联想集团只发表了一个声明，表示遗憾。

［案件反思］

以上案例说明，我国企业对 WTO 规则尚不熟悉，没有学会用 WTO 的规则保护自己。这种现象不只存在于我国，在很多发展中国家由于经验不足和对 WTO 规则不了解，而经常受到发达国家政府、企业的不公对待。WTO 规则有其自身的特点，我们只有进一步地认识和了解 WTO 规则，才能用 WTO 规则保护自身的利益。

资料来源：余洪滨. WTO 规则在国际贸易中的地位 ［J］. 商业现代化，2008（4）.

1. 合理利用 WTO 给予发展中成员的优惠待遇

为了促进发展中成员尤其是最不发达成员经济和贸易的发展，世界贸易组织在多个多边贸易规则上都明确规定给予发展中成员以优惠待遇。这些优惠待遇主要体现在三个方面：首先，给予发展中成员较长的过渡期；其次，允许发展中成员在履行义务时有较大的灵活性；最后，发展中成员在履行某些义务时发达成员应当在有能力的情况下提供技术援助。

加入世贸组织后，我国作为发展中成员享有的特殊与差别待遇权利体现在多个方面：在市场准入方面，我国获得了开放市场的过渡期，关税降低的幅度也只需达到发展中成员的水平；在农业补贴方面，允许我国对农业提供"黄箱补贴"，补贴额占农业生产总值的 8.5%；在补贴与反补贴、保障措施方面，我国享受 10 年的保障措施使用期和微量允许标准；而在对产品采用国际标准方面，我国可以根据自身的经济发展水平享有一定的灵活性。

总的来说，发展中国家经济发展水平低，竞争力弱，开放本国市场后，不可避免地要受到来自发达国家商品的强大冲击。因此，发展中国家在市场完全开放之前必须充分利用 WTO 体制赋予发展中国家的优惠待遇，包括幼稚产业的保护条款、国际收支保障条款、进口商品的选择性限制条款等，统筹兼顾，合理规划，根据条件许可，循序渐进地开放本国市场。

2. 加强预警机制和市场保护机制的建立

我国市场开放承诺主要集中在入世第三、四、五年实施，随着入世过渡期完成和承诺的逐步实施，关税配额管理措施的规范化也将完成，国际经济和国内经济的融合进一步加强，国外产业在近几年的冲击力加强，国际经济的波动对国内经济的影响将更加明显。此外，服务业将逐步放松数量限制、地域限制、客户限制和股权限制。这在给相关行业带来竞争压力的同时也将影响整个国内市场的竞争格局和环境。因此，跟其他发展中国家一样，我国也亟须建立完善的、反应迅速的国内产业损害预警机制。

根据 WTO 提供的多边贸易自由化框架，一旦发现国内产业受到损害，只要能提出准确的国内产业损害情况，就可启动世界贸易组织允许的各种例外和保障措施。目前，许多像中国一样的发展中国家已经建立较完善的临时性贸易措施法规体系和运作机制，严格按照法律规范对国外进口产品进行反倾销、反补贴、保障措施的调查、裁决，并采取相应措施。但是这些保护措施不论从产业覆盖面还是保护方式来看，对发展中国家的保护都还不足。另外，发展中国家也很难把握好保护范围和程度。目前的趋势是更多地运用技术标准、防疫检疫措施等作为市场保护的工具。这样的进口保护措施可以随时实施，而且不会产生副作用。发展中国家也应该学习发达国家制定相应的技术保护措施。

3.有效应对技术贸易壁垒

面对日益增多的技术贸易壁垒，发展中国家相关人员应熟悉和掌握WTO的规则，根据法律避免自己的产品受到不公正待遇，维护本国企业在参与国际贸易中应享受的权利。

应对技术贸易壁垒，发展中国家应主要掌握以下要点：（1）非歧视性待遇。WTO《贸易技术壁垒协定》并不阻止各成员利用技术性贸易壁垒，但是要求实施技术性贸易壁垒时不得有歧视性，不应妨碍正常的国际贸易。发展中国家的企业的出口产品，可以享受与其他WTO成员同等产品相同的最惠国待遇和国民待遇。（2）信息通报与共享。建立高效的信息发布、共享、咨询和检索体系，可以有效帮助企业跨越技术性贸易壁垒。（3）针对其他WTO成员正在起草的技术法规、标准和合格评定程序草案，若损害本国利益可以提出意见，保护企业出口的正当利益。 （4）对于发达国家提出的标准、合格评定程序和带有明显歧视性的措施，如果没有科学依据支持要坚决予以反击，通过双边磋商或诉诸WTO争端解决机制予以解决。同时要借鉴发达国家的经验，加强国内技术法规、标准和评定程序的建设。

除了被动应对国外的技术贸易壁垒，发展中国家也要充分考虑对外贸易的实际情况，根据国内进口产品的不同来源和数量，有针对性地制定有利于本国的技术标准。

4.加快人才培养，建立专门的研究机构

国际竞争归根结底是人才的竞争，发展中国家缺乏通晓国际法和世界经济贸易知识的高级人才，而大型跨国公司进入发展中国家后，毫无疑问会实施本土化人才战略，势必会吸引许多高级人才。这将进一步恶化发展中国家贸易人才缺乏的状况。

为解决人才方面的困境，发展中国家一方面要创造优惠的条件，并提供能充分发挥他们能力的平台留住他们；另一方面，还需加大力度培育后备人才。上到政府官员、企业家，下到企业职员、学生都要掌握世贸组织的知识和市场经济运行的各种知识，这样才能为发展中国家在WTO体制下奠定良好的基础。为了能在新一轮谈判中"主动介入"，我们不仅要研究现有的WTO规则，而且要研究WTO规则发展的新趋势；不仅要遵循规则，还要积极参与到新规则的制定中。

在培养贸易人才的同时，发展中国家还应建立对外贸易谈判的国内协调新机制。一方面，要加强国内各政府部门间的协调，建立跨部门的协调机构。另一方面，应建立专门谈判机构和有关商会、研究机构，以便及时就特定专题进行交流、讨论，使谈判代表团了解国内企业或企业组织的真正需要，并借鉴国外先进经验，建立贸易谈判公开网站，出版内部刊物，及时向有关部门提供官方谈判立场方面的信息。

5.发展中国家联合参与谈判

在多哈回合谈判中，不断崛起的发展中国家形成了一股令人瞩目的力量。发展中国家和最不发达国家要求"发展"的呼声正在成为贸易谈判的焦点，发达国家不得不认真面对。发展中国家也逐步意识到只有团结在一起才能增加谈判的筹码，在谈判中争得更大的利益。

发展中国家在谈判中多处于劣势地位，国内经济状况也相似，因此应紧密地联合起来，促使发达国家采取实际行动打破长期以来它们在 WTO 规则制定方面的"霸权"。各个发展中国家经济发展水平、立法状况不同，利益诉求也各不相同，现阶段应避免讨论容易引发发展中国家之间分歧的议题。另外，对于最不发达国家，其他发展中国家在有能力的情况下，应适当增加对其的援助。在援助最不发达国家方面，主要采取提供援款和减免债务，也可以考虑在市场准入方面帮助最不发达国家。这不仅有利于增强发展中国家之间的凝聚力，而且可以增加与美欧日等发达国家和地区谈判的砝码。

第二节　WTO面临的危机

一、WTO 谈判停滞不前

始于 2008 年的金融危机不仅使各国经济造成了严重的困难，也对世界经济的治理结构提出了新的挑战。WTO 作为国际贸易的管理机构，在防止金融危机引起的全球性贸易保护主义中起到了重要作用，WTO 贸易政策审议机制为成员之间相互监督提供了平台，WTO 的争端解决机制也为维护贸易秩序做出了积极的贡献。但由于 WTO 各成员方对关键问题互不相让，造成多哈回合谈判多年悬而未决，现有内容的不均衡以及决策问题上存在的问题，使得作为世界经济三大支柱之一的 WTO 在运用现行规则处理各成员方之间的贸易问题时显得相形见绌。

二、信任危机

正如前文所述，多哈回合谈判一拖再拖，迟迟未能达成各方满意的结果。并且目前还没有迹象表明，导致谈判破裂的主要因素能够得到解决——欧盟和美国在农业议题上难以相互做出实质性的让步。因此，各方对 WTO 正在丧失信心。博鳌亚洲论坛秘书长、中国前入世首席谈判代表龙永图也指出："重要的不仅仅是多哈回合能够取得哪些进一步的成就，更重要的是恢复全球对全球贸易体制的信心的问题。"信任危机很有可能使得 WTO 的权威性降低，会有更多的国家在解决贸易问题时跳出 WTO 的框架，寻求双边或其他多边方式解决问题。这无疑使各国失去一个非常好的机制来解决双边贸易和区域贸易纠纷，无疑也使 WTO 存在的基础受到伤害。

三、区域性经济合作兴起[①]

区域性经济合作按一体化程度可以分为自由贸易区、关税同盟、共同市场和经济同盟，这四种类型的区域经济合作一体化程度逐步增加。包括双边 FTA 在内的区域性经济合作并非新鲜事物，早在 20 世纪 50 年代就成为世界贸易体系的组成部分。区域性经济合作兼具方便、灵活、快捷等特点，并可以同时与不同对象国签署，所以在 WTO 谈判屡遭挫折和世界经济不景气的情况下，成为一些贸易大国热衷的和重要的选择，甚至在东亚和拉美等地区也出现了很多区域性经济合作组织。

自区域性经济合作出现起，各方就展开了激烈的争论。支持者认为，区域性经济合作将消除各国间的贸易和投资壁垒，促进贸易自由化，加强 WTO 功能、完善其多边规则，有利于各国经济发展。特别是在消除壁垒、实施投资管理及市场监管等政策创新方面，要

---

① 李秀香，吕飞. WTO 规则溢出的隐患及中国应对 [J]. 国际贸易，2014（11）.

比烦琐的 WTO 谈判快得多。反对者则认为，在多边谈判中提出双边安排存在偏离主题的危险，会损害多边贸易体制。但从实践角度来看，区域性经济合作的存在确实使 WTO 面临危机。WTO 前总干事素帕猜表示："通过歧视第三方来创建复杂的贸易体系网络，将会增加全球贸易体系的系统性风险。"

WTO 所管辖的众多协定是规范国际经济与贸易中货物贸易、服务贸易和知识产权关系的法律和规则。但由于不同经济体经济发展状况和对外开放程度存在差异，为照顾各方利益，WTO 在自由贸易规则中规定了诸多例外，例外规则在促进全球经济贸易一体化进程中无疑产生过积极而深远的影响，如"为保障人类和动植物的生命或健康所必需的措施"和"对可能枯竭资源采取保护措施"可以免除成员义务的例外。在 WTO 尚未达成与贸易有关的环境协定的情况下，它使各成员逐步重视环境与资源保护，对人类实现可持续发展贡献卓著。例如，GATT 1994 第 24 条规定关税同盟和自由贸易区可作为最惠国待遇的例外，促进了区域间贸易更加便利和自由，为自由贸易注入了动力和活力。但是在多哈回合谈判屡遭失败、WTO 前行受阻的形势下，区域经济一体化协定如雨后春笋般势不可挡，逐步形成区域协议，像一碗意大利面条溢出于 WTO。据不完全统计，截止到 2013 年 1 月向世贸组织申报的区域自由贸易协定有 546 个，已经实施的超过 354 个，其中，80% 以上是在近十几年签署的。

2005 年 5 月 28 日，文莱、智利、新西兰、新加坡四国协议发起跨太平洋伙伴关系，签订了经贸协议并已生效，成员之间彼此承诺在货物贸易、服务贸易、知识产权以及投资等领域相互给予优惠并加强合作。其中最为核心的内容是关税减免，即成员 90% 的货物关税立刻免除，所有产品关税将在 12 年内免除。协议采取开放的态度，欢迎任何 APEC 和非 APEC 成员参与。该协议的重要目标之一就是建立自由贸易区。2012 年，加拿大加入；2013 年 3 月，日本加入；2015 年 6 月，美国总统奥巴马签署国会两院一致通过的《贸易促进授权法案》（TPA），以加快《跨太平洋战略经济伙伴协定》（TPP）谈判进程。2015 年 7 月 28—31 日，12 个国家在美国夏威夷毛伊岛召开部长级会议，目标是完成谈判。2016 年 2 月，《跨太平洋战略经济伙伴关系协定》（TPP）取得实质性突破。美国、日本、澳大利亚、文莱、加拿大、智利、马来西亚、墨西哥、新西兰、秘鲁、新加坡和越南 12 个国家在新西兰奥克兰正式签署了 TPP 协议。这 12 个国家的贸易总额加起来占全球经济的比重达到 40%，超过欧盟。

2017 年 11 月 11 日，TPP 改名为"全面且先进的 TPP（Comprehensive Progressive Trans-Pacific Partnership，CPTTP）"。但是到了 2018 年特朗普上台后，2 月 20 日，美国宣布退出 TPP，其余 11 国修订了协定。

1995 年 12 月，在马德里会议上，美国与欧盟委员会签署了《跨大西洋新纲要》，就建立跨大西洋自由贸易区再次进行了讨论。在此基础上，美国和欧盟于 2011 年 2 月启动《跨大西洋贸易与投资伙伴协定》（Transatlantic Trade and Investment Partnership，TTIP，被称为"经济北约"）"的谈判。双方为促进就业和经济增长探讨贸易与投资的相关政策和标准，进一步促进跨大西洋贸易与投资，提高规则与标准的通用性，强化规则制定的国际合作。2013 年 7 月 8—12 日，TTIP 的谈判小组设置了多达 20 个不同领域，覆盖了大多数行业。2013 年 10 月，TTIP 第二轮谈判在布鲁塞尔举行。这个协定如果达成，将成为史上最大的自由贸易协定：美欧关税降至零，覆盖世界贸易量的1/3、全球GDP的1/2。在很大程度上，TTIP将改变世界贸易规则、产业行业标准，挑战新兴国家，尤其是金砖国家间的准贸易联盟。

由于美国政府未能在换届前完成谈判，TTIP的谈判在2016年陷入停滞。在特朗普政府上台后，TTIP被"冷冻起来"，虽然没有彻底宣告失败，但其"解冻"时间不详。由于特朗普在上台之后发表了一系列贸易保护主义言论，为应对TTIP缺位的困境，一方面欧盟授权欧盟贸易司同更多其他国家加速双边自由贸易谈判，另一方面欧盟也在悄悄加紧升级其贸易保护机制，以抵御未来可能同美国出现的严重贸易冲突，治之于未乱。

美国、欧盟、澳大利亚等WTO成员组成的"服务业挚友（Really Good Friends of Services，RGF）"谈判集团于2011年倡议发起成立了次级团体——WTO"服务业真好友"（Real Good Friends of Services，RGF），开始了国际服务贸易协定（Trade in Services Agreement，TISA）谈判，欧、美、日及40多个高收入国家和地区参与，在2012年正式启动了诸边性服务贸易协定谈判。该协定意在绕开WTO多哈回合在服务贸易谈判上的僵局，制定新一代的服务贸易规则，提高缔约方间的服务业自由化程度。PSA（Plurilateral Services Agreement）与TISA所指相同，均是指RGF目前正在推进的诸边性服务贸易协定谈判。值得注意的是，欧盟方面通常使用PSA来称呼该谈判，因其特别强调该协定应最终多边化，即在WTO多边框架下开展"诸边性"的服务贸易协定谈判；而美国则惯于用ISA（International Services Agreement）指代，显示出美国对该协定的定位更游离于WTO体系，强调谈判的独立性。该协议前6轮谈判于2014年5月完成，其核心内容是对服务贸易提供者实施国民待遇，市场准入管理则采用负面清单模式，取消合资企业的各种限制，对特定服务领域，如金融、法律领域不得要求外资控股比例，也不能限制其经营范围。

《跨太平洋战略经济伙伴协定》（TPP）、《跨大西洋贸易和投资伙伴关系协定》（TTIP）和《服务贸易协定》（TISA）三大区域贸易新协定（以下简称"三协定"）涉及国家在全球占有重要地位，其强势推动和引导使这类协定不断挑战全球性规则；所涉及领域是WTO多年谈判未果的服务贸易及市场准入、国际投资的鼓励和推进、公平竞争、知识产权及劳工与环境等重要领域。虽然"三协定"对WTO规则的补充有积极意义，但若不加约束而任由其肆意蔓延，显然WTO的多边贸易谈判将逐步被边缘化，规则被荒漠化（即被永久晒太阳而无人问津），那么国际社会、众多政府及相关领域理论与实践工作者为之半个多世纪的努力将付之东流。

综上所述，WTO由于多年来被边缘化，导致其规则被弱化、约束力降低。

第三节 完善WTO规则的谈判

为完善WTO规则，世界贸易组织及其成员做了许多努力，先后在新加坡、日内瓦、西雅图、多哈、坎昆、中国香港举行了六次部长级会议。在历届世贸组织谈判中，2001年启动的多哈回合谈判是目前为止历时最久、涉及议题最多的一次谈判。多哈回合谈判对未来WTO规则的走势和世界贸易格局有着不可忽视的引导意义。

一、多哈回合谈判的动因

2001 年 11 月 9—14 日，在卡塔尔首都多哈举行的世贸组织第四次部长级会议启动了新一轮多边贸易谈判。新启动的多边贸易谈判又称"多哈发展议程（Doha Development Agenda，DDA）"，或简称"多哈回合（Doha Round）"。多哈谈判涉及世界 65 亿人口中的 55 亿、世界年出口贸易总额的 97%，是目前为止参与方最多、涉及范围最广的一轮多边贸易谈判。该轮谈判确定了 8 个具体谈判领域，即农业、非农产品市场准入、服务贸易、知识产权、规则谈判、争端解决、贸易与环境以及贸易和发展问题。按照最初制定的时间表，多哈回合谈判应在 2005 年 1 月 1 日前完成。

多哈发展回合的动因主要源于：

第一，遏制贸易保护主义。世界经济发展缓慢，贸易保护主义势力抬头，需要举行新的多边贸易谈判，加强贸易自由化的共识，进一步推进贸易自由化，增强抑制贸易保护主义的能力。

第二，新贸易问题需要新贸易规则。世界贸易组织建立以来，世界经济贸易中出现了许多新事物，如电子商务的兴起、环境条件的恶化、成员境内的竞争策略、贸易与投资关系的协调、贸易与技术转让之间的关系等，它们对世界贸易的发展影响加大，需要通过多边贸易谈判确立新的规则，否则，将影响世界贸易组织发挥其作用。

第三，纠正世界贸易组织原有协议实施上的失衡。由于发展不平衡和竞争力的强弱差距等原因，世界贸易组织成员在实施原有贸易协议中出现了不平衡，有的协议执行得好，有的协议执行得差。为此，需要对原有贸易规则进行进一步强化。

第四，修复世界贸易组织形象。自 1999 年世界贸易组织第三次部长会议无果而终以来[①]，世界贸易组织形象受到很大伤害，甚至成为反经济全球化的口实。

第五，世界贸易组织本身为新回合谈判做了大量有效工作，世界贸易组织第二任总干事穆尔进行了艰苦卓绝的游说工作。

第六，多方妥协让步的结果。从世界贸易大局出发，在着眼于共同利益的基础上，成员方尤其是发达成员与发展中成员相互让步。发达成员认识到西雅图回合发动失败的主要原因是其在谈判议题上的不妥协立场。发展中成员也感到需要一定的妥协，才能发起新的多边贸易谈判，解决贸易与经济发展中遇到的问题。因此，妥协成为多哈回合启动的最大动力。

正因如此，南北国家才又一起坐到了谈判桌前，在 WTO 的大框架下，启动"多哈回合"谈判，并希望在 2005 年 1 月 1 日前结束所有谈判，经过几番努力，勉强把 WTO 此次首轮多边谈判命名为"多哈发展回合"，这是 GATT/WTO 成立 56 年以来第一次将"发展"当作多边谈判的中心议题，WTO 各成员围绕着 21 个议题进行了反复磋商和充分交流，不断调整自己的谈判方案。

二、多哈回合谈判的目标及进程

多哈回合谈判的主要目标有：抑制全球经济减缓下出现的贸易保护主义，加大贸易在促进经济发展和解除贫困方面的作用，处理最不发达国家出现的边缘化问题，理顺与区域贸易协定之间的关系，把多边贸易体制的目标与可持续发展有机地结合起来，改善世界贸

---

① 1999 年 11 月 30 日，在美国西雅图召开世界贸易组织第三次部长级会议，因劳工标准、环境与贸易等方面的问题各方分歧较大，未能达成共识，并且会议外遭到大批反全球化人士示威抗议，因此会议无果而终。

易组织的外部形象，实现《世界贸易组织协定》的原则和目标。

2001年11月发起的多哈回合谈判最初计划在2004年年底达成协议，并确定了8个谈判领域，分别是：农业、非农产品市场准入、服务贸易、知识产权、规则谈判、争端解决、贸易与环境以及贸易和发展问题，这是目前为止目标最宏伟、参与方最多的一轮多边贸易谈判。

2003年9月，在墨西哥坎昆举行的世界贸易组织第五次部长级会议上，由于各成员无法达成共识，多哈回合谈判陷入僵局，不能按最初计划在2005年1月1日前结束。其中，农业问题成为分歧的核心。2004年8月，世贸组织总理事会议上达成《多哈回合框架协议》，同意将结束时间推迟到2006年年底。协议明确规定，美国及欧盟逐步取消农产品出口补贴及降低进口关税，为全面达成协议迈出了重要一步。

2005年12月13日，本次谈判重点是推进世贸多哈回合谈判，使之能够在2006年年底最后期限前结束。但是，由于各方利益的冲突和矛盾，最终于2006年7月22日世界贸易组织总理事会的批准下正式中止。

2007年1月，谈判再次恢复，但依旧无果而终。这不禁让人担心，本次多哈回合谈判能否走出困境？甚至有分析人士认为，如果2007年年底前无法达成协议，多哈回合谈判就将面临被长期搁置的风险。

2008年7月21日，来自35个主要世贸组织成员的贸易和农业部长在日内瓦举行会议，试图在一周时间内，就多哈回合谈判确定的农业和非农产品市场准入问题取得突破。但几天后，谈判难以取得进展，原定一周的会期被迫延长。旨在寻求多哈回合谈判关键性突破的世界贸易组织小型部长会议在经过9天的讨价还价后，7月29日，在美国、印度、中国三方无法达成共识，愤而放弃之后，WTO总干事拉米宣布历时7年之久的多哈回合谈判以失败告终。

2009年9月4日，世贸组织小型部长级会议在印度首都新德里召开，会议就重启多哈回合谈判达成共识，并重申谈判应在2010年年内结束。14日各方谈判代表在日内瓦召开闭门会议，已经"休眠"14个月之久的多哈回合谈判艰难重启。毋庸置疑，重新启动多哈回合谈判是"一个进步"。重启多哈回合谈判，是在国际金融危机对世界经济产生严重冲击、全球贸易大幅下滑、失业增加、贸易保护主义有所抬头的背景下实现的。世贸组织成员期望尽快结束谈判，维护并巩固多边贸易体制，避免贸易保护主义泛滥。据估算，如果多哈谈判取得成功，全球贸易由此带来的增长量就能够达到每年3 000亿至7 000亿美元，将为世界经济走出危机和萧条注入巨大动力。所以，在经历了经济危机、全球经济亟待复苏的此刻，人们期待着这一剂强心剂的出现。拉米还指出，多哈回合谈判距达成最后协议已走完了80%的路程。不少分析人士指出，虽然多哈回合谈判重新启动，但阻力巨大。目前美国不愿意大幅降低农业补贴，并要求发展中国家进一步开放工业品市场。而对于印度等农业人口庞大的发展中国家来说，如果没有合理的保障机制，则发达国家的低价农产品将严重冲击国内农业。此外，受金融和经济危机影响，多哈回合谈判还面临政治阻力，各国政府不得不应付国内越来越大的贸易保护主义压力。在这种情况下，政府间达成的谈判成果能否顺利在国内议会通过也是一大问题。

2010年多哈贸易回合谈判第一次谈判会议于1月开启，国际社会期待这轮历时最长的多边贸易谈判在年内取得突破并最终达成全面协议。但专家表示，谈判仍面临多方面挑战，要实现这一愿望绝非易事。2010年多哈贸易回合谈判第一次农业谈判于1月21日低调开启，1月21—22日为期两天的非正式会议主要集中在技术层面的深入讨论，与会各方表示将于2月1日继续展开实质性内容的谈判。按照世贸组织的相关日程安排，关于农产品、非农产品和服务贸易的谈判在2月同时进行。关于知识产权、技术转让、商品贸易和贸易便利化的问题的谈判也于3月展开。谈判的焦点集中于以下几个区域：发达国家的高水平农业补贴、发展中国家的工业品市场准入问题、发展中国家的农民保护问题。

2010年11月初，主要经济体领导人在20国集团首尔峰会和亚太经合组织领导人会晤期间，表达了结束多哈回合谈判的决心，并认同2011年为完成谈判的最佳时间。世贸组织贸易谈判委员会是在上述峰会之后首次就多哈回合谈判问题举行会议。兼任该委员会主席的世贸组织总干事拉米在会上宣布，多哈回合谈判"最后倒计时现在开始"。拉米建议从12月开始，在农业、非农产品市场准入等领域进行高强度的小组谈判，争取在2011年第一季度结束前拿出各领域新的谈判案文，以便世贸组织在2011年6、7月份勾勒出协议轮廓，并在2012年下半年为协议完善细节。只有这样，2012年年底召开的世贸组织部长级会议才有可能通过多哈回合的一揽子协议。

2011年，被称为多哈发展议程，即所谓多哈回合谈判的机遇窗口——世界贸易组织第八届部长级会议于12月15—17日在瑞士日内瓦举行（WTO历届部长级谈判会议见表11-1，多哈回合重要谈判回顾见表11-2）。其议程涵盖三个方面：一是多边贸易体制性问题，为世贸组织基本功能和未来发展方向提供一个政治性指导框架。二是发展议题。会议给予世贸组织贸易和发展委员会更多的授权。有成员呼吁把发展问题置于世贸组织的中心，并且对最不发达国家的利益予以优先考虑。三是多哈谈判。一些成员呼吁给多哈谈判一个明确的说法，以及未来的路线图。此外，一些成员建议将贸易与环境、贸易与汇率等新议题纳入未来WTO的工作计划中，但成员之间对上述问题的立场分歧较大，短期内不太可能达成一致。

表11-1 　　　　　　　　　　　　　　WTO的历届部长级谈判会议

次序	时间	地点	主要谈判内容及结果
一	1996年 12月9—13日	新加坡	①审议了世界贸易组织成立以来的工作及上一轮多边贸易谈判协议的执行情况 ②成立3个工作小组：贸易与投资、贸易与竞争政策、政府透明度；将贸易便利化纳入货物贸易理事会的职责范围 ③会议通过了《新加坡部长宣言》
二	1998年 5月18—20日	瑞士 日内瓦	①讨论了已达成的贸易协议执行情况、既定日程和未来谈判日程 ②第三次部长级会议举行的时间和地点 ③为第三次部长级会议启动新一轮多边贸易谈判做准备
三	1999年 11月30日— 12月3日	美国 西雅图	未能实现发动新一轮谈判的目标，这是世界贸易组织成立以来遭受到的最大一次挫折 除了发达国家与发展中国家的分歧难以调和之外，大规模的示威者的游行也阻碍此次会议的顺利进行
四	2001年 11月9—14日	卡塔尔 多哈	①启动了被称为"多哈发展议程"即所谓"多哈回合"的新一轮多边贸易谈判 ②批准中国加入世贸组织 ③通过了《部长宣言》等3个文件

续表

次序	时间	地点	主要谈判内容及结果
五	2003年 9月10—14日	墨西哥 坎昆	①对世贸组织新一轮谈判进行了中期评估 ②同意接纳柬埔寨和尼泊尔两国为世贸组织正式成员 ③发表了《部长会议声明》 未取得实质性成果，各方对《部长宣言草案》存在巨大分歧
六	2005年 12月13—18日	中国 香港	①发达成员和部分发展中成员2008年前向最不发达国家所有产品提供免关税、免配额的市场准入；②发达成员2006年取消棉花的出口补贴，2013年年底前取消所有形式的农产品出口补贴；③通过了《部长宣言》；④总理事会正式批准太平洋岛国汤加加入世贸组织，世贸组织正式成员增加到150个
七	2009年 11月30日— 12月2日	日内瓦	①来自全球的100多位贸易部长参加了本次会议；②会议的主题是"WTO，多边贸易体制和当今全球经济环境"；③WTO成员决心再次推动多哈回合谈判，于2010年3月对谈判进行盘点，就久拖不决的谈判是否能于年底前结束做出决定；④会议未能为推动多哈回合谈判取得明显进展
八	2011年 12月15日— 17日	日内瓦	①此次部长级会议分两部分进行，一是全体会议，由各成员方部长发言、成员表决通过各项决议；二是工作会议，就具体议题为部长们提供交流的机会。此次工作会议探讨的议题有三个，分别为：多边贸易体制与WTO的重要性、贸易与发展以及多哈发展议程 ②批准俄罗斯、萨摩亚、瓦努阿图和黑山加入WTO
九	2013年12月3—7日	印度尼西亚巴厘岛	①世界贸易组织第九次部长级会议（MC9）上，久拖不决的多哈回合谈判在延期的12月7日最后一刻，出人意料地达成了早期收获——"巴厘岛一揽子协议"：贸易便利化、部分农业议题和发展议题 ②这是世贸组织首次达成的全球性协议，把世界重新拉回世贸组织的轨道上来
十	2015年12月15—18日	肯尼亚首都内罗毕	①虽未就多哈回合的未来达成一致，但就逐步取消农产品出口补贴达成共识 ②就扩大科技产品减税清单、阿富汗加入世贸组织等达成一致
十一	2017年12月10—13日	阿根廷首都布宜诺斯艾利斯	①涵盖农业国内支持、PSH（粮食安全公共储备）、棉花补贴、渔业补贴等核心议题 ②强调成员履行对渔业提供的补贴的透明度原则

资料来源：根据相关资料整理。

表11-2　　　　　　　　　　　　　　多哈回合重要谈判回顾

次数	时间	会议	性质	概况
第一次	2003年9月10—14日	坎昆会议	中期评审会议	作为多哈回合谈判中期评审会议，146个成员参加了会议，会议仅持续了5天，这是一次不欢而散、无果而终的会议
第二次	2006年6月29—30日	日内瓦小型部长会议	达成农业和非农产品市场准入协议	来自60多个国家的高官参加了此次部长会议。然而，事与愿违，谈判以失败告终。拉米承认"谈判陷入了危机"
第三次	2006年7月23—24日	主要谈判六方部长会议	达成农业和非农产品市场准入协议	主要谈判六方非正式部长会议以农业问题为中心继续谈判。然而，各方无法在农业问题上达成任何共识，谈判被迫进入"休眠期"
第四次	2007年6月19—21日	波茨坦会议	挽救冻结期的多哈回合谈判	主要谈判四方在波茨坦召开部长会议，谈判定于23日结束。然而，好不容易重新开始的谈判遭受了严重挫折
第五次	2008年7月21—29日	日内瓦小型部长会议	最后援救行动	作为多哈回合谈判最后的救援行动，会议持续9天，未能就发展中国家农产品特殊保障机制达成妥协，从而宣告谈判以失败告终
第六次	2009年9月4日	新德里小型部长级会议	就重启多哈回合谈判磋商	达成重启谈判共识
第七次	2009年9月14日	日内瓦召开闭门会议	正式重启多哈回合谈判	重申谈判应在2010年年内结束
第八次	2011年12月15—17日	日内瓦WTO第八届部长级会议	多哈谈判再逢机遇：维护和发展多边贸易体制	会议议程主要涵盖三个方面：一是多边贸易体制性问题，为世贸组织基本功能和未来发展方向提供一个政治性指导框架。二是发展议题。三是多哈谈判。一些成员呼吁给多哈谈判一个明确的说法，以及未来的路线图
第九次	2013年12月3—7日	印度尼西亚巴厘岛	12年以来首次取得具体谈判成果	在世界贸易组织第九次部长级会议（MC9）上，久拖不决的多哈回合谈判在延期的12月7日最后一刻，出人意料地达成了早期收获——"巴厘岛一揽子协议"：贸易便利化、部分农业议题和发展议题。这是世贸组织首次达成的全球性协议，把世界重新拉回世贸组织的轨道上来

资料来源：根据历次多哈回合谈判资料整理。

2011年11月10日，世界贸易组织工作组一致通过俄罗斯加入WTO提出的一揽子承诺，俄罗斯长达18年的入世谈判即将走到终点。在本次WTO部长级会议上，正式批准俄罗斯的成员身份。俄罗斯入世承诺中共包括30项服务准入的双边协定，以及57项货物准入的协定。平均计算，俄罗斯入世后的最高关税水平将从2011年的10%降低到7.8%。

WTO总干事拉米称，入世将使俄罗斯更加紧密地融入全球经济，并成为更具商业吸引力的国家；而对于WTO来说，这重新增强了WTO作为促进国际合作机制的相关性和重要性。俄罗斯、萨摩亚、瓦努阿图和黑山作为新成员首次参加会议。2013年12月3—7日，为期5天的世界贸易组织第九次部长级会议（MC9）上，久拖不决的多哈回合谈判在延期的12月7日最后一刻，出人意外地达成了早期收获。这些收获被称为"巴厘岛一揽子协议"，包括贸易便利化、部分农业议题以及发展议题等10个文件。其中农业议题是早期收获的核心和焦点，包括关税配额（TRQ）管理、粮食安全和出口竞争三个议题。

三、多哈回合谈判的主要内容及其前景

（一）多哈回合谈判的主要内容

1.农业问题

多哈会议决定，把农业作为既定议题纳入多哈回合谈判，目标是通过根本性的改革计划，建立公平、以市场为导向的农产品贸易体制，同时考虑到发展中成员的特殊和差别待遇。农产品谈判主要涉及市场准入、国内支持、出口竞争、特殊差别待遇等议题。

2.非农产品市场准入谈判

非农产品市场准入谈判主要涉及工业产品和水产品的关税和非关税壁垒。谈判首先确定谈判模式和产品范围，然后就削减关税和非关税壁垒展开谈判，其中关税谈判主要涉及关税峰值、高关税和关税升级等问题。

《多哈宣言》明确该议题谈判应遵循如下原则：谈判范围应是全面的，任何产品都不得排除在外；谈判应特别关注与发展中成员利益相关的产品，并对发展中成员、最不发达成员的利益和需要给予充分考虑，包括给予非互惠优惠；加强研究和能力建设，帮助最不发达成员提高参与谈判的能力等。

3.服务贸易

《服务贸易总协定》是乌拉圭回合的重要成果之一，于1995年1月1日正式生效，分为两大部分：第一部分是法律框架，第二部分是各WTO成员的服务贸易承诺表（又称减让表）。服务贸易主要包括：金融服务、基础电信、海运服务、专家服务、自然人移动等。服务贸易谈判与农业谈判、非农产品市场准入谈判并称为多哈回合的三大市场准入谈判。2002年初启动多哈回合时，部长宣言重申了各成员根据《服务贸易总协定》对服务业提供进行管理和制定新规则的权利。服务贸易谈判涉及163个行业。欧盟要求发展中成员开放139个行业，而发展中成员只愿意开放93个行业。

4.贸易与发展

贸易与发展议题包括：小经济体、贸易债务和金融、贸易与技术转让、技术合作与能力建设、最不发达国家，以及特殊与差别待遇（S&D）。多哈回合也被称为发展回合，寓意这一回合谈判要为发展中国家带来切实的利益。

5.规则谈判

规则谈判是多哈回合中的一个谈判领域，主要涉及反倾销、补贴与反补贴、渔业补贴和区域贸易协定等现有协定条款的审查和修订。

对WTO已经运行的有关贸易救济措施进行谈判，是各种经济发展状态成员相互妥协的产物。启动规则议题的谈判，反映了各利益方在贸易进一步自由化趋势下寻求利益平衡

的愿望。

6.争端解决

WTO 争端解决机制是世贸组织解决成员在 WTO 协议项下各种贸易争端的非司法性解决程序和准司法性解决程序的结合。该机制有其所遵循的实体法和程序法、专门的裁判机构以及保证各项建议和裁决能够顺利执行的规定。WTO 逐步建立起一套统一适用、方式多元、滚动推进的争端解决机制，有效地维护了多边贸易体制的权威，被誉为"WTO 皇冠上的明珠"。该机制也存在解决争端程序过于烦琐、实际解决时间总是被拖延等方面的问题，新一轮谈判希望强化争端解决机制的运行效率。

7.知识产权

多哈回合中的知识产权议题包括：公众健康问题；葡萄酒和烈酒地理标识的通知和注册的谈判；审查与《生物多样性公约》的关系及对传统知识和民俗的保护；寻求医药行业强制性执照问题的解决方案。

案例 11-2

美国莱伏顿公司案

[案情简介]

从 2004 年 4 月起，美国莱伏顿公司陆续对浙江东正电器有限公司（以下简称"东正"）在美国的主要客户发起了多起诉讼。同年 10 月 6 日，东正正式介入新墨西哥州地方法院作为被告应诉莱伏顿公司的专利诉讼案。莱伏顿公司的主要目的不是专利维权，而是把专利诉讼作为商业竞争的工具，把性价比高的中国产品一举赶出美国市场。莱伏顿公司首先通过攻击东正的美国客户，借此威慑中国产品的美国经销商，让他们放弃与中国企业的合作。同时，希望利用 2 个专利陆续发起 5 个侵权诉讼的高额诉讼费和诉讼周期拖垮东正，让东正即使赢了官司，也会输了市场。

[案件反思]

目前，发展中国家越来越多的企业被卷入到国际知识产权的纠纷，这意味着国外的技术壁垒越来越高，也越来越复杂。相比之下，发展中国家的企业刚刚起步，在技术、知识产权的研发和保护方面处于劣势，发达国家这样的做法给它们的发展壮大带来了前所未有的挑战，也使他们处于不公平的地位。维护世界的共同发展和推动全球化是世界贸易组织的职责和宗旨所在，因此注重发展中国家的权益，减少贸易壁垒是 WTO 规则改进的重点。

资料来源：仲鸿生，战勇，毛筠. 世界贸易组织（WTO）规则 [M]. 大连：东北财经大学出版社，2006：66-67.

8.贸易便利化

按照 WTO 的表述，贸易便利化是指简化和统一国际贸易程序。贸易程序是指在提交、通报和处理国际贸易中的商品流动所需的数据时所涉及的活动、惯例和手续，其通常涉及海关程序、国际运输、贸易保险和支付以及过境时必须履行的正式程序和手续。

（二）多哈回合谈判的主要争议

1.农业议题

多哈回合农业谈判最大的特点就是出现了美国、欧盟、凯恩斯集团、G20 等多个国家利益集团的谈判格局，谈判中各方立场相距甚远。

美国和凯恩斯集团的农产品竞争力较强，试图通过谈判进一步推进农产品贸易的自由化。其主张是大幅度提高市场准入机会，实质性削减农业关税，加快取消农业补贴。欧盟农业缺乏比较优势，其谈判的主要目标是尽可能维持对农业的高度保护。同时强调在市场准入方面的灵活性，以便通过产品间的调整保护重点产品。G20集团主要由发展中国家组成，强调发展中国家发展的需要以及国内支持和出口竞争方面的严重不平衡。强烈要求发达成员方实质性开发农业市场，要求给予发展中成员特殊差别待遇。

各方在谈判中固守立场，互不相让，特别是美国和欧盟的分歧尤为严重。WTO总干事拉米曾表示，谈判的主要障碍是农业问题，美国和欧盟的分歧是导致此次谈判破裂的主要原因。

小知识11-1

凯恩斯集团和20国集团

一、凯恩斯集团

凯恩斯集团由14个农业生产和出口国于1986年8月在澳大利亚凯恩斯成立（因凯恩斯的英文词Cairns本意就是碑石、石头标记，所以凯恩斯集团字面直译为碑石组织）。它包括大部分从事农产品出口的发展中国家，它们因生产效率低和资金缺乏而深受欧美国家出口补贴之苦，强烈要求纠正在农产品贸易上的扭曲现象。在乌拉圭回合多边贸易谈判中凯恩斯集团是一个坚强的联合体，它要求撤销贸易壁垒并稳定削减影响农业贸易的补贴。该集团包括澳大利亚、阿根廷、巴西、智利、哥伦比亚、匈牙利、印度尼西亚、马来西亚、菲律宾、新西兰、泰国、乌拉圭、斐济和加拿大14个国家，其农产品出口量占世界出口总量的25%，但是这些国家都没有对其农产品给予补贴。1999年11月29日，该集团决定吸收3个美洲国家为其成员，这三个国家是玻利维亚、哥斯达黎加和危地马拉。现在其19个成员方包括：阿根廷、澳大利亚、巴西、加拿大、智利、哥伦比亚、秘鲁、巴基斯坦、玻利维亚、哥斯达黎加、危地马拉、印度尼西亚、马来西亚、新西兰、巴拉圭、菲律宾、南非、泰国和乌拉圭。这19个成员方占有1/4的世界农业出口量。

二、G20集团

20国集团（Group of 20）是一个国际经济合作论坛，是1999年9月25日由8国集团的财长在华盛顿宣布成立的，属于布雷顿森林体系框架内非正式对话的一种机制，由8国集团和11个重要新兴工业国家及欧盟组成。按照惯例，国际货币基金组织与世界银行列席该组织的会议。20国集团在第5次的部长级世界贸易组织（WTO）会议时首次出现，也有人称其为G21、G22及G20+。

资料来源：

[1] 佚名. 凯恩斯集团 [EB/OL]. [2018-12-23]. http://baike.baidu.com/view/198468.htm.

[2] 佚名. 20国集团 [EB/OL]. [2018-12-23]. http://baike.baidu.com/view/1900788.htm.

2.非农产品市场准入议题

非农产品市场准入谈判的分歧主要存在于欧美等发达成员与巴西等发展中成员之间。

在谈判范围上，欧美等发达国家主张将环境产品纳入非农产品市场准入谈判，而发展中成员则认为将高环境标准施加于发展中国家将导致其成本增加，竞争力下降，阻碍其产品进入发达成员市场。在谈判内容上，发达成员要求发展中成员方将约束税率削减，以便创造切实的市场准入机会。发展中国家则要求特殊待遇，认为近些年发展中成员方的工业品关税已大幅度削减，如果继续削减工业产品关税将使大部分发展中成员的工业部门难以生存。同时，发展中成员将非农产品谈判和农业谈判紧密结合，指责发达成员方在农业中削减国内支持和出口补贴中存在水分。

3.新加坡议题

在"新加坡议题"上，发达成员方和发展中成员方的立场最为对立。自1996年新加坡部长级会议起，欧盟和日本等发达成员就试图将其纳入谈判议程，发展中成员对此一直强烈反对。直到2004年，成员方才同意将新加坡议题中的贸易便利化问题纳入多哈谈判框架协议。从本质上看，新加坡议题涉及了投资、知识产权保护、竞争政策、政府采购、环境，甚至人权等诸多领域，超出了贸易问题的范畴。发达成员在以上领域占据明显优势，试图将其纳入谈判范畴，通过投资自由化、知识产权的高要求和提高劳工标准对发展中国家进行干预和渗透。同时，在自身利益受损时，冠冕堂皇地实行贸易保护主义，阻碍发展中国家产品进入其国内市场。发展中国家认为这些议题不属于WTO的范畴，引入它们将导致WTO注意力分散、规则不公加剧和义务负担失衡。发展中成员将因此丧失推进经济发展的政策自主权。

发达成员方和发展中成员方在新加坡议题上的严重分歧是导致多哈回合谈判西雅图会议和坎昆会议失败的主要原因。

小知识11-2

新加坡议题

贸易与竞争、贸易与投资、政府采购透明度和贸易便利合称新加坡议题，因最早在1996年世贸组织于新加坡召开的第一次部长级会议上提出，故简称为"新加坡议题"。新加坡部长级会议同意审议贸易与竞争以及贸易与投资之间的关系；会议还同意就政府采购透明度形成一份研究报告，并调查如何简化贸易程序。直到2001年在多哈举行的第四届部长级会议才对这四个问题形成决定。决定指出，必须经第五届部长级会议以明确的协商一致方式同意，才可进行关于新加坡议题的谈判。

资料来源：中华人民共和国驻新加坡共和国大使馆经济商务参赞处. 关注世贸"新加坡议题"［EB/OL］.［2018-12-24］. http://sg.mofcom.gov.cn/aarticle/zhengt/200309/20030900129900.html.

（三）多哈回合谈判的前景

多哈回合经过多次谈判并没有得到预期的成果，这很大程度上是由于各方利益得不到协调，但若全面终止多哈回合谈判将增加全球多边贸易摩擦和贸易保护主义抬头的可能性。目前，世界经济发展的状况不容乐观，美国还未从2007年次贷危机的阴影中走出来。2011年8月5日，国际评级机构标准普尔公司宣布将美国主权信用评级从"AAA"下调一级至"AA+"，并警告可能会在未来2年内进一步调低美国的评级。这对本来已经"愁云密布"的全球经济来说无疑是"雪上加霜"。为了加快全球经济复苏的脚步，多哈回合谈判取得进展是可能的。

从历史经验来看，多哈回合谈判的终止很可能只是暂时的，以往几次谈判也都是走走停停。如1990年乌拉圭回合谈判破裂，几乎已经到了"无可救药"的地步，但通过多方努力后还是"起死回生"，并经过近8年谈判最终达成协议。多哈回合谈判也是历经坎坷，本来预计在 2005 年 1 月 1 日结束谈判，但因坎昆会议上各方在农业和非农产品市场准入问题上存在严重分歧最终无果而终，多哈回合谈判陷入僵局。但最终各方还是采取妥协态度，2004 年 8 月 1 日就多哈回合主要议题达成了框架协议，并同意在此基础上就继续谈判进行磋商。

由此可以看出，多哈回合谈判涉及多方利益，不可能一帆风顺。尽管目前谈判已经进入"休眠"状态，但经过世界贸易组织各成员方对当前形势和自身利益进行分析和权衡后，会共同促成多哈回合谈判进一步向前推进和达成各方较为满意的成果。

1. 从发达国家利益角度看

次贷危机使得美国、欧盟等发达国家的经济持续低迷甚至出现倒退，而经济全球化和贸易自由化是全球经济发展的趋势和潮流，同时也是发达经济体走出经济发展低谷的必经之路。多哈回合谈判多次受阻，极大影响世界经济平衡有序发展，在世界各国关系日益密切的今天，这对各谈判方都不利。发达国家，无论是美国谈判代表还是欧盟谈判代表都意识到这一点，继续进行协调和磋商，并不断增强谈判上的灵活性。

经合组织秘书长安赫尔·古里亚称，若多哈回合谈判取得成功，则农业和工业的贸易机会将分别增加 1 000 亿美元，而服务业贸易机会将增加 5 000 亿美元。欧盟和美国是服务贸易强国，因此，这是促使其做出让步的根本动力。

2. 从发展中国家利益角度看

全球贸易自由化将会为其带来巨额的贸易利益。根据世界银行的估算，从 2005 年到 2015 年，贸易自由化将使全球收益每年增加 30 亿美元，其中发展中国家从贸易自由化中获得的收益增量将会占全球总收益增量的 45%，至少将有 6 600 万人会因此而摆脱贫困。同时，在 WTO 多边贸易体系下，发展中国家作为一个整体的谈判力和影响力将会增加。特别是非洲那些最不发达国家，在多边谈判中和中国、印度、巴西等实力强大的发展中国家捆绑在一起，在与发达国家的抗衡中，其境遇将大大提升。由于多哈回合谈判久拖未果给发展中国家带来的损失要比美国、欧盟等发达国家大得多。因此，发展中国家有强烈的愿望推动多哈回合谈判。

3. 从南北贸易矛盾角度看

目前，发达成员方向发展中成员方的出口率在过去的 20 多年间增加了近 1 倍，发展中成员向发达成员的出口也迅速增加。因此，贸易自由化的多边谈判既符合发达成员方的利益，又符合发展中成员方的利益，南北贸易矛盾并非不可协调。如果南北双方在农业和非农产品市场准入等议题上相互做出让步，则双方达成互利双赢的局面指日可待。

总而言之，经济全球化和贸易自由化是世界经济发展的趋势和潮流。在各方的共同努力下，谈判一定能够打破僵局，最终完成新一轮全球贸易谈判。但是困难和危机在短期内还难以克服。2012 年 3 月 19 日，世界贸易组织总干事帕斯卡尔·拉米在新加坡表示，预计多哈回合谈判协议无法以"10 年前预计的整体面貌"获得通过，但世贸组织仍会采取各种努力促进全球贸易。拉米认为，多哈回合谈判陷于停滞的原因是过去 10 年中的外交关系发生了一些变化，使得原本适用的南北关系出现了一些新的变化，谈判相关各方对于一些经济体的定位存在不同看法。但这并不意味着世贸组织的工作会陷于停滞，因为制定贸易规则只是该组织工作的一部分。实际上，世贸组织 85% 的资源都用于司法和技术协助等工作，通过对贸易政策的讨论来推动全球贸易发展。

四、中国在新一轮谈判中应采取的策略

（一）有理有节坚持发展中国家身份

新一轮谈判要想取得实质性进展离不开发展中国家全面、切实的参与。谈判要实现各方利益的平衡，发达成员方需要关注发展中成员方的发展问题。中国在谈判中应团结其他发展中国家，共同积极维护发展中国家的利益。

我国在入世进程中就一直坚持"以发展中国家的身份加入"，承担入世义务的同时享受WTO给予发展中国家的特殊权利。我国在新一轮多边谈判的进程中也应该坚持发展中国家的身份。但是我们应该采取有理有节的态度，不强出头，不唱高调，更不能摆出发展中国家首席代表的姿态，以免与发达国家形成正面直接对抗，同时也避免其他发展中国家的敌意。

（二）争取权利与义务的平衡

世界贸易组织的多边贸易体制在促进贸易自由化上的贡献毋庸置疑，但由于内在和外在缺陷使得这一体制在利益分配上有失公平。发达国家由于经济、政治方面的优势地位，攫取了其中大部分的利益，而发展中国家则承担了与其自身发展水平不相符的义务。这样的分配格局加大了发达成员方和发展中成员方的贫富差距，甚至使一些成员被边缘化。因此，中国应该重视发展中成员的经济水平和承诺水平，破除两者之间的失衡，力争在新的贸易规则中真实地体现世界贸易组织促进发展和就业的宗旨。同时，督促发达成员方切实履行入世义务，平衡发达成员和发展中成员的权利、义务，树立我国政治、经济大国的形象。

（三）灵活运用谈判策略

首先，我国可以根据自身的特点和利益在不同的谈判议题中灵活选择合作伙伴，通过提出联合建议的方式提高其他成员对此的重视程度和接受的可能性。其次，为了避免谈判中各方相持不下，谈判难以继续，可以考虑在某些项目上进行利益权衡的互换。WTO谈判本来就是一个寻求双赢的过程，没有一方可以大获全胜，因此，采取一些灵活的让步是十分有必要的。

（四）积极参与双边或多边FTA

20世纪90年代初，许多人提倡自由贸易和取消管制，认为经济全球化将发达国家和发展中国家紧密联系在一起，各自发挥优势，可以共同促进全球经济繁荣。但实践证明经济全球化模式孕育着风险，多哈回合谈判的多次失败便是这种风险的具体体现。而两个或以上的国家或地区之间的经济联系更为紧密，矛盾更加易于协调，容易形成合力的协作体系。因此，双边FTA发展迅速，许多国家不同程度地参与了双边FTA。

加入WTO后，我国积极参加自由贸易协定。随着中国-东盟自由贸易区谈判启动，内地与中国香港、内地与中国澳门更紧密的经贸关系安排顺利进展，我国步入区域经济合作的新阶段。2010年1月1日，中国-东盟自由贸易区如期建成。惠及19亿人口、接近6万亿美元GDP、4.5万亿美元贸易总额的自贸区将是由发展中国家组成的最大自贸区，中国与东盟90%以上的产品都将实现零关税。截至2008年9月，中国已与25个国家和地区达成了17个自贸协定，自贸伙伴遍及欧洲、亚洲、大洋洲、南美洲和非洲。即便如此，参

与双边自由贸易协定的程度仍然有限，这与中国贸易大国的地位不符。积极参与双边 FTA 将增加中国在新一轮 WTO 谈判的筹码，同时可以降低新一轮谈判失败对我国经济贸易带来的影响。

专栏 11-1

全球 FTA 发展现状

FTA 是自由贸易协定（Free Trade Agreement）的英文简称，它是独立关税主体之间以自愿结合方式，就贸易自由化及其相关问题达成的协定。在 WTO 文件中，FTA 与优惠贸易协定（PTA）、关税同盟协定（CUA）一道，都纳入 RTA（Regional Trade Agreement）的范围。为了绕开 WTO 多边协议的困难，同时也为了另外开辟途径推动贸易自由化，各国逐渐从实践中探索出了 FTA。

RTA 是区域贸易协定，是一种具有法律效力、贸易自由化程度较高的区域经济合作形式。其核心是通过取消成员之间的贸易壁垒，创造更多的贸易机会，促进商品、服务、资本、技术和人员的自由流动，实现区域内经济的共同发展。

在实践中，因为很多 FTA 在协议内容上达成的可能也并不是完全自由贸易，因此 FTA、RTA 在概念上有混用倾向。有时 FTA、RTA 也指基于一定贸易协定的自由贸易区或准自由贸易区。

由于 FTA 谈判成员比 WTO 成员数目少得多，谈判进入更加自愿，因此比较容易达成一致。尤其是在目前的金融危机背景下，一边是全球贸易受到重创，另一边是多哈回合谈判陷入僵局，而贸易保护主义抬头之势愈演愈烈……WTO 大有大江东去浪淘尽之态。而 FTA 本身相比于 WTO 具有很多优势：第一，FTA 在照顾协议双方的经济结构互补性方面具有相当大的优势。第二，很多国家认为 FTA 的谈判比起在 WTO 框架内进行的多边谈判要更加容易达成协议，特别是对于发展中国家来说，FTA 协议的签署将更好地获得发达国家的市场准入，进而从与发达国家的双边贸易中获利。第三，双边的 FTA 可为本国创造更好的外资投资环境，打开新市场和开创新行业，对外国直接投资尤其有利。第四，FTA 所涉及的协议范围比 WTO 谈判所涉及的协议范围广，不仅包括了 WTO 所涉及的内容，还囊括了 WTO 谈判所没有涉及的投资、旅游观光、科技研发、竞争、服务、劳动、环境、经济合作等诸多领域，并有可能在 WTO 没有制定规则的领域制定出新的相关规则来。第五，FTA 已成为大国开展战略合作与竞争的重要手段。在这样的背景下，FTA 就产生了"联动效应"：随着各个区域签订自由贸易协定的进程加快，区域外国家担心被"边缘化"进而在全球竞争中处于不利地位，因此也就加快了推进自由贸易协定谈判的脚步。

1990 年以前，世界上所有进入实施阶段的 FTA 不过 27 项。自 20 世纪 90 年代以来，全世界签署的 FTA 数目不断攀升。截至 2005 年 4 月底，共有 314 项 FTA/RTA 在 WTO 登记备案，其中 178 项正在实施。截至 2008 年 9 月，向 WTO 通报、仍然生效的区域贸易安排已达 223 个，其中 80% 以上是在近 10 年内出现的。

但是，另一方面，双边的 FTA 也有自身的缺陷。首先，这种双边贸易谈判并不能将所有发展中国家作为一个整体来使其受益。也就是说，不能解决诸如农业保护、反倾销规则和争端解决办法等这些制度问题。其次，在发达国家和发展中国家签订的一些双边贸易协定里面，经常会加入一些非贸易条款，这些条款被视为非贸易障碍，例如劳动力和环境标准。此外，自由贸易协定加速了协定签署双方或者多方的投资贸易便利化和市场准入自由化，但是对于区外的企业进入，也会形成一定的阻碍。

资料来源：孙韶华，曾德金，王婧，等. FTA全球潮下的中国选择［N］. 经济参考报，2009-11-16.

第四节　WTO规则发展趋势

随着全球经贸格局的改变，环境、气候问题的日益紧迫，WTO规则也亟待改进。

一、更加有利于贸易自由化

WTO的主要规则之一是贸易自由化。贸易自由化指的是各个成员通过多边贸易谈判，降低和约束关税，取消贸易限制，消除国际贸易中的歧视待遇，提高本国市场的准入程度。这种自由贸易政策允许商品、货物和生产要素自由流动，从而刺激竞争，提高经营管理水平和贸易技术，促进国际分工的发展，扩大市场，同时使消费者得到物美价廉的商品和服务。

WTO之所以将自由贸易定为基本规则之一，是因为自由贸易可以给贸易的双方都带来利益，从而提高国民的福利水平。这种福利水平的提高，主要体现在消费者剩余和生产者剩余两个方面，也有学者将这两方面的剩余概括为交换利益和生产专业化利益。

多哈回合谈判虽然困难重重，在近期内各国难以达成共识，但在历次谈判中不难看出贸易自由化是各国共同愿景和WTO改进的趋势。以下就以多哈谈判的两个核心议题：以农业谈判和非农产品市场准入谈判为例，做简要说明。

农业谈判是多哈回合谈判最核心的议题，根据成员方政府达成的原则性协议，农业谈判主要致力于达成以下目标：在市场准入方面，大量削减农产品关税；在出口补贴方面，削减所有形式的出口补贴，直至全部取消；在国内支持方面，大量削减对贸易造成扭曲的国内支持。市场准入、出口补贴和国内支持被称为农业谈判的三大支柱，多哈回合谈判关于农业达成的原则性协议无疑促进了农产品贸易的自由化。

非农产品市场准入是多哈回合谈判的另一个重点议题。在WTO成员达成的《多哈回合框架协议》中关于非农产品市场准入模式的框架强调了削减和逐步消除关税高峰、关税升级、高额关税以及非关税壁垒的目标，提出以非线性关税削减公式作为实现非农产品贸易自由化的工具，同时要求削减关税的产品范围是广泛的（不能事先将某些产品排除在外），并对关税削减的基准水平和基准年度做了规定。这意味着非农产品向贸易自由化迈出了坚实的一步。

多哈回合谈判在各个议题上达成的协议和共识是WTO规则改进的方向和趋势。加快贸易自由化的步伐就是未来WTO规则改进的重要趋势之一。

二、更注重发展中国家和最不发达国家的发展问题

世界银行2002年的一份研究调查报告显示，发展中国家每年因发达国家对进口农产品、纺织品设置的贸易壁垒需要付出1 000亿美元的高额代价才能进入发达国家的市场，这一代价相当于发达国家每年提供给发展中国家援助金额的2倍。以往WTO规则中忽视"发展问题"是全球贸易受损的重要原因之一。随着发展中国家经济实力和地位的提升，

发展问题的地位也逐步上升。

联合国在其发布的"千年发展目标实践计划"报告中指出，达到千年发展目标，放宽贫困国家的市场进入及贸易条件和通过增加对基础建设的投资和贸易便利化，提高低收入国家出口的竞争力是国际贸易政策必须解决的两个重要问题。由此可见，发展中国家和最不发达国家的发展问题已成为当前全球的共同目标。在1996年WTO新加坡部长会议上也曾明确指出，WTO应重视低度发展中国家的发展问题，以及可能被全球贸易体系"边缘化"的问题，这些是多哈回合谈判和WTO规则的改进中注重发展议题的重要依据。

多哈回合又被称为"发展回合"是因为它更多地反映了国际社会的共同期待和广大发展中国家成员的强烈要求，旨在为发展中国家带来更多切实的利益。多哈回合谈判制定了多哈发展议程的工作计划，其中包括"协助发展中国家及最不发达国家的技术援助及能力构建计划"。贸易与发展议题主要包括对现有世贸组织协议特殊和差别待遇的审议和改造，使其更加准确、更加有效和更加可操作。该议题谈判启动后，主要谈判内容包括：小经济体、贸易债务与金融、贸易与技术转让、技术合作与能力建设、最不发达国家以及特殊与差别待遇。

多哈回合针对发展问题所制订的详细和明确的计划，有利于WTO规则从单纯推动贸易自由化的贸易规则转变为兼顾发展议题及目标的全球协议；同时也给予了发展中国家更大的发展空间与更高的期待，进而有可能改变日后多边贸易谈判的形式和权力的结构。

三、更多与气候变化问题相联系

全球化和气候变化是当今世界面临的两大问题。全球化背景下，减缓和适应气候变化是当今全人类面对的共同问题和共同挑战。WTO作为由"成员驱动"的重要的政府间组织，自然无法置身事外。WTO在消除有关环境保护的货物和服务的贸易壁垒中的作用，以及总体上在应对"绿色保护主义"、促进贸易开放中的作用也是毋庸置疑的，这一点亦已得到国际社会的普遍认同。早在20世纪乌拉圭回合谈判期间，各方代表就已经明确将环境保护和"可持续发展"的理念和精神写入了《建立WTO马拉喀什协定》中，这一理念体现了WTO这一全球性多边贸易休制追求实现贸易自由化与环境保护双重目标的宗旨与理想。事实上，在WTO的现有规范中，尽管还没有专门的贸易与环境方面的协议，但已有不少重要条款涉及环境保护，以至于在WTO的体制架构中，虽没有贸易与环境的专项协议，却已然有"贸易与环境委员会"这样的专门机构。

当前，在世界各国的共同努力下，《联合国气候变化框架公约》（UNFCCC）与《京都议定书》等相关法律已相继生效，为解决气候变化问题建立了基本的框架。在这些框架和协议中有很多条款涉及贸易问题。显然，在未来WTO规则的改进中会更多考虑到与气候变化相关法律的兼容性问题。例如，排放权交易（Emission Trading）机制与WTO法是否兼容，排放权交易单位是否为服务贸易协议（GATS）所涵盖，清洁发展机制（Clean Development Mechanism，CDM）和《与贸易有关的投资措施协议》（Trade-Related Investment Measure，TRIMs）的关系如何，等等，这都将成为WTO规则改进需要解决的问题。

专栏11-2

贸易与全球气候变暖

人们焚烧化石矿物以生成能量或砍伐森林并将其焚烧时产生的二氧化碳等多种温室气

体，对来自太阳辐射的可见光具有高度的透过性，而对地球反射出来的长波辐射具有高度的吸收性，能强烈吸收地面辐射中的红外线，这就是人们常说的"温室效应"，导致全球气候变暖。全球变暖的后果，会使全球降水量重新分配，冰川和冻土消融，海平面上升等，既危害自然生态系统的平衡，又威胁人类的食物供应和居住环境。

对于气候变化，贸易起着双重的作用：一方面，由于贸易和全球化，许多本可以在距消费地很近的地方生产的产品却要远距离生产并通过船舶和飞机进行运输送往世界各地，这一过程将加剧全球变暖的进程。例如，从新西兰运送1千克奇异果到英国，会排放1千克二氧化碳，假如在英国境内产销，二氧化碳排放量仅为50克，相差了20倍之多。但另一方面，全球化有利于国际层面的资源分配，比如，国际贸易可以帮助缺水国家通过从国外购买水密集型农产品而达到节水的目的；有助于各国交换环境友好的生产模式、环保技术和服务；有助于制造和交换环境友好产品，等等，这些方面都将促进全球气候问题的解决。

资料来源：曲如晓，马建平. 贸易与气候变化：国际贸易的新热点［J］. 国际商务，2009（7）.

第五节　完善WTO规则的建议

下面从农业、非农产品市场准入、服务贸易、贸易便利化和贸易与技术转让等几个方面提出完善WTO规则的具体建议。

一、关于农业

第二次世界大战结束以来，世界农业与农产品贸易的发展历程缓慢而艰难，主要原因在于农产品本身的敏感性以及各缔约方之间错综复杂的矛盾和利益冲突。从GATT生效到乌拉圭回合谈判的40年时间里，农业及农产品贸易基本被排除在贸易自由化谈判之外，农业一直被认定为一个特殊的领域而受到特殊待遇，脱离多边贸易体系的自由化轨道。现行的WTO农产品贸易规则（即WTO《农业协定》）是在关贸总协定乌拉圭回合谈判中诞生的，是迄今为止WTO多边贸易体系中调整农产品国际贸易关系适用性最强、内容最全面的多边协议，它的签订摆脱了GATT时代全球贸易自由化深入发展，但农产品游离在外的尴尬局面，使农产品贸易回归到了多边贸易体制的规则之下。

但WTO《农业协定》是一定历史时期谈判各方利益妥协的产物，只是在原则上将农业纳入了WTO的主航道，并没有制定强制性的WTO规则进行约束。伴随日益高涨的全球贸易自由化的呼声，WTO《农业协定》执行中存在的问题已全面暴露。长期以来，绝大多数发达国家农业政策的主旋律还是保护主义。市场准入、出口补贴和国内支持是农业保护的三大主要手段，各国的侧重不同。发展中国家因财政收入相对不足，主要以进口关税手段为主，平均税率超过60%，印度的平均税率甚至高达100%；美国主要以生产者支持为主，2002—2007年各项农业补贴达1 185亿美元，但进口关税和出口补贴较低；欧盟由于农业竞争力较低，三种手段的保护程度均很高。2005年，欧盟的农产品进口关税约为30%，国内支持占农业总产出的32%，出口补贴相当于美国的25倍。近年来，美国等发达国家对农业实施巨额补贴并施以高关税壁垒来保护本国农业和农民的利益。这导致发展中国家失去了本该具有的农产品成本优势，因而享受补贴的发达国家农产品在国际市场上大行其道，挤压了发展中国家农业的发展空间。这些做法长期抑制了发展中国家农民的生产积极性，导致供给不足，才引发了眼下的高粮价。

正是由于目前农产品贸易开放程度低，呈现出高关税、高补贴的趋势，所以WTO急需通过一系列根本性的改革措施，建立一个公平的市场导向型的贸易体制，这个体制最主要的就是制定强有力的规则并达成政府对农业支持和保护的承诺。在市场准入方面应当对各国农产品关税设限，以避免高关税带来的扭曲；在出口补贴方面应当规定一个期限，迫使各国在规定期限内削减并以期逐步取消所有形式的农产品出口补贴；在国内支持方面应当进一步明确并缩小"绿箱补贴"和"蓝箱补贴"的范围，以免国内支持政策被滥用。此外，还应当对来自发展中国家的农产品以及其他敏感农产品给予特殊待遇，以维护发展中国家的利益和全球农产品市场的稳定。

将农产品贸易自由化纳入WTO规则将有利于改正和阻止世界农业市场上存在的限制和扭曲，从而进一步推进全球贸易的发展。

二、关于非农产品市场准入

非农产品一般是指除农产品以外的其他可进行贸易的商品，如采矿业、制造业产品（采矿业和制造业产品统称为工业品）和水产品。非农产品贸易是当今国际贸易的重要组成部分，占全球贸易总量的90%，理所当然是WTO规则改进的重要组成部分。

目前，发达成员的平均关税水平在6%左右，但是其水产品、纺织品、皮革产品等劳动密集型产品关税平均关税水平较高（9%~20%），存在较多关税高峰和关税升级。发展中成员平均约束税率水平接近30%，大大高于发达成员。

非农产品市场准入谈判的目标主要是削减非农产品的关税和非关税壁垒。从削减关税壁垒的角度来讲，由于发展中国家和发达国家的发展阶段不同，所以WTO规则在改进时应当区别对待。对于发达国家，经济和法律体制已经得到较好发展，所以平均关税应当进一步削减，特别是对劳动密集型产品的关税应当制约在更低的水平上，最大限度地减少或消除关税高峰和关税升级。而发展中国家成员，由于经济发展水平低，工业基础薄弱，如果显著降低工业品进口关税，可能会造成工业从落后发展中国家分离出去的严重后果。因此，WTO规则在关税削减方面应当无区别地给予发展中国家成员特殊和差别待遇，给予发展中国家一个较长时间的过渡期，使得这些国家和地区的非农产品关税平稳降低，以减少对发展中成员方国内经济发展的损失。同时，WTO规则中还应制定全面的关税减让公式并确定在某些领域取消关税的规模。

不同于关税壁垒，非关税壁垒主要是指海关任意估价、进出口数量限制、进出口许可证制度、外汇管制、反倾销措施、补贴与反补贴措施、歧视性政府采购政策、技术贸易壁垒、装运前检验、原产地规则、卫生及动植物检疫措施等内容。由于非关税壁垒的灵活性、有效性、隐蔽性和歧视性等特点成为新时期各国进行贸易保护的宠儿，所以这也增加了从根本上杜绝非关税壁垒的难度。WTO规则在这方面的改进主要应该体现在加大非关税壁垒的惩罚力度上。一旦认定成员一方滥用非关税壁垒造成了贸易损失，就可以要求其他成员方对其发起共同的制裁，并且WTO规则应当赋予WTO一定的强制执行能力。

非农产品市场准入的谈判中，发达国家一直处于强势地位，发展中国家面临着极大的压力。在这种情况下，为了维护共同的利益，发展中国家应当团结起来，使WTO规则进一步约束发达国家关税削减幅度，并争取对发展中国家的特殊和差别待遇。

三、关于服务贸易

服务贸易主要包括金融服务、基础电信、海运服务、专家服务、自然人移动等。进入20世纪90年代以来，全球产业结构发生了巨大变化，各国尤其是工业化国家的经济重心开始转向服务业，服务贸易已成为世界经济发展的发动机，因此，积极推动服务业的发展成为促进国民经济繁荣和提高社会福利的重要手段，扩大国际服务贸易也越来越成为发展中国家改善国际贸易地位、提高经济效益及国际经济竞争力的重要途径。

发达国家在服务业上有强大的竞争优势，所以他们不遗余力地推动服务贸易的多边谈判，以迫使其他国家主要是发展中国家开放服务业市场。显然，服务贸易自由化将使发达国家成为主要的受益方，有助于其服务业加速向发展中国家扩张，占领更大的市场份额，而大部分的发展中国家将成为受害者。例如，仅仅推行环境标志一项，就对我国造成每年约40亿美元的出口损失。单单凭借服务市场自动调节和现有的WTO规则很难实现服务贸易自由化和服务贸易保护主义之间的平衡，这时候就需要世界贸易组织以及各国政府的共同努力，通过平等的谈判对WTO规则进行改进。

WTO服务贸易规则改进应当强调把发展中国家的利益放在核心地位，特别要加强对最不发达国家的关注，要为发展中国家带来切实的利益，为它们特别是最不发达国家提供发展的条件。通过谈判，应逐步减少服务贸易壁垒，并在一定程度上能照顾到发展中国家的利益和要求，放缓发展中国家服务贸易市场开放的进程。这将有利于发展中国家在一些服务领域比如劳动力出口等方面发挥自身优势，扩大出口，享受到全球服务贸易自由化的成果和利益。同时，还需规定发达国家在一定的时间内在服务业引进技术和经营管理经验、吸收资金、引入竞争机制方面给予发展中国家一定的便利，以帮助它们完善管理体制，提高发展中国家服务业的整体水平，这将有利于服务贸易自由化进程的加快。

服务业作为第三产业，通常占各成员的GDP比重较大，并且呈现出逐年上升的趋势，而且服务贸易规则的改进不仅对服务业，而且对货物贸易也有所影响，所以服务贸易自由化受到了各国广泛的关注。但服务贸易涉及诸多完全不同的部门，协调各部门之间的利益是一个艰难的过程，因此WTO规则中有关服务贸易的改进一直十分缓慢。从长远来看，服务贸易自由化有利于全球化的发展，所以WTO规则的改进应在明确推动服务业市场开放的原则下给予发展中国家一定的自主权和过渡期。

四、关于贸易便利化

根据WTO和联合国贸发会（UNCTAD）的定义，贸易便利化是国际贸易程序的简化和协调，而这里的贸易程序系指"在收集、提交、通报和处理国际贸易中的商品流动所需的数据时所涉及的活动惯例和手续，其通常涉及海关程序、国际运输、贸易保险和支付以及过境时必须履行的正式程序和手续"。由于管理国际贸易的各政府部门繁多，相互之间缺乏协调，使得贸易过程手续复杂、重复，给贸易商带来的负面影响日益突显，贸易便利化开始作为一项"非关税措施"越来越多地受到众多国际组织和各经济体的关注和重视。

数十年来，世界海关组织、联合国贸发会、亚太经合组织、欧盟等众多国际组织和经济体都一直致力于消除"贸易的非效率化"，实现更加便捷、协调、透明的国际贸易程序。但是由于自身的缺陷，他们难以担当推动全球范围内贸易便利化进程的重任。而作为有着"经济联合国"之称的 WTO 也自 1995 年开始对该问题予以关注，并展开了一系列的调研与分析，但始终没有实质性的进展。

目前，WTO 规则中已经有一些条款和协议是专门处理可能对贸易造成障碍的非关税措施的，这些条款和措施包括 GATT 1994 第 5 条（过境自由）、第 8 条（进出口规费和手续）、第 10 条（贸易法规的公布与实施）；《海关估价协议》《原产地规则协定》《进口许可程序协定》《装运前检验协定》《技术性贸易壁垒协定》《实施动植物卫生检疫措施的协定》等协定；在《与贸易有关的知识产权协定》第 3 部分第 4 节"与边境措施相关的特殊要求"中也涉及了贸易便利化的问题。

但由于 GATT/WTO 在成立之初，贸易便利化问题并非其关注的焦点和主要工作重点。因此，现有的这些协定都存在明显缺陷：首先，WTO 有关条款过于原则和抽象，缺乏可操作性。如 GATT 1994 第 8 条款只是要求"各缔约方还认识到，有必要最大限度地减少进出口手续的影响范围和复杂程序，并减少和简化进出口的单证要求"，但是并没有强调必须要减少到最小程度，也没有给出应该如何减少到最小的程度。GATT 1994 第 10 条和《海关估价协议》等其他的一些协定中都有上诉程序的规定，但没有上诉期限、上诉方与被上诉方权利与义务的有关规定。其次，世界贸易组织中有关贸易便利化的规定零乱地分散于数个协定之中，缺少协调。在《海关估价协议》《原产地规则协定》《进口许可程序协定》等协定中都涉及贸易便利化的问题，但是各协定间缺乏必要的协调，造成同一事项在不同的协定中的重复规定。

贸易便利化谈判不同于农业、非农产品市场准入、服务贸易等部门谈判，没有公式、系数，没有减让表。贸易便利化谈判的特点是法律性、技术性强。因此，WTO 规则中关于贸易便利化的改进应当在遵循透明度原则、一致及可预见性原则、非歧视原则、简化及避免不必要限制原则、正当程序原则的基础上，对有关协定法律文本进行澄清，并协调相关规则。

五、关于贸易与技术转让

自工业革命以来，科学技术蓬勃发展，以不同形式表现的国际技术转让快速发展，已成为当代国际经济活动中的重要组成部分。落后的发展中国家力图利用技术转让发展自身的经济实力，赶超发达国家；而发达国家，在科学技术上占有优势地位，但是在科学技术发展日新月异的今天，它们自然也不敢有所懈怠，忽视技术转让的地位。

目前，贸易与技术转让表现出以下一些特点：首先，国际技术转让的速度加快，规模越来越大，领域不断拓宽。20 世纪 60 年代中期，国际技术贸易总额仅为 25 亿美元，到了 20 世纪 90 年代中期，世界技术贸易额已接近世界贸易总额的 1/2。平均每 10 年翻两番，其增长速度之快为一般有形商品贸易所望尘莫及。其次，国际技术转让发展不平衡，世界科技发展不均衡。全球 80% 以上的科技开发及其进展均在发达国家进行和取得。发达国家的科研经费平均占其 GDP 的 2.9%，而发展中国家用于科技开发的费用甚至低于上述百分比的1/10。再次，一般传统技术加速转让，而限制高精尖技术的输出。在新技术革命的推动下，发达国家正在进行产业结构的调整，它们在把一部分传统工业和一般技术向外转让的同时，对先进技术的国际转让实行保护主义措施，严加控制本国先进技术外流。最后，跨国公司在国际技术转让中占主导地位。据统计，全球4万家跨国公司及其遍布全球的子公司，控制了当今世界生产总值的40%，国际贸易的50%~60%，国际技术贸易的60%~70%，世界技术专利的80%以及国际直接投资的90%以上。

无论是技术引进还是技术出口，都有利于扩大贸易，技术转让与贸易成正比。为改变发达国家在技术转让上的垄断地位，加强发展中国家及最不发达国家接受技术转让和转化为生产的能力，WTO对技术转让已经进行了一些有益的谈判，但目前达成的协议大多都没有涉及技术援助的相关规定。技术援助条款有无法律约束力，关系到发展中国家是否能享受到应有的权利。而WTO各项协议有关技术援助的条款的用词多为"同意促进"或者"应考虑"，并没有强制执行的语意，使发展中国家无法得到切实的技术援助的保障。

因此，在未来WTO规则改进的过程中，应当在协议中强调发达国家提供技术转让或技术援助的义务，加强对其的约束性。建议改为在发达国家有能力的基础上，根据发展中国家的需求，提供技术援助，进行技术转让，而且承诺转让的技术是先进的。同时，还应当要求发达国家政府颁布新政策，给予转让技术的部门在税收等方面的优惠条件，以鼓励其境内的企业、学校、机构等向发展中国家提供转让技术，并成立贸易与技术转让工作组，每年对这些政策的落实情况进行审查，以监督技术转让的真实情况。另外，由于环境问题的全球性，各国对于环境友好型技术的转让还应当给予额外的支持，筹集环保基金，促进环保技术在全球的发展和运用。

第六节　中国对WTO规则的运用策略

中国改革开放的实践证明，对经济全球化，要顺势而为才可能赢得发展机遇。WTO是可以实现互利共赢的多边体系，WTO规则有其固定的框架、条款。当这些框架和条款在适用于一个个具体的案件时，会出现不同的问题。这就需要我们在掌握WTO规则基本原则和规定的前提下，灵活运用WTO规则。特别是在全球经济复苏脚步放缓，美国等发达国家减少进口的情况下，我们更应掌握好WTO规则的运用技巧。

加入世贸组织后，中国改革开放和经济发展进入加速期，中国的发展有力地促进了世界经济发展。2016年，按照汇率法计算，中国国内生产总值占世界的比重达到14.8%，较2001年提高10.7个百分点。自2002年以来，中国对世界经济增长的平均贡献率接近30%，是拉动世界经济复苏和增长的重要引擎。世贸组织数据显示，2017年，中国在全球货物贸易进口和出口总额中所占比重分别达到10.2%和12.8%，是120多个国家和地区的主要贸易伙伴。2001—2017年，中国服务贸易进口从393亿美元增至4 676亿美元，年均增长16.7%，占全球服务贸易进口总额的比重接近10%。加入世贸组织后，中国的外商直接投资规模从2001年的468.8亿美元增加到2017年的1 363.2亿美元，年均增长6.9%。外商投资企业在提升中国经济增长质量和效益的同时，分享中国经济发展红利。中国对外投资合作持续健康规范发展，对外直接投资年度流量全球排名从加入世贸组织之初的第26位上升至2017年的第3位。加入WTO近20年来，中国一直在不断努力适应WTO要求。中央政府清理不符合WTO规则的法律法规和部门规章2 300多件，地方政府清理地方性政策法规19万多件，覆盖贸易、投资和知识产权保护等各个方面。①

案例 11-3

<h3 style="text-align:center">美国五河电子公司案</h3>

［案情简介］

2003年美国五河电子公司与电子工人国际兄弟会，以及电子产品、家具和通信国际工会两家劳工组织，向美国商务部和美国国际贸易委员会提出了针对中国彩电企业，包括长虹、康佳、创维、海尔、TCL、厦华等企业在内的反倾销诉讼。5月7日，该申诉得到美国国际贸易委员会立案。由于中国为非市场经济国家，美国商务部在反倾销调查中计算中国产品正常价值时，一直采用第三国替代的办法。2003年6月16日，美国国际贸易委员会以3∶0的票数初步裁定中国彩电对美国同类产品行业造成损害。同年11月25日，美国商务部初步裁定，中国彩电生产商向美国市场倾销其产品，倾销价差高达27.94%到45.87%。美方继续选择印度作为替代国，计算中国彩电价格的做法不仅没有道理，而且不符合《中华人民共和国加入议定书》第15条相关规定和WTO基本原则。对此，在中国机电商会的指导下，相关企业一直在进行艰苦的抗辩。最终裁定结果较之初步裁定结果，反倾销税率有了很大的改善，倾销差价为4.35%~24.48%。

［案件反思］

在以上案例中，中国企业受到了美国的反倾销，但我们同时还可以看到，中国企业的积极应诉，在一定程度上减少了反倾销损失。WTO规则是各国进行贸易和制定贸易规则的准绳，因此我们在掌握WTO规则的同时要学会一定的技巧，规避他国运用WTO规则给我国带来的损失。

资料来源：仲鸿生，战勇，毛筠. 世界贸易组织（WTO）规则［M］. 大连·东北财经大学出版社，2006：66-67.

一、利用发展中国家特殊待遇规则

特殊与差别待遇是世界贸易组织各协定给予发展中成员的优惠待遇。该待遇指在一定范围和条件下，发展中成员方可以背离各协定所规定的一般权利和义务，享有较优惠和特殊的待遇。在世界贸易组织中，各成员方达成共识，即发展中成员方参与国际贸易的能力先天不足，但发展中成员方经济可持续发展，对发达成员方的利益至关重要，帮助发展中成员方全面参与和融入全球多边贸易体系，是发达成员方共同利益的需要。因此，特殊与差别待遇已成为WTO处理发展中成员方经济发展问题时必须遵循的一项基本原则。在未来WTO规则的改进中还将给发展中国家提供更多的贸易机会，更加注重对发展中成员的技术和资金援助。中国作为发展中国家，享受WTO给予发展中成员的特殊和差别待遇。中国企业在相应机制、体制还未完善时，应当注重对WTO规则的学习，充分利用世界贸

---

① 资料来源：任重. 入世十七年 中国贡献大 ［EB/OL］. ［2018-07-04］. http://news.eastday.com/c/20180704/u1a14046530.html.

易组织对发展中成员的特殊和差别待遇，进行自我保护，扩大出口，占领国际市场。中国政府也应当积极参与世界贸易组织的谈判，维护自身的利益，为发展中国家政府和企业争取更多的优惠。

二、灵活使用非关税壁垒

非关税壁垒（Non-Tariff Barriers，NTBs）是指除关税措施以外的一切限制进口的措施，它和关税壁垒一起充当政府干预贸易的政策工具。与关税壁垒相比，非关税壁垒有以下特点：灵活性、有效性、隐蔽性和歧视性。正因如此，越来越多国家的贸易政策把非关税壁垒作为实现其政策目标的主要工具。虽然非关税壁垒的使用不符合WTO的规定，但对发展中国家却有着重要意义：首先，可以限制非必需品的进口，节省外汇；其次可以限制外国进口品的强大竞争力，以保护民族工业和幼稚工业；最后，非关税壁垒的使用还能发展民族经济，摆脱发达资本主义国家对本国经济的控制和剥削。中国作为发展中国家，经济发展水平与发达国家相距甚远，因此，在保证逐步开放市场的前提下，灵活使用非关税壁垒具有一定的合理性和正当性。在多哈回合谈判中也将"贸易与发展"作为一个新议题。虽然多哈回合谈判屡次受阻，但其给予发展中国家以更大灵活性，允许其为维持基本需求和谋求优先发展而采取贸易措施立场却一再得到确认。

三、建立和完善我国出口贸易预警系统

出口贸易预警系统主要通过国内外技术法规以及有关国际标准、进口国国家标准和行业标准等情况的连续性检测，分析其对国内产品的影响，及时发布相关预警信息，为我国产品和出口企业提供决策服务和技术指导，实现"为之于未有，治之于未乱"。

近几年来，在贸易自由化不断发展的背景下，我国外贸出口一直保持着强劲的增势。但随着金融危机的深化，各种不利因素对我国出口贸易的影响也在不断增加，技术性贸易壁垒、国外反倾销等措施都给我国出口带来巨大的挑战和压力。在WTO体制下，建立预警系统，在一定程度上能抵御我国出口贸易在未来将要面临的风险与威胁，及早对我国出口贸易面临的不利因素做出预警和防范，从而促进我国出口贸易健康、稳定发展。发达国家已经开始建立了较为完善的出口预警机制，值得中国学习。

四、发挥行业协会作用

行业协会是市场经济的产物，具有悠久的历史。在我国，行业协会伴随着改革开放和社会主义经济体制的建立而重新萌发，近年来迅速发展。据统计，目前我国各地由企业自愿成立的同业工会、行业协会组织有3 000多个，由政府部门组建的全国性行业协会有300多家。我国企业的行业协会虽然数量众多，但目前主要是政府的附属，没有得到企业的认同，凝聚力不强，缺乏经费，作用发挥受到遏制。而世贸组织最大的特点就是为各成员参与制定国际贸易政策提供了一套法律框架（即WTO规则），用来规范和约束成员的政府行为，以消除或限制各成员方政府对跨国贸易的干预。因此，入世以后政府对企业的保护淡化了，随着政府职能的转变，行业协会的作用越来越重要，行业协会应尽快转变为一种具备协调功能、谈判功能和行业约束功能的经济联盟，为企业迅速采集和提供信息，随时关注目标市场所在国的法律法规、技术标准的变化，以此为导向科学组织生产。

章末案例

美印关于数量限制规则贸易纠纷

［案情简介］

1997 年 7 月 16 日，美国依据 WTO 争议解决规则和程序谅解有关规定，就印度对其进口的 2 700 多种农业品、纺织品和工业品实施数量限制的做法要求与印度政府进行磋商。美国指责印度政府对部分进口产品实施数量限制的做法违反了 WTO 规则中 GATT 1994 第 11 条（1）款和第 18 条（11）款、《农产品协议》第 4 条（2）款和《进口许可程序协议》第 3 条的有关规定。同时美国认为印度没有理由援引 GATT 1994 第 18 条 B 段中有关发展中国家为维持国际收支平衡的例外条款。澳大利亚、加拿大、欧盟、新西兰、瑞士也要求就同一问题与印度政府进行磋商。

1997 年 9 月 17 日，美国与印度在瑞士日内瓦就有关问题进行了磋商。日本根据 WTO 争议解决规则和程序谅解第 11 条的规定，以利害关系第三方的身份参加了磋商。由于磋商未果，美国于 1997 年 10 月 3 日向 WTO 争议解决机构提出成立专家组，并要求对事件进行调查和审理。专家组于 1997 年 11 月 18 日成立。随后，专家组分别于 1998 年 5 月 7 日、6 月 22 日和 23 日会见了有关当事方，并在对案件调查审理之后于 1998 年 12 月 11 日做出了专家组报告。

专家组在对调查审理之后认为：第一，印度以维持国际收支平衡为由对其进口的 2 714 种产品实施数量限制措施，违反了 GATT 1994 第 11 条（1）款和第 18 条（11）款的规定的。同时，印度不能引用 GATT 1994 第 18 条 B 段作为辩驳理由。第二，印度政府对部分农产品协议项下的产品所实施的措施，违反了《农产品协议》第 4 条（2）款的规定。第三，由于 WTO 争议解决规则和程序谅解规定：如果存在对协议项下成员义务的违背，那么其行为也被认为构成对其他成员应得利益的取消或损害。因此，印度对其进口产品实施的数量限制措施实际上取消或损害了美国根据 GATT 1994 应得的利益。专家组建议争议解决机构要求印度政府对其所采取的数量限制措施进行改正，使其与 WTO 成员义务保持一致。

印度政府对专家组的报告和争议解决机构的裁定不服，于 1999 年 6 月 4 日向上诉机构提起了上诉，但上诉机构经审理后仍然维持了专家组的意见，要求印度政府对其所采取的数量限制措施进行改正，使之与 WTO 成员义务保持一致。

［案件总结］

本案件的主要争议集中在印度政府援引 GATT 1994 第 18 条的规定对其部分进口产品采取数量限制是否合理的问题以及印度是应当立即取消这些限制措施，还是有权在一段合理期限内逐渐取消这些措施的问题上。

本案是发展中国家印度援引 WTO 一揽子协议之一的 GATT 1994 第 18 条国际收支失衡例外条款作为保护本国经济的手段的过程中与其他 WTO 成员之间发生贸易摩擦的实际案例，也是发展中国家运用 WTO 相关条款维护自身利益的一个实例。

资料来源：尹立. 从实例中学习 WTO 规则——美国诉印度对进口产品实施数量限制一案的研究和思考［J］. 政法论丛，2002（1）.

案例讨论：

[1] 数量限制几乎是WTO最为严格禁止的，但为什么数量限制却屡禁不止？

[2] 如何理解WTO规则中给予发展中国家的特殊待遇？

[3] 印度援引的是数量限制例外条款，具有合理性吗？

本章小结

1.作为国际贸易领域的权威规则，WTO规则有其独特之处，这些特点主要有：全球性；集实体法和程序法于一体；涉及的领域广泛；体系严密，逻辑层次结构分明；兼有两大法系的某些法律特点；文本表达方式众多；灵活性以及具备科学、开放、公平、平等、自由的精神。

2.多哈回合谈判的议题涉及：农业问题、非农产品市场准入、服务贸易、贸易与发展、规则谈判、争端解决、知识产权和贸易便利化等内容。

3.为顺应时代的进步，WTO规则也在不断地改进。WTO规则的改进呈现出以下三大趋势：一是更加有利于贸易自由化；二是更注重发展中国家和最不发达国家的发展问题；三是更多与气候变化问题相联系。

4.中国加入WTO后享受一定权利，同时也承担了一定的义务。其中享受的权利包括：非歧视待遇、发展中国家特权权利、过渡期权利、保留国有贸易体制、逐步开放服务贸易领域、保留征收出口税的权利、保留对进出口商品检验检疫的权利、保留国家对商品的定价和价格指导的权利、全面参与多边贸易体制。承担的义务则主要体现在货物贸易、知识产权保护、贸易制度实施和服务贸易四个方面。

5.我国运用WTO规则应当注意利用WTO对发展中国家的特殊待遇，灵活运用各项非关税壁垒，同时应该尽快建立和完善我国出口贸易预警系统，更多地发挥行业协会的作用。

专业词汇

多哈回合谈判　市场准入　服务贸易　贸易便利化　关税壁垒　非关税壁垒　非歧视原则　技术壁垒　国有贸易体制

思考题

1.多哈回合谈判启动的原因以及经历的议程。

2.多哈回合谈判的主要议题和各国的争议焦点。

3.完善WTO规则有哪些新趋势？

4.WTO规则有哪些特点？发展中国家应当如何应对？

5.入世以后我国所享有的权利和承担的义务有哪些？

6.我国的入世法律文件是如何构成的？

7.我国政府和企业应该如何应用WTO规则？

本章参考文献

［1］SACHS, JEFFREY D. Investing in Development: A Practical Plan to Achieve the Millennium Development Goals ［M］. London: Earthscan Publications, 2005.

［2］白树强. 全球竞争论 ［M］. 北京: 中国社会科学出版社, 2000: 21.

［3］宾建成, 陈柳钦. 世界双边FTA的发展趋势与我国的对策探讨 ［J］. 南京社会科学, 2005 (11).

［4］代峰, 汪凌志. 多哈回合谈判受阻的原因探析及展望 ［J］. 黄石理工学院学报, 2009 (1): 70-73.

［5］董娟娟. 多哈回合中的多重博弈及可能出现的结果 ［D］. 青岛: 中国海洋大学, 2008.

［6］黄红华. WTO法律规则的特征与性质 ［J］. 福建经济管理干部学学报, 2002 (1): 13-16.

［7］刘力. WTO体制对发展中国家贸易的影响与对策 ［J］. 中国社会科学院研究生院学报, 1995 (5): 47-54.

［8］李彬. 多哈回合贸易便利化议题谈判研究 ［D］. 上海: 华东政法大学, 2006.

［9］李志军. 当代国际技术转移与对策 ［M］. 北京: 中国财政经济出版社, 1997: 241.

［10］梁艳敏. 多哈回合农业谈判的最新进展及我国相关法律对策 ［D］. 北京: 对外经济贸易大学, 2006.

［11］联合国经济和社会理事会. 驾驭全球化; 选定交叉问题; 贸易和运输便利化 ［R］. E/ESCAP/CMG/1, 2003.

［12］马跃如, 白勇, 程伟波. 我国出口贸易预警系统理论与实证分析 ［J］. 商业研究, 2010 (1): 31-33.

［13］聂广鑫. 多哈回合贸易与技术转让议题的谈判与对策研究 ［D］. 北京: 对外经济贸易大学, 2003.

［14］孙乃恒. 世界贸易组织多哈回合农业谈判涉及的议题及对策研究 ［D］. 北京: 对外经济贸易大学, 2003.

［15］施维嘉, 孙东升. 国际贸易规则合理化尚需努力 ［N］. 农民日报, 2008-08-13.

［16］温耀庆. 世界贸易组织规则 ［M］. 上海: 格致出版社, 2009: 310-341.

［17］王建娟. 多哈回合服务贸易谈判研究 ［D］. 大连: 大连海事大学, 2009.

［18］王火灿. WTO: 2010年面临五大挑战 ［J］. 世界贸易组织动态与研究, 2009 (4): 63-72.

［19］王华堂. 遵守WTO规则 充分认识行业协会作用 ［J］. 江苏交通, 2002 (6): 1-2.

［20］许耀明. 气候变化国际法与WTO规则在解决贸易与环境纠纷中的矛盾与协调 ［J］. 政治与法律, 2010 (3): 29-39.

［21］杨承青. 从"多哈回合"谈判看南北经济关系 ［D］. 北京: 外交学院, 2007.

［22］杨志钢. WTO规则中的"贸易悖论"及其内在机理分析 ［J］. 改革与战略, 2009 (2): 22-24.

[23] 朱敏，邓海霞. 构建我国农产品出口贸易预警体系研究 [J]. 新疆农垦经济，2008（12）：18-20.

[24] 曾磊，周升起. 从多哈回合谈判看WTO多边贸易体制的发展趋势 [J]. 消费导刊，2009（1）：88-89.

[25] 张东芳. 多哈回合谈判走向及中国对外贸易政策调整 [D]. 青岛：中国海洋大学，2005.

[26] 张幼文. 多哈发展议程：议题与对策 [M]. 上海：上海人民出版社，2004：49.

[27] 赵姝杰. 我国国际贸易中知识产权保护研究——基于欧盟经验 [D]. 成都：西南财经大学，2007：73.